中国社会科学院
社会学研究所
40周年庆
Institute of Sociology
CASS 40th Anniversary

迈向人民的社会学

TOWARDS PEOPLE'S SOCIOLOGY

中国社会科学院社会学研究所四十年学术集萃

Collected Works of the Institute of Sociology CASS

中国社会科学院社会学研究所 / 编

社会科学文献出版社
SOCIAL SCIENCES ACADEMIC PRESS (CHINA)

前　言

1979 年 3 月，邓小平同志在中央理论工作务虚会议上郑重指出，"实现四个现代化是一项复杂繁重的任务，思想理论工作者当然不能限于讨论它的一些基本原则。……政治学、法学、社会学以及世界政治的研究，我们过去多年忽视了，现在也需要赶快补课。"1952 年社会学因为种种原因在中国被取消，到此时已经过去 27 个年头，终于，社会学重新获得在中国生存发展的机遇，这是改革开放后中国社会学的第一个春天。世界知名社会学家、中国社会学界德高望重的费孝通先生，扛起恢复重建中国社会学的重担，南北奔走，国内外穿梭，联系相关学者，思考恢复重建社会学的当务之急，提出了"五脏六腑"方略，其中之一就是组建改革开放后第一个社会学研究所。1980 年 1 月 18 日，中国社会科学院社会学研究所正式挂牌成立。从此，中国社会科学院社会学研究所的整体发展与中国改革开放发展同步，社会学研究所的科研工作见证了改革开放以来中国社会发生的快速转型和巨大变迁，社会学研究所的科研成果努力反映着中国改革开放发展稳定的伟大实践、伟大经验和精彩故事。

在这 40 年里，社会学研究所从建所之初仅有的两个研究组，发展到今日有了 11 个研究室，2 个期刊编辑部，2 个职能部门，成为中国社会学界学科门类比较齐全、人员规模最大的社会学科研教学机构，发挥着新型智库的重要作用，在国内外社会学界具有重要的影响力。在这 40 年里，在党和国家以及中国社会科学院的关心、指导和支持下，费孝通等老一辈社会学家披肝沥胆，社会学研究所全体职工共同努力，牢记初心，不忘使命，以富民强国为职志，以构建人民的社会学为方向，致力于深入研究中国社会改革开放发展稳定的重大理论和现实问题，形成了一系列重大学术议题，产出了大量具有学术和社会价值的科研成果，积累了丰富的社会调研资料。

　　四十载砥砺奋进，四十载春华秋实。建所以来，社会学研究所秉承第一任所长费孝通先生制定的"从实求知，美美与共"的所训，弘扬"高尚的学术信誉，深厚的学术修养，端正的学术作风，高雅的学术品质"的学术理念，开风气，育人才。几代学人在理论和实践的结合上孜孜探索，在学科建设、人才培养、组织建设、思想建设等方面均取得了长足的发展和进步，特别是在社会学理论、历史与方法研究，社会分层与流动研究，社会组织与群体研究，文化、家庭与性别研究，青少年问题研究，社会心理学研究，社会保障、社会福利和社会政策研究，城乡社会变迁研究，社会发展与社会问题研究，廉政建设与社会评价等领域取得了丰硕的成果。

　　值此40年所庆之际，我们从众多成果中选取了1980年至2018年期间，社会学研究所几十位学者发表在《中国社会科学》《社会学研究》《社会》《民族研究》等四大期刊上的400余篇学术文章，按成果发表年份编排，集成此套《迈向人民的社会学——中国社会科学院社会学研究所四十年学术集萃》（十卷本）。此套文集是对社会学研究所40岁生日的献礼，是对40年发展历程的回顾与总结，我们希冀以此促进学科发展和学术进步，为中国的社会现代化建设提供更多的学术思想和智慧。

　　当前，进入"不惑之年"的中国社会科学院社会学研究所，同整个中国社会学一样，站在了新的历史起点，开始新的征程，迈向人民的社会学是新时代中国社会学的使命与方向。展望未来，中国社会科学院社会学研究所将坚持"推动社会学研究中国化，实现社会学所建设国际化"的办所理念，继续秉承历史责任和学者使命，为实现把我国建设成为富强民主文明和谐的社会主义现代化国家，为努力构建中国特色社会学的学科体系、学术体系和话语体系，不懈努力，继续开拓创新，再创新的辉煌！

编者
2020 年 1 月

凡　例

一　文集以时间为序编排，同一时间发表的文章顺序不分先后。

二　文集以学术性论文为主，保留著名学者的专题性学术讲话稿，学者的考察报告、出访报告、书的序言、参访记录不再编入文集。

三　参考文献原则上遵照《社会学研究》的体例，早年论文中文献标注项目有缺失的，遵原文。经典著作无法确认版本的，引文遵原文。

四　原则上正文中的数据应与图表中的数据对应，图表中的数据疑似有误但不能确认者，遵原文。

五　专业术语、人名、地名等不统一之处，遵原文。

目录

2003 年

2004 年

2001 年

最低生活保障制度的研究与探讨[*]

唐　钧

在中国被称为"最低生活保障制度"的社会救助制度，由民政部于1999 年 9 月宣布，已在全国 668 个城市和 1638 个县治所在的镇普遍建立，《城市居民最低生活保障条例》（以下简称《条例》）又于当年 10 月 1 日开始在全国实行，自此，这张"最后的安全网"已经成为中国城镇社会保障制度和反贫困战略中的一道重要防线。

然而，由于计划经济体制下形成的旧传统的惯性，这项制度虽然确立，思想却远未统一，这表现在以下三个方面。

一　最低生活保障制度是一项长远基本制度，还是临时应急措施

放眼世界，在市场经济国家中，迄今为止还没有一个国家能够成功地消灭贫困。在当前经济全球化的背景下，大多数国家失业率在增长，这更加剧了贫富分化。因此，贫困的状况可以说也已经成为一个国家的基本国情之一。由此推理，专门针对贫困问题而设立的社会救助制度（最低生活保障制度）当然也必然是市场经济国家反贫困的重要政策措施和长期性的基本制度。

但是，对于 20 世纪 90 年代后期在中国突然出现的"失业洪水"或"下岗洪水"，中国社会和政府至少是思想准备不足的。1993 年最低生活保障制度在上海出台，接着在全国逐步推广，其应急的含义也不言自明。因此，在很多方面，这项制度的重要性还是没有被中国政府所理解，这突出

---

　　*　原文发表于《社会学研究》2001 年第 2 期。

地表现在实施这项制度的组织架构的不完善和财力资源得不到充分保证这两方面。

当前，政府在社会保险制度改革方面投入了很大的力量。但是，中国在计划经济体制下建立起来的旧制度要向市场经济背景下的新的社会保险制度转变，其实是不可能一蹴而就的。近年来的改革实践已经说明了这一点，无论政府怎样努力，旧的问题还没解决，新的问题又出来了。如果把社会保险和社会救助看成上下两层安全网，上面这张社会保险网目前虽经织补但还是千疮百孔，不断地有人会从漏洞空隙中跌落下来。在这种现实面前，政府应该把解决问题的次序重新摆一摆。不是说不要改革社会保险制度，而是要对最低生活保障制度给予更大的关注。其实，也只有使每一个社会成员不至因任何原因跌落贫困陷阱而无处求助，才能无后顾之忧地完成包括社会保险制度改革在内的经济体制改革。

另外，强调最低生活保障制度的重要性是因为社会救助制度最大的特点是在申请过程中对救助对象的"家庭经济状况调查"，这项措施能够保证将有限的资金用到最需要的人身上。这几年因为"应急"，其实花了不少"冤枉钱"。

二 最低生活保障制度是面向全民，还是仅仅面向"没有劳动能力"的边缘群体

在计划经济体制下形成的传统社会救济制度，是专门针对"无劳动能力"的边缘群体的。因为在当时，以全民低收入为代价，确实也已基本实现了城市中有劳动能力的人的"充分就业"，而社会救济只需面对那些极少数的边缘群体——民政对象。这种救济方式在今天还有它的影响，可以称之为"民政对象情结"。

1993年开始的社会救济制度的改革，应该是一项具有根本意义的改革。从1984年城市经济体制改革起，原来的"充分就业"就已经被当成改革的对象。而90年代初确立了以市场经济为目标的改革目标后，在体制转轨的过程中，陷入贫困的不再是清一色的"没有劳动能力的人"。有劳动能力而失去工作机会的人、有收入却有大宗的必需的额外支出（譬如医疗费用）的人，也有可能陷入贫困的窘境。尤其是90年代末涌现的大批

失业、下岗人员，还有数倍于官方统计数字的以"待岗""放长假"的名义滞留企业而实际上已经下岗的人员，他们都面临着收入来源断绝的困境。

1999年9月颁布并立即于10月1日正式实施的《城市居民最低生活保障条例》（以下简称《条例》）是一部很有远见的法规。《条例》规定："持有非农业户口的城市居民，凡共同生活的家庭成员人均收入低于当地城市居民最低生活保障标准的，均有从当地人民政府获得基本生活物质帮助的权利。""对无生活来源、无劳动能力又无法定赡养人、扶养人或抚养人的城市居民，批准其按照当地城市居民最低生活保障标准全额享受。""对尚有一定收入的城市居民，批准其按照家庭人均收入低于当地城市居民最低生活保障标准的差额享受。"这部法规从法律制度上实现了社会救助制度面向全民这一基本原则。

其实，在地方上，争取最低生活保障制度面向全民的努力由来已久。上海市在创立这项制度之初，也创造了被称为"谁家的孩子谁抱走"的救助模式，即有单位的职工及其家庭由单位管，没有单位的社会人员由政府（民政）管。紧随其后建立这项制度的大连市否定了上述模式，开始尝试实行一项面向全民的制度。这种模式后来在武汉实行时，因民政部的推行而被称为"武汉模式"。但是因为经费有限，"面向全民"走了样，变成面向"劳动年龄之外的人"。而在劳动年龄之内的人，绝大部分被称为"视同为"的政策——即年龄为18～59岁的下岗、失业人员被"视同为"已经领取了最低工资或下岗职工基本费，大批贫困人口由此被排除在《条例》之外。

1997年重庆市实行的一项改革，即完全按实际收入来确定最低生活保障对象，真正使这项制度成为面向全民的制度。保障对象从2万多人扩大到13万多人，占总人口的比例为50%左右。他们的做法是完全符合《条例》规定的，也真正充分地发挥了最低生活保障制度的作用。

但是，由于上述的"民政对象情结"，或许还有其他更重要的原因，重庆的经验没有得到上级的认可，各地推行的还是"视同为"的政策。其结果是：按国内专家最保守的估计，中国城市贫困人口应在1200万人左右，但是1999年9月全国普遍实行这项制度后，得到保障的人数只有281万人，还不到1/4。2000年，民政部公布的一个统计数字显示，得到保障的人数上升到310万人。1999年下半年，最低生活保障标准提高了1/3，而人数却只增加了区区30万人，这实在是工作上的失误。

三 最低生活保障制度被称为"最后的安全网"的
真正含义

在不贯彻《条例》精神的理由中，有一条是因为最低生活保障制度是"最后的安全网"，这里强调的"最后"二字是针对"三条保障线"的前两条，即下岗职工基本生活费和失业保险金而言的。因为提供下岗职工基本生活费和失业保险金的法规政策是有缺陷的，据专家估算，失业人员中只有 1/3 领到了失业保险金，国有企业下岗职工中有 22 万下岗职工至今仍然未被纳入保障范围，677 万进中心的下岗职工中有 17 万人没有领到生活费，有 33 万人未足额领到生活费；这个数字还不包括数倍甚至 10 倍于此的"待岗""放长假"的企业职工。

难道这些人员在法规面前就该低人一等吗？《条例》本身的含义是毋庸置疑的，问题在于实施。当把最低生活保障制度称为"最后的安全网"时，最基本的含义就是，在此之下再也没有有组织、成制度的安全网了。一个人在遭遇收入断绝或接近断绝的困境时，如果不能得到这项制度的救助，就会陷入贫困的陷阱。

从这个意义上说，社会救助制度是一项独立的制度，是面向全民的，它保障的是公民的基本生存权利。所有中华人民共和国公民，在遇到收入断绝或接近断绝的困境时，都有权利向政府申请救助。能否得到救助要看家庭经济状况调查的结果，而这个调查主要是看收入和财产的状况而不是其他。

关于这一点，现在从上到下还是有误区。现在领导人常常"批准"某些群体（譬如困难企业的职工）"进入最低生活保障制度的保障范围"，这是说不通的。这种"恩准"实际上是与《条例》精神不符的。

2000 年社会学在中国[*]

——研究进展状况及热点难点问题

本刊编辑部[**]

2000 年的社会学研究受到来自两个方面的强劲推动：一是由于中国社会学恢复和重建已满 20 年，一些研究和教学单位，例如中国社会科学院社会学研究所，在回顾创办以来所走过的历程的时候，强烈感受到学术发展本身的一种内在推动，即需求继往开来，把学术研究提高到新的水平；二是由于全球化、信息化，特别是中国改革开放的深入发展，新的社会矛盾和问题不断出现，推动社会学研究必须面对重大的实践问题，社会政策研究空前活跃就是一个突出的表现。以上两个方面使 2000 年的社会学研究呈现两个重要的趋向：一是回溯到社会学经典大师提出的一些基本命题，二是面向社会真问题。

社会学的学术发展总是离不开这样一个基本线索，即亚当·斯密、马克思以及韦伯和涂尔干提出的问题：围绕人类财富的社会运动、社会分工的制度性安排、有机的社会整体、现代性以及现代社会的发生和发展。一个社会学家，不论在自己的专题研究领域走出去多远，他都需要回到先哲们提出的基本问题上重新思考；否则就可能找不到"根"，或者迷失方向，或者徒劳无功。中国的改革开放使我们重新面对国家与社会、经济与社会、经济与文化以及个人与社会等基本关系。在偏重于经济建设的体制改革的同时，社会公平、社会福利乃至文化和价值观方面的问题又不时地提醒我们要超越它们之间的二元对立，去追求它们之间的协调和均衡。

面对这些基本问题，在 2000 年 3 月召开的中国社会学恢复和重建 20

---

  *   原文发表于《社会学研究》2001 年第 2 期。

  ** 统稿人：景天魁、罗红光；撰稿人：张宛丽、张志敏、谭深、罗琳、罗红光。

周年庆祝会上，李铁映、费孝通、雷洁琼以及与会的老中青社会学者的共同判断是："社会学大有可为"；达致的基本共识是：要"从实求知"，提倡学术切磋与交流，强调社会学的综合性与跨学科的包容性，反对自以为是，鼓励学术争鸣。费孝通教授再次强调"社会学要补课"，代表了老一辈社会学家对晚辈学者的提醒和期望。

围绕社会学的上述基本线索，2000 年社会学的各个分支的研究都取得了重要进展。我们分别从"社会学危机意识与学术意识的强化"、"知识社会学与跨学科对话"、"个体与社会"和"社会心态研究"等方面加以概述，在关注社会学家提出的问题的基础上，总结 2000 年中国社会学关注的热点和难点问题，同时也希望读者围绕社会学在中国的老问题展开讨论和争鸣。

一　学术前沿问题研究

（一）社会学的危机意识与学术意识的强化

20 世纪 60 年代以来，西方社会学出现了这样的状况：缺乏可用于经验研究的理论；缺乏学科内的认知统一及统一范式；有效地解释或解决相关社会问题的作用进一步弱化。自帕森斯之后社会学领域没有出现大师级的学者，虽则涌现过一些新观念、新方法、新流派，但是均未形成大气候。因此不少学者认为西方社会学面临着前所未有的危机。

中国社会学恢复重建于 1979 年，恰恰处于西方社会学不景气的危机时期。而西方经济学却进入了全面发展的鼎盛时期。一些西方经济学家甚至认为，经济学的分析方法不仅适用于解释经济行为，而且可以用于解释全部人类行为。经济学似乎要取代社会学，成为一门超越所有学科，凌驾于所有社会科学门类之上的显学。经济学的发展、决策者的偏好以及发展经济在世界各国处于压倒一切的重要位置，都或多或少地加剧了社会学的危机。社会学在中国恢复重建时期，社会学界对西方社会学当时的危机及其在学术领域中遭受到其他学科的轻视与排挤知之甚少，甚至一无所知。只是由于历经十年动乱，中国的社会问题纷乱如麻，社会学才为解决社会问题仓促上阵。但是，经过 20 年的发展，类似于西方社会学存在的问题也程度不同地出现了。社会学自身的问题与全社会对社会学的无动于衷甚至麻木不仁，使我们隐约感到危机的来临，表现在：（1）低层次重复研究的情况普遍充斥于社会学界，大量缺乏社会学学科特征、类似于一般对策研究的成果涌现，反映出学科观念的缺乏及研究者理论功力的不足；（2）由于急功近利，加之片面理解社会学的中国化，社会学理论研究缺乏整体性、系统性，更缺乏深度，这一情况导致了相当多的研究成果偏离了社会学的学科视角；（3）把社会学当作万能标签的庸俗化倾向，目前社会学似乎成了人人都懂人人都能发表一通的浅薄学科，造成当前的非学科化倾向的主要原因在于社会学界自身学术定位的迷失。

中国社会学界至今还没有将危机意识提升到应有的高度，这将是在未来相当长的时期内阻碍社会学发展的重要问题，为了社会学的健康发展，我们必须从现在起抓紧三个方面的工作。（1）有学者以极端的言辞称之为"回返古典主义"，我们并不赞成一般意义上的为回返而回返，但是应该承认，界定此学科与彼学科的分野之最权威的标准还是学科的出发点。所以在新潮理论层出不穷，甚至概念混淆的时髦用语泛滥的今天，返回到"社会学经典大师"们所揭示的那些社会问题及其创建的基础理论，仍然是确立社会学学科特征的重要途径。（2）以社会学以外的其他社会科学门类为参照系，厘清社会学的主体特征，即以同一社会现象为对象的各门学科的研究都应该具备大相径庭、特色纷呈的研究成果。社会学的研究如果失去了独到之特色，也便失去了存在的价值。我们欣喜地看到，如郑也夫对古典经济学"理性"之批判（2000）、陈昕、黄平对中国消费主义文化的研究（2000）等，近年来社会学者对经济学理性主义的研究在社会学与经济学的分野、经济学在非经济领域研究中的学科特征及其所决定的局限性，以及社会学针对经济学的核心理论部分——理性人与经济行为提出的挑战等诸方面的进展，是社会学走出困境的第一步。（3）社会学自重建之日起便紧密地与中国的改革开放结合在一起。改革开放需要社会学，社会学也因此得到了知识和制度创新的机遇。因此我们可以说：社会学在中国的发展潜力在于，将其鲜活的生命力和对社会的感受力植根于中国社会的发展进程中，才有望推进社会学在中国的建设。

可以预见，只有社会学界普遍地强化了危机意识，在大多数学者的共同努力下，不断强化学科意识，才能避免走更多的弯路，促进社会学的不断进步与发展。

（二） 知识社会学与跨学科对话

研究知识与社会的关系——通过对知识的研究来关注社会发展，历来是社会学关注的一个重要领域。舍勒（M. Scheler）和曼海姆（K. Mannheim）代表了这一领域的传统。自孔德提出"知识进步"以后，社会学家也纷纷从"哲学的安乐椅"中解脱了出来，逐渐地注重实证意义上的经验研究。到了默顿（R. K. Merton），知识社会学发生了较大的转向，以实证性知识为前提，社会学内部的各个分支也得到了长足发展。从曼海姆将知识作为人类的一种精神现象到哈贝马斯对知识研究方法的批判，按照时间的推移及其内在结构特征，郭强将知识社会学划分为"古典知识社会学"、"科学社会学"和"科学知识社会学"这三个阶段，从而强调了每个发展阶段的知识背景及其利弊。由于知识社会学在方法论上的未定因素以及它在中国尚未得到充分的重视，有关它的研究在中国社会学界被视为冷门或初级阶段。"知识社会学从理论渊源、研究内容、研究方法与研究对象方面看，它只不过是一种关于知识的社会哲学或者说是科学哲学倾向的研究。知识社会学的这种状态说明，作为一个学科，它还是不成熟的或者说是早熟的。"（郭强，2000：14～15）"知识社会学只能达到这种状态和水平。因为，社会条件还不成熟：当时还没有形成一种新的研究角度，保证社会学家彻底摆脱思辨的方法。为了出现一种以某一知识（科学）部门为专门对象的社会学，历史还要等待。"（刘珺珺，1988：230）但是值得指出的是，社会对知识经济的需求、知识社会学的学术建设作用在中国也初见端倪。为此，刘珺珺（1988）、刘小枫（1998）、郭强（2000）等对知识社会学所进行的梳理工作为全面地、体系地把握社会学思想的脉络迈出了重要的一步。

知识与社会相互贯穿并互相定义，同时也构成了社会学理论的基础。其一，认识—意识—哲学是它的基本脉络。它也指涉"社会发展阶段论""抽象社会""意识形态"等方面的对话。其二，实践—知识—科学往返运动成为它的主要特征。"作为职业的科学""知识分子的社会角色"等方面的知识相关性构成这一领域的焦点话题。其三，实证—科学知识—解释学代表了这一体系，在知识的社会化与社会的知识化中，验证知识的流通与应用过程的社会现象。这一点将导致一种批评机制的产生和反思社会学的发展，尤其当知识明确地转变成一种人类的社会运动的时候，我们就可以体会到知识对社会的建构能力或破坏能力。对知识运动本身的研究，以及用这些知识研究谬误、偏见或者想象的史前史（福柯，1998：239）都成为知识的社会性运动的重要表象。

今天中国学者也提出再阅读和理解现代知识社会学，从实证角度研究传播知识的社会媒体、科学思想史、知识经济的方法论方面将会产生积极作用。从目前我们面临的社会背景和社会现象来看，随着现代社会的发展，无论何时何地，针对普遍真理的普适性的信仰相对弱化，以及科学知识的绝对真理化与知识分子角色的社会价值化之间的关系将是当今知识社会学的巨大障碍，它预示着社会学领域也面临着我们既定知识、价值观和方法所不能完全认知的诸多社会知识运动的现象。社会学家也正在努力求索新的社会学对话能力和方法的问题。如目前面临的社会福利改革，它已经不是单一专业所能解决的问题（S. Amartya，1985），它需要具有丰富研究和工作经历的不同专业的专家学者和政治家坐在一起来共同讨论问题的实质。然而，由于社会分工导致的学科界限，以及在传统中国的知识工具化倾向，使学者变成了某一领域的"匠人"，也使中国学者跨学科对话能力大大降低。在这个意义上，我们强调对知识社会学，尤其对知识的社会化和社会的知识化方面的研究。目前中国的知识经济、信息技术革命给我们的知识社会学研究提供了良好的契机，我们可以明确地说，知识社会学在这一领域的研究在中国将有新的贡献，而且在方法上会起到促进和提高跨学科对话能力的作用。

（三）社会学的争论焦点——个体与社会

个体与社会的关系始终是社会学的基本问题，即"具有个人利益的主体人为什么能够组成社会，社会又依什么得以维系"（编辑部，2000）。这一基本问题，随着人类社会现代化文明的历史巨变，再一次被置于社会学知识创新的认识前沿，并为"社会理论"研究者们所关注——"通常在两种情况下会促使对社会理论的关注：在意识到现有理论不完备（不适用）时和在一个社会发生激剧变化时"（B. A. 亚多夫，2000）。

"社会理论"研究对这一基本问题的重新审视，恰是基于两个客观前提。一是"自然历史过程显然成为社会历史过程，也就是说，影响历史事件过程的主观因素的作用急剧增加"（B. A. 亚多夫，2000）。如此，"所有的社会生活形式，至少部分地正是由它的主体行动者们对社会生活的知识构成的……在所有的文化中，由于不断展现的认识上的新发现，社会实践日复一日地变化着，并且这些认识上的新发现，又总是不断地反馈（'嵌入'）到社会实践中去"（黄平，2000）。因此，"经典科学的逻辑不完全适合于（或完全不适合于）分析社会过程：外推法'不管用'，生硬的决定论（经济决定论、文化决定论和任何的决定论）不可取，有机发展的观点（发展形态、不回复地上升到某个更进步的社会阶段，如上升到后工业社会或其他'后社会'）并不是最好的理论架构，社会过程的周期性有局限性，而且也不是必然的，等等"（B. A. 亚多夫，2000）。

另一个客观前提是社会学的知识"既重构着社会学知识自身，也重构着作为该过程整体的一个部分的社会生活领域本身"（Giddens，1990，1984，1993；引自黄平，2000）。这既意味着"社会学（以及其他同现存人类打交道的社会科学）并没有按照人们所说的自然科学那种方式来积累知识"，而"是一个反思性的模式"（黄平，2000）；同时又意味着在"主体建构社会实在"（伯格和卢克曼，转自 B. A. 亚多夫，2000）中，"主体如何为自己选择方向以及如何行动"，再度因主体愈益丰富、活跃的领悟能力及创造力而成为社会理论分析的核心与焦点。于此，有关社会行动的社会学讨论遂成为重新认识个体与社会之间的关系的一个前沿问题。

吕炳强在《凝视与社会行动》（2000）一文中指出，由 20 世纪初韦伯提出社会行动这一概念以来，社会行动至今仍是社会学者极其关心的课题。他在文中集中讨论了帕森斯和加芬克尔的行动论的符号学系统之后提出："我们并不一定同意帕森斯和加芬克尔的行动论，但是帕森斯—加芬克尔矩阵的成功论证指明了社会行动必然存在于一个多重的时间结构里，并且关于社会行动的社会学论述必然立足于一个多维的符号学矩阵之中……行动论不再是韦伯设想中的统摄全局的社会学要旨，只是众多社会理论之中的一个。更重要的是，众多的社会学理论其实是从诸多的理论核心问题拓展出来的众多的符号学系统。"（吕炳强，2000）它被认为"是一种不完善的社会行动理论"（詹姆斯·博曼，1992/2000），同时又在当代社会学理论中"已取得了范式的地位"，"被视为整个社会学理论的核心"（里夏德·明赫，2000）。

在理性选择理论的基本假设中，"其核心观点是人依据理性而行动，是自身最大利益的追逐者；行动者在特定情节中有不同的行为策略可供选择；行为者在理智上相信不同的选择会导致不同的结果；行动者在主观上对不同的选择结果有不同的偏好排序。简言之，理性行动者趋向于采取最优策略，以最小的代价取得最大的收益"（周长城，2000）。然而，"最大化假设是以人的完全理性为条件的"，但是"如果人是完全由理性控制则是十分危险的，理性选择理论过分强调人的自我控制和意识，忽略了人类行为的另一方面——冲动、无意识和失控"（托马斯·丁·施弗，1992；转自周长城，2000）。研究者发现，"重要的决策常常是在冲动的情形下作出的……有时集体的决策也可能是非理性的……"（托马斯·丁·施弗，1992；转自周长城，2000）。詹姆斯·博曼（James Bohman）则从理论层次和经验层次对理性选择理论提出了质疑，即这一理论只能在特定条件下解释某些社会现象，其论域是狭窄的。他认为，"……更好的解决办法是寻求对外在于理性选择理论的理性行为的边界情景的解释……边界情景（如稳定和长期的互动）只能按宏观结构假设来解释，而宏观结构假设并非简单地基于群聚机制，虽然它们有一些共同的微观基础。因而，即使好的理性选择解释也必须辅之以宏观制度化结构的说明。宏观制度化结构解释了行动的相互依赖和偏好形成的机制"（詹姆斯·博曼，1992）。

　　理性选择理论在解释主体的选择行动和社会结构之间的关系上的独特作用，引起了研究当代中国社会结构变迁的一些学者们的关注，并试图以自己的经验研究，在理论解释层面深入探讨"结构和选择在具体的变革实践中的关系"（折晓叶、陈婴婴，2000）。何高潮在对中国革命历史进程中抗日战争时期复杂的社会互动关系的一项经验研究中，借鉴理性选择理论及其社会博弈观，"解释结构和选择在具体历史过程中的关系"，提出了"抉择构造"理论（何高潮，1997：22）；而折晓叶、陈婴婴则在一项关于当代中国村庄产权变革与村庄社会变迁的经验研究中，受此启发，"用'选择结构'来作为客观结构与主观选择之间的中间变量"，用以解释在"发生激烈变化的变革实践进程中"社会结构与理性选择之间的互动关系。"所谓'选择结构'，即指社区总体在选择中所遵从的规则和秩序，它强调的是社区既有的社会结构与社区成员面临变革时在主观上采用的选择策略之间具有内在的联系，是从不分离、相辅相成的。""'选择结构'的几个基本要素：（1）选择主体的认知能力（包括对制度的偏好和对机遇的判断等）；（2）社区的认同感、内聚力和趋同倾向；（3）社区的组织和制度遗产；（4）地方社会背景和条件，等等。"（折晓叶、陈婴婴，2000）依此，她们发现，从理性选择与社会结构之间的关系来说，选择结构具有这样一些属性。（1）它不是个人主观因素的随意发挥，而是个人在一定社区结构下的选择，既建立在选择者对自己所处社会经济环境特点的认识和了解的基础之上，又建立在自己对社会合作者或外界力量的利益以及他们的策略行为能力的了解的基础之上。即使选择者是自主权较高的个人或社区整体，在选择时也需要准确地把握上述问题。（2）选择是对即时即地的、必须做出决断的具体事件的可行性、可能性和可取性的一系列判断，这些判断带有主观性但受选择结构的制约。（3）选择结构的变化与社会结构的变迁并不一定是同步的，或者并不一定是以后者的完全改变为前提的；选择结构的变化与选择者对结构加以的主动关怀有关，因而往往具有建构的意义。（4）选择结构所具有的主客观双重性使它的改变有可能是有意识的，所以谁在村社区的重大选择中把握了选择结构，谁就能够对其他参与者产生影响，谁就掌握了选择的主动权和领导权。从案例中可以看到，在村社区中，这个权力往往是由社区精英掌握的，因而他们也就成为选择的倡导者和引导者。"从个人与集体选择之间的关系来看，集体选择并不是个人选择的总和，社区选择也并不等同于集体选择，即说它不是一种预设中的人人都参与的或选择权力均等的选择。"而大多数村庄"创造出一种将个人和集体的能量都溶入其中的选择的中间结构"（折晓叶、陈婴婴，2000）。

沙莲香则从"中国社会是关系本位"的命题入手，通过对中国文化中的"己"的概念的释义，探讨了中国社会结构中的主客体关系（沙莲香，2000）。她在研究了梁漱溟、许烺光、费孝通及金耀基四位学者对中国社会生活中"关系"功用的认识结果基础上，总结出三个问题："一是中国社会的'关系本位'，其义在于把社会生活重点'放在关系上了'（其重点不是社会，也不是个人）；作为社会最小单位的个人，是依赖于他人的'关系者'。二是成为社会本位的这个'关系'，是以人伦为准则的'圈子''关系网'，其实质是个人对个人的私人关系。三是'圈子''关系网'中的这个个人，是关系的中心，有自主性。"（沙莲香，2000）

映照于"用历史来创造历史"（Giddens，1984，1990；转引自黄平，2000）及"知性再生产"（编辑部，2000）背景上的"个体与社会的关系"

问题，将会随着社会学的反思性、开放性的学术进展，而进一步向多元化的解释方向被无休止地再认识、再发展——只要人类社会继续承继启蒙理性及现代化社会文明的"社会行动"。

（四）社会心态研究综述

由于人是被嵌于某种意义体系和社会结构之中的一种存在，因而他的思想、情感、行为是在与后者的互动中产生、发展和变化的。对于社会心态的分析就是研究这种互动，它所借助的社会心理学的方法，不仅是一种操作方式，而且提示了一种思考方式。李汉林、李路路（2000）继续了他们以往对中国独特的单位组织结构的研究，但是重点却转到了对这一组织结构中成员的主观感受的分析上。其理论的出发点仍是韦伯关于统治和布鲁斯关于社会主义所有制下国家统治的学说，以及布劳的合理主义的交换理论。认为虽然中国社会发生了转型，但基本的统治结构没有根本改变，个人和单位组织仍存在明显的单向的依赖结构，而单位组织仍然强烈地保存着国家统治的特征。作者在探索了单位体制存在着的资源、满意度和依赖性之间的相关关系之后，把视点推进到单位组织中依赖结构的主观层面，着重分析人们的满意度和相对剥夺感与其在单位组织中的权力地位、政治身份、收入及资源获取方式之间的关系，并建立了相应的路径分析模型。作者指出，随着中国向市场社会的转型，收入差距将对单位成员的满意度和相对剥夺感产生越来越大的影响；而人们的这种主观感受又是一种潜在的行为可能，它一旦爆发，可能引发更激烈的行动，因而对之做出阐述并进而使其得以预测将是十分重要的。

仍然是关注于社会变迁对社会成员的主观感受（心理）的影响，翟学伟借用马斯洛的"需求层次理论"对社会心理承受力与社会的结构性变动的相关性进行了理论和经验层面的探讨。他首先界定了社会心理承受力。这一概念不同于一般价值观、社会态度等研究的地方在于它指向人们在面对社会变化时所可能产生的负面心理；并进而用马斯洛的需要层次理论对这种社会心理承受力的阈限进行了划分，特别指出，低级心理承受阈限上出现负面心理，它反映的是社会心理承受力上的危机感，如果改革的某一时期的社会心态出现这种危机感，就表明改革的社会心理支撑点正在失去。而经验研究的结果证实了这个假设：通过对社会风险、社会信任、社会公平和社会满足等方面的调查，对不同需求层次上的不满程度的统计，表明了中国人的心理承受力已接近其低级需要的下限，只是由于中国传统特有的人际关系网络在需求层次中的下移，才部分地缓和化解了社会危机感的到来。但这并非长久之计，它只是为政府提出解决问题的制度性方案争取了时间（翟学伟，2000）。

王毅通过对社会史的追述，考察了明代流氓文化的恶性膨胀与专制政体的关系及其对国民心理的影响，指出：（1）专制权力从上而下对社会制度和社会道德的瓦解，使统治中坚阶层彻底蜕变；（2）皇权与官僚阶层掠夺社会财富的需要，使其大规模网罗和利用流氓，并促使国家权力体系本身日益流氓化；（3）社会伦理环境的急剧"黑洞化"反过来又推动流氓阶层和流氓文化在全社会中的泛滥。这三点，构居流氓文化空前滋长的基本动因。而这种空前的滋长又极大地影响了国民心理。作者借助威尔海姆·赖希和弗罗姆关于"权威主义性格"的理论，以及存在主义哲学对荒诞社会以及其中底层人物命运的分析，揭示专制社会中被压迫者"权威性格"的二重性：一方面是极端畏惧权威，一方面是渴望获得和加盟专制权威；而加盟的途径便是努力使自己流氓化。这种"权威性格"由极端化的皇权专制力量，通过宗法等级层层灌输普及，构成一种上下一体的"社会性格"。表现在社会心态上，则是明显的"反文化"倾向，整个社会的价值取向呈负面特征，文化体系内部的根本的价值观反而受到贬斥。作者对明代中后期的流氓文化的成因及其对国民心理及社会心态的影响的分析，不仅是探究某一朝代更迭的社会原因，而且是要指出这种流氓文化及其所造成的社会心理、所体现的价值观已成为中国文化的一种积淀，它对当代中国"走出中世纪"构成潜在的障碍（王毅，2000）。

上述与社会心态相关的诸问题，既是作为社会主体的人与社会互动的结果，也是其进一步互动的契机；它向人们提示，由社会转型所导致的人们的普遍心理状态、价值取向及其所蓄积的行动的能量，将会对转型中的社会产生什么样的作用力，已不仅是理论的问题，而是一个涉及社会稳定的、不容忽视的现实问题。

二 社会热点问题研究

（一）中国与 WTO 加盟

经济全球化在组织上有两大推动力，一是跨国公司，一是国际经济组织，如国际货币基金组织（IMF）、世界银行（WB），世界贸易组织（WTO）也是其中之一。尽管经济全球化是全球化的核心和主导，但是全球化的影响决不限于经济方面，甚至在其他方面的影响比经济更加深远。鉴于跨国贸易对国际政治、对各国国内经济进而对各种不同的利益群体的巨大影响，WTO的协议和谈判成为国际、国内关注的焦点。关于加入 WTO 对中国的影响的讨论，虽然已经有了"机遇与挑战并存"的经典概括，但是利弊之争仍然很激烈。粗略划分起来，就被讨论的主体来说，一类从国家整体利益出发，一类是从不同的社会群体利益出发；就讨论的问题来说，经济利益是一类，政治、社会（包括体制、政府行政、司法、社会公平等）为另一类。纯粹的经济问题尽管是被讨论得最多的，但本文侧重的是问题的后一类。

借 WTO 的"外力"推动中国改革是一种有代表性的观点。持这类观点的学者倾向于，中国国内已经积累了若干体制改革难点，而且目前改革和发展的动力不足，如果只靠国内"自己改自己"（厉以宁，2000），没有一个强有力的外部环境促使，已很难有一个可观的进展。中国加入世界贸易组织（WTO），意味着打破垄断，引入竞争，有可能为中国业已陷入停滞的经济发展带来新的大机遇（胡鞍钢，2000），"把握得好，可以使长期困扰我们的体制改革难点顺利克服"（林毅夫、胡书东，2000）。季卫东从司法角度分析认为，与1994年之前的关贸总协定（GATT）相比较，世界贸易组织的一个最突出的特点是大大加强了解决纠纷的职能，避免受到"跨行业报复"的制裁。另外，在这样的解纷机制和强制性制裁的背景之下，中国政府如果不能进一步在法治、行政效率、社会自由、政治决策的多元化和民主化以及反腐败等方面采取有力措施，通过大刀阔斧的制度改革形成公平竞争的市场环境，将很难适应加入世贸组织之后的新的形势。因此，对于中国而言，加入世贸组织不仅仅是一个经济决策，而且具有深远的政治意义。可以说，加入世界贸易组织等于一场规模巨大的社会体制革命（季卫东，2000）。

罗峰等人也提出，加入世界贸易组织，意味着政府管理方式的改变，它向政府提出了怎样把握好我国现有的经济运行规则和国际上规则之间张力的问题。我国的现代化的后发外生型决定了政府在消除国内规则和国际规则的摩擦和冲突方面负有不可推卸的责任。政府不仅要制定一些与我国国情和世界贸易组织的原则相一致的游戏规则，健全、完善市场经济体系，更为重要的是要建立起与市场经济相一致的行政管理体制。在这个意义上说，我国加入世界贸易组织，有助于推进我国的法治化进程（罗峰，2000）。

但是加入 WTO 也可能极大地增加社会的风险。其一，人才的外流。不仅指流向国外，也指外资公司、企业实行本地化战略以后对国内优秀人才的吸引。人才的外流更会加剧中国人才的危机。因此，有学者认为"加入 WTO 的最大危机恐怕是来自人才的危机，这使在人才竞争中我们更处下风"（刘伟，2000）。其二，失业率增高。研究者警告说，"估计目前城镇失业率为 15%，农村为 23%，而世界上失业率红线为 7%，这还是建立在几十年的福利措施的基础上的，而我国（目前）城镇社会保障能力只允许 400 万人失业"（刘伟，2000）。

就业位置的多寡与产业的兴衰有直接关系。韩德强指出，作为消费者的大众，从加入世界贸易组织中可能会得到更多的好处，但是作为生产者的大众，随着众多的生产单位被清除出局，他很可能会失去工作。失业的人是谈不上消费的。因此，他主张在加入 WTO 的时候寻求保护自己的弱势产业（韩德强，2000）。卢周来在评价韩德强的书时认为，韩德强声称自己要拆解竞争神话，破除市场迷信，这在经济学界是少数派。但他敏感地觉察到，弱国要在全球化过程中避开陷阱，首先需要做的是进行国内各种力量的整合，注意弱势群体的利益。如果没有事先进行这种整合，弱国将因为内部本身经济结构的不连贯、政治上的离心离德等在竞争中更加不堪一击。这是难能可贵的（卢周来，2000）。

王绍光在论述中国加入 WTO 后将面临的政治性挑战时进一步指出，现时不平等的增加使得中国社会中产生了一种普遍的经济不安全情绪，而这又进一步威胁到对现行改革的政治支持。中国正是将在这一背景下加入 WTO。因此应当采取一种机制，能够让受益者对受损者进行补偿；否则，利益分配上的冲突将是不可避免的。能否有效应对这一挑战的关键在于政府是否能够通过对全球化的成本和收益进行再分配从而降低这些与更高开放程度相关的风险。为了发挥一个再分配者的作用，中国政府必须加强其"汲取能力"，尽管这绝非易事，而只有引进参与或意见表达机制，政府才能够有希望汲取更多的社会资源从而更好地适应一个全球化的世界（王绍光，2000）。

（二）全球化研究的脉络

全球化作为一个事实和一个研究视角，早在 80 年代前期已经被中国人注意到（如罗马俱乐部《增长的极限》一书的翻译）。到近几年，骤然成为政府、社会和学术界的热点，以"全球化"为题的研讨会相继召开（如1998' 深圳"全球化与当代社会主义、资本主义研讨会"；1998' 北京"全球化与人文科学的未来"国际研讨会；1999' 清华大学"全球化与劳工问题研讨会"和"清华—全球论坛"；2000' 全国政协的"21 世纪论坛"；2000'"经济全球化与中华文化走向"国际研讨会等），国外有关全球化的论著大量被介绍进来（影响比较大的如中央编译出版社出版的《全球化论丛》），国内学者的研究涉及经济、政治、社会、文化各学科，热点问题包括全球化与资本主义、现代化与全球化、全球化与民族国家、全球文化与民族性、全球化与市民社会（民主）、全球化的后果，等等。限于篇幅，本文先重点介绍全球化给社会学理论和方法带来的挑战，然后介绍中国学者从全球化视角出发的几个研究实例。

1. 全球化的概念

什么是全球化，可以说是众说纷纭，在各种研究中没有一致的定义，"有的学者从信息通信角度提出全球化就是信息克服空间障碍在全世界的自由传递，提出'全球村'（global village）的麦克卢汉是这一观点的重要代表；有的学者从经济角度提出全球化是资源在全球范围内的自由流动和配置，自由主义经济学突出地代表了这一观点；有的学者从体制角度把全球化看作资本主义的全球化或资本主义的全球扩张，许多左翼学者都持这种观点；有的学者则从制度角度把全球化看作现代制度或现代性在全球的扩展，英国社会学者吉登斯就认为全球化不过是现代性从西方社会向世界的扩展；还有的学者提出全球化就是全球问题意识和全球共识的达成，罗马俱乐部是这一观点的突出代表"（杨雪冬、王列，1998）。而意大利学者M. I. 康帕涅拉认为："全球化不是一种具体、明确的现象。全球化是在特定条件下思考问题的方式。"（康帕涅拉，1992）80 年代后期，欧洲委员会成立了由专家组成的里斯本小组，集中进行全球化问题研究。该小组学者提出："我们对全球化作出如下解释：全球化涉及的是组成今天世界体系的众多国家和社会之间各种联系的多样性。它描述的是这样一个过程，在这个世界部分地区所发生的事件，所作出的决策和行动，可以对遥远世界其他地区的个人和团体产生具有重大意义的后果。全球化包括两种不同的现象，即作用范围（或者扩大）和强烈程度（或者深化）。"（张世鹏、殷叙彝，前言：1998）

对全球化的不同理解，导致不同的分析模式和不同的话题。例如从经济学角度，有人认为"应是以贸易联系的密切程度为基准"，有人不同意，认为应放弃在封闭经济假设下建立模型的方法，"将来商品、资本和劳动国际流动将成为经济研究中的前沿核心问题"；从政治学角度，美国的罗伯特·基欧汉和约瑟夫·奈提出国际政治中国家之间的"相互依存"概念，对现代化中民族国家是"最好的共同体"的正统观念提出了挑战，在政治学中产生重大影响（文军，1999a）。

2. 社会学的全球化理论与研究模式

目前至少已出现了几种富有代表性的理论：沃勒斯坦的世界体系论，吉登斯的制度转变论，罗伯逊的文化系统论及斯克莱尔的全球体系论等。

沃勒斯坦的世界体系论作为全球化理论的前奏，其影响力是无可辩驳的。尤其是他1974年出版的《现代世界体系：资本主义农业和16世纪欧洲世界经济的起源》一书，堪称全球化理论发展的里程碑式的著作，它以体系代替了国家为分析单位，标志着全球化理论开始彻底摆脱了经典方法，开创了从全球角度对资本主义这一世界性现象进行系统研究的先河。

吉登斯在他的制度性转变理论中，使用了两个极其重要而又相互关联的概念来解释制度性转变与全球化的关系，即"时空的分隔"（separation of time and space）和"社会系统的剥离"（the disembedding of social systems）。在前现代社会中，人类的活动是受"在场"（presence）所支配的，而现代性的出现改变了人类时空距离的关系，人们的互动不再受制于必然"到场"这一条件，"缺场"（absence）的联系也变得习以为常。全球化作为现代性的一种必然结果，其过程必然包含重组社会的空间和时间秩序。因此，"全球化概念最好理解为表达时空分隔的基本样态。全球化指涉的是在场与缺场的交叉，即把'相距遥远'的社会事件和社会关系与本土的具体环境交织起来，我们应该根据时空分隔和本土的具体环境以及本土活动地的漫长变迁之间不断发展的关系，来把握现代性的全球性蔓延"（Giddens，1984：21）。这正好带出了"剥离"这一概念。剥离泛指一个脱离了社会关系建构及人际互动需要必然在场这一先决条件，反而在无限的时空分隔中再将二者重组的过程。社会系统的剥离就是指社会系统从"本土的互动的范围"中剥离出来，跨越时间和空间加以重新结合（Giddens，1990：79）。

在吉登斯看来，全球化是现代性的基本制度特征向全球范围转变的必然结果。现代性的基本制度特征是由四个不同层面构成：资本主义、工业主义、军备力量和社会监督（social-surveillance），这四个现代性的制度特征向全球范围转变的结果便形成了全球化的四种维度，即全球资本主义经济、国际劳动分工、全球军事秩序和民族国家体系。各种制度性转变的全球性导向如果无限地急剧化，就会相应地构成经济增长机制的崩溃、极权主义提升、核冲突或大规模战争的爆发及环境大灾难的发生等危机。但是，吉登斯认为全球化的这种可能性危机能够而且只有被积极参与的社会运动所克服和抵消。

罗伯逊（Roland Robertson）的文化系统论是从与全球化密切的现代化理论考察入手的。罗伯逊发现当时十分流行的现代化理论大多只是指诸如教育、职业、识字率、收入和财富这样的可以客观衡量的指标，而很少关注现代化中主观的、解释的方面。而在现实政治领域中，文化的因素及其影响力要比许多人想象的多得多，可以说，我们处在一个全球范围的文化政治时期。因此，全球化不仅是指目前全球日益增长的相互联系的种种客观事实，而且更是指文化和主观上的问题。

在研究的概念上，罗伯逊使用"全球场域"（global field）来代替通常使用的"全球体系"（global system），全球场域是由四个参照点（reference points）构成，即民族国家社会、多社会组成的世界体系、自我和全人类。以此为基础，罗伯逊提出了他的"全球化模型"。

罗伯逊的全球化模型的不足之处如 J. 弗里德曼（Jonathan Friedman，1994：199－201）所指出的："罗伯逊的全球化模型既没有说明相对化过程的本质，也没有指出它可能变迁的道路，相反，它详述的只是一个对世界还没有证明的认知的假设，而这只是罗伯逊自己对世界全球化状态的认知。"（文军，1999b）

斯克莱尔（Leslie Sklair）在分析沃勒斯坦的世界体系模式和罗伯逊的文化系统模式时指出，世界体系模式所包含的经济主义取向和文化系统模式中的文化主义取向，虽然指出了全球化的一些重要特征，但如同在其他问题上一样，社会学的真正使命应该是在考虑经济和文化的同时避免经济主义和文化主义。而斯克莱尔全球体系模式的理论基础是建立在"跨国实践"（transnational practices）这一概念之上的。所谓跨国实践指的是"在特定的制度背景下人们的行动所产生的影响，是由非国家行为主体所从事的并跨越国家疆界的实践"。跨国实践虽然是抽象概念，但是它们直接指的是其代理机构的实践。从分析的角度看，跨国实践包括三个层次的运行，这三个层次是经济、政治和文化—意识形态，且每一层次都有自己的代表性制度，有组织的、固定的、一致的实践结构。三者相互作用，共同形成了全球体系。这个体系的组成是：跨国公司、跨国资产阶级和消费主义文化。在使用"跨国资产阶级"这个概念时，斯克莱尔特别注意了与欧洲中心论色彩的阶级观念的区别，指出跨国资产阶级的组成包括了各国实力精英，他们在全球体系中居于中心地位，能够在整个体系的层次上做出决策，同时在本地形成一个社会阶层，在一定条件下能够限制跨国公司和外国利益（文军，1999b；斯克莱尔，1994）。此外，斯克莱尔还指出一个正在出现的日益全球化的消费主义，这样一个概念用"消费主义文化—意识形态"来表示，它表明在资本主义时代的消费主义的物质条件下，文化变成了一套服务于资本主义全球体系的意识形态实践，即消费主义的制度化。组织并促进这种消费主义的是跨国资产阶级和跨国公司。一个明显的事实是，那些曾被认为是纯文化的东西，越来越由商人出资兴办，消费主义流行的原因绝不是大众需要靠不停购买过日子，而是资本主义必须在全球规模上永无休止地扩张下去，这种扩张要求推销越来越多的商品和服务给那些基本需求已经得到满足的人和没有得到满足的人。因此，斯克莱尔假设，不是"西方文化"，而是"消费主义文化—意识形态"支配着第三世界（斯克莱尔，1994）。

3. 研究方法的变革

对全球化的研究中，新的分析方法引人注目。简略地概括，如新的分析单位，沃勒斯坦的理论将世界作为一个总体来研究，斯克莱尔更提出从阶级而不是从国家的角度来讨论权力的起源和运作，为那些传统的国家中心论无法解释的问题提供了良好的思路。

新的研究对象——跨国主体，这些跨国主体显然是些非国家主体，它们对国际政治的介入，使所谓"国际市民社会"得以产生。其中最重要的可能是跨国公司，斯克莱尔称之为"经济跨国实践独具特色的制度性结构形式"。正是跨国公司在 80 年代推行的全球化经营战略推动了世界财政金融体系的结构转换，从而大大加速了全球化的进程。再如斯克莱尔提出的"跨国资产阶级"，佐伯启思称之为"新精英阶层"，他们是民间人士，其活动超越国界，因此他们也就不再抱有对国家的忠诚，也不会顾及国民整体的利益（佐伯启思，1999）。此外，还有各种跨国网络，比如"跨国倡导网络"，它们由政府某些部门或议会、非政府组织、区域组织或国际组织、知识分子等社会活动积极分子所组成。跨国倡导网络在国家、社会和国际组织之间形成新的联系纽带，一定程度淡化了个人、国家和世界组织的活动界限。对于跨国倡导网络，目前的研究往往运用社会运动的理论来解释它。但有学者指出，作为在全球化运动中产生的典型的非国界化的形式，"它的理论价值也许不在它的网络结构和社会运动形式，而在它的文化内涵和文化后果上"（刘东晓，1999）。

新的身份认同。随着个人对传统政治和阶级身份的认同越来越淡漠，越来越归附于亚团体或者重归个人，一种新认同政治（the new politics of identity）概念开始出现。这实际上就是政治生活的个人化和分散化，也表明了个人和团体对替代传统政治价值观念和实践行为的探索。具体而言，新认同政治表现为女权主义、绿色和平运动、民族性、新地方主义，以及个人疏离政治、民粹主义等。新认同政治对传统政治的冲击是相当大的，由于民族身份、少数民族和种族身份、地方身份以及性别身份问题日益明显，身份政治在西方由边缘问题成了政治的中心问题（杨雪冬，1999）。

4. 消费主义对中国的影响——几个研究实例

在以全球化为题的研究中，涉及全球化对中国社会影响的内容主要有两个：一个是消费主义文化，一个是中国加入 WTO（将另题论述）。

随着中国社会逐渐走向日益全球化的世界，消费主义作为一种全球性文化，伴随跨国公司的商品、广告、代理人和机构的陆续进入中国，也或快或慢地被中国的民众不同程度地接受；其接受的程度，是以同外部世界的接近程度为正比的，也就是说，消费主义正从沿海向内地、从大城市向小城镇以至农村、从有钱有闲的阶层向普通的工薪大众乃至农村人口蔓延开去（黄平，1995）。陈昕和黄平对中国城乡的调查、郭于华和景军对儿童食品的研究证实了消费主义文化在中国社会的出现。

与一般意义上的"高消费"不同，消费主义的消费目的，并不是商品的使用和服务价值，而是它的符号象征意义。换句话说，消费的目的是表现性的。人们曾经认为，随着生产的发展和科学技术的进步，人们的基本需求和发展需求终究会得到满足。然而事实却是现代社会中人的消费需求欲望永远无法得到满足，人们的消费需要和消费欲望被不断地创造、刺激和再生产出来。特别是当它与风格、地位、品位、身份以及有关"美好生活"的影像相联系时，就成为一种生活方式和价值观念。这类生活方式的特点是在观念高消费与实际高消费之间产生经常性的矛盾、焦虑和紧张，并驱使各色各类的人们永远处在"欲购情结"之中（陈昕、黄平，2000）。

作为一种生活方式和价值观念，消费主义文化—意识形态传播途径基本上不是靠自上而下的代际传承，而是依靠大众传媒通过广告或各种商业文化和促销艺术形式推销给（在许多情况下，是在不知不觉中强加给）大众的（陈昕、黄平，2000）。同时，传递的代际顺序也已经颠倒过来，由年轻者传给年长者，新一代传给老一代。城市中儿童食品的消费是最典型的例子。中国城市家庭儿童对家庭消费的影响力已经达到70%左右（景军，2000），在食品选择方面，儿童的权力和知识往往超过他们的父母（郭于华，1998；景军，2000）。农村的变化尽管比城市缓慢，但是在那些有大量年轻人外出的地方，文化的主流迅速向年轻人倾斜，并且被年长者认可。那些年轻的打工者将他们从城市和沿海地区学来的新的消费方式和娱乐方式带回内地的家乡，改变了家乡的文化结构和地位结构。更重要的是，这种消费主义的文化—意识形态的推动者和受益者是那些跨国商业集团，由于跨国商业集团在全球经济上的影响力，他们在引导和控制人们的消费观念和行为上也表现为一种话语权力，一种文化支配权，而这种生活方式对于保证全球市场经济体系的生产和再生产是不可或缺的（陈昕、黄平，2000）。此外，景军的研究事例还说明，跨国公司的营销策略和地方化能力使他们能合法而积极地参与地方事务，因而能够部分地影响和渗透许多国家及政府的政策（景军，2000）。

对于消费主义文化—意识形态的影响，虽然不能简单地否定，但是某些负面效应已经显而易见。比如研究者指出的，在"发展"和"现代化"追求中外出的农村年轻人，他们在外挣得的现金固然在一定程度上缓解了家乡人多地少的格局，一定程度上改善了他们及其家人的物质生活，但是究竟有多少钱花在为追赶时尚而购买的对于他们尚不实用的高档消费品上，这虽然难以统计但依然可以给人留下深刻的印象。不仅如此，大量乡镇企业在当地的开发以毁坏粮田、污染环境、浪费资源、生产伪劣商品、恶化社会关系、牺牲社区的信赖和安全为代价，所增加的收入也常常是用来追赶花样不断翻新的一轮又一轮的消费潮，这样的"发展"难道不应反思吗？

（三）城镇贫困问题研究

近年来，中国城镇居民的贫困问题已成为中国社会与学术界关注的热点，也是政府社会政策的重点之一，更成为当前社会学研究涉猎的一个主要问题。概观已有的研究成果，从"描述"的角度看，主要描述了城市贫困人口的主体及其地区、年龄分布等；从"解释"的角度看，主要从企业、个人、社会三个方面的因素做出解释，企业方面的因素有经济结构的调整、市场竞争的冲击导致许多企业倒闭或经济效益低下，个人方面的因素有个人文化程度较低、缺少专业技能、竞争意识不强、适应能力弱等，社会方面的因素有社会保障薄弱、社区发育不够等；从"规范"的角度看，主要从开辟就业渠道，如发展第三产业、加强再就业培训、转变就业观念、健全保障体系、发挥社区作用等方面给出对策（陈涌，2000）。

概观 2000 年的研究动向，学者们的研究已摆脱了单纯对国外有关贫困理论的引介，简单的对比分析，低层次的现状描述、状况分析、数据统计和空洞的对策建议阶段，研究已向纵深发展，涉及的领域也更加宽泛，主要体现在以下方面。

1. 对制度改革的反思与重构

已有的调查研究表明，中国城镇贫困人口的主体是失业、下岗和退休人员。作为目前正在中国推进的社会保障制度改革核心部分的失业保险制度以及社会救助制度——城镇居民最低生活保障制度本应能够为这部分人提供应有的保障。然而，实际情况却不尽如人意。究其原因，在于制度设计时就存在问题。"中国社会保障体系研究"课题组的研究表明：我国现行的失业保险制度模式是最"与国际接轨"的，这种模式用以对付常态的失业问题应该是有效的。但用于对待中国这样在产业结构大调整背景下出现的结构性失业，其作用就令人怀疑了，这种模式设计的初衷就不是为了应对类似中国目前遇到的问题的。特别是在中国还有比失业更令人瞩目的下岗问题，由于对这一问题的严重性认识不足，因而没有注重建立一个长期有效的制度，致使真正困难的职工未能得到充分的保障。对制度进行改革的呼声越来越高，已到了非改不可的地步（"中国社会保障体系研究"课题组，2000）。

另外，作为近年来社会保障制度改革中制度设计基本合理的社会救助制度（最低生活保障制度）在具体施行中也出现了相当大的偏差。主要体现在一是对社会救助对象的认定；二是其社会排斥的发生与经济背景有关。其带来的后果，据专家的保守估计，中国城镇人口中有1200万～1500万贫困人口，这个制度保障的对象只有281万人，即不到1/4或1/5。有鉴于此，研究者提出了基础—整合的社会保险改革思路。其制度设计拟废除失业保险制度，代之以就业服务为主、以现金保障为辅的一系列新制度，并更名为就业保障制度。它分为三个在执行程序上首尾相接的制度，即雇主赔偿制度、就业服务制度、最低生活保障线制度（"中国社会保障体系研究"课题组，2000），从而从制度改革的高度对有关城市贫困问题做出反映。

2. 社会公正问题

吴忠民撰文从一个较为独特的视角探讨贫困与公正的相关性。他认为：一个社会所拥有的贫困现象的规模与程度同这个社会的公正程度具有一种负相关。绝对贫困显然有悖于公正的保证原则和调剂原则。相对贫困更是从多个方面违背了公正的原则。问题的复杂性在于，虽然贫困大多属于"不公正"的贫困，但也有少数的贫困属于"公正"的贫困。贫困者并不一定就无可置疑地拥有公正。贫困与公正问题在中国的社会转型时期往往表现得十分突出和复杂（吴忠民，2000）。

3. 有关社会稳定

李强从经济利益关系的角度，将当今的中国社会各阶层区分为四个主要社会群体，即特殊获益者群体、普通获益者群体、利益相对受损群体和社会底层群体。其中，在分析利益相对受损群体时他指出：以下岗人员为主体的"利益相对受损群体"，从绝对的客观标准看，其生活条件并不是最差的，然而他们普遍存有一种心态，在理论上称作"相对剥夺感"或"相对丧失感"，这是社会不满和社会动荡的重要源泉。由于我国现在存在着隐性就业现象、"生活机会"现象，以及失业人员在家庭内部能得到一些补偿，因而虽然失业下岗问题严重，但还不至于威胁到社会安定。真正的危机在于年轻一代失业的增长，未来的毕业生将面临毕业即失业的危机。出现这样的局面，那会是对社会安定的最大威胁（李强，2000）。

4. 陈涌从区位学的角度指出：随着城市社会的变迁，城市社区表现出了阶层化的趋势

城市贫困人口逐渐聚集在城市的某些特定区域，形成了城市贫困人口居住区位化现象，即形成了新的城市贫民区。这一现象在我国已初见端倪，其趋势必将对城市贫困带来新的影响。对贫困人口而言，强化了他们的贫困地位，有可能造成所谓的"贫困的再生产"；对社区而言，使得原有的一些城市反贫困策略失效，急需我们做出新的应对；对社会而言，则既有增加社会稳定的一面，又有危害社会稳定的一面。因而应引起广泛关注（陈涌，2000）。

5. 从消除贫困的对策角度，有研究者着重指出：提高人力资本是消除贫困的关键

贫困人口的共同特征是人力资本含量低。人力资本含量低也是导致贫困的主要原因。如此循环，就造成了一个地区、一个国家落入贫穷落后的怪圈。要想彻底改变这种现象，最根本的手段是加大对贫困人口的人力资本投资。同时，还需要有一系列与之配套的制度来保证人力资本投资的收益率（李长安、陆跃祥，2000）。

上述研究开拓了一些贫困研究的新视角。其他的相关研究，还有从地区的角度，对西南城市贫困以及老工业基地贫困特点的研究；从群体的角度，对城市中特困老年人生活方式、残疾人弱势群体的研究；等等。

（四）网络社会的新动向

因特网（Internet），从最先为美国政府拥有的、为冷战而发展起来的小计算机网络，已经迅速发展成了一个世界性的信息资源网络。最新统计资料显示，到 1998 年 2 月，全世界因特网用户已达 1.13 亿人；而中国的网络用户到 1997 年 10 月为 62 万人，占人口总数不到 0.05%。因特网被视为继报纸、广播、电视之后的"第四媒体"，它使跨文化传播进入了一个全新的时代（李展，2000）。

就传播技术和社会化而言，"网络交往"成为一种全新的事物。"因特网形成了一个新型的相互影响的空间：在这里，可以建立社会联系、构建共同的世界和检验可供选择的身份"（U. 霍夫曼，2000）。与此同时，"电脑作为一种媒体开创了符号运转的可能性，从而模糊了从事网络活动的人类参与者和非人类参与者之间的界限"（U. 霍夫曼，2000）。"于是，'人为的'反客为主，做起'自然的'的主人。当'自然'成为'人为'的一部分，'拟像'就取代了传统的'真实'的地位，主导着人的世界"（叶启政，1998）。

U. 霍夫曼对网络团体——虚拟的社会世界勾勒出几种内部结构。（1）以对某种或几种事物的共同兴趣及价值目标进行网络沟通、联系的虚拟团体。其成员经常变换，但团体本身相对稳定。（2）将其在网络上的活动和接触当作它的主要社会联系①。（3）在网络上进行一些服务性的工作，具有一定职能的网络团体，如虚拟游戏世界的代理人等等。他认为"因特网上的团体绝不是单一的统一体，而是在各个方面体现为多样性和多元化……因特网不仅推动了个性化和全球化，而且还带来了'客观化'：在虚拟的计算机网络世界里，世界离我们更近了"（U. 霍夫曼，2000）。

无论是叶启政等学者所担忧的"拟像化"，还是霍夫曼等人所肯定的"客观化"，其对网络社会世界结构及功能的探讨，都直接指向了高科技社会中人的主体性问题，即在"人造的自然"和"虚拟社会"中，人的主体价值怎样体现？个体与社会究竟是一种什么样的关系？

杨宜音、陈午晴、徐冰（1999）在一项关于"互联网络个性化信息服务的社会心理学研究"中，对网络用户的类别、自我及其呈现、虚拟群体及虚拟身份进行了经验研究与初步探讨。（1）关于网络用户的类别，他们从网上需求、上网方式、个人物质及价值取向等维度，经调查及统计分析，综合为八大类，即务实型、情趣综合型、游离型、务虚型、虚拟综合型、合群综合型、情趣—虚拟综合型及情趣—合群综合型。（2）关于自我及其呈现。他们从个性化信息服务与自我及其呈现关系的特定角度，分析、认识网络用户的自我及其呈现特征，结果发现，因网络提供给人们的是一个与现实社会所不同的空间，人们可以更加开放地进行自我呈现，并

---

① 如"黑客"（Hacker）就是这样的一种团体。

且在自我呈现的过程中建构和塑造自我；其内容，既有按照现实规范表现自己的狭义内容，又有突破现实禁忌的更广义的自我呈现内容。（3）虚拟群体及其虚拟身份。他们的研究，将有条件从虚拟的形式分化出来，相对独立地存在于网上的群体称为"虚拟群体"，他们发现，虚拟群体有八大特点：作为参与者（1）参与群体是自主的、可自由选择的；（2）可自行决定自己在群体生活中的身份及向群体中的他人呈现自己的方式；（3）可自行决定参与群体交往或活动的时间及其间隔与长度；（4）可自行决定自己在群体中的地位和角色；（5）可以既不顾网上他人的评价、反应，同时又必须适应来自网上的独特的对自己的反应和评价；（6）可在网上跨越日常生活世界的局限，结识不同类型的人员；更易结交拥有相同价值观、生活方式及品位的"心理群体"的成员；（7）其成员间交往和相互型塑是呈动态的，具建构性的；（8）由匿名引起的责任扩散，会激起群体规范的失效和组织秩序的混乱。

他们在研究了备受人们关注的网络人"虚拟身份"及其特性后提出，在互联网上呈现虚拟身份的原因和条件在于，由于交往的间接性（不是面对面地交往）和匿名性（接收信息方不知道发送信息方的真实和全面的情况），网民在自我表露或自我呈现时，可以利用社会期望系统，重新建构个人期望系统，发展出一套全新的行为规范。如此，一方面，可以避免因个人信息的流失而受到意外的伤害；另一方面，也可以体验其他角色的行为逻辑、情感交流方式和从他人的反馈信息中获得新的体验；等等。虚拟身份的获得是一个"成为我自己"（becoming myself）的自我认定（self identity）过程；其自我选择的特性非常突出，是自我建构的，"网民自己就是自己的设计师和工程师"（杨宜音等，1999）。

互联网究竟会给人类的社会和日常生活带来何等程度的影响？研究者们已经由初起关注其在经济领域的强大影响，而进一步深入社会、文化、制度，甚至哲学层面（黄铠坚，2000）。清华大学科技与社会研究中心于2000 年 3 月 18 日主持召开了"信息科技与社会学术讨论会"。来自中国社会科学院、北京大学、清华大学、南开大学和华中理工大学等单位的学者参加了会议。与会学者都普遍注意到了研究方法上的问题。中国社会科学院哲学研究所的郭良认为，应以实证研究方法收集资料，并在此基础上得出较客观、经得起时间考验的认识结果。中国社会科学院的吴伯凡则指出，目前存在的流于时闻、短评，或用传统理论硬套的一些研究倾向，很生硬、很肤浅，应采取社会学的视角。此外，学者们还就网络对传统媒体的冲击，网络与知识社会、电子超文本对知识传播方式的影响，千年虫问题的反思，人工智能的哲学问题等展开了讨论（黄镕坚，2000）。

三　结论与建议

综上所述，处于转型期的中国，出现了许多亟待研究的社会新现象，诸如西部开发、WTO加盟、社会保障、劳工及劳资关系、家庭功能弱化、因特网的信息革命、涉及协调发展的社会与经济、人与自然关系、社会工作的任务及理念等，有关这些方面的研究显得十分重要，而且它也已由原来的单位制功能性问题转变为跨国籍的、不同制度之间关系的和国家与社会之间关系的问题。我们将带着20世纪给我们提出的这些命题进入新世纪。新旧世纪的历史交替并非是一个时间上的概念，而是社会问题的连贯性和相关性所定义的历史进程。然而，在上述提到的研究领域中尚未出现有较大影响的研究成果，流于记者文笔的现象描述、报道和有感而发的浪漫主义情绪的文章仍然并不罕见。它们偏离了社会学的基本问题意识和方法。这类文章当然也无法与政治家和记者的言说相媲美，因为它并不具备政治家的胆识，也不抵正统记者无我的那种写实精神。但是，由于这类研究涉及中国改革中的制度创新、社会福利的改革甚至社会运动等一系列相关社会发展的基本问题，所以我们仍将保持密切的关注并呼唤作为一名社会学家的风范。

社会学发展（知识创新、解构与建构）的实践过程告诉我们，社会学家的知识性劳动具有自己的特点。如现象学社会学呼唤社会学家的理解和对话能力；反思社会学需要研究者将自己的研究实践也纳入研究的过程；文化批评促使我们挖掘结构变迁过程中的巨大知识动力……20世纪社会学的发展也正是在这种社会学家的研究实践基础上展开的。它要求社会学家不断地对自己的所谓研究方法和理论进行反思，从而保持一种不断向上的精神状态。为此，我们反复强调"科学地验证和验证科学"。如当代知识社会学所关注的那样，它们本是相辅相成的两个知识运动的过程。这个知识运动在中国有两种意义。其一，我们对社会所进行的翔实的调研成果应当是制定中国社会发展国策的前提，在这样的基础之上制定出来的政策及其法规，反过来又应是指导现实工作的方针。其二，中国社会学家的知识性劳动同样构成了社会科学知识体系的一个组成部分，只有保证了这一知识运动的良性循环，中国的社会学才有可能与其他专业、人类知识体系共存。如果我们拒绝"知己知彼"，那么也就意味着我们主动放弃向人类社会知识做贡献的能力。在上述意义上，我们在这里不用"中国社会学"，而采用"社会学在中国"，也正因为，中国的社会学离不开整个社会学的大背景。"本土化"的多样性并不只是说明彼此间的差异，而是强调我们身在其中所起的不同角色作用。

2000 年在学术思想上，"西化"和"本土化"构成了诸多研究中的基本底色。与知己知彼的"本土化"运动不同，我们所警惕的是那种单方面的、拒绝对话的"本土化"。为改变"西方理论、中国素材"这样一种思想贫瘠的局面，很多学者尽其所能地参与了向世界介绍反映中国乃至亚洲社会学界的学术建设活动，以改变"中国社会学家仅仅是为国外学者罗列素材的收藏家"的那种印象，改变单方面地理解"本土化"，固步自封，将自己的研究孤立于人类知识体系之外的那种学风。我们也欣喜地看到，有不少社会学家力求知识沟通，试图冲破代际和国籍间的隔阂。在 2000 年度中国各大学社会学系主任会议和中国社会学年会上，我们看到了各社会学系和机构在本领域中的不同优势和角色，它预示了社会学在中国的发展以及建立学术对话机制的良好前景。

总之，建立西方社会学知识与中国本土知识的可理解和表达的桥梁，而不是制造排斥或封闭，理应是我们中国进行知识创新的思想基础。前文提到的那些学术大家提出的命题并非只是欧洲的，社会学在中国同样也在他们提出的命题下开展了积极的学术活动。因此，我们可以说，今天中国的改革也绝非人类社会活动的个案，而是一个具有历史意义的实践。中国，乃至我们亚洲是否能够出现向人类提出命题的学术大家？人们拭目以待。

参考文献

B. A. 亚多夫，2000，《探索摆脱危机的社会理论》，潘大渭译，《国外社会学》第 4 期。

编辑部，2000，《编辑部报告》，《社会学研究》第 3 期。

陈昕、黄平，2000，《消费主义文化在中国社会的出现》，"中国社会学"网站："全球化"专题。

陈涌，2000，《城市贫困区位化趋势及其影响》，《城市问题》第 6 期。

福柯，1998，《知识考古学》，谢强、马月译，生活·读书·新知三联书店。

郭强，2000，《现代知识社会学》，中国社会出版社。

郭于华，1998，《社会变迁中的儿童食品与文化传承》，《社会学研究》第 1 期。

韩德强，2000，《碰撞——全球化陷阱与中国现实选择》，经济管理出版社。

何高潮，1997，《地主·农民·共产党》，牛津大学出版社。

胡鞍钢，2000，《WTO 带给中国重大转折》，"中国社会学"网站："入世风云录"专题。

黄锫坚，2000，《网络与社会：学科交叉的新领域——"信息科技与社会学术讨论会"概述》，《哲学动态》第 5 期。

黄平，1995，《消费主义在中国城市居民中的影响》，《'94 中国"市场经济与文化"学术研讨会论文集》，中国经济出版社。

黄平，2000，《从现代性到"第三条道路"——现代性札记之一》，《社会学研究》第 3 期。

季卫东，2000，《世贸组织的解决纠纷机制对中国的影响》，"中国社会学"网站："入世风云录"专题。

景军，2000，《社会转型与儿童食品》，刊于《清华社会学评论》，鹭江出版社。

康帕涅拉，1992，《金球化：过程和解释》，梁光严译，《国外社会科学》第 7 期。

李长安、陆跃祥，2000，《提高人力资本是消除贫困的关键》，《中国改革》第 6 期。

李汉林、李路路，2000，《单位成员的满意度和相对剥夺感——单位组织中依赖结构的主观层面》，《社会学研究》第 2 期。

李强，2000，《当前中国社会的四个利益群体》，《社会学》第 9 期。

李展，2000，《因特网上的跨文化传播》，《厦门大学学报》第 1 期。

里夏德·明赫，2000 年，《理性选择理论——对其解释力的批判性评价》，黄先碧译，《国外社会学》第 1 期。

厉以宁，2000，《中国加入 WTO 及应采取的对策》，"中国社会学"网站："入世风云录"专题。

林毅夫、胡书东，2000，《加入世界贸易组织：挑战与机遇》，"中国社会学"网站："入世风云录"专题。

刘东晓，1999，《关于全球化的社会学研究》，清华大学当代中国研究中心"全球化与劳工问题"研讨会论文。

刘珺珺，1988，《从知识社会学到科学社会学》，载于《科学与社会》，科学出版社。

刘伟，2000，《中国加入 WTO 可能形成的最大威胁》，"中国社会学"网站："入世风云录"专题。

刘小枫，1998，《现代性社会理论绪论》，上海三联书店。

卢周来，2000，《为弱者的声音——读韩德强"碰撞——全球化陷阱与中国现实选择"》，"中国社会学"网站："入世风云录"专题。

吕炳强，2000，《凝视与社会行动》，《社会学研究》第 3 期。

罗峰，2000，《贯彻依法治国方略，提高依法行政水平》，"中国社会学"网站："入世风云录"专题。

沙莲香，2000，《"己"的结构位置——对"己"的一种释义》，《社会学研究》第 3 期。

斯克莱尔·莱斯利，1994，《全球化社会学的基础》，田禾、黄平译，《社会学研究》第 2 期。

U. 霍夫曼，2000，《网络世界中的身份和社会性》，《国外社会科学》第 3 期。

王绍光，2000，《开放性、分配性冲突和社会保障：中国加入 WTO 的社会和政治意义》，"中国社会学"网站："入世风云录"专题。

王毅，2000，《明代流氓文化的恶性膨胀与专制改体的关系及其对国民心理的影响》，《社会学研究》第 2、5 期。

文军，1999a，《全球化——一个概念的多学科考评》，《政法研究》第 4 期。

——1999b，《90 年代西方社会学视域中的全球化理论评析》，《开放时代》第 5 期。

吴忠民，2000，《贫困与公正》，《江苏社会科学》第 5 期。

杨雪冬，1999，《西方全球化理论：概念、热点和使命》，《国外社会科学》第 3 期。

杨雪冬、王列，1998，《关于全球化与中国研究的对话》，《当代世界与社会主义》第 3 期。

杨宜音、陈午晴、徐冰，1999，《互联网络个性化信息服务的社会心理学研究》，课题组内部报告。

叶启政，1998，《虚拟与真实的浑沌化——网路世界的实作理路》，《社会学研究》第 3 期。

翟学伟，2000，《社会心理承受力与社会价值选择——理论探讨与经济研究》，《社会学研究》第 2 期。

詹姆斯，博曼，1992，《理性选择解释的限制》，曾长进译，《国外社会学》第 1 期。

张世鹏、殷叙彝编译，1998，《全球化时代的资本主义》，中央编译出版社。

折晓叶、陈婴婴，2000，《产权制度选择中的"结构—主体"关系》，《社会学研究》第 5 期。

郑也夫，2000，《新古典经济学"理性"概念之批判》，《社会学研究》第 4 期。

"中国社会保障体系研究"课题组，2000，《中国社会保障制度改革：反思与重构》，

《社会学研究》第 6 期。

周长城，2000，《理性选择理论及其研究》，《国外社会学》第 1 期。

佐伯启思，1999，《虚构的全球主义》，《21 世纪》二月号（第五十一期）。

Amartya，Sen，1985，*Commodities and Capabilities*，Elsevier Science Publishers B. V.

Friedman，J.，1994，*Cultural Identity and Global Process*，London：Sage.

Giddens，A.，1984，*The Constitution of Society*，Cambridge：Polity Press.

Giddens，A.，1990，*The Consequences of Modernity*，Cambridge：Polity Press.

社区公共服务设施托管的新模式[*]

——以罗山市民会馆为例

杨 团

中国目前几乎所有的社区服务中心都是由政府的派出机构——街道进行管理的，由街道或委托民政科直接管理或承包给个人营运。由于缺乏成熟的管理模式和规范，加之缺乏营运资金，管理状况普遍不佳，以致影响了社区服务中心公共服务设施的功能发挥。

探索社区公共服务设施的托管模式，是为了在中国寻找一种较为节省资源、效率较高的社区公共服务产业化营运方式，同时也是在探寻社区范围内的社会公共财产或社会福利资产的合理的管理方式。我们希望造就一种新的社会公共财产的社会化管理机制，推动有经验、有能力的社团在探索中发挥其潜力，走上充分发挥社会公共设施功能的产业化管理道路。

上海浦东新区罗山市民会馆（或简称罗山会馆）就是一个探索的案例。1996年，上海基督教青年会接受上海浦东新区社会发展局的委托，将一个新建小区的公建配套设施改建为综合性的社区中心——上海浦东新区罗山市民会馆。他们尝试将会馆建成一个当地居民进行社会交往、社会教育、文化娱乐、体育健身、享受公共福利服务的开放式的社区公共场所，并力求以罗山会馆为依托，形成一个有社区归属感的松散的会馆成员群体，使会馆成为当地居民人格养成的课堂、人伦实践的场所、人际交往的学校、社群合作的舞台。他们的试验突破了迄今为止中国境内设置和管理社区服务中心的一般模式，在设置目标、项目选择、人员聘用、财务管

---

* 本文是国家社科基金资助课题"社区管理与社区建设研究"的成果之一。原文发表于《社会学研究》2001年第3期。

理、运营机制等方面都与现行做法有明显区别。他们这场试验的意义已经超出了社区服务中心的管理范畴，向政府委托非政府、非营利组织经管社区及社会公共服务设施这一长远方向走出了关键的第一步。

一 罗山会馆的基本模式

1. 政府委托、社团营运的托管模式

自浦东新区开发以来，新区政府一直在探索"小政府，大社会"的模式，浦东新区社会发展局（以下简称社会发展局）也遵循这一精神积极探讨社会福利社会化的新路子。在社区建设中，如何引入市场机制，将国家投资的公共设施委托给民间社团经营，如何营造一个突破部门分割的体制、从社区需要出发的新的综合性社区发展设施，一直是浦东社会发展局规划中改革与发展的重要目标。所以当1995年一个新建小区罗山街道的公建配套设施出现空置，就为他们实现自己的目标提供了机会。社会发展局规划了一个大胆的体制性试验——将这个公建配套设施改建成一个由社会发展局直接管辖的社区公共设施，启动社会机制，寻找一个社会组织对其进行管理。他们把这个设施命名为罗山市民会馆，以示与功能单一且由政府或政府派出机构营运的社区服务中心的区别。为此，社会发展局向社会发出信息，征招愿意管理的志愿机构。最后确定了上海市基督教青年会（以下简称青年会）。之所以选定青年会，是考虑到这是一个具有服务社会志愿精神传统的民间社会团体，其组织管理水平和人员的专业素养相对较高。在罗山会馆建设过程中，采用了由社会发展局出土地和房屋，并承担改建的土建费用，浦东新区社会发展基金会（以下简称基金会）运用社会捐款投资会馆的主要设施，青年会承担会馆管理的共建方式。

1996年2月，社会发展局与青年会签署了委托管理罗山会馆的协议。罗山会馆开业时只建有市民休闲中心。一年后，青年会又与社会发展局再次签约，受托管理浦东新区"999"市民求助中心，它是利用会馆房产、由政府投资设备和全额拨款支持的。1998年，青年会又与罗山街道签约，将与当时会馆一墙之隔的另一处空置的公建配套设施改建为罗山敬老院，与上述市民休闲中心、"999"市民求助中心共同构成罗山市民会馆的三大

主要服务设施。至此，形成了现在罗山市民会馆的规模。会馆占地面积4000平方米，建筑面积2260平方米；1996年2月～2000年11月，参加活动或享受服务的市民已达71.4万人次。

运营中的罗山会馆，在多次矛盾冲突与解决的撞击中，初步形成了政府与社会组织协作，提供社区公共服务的政策性意见和实施委托工作的一套程序和程序文件。其中包括被托管的社会公共财产的维护与管理政策、委托方对于受托方的财政支持政策、评估与监督的政策，以及签约前对受托方的资格审查认定程序、受托单位提出管理目标规划与成本测算的程序、委托单位进行财务审核的程序，等等。2000年，关于罗山会馆的第二轮委托协议在社会发展局与青年会之间再次签订，体现了上述工作的成果。

2. 受托单位（罗山会馆）的运行与管理模式

罗山市民会馆建设与管理的参与各方对机构运行模式的概括表述是：政府主导、各方协作、市民参与、社团管理。

政府主导：在提出会馆共建设想、动员社会资源、参与投资创办、委托社团管理、扩大会馆规模、改善会馆管理的每一阶段、每一步骤中，社会发展局作为社区建设的规划者、新方式的倡导者、各方关系的协调者，都起到了主导作用。

各方协作：社区的事情社区做，各方积极为会馆营运出力。社会发展局、罗山街道（后并入金杨街道）、基金会和青年会出资金、出设备、出人力共建会馆。青年会作为管理方，与社会发展局、基金会、街道办事处、居民委员会都建立了协作关系。

市民参与：市民参与会馆活动、享受会馆服务，并参与会馆的制度建设。参与会馆建设的主要途径是参与会馆的志愿者活动，提供建议和意见，选派代表进入管理委员会。

社团管理：这是罗山模式的核心部分。最初，会馆实行的是管委会制，即由参与会馆共建的各方派出代表成立一个会馆管理委员会，既管决策又管营运。后来发现管委会只能作为决策机构，具体日常管理包括选择项目、制定收费标准必须由受托方独立管理。青年会遂进行了管理方面的大胆探索。他们采取委派会内骨干出任会馆馆长、财务和项目经理，在形成团体领导的基础上进一步放权，实行馆长负责制。从而形成了管委会管大的决策、青年会管项目和财务监督、馆长负责日常事务的较为完整的一套运营管理模式。由此，青年会运用自己的人才和管理经验，依托罗山社区公共服务设施，创建了一个与母体有联系的、独立的新社会组织——罗山会馆。老社团传帮带建立新社团，这在中国是个新创造。

此外，在组织创新的同时，也出现了制度创新。在社区公共服务设施的管理制度方面，不仅从政府直接管理到政府委托社团管理，而且开创了拟市场的管理中心方从服务方向、服务质量到服务价格、服务成本的社区公共服务产业化管理制度，形成了市场模拟机制。青年会与罗山会馆的关系目前已经成为社区公共服务设施管理中心（青年会正在登记注册中）与独立的被托管组织的关系。这就为罗山会馆的运营管理模式的推广创造了前提。不仅新建的社区公共服务设施可以这样做，所有已经建立并且已有组织在其中运营的公共设施都可以这样做，即通过与管理中心签约的方式，引入人才，引入资金，引入项目，提高设施利用率和社区公共服务供给总量和水平。

3. 罗山会馆的财务核算体制

在罗山会馆项目中，社会发展局、罗山街道是产权方和投资方，另一个强大的投资主体是民间组织——浦东新区社会发展基金会。它捐助给罗山会馆的主要设备折合现金 123.4 万元，占罗山会馆总投资的 14.41%。[①]青年会投入了启动资金，而且自 1998 年垫支罗山敬老院 50 万元开支至今。社会发展局除连年全额支付"999"市民求助中心所需资金外，并没有给予日常营运补贴。街道也未给补贴。会馆财政支出的担子整个压在了青年会身上。1996 年，青年会投入启动资金 40 万元，1997 年投入 18 万元，1998 年投入 10 万元。1999 年，在财政收支基本持平的基础上，青年会又拿出 10 万元发展新项目。从以上的数字可以看出，一个社区公共设施只是生产社区公共服务的一份资产，要产出公共服务，只有资产不行，而运用资产、获得服务的过程中，无论服务效果如何都需要花费。关键是这个花费是否值得，产出的社会效益和效率如何？

---

① 各单位对罗山市民会馆的投入总额为 856.2 万元人民币（只计现金、房产，不含土地价格），其中浦东社会发展局现金 218.6 万元，房屋 200 万元（估价）；浦东城工委现金 137 万元；浦东新区社会发展基金会现金 123.4 万元；金杨新村街道房屋 130 万元（估价）；上海基督教青年会现金 47.2 万元。

目前，罗山会馆模式推广的主要障碍已经不在于观念和体制方面，而是委托方如何衡量受托方的公共服务产出效果，如何制定合理的公共福利服务的津贴标准，给予受托方必要的成本补偿。这就将社区公共服务供给问题引向深入。

4. 受托方的成本核算与效益度量

目前，全国绝大多数社区服务中心都存在不管产出只顾投入的倾向。中心大楼越盖越豪华，但是，设施利用率低，公共服务项目少，中心的大部分场地被用来引进营利项目或者直接出租。社区公共服务设施成了半公半私甚至多私少公的营业场所。这种倾向已经严重伤害了社区居民的公共利益，甚至为社区内的腐败大开方便之门。固然，社区服务未纳入财政预算内渠道，致使街道办事处只能从街道经济中挤出一部分资金补贴日常营运，是造成这种现象的经济原因，不过，社区服务的主管机构缺乏对服务产出的衡量机制和服务组织的管理和激励机制，可能是更重要的原因。现在一谈到社区服务，呼声最高的就是要求政府出资。但是，以什么机制来保障政府的资金的确能够获得较高的社会公共服务产出的回报呢？福利性的社会公共服务设施在运营中的成本结构到底怎样？维持成本与发展成本应该如何核算？哪些项目有可能收费，哪些不能？能收费与不能收费的服务可能通过怎样的项目组合使其成本结构合理化？在对以上这些问题都缺乏基本的调查和研究的情况下，政府即便以财政手段支持社区服务中心的运营，预计也不会比街道用预算外资金支持的效果更好。所以，掌握社区公共服务设施运营中大体的成本结构，包括服务项目供给所必须耗费的成本和可能达到的收费收入等基本数据，就成为政府考虑制定合理的社区公共福利服务补贴政策和补贴标准的基础。

为解决这个问题，探索公共服务项目的运营收费标准和公共服务的度量方式是一个重要方向。在中国社会科学院社会政策研究中心评估小组的帮助下，青年会将已经经营过的公共服务项目进行分类，逐一认定其公共性和经济性，制定出社区服务中心项目成本类型与盈亏测算一览表。根据这张表，既可以总结以往的项目选择和组合配置的经验，又可以测算新的社区服务中心的项目组合成本，从而为在不同的项目组合下，受托方可能担负的成本份额提供了数量依据。这就为托管模式中如何划定委托方与受托方之间的经济成本分交比例找到了可操作的具体路径。详见表1。

表1 社区服务中心服务供给一览

序号	功能分类	服务对象	服务项目	成本类型	收费基准	合理规模	盈亏测算	备注
1	老人照顾	半自理、非自理的老人	1.1 半自理、非自理老人居家护理	2	6元/小时		补助0.5元/小时	按市场价格测定18人持平
			1.2 自理老人社区托老	2	150元/月	15人以上	每人每月补助30元	
			1.3 自理老人住院舍	4	按目前规定650元	50人以上	+2000元/月	一级敬老院
2	成人照顾	成年居民	2.1 家政服务	3	6元/小时	2户以上	+1.2元/小时	工资200元/月
			2.2 托儿服务	4	2元/小时	150小时/月	0	水电费100元/月
			2.3 钟点工	4	5元/小时		+0.5元/小时	
3	求助服务	全体居民	3.1 查询	1				
			3.2 餐饮	4	30%毛利	155元/天		
4	健康服务	全体居民	4.1 上门出诊	3	5元/次			
			4.2 医疗站	3				
			4.3 小卖部	4	20%毛利			
5	修配服务	居民家庭	5.1 家电修理	4	按规	300次	+300元/月	
			5.2 管道装配	4	同上	300次	+300元/月	
			5.3 钥匙开锁	4	同上	300次	+300元/月	
6	教育服务	全体居民	6.1 钢琴	4	360元/期		+8%	
			6.2 艺术	4	100元/期	12人	0	每增一人盈利80元
			6.3 文化	4	100元/期	12人	0	每增一人盈利80元

续表

序号	功能分类	服务对象	服务项目	成本类型	收费基准	合理规模	盈亏测算	备注
7	社区培训	下岗、待业人员	7.1 社区护理培训（普及）（新项目）	2	200元/月	30人	0	每招收1名特困人员需补贴200元，每超过1人盈利180元/月
			7.2 电脑培训（普及）	4	180元/月4次	10人	0	
			7.3 社工培训（普及）	3	5元/课时	20人		
			7.4 职业培训	4	3元/课时	20人	+10元/课时	
			7.41 家电					
			7.42 烹饪					
			7.43 家政					
8	咨询	全体居民	8.1 法律咨询	1	1次/周		-100元/月	志愿者的交通费
			8.2 健康咨询	1	同上		同上	同上
			8.3 社保咨询	1	同上		同上	同上
			8.4 生育咨询	4				
			8.5 心理咨询	1	同上		同上	同上
9	体育	全体居民	9.1 健身房	4	60元/月	20人	0	
			9.2 户外健身	1				
			9.3 体育比赛					
10	娱乐	全体居民	10.1 棋牌	1				
			10.2 影视	4				
			10.3 评弹（戏曲）	3	1.5元/次	35人	0	

续表

序号	功能分类	服务对象	服务项目	成本类型	收费基准	合理规模	盈亏测算	备注
11	图书阅览	全体居民	11.1 书报刊	1			-20000 元/年	
			11.2 图书租借	3				
			11.3 有声读物	3				
12	文化广场	全体居民	12.1 舞会	4	50 元/月	6 人	0	每超一人盈利 40 元
			12.2 歌咏会	1			-300 元/月	志愿者的交通费,现
			12.3 拳操	1			-300 元/月	场布置费用
			12.4 生活用品调剂	2			-100 元/月	
			12.5 晚会	1			-500 元/月	

说明:成本类型 1 为全额补贴;2 为部分补贴;3 为持平;4 为微利。

与此同时，评估小组还与罗山会馆共同制定了一个衡量会馆设施空间使用率的指标系统。首先根据设施日常开放时间计算出最大可能的使用时间即设定标准，然后运用保留的设施使用纪录，计算一段时间内实际使用的时间即实际度量，再用实际度量的数据与设定的标准相比，得到实际的设施利用率。见表2。

表2　罗山会馆设施利用率（2000.12）

设施	面积（m²）	利用时间	利用率		备注
钢琴房	20	30h/周	按12h/天	36%	练琴
市民教室	50	600h/年	按8h/天	21%	寒暑假及日常开班用
假日托儿所	120	20h/周	按8h/天	36%	双休日及节假日
茶室	60	65h/周	按12h/天	77%	老人棋牌、饮茶、听书
图书馆	80	91h/周	按13h/天	100%	图书阅览、自修
小影厅	80	290h/年	按8h/天	10%	观看录像等
咨询室	25	8h/周	按8h/天	14%	法律、医务咨询
文化广场	500	60h/周	按12h/天	71%	晨操、舞会、篮球
健身房	180	28h/周	按12h/天	33%	康体健身
乒乓室	100	31h/周	按10h/天	44%	乒乓
活动长廊	120	45h/月	按8h/天	19%	气功、家电维修等
餐厅	50	18h/周	按8h/天	32%	会馆职员及老人用餐
"999"救助中心	70	168h/周	按24h/天	100%	求助指南、志愿者服务
老年康复室	50	25h/周	按8h/天	45%	康体活动、观看电视
活动室	50	10h/周	按8h/天	18%	乐队排练、舞美队排练
会议室	60	8h/周	按8h/天	14%	会议

罗山会馆设施利用率的计算方式为受托方自我激励、检查和评定设施管理效率找到了一把尺子，也为委托方衡量和监督受托方的设施管理水平提供了依据。而且，社区公共服务项目的选择、项目的筹款以及项目的评估都可从中得到一个量化了的参考数据。这就为最难定量的社区公共服务项目的社会效益衡量提供了可操作的方法。

5. 罗山会馆的志愿服务

志愿服务既是一种公共服务的重要资源，又是培育社区志愿文化、形成社区信念共同体的社区文明的基石。青年会是一个具有百年历史的志愿团体，其理念就是服务社会、造福人群。罗山会馆自建立 4 年来之所以取得成功，一个重要的原因来自青年会的志愿服务理念和由此产生的服务追求，来自理念指引下精心设计的项目和充满活力的活动。由此常年吸引了大量的志愿服务者。根据会馆不完全统计，从 1998 年 1 月至 2000 年 10 月，来会馆提供志愿服务的总数是 19500 人次，33400 小时；按照 36 个月，每月 30 天折算，平均每天为会馆提供志愿服务 18 人次，31 小时；如果以 1 个全职人员每天工作 8 小时，月工作 22 天，1 年 12 个月折合，等于 15 个全职人员 1 年的工作时间。志愿者从事的服务有英语口语教学、表演、游戏、清洁、图书馆管理、谈心活动、医疗服务、体育健身等。参加志愿服务的有大中学学生、敬老院老人，也有当地居民、职工以及来自香港的同胞和驻沪的外籍人员。

罗山经验说明，机构必须有生气，项目必须办得好才能长期吸纳志愿资源，也才会长期需要志愿资源，所以，从这个角度看，是否能有效吸纳志愿资源，是衡量一个公共服务机构，特别是非政府的公共服务机构能否得到公众拥护的尺度。

从公共管理的角度评价社区公共福利服务机构的基本准则有两个：一是机构的社会福利服务效益与效率最大化；二是机构的公众参与与公众意识。罗山会馆的实践在这两个方面都为社区公共设施的公共管理提供了重要的参考依据。

二　罗山会馆所创造的新模式的意义

1. 提供了培育新的非营利志愿组织管理社区公共设施的范例

罗山会馆是上海浦东新区政府与青年会共同协作孕育出的一个新型的非政府、非营利机构。它的出现和成功证明了在中国现有的条件下，完全可能通过模拟市场机制造就独立于市场、也独立于政府之外的社会公共机构。

迄今为止，中国社区服务中心一类社区的公共设施的运营与管理，几乎都是由街道选派人员或者由街道民政科负责的。尽管也聘用几个人，形成一个操作班子和一定的规章制度，应该说这也算是一种依托设施的实体组织，却由于缺乏有效的组织化管理思路、规划和方法，以及一个组织所必需的决策权和管理权，所以顶多只能算隶属于街道办事处的一个行政事业小组。虽然他们也可能注册成为事业法人，但却一无法人的权利，二无法人的能力，其地位甚至不如旧体制下的事业单位。新建的社区服务中心之所以"穿新鞋走老路"，没能建立新的体制，照旧沿用了旧的行政体制，这与政府的指导思想有关。

政府要为人民办好事，但是办好事的方式却是以行政化的组织代行市民的愿望，这与市民出于发自内心的志愿精神而自行组织起非营利性组织（在国际上的另一种称呼为志愿组织）完全是两种方式、两种结果。行政组织的基本特性是下级服从上级，而志愿组织要求组织成员平等参与、自觉自愿地承担现代社会的公民责任。志愿组织的目标实现不能依赖于行政命令，只能基于成员之间相互信任、相互激励所产生的一种凝聚力或组织力。

罗山会馆是政府给非营利组织提供的一个自组织社区的大舞台，NPO在中国还没有哪一个组织能够像青年会那样，可以完全按自己的意愿和理解在社区内做管理和组织实验。由此，产生了一种在较为宽松的环境内的社会组织间自发的互动，主要依赖于社会机制而不是政府的行政机制，取得了罗山会馆运营的成功。

罗山会馆的例子说明，政府如若换一种方式，不搞行政干预、不搞行政指令、不要用行政的方式建立非营利组织，而是采用与优秀的非营利组织平等合作的方法，放手让他们承担社区的工作，给他们以发展的空间，那么，这类机构出于志愿理念就有可能在服务社区的工作中带出一批真正的非政府、非营利机构。

2. 可从物质与精神两方面推进社区建设

罗山会馆的例子证明，以规范的非营利机构管理社区公共服务设施，有利于优化社区资源配置，拓展公共空间，在取得社会效益的同时也提高了管理效率。而且，由于机构的志愿文化注入了社区，还能提高设施的文化品位，培育社区群众的参与意识和公民意识，将设施建成新的社区文化的载体。这就从服务供给的物质增长与文化传输的精神升华两个方面实质性地推进了社区建设。

3. 可发育一种准市场的激励机制

罗山模式证明，在社区公共服务设施管理方面，合约形式本身具有一种激励机制。委托方与受托方的权利义务通过契约明确了之后，公共设施的所有权与经营权被相对分离。当经营权被授予受托方后，受托方就可以在经营期限内不受干预地规划和经管受托的工作。由于受托方经营的是公益物品和公共服务，所以不能像市场中的企业那样以盈利为目的，不能选择与公共服务无关的营利项目或只满足一小部分人而且是一小部分有高额支付能力的人的需求的服务。当然，公共服务的项目经营要特别注重收费定价的政策性，政府的考核监督和评估是维持这种激励机制的必要条件。

4. 有助于社区公共服务政策的研究

罗山会馆的建设本质上是一种社区公共服务政策的研究和实验过程。参照社会政策的通行定义（哈佛大学行政管理学院教程，1998：167），社区公共服务政策可定义为：以解决社区公共服务问题，增加社区公共服务供给，改善社区环境，促进社区发展，增进社区福利为目的，经由立法与行政手段，促进社区各阶层均衡发展的一条途径。

社区公共服务是由社区组织提供和支持的社会公共服务，是以服务形式体现的社区居民需要的公益物品，既可由社区组织生产，又可由社会组织进行生产。我们将它从社会公共服务中特别提出来，是为了适应我国社区建设中培育公共意识、拓展公共空间的需要。在经济学概念中，公益物品是共同消费、难以排他的物品（文森特·奥斯特罗姆、埃莉诺·奥斯特罗姆，2000：99）。对于社区的公共服务这种公益物品，在社会政策角度的研究主要有两个方面：一是为达到增进社区福利的目的需要运用哪些社会经济范畴、哪些功能，其重点是采取什么样的经济方式和手段与其他手段相配合；二是如何测量被提供的社区公共服务项目的质量和效率。

由于公益物品和公共服务供给的低效率问题是世界性的难题，近年来发达国家在政府和市场之外尝试第三种解决办法，即分别不同性质的公益物品和公共服务，采用社会机制或不同方式的混合机制进行生产。由此，在政府与市场之外，同时发育了一个社会供给市场。其间最为活跃的是社会非营利组织，他们与政府组织和市场组织合作，造就地方社区的公共服务供给，从而走出了一条可供选择的新的道路。近年来，不仅在社区，整个社会的公共服务供给摆脱完全由政府控制的传统，走向准市场或半市场的方式，已经成为世界性潮流。政府的作用更多地体现在以特定的公共定价政策及有关安排来"管制在特定公共服务产业中发挥作用的公共机构的活动"（文森特·奥斯特罗姆、埃莉诺·奥斯特罗姆，2000：150）。

罗山会馆即社会非营利组织与政府合作，生产社区公共服务产品的一种准市场的模式。它在采用经济方式和经济手段，并与其他手段相配合以达到增进社区公共福利的目的方面，在测量社区公共福利服务项目的质量和效率方面，都提供了可以深入探索的创新经验，体现了中国社会转型过程中非营利组织参与社会管理这一新的值得关注的社会政策趋向。

三 从罗山会馆经验看社区公共服务供给中的几个难题

1. 社区服务中心能够自负盈亏吗——是搞商业服务产业还是公共服务产业

近年来，为推进社区服务，有关方面提出了"社区服务产业化"的口号，引起相当一些社区服务中心对外承包、出租房屋，搞起了经营活动。社区服务中心能不能和应不应该搞创收，是不是可以建成自负盈亏的经营实体，已经成了困扰社区服务和社区服务中心这类社区公共服务设施发展的重要问题。

社区服务中心一类社区的功能性设施究竟能不能自负盈亏，取决于对这类设施的功能定位。迄今为止，中国绝大多数社区服务中心主要承担便民利民的小商品服务、居民求助性服务、社区活动组织等功能，还有一部分综合性的中心开设各种咨询、教育培训，也有少量中心添置设施开展文化娱乐和体育健身活动。中心到底是干什么的？如果定位在公共服务产业，罗山会馆的例子可以证明自负盈亏是极其艰难甚至是不可能的。如让中心自养，等于逼着中心经营商业。目前许多中心之所以多年仍旧经营老一套的便民利民服务，甚至于将部分房屋出租，都是为了赚取费用自养，导致中心丧失了建设时期为居民大众服务的初衷。总之，以商业养中心，或者让中心兼营商业，绝不是社区建设良性发展的出路。

根据对罗山会馆近 4 年所开设公共服务项目的类型分析，在各类项目当中，属于纯粹的公共福利服务项目、需要全额补贴项目成本的有 13 个，占项目总数的 31.71%；略有收费但不足以支付成本、必须补贴的项目有 4 个，占项目总数的 9.76%；通过努力可能收回成本的项目有 6 个，占项目总数的 14.63%；有微利的项目有 18 个，占项目总数的 43.90%。

由此可见，要将中心办成为全体居民服务的公共服务产业，对于中心营运的各类项目必须分门别类，讲求经济核算。至于这种核算的基础即公共服务的项目收费标准，一般不能根据市场的平均价格而定，而要从当地居民的可承受能力出发。还有，只要是公共服务，总有一些项目不适于收费甚至于不可能收费，所以需要政府部门给予一定的补贴，亦可称提供资金、购买服务。只是这种补贴到底需要多少？是补给工作人员工资还是补给项目？是补给正在营运的项目还是补给开发的项目？补贴的标准怎样？依据如何？这些问题都需要进一步探讨。

2. 如何区分不同性质的社区服务

我们需要将社区服务分解为公共性的福利服务与私人性的商业服务。公共性的福利服务对象是社区公众，服务的内容是非排他性的——你享受了这份服务，并不排斥别人也同样享受这份服务。这与私人性的商业服务不同。社区里的公共场所，如图书馆、活动场地、服务中心、医疗站等，大家都可以自由进出。通过在这些公共设施内的活动，社区公众享受到了公共福利服务。由于罗山会馆所提供的各类项目大都是为全体居民服务的公共项目，从而得到了居民的积极参与，聚集了一批常年无偿奉献时间和精力的志愿者群体。可见，凡与社区的公共生活相关，凡涉及社区内更多的人的活动，其社区服务的公共性就越显著。社区服务的公共性越显著，其公众性就越强，就越能得到群众的真心拥护。

也有的服务如社区老人院，尽管属于为老人群体提供的服务，由于在消费过程中可以划分到个人，故有一定的排他性。只是社区老人院不属于高档老人院，它具有为本区老人提供福利服务的性质，所以也可纳入公共服务。有人将其称为介于公共服务与私人服务两者之间的准公共服务。

总之，无论公共服务还是准公共服务，与私人服务的本质区别是无法依赖市场信息和市场交易完成产品交换过程，而是将非市场的社会公共力量引入了界定服务产品公平交换的领域。

由于公共服务在消费时的共用性，常常难以准确地将服务成本分解到每一个具体的享用者身上，所以，难以避免有些享用者的占便宜心理和占便宜行为，这就是经济学常说到的"搭便车"现象。它导致公共福利服务不可能完全市场化。即便可以在一定领域和一定范围内引进市场效率原则和竞争机制，核算成本，收取一定费用，但是由于不能以利润为原则，所以不可能完全以市场竞争方式优胜劣汰，以挤垮一部分低效率的组织、牺牲一部分资源为代价来换取目标实现。公共福利服务的第一原则是公平，第二原则才是效率。

公共服务的服务定价和收费是公共服务产业（借用市场产业的概念但与市场产业不同）中最重要的政策。罗山会馆的探索为我们提供了重要的借鉴。中国在这方面的研究相当薄弱，与实践的需求相差太远，今后需要有更多的研究力量介入这个领域。

3. 如何改善社区公共服务供给

在罗山会馆的经验创造出来之后，推广的前提是居民们的需求而不是街道办事处的需求。靠什么冲破中国目前行政化的社区管理体制成了又一个难题。上海的经验是依靠区一级政府引入锐意创新的社区外非营利机构，从上面和外面进攻。显然，只靠这种办法不行。特别是大多数社区服务中心主要是由街道办事处或者区级政府投资建立的，自建立之日起，街道或区政府的有关部门就利用中心房产将某些行政机构挪入。早期有婚姻登记处、政府的临时项目办公室，近几年推行最低生活保障线制度，新建的社会保障所也设在中心。这就导致中心不能不具有政府机构的行政功能。

社区服务中心不是一个政府机构，也不是一个事业机构，建立的初衷就是为社区全体居民服务的，所以它本是明明白白的社区公共服务设施。

管好用好这份社区公共服务设施，事关社区全体居民的利益。这个设施应该怎么使用？由谁来管理？管不好怎么办？这些问题需要通过一种社区民主的途径，使其公开化、透明化。社会需要创造一种机制，让社区居民能够直接关心社区的公共服务设施。社区居民有权选择设施的管理者并对其进行监督，对管理不佳者，有权弹劾、罢免。居民也有权要求政府给予他们所需要的但又不能或不宜收费的项目以财政补贴。

这种机制可能会随着社区建设深入发展和新的社区组织的建立而逐渐形成。

参考文献

公共论丛编委会，1996，《市场社会与公共秩序》，生活·读书·新知三联书店。哈佛大学行政管理学院教程，1998，《西方国家法律制度及其立法》，红旗出版社。

帕克斯·奥斯特罗姆、惠特克，2000，《公共服务的制度建构》，上海三联书店。

上海市社会科学联合会，2000，《上海社区发展报告（1996—2000）》，上海大学出版社。

文森特·奥斯特罗姆、埃莉诺·奥斯特罗姆，2000，《公益物品与公共选择》，《多中心体制与地方公共经济》，上海三联书店。

——，2000，《政府间关系的行为取向》，《多中心体制与地方公共经济》，上海三联书店。

杨团，2001，《非营利机构评估——上海罗山市民会馆个案研究》，华夏出版社。

杨团、唐钧，1998，《非营利机构评估——天津鹤童老人院个案研究》，华夏出版社。

新生代农村流动人口的社会认同与
城乡融合的关系[*]

王春光

一　问题的由来与研究假设

90 年代中期，有研究者对我国农村外出劳动力的社会群体特征做了如下五点概括：（1）以寻求就业、增加收入为主；（2）以具有较高人力资本和较强就业能力的农村知识青年为主；（3）处于常年流动状态；（4）不为城市所认同；（5）通过自组织实现流动。还有研究者认为，农村流动人口在 80 年代以寻求就业为主，而到 90 年代则转变为以寻求增加收入为主（杜鹰、白南生等，1997）。这些概括显然有一定的道理，但是却忽略了其他一些特征，比如从城市的角度来看农村流动人口不为城市所认同，但是农村流动人口又是如何认同城市的呢？再比如研究提到农村流动人口的"边缘性"，但也是从城市角度看问题，而农村流动人口又是如何看待自己的社会位置呢？这种边缘性对农村流动人口的社会和心理体验又是如何影响的呢？"80 年代以寻求就业为主转变为 90 年代以寻求增加收入为主"，仍然是从经济角度来理解农村流动人口的行为，似乎过于简单了。此外，现有的研究基本上是从静态和同质的角度来认识农村流动人口现象，而缺乏从农村流动人口与社会经济背景变迁的相互关系角度来把握农村流动人口自身发生的变化。本文力图弥补现有研究的一些不足。首先，本文认为农村流动人口已经出现代际的变化，他们不仅在流动动机上存在很大的差别，在许多社会特征上也很不相同；其次，本文主要从社会认同角度来调

　　*　原文发表于《社会学研究》2001 年第 3 期。

查和分析新生代农村流动人口与城乡融合的问题。我们提出这样一些问题：是否存在这样一个农村流动人口群体，他们既无法认同城市社会，又减弱了对农村社会的认同呢？他们是否因此成了既无法融入城市社会又难以回归农村的"没有根"的人群（游弋者）呢？他们是否成了城乡关系融合的主要载体呢？

"认同"译自英文的"identity"一词。"identity"在英文中有多种含义，既包括客观的一些相似或相同特性，如相同的身份、相同的表现等，又包括心理认识上的一致性及由此形成的关系。社会心理学偏重于对社会认同的心理活动层面的研究，而社会学更偏重于社会现象的一致特性（比如身份、地位、利益和归属）、人们对此的共识及其对社会关系的影响。美国社会学家科尔曼（James S. Coleman）在其《社会理论的基础》一书中提出了七类认同：对直接亲属的认同、对国家的认同、对雇主的认同、对主人的认同、对势力强大的征服者的认同、对社区的认同、法人行动者对其他行动者的认同（科尔曼，1990）。这里所谓的社会认同的含义，包括对自我特性的一致性认可、对周围社会的信任和归属、对有关权威和权力的遵从等。

本文从以下几方面来分析新生代农村流动人口的社会认同。首先他们在对自身的社会特性（如身份、职业和生活等）上有没有表现出一致性和相似性的看法，比如按现行体制的标准，他们是农民身份，他们是否认可这种身份呢？如果不认可，他们如何看待自己的社会身份呢？他们是否根据现有的社会位置来判断其身份呢？等等。对此，我们提出的一个假设是，新生代农村流动人口更倾向于不认可体制给他们设定的那种农民身份，对自己的身份赋予了更多、更新的解释和含义。其次，新生代农村流动人口对有关的社会群体和社区环境的归属性认可情况。他们怎么看待流入地社会？是否认为自己不属于那里？他们对流出地的社会又是怎样的态度？是否觉得自己与它越来越疏远？我们的再一个假设是，新生代农村流动人口越来越缺乏明确的社区归属取向。再次，他们与社会组织和行政组织的关系。新生代农村流动人口是否具有更强的组织参与意识？他们是否隶属于一定的社会组织？他们对有关的行政组织是否表现出遵从和认可？他们是否享受到行政组织给予的有关管理服务？后一个问题在很大程度上决定了他们对行政组织的遵从程度。于是我们的第三个假设是，他们同样缺乏明确的组织归属取向。最后，他们对自己未来归属的认可问题。虽然影响他们未来归属的因素有很多，但是他们目前在社会结构中缺乏明确定位，在很大程度上影响了他们对未来职业、居住、婚姻等方面的选择，这使其表现出犹豫不定的未来归属特征，这是本文的第四个假设。简言之，我们要集中考察他们的身份认同、职业认同、乡土认同、社区认同、组织认同、管理认同和未来认同等七方面情况。

　　流动人口的群体特性并不是凝固不变的，而是在不断地建构、解构和重构之中，在这里社会时空和社会记忆成为两个很重要的因素。"时空结构是社会的基本结构，或基础性结构，它参与形成和建构了社会的生产和再生产结构（物质的和文化的，如马克思和布迪厄等人所研究过的），以及形形色色的制度结构和观念结构（如社会学家通常所研究的）"（景天魁，1999）。当然，社会时空不仅是一个社会建构因素，也是一个解构因素，而社会记忆使社会时空这一机制得以具化，成为人们生活和行动的一个重要维度。本文正是从这样的理论视角出发，来把握新生代农村流动人口的社会认同是如何通过社会时空和社会记忆得以建构、解构、重构和变化的，由此构建了如下的研究模型：

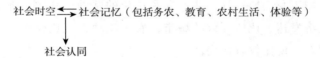

在不同的社会时空中人们会有不同的生命历程和生活行动特点，这会给他们留下不同的社会记忆。所谓社会记忆，不是指过去的东西，而是过去在现在的"现存"东西，是"活"的东西。"如果时间并非一系列'现在'的继替，而是海德格尔意义上的'存现'（presencing），那么记忆就是存现的某种特征"（吉登斯，1998：114）。人们总是凭借这样的记忆（或经验）来确定自己的行为，建构自己对周围的认识，当然这样的记忆并不属于个人，而是属于社会。没有社会记忆，人们在互动上就找不到一致性，就缺乏行动的规则；也正是因为不同的记忆，造成了不同群体（特别是两个有着夙仇的种族群体）之间存在的交流和沟通困难，因为这样的记忆影响他们彼此的认同。社会记忆与社会时空之间存在相互作用，社会记忆有可能重建社会时空，比如吉登斯所谓的"经验的时间性"提法；同样社会记忆会打下深刻的社会时空烙印，不同时代和生活在不同的社会空间（比如城乡空间或所有制空间等）的人们，会存在不同的社会记忆。我们正是借助于社会记忆的时空性和社会时空的经验性（或者记忆性），来把握新生代农村流动人口的社会认同特点及其对他们今后的行为选择和取向的影响。

于是本文就有这样一个基本研究命题：正是当前我国独特的城乡社会空间与新生代农村流动人口的群体社会记忆之间的互动铸就了他们的社会认同。在这里，"独特的城乡社会空间"是指，尽管城乡之间已经走出过去那种绝对隔绝的状态，但是城乡仍然是社会身份的一个重要甄别标志。新生代农村流动人口的社会记忆主要从这样几方面来衡量：受教育情况、务农经历、家庭背景以及外出经历等。上述的四个假设都是从这个基本命题中推导出来的。

二　对调查样本的说明

这次调查主要采用问卷抽样法（见表1、表2），在温州市、杭州市和深圳市三个城市进行，之所以选择这三个城市，首先考虑到调查的可行性，在这些城市我们能得到一些朋友和单位的帮助；其次，考虑到这些是我国沿海经济发达、比较开放的城市，农村流动人口比较多，他们来自全国各地，相对来说比较有代表性。

调查总共发放了600份问卷，回收416份，回收率为69%，其中有效问卷396份，有效率为66%。600份问卷的分布情况是：温州200份，回收151份；杭州300份，回收215份；深圳市100份，回收50份。被调查对象都是来自农村的流动人口。

表 1　被调查者职业身份

	频数	百分比（%）
私营企业雇工	221	55.80
乡镇企业工人	59	14.90
国企临时工	11	2.78
个体户	9	2.27
私营企业老板	6	1.52

	频数	百分比（%）
合资企业工人	48	12.12
外国独资企业工人	2	0.51
承包他人耕地者	1	0.25
未回答	39	9.85
总计	396	100

表 2　被调查者流出省份分布

	频数	百分比（%）
吉林	1	0.25
江苏	27	6.82
安徽	71	17.93
山东	3	0.76
浙江	169	42.68
江西	53	13.38
福建	1	0.25
湖南	6	1.51
湖北	22	5.56
河南	10	2.53
广西	1	0.25
四川	21	5.30
陕西	4	1.01
甘肃	2	0.51
未回答	5	1.26
总计	396	100

　　表 1 反映了调查对象的职业分布和所有制分布情况，其中私营企业雇工占一半多，其次是乡镇企业和合资企业工人，个体户和私营企业老板占被调查者的 3.78%，还有一些是国有部门工人；既有在个体私营经济部门工作的，又有在集体和国有部门（包括机关、事业单位和企业）工作的。调查对象集中分布在第二和第三产业部门，具体地说，主要分布在制鞋业、服装业、餐饮业、零售业、环卫业、家庭服务业、建筑业、运输业、

制造业等行业部门。

从流出省份来看，主要是吉林、江苏、安徽、山东、浙江、江西、福建、湖南、湖北、河南、广西、四川、陕西和甘肃等 14 个省。由于我们的主要调查地是在浙江省，所以来自浙江省的被调查者数量明显偏多，占总数的 42.68%。尽管如此，被调查者毕竟涉及东中西部三大分布区域，在一定程度上纠正了偏向分布所带来的影响。

三　新生代农村流动人口的基本特征

"新生代农村流动人口"仅是一个假设性概念，还需要更详细的界定和说明。这里最关键的问题是如何识别第一代农村流动人口和新生代农村流动人口，换句话说，是否存在一些明显的群体性特征将新生代农村流动人口从农村流动人口中甄别出来。

（一）　年代与年龄特性

改革开放已经有 20 多年时间，按照习惯，10 年之差就等于是两代人。本文以此将 80 年代初次外出的农村流动人口算作第一代，而 90 年代初次外出的算作新生代。

当然，年代仅仅是一个维度，我们还可以从年龄来划分。据我们的调查，80 年代外出的农村流动人口现在平均年龄已经达到 30.86 岁，而 90 年代外出的农村流动人口平均年龄只有 22.99 岁，两者相差 7.87 岁，非常接近于我们通常所说的 10 年一代的说法（从这一点上看，年代和年龄这两个维度应该说没有太大的差别）。就婚姻而言，80 年代外出的人口有 81.8% 的人已婚，仅有 18.2% 的人尚未结婚；而 90 年代外出的人相反，只有 24% 的人已婚，76% 的人尚未结婚。

（二）　教育特征

我们的第三个划分维度是教育。调查表明，第一代农村流动人口的平均受教育时间只有 2.91 年，新生代则达到 3.28 年，相差 0.37 年。虽然这个差别并不是很大，但是，从表 3 中我们看到，第一代中文盲和小学文化水平的人口比例明显高于新生代，文盲高 8.1 个百分点，小学高 7.6 个百分点。与此同时，第一代中初中和高中文化水平的比例比新生代分别低8.5个百分点和2个百分点。大专及以上文化程度者在第一代中找不到一人，但是在新生代中占1.3%。可见，新生代比第一代接受了更多的学校教育。

表3　被调查者受教育情况

	新生代（%）	第一代（%）
文盲	1.0	9.1
小学	10.6	18.2
初中	54.0	45.5
高中	29.3	27.3
大专及以上	1.3	0
无效	3.8	0
总计	100	100

（三）务农经历

调查表明，新生代比第一代曾务农的人数要少。80年代外出的农村流动人口中有54.5%的人有过务农经历，而90年代外出的人口中只有39.2%的人务过农，两者相差15.3个百分点。新生代中即便有过务农经历，但在务农的时间上也多比第一代要少，有些人把自己在上学期间帮助父母干农活当作自己的务农经历。他们大多是从校门直接走上外出务工经商的道路的，有的连基本的务农常识都没有。他们可以说是一批没有务农常识和经验的中国式农民——不务农的农民（我国户籍制度意义上的农民）。

（四）外出动机的变化

与第一代相比，新生代的外出动机已经发生了很大的变化，从经济型转到经济型和生活型并存或者生活型。所谓经济型，是指外出务工经商的目的和动机纯粹是为了赚钱，以贴补家用；而生活型指外出主要是为了改变生活状况和追求城市生活或现代化生活方式；经济型和生活型并存就是同等地看待它们的作用、意义和重要性。目前新生代中绝大多数还停留于追求生活型和经济型并存的状态，他们还不能从流动人口转变为移民或迁移人口。

调查表明，90 年代农村流动人口外出的初始目的已经呈多样化态势。最为通常的解释是，我国农村人多地少以及务农不赚钱，是促使农村人口外出的主要原因（或推力），在我们的调查中这一因素确实还起一定的作用，但并不是农村人口外出的主要原因，更多的人选择其他的原因，"不喜欢务农"（12.5%）、"家乡太穷，不愿过那样的生活"（11.09%）、"一直在念书，不懂农活"（13.86%）、"羡慕城市生活"（9.5%）等（见表4）。如果我们用推拉理论来解释的话，在 90 年代，拉力的作用显然远远大于推力的作用。而"一直在念书，不懂农活""外出务工经商成为村里年轻人有出息的标志"等就不是推拉理论所能解释的现象了。这样的调查结果印证了我们上面的看法：90 年代农村人口外出，在考虑赚钱的同时，还把外出务工经商作为改变生活状态和追求城市生活方式的一种途径，其外出动机或目的具有经济型和生活型并存的特点。

表 4　90 年代农村流动人口外出目的情况

最初外出的目的	百分比	现在在外的目的	百分比
不喜欢务农	12.52	不喜欢务农	7.36
家乡太穷，不愿过那样的生活	11.09	家乡太穷，不愿过那样的生活	6.26
羡慕城市生活	9.5	羡慕城市生活	3.38
一直在念书，不懂农活	13.86	一直在念书，不懂农活	6.15
外出务工经商成为村里年轻人有出息的标志	12.27	外出务工经商成为村里年轻人有出息的标志	6.36
耕地太少，在家没事可干	15.84	习惯了外出的生活和工作	25.45
务农太辛苦，也不赚钱	16.83	已经建立起自己的事业	4.77
逃难而外出	0.39	全家在外面	4.57
其他	7.7	赚钱还不错	11.93
		耕地太少，在家没事可干	9.94
		务农太辛苦，也不赚钱	8.94
		逃难而外出	0.79
		其他	4.37

对此我们还可以从他们目前（指我们调查的时候）继续在外务工经商的原因或目的中得到进一步的说明。人多地少和务农不赚钱这两个因素的作用比较最初外出时，又进一步变小了，只占18.88%，而其他因素的作用显然越来越大了，比如有25.45%的人认为他们是因为"习惯了外出的生活和工

作"，还有人选择"赚钱还不错"（11.93%）、"已经建立起自己的事业"（4.77%）、"全家在外面"（4.57%）、"羡慕城市生活"（3.38%）、"外出务工经商成为村里年轻人有出息的标志"（6.36%）等。

四　对农民身份的认同

1993 年作者在北京的"浙江村"搞调查时，曾有意识地向被调查者提这样一个问题："您是否觉得自己还是一个农民？"年纪大的人毫不犹豫地回答说："当然是农民"，"我们死了以后还是农民"。年轻人则有点犹豫，有一个年轻人所说的话很有代表性："你说我们不是农民吗？而国家可不这样看，城里人也不是这样想；你说我们是农民吗？我们又觉得不像是真正的农民，因为我们不干农活了，有的年轻人连农活都不会干了，你说我们还是农民吗？"

农村人口外出流动，已经使他们的实际身份与制度性身份发生错位的现象（王春光，1995）。农民工、农民企业家等可以说是这种错位的最好表述。那么，作为新生代农村流动人口，他们怎样看待这种错位现象呢？这里从以下两个方面来分析他们对自己身份的认同。

（一）是不是农民

我们在问卷中首先要求他们回答这样一个问题："虽然您的户口在农村，但是您现在却不在家乡务农了，那么您觉得您是不是农民？"调查结果出乎我们的预料，回答"是"的人占 78.5% 这样高的百分比，只有10.9% 的人认为自己不是农民了，还有 4% 的人对这个问题拿不准、说不清楚，其余的未给答案。但是与第一代的回答相比，可以看出，新生代认为自己是农民的比第一代少，第一代有高达 90.9% 的人选择"是"，9.1%的人选择"不是"。此外，新生代在回答上更多地趋向于模糊认同（即说不清），而在第一代中没有人回答"说不清"。

那么，那些肯定自己是农民的被调查者，为什么觉得自己是农民呢？问卷给出了这样四个答案："其他人都这么认为"、"政府这么规定的"、"自己确实是这样认为的"和"三者兼有"；调查结果使我们进一步看出新生代与第一代的一些差别。尽管这两类人群中都以"自己确实是这样认为的"

（即认为自己确实是农民）的人数最多，分别占60%和51.7%。但是在其他选项上则显示出差别：第一代中有30%的人选择"政府这么规定的"，10%选择"三者兼有"；而新生代中只有14.5%的人选择"政府这么规定的"，29%的人选择"三者兼有"，还有4.7%的人选择"其他人都这么认为"。两者之间的比较表明，新生代开始减弱了对城乡户籍制度所赋予他们的农民身份的认可，开始趋向于看重社会对他们的农民身份的认定。当然，要完全区别制度性认可和社会性认定，是比较困难的，因为两者之间本身就存在相互影响、相互加强的关系。尽管如此，以上的调查结果使我们认识到，制度性身份对新生代农村流动人口的影响在相对减小，或者他们开始更看重的是社会对他们的认定。

那些不认为自己是农民的新生代农村流动人口更不认可农民的制度性身份：他们中高达60%的人认为"农民应该指务农的人"，有20%的人认为"农民应该指一直生活在农村的人"，还有14.5%的人觉得"农民应该指自己生产供应自己生活的人"，他们不再把户籍作为划分农民与非农民的界线，而是把从业、生活领域等经济社会因素作为界定农民的主要标准。

由此可见，在对农民身份的认可上，新生代农村流动人口更偏重于认可农民的社会性身份（或内涵），而对农民的制度性身份（或内涵）的认可在减弱，从而赋予农民更多的社会经济含义；与此同时，与第一代相比，新生代中开始出现对农民身份认可的模糊化、不确定现象，有些人对"自己是不是农民"这个问题，觉得"说不清楚"；还有一些人已经完全脱离了长期赋予农民的制度性身份这个框框，具有超前认识，仅仅从经济和社会等方面理解农民身份的含义，这种理解和认识尚未变成现实，但却是我国城乡现代化变迁的方向和目标。

（二）想不想改变农民身份

调查结果表明（见表5），被调查的新生代农村流动人口中只有47.3%的人想改变农民身份，而有51.9%的人表示不想改变现有的农民身份。这结果似乎与人们的看法有一定的差距，通常的看法是大多数农民都想改变农民身份。但进一步分析发现，在不想改变农民身份的回答者中有9.9%的人觉得"想也没用"。这些人实际上不是不想，而是不敢想。他们应该被当作"想改变农民身份的人群"来统计，如果这样，那么想改变农民身份的新生代人口超过半数（占 52.4%）。

表 5　不想改变农民身份的原因

	频数	百分比（%）
想也没用	18	9.9
当农民挺自由、挺好的	25	13.7
根在农村	19	10.4
是不是农民不重要	119	65.4
其他	1	0.5
总计	182	100

再看对不想改变农民身份的原因（见表 5）的其他选择，绝大部分不想改变农民身份的人（占 65.4%）认为现在"是不是农民，已经变得不重要了"，还有 13.7% 的人认为现在"当农民挺自由、挺好的"。我们进一步确认，新生代农村流动人口已经感觉到农民身份的作用在减弱，特别是农民身份的制度性意义在减弱。

五　社区认同

俗话说"远亲不如近邻"。我们中国人历来重视对自己所在社区的认可，总有一种属于某个社区的归属感。但是，新生代农村流动人口的社区认同显得更不具确定性，更具游移的特征。本文主要从他们与流入地社会的关系上探悉他们的社区认同情况。

（一）在流入地社会的交际活动

社会认同是建立在社会交往之上的。斯密斯（Anthony J. Smith）在探讨国家认同的时候指出，构成国家认同的一个重要因素是历史的经验及其所经常活动的地域范围（Smith，1998）。他所谓的历史经验就是人们共同的活动经历，包括相互交往的经历。调查表明，农村流动人口作为外来者，基本上与流入地社会没有很多的交往，这在新生代那里也是一样的：他们中只有 21.6% 的人与周围的当地人经常有交往，占 48.6% 的人不经常与周围的当地人交往，另外还有 10% 和 19.7% 的人与周围的当地人基本没有交往和完全没有交往。

对社区的认同情况还能从是否参与当地社区的集体活动这个问题上得以体现。社区认同本身就是一种很重要的集体认同，没有集体的合作和活动，没有集体内部的密切互动和交流，就不可能形成这样的认同。比如国家认同往往通过各种集体活动（如国庆活动和其他大型庆典等）来体现，农村社区认同经常通过村戏、村民会议甚至祭祖拜神等集体活动来体现。新生代农村流动人口中只有 2.9% 的人经常参加当地社会组织的一些集体活动，而高达 46.8% 的人根本没有参加，有 28.1% 的人偶尔参加，还有 22.3% 的人没有做出回答。相比他们与当地人的交往情况，他们更少地参加当地社区的集体活动。

（二） 对流入地社会的感受

社会认同更多的是一种主观意识和感受，流动人口对流入地社区是否认同，既取决于他们对当地社区有没有一种家的感受，又取决于当地社区是否把他们当作自己的成员看待，这两方面的结合才足以衡量社区认同状况，缺一不可。

流入地的居民对外来的农村人口的看法虽然多种多样，但不免有许多消极评价，认为他们扰乱了社会秩序（比如影响社会治安、交通拥挤等），影响了社会环境等。对此，新生代农村流动人口也有所意识，在回答"您觉得当地人对您怎样？"这个问题时，只有 12.2% 的人认为"很友好"，最多的（占 54%）选择"一般"，有多达 24.9% 的人选择"说不清"，4.2%的人没有回答，还有 4.7% 的人选择"不友好"。大多数人还是觉得当地人对他们不那么友好或者谈不上友好，其中有些人不愿发表确切的评价或者他们觉得难以做出总体评价，于是用"一般"来表态。交谈中我们发现，这些说"一般"的人实际上并不认为当地人是友好的，与他们的关系还是比较疏远，接触不多，但也没有发生什么冲突，总之觉得自己与当地人不属于同类人。

当地人对流动人口的态度显然会直接影响到流动人口对当地社会的感觉，两者之间存在中强度的相关（其相关系数为 0.48）。下面的调查结果说明了这一点。在"您对当地社会是否有一种家的感觉"这个问题上，只有 8.3% 的人持肯定态度，比前述觉得当地人"很友好"的比例（12.2%）还低得多，有48.9%的人认为"有一点"家的感觉，这两者总数超过一半人，说明他们大部分人渐渐地开始适应在外地生活，尽管没有真正地被当地社会所接受，但是已经认可了目前这种状态，希望在当地继续生活下去。

还有相当比例的人觉得在外地，找不到家的感觉，他们占被调查者的36.6%，6.2%的人没有给予明确的回答。他们或是因为与当地人没有来往，彼此没有感情；或者因为当地社会不能给他们提供安全保障，时时提心吊胆，女性在这方面感觉尤其明显；或是因为找不到朋友，感到孤寂；或是没有获得与当地人同等的待遇，感到被看不起；或是找不到发挥其能力的机会，无法实现其人生价值和抱负；等等。

不论对当地是否有家的感觉，这两类人实际上都没有真正与当地社区达成认同。我们在北京的一个街道办事处调查，一位街道干部告诉我们说："我们办事处从90年开始，招用了8位农村青年人，他们表现很好，与我们处得很好，彼此关系很亲近，他们过年过节都愿意跟我们一起过，我们很想给他们办点事，让他们长期留下来，可是，许多条条框框搞得我们也没有办法，比如我们想给他们办个医疗保险，也不知道以什么样的方式和名义给他们办。我们只能尽量让他们在这里务工，如果上面要我们解雇他们，让他们离开，我们也没有办法。"

（三）在流入地社会的组织参与和认同

人的社会性还体现在他们参与社会组织的程度。在流入地社会，是否参与当地组织以及对这些组织的认同，是衡量农村流动人口对流入地社会社区认同的一个重要指标。

调查表明，在新生代农村流动人口中只有11.9%的人加入了流入地社会的一些组织（其中加入体育娱乐组织的人最多，其次是生产组织和党团组织），而绝大多数人没有参加任何组织。在我们的调查中，26.5%的人是因为"不需要，也不感兴趣"，有5.7%的人觉得虽然"有机会，但那些组织没有帮助意义，因而没有加入有关组织"，两者加起来超过所有没有参加任何组织的人的三分之一，还有不到三分之一的人（27.2%）是因为"自己头脑里根本没有想过这样的事情（即加入有关组织）"，有三分之一强的人（37.6%）"没有组织允许"，也就是说他们并不是不想参加组织，而是没有组织吸纳他们。

（四）　与流入地政府管理部门的关系和感受

政府管理部门实际上也是一种组织，这里之所以专门进行分析，是因为它们对流动人口在流入地社会的社区认同的形成具有其他组织难以匹敌的影响力。如果流动人口要在流入地社会形成完全的社区认同，首先取决于政府有关管理部门将他们与本地居民一视同仁，并给予相应的待遇。实际情况是怎样呢？

在新生代农村流动人口中，30.4%的人认为自己在外出务工经商中经常碰到困难，56.1%的人有时碰到困难，只有8.1%的人觉得基本上没有碰到困难。他们碰到最多的困难是"工作难找"（36.7%），其次是"受到伤害和损失无处申诉"（21.1%），以后依次是"受到老板的刁难"（10.7%）、"不安全"（10%）、"受到当地人歧视"（9%）和"受当地政府管理人员的欺负"（5.9%）。那么他们寻求什么样的解决方式呢？他们是否想到政府管理部门的帮助呢？他们能否得到政府一视同仁的对待呢？显然大多数人给予否定的回答：首先，他们中有绝大多数的人（占61%）觉得当地政府管理部门根本没有可能为他们提供排难解忧的服务和帮助，假设能被给予这样的服务和帮助，则有65.7%的人认为政府管理部门不会给予他们与当地人一视同仁的对待。值得注意的是，还有5.9%的人认为他们的困难主要是来自"受当地政府管理部门的欺负"，也就是说，他们认为当地政府的一些管理部门本身就是农村流动人口的困难制造者。

政府管理部门究竟在什么方面没有一视同仁地对待农村流动人口呢？新生代是这样看的：首先是政府管理部门把他们"当作外地人"（有58.6%的人是这样认为的，占首位），一些管理部门在处理问题时偏袒本地居民，欺负农村流动人口；其次，有15.3%的人认为政府管理部门乱收费，当他们向有关管理部门求助时，得交纳很高的费用；再就是管理部门"态度不好"，一些政府管理部门拿着上级政府的有关文件中的一般性或模糊性规定，从外出农村流动人口那里获取部门利益。比如，中央有关部门曾要求流入地政府加强对流动人口的上岗职业培训，下级政府的有关管理部门就把流动人口召集起来，名为"上岗职业培训"，实际上是集中收费，要求流动人口交纳"培训费"（包括书本费、资料费、师资费等）、"证件工本费"、"手续费"等，费用很高，有的地方仅"证件工本费"就要收300

元。只要交了这些费用，来不来上课（当然那些课程内容基本上没有应用意义）都没有人管，到时候来取证就行了。一些政府管理部门把正常的服务变成谋部门利益的手段，这怎么能叫农村流动人口认同它们呢？

六 乡土认同

中国的农村人素来"安土重迁"，"在中国人的语汇里，'背井离乡''流离失所''抛家舍业'等都是极端负面的词"（杨宜音，1997：118）。这种观念已经被当今中国农村人口大量外出务工经商的大潮冲得支离破碎，现在的许多农民不再看重务农，务农和土地似乎成了一些农民的负担和累赘。在农业不再被农民重视的情况下，农民特别是农村流动人口还会保持着对农村故土的强烈认同吗？假设务农与外出务工经商在收入上没有什么差别，回归农村会不会是他们对未来所做的重要选择呢？经济学家达·凡佐（Da Vanzo）在探讨农民向城市迁移所带来的收益时指出，迁移的收益不仅包括收入的提高，一生额外福利的增长，而且包括非工资的收入（更高的福利及农业补贴）及更好的环境（令人更加愉快的气候，更好的文化设施，更加便利的健康诊所，更好的学习或培训机会，与朋友、亲戚更紧密的接近等）（转引自杜鹰、白南生等，1997：43）。我们的调查说明了这一点。新生代中，有72.3%的人认为，即使在家乡务农的收入与外出务工经商的收入差不多，他们也选择外出务工经商，只有27.7%的人选择"在家乡务农"。其他相关的研究表明，年龄越小，越是倾向于长期在外发展。"相关分析发现，年轻的外出者希望长期在外发展的意愿更浓厚。在同一年龄组中，表示'继续在外面干'的，16~25岁者占14.5%，26~35岁者占20.4%，36~45岁者尚占19%，46岁以上者便下降到12%"（赵树凯，1998：29）。尽管这一研究所指的"年轻的外出者"与我们所说的新生代并不完全相同，但是至少包括后者，这在一定程度上也说明了新生代农村流动人口确实有着更强的长期在外发展的意愿。当他们被问及"万一将来的某个时期您在外地找不到工作或做不了生意的话，将会怎么办"这个问题时，有26.5%的人明确表示"回到农村务农"，7.1%的人明确表示继续待在外面，不愿回到农村务农，更多的人（56.4%）或者说"将来的情况很复杂，很难把握，所以没有考虑过这个问题"，或者没有做出明确的回答。这一结果似乎与前面所说的 72.3% 的人选择外出务工经商这一情况有些不一致，实际上前者是在有工作可做的情况下所做的选择，后者则是在假设在外没有工作的情况下所做的选择。不过从中也看出他们对未来的安排还是相当犹豫不决的。未来确实存在在外面找不到工作的可能，一旦发生这种可能，他们又不能被视为失业人员，在外就缺乏有效的生存保障了，回到农村至少还能依靠有限的土地维持生计。但是大多数人还是表现出迟疑的态度，没有明确给出回归乡里的选择。

他们对外部社会有着强烈的向往和留恋，他们中的绝大多数人不管务农与外出务工经商在收入上有没有差别，仍然选择"外出务工经商"，主要原因并不是"务农更辛苦"（13.7%）和"务农没有出息"（12.9%），而是"已经习惯于外出的生活"（37.8%）和"外出能享受到在家有钱也享受不到的现代生活"（18.7%）。当然，这些原因之间有密切的关系：务农辛苦，在很大程度上促使他们更加喜欢外出生活。务农没有出息，已经成为许多农村青年的一个很重要的价值观，甚至连他们的父母都持有这样的看法。"有的人说，'在家没事干出来''村里年轻人大都出来了，我不出来，别人会说我没有出息'，这种情况在流动者中占一定比例"（赵树凯，1998：24）。有些年轻人，即使在外面没有活可干，也不敢回家。当然，更多的人还是觉得，自己家乡毕竟落后多了，在外面（特别是在城市）生活时间长了，回到家乡，就有一种不习惯的感觉，适应不了农村不卫生的环境，不习惯农村娱乐活动少的情况。有的人说，想在农村看个电视，却收不到很多频道；还有的人觉得，农村年轻人都外出务工经商了，根本找不到逗乐的朋友，竟有 4.32% 的人之所以选择"外出务工经商"，是因为"在家乡没有朋友圈子"。

从这里我们看到，在新生代农村流动人口看来，家乡虽好，但不吸引人，他们中的许多人对家乡的感情随着在外时间的增长而逐渐淡漠。有一个被调查对象明确而又坚决地告诉我们："从目前来看，我在本地打工，还是比较满意的，本人的愿望就是一直待下去。如果待不下去，我也不会回家务农，会想办法找其他工作。总之，我近几年来，一心一意在外求业工作，再怎么辛苦比家里务农要强。今天的我为了明天更好，我会拼命地努力工作；为了全家的生活和经济来源，必须一心投入工作。"在新生代中有这样想法的并不是个别人。当然第一代中也有一些人不情愿回到农村，但是他们大多是有家小的人，家庭负担比较重，一旦找不到工作，或者一旦家里有困难需要他们回家的时候，他们自然会回到农村，他们将这称为"回乡务农是没有办法的事"（杜鹰、白南生等，1997：337）。而新生代都比较年轻，至少目前他们的社会义务和家庭责任少得多，更能根据自己的意愿选择自己的未来去向。在这种情况下他们可能更趋向于留在城市，而不愿回归乡村故里。萧某某与他的几个朋友的情况有一定的代表性：他们都于1991年来到北京，给工厂打过工、给机关单位当过门卫，后来自己开了一间理发店，他们说没有赚多少钱，只是维持温饱有余的生活，但是他们觉得在北京待得很开心，不准备回家乡。萧的爸爸和两个叔叔也曾在北京待过十多年，比他们来得早，但是后来找不到工作，或者赚钱不理想，都回家重新种地去了。他们告诉我们说："至少目前我们不会学我爸爸和叔叔那样的做法。他们有他们的考虑，他们觉得回农村种地也不错，因为以前都是种地的，没有什么可怕，我就不这样想，不大喜欢种地，以前也没有种过多少地。农村现在虽然比以前好多了，但毕竟没有城市热闹啊！"

每年回家乡对大多数新生代来说仅仅是一种"礼节性的仪式"，借春节之机看望长辈，是做儿女的责任和义务。但是，回家乡的重要性在许多新生代心目中在下降。他们更专注于（或者说倾心于）改变现状，特别是想留驻城市。我们在调查中发现，新生代有不少人具有很强的上进心，他们在工作之余，并没有忘记去参加各种学习，比如上成人大学或中专，或者参加技能培训班，或者读书看报（这三项总计占32.4%）。在回答"如果目前有一笔钱，最想做的事情是什么"时，有27.9%的人说"让自己继续上学"，有17.8%的人选择"在城市购买房子"，准备"回家乡建造新房子"的人只占15.3%。（见表6）

表6 如果目前您有一笔钱，最想做的事情

单位：%

最想做的事情	百分比
自己继续上学	27.9
在城市购买房子	17.8
回家乡建造新房子	15.3
让孩子接受好的教育	11.4
旅游	7.2

续表

最想做的事情	百分比
买名牌商品	2.5
还债	2.5
其他	15.8

总之，新生代农村流动人口对家乡仍具有一定的乡土认同，但是，与第一代农村流动人口相比，他们对家乡的认同更多地系于与亲人的情感，而对家乡其他方面的依恋在减少。从这个角度看，他们的乡土认同在降低，这直接影响到他们对未来归属的选择，使他们更可能选择"候鸟式"的生活方式——漂泊四方。

七 初步结论和认识

"农村流动人口"是一种社会标签，依据的是这样的一种制度及相关的一些政策理由：即人所共知的城乡分割制度，它通过一系列政策、措施、规章、法律规定和组织体系，把我国人口划分为两大类享受不同权利、承担不同义务的社会人群——城镇居民与农村居民①。中国政府的基本财政政策、经济发展政策和社会发展政策都建立在这样的人口划分的基础之上，用陆学艺教授的话说，那就是"城乡分治、一国两策"，"50 年代以后，我国逐步建立了一套城乡分割的二元体制……这一体制的运行，在诸多方面是两套政策：对城市是一套政策，对农村是另一套政策。几十年下来，逐步固定化，加上有户籍、身份制作划分标准，就形成了'城乡分治，一国两策'的格局"（陆学艺，2000）。这一社会结构的基本格局和管理制度到现在仍然没有发生实质性的改变：国家收入政策更加向城市倾斜，城乡差距不但没有缩小，反而在扩大；农民比过去承担了更多的社会

---

① 更确切地表述，应叫非农人口与农业人口，但是，我国绝大部分非农人口集中在城镇，而绝大部分农业人口集中在农村；而且，由于这两类人口的划分与城乡划分在地域分布上的重叠，从而使国家在城乡建设上的财政和政策支持也出现明显的差距，使少数虽属于非农人口但居住和工作在农村的人也不能与生活和工作在城镇的人（即城镇居民）享受同等的生活水平和社会地位。所以，我们就用城镇居民与农村居民来指代城乡分割体制下的两类社会人群。

管理成本，表现在各种收费名目繁多、层出不穷，农民负担"越担越重"。如果说有什么改革和变化的话，那就是城乡格局从原来的"分割"转变为现在的"分治"，从僵化的二元对立转变为流动的二元对立。在"分割"（或者说僵化的二元对立）的情况下，农村人是不允许向城镇流动的，也不允许跨地区流动，只能在自己所在的村庄从事农业生产，而在"分治"（或流动的二元对立）的情况下，农村人口可以进入城镇，也可以流入其他地区务工经商，农村人口尽管改变了职业，甚至生活方式，但是他们还是属于农民身份，属于农村管理范畴，也就是说，二元城乡对立也体现在农村流动人口外出务工经商的过程中，即使他们与城里人干同样的活，生活在共同的社区环境中，但是他们仍然被当作农村人，无法享受城里人所能享受到的许多社会发展和管理服务。"公共管理的困境之一是，由于政策设计上的缺陷，外来人口往往陷于一种政府服务的真空之中，在许多情况下，实际上过的是一种没有政府的生活。他们不把政府当成自己的政府，他们常常是向同乡组织、亲友组织甚至带有秘密社会色彩的组织寻求本应当由政府提供的'服务'"（赵树凯，2000：223）。对此，农村流动人口该会作何感想？特别是年轻的新生代农村流动人口该会是怎样的态度？他们该会怎样看待周围的社会？怎样看待自己的处境？怎样理解他人对自己的看法？又会如何对待自己的家乡？显然，通过对新生代农村流动人口的社会认同的调查研究，我们对上述问题获得了一些初步的认识和结论。

首先，通过这次调查研究，验证了对新生代农村流动人口群体的一个假设，他们的群体特征是：年龄普遍较小，多在25岁以下，出生于20世纪70年代末80年代初，成长和受教育于80年代，基本上于90年代外出务工经商；他们比以前的农村流动人口，有更多的机会和条件接受学校教育，因此他们的受教育水平比其他农村流动人口高，他们参加务农的时间和机会自然就少些，有许多人根本没有务农经历，这些在一定程度上影响了他们外出的动机以及对自己发展的期望。由于具有以上的特征，新生代农村流动人口表现出不同的社会认同。

其次，新生代农村流动人口对制度性身份的认可在减弱，农民身份被赋予了更多的社会含义。在城乡分割时代，农村人与城里人的交往和互动都比较少，甚至许多农村人都没有见过城里人，他们并不知道城里人怎样看待农民，只知道国家把他们当作农民（或叫公社社员），所以他们对农民的制度性身份认可成为理所当然的，这在第一代农村流动人口身上表现得还很明显，因为第一代农村流动人口对城乡分割下的生活和社会有深切的体会和经历，所以在一定程度上也决定了他们着重于对农民身份的制度性规定的认可。但是，新生代农村流动人口就不然，他们在自己的农民身份认同形成过程中有了更多的机会与城里人接触和互动，或者更多地受到传媒的影响，所以，在他们对自身的农民身份的认同中，拥有更多的社会内涵，他们中的许多人认为，他们之所以被当作农民，不仅是因为制度上的规定，而且也是因为城里人是这样看待他们的；还有一些人已经不认可制度性规定，而只重视周围社会对他们的农民身份的认可，认为他们之所以被当作农民，是因为周围的人是这样认为的。这意味着，新生代农村流动人口在外出流动中在与周围社会的互动中强化了对农民身份的认可，即使他们不认可制度性的规定，觉得自己外出务工经商，已经脱离了农民身份，但是社会仍然把他们视为农民，使他们与周围社会形成明显的社会界限。

再次，虽然与第一代农村流动人口一样，新生代农村流动人口在流入地社会也没有确立一种社区认同意识或社会归属意识，但是我们的调查表明，与第一代农村流动人口不同的是，他们中有一些人开始试着（或者说努力着）去认同流入地社会。他们参加当地社会组织的一些集体活动，与当地人建立经常性交往关系，甚至加入当地的一些社会组织，渐渐地适应甚至习惯了当地的社会生活和社会环境，逐渐生发出一种家的感觉。这些人显然就更有可能不会（或者不愿）重新返回他们的家乡。然而，他们的努力并没有达到实现对流入地社区的认同。这里的原因可能是多种多样的，比如他们与流入地社会的人员之间在社会地位上并不平等，两者之间有着很明显的等级差别，如果人们在社会地位上差别大，就不容易发生经常性联系和交往①，也就难以达到相互认可。更重要的是缺乏基本的制度和组织基础，当地有关管理部门一味地强调他们是外来人口，并不把他们当作自己的成员，自然也就不可能使他们认同当地社会。

---

① 美国社会学家彼特·布劳（Peter Blau）在《不平等和异质性》一书中指出："有着相近的社会位置的人们之间的社会交往要比其位置相差大的人们之间的交往普遍些"，"内群体交往比外群体交往多"。这意味着，社会地位差别越大，彼此的交往就越少，反之亦然（1991：395）。

最后，新生代农村流动人口对家乡的乡土认同在减弱。与第一代农村流动人口相比，他们对家乡的乡土认同更多的包含着对亲人的感情，对农业活动则缺乏浓厚的感情和兴趣，对农村的一些习惯和传统开始出现不认可，甚至持批评态度。

以上几方面表明，新生代农村流动人口的社会认同趋向不明确和不稳定，这会进一步催化和强化农村流动人口的"流动性"，也就是说，随着新生代农村流动人口的增多，将会有越来越多的农村人口游离出农村社会体系和城市社会体系，在社会经济不景气的情况下，他们将很有可能演变为游民。赵树凯最近在对农村人口流动的调查研究中发现，"问题民工"在增多。他所说的"问题民工"是这样的一种情况："如我们的调查所显示，问题民工的基本特征是失去了正常的就业生活，具体表现为进入预期就业地以后，寻找工作失败，或者虽然原来有职业，但由于种种自身的或外部的原因而失业，在就业出现危机的情况下，他们仍然不肯选择回乡，于是进入一种面临种种问题的生活"（赵树凯，2000：220）。虽然他没有把第一代农村流动人口与新生代农村流动人口加以区别来观察"问题民工"，但是他在研究中指出，"问题民工"现象在近两年变得越来越明显。这有可能与近几年我国经济不景气有关。80 年代末和 90 年代初我国经济也出现过不景气问题，但问题民工却没有出现，或者说即使有，也没有成为社会关注的现象。我们认为，这里的主要原因还是新生代农村流动人口增多，由于他们的社会认同趋于模糊化、不确定和不稳定化，他们在行动上也表现出游离社会的倾向，特别是当他们在流入地社会陷入失业困境的时候，他们不像第一代农村流动人口那样选择回归农村，而是选择继续留在外地，继续过着流动的生活，成为赵树凯所说的"问题民工"。

新生代农村流动人口在对原来的社会认同模糊化的过程中能否重新建构超越城乡之上的社会认同，取决于我国城乡社会结构变迁的情况。如果在短期内我国不能对目前城乡"分治"的二元社会结构进行根本性和实质性的改革，那么他们的社会认同会趋向"内卷化"的建构，即认同于自己这个特殊的社会群体，不认同于城市社区和农村社区。而这种群体既不能融入城市社会，又难以回归农村社会，只能长期地在外流动，不仅表现在居住地上的"居无定所"：哪里有工作，哪里有钱可赚，就跑到哪里，过着"吉普赛"式的生活，而且也表现为职业上的"不稳定性"，随时有可能失业，失业对他们来说意味着失去基本的生存保障，因为国家没有为他们构建起一个安全的生存保障体系（特别是失业保障体系），他们会沦落为游民。一旦形成"游民化"的社会认同，就意味着他们意识到自己被主流社会排斥在外，产生边缘化感觉和意识，反过来就会阻碍他们重新回归主流社会的步伐。根据目前农村流动人口特别是新生代农村流动人口的状况，加快城乡社会结构变革，逐渐地满足通过外出务工经商离开农村的要求，在城镇社会留出一定的社会空间让他们立身落脚，改变他们长期"居无定所"的流动局面，使他们成为城镇社会新的居民，这才符合我国城市化发展趋势。

参考文献

贝克、哈贝马斯等著，2000，《全球化与政治》，王学东等译，中央编译出版社。

布劳，彼特，1998，《不平等和异质性》，王春光、谢圣赞译，中国社会科学出版社。

杜鹰、白南生等，1997，《走出乡村》，经济科学出版社。

辜胜阻、简新华主编，1994，《当代中国人口流动与城镇化》，武汉大学出版社。

侯文若，1988，《全球人口趋势》，世界知识出版社。

黄平主编，1997，《寻求生存——当代中国农村外出人口的社会学研究》，云南人民出版社。

吉登斯，1998，《社会的构成》，李康、李猛译，上海三联书店。

景天魁，1999，《中国社会发展的时空结构》，《社会学研究》第6期。

科尔曼，1990，《社会理论的基础》，邓方译，社会科学文献出版社。

陆学艺，1991，《当代中国农村与当代中国农民》，知识出版社。

——，1997，《21世纪的中国社会》，云南人民出版社。

——，2000，《走出"城乡分治，一国两策"的困境》，提交给"21世纪初期中国经济改革国际论坛"的论文。

陆学艺、景天魁等，1994，《转型中的中国社会》，黑龙江人民出版社。

孟德拉斯，1990，《农民的终结》，李培林译，中国社会科学出版社。

王春光，1995，《社会流动和社会重构》，浙江人民出版社。

王日根，1996，《乡土之链：明清会馆与社会变迁》，天津人民出版社。

杨宜音，1997，《转移与外出：非农化的两种形态》，载黄平主编《寻求生存》，云南人民出版社。

袁亚愚，1994，《中国农民的社会流动》，四川大学出版社。

赵树凯，1998，《纵横城乡》，中国农业出版社。

——，2000，《沉重的脚步：1999 年的民工流动》，载汝信、陆学艺、单天伦主编《2000年：中国社会形势分析与预测》（社会蓝皮书），社会科学文献出版社。

中国科学院国情分析研究小组，1994，《城市与乡村》，科学出版社。

中国社会科学院和联合国教科文组织，1995，《国际社会科学杂志》5 月。

Smith, Anthony J. , 1998, *Natinal Identity*, Free Press.

硅谷高科技发展的社会基础：中介组织[*]

方卫华

一　导言

自美国加州硅谷兴起后，世界各地兴办的科学园不计其数，其中有些已走向成功之路，而有些则明显失败。关于硅谷兴起原因的探讨一直是硅谷研究和 IT 行业历史研究的热门话题。对硅谷成功的历史进行细致研究和探讨，并与世界上其他地区的科技园进行比较，无疑能为世界其他地区硅谷发展提供有益经验。有关硅谷兴起各种因素的研究可以归纳为历史和比较两个角度。

从历史角度来说，关于硅谷开始和繁荣的重要因素有学者（Kleimen, Herb, 1998）搜寻出至关重要的三点：吸引明星、风险资本家和支持性的大学。肖克利就是硅谷的超级巨星，他建立了肖克利半导体实验室，雇用了一批聪明、勤勉的工程师和科学家。肖克利的半导体实验室是由贝克曼单独提供金融资助的，当时还没有其他风险资本家和其他个人/机构投资者参与。贝克曼是来自南加州的企业家和技术创新家。硅谷发展的第三个因素是支持性大学，如斯坦福大学对创业者的支持，使创新成果商业化。

时机被认为是硅谷发展的重要因素，硅谷的兴起是因为战后经济繁荣，美国国防部投入大量财力到幼稚的电子工业以为冷战制造装备。硅谷增长也被认为是小企业的功劳，因为小企业比大企业更适合高技术领域。此外，也有人认为硅谷之所以成长是因为它能够把创新转变成市场上的产品。然而，也有学者指出，这些因素都不足以说明硅谷的成功，不足以解

---

　　* 原文发表于《社会学研究》2001 年第 4 期。

释硅谷的经济波动。

稍早期学者对硅谷的关注是把硅谷作为科技园以与传统产业作比较，并且在研究科技园区时总是把硅谷、128 公路相提并论，侧重科技园区的共同点和相似性。而进入 20 世纪 90 年代，加州硅谷从 80 年代的低潮中走出来，其实力已经超过波士顿的 128 公路地区，表现出了异乎寻常的增长速度。这使得人们开始从比较的角度思考硅谷的独特优势，萨克森宁的研究是硅谷研究的重要转折点。

从比较角度来看，萨克森宁认为硅谷成功的真正关键是：硅谷出现了创业家，以及吸引和留住他们的文化（Saxenian，1994）。硅谷文化的重要成分是创业文化，创业文化是基于硅谷的一种社会结构：小企业的灵活专业性网络。这一点是与 128 公路不同的。小企业的社区或网络比起大集团公司来说是更有效的经济和技术组织形式，其特点是亲密的关系、共享的信任和在开发与生产新产品方面有密切合作。换言之，硅谷形成了高技术为主的合作性产业区，硅谷公司在发展新产品方面与其他公司有广泛合作，它的公司可能很小，但是却具有世界性的竞争力。此外，硅谷繁荣的社会结构要素还包括商业支持服务等，而商业支持性服务组织主要是指国内学者常常提及的中介服务组织。

研究视角从历史研究转向比较研究时终于发现了硅谷的独特优势。在此之前，有关硅谷特点的认识仅限于与大学的关系、风险资本和军事开支等因素。而自从萨克森宁的系列比较研究之后，硅谷成长的社会结构和文化层面被揭示出来。她强调了风险投资、律师事务所和其他专业服务机构所起的作用，强调其在硅谷的整体创新能力方面所发挥的横向联系功能。

硅谷研究中对中介组织认识的进展，是与硅谷研究不断深化相联系的，与此相应，对中介组织进一步深入探讨也是深化硅谷研究的一个重要方面。关于硅谷的中介组织研究，不仅国内研究和资料缺乏，国外对这方面的研究也缺乏系统性。而且由于学术背景的差异，严格来说就是"中介服务"的提法也不是学术界常用的概念，它在西方文献中所指的主要是"专业服务组织"。本文在掌握硅谷中介组织的排名资料基础上，分析了硅谷中介组织的现状和作用。

二　硅谷兴起的市场制度背景

一般认为市场经济中的服务组织主要有会计师事务所、审计事务所、律师事务所、税务事务所、公证和仲裁机构、资产和资信评估事务所等中介机构。它们的主要职能是规范市场行为和监督市场主体，按照公平、公正和公开的原则提供市场服务，鼓励公开竞争并反对和制止欺诈。

在对硅谷中介服务组织的研究中，首先值得重视的一个现象是硅谷最大的各类服务机构也基本上是全美国最大的各类服务机构，特别是会计师事务所等类型。这自然引申出一个问题，即硅谷中介服务体系的发展与全美国服务体制的关系问题。这个问题包含了需要解释的两个方面内容：首先是全国性服务体系的制度建制是如何促进硅谷发展的？硅谷是 20 世纪 60 年代开始繁荣的，而美国的专业服务体系由来已久，显而易见，既有制度建制是不可忽视的重要方面。其次是硅谷产业发展对中介服务体系发展的影响，即有没有形成服务于硅谷的特殊的制度建制和组织结构？或者中介服务机构在硅谷有没有适应性改变？虽然美国专业服务体系历史比硅谷的历史要长远，但美国的专业服务体系总是在不断变化。毫无疑问，这样的变化同样也会体现在硅谷的发展中。我们以会计师事务所为例，简单分析一下市场经济制度下中介服务的一般模式，这对理解一般中介制度是十分必要的。

硅谷的会计师事务所　会计师与律师、顾问和其他专业服务人才一起构成了硅谷的专业服务社区。在硅谷中，每 5 个工程师中就有一个会计师或律师，且会计师和审计师的人数还超过了律师（Cohen, Stephen S. & Fields, Gary, 1999）。下面是硅谷 6 个最大会计师事务所的排名（根据 1995 年雇用当地专业人士的数量）（Vest, Valerie C., 1996）。

第一名：毕马威公司（KPMG Peat Marwick LLP），雇用 438 位专业人士，全所 1100 个办事处中硅谷有 2 个，其中最为著名的客户有 National Semicondutor、Adobe Systems。

第二名：安永公司（Ernst & Young LLP），雇用 434 位专业人士，全所 600 个办事处中有 2 个在硅谷，服务的著名公司有 Apple Computer Inc.、Intel Corp.、Seagate Technology。

第三名：德勤公司（Deloitte & Touche LLP），雇用 280 位专业人士，全所 675 个办事处中有 2 个在硅谷，服务的著名公司有 3COM、Silicon Valley Group、Coherent。

第四名：普华公司（Price Waterhouse LLP），雇用 275 位专业人士，全所 450 个办事处中有 2 个在硅谷，服务的著名公司有 Hewlett-Packard、Conner Peripherals、Applied Materials。

第五名：安达信公司（Arthur Andersen LLP），雇用 272 位专业人士，全所 337 个办事处中有 1 个在硅谷，服务的著名公司有 Oracle、Amdahl、Taiwan Semiconductor Manufacturing Co。

第六名：永道公司（Coopers & Lybrand LLP），雇用 215 位专业人士，全所 758 个办事处中有 2 个在硅谷，服务的著名公司有 Cisco Systems、Kleiner Perkins Caufield & Byers。

可以看出，硅谷最大的会计师事务所也就是美国最大的会计师事务所。会计师事务所经历了长期的兼并和合并后，在整个会计产业中形成了 6 个（1998 年又合并成 5 个）巨型的会计公司，其业务量占据该行业的绝大多数份额。而其他数以万计的中小会计师事务所仅占极小的份额。因此，从美国会计师行业的发展来说，硅谷不过是美国会计师新开拓的一个领地。硅谷的会计师事务所不过是美国会计制度的一个地域上的延伸或具体的体现而已。虽然硅谷的会计师事务所在业务内容上与其他地区的事务所会有区别，然而，会计师行业之所以对硅谷有影响，其作用基础仍然是美国一般性的会计制度。

美国的会计管理体制　美国注册会计师协会（AICPA）是在美国的注册会计师（CPA）的全国性专业协会，有会员 330000 人。其历史可以上溯至 1886 年，当年美国公共会计师协会成立。经过复杂的改组合并，1957 年后改为美国注册会计师协会。从管理体制来说，现在的美国注册会计师协会由其管理委员会决定协会的运作程序和政策，管委会近 260 名成员来自美国各州和各区域的代表，每年举行两次会议。董事局是委员会的执行机构，在委员会休会期间负责协会活动。美国各州都有会计师协会。加州注册会计师协会是全美最大的会计师组织之一，也是加州最大的行业组织，有 30000 名成员在私有企业、教育和政府部门执业。

会计师事务所的组织　在美国，会计师事务所通常可划分为三类：独资、合伙和专业公司。（1）独资。这类会计公司规模通常很小，在这一组织形式下，资产的所有权与经营权完全一致，个人工作业绩与其切身利益密切相关。美国早期的会计公司主要采取这一方式执业。这类公司比例逐年下降，目前在美国仅占1/4弱。（2）合伙。这是会计公司最典型的组织形式。它是指由2人以上（含2人）的注册会计师组成的共同投资、共同经营、共担风险的一种执业方式。由于能适应经营规模较大、经营业务复杂的客户需要，能保持业务的连续性、审计的独立性，具有较强的抗风险能力，这一形式已成为西方会计公司的主流。（3）专业公司或股份有限公司型会计师事务所。股份有限公司是指注册资本由等额股份构成并由具有注册会计师执业资格的人认购，股东以其所认购股份对公司承担有限责任，公司以全部资产对公司债务承担责任的企业组织形式。

会计师职业的管理原则　会计师职业专业行为法由两部分组成：原则和规则。原则是规则的指导框架，它限定成员提供的专业服务。会计师职业法规对会计师的制约主要是通过自律来实现的，即对法规的遵从首先取决于个人的理解和自愿行动；其次，取决于同行和民意的监督；最后，在必要时，针对那些不遵守规则的人以法律程序约束之，而对于行业优秀人士，通过协会进行奖励。加州会计师协会的奖项如"杰出服务奖"每年颁发一次，给那些提供长期、杰出服务的人士。设立奖励的目的一方面是鼓励更多的人取得相似业绩，另一方面是通过颁奖提高公众关于该行业对社会贡献的认识。

硅谷的中介服务体系与美国其他地区的服务体系有极大的相似性甚至相同性，这种相似性表明其成长是在美国既有制度背景下出现的。这种相似性体现在硅谷中介服务体系的各个方面。硅谷在成为世界半导体产业中心之前不过是一片果园。因此，我们可以说硅谷的兴衰是在美国社会制度大背景中形成的，从一般性来说，硅谷中介服务的成长是制度在空间上的进一步扩张；反之，也折射了美国有利于产业发展的宏观社会制度背景。

美国社会制度的核心理念是推崇没有政府干预的自由市场竞争。近400年来，虽然美国人一直为政府在经济发展中的角色争论不休，但大多数美国人原则上同意杰斐逊的格言：管理最少的政府是最好的政府。杰斐逊推崇激进个人主义，认为政府责任在于捍卫法律和秩序，特别是保护私有产权。政府在经济中的角色就是无作为，市场应当是完全自由的。自由市场并非无政府，而是由供求自然规律规定结果，消费者希望得到某种东西，企业家即供应这种东西。这种产权明晰的市场制度作用何在？诺思和托马斯研究表明，18 世纪以后西欧之所以首先出现经济迅速增长以及人均收入迅速增长的局面，是由于这些国家具有更有效率的经济组织和保证个人财产安全的法律体系，而这种比较完善的经济组织又是中世纪以来近千年长期演变的结果，这些组织构成了以自由主义为基础的竞争的市场制度。

美国社会制度形成可以追溯到国家形成的历史。移民离开欧洲去美洲寻求财富，在丰饶土地上建立一个崭新的国家是他们的梦想。亚当·斯密的资本主义模式被采纳，该模式强调竞争，通过财产所有者竞争以满足单个消费者在市场上的需要。崭新的国家概念不仅包含市场经济制度，也包括了推崇个人成就和自我奋斗的新教精神。体现了美国理念的美国宪法清楚地说明了个人权利，政府的角色变成了个人权利的保护者，后来变成了公司（法人）权利的保护者。美国理念是通过个人努力达到经济增长模式的基础；这个理念也促成了美国发展成为世界上最发达的市场制度国家。律师事务所、会计师事务所、咨询公司等构成了自由竞争的交易双方的中介服务机构，成为美国市场经济制度中不可缺少的组成部分。

此外，除了保护市场竞争的具体中介组织，由于美国社会推崇个人自由，因而广义的中介组织在美国社会广泛存在。广义的中介组织是一些相对小的社区或共同体，它们位于个人和社会宏观结构如民族—国家或跨国公司之间，功能是使个人社会化，并在国家和个人之间建立缓冲地带，如会计师协会等社团组织，它们既是市场制度的一个重要组成部分，又是国家和个人之间冲突的协调者，也是中介组织自律机制的核心。

三　硅谷中介组织的适应性变化

硅谷中介服务体系是在美国的宏观制度背景下形成的，发挥市场中介组织的一般功能。硅谷中介服务在成长过程中也有适应性的制度变迁，形成了在服务体系中不同于其他地区的特色。简单地说，硅谷中介服务是普遍性和特殊性的统一。特殊性既包括中介服务的组织创新，也包括一般性制度在硅谷高科技环境下的适应性调整。这种特殊性总是与高科技密不可分的，首先表现在著名的高科技公司的服务机构也都是实力最强的；其次中介组织与其服务的高科技公司一样充满活力、一样富有、一样承担风险。下面我们分别对硅谷其他中介服务机构进行简要分析。

1. 律师事务所

硅谷最大的律师事务所是（1996）Wilson Sonsini Goodrich & Rosati（WSGR），它的雇员达 378 人，所服务的著名公司有希捷、网景和硅图像等。硅谷的律师报酬常以股票权而非现金方式来支付。硅谷成长的关键时期是 20 世纪 70 年代，而这时美国的法律体系已经十分完善。正如会计制度一样，硅谷的法律服务体系不过是美国法律体系在空间上的进一步延伸。然而，硅谷是高技术科技园区，一流的律师事务所提供的专业服务与高技术公司所需要的法律服务息息相关。硅谷的律师事务所服务的对象主要是高科技客户，而这些高科技客户不仅收入高而且年轻，因此对硅谷的律师来说，也意味着高收入和新的执业方式，如律师除了起草法律文件还可能出面联系风险资本，比传统律师要更多地参与企业的经营管理。比较来说，硅谷的律师在过去的 10 多年来，已经与纽约华尔街的律师有很大的不同，不仅收入已赶上华尔街律师的收入，甚至成为律师业的参照标准。

硅谷律师服务的主要特色领域为：知识产权法律事务、破产法、公司法和移民法律。在硅谷，知识产权服务内容包括确认和管理客户的知识产权物品（财产、债务和程序），为客户提供经营、战略执行和发展的法律咨询，涉及获得和保护专利、版权等；知识产权律师的背景要求高等工程和理学学位、在经营和技术方面有经验、在美国专利和商标办公室登记注册为专利律师。在移民法律方面，由于硅谷外来移民很多，提供移民方面的法律服务成为重要的内容。由于小企业创业和购并频繁，公司法和破产法也是热门专业。

2. 会计师事务所

会计师事务所的业务一般包括审计业务、税务业务和管理咨询业务。管理咨询业务是一种使客户的业务活动更有效的服务，从提供简单的建议到涉及市场策略、计算程序、设计形象和其他有利于企业的复杂建议。在大型会计公司中一般都专门设有独立的管理咨询部门。近年来，传统的会计审计业务比重越来越小，管理咨询业务比重越来越大。实际上在硅谷，由于会计师的服务对象是新的知识群体，这种现象更为明显。在过去，注册会计师财务设计者认为，多数人在一生中是逐渐积累起财富的，因此他们在腰包鼓起来时也就渐渐学会了投资和储蓄。但是，硅谷中的新生代赚钱很快，因此他们需要在财务计划方面的速成课程。事实上，他们中多数人所拥有的财富仍然是在纸上（股票），因而他们的财务计划要求就更为复杂。这些客户受过很好的教育，也很聪明，他们不需要人们告诉他们如何做，而需要有人向他们解释为什么这样做。因此，硅谷会计师更倾向于成为硅谷新生代的伙伴，更多地从事咨询业务。

3. 人才招聘机构

硅谷不仅有为非高技术人才的劳动者提供服务的临时职业介绍所，也有招聘高级专业技术人才的猎头公司。猎头公司为高技术公司提供了最主要的资源——人才，没有这些有技能的思想工人，高技术公司的创新就没有思想来源。然而，硅谷人才招聘的特色与其说是体现在机构上，还不如说是体现在服务的内容上。硅谷的招聘服务也是不断创新的过程，随着近年来硅谷的失业率降低，硅谷的招聘变得更富有创造性。正是高技术人才流动和猎头公司的努力，使聪明的企业家和有抱负的工程师从世界各地来到硅谷。以招聘机构为中介的开放性劳动力市场成为硅谷最有价值的资产。

4. 市场研究机构

在市场研究领域中，在市场信息的可利用性和如何在公司应用方面都出现了某种革命性的变化。这些变化是由信息技术驱动的，在未来还有可能加速。具体体现在两个方面：从市场研究者向研究者兼决策者的角色转变已经开始；同时，随着更好的决策工具的使用，还能发现从管理者向管理者兼研究者的角色转变。在很多组织中，高级管理人员可以直接利用二手数据（包括报纸上发表的信息）进行分析并得出结论。在这个意义上，管理者也是市场研究者。这两个转变的结果是，公司管理者和市场研究者之间的区别变得模糊了。市场研究成为决策的一部分，决策成为市场研究的一部分。硅谷的新技术公司首先感受到这种范式转变。

5. 公证事务所

公证事务的变化是硅谷中介服务适应性变迁的一个极好的例子。首先，公证事务本身受高科技影响较大，信息产业发展和电子计算机的广泛使用，使信息的储存、传递和发布的方式发生了很大变化。很多年以前人们就预见到的无纸的世界已逐步变为现实。然而，如果没有纸张，如何体现官方文件的重要性和必要性？也就是说公证员的签字在电子邮件文件中如何体现出来呢？为此，美国也是不断地在此领域中进行制度创新，不久前就有了电子签名方面的立法。其次，在公证事务与硅谷的联系方面，为适应硅谷的发展需要，出现了流动公证员。公证员虽然不参与公司决策，但公证员在场与否，对使文件正式化来说是很重要的，这种流动服务提高了硅谷高科技公司的效率。

6. 广告公司

硅谷广告行业既积极服务于高科技公司，也是受高科技影响显著的行业。位于库帕蒂诺的 LKS 集团就是一个在 8 年间使收入从 0 增到 1 亿美元的广告公司，现在也是硅谷最大的广告公司，LKS 在 1995 年上市。它之所以成功，就在于探索使用台式印刷系统和图形工作站等新技术去吸引高科技客户，这是它早期收入的主要来源。现在 LKS 也有大量传统产业的客户，还不断向其他广告公司推销新广告技术。

总之，就我们所举的几类来看，硅谷的中介机构或多或少地发生了一些变化，以适应高科技产业日益增长的需要，适应硅谷变迁的生态环境。特别值得注意的是，中介服务的很多适应性变化是由高技术带动的，中介机构和高科技公司之间复杂的相互作用有助于我们理解中介机构的重要性，有助于我们开拓提高中介机构服务水平的新思路。任何对两者关系的简单概括在硅谷都是不适宜的。

四 硅谷中介服务的组织创新

硅谷中介组织在服务高科技产业过程中不仅出现了适应性变迁，更值得注意的是中介组织的创新内容。组织创新可以理解为某些组织通过其成员或其他资源的协作和共同努力，进行新产品、过程、方法或服务的创造并转化为现实的过程。这些中介服务的组织创新被认为是硅谷的关键特色，在学术文献中也作为硅谷兴起的关键因素，比起一般中介组织更多地受到人们的关注。

（一）风险投资中介

大量研究表明，风险投资直接推动了 IT 产业的发展。有人指出，风险资本是与高科技经济发展相联系、有特别含义的金融资本的独特形式。很显然，运作风险资本的风险投资中介，对技术创新和经济发展有重要作用，如由风险资本扶持起来的创业公司仙童、英特尔、美国数字设备公司、苹果、太阳微系统，都提供了划时代的技术突破，从而形成了美国的高技术优势。专家指出，加州的硅谷和波士顿周围的巨大增长都归因于繁荣的风险资本共同体，包括作为中介的风险投资公司。

硅谷的早期风险投资是零星的、不成规模的。半导体产业刚开始发展时，除了政府外还没有其他客户购买其产品。在 1962 年前，政府基本上是半导体产品的唯一市场买主。然而，计算机产业本身逐渐扩张，政府在半导体商业中所占比例逐渐减少。到 1978 年时，政府只占半导体 10% 的市场份额。无论如何，美国国防部和航天局作为新技术创造第一使用者的角色起到了重要作用。到了 70 年代早期，风险资本取代军事开支成为支持硅谷创新的主要来源。该地区风险资本的爆炸性增长是与当地半导体产业的发展相平行的。到了 1974 年，有超过 150 家风险资本公司在硅谷经营，斯坦福大学也在风险投资行动中投入了自己的一部分设备。到了 1988 年，硅谷吸收了 40% 的全国风险资本投资，并一直保持在这个比例上。在此过程中，硅谷的风险投资也由个体风险投资家转向风险投资公司的结构形式。

硅谷风险投资的两个重要事件是：（1）1980 年苹果公司上市，由摩根斯坦利等公司发起，苹果公司成为最大的上市发行公司；（2）1995 年，网景公司成立刚 16 个月就开始上市，8 月市场价值就达 19.6 亿美元。前者使硅谷世界闻名，后者标志新的网络经济的开始，也表明硅谷具有不断创新的生命力。两个公司的成功都离不开风险投资中介的巨大作用。

（二）技术转化中介

有三个与技术市场相关的制度创新是由斯坦福大学发起的，反映了在硅谷地区产业形成过程中的研究机构、创业者和公司与众不同的关系。第一个创新是斯坦福研究所的创立，旨在完成政府指定的研究以及帮助西海岸公司获得政府的合同。该机构一开始主要是致力于与军事相联系的研究，后来成为疏通私有部门高技术公司、政府和大学研究机构之间关系的重要渠道。第二个创新是某种协作关系的建立，斯坦福大学通过其荣誉合作项目向当地的公司开放其工程学教室，以便雇员能注册学习研究生课程。与此同时，为适应大学和产业更密切对话的需要，首创的工业联营项目即地球科学产业联合体于 1950 年成立，航空学联营项目也由特曼在 1955 年建立。第三个创新是斯坦福大学推进了斯坦福工业园的创建，这是新的创造，它加强了大学和该地区电子企业正在出现的合作模式，促进了两者长期繁荣。当时的斯坦福大学出现了财务问题，校长特曼为了解决这些问题，将大学的部分土地出租给高技术公司 99 年。随着越来越多的公司出现，创业气氛相互感染，特曼继续鼓励他的毕业生开设自己的新公司，更多的教师也加入咨询、投资和创立新公司的行列，硅谷创业风气一发不可收。这些制度安排不仅促进了研究成果的商业化，而且促进了大学、政府和公司之间的协作关系，并使硅谷的创新网络成为可能。

（三）行业联系中介

硅谷虽然是一个创新的社区，但硅谷企业必须参与国际高科技领域的竞争。在竞争过程中，硅谷众多高科技企业在原有各种松散组织的基础上加强了结盟，主要表现为由整个美国高科技领域普遍参与的辅助性联合会或协会。下面列出几个主要协会。

1. 美国电子协会（AEA）

70 年代早期成立于硅谷。它的合法目标是为加州的电子工业提供健康的商业环境，并加强在世界市场中的地位。协会是为产业联系需要而设立的，AEA 成员是由高技术公司和那些帮助把这些创新产业联系在一起的组织所组成。多年来，AEA 被认为是美国技术社区的代言人。在州和联邦的层次上，它都影响范围广泛的公共政策以推进产业利益。

2. 半导体工业协会（SIA）

1977 年由 5 个著名公司的开拓者建立。他们也是微电子历史上具有重要地位的特殊人物。SIA 的任务是使美国硅片制造业在有关贸易、技术、环境保护、工作安全和健康方面获得政治优势。目标是争取自由而开放的世界市场，维持美国在技术上的领导地位，保护环境以及提供极好的工作条件，在世界市场上维持高份额。

3. 半导体设备和材料协会（SEMI）

1970 年在硅谷成立。SEMI 不像传统的贸易协会那样因政治压力而为大公司进行宣传活动；相反，它更愿为一些小公司主办贸易展销会，协调各种标准制定活动，组织教育培训和市场调查。

总之，上述中介机构为硅谷提供了所需要的资本，促进了创新成果的商业化，在成员之间建立了信息交流，特别是在宏观层面上协调了政策，影响了公共政策的制定。显然，这些都只是中介组织的显在功能，如果我们要真正把握硅谷巨大创新能力的本质，我们就不能仅仅理解各类中介组织所单独发挥的作用和功能，必须把它们放在硅谷的区域创新网络的大环境中，去发现它们不久前还被忽略的潜在功能。

五　区域创新网络与中介组织

如果我们的视角不再聚焦在中介组织各自发挥的功能，而是把中介组织置于硅谷高科技社区中综合考虑中介组织群体，中介组织有什么特殊作用和潜在功能，这就还得从硅谷的创新文化谈起。作为世界高技术创新中心的硅谷无疑是创新文化的代表。硅谷创新文化的变迁要追溯到惠普公司。它在成立12年后的1950年，就有不凡的业绩：已有200名雇员，销售70种不同产品，销售额超过200万美元。更重要的是它首创了与众不同的硅谷管理风格——把工作人员看成家庭成员。由惠普公司开始，硅谷公司的老板和雇员之间有更多的交流，比起其他地区的公司来说有更多互动空间。很多人开始模仿惠普的管理风格，在斯坦福大学提供的科技园中开始经营，由此开始了高技术产业和高技术人才在帕拉阿图地区的集中过程。

硅谷创新文化的基础是什么？目前分析区域发展的主要概念有社会网络和创新基质（milieu）。基质侧重文化因素，网络更具形象地说明了硅谷密切联系的特点。两者又是密不可分的，都强调集体学习和互动过程。借助这两个概念，可以使我们注意到中介组织的整体效果、聚集效果。

早期的开拓者基本上是同质群体：白人、男性、斯坦福大学或者从其他地区迁移来的受过 IT 教育的工程师。共同的特点是既愿意承担某种风险，也重视友情，就是说即便在相互竞争的公司工作的工程师和科学家在下班后仍然是朋友。工作之余，工程师和程序员在硅谷小憩时参与高技术领域的论战。这种讨论对个人了解行业动态并且促进职业的流动很重要。在硅谷，小型和中型公司的跳槽率达35％，平均在一家公司工作的时间持续接近2年。由于流动性大，他们的角色相互转换：老板变成职员，同事会变成竞争对手。结果是工程师产生了对技术和他们的同事、工程师或科学家的强烈忠诚，而缺乏对公司的忠诚。在此基础上，为应对技术的快速变迁，硅谷工程师形成了密集的网络，其特点是集体学习和公司之间的灵活联系。区域性密集的社会网络和相对开放的劳动力市场鼓舞了创业和试验，这种社会网络还提供专业化的输入和服务，既灵活、反应及时，又值得信赖。进一步说，硅谷的企业家们摒弃传统的企业模式，他们力图把企业建成不存在社会差别的共同体，使每一个成员都把共同的目标转化为自己的个人追求。等级制度在硅谷毫无意义，企业采取灵活的工作制，人们倾向于高度的不拘小节，这种随意使他们得以共享思想并行动迅速。在硅谷中不同种类生产要素共同存在（熟练劳动力、金融、创新、知识和创造力），实际上，正是高科技企业与该地区中其他组织在一起形成了一个地区性的创新网络。

在硅谷区域创新网络中，我们可以看到中介服务所起的传统功能之外的重要作用。拿风险投资中介来说，研究指出，硅谷中的风险资本家毫无例外地有在该地区的技术公司中工作的生涯，比起其他同类来说能更好地理解商业的技术。重要的是，硅谷风险资本家与当地公司同事间的广泛个人联系，锻炼了个人能力，形成了共享的商业和技术视野。而且，硅谷风险资本家基本上是他们所支持公司的战略和管理决策者。这种独特关系的结果是，硅谷风险公司深深浸润在高科技公司发展的更广泛的网络中，是促进创新的社会结构的核心部分。实际上，硅谷风险资本家创造了一种新金融制度，即他们成为该地区网络的中心要素，结合了金融家、企业家、创新者、消费者和合伙人以及纷争解决者的诸种身份。换言之，这些风险资本家不仅作为早期资本的本地来源，而且也是一个高技术投资的专家和"教父"（如在公司发展的关键时刻提供有经验的行政人员、战略与运营顾问，将其引向潜在的客户与合作伙伴）。

与风险资本公司一样，硅谷的律师事务所也常起到比市场中介职能更广泛的中介作用。萨克森宁提到的一项对硅谷法律体系的调查研究表明，律师事务所最重要的贡献是，他们与所有的风险投资家都有私交，而且他们能让资本家与他们的顾客（如科学家和工程师）共进午餐。这项研究的结论还认为硅谷地区的法律操作是非正式的、实用的、注重结果的、灵活的和富有创新性的，对高度信任的商业关系很重要。由于律师的积极角色，这个地区比美国的其他地方更不容易发生法律诉讼事件。律师事务所帮助寻找关键人士、协调合作并在社区成员中建立沟通和信任，其作用已超出通常律师所发挥的作用。

总之，在大学工程系、风险投资公司、律师事务所以及商务机构里的主要人物，通过商务和专业工作经常性地接触而相互了解，彼此熟悉。律师知道风险资本家，而这两个群体又知道大量有经验的技术执行官。这些专家可能被高科技公司请来帮助解决处理组织管理、发展战略问题和共同应对新机会的挑战。他们还可能共同出席公司的董事会，对新公司而言也可能成为关键客户或合作伙伴。如果借用社会资本概念，可能更好理解硅谷社会关系的重要性。重叠的董事关系网络是硅谷社会资本的要素之一。硅谷是建立于社会资本基础上的经济空间，但又是不同于市民理论家所通俗化了的社会资本类型。在硅谷，社会资本可以理解为出现在该区域中的合作性伙伴关系，是经济和机构行为者在追求与创新和竞争相联系的目标中产生的。硅谷社会资本的主要网络是指在社会机构如政府、大学、风险投资公司、律师事务所、劳动力市场等实体之间的、集中的生产性互动。中介组织在强化社会网络方面具有重要影响，中介机构提供的专业服务促进了社会资本的形成、技术创新和新知识传播（Cohen，Stephen S. & Fields，Gary，1999）。

硅谷的中介服务组织不仅发挥了既有制度的一般性作用，当中介组织聚集成群时还促成了新社会结构形式的出现，在此基础上形成了更深层次的文化变化。硅谷创新文化大致有以下几个特点。（1）热衷于变化。硅谷的繁荣是建立在不断变化的基础上的，硅谷公司在不停演化，即便是硅谷最老的惠普公司也已经历了无数次的脱胎换骨。硅谷人员也是在不停地变化，换公司、换角色，学习新技巧。（2）勇于担风险。硅谷的繁荣建立在勇于承受风险的基础上。在硅谷之外其他地方的投资者和劳动者想方设法避开和减少风险，而硅谷的资本家却积极寻求风险机会，并且认为风险机会越多越好。同时硅谷也容忍失败，而这培养了不断尝试的氛围。（3）忠诚于技术。硅谷的兴旺发达主要是工程师的功劳，与资本家或其他地区工程师相比，虽然他们也对赚钱感兴趣，但他们对技术更加着迷；结果是硅谷工程师在选择事业路径时，技术成为优先考虑的因素，这是技术不断创新的因素之一。（4）开放性。不分种族、肤色、年龄和性别等条件，对所有人开放，硅谷成为国际性的人才聚集地（Mike，Nahan，1999）。

区域创新文化对硅谷的发展起什么作用？从文化价值方面来说，关键点就是超越了个人主义与集体主义的价值局限。一种松散的网络既保留了个人自主性、首创精神和竞争意识，又获得了充分的信息交流和思想碰撞，发挥了地区的人才优势和集体学习的特点。正是以这种网络状态的社会结构为基础，高科技发展绕开了美国社会固有的个人主义与团体协作的鸿沟。美国人持有社会原子主义观点，认为个人是终极价值和意义的来源。社会的利益由追求自我利益的很多人的竞争形成。公司自由地与其他公司竞争，与世界上其他公司竞争，那种有最好和最多经济产出的公司将会最终胜利。但是，现代经济又是以大规模生产为基础的合作性经济活动，建立在合作与协作的基础上。个人主义和团体协作两方面常常陷入矛盾与冲突之中，这不仅构成社会冲突的根源，也被视为引发社会变革与重新组合的断裂点。但是，在硅谷已经出现的却是合作与竞争不寻常的组合。正因为有这种创新组合，才有了硅谷惊人的发展和对世界市场的垄断。美国文化传统中的"个人主义"、"创业精神"和"自由市场"这些词语，已经使人们看不到科技产业巨大实力中社会结构的基础作用，已不能反映高科技与新经济中正在出现的结构变化。

六　结语

本文从中介组织角度分析硅谷高科技产业发展的社会基础，指出硅谷高科技发展是以竞争的市场制度为背景的；中介服务组织在适应高科技方面不仅有适应性变迁，而且有重要的制度和组织创新；中介服务体系不仅满足了高科技企业的一般功能需要，还充分发挥了组织的潜在功能，促进了硅谷创新文化的形成。需要强调的是，我们必须用整体视野来看待硅谷中介组织，正如有人指出，硅谷经济已经形成了一个与众不同的生态系统，硅谷商业文化最重要的思想是把做生意看成竞争和合作的自然过程。生态系统是一个活组织的社区，存在复杂而平衡的共栖关系；虽然成员都在竞争资源，但他们必须保持平衡；生态系统是包括各种种族的、具有差别的系统，只有保持种族多样性才能长时间保持生态系统的活力。相应地，我们认为中介组织正是硅谷高科技生态社区的不可或缺的"种族"。

参考文献

安纳利·萨克森宁，1999，《地区优势——硅谷和 128 公路地区的文化与竞争》，曹蓬、杨宇光等译，上海远东出版社。

钱颖一、肖梦主编，2000，《走出误区——经济学家论说硅谷模式》，中国经济出版社。

Kleiman，Herb，1998，"Silicon Valley Offers Lesson in Tech. Development." *Crain's Cleveland Business*，Vol. 19 Issue 19.

Berger，David J.，1999，"The Silicon Valley Board." *Corporate Board*，Jul/Aug Vol. 97，Vol. 18 Issue 105.

Cohen，Stephen S. & Fields Gary，1999，"Social Capital and Capital Gains in Silicon Valley." *California Management Review*，Vol. 41 Issue 2.

Delbecq，Andre' L.，2000，"The Business Culture of Silicon Valley：A Turn-of-the-Century Reflection." *Journal of Management Inquiry*，Vol. 9 Issue 1.

Florida，Richard & Smith Jr.，Donald F.，1990，"Venture Capital，Innovation，and Economic Development." *Economic Development Quarterly*，Vol. 4 Issue 4.

Hamel，Gary，1999，"Bringing Silicon Valley Inside." *Harvard Business Review*，Sep/Oct，Vol. 77 Issue 5.

Mike，Nahan，1999，"What Makes Silicon Valley Great?" *IPA Review*，Vol. 51 Issue 3.

Saxenian，Annalee，1994，"Lessons From Silicon Valley." *Technology Review*（1997），Jul Vol. 97 Issue 5.

Vest，Valerie C.，1996，*Business Journal Serving San Jose & Silicon Valley*，Supplement Lists，Vol. 14 Issue 17.

理性选择理论面临的挑战及其出路[*]

李培林

　　理性选择是一个古典的话题，近几十年来，一派学者试图使其成为社会科学三大经验学科（经济学、社会学、政治学）解释社会行动的统一的理论和方法，很多社会学家在这方面也做出了自己的不断努力（Coleman，1986；Friedman & Hechter，1988；Lindenberg，1990；Abell，1992；Hedstrom，1996），但另一派学者则对其进行了激烈的批判，甚至将其称为"经济学的帝国主义"（Bohman，1992；Scheff，1992；斯乌利，2000）。最近我在参加国内的一些课题成果评审和博士学位论文答辩的过程中，深感在此方面存在着一些理论和方法上的混乱。这也并非仅仅是我个人的感觉，中国社会科学院社会学研究所主办的《国外社会学》2000年第1期曾特意出了一期关于理性选择理论的专号，试图厘清这方面的一些认识。现在看来，有必要进一步深化这方面的讨论。

　　对于这种理论和方法论取向上出现的张力，有的学者采取了势不两立的激进主义态度，也有的学者认为，为了化解这种张力，必须追根溯源，返回对主体的自问，返回古典理论，至少也要返回到科学主义和人文精神的分立初始，返回到培根"知识就是力量"的新兴功利主义传统和笛卡儿"我思故我在"的古典理性传统的形成（吴国盛，2001）。这种讨论很有必要，但为了应用的目的，本文的讨论更加侧重于返回经验本身。

　　关于什么是"理性"，可能和关于什么是"文化"的问题一样，存在诸多的争论。为了讨论的方便，我们采取经验学科排除"形而上学"问题的办法，排除一切非工具性理性（包括价值理性、实质理性、理论理性等）的讨论。换言之，理性选择理论所说的"理性"，就是解释个人有目

---

　　* 原文发表于《社会学研究》2001年第6期。

的的行动与其所可能达到的结果之间的联系的工具性理性。但是，随着理性选择理论与其他社会理论之间争论的深入，特别是随着社会科学众多新的研究成果的出现，理性选择理论自身也发生了很大的变化，甚至它的一些基本的假定也都经过了不断的修订和完善，这些修订和完善应当作为我们讨论的基础。

一　理性选择理论的演变

1. "理性人"的假设对"社会人"的包含

经济学关于"理性人"的假设，几乎是一切经济学派进行经济分析的共同逻辑前提，它主张人们的一切经济行动都受物质利益的驱动，但这个前提从一开始就受到社会学关于"社会人"假设的对抗。多数社会学家更倾向于认为，现实中的社会行动（包括经济行动）有复杂的动因，仅仅从经济单向维度来解释，具有极大的局限性，很多非经济因素是决定人们行动的重要变量。

例如，什么是"利益"？多数人都认为而且科学也证明吸烟有害，但现实中仍存在大量烟民，我们不能因此就认为烟民的吸烟是非理性的自杀行为。为了能够包容这种利益需求上的个体差异，经济学家引进了"效用"的概念，来表示对某种需求的满足。

对某种效用的追求，起初被理解为某种"稳定的偏好"，但现代心理学的实证研究表明，人们的需求是划分为不同层次的，在食品衣着等需求基本满足以后，人们会追求安全、成就感等更高层次的需求，所以"偏好"也并不总是稳定的。为了对此做出解释，经济学引入了"边际效用递减"定律，来说明效用并不是人们所需要的对象的一种不变属性，随着人们对某种需要对象的占有量的增加，其效用的增速会降低，这种边际效用最终会跌到零甚至低于零。

古典经济学关于"理性人"的假设，是假设每个人的行为选择主要受其个人内化的偏好影响，而不是受其他人的决策和行动影响，如果每个人的偏好都取决于其他人的偏好，市场均衡理论就无法测定和成立。但经济学对"制度"的研究表明，"制度"类似一种公理化的自然习俗或生理学上的习惯性上瘾，它对个体的行为有重大的影响，在一种制度下个体的行为也会产生"路径依赖",从而产生趋众行为（North，1990）。凡勃伦通过对"炫耀性消费"的研究探讨了个人消费选择之间严重的相互影响（Veblen，1994/1899），加尔布雷斯（J. K. Galbraith）通过对"广告"的研究揭示了卖者对买者行为的影响（加尔布雷斯，1983/1973）。所以，目前"理性人"的假设，已经是假设在一定制度下的、偏好受多方面影响的、在追求并非单一经济利益的"效用"的理性人。

2. "完全竞争"的假设对"公共选择"与"合作"的包含

其实，早期的理性选择论者帕累托就已经看到，现实中不仅存在"经济效用"，还存在"道德效用"，如经常参加宗教礼拜。帕累托认为必须区别共同体作为整体的效用最大化和共同体作为个体聚合的效用最大化，理性的公共选择必须以后者为目标，追求在一些人获益的同时，其他人也没有损益，他用这种"最优"概念取代了"最大化"概念，这样"最优"实际上既是经济最优，也是道德最优（Pareto，1966）。尽管"帕累托最优"往往被认为只是一种神话，但它却成为后来公共选择理论的核心概念，也成为评价竞争结果的一种限制。科尔曼也探讨了竞争中个体利益如何与集体利益一致的问题，他认为现实中存在诸如信任关系、权威关系、规范这样的"社会资本"，所以会出现为了得到社会资本而采取的"单边资源让渡"行动，从而促成"法人行动者"的形成，社会的发展使个体行动者之间的互动越来越少，而现代的法人行动者之间的互动越来越多，尽管法人行动者也难以真正达到"帕累托最优"的均衡状态，但它在个人竞争的残酷和集体行动的"搭便车"难题之间，找到一种协调个人利益和集体利益的理性选择（Coleman，1990）。此外，博弈论揭示了竞争中合作的重要性，证明在不合作的情况下，个人效用最大化行动可能对个人和可能的合作者都是最糟糕的结果，最经典的例子就是人们熟知的"囚徒困境"（Prisoner's Dilemma，个体不得不就是否揭发对方做出选择）（Elster，1989）、"贡献者困境"（Contributor's Dilemma，个体不得不就为公共物品的生产做何等贡献做出选择）和"撒玛利亚人困境"（Samaritan's Dilemma，个体不得不就是否帮助别人做出选择）（Parfit，1986）。这样，竞争实际上不可能在一种完全理想的状态下进行，共同行动中每个人的理性选择必须考虑其他人的选择，"合作"也就成为竞争条件下理性选择的必然结果。

3. 理性"最大化"假设对"次优选择"和"X 效率"的包含

"经济人"或"理性人"的假定，都是以经济分析最大化原理为出发点，其含义就是消费者追求效用的最大化，厂商追求利润的最大化。获得过诺贝尔经济学奖的西蒙认为，这种假定的前提是，经济人具有他所处环境的完备知识，有稳定的和条理清楚的偏好，有很强的计算能力，从而使其选中的方案达到其偏好尺度上的最高点；但现实中的人都具有处理信息能力的限度，因而是"有限理性"的人，在信息不完备的情况下，他们通常不是在所有被选方案中追求最佳方案，而是追求"满意"的方案，或者说"次优方案"。就像一个博弈者，他实际追求的只是取胜的途径，而不可能是取胜的最好途径（Simon，1982；张宇燕，1992）。

新古典经济学假设，厂商总是在既定投入和技术水平下实现产出最大化和单位成本最小化。但自从 1966 年莱宾斯坦（H. Leibenstein）提出 X（低）效率理论后，人们一直在积极批判性地重构新古典学说。莱宾斯坦观察到，企业内部不是组织效率最大化的，因为内部组织的简单变动就可以增加产出，厂商也不是利润最大化的，因为厂商并不按边际分析原理经营，这种非配置性的低效率现象，莱宾斯坦称为 X 低效率。他的后继者们认为，造成 X 低效率有各种原因，关键是生产活动不是可以借助现代数学和物理方法描述的技术决定系统，在一定程度上与人们的心理和生理活动相联系，任何人都有追求最大化和不追求最大化的两面性，这两种倾向的对立和并存，决定了新古典学说所谓完全理性的人只能是一种极端和个别的情况，通常的情况是，个人的理性选择只在信息充分的情况下才进行理性最大化的计算，更多的决策则依赖于习俗、惯例、道德规范、标准程序和模仿的形式做出（一般不是非理性最大化的）（Frantz，1988）。

由此可见，所谓的理性最大化，只是在具有充分信息和处理信息的充分能力的条件下的一种可能性，而在通常的情况下，理性选择的结果一般只能是"次优"或存在 X 低效率的。

二　理性选择理论的困境

1. 关于"小农"理性命题的悖论

在人类学和社会学关于传统乡村的研究中，传统的小农在很长一段时期，一直被视为一个另类，通常被描述成传统、封闭、保守的群体象征符号，由于多数的此类研究是采用参与观察的个案调查方法，更注重远离

"宏大历史记述"的非文字经验事实、集体记忆和口述文化，因而努力挖掘的往往是个案的特殊性。即便探讨小农行为一般规则的研究，也往往强调这种规则不同于其他社会群体行为规则的特殊性，特别是强调这种特殊行为规则的文化意义。在这样的探讨中，小农的生存方式成了一种特殊的文化遗产，并不因为普遍的现代化而发生彻底的转变，所以把传统乡村的小农纳入社会现代化变迁的研究，被认为是一种学术上的"武断"。

为了说明这一点，人类学家习惯引证的经典例子：一个是马林诺夫斯基（B. K. Malinowski）发现和概括并随后被许多人类学家解说的"库拉交换圈"，对于这种具有经济交换功能的"臂饰"和"项圈"的交换圈，几乎所有人类学家都指出了单一经济理性维度解释的"荒谬"和"幼稚"（Leach and E. Leach，1983）；另一个是吉尔兹发现和描述的作为"深层游戏"（deep play）的"巴厘岛斗鸡"。边沁（J. Bentham）在《立法理论》一书中从功利主义立场出发，提出"深层游戏"的概念，指那些参与赌注过高的赌博游戏的人陷入一种非理性的行为逻辑，而吉尔兹揭示，巴厘岛人类似赌博的斗鸡游戏，在深层阶段更为重要的已经不是物质性获取，而是名望、荣誉、尊敬、敬重等"地位象征"，这种被边沁主义者视为非理性的"深层游戏"，蕴含了巴厘岛人社会生活的"核心"驱动力和全部意义（Geertz，1973）。大部分注重"小传统""地方性知识"的实体主义学者都不认为小农是非理性的，只不过认为小农的理性是一种不同于"功利主义"的"另类理性"。蔡雅诺夫在《小农经济的理论》中认为，小农经济是一个不同于资本主义企业的独立体系，有自己独特的运行逻辑和规则，它对最优化目标的追求和对利弊的权衡，体现在消费满足程度和劳动辛苦程度之间的估量，而不是在利润和成本之间的计算（Chayanov，1986/1925）。斯科特在他研究东南亚小农生计的《小农的道义经济》一书中也指出，小农经济行为的动机与"谋利"的企业家的行为动机有很大差异，在小农特定的生存环境中，其"规避风险"的主导动机和与自然的"互惠关系"，体现的是小农对抗外来生计压力的一种"生存理性"（Scott，1976）。这类解释隐含的一种判断是，现实中并不存在独立的和抽象的经济行为，一切经济行为都是社会行为，所以单一的经济推论是武断的和外来的逻辑。

与这种小农"另类理性"的解释相反，很多经济学家论证了"经济理性"解释小农经济行为的"普适性"。舒尔茨在《传统农业的改造》一书中认为，小农并非没有理性的另类，他们作为"经济人"，其实很类似资本主义企业家，同样富有进取精神，尽管他们由于技术和资本的限制，经济规模较小、收益较低，但其生产趋近一种既定条件下较高效率的"均衡"水平，一旦有新的经济刺激，小农一样可以进行传统农业的改造，而不需要外来的集体组织（Schultz，1964）。波普金在《理性的小农》一书中分析小农的政治行为时则更进一步，认为小农简直就可以比拟为一个"公司"的投资者，他们的行动选择，完全是在权衡各种利弊之后为追求利益最大化做出的（Popkin，1979）。

也有一些学者，试图在研究中包容和调和以上这两种解释逻辑的矛盾。黄宗智（Ph. Huang）在研究中国长江三角洲小农经济时指出，人口的压力和耕田的减少，使小农采取了趋于"过密化"的生存策略，即在单位劳动日边际报酬递减的情况下，小农为了生存仍不断增加单位耕田面积劳动力的投入，以换取单位面积产出的增加，这种维持生计的策略，完全不同于追求利润最大化的资本积累策略，但这并不表明小农缺乏经济理性，一旦有了外部的刺激，如随着中国改革开放后乡镇企业的发展，其他替代的就业选择使小农耕作劳动投入的"机会成本"增加，小农就能走出支配他们的"过密化"生存逻辑（黄宗智，2000/1990）。

2. 关于"家庭理性"的悖论

家庭是社会学的传统研究领域，在众多研究家庭问题的社会学文献中，结构－功能主义的解释似乎一直处于主导地位。这种解释试图超越心理学和生物学塑造的关于家庭生活的传统图示，即把择偶、婚姻、生育、亲子关系等仅视为受"情感"的驱动或受"生理需求"的驱动。但这种解释多半建立在这样一种判断上，即家庭是一种特殊的社会单位，不是生物团体单位，家庭关系不是生物关系，而是社会关系，家庭的产生、延续和发展有其自身的"理由"，这个"理由"也不是个人利益计算的"经济理性"，而是人类生存延续的"社会功能理性"。家庭的"世代继替"，成了解释一切家庭制度产生和存在的法则。传统的"一夫多妻制"、现代的"一夫一妻制"、部分游牧民族的"兄弟共妻制"，以及某些特殊的"走婚制"，择偶的"外婚制"和"乱伦禁忌制"，父权或母权的"家长制"和"氏族制"，继承的"长嗣继承制"、"男性后代分家制"和"按继承权序列分配制"，等等，其产生和存在都是在特定的生存环境中体现世代继替的"社会功能理性"。

然而，社会交换理论在婚姻研究中较多的使用，也表现出一些社会学家明显地受到理性选择取向的影响。例如，认为黑人男性与白人女性的婚姻概率超过白人男性与黑人女性，是黑人男性用较高的社会地位去换取白人女性较高的人种地位的结果；认为包办婚姻是新郎的劳动力、彩礼和生活安定许诺与新娘的养育费用价格和品貌价格的交换，而"换婚制"只不过是这种交换的极端例子（Eshleman，1985）。

芝加哥学派的经济学家贝克尔，以用"经济分析"研究"非经济领域"著名，他将理性选择理论广泛运用于诸如婚姻、生育、犯罪、歧视、竞选等非经济领域的举动，甚至被指责为"经济学帝国主义"。贝克尔影响最大的应该说是他关于家庭生育行为的成本－效用分析，他认为现代社会中出现的家庭规模或子女数量随收入的增加而减少的现象，是因为养育子女成本的上升和效用的下降，孩子的成本－效用关系是决定父母生育行为的关键变量。在他看来，生儿育女就如同购买耐用消费品，其成本是生育和抚养的费用与占用时间带来的机会成本，其效用是家庭情感的满足和家庭成员间的互惠，在一般情况下，对子女的需求同对其他消费品的需求一样，会随家庭收入的增加而增加，但是当现代社会中生儿育女的"机会成本"大大增加，从而使孩子的成本超过孩子的效用时，自然生育率就会下降（Becker，1976、1981）。

贝克尔也注意到"家庭理性"的某种特殊性，他认为市场交易中利己主义是普遍的，而家庭中利他主义是更为普遍的，利他主义在市场上没有效率，但在家庭里是更为有效的。在解释这种有效性的来源时，贝克尔说他与涂尔干的看法正相反，涂尔干认为劳动分工扩大的优势不是增加生产，而是促进了有机团结，即参加者利益和思想情感的和谐一致，贝克尔认为有机团结是有效的劳动分工的原因而不是结果，利己的人们之间的劳动分工可能会鼓励欺骗和逃避责任，而不是有机团结（Becker，1981）。贝克尔在这里实际上已经触及竞争中的理性合作问题。

3. 关于"东方理性"问题的悖论

韦伯在《新教伦理与资本主义精神》一书中认为，欺诈、贪婪等非理性冲动以及获利的普遍欲望，都与资本主义精神并不相干，资本主义更多的是对这种非理性欲望的抑制或至少是一种理性的缓解。韦伯试图从发生学意义上回答，为什么资本主义以及与此相连的现代科层化组织首先在西方出现？与马克思从生产关系和布罗代尔（Fernand Braudel）从日常物质生活追寻资本主义起源的路径相反（布罗代尔，1992~1993/1979），韦伯从精神和文化层次上寻根。他的研究结论是，资本主义制度的建立受资本主义精神的推动，而资本主义精神来源于新教的禁欲主义宗教观念，这种观念又最早发端于加尔文教的英国清教徒的"天职观"，即相信上帝安排下的工作神圣、节俭、核算、勤劳等。韦伯认为，"在一项世俗的职业中要殚精竭虑，持之不懈，有条不紊地劳动，这样一种宗教观念作为禁欲主义的最高手段，同时也作为重生与真诚信念的最可靠、最显著的证明，对于我们在此业已称为资本主义精神的那种生活态度的扩张肯定发挥过巨大无比的杠杆作用"（韦伯，1987/1958：135）。

然而，韦伯认为东方社会缺乏这种宗教理性，他在进行文化比较时指出，中国的儒教是一种另类的理性，儒教的理性主义是对世界的合理性适应，基督教（新教）的理性主义则是对世界的合理性控制，儒教的东方理性是不彻底的，在"外王"的经世抱负与"内圣"的安身立命之间缺乏内在的一致性，所以"内圣"的精神无法对世俗生活的理性化起到促进作用，儒教在中国的精致化和至高无上的地位，反而阻碍了中国资本主义的发生和发展（Weber，1951；苏国勋，1988）。

韦伯的理论存在一种内在的张力：一方面他的理性化推论使他相信个体的有意义的理性选择行动具有强大的社会结构和经济制度的建构作用；另一方面他的人文关怀使他也看到理性化的铁律可能造成压制人的创造性的后果。

韦伯的理论也因此受到来自两个方面的批评。一些经济学家认为韦伯的假设和文化解释缺乏理性选择理论的彻底性和科学所需要的实证检验，萨缪尔逊以一种不屑的口气批评说，韦伯关于新教伦理的理论"不能证明任何东西，因为它没有任何东西可以被证明"（Samuelson，1979：718）。中国和华裔学者则大多批评韦伯有贬低或曲解东方理性之嫌，对韦伯关于儒家伦理是传统中国社会中阻碍资本主义发展的最主要原因的判断提出质疑，有的认为东亚经济的崛起是对韦伯的假设的"经验性挑战"，富有说服力地表明"新儒家伦理有助于经济发展"，因此要推翻韦伯这个"长期以来几为学术界默然遵守的铁案"（金耀基，1993：128~151；黄绍伦，1991）；有的认为理论上的儒家伦理与日常生活中遵守的儒家伦理并不一致，生活中儒家的"光宗耀祖"的成就目标和精神动力推动了经济发展（陈其南，1987）；还有的认为，在中国传统的价值体系中，也存在与新教伦理相仿的节俭、勤劳的工具理性，这是中国明朝中叶后商业蓬勃发展的原因（余英时，1987）。

4. 关于"集体行动理性"的悖论

亚当·斯密（Adam Smith）在他的古典经济学奠基之作《国民财富的性质和原因的研究》中，曾给出一个"利益最大化"原理：理性人（经济人）的趋利避害行动会使资源优化配置，从而使社会收益最大化。他认为，在市场竞争中（自然状态下），虽然每个人都是从个人利益出发，但却受市场这"一只看不见的手"的指导，从而达到一种他未曾预期也并非出于他的本意的结果，就是更有效地促进了社会利益。"各个人都不断努力为他自己所能支配的资本找到最有利的用途。固然，他所考虑的不是社会利益，而是他自身的利益，但他对自身利益的研究自然会或毋宁说必然会引导他选定最有利于社会的用途"（亚当·斯密，1981/1880：25～27）。

亚当·斯密似乎在个人理性和集体理性之间找到一种合理的过渡，他给我们描述这样一种理性选择的逻辑：

个人的理性选择——达到个人未预期的结果：集体的理性

与此相反，奥尔森（Mancur Olson）认为无法从个人理性选择的假设推论出集体理性实现的必然结论，他实际上给我们描述了另一种理性选择的逻辑，即集体行动的逻辑：

个人的理性选择——达到个人未预期的结果：集体的非理性

在政治学、社会学和社会心理学领域，传统的群体和组织理论一般认为，具有相同利益的人形成的群体，会采取一致的行动以增进他们的共同利益。奥尔森则认为这种结论基本上是错误的，他的研究证明，"除非一个群体中人数很少，或者除非存在强制或其他某些特殊手段以使个人按照他们的共同利益行事，否则有理性的、寻求自我利益的个人不会采取行动以实现他们共同的或群体的利益"（奥尔森，1996/1980：2）。因为集体收益是公共性的，每个人为增进集体收益付出的成本并不能等同于他分享的集体收益，因而坐享其成的"搭便车"现象就会存在，从而造成个人增进集体收益的激励失效，所以群体越大，分享集体收益的人越多，人们越不会为共同利益采取行动。奥尔森还认为，市场群体（如商人）是一种"排他群体"，成员之间进行的是"分蛋糕"的零和博弈，一些人的获益是另一些人的损益，所以希望群体越小越好，而非市场群体（如游说群体）是一种"相容群体"，成员之间进行的是"做蛋糕"的正和博弈，新参与的人并不影响原来成员的收益，所以希望群体越大越好。但即便是"相容性群体"，"搭便车"和激励失效的问题也依然存在。

奥尔森认为，为了克服集体行动的激励失效问题，需要建立"赏罚分明"的制度，实行"有选择性激励"，他承认经济激励并不是唯一的激励，也存在声望、尊敬、友谊等方面的"社会激励"，但社会地位和社会承认也是"非集体物品"，也可以用分析经济激励的方法去分析。尽管如此，奥尔森对"选择性激励"的有效性并不存有奢望，因为他认为，在大的群体中，为实行"选择性激励"而付出的监督成本可能总是高于其收益。所以，奥尔森所说的"集体行动的逻辑"，实际上是一般情况下集体行动的困境，如果说亚当·斯密的逻辑代表了乐观的理性选择论，解释了个人理性选择的建构意义，那么奥尔森的逻辑则代表了悲观的理性选择论，解释了个人理性选择建构的局限性。

吉登斯力图克服类似的理论矛盾，他试图在强调结构决定意义的结构功能主义和强调行动决定意义的解释学派之间找到一条调和的中间道路，就像他在政治上试图在左派和右派之间找到一条"第三条道路"，所以他既批评了制度还原论忽视了各种社会自主性力量所发挥的充分作用，也批评了意识还原论忽视了行动者对自己行动的反思性控制。他在他的"结构化"社会理论中，用"结构的二重性"取代了"结构－行动二元论"，即一方面主张主体的有目的行动建构了社会结构，另一方面也主张既有的社会结构是社会行动发挥建构作用的条件和中介（Giddens，1984）。

吉登斯从宏观的社会理论层面为我们提供了一种可以调和集体理性悖论的行动逻辑：

　　主体有目的的行动——达到未预期的后果：该后果成为继续行动的条件

　　吉登斯的逻辑似乎有了更大的包容性，他没有解释"未预期的后果"是否符合集体理性的问题，从而留下了更宽广的解释空间，但因此也就大大降低了对此进行经验验证的实用意义。

三　理性选择理论的方法论特征

　　理性选择既是一种理论，也是一种研究方法，它的特征是，在方法论上是个体主义的而非整体主义的，是归纳的而非演绎的，是经验求证的而非哲理解释的。然而，最能代表其方法论特征、最受到争议、也最受到激烈批评的，就是其方法论上的个体主义（methodological individualism），与其相对立的是方法论上的整体主义（methodological holism）。

　　英国研究社会分层的著名学者高德索普（J. H. Goldthorp）是社会学的"理性行动理论"的积极倡导者，他认为，近十几年来，越来越多的社会学家倾向于理性选择理论，他们在方法论上的共同特征，就是主张通过个体行动的解释来分析社会现象的方法论个体主义，他们强调行动理论应当是社会学研究的中心，相信在研究微观－宏观的联系时必须首先从研究个体行动的（预期的和未预期的）结果着手（Goldthorp，1997、1996）。

　　法国主张方法论个体主义的社会学家布东，在一篇阐述个体主义方法论的专文中指出，在社会科学中存在三种主要的研究范式：一是建立在方法论个体主义原则上的研究范式，包括绝大部分经济学传统的学者、德国古典的社会学家（如 Weber，Simmel，Sombart）、一部分意大利古典的社会学家（如 Mosca，Pareto，Michels）和美国的社会学家（如 Merton，Parsons），这个研究范式吸引了很多当代社会学家；二是"涂尔干主义"，即注重分析社会事实的总体规则，而较少分析有目的的个人行动的意义，结构主义是这种研究范式的代表之一；三是"解释学"（hermeneutic）的研究范式，即认为社会科学的任务是研究历史演变和社会结构的意义，特别是研究社会批判的主体力量，个人只有融入社会群体中才有解释的意义（Boudon，1985）。

　　实际上，在众多遵循理性选择理论的学者中，对方法论个体主义的解释仍存在很多差异。哈耶克（F. A. V. Hayek）和波普尔（K. R. Popper）是比较激进的方法论个体主义的代表人物，他们往往试图将方法论上的争论演变为意识形态的争论。哈耶克认为，我们在理解社会现象时没有任何其他方法，只能通过对作用于其他人并且由预期所引导的个人行动的理解来理解社会现象，而那种把社会理解为独立于个人的整体的理论是一种"理性主义的假个人主义"。哈耶克的讨论远远超出了方法论层次，在理论传统上他激烈抨击了以法国为代表的理性传统，特别是笛卡儿的理性主义、卢梭为代表的"百科全书派"和重农主义，却高度赞扬富有经济学传统的"英国个人主义"，在哲学上他批评了"本质先于存在"的"唯实论"，认为真正的个人主义是"唯名论"的必然结果，在政治上理性主义的假个人主义是社会主义和集体主义的思想源泉（哈耶克，1989/1949：4～11）。波普尔认为，在一切社会科学和人文科学中，都必须遵循分析个体行动的"情景逻辑"的方法，被观察到的行动可以在它发生的情景中被理性地"重构"，从而作为我们解释历史本文的起点；对于独立于个人的类似国家的"实体"，则要用"自由主义的剃刀"通通剃掉（Popper，1976、1968）。

韦伯、西蒙和布东则可以说代表了一种比较温和的方法论个体主义。韦伯是最早提出"方法论个体主义"这个概念的，他在去世的那一年写的一封信中说，"社会学的研究，只能从一个、一些或许多不同的个人行动入手，因此必须采取严格的'个体主义'方法"（转引自 Boudon，1985）。韦伯在这里特意为"个体主义"加了引号，以表明他所提出的方法论个体主义的新概念完全有别于伦理学上所说的个体主义。实际上，韦伯与哈贝马斯都强调注重主体行动意义的解释学方法，其区别在于，韦伯的出发点是解释有意义的个体行动，而哈贝马斯的出发点是解释具有社会批判力量的群体行动。另外，与波普尔注重"情景"（situation）分析不同，西蒙强调"过程"（procedure）分析，他认为社会科学之所以要采取方法论个体主义，这主要是与人们的认知和决策过程有关（Simon，1982）。布东则明确指出，当个体主义加上方法论的定语后，它就获得了完全不同的意义，它只是指在研究社会现象时，必须重构与该现象相联系的个体行动选择，要把这种现象作为有目的的个体行动集合的后果，这并不排斥从宏观上研究价格与一般需求的关系或出生率曲线这种"结构性规则"或"变量之间的关系"，但对这些规则的解释必须基于对个体行动意义的"理解"（Boudon，

1985）。方法论个体主义受到来自多方面的批评，它最受指责的是其"社会原子论"倾向，即把社会现象归结为个人行动的结果，忽视了社会结构本身的影响，特别是没有弄明白整体的宏观现象并不是个体行动集合的自然结果。像萨谬尔逊这样的经济学家也认为，一个人可以设法解决自己的就业问题，但全体人则未必能够如此，在这里，对个人的选择行为及结果的考察虽然很有益，但遗憾的是它与就业总量没有必然的关系（Samuelson，1979）。

我们在这里讨论的方法论上的个体主义与整体主义之争，实际上仍是我们在前面提到的行动决定论与结构决定论之争的一种表现，不同的是它是个体行动决定论与结构决定论和群体行动决定论两方面的争论。然而，在实际的社会科学研究工作中，这种方法论上的划分远没有这么针锋相对和旗帜鲜明。多数学者都往往采取多种分析路径，不过分析结论又确实受到一定的研究范式的影响。问题在于，为什么大多数主张理性选择理论的学者也都主张方法论上的个体主义？我觉得这主要是理性选择理论在理论上的"彻底性"所要求的，因为如果不坚持和相信有意义的个体行动对结构、制度、规律等的建构能力，那么结构、制度、规律等要么成为无法进行理性分析的复杂变量的结果（如"文化"的影响），要么是一种无法解释的力量驱使的结果。从理性选择的理论来看，这种结论等于什么也没有说。不过，面对来自各方面的批评，方法论上的个体主义者也对他们的主张做出新的解释，他们开始承认社会结构对个体行动的限制，但认为这些限制只是决定了个体行动的可能场域而不是现实的场域，只是为个体行动确定了标向而不是路线（Boudon，1985）。

四　理性选择理论受到的新挑战及其出路

近30年来，理性选择理论不断地从经济学领域向社会学和其他社会科学领域扩展，也有越来越多的社会学家开始关注理性选择理论或者或多或少地采取了理性选择理论的视角。但这并不代表理性选择理论的凯旋，因为它的受关注正在使它受到一些严峻的理论挑战。

1. 理性选择理论面对的挑战

首先是来自经济学本身的挑战。人们发现，即便在比较纯粹的经济领域，即便是严格按照理性选择理论建立起来的复杂经济学模型，在解释多个自变量对某个因变量变化的影响程度时，事实上总存在一个既有变量无法解释的"残差"。无数经济学家都为这个无法解释的"残差"所苦恼，因为社会科学的模型无法像自然科学那样是完全封闭的，"残差"的存在说明或许存在从理性选择角度所忽视的自变量，而任何新的自变量的加入，都有可能改变原来模型的测算结果。就是说，即便是在经济领域，由于人们的理性选择涉及个人的欲望、偏好、预期和决策，"不确定性"总是无法排除的幽灵，而一些表面看来非理性的影响力也会发生常规的影响。

其次是来自新经济社会学"嵌入理论"的挑战。它要求回答的问题是一个更具有颠覆性的问题，即经济活动能否作为一个现实生活的"抽象实体"按照理性选择的假设进行分析？"嵌入理论"认为，一切经济活动都是嵌入社会生活中的，我们无法假定存在只为满足个人物质欲望的"纯经济"活动，就像我们不能假定存在只为满足个人性欲的家庭。决定贸易、货币运行和价格机制的因素中，很重要的是由风俗习惯、公共义务、政治权威、法律行政要求、社会认同等构成的社群规范（Polanyi，1958）。经济活动也并非完全受经济的正式制度支配，它的很大一部分是受社会的非正式制度的调节，在市场竞争和垄断的支配之外，存在一个基本上是"非正式"的"日常物质生活"领域（布罗代尔，1992～1993/1979）。"嵌入理论"的挑战，不仅仅在于它所提出的命题，如一切经济行动都嵌入社会关系当中、经济制度是社会行动的建构等，更重要的是根据这一理论所做出的经验研究的反证（Granovetter，1985）。已有一系列的经验研究结果表明，在诸如求职、劳动力流动这样的"经济活动"领域，由社会关系网络构成的"社会资本"，与"物质资本"和"人力资本"一样，对人们的理性选择及其选择的结果产生着重要的影响，"社会资本"的这种影响可以改变甚至改善基于"物质资本"和"人力资本"的可能的市场配置结果（Granovetter，1982；Burt，1992）。

再次是来自社会哲学"主体间性"认识论的挑战。理性选择理论难以回答的问题是，为什么根据同样的经验资料甚至同样的"科学"研究方法，不同的研究者可以得出不同的结论。这种现象在社会科学研究中是司空见惯的。理性选择理论的彻底性，要求在事实之间的因果推定中只存在一种"科学的"解释，它假定一切理性的推论逻辑都可以达成科学的"共识"。而"主体间性理论"（这个生僻的概念其实不过是互动理论和交往行动理论在认识论上的一种表达）认为，社会科学研究的社会现象和社会事实，大多数与人们的主体反映有关（欲望、偏好、预期、选择），因此研究者与被研究"物"的关系，不是主体与客体或主体与对象的关系，而是主体与主体之间的关系（哈贝马斯，1994/1985、1999/1991）。经验的客观性实际上受到两方面的威胁，即解释者自身理论体系的影响和被解释者反映的影响，因而认识过程实际上是解释者作为直接参与者的理解过程。所谓理性的推论结果，不过是主体间的争论、沟通和达成一致。所以，"主体间性"的研究方法就是一种互为主体的理解方法，是一种批判性的反思的"换位思考"。

最后是来自人类学"遮蔽理论"的挑战。现代人类学似乎已经从一种追求无文字无数据信息的人类学转变为追求充分信息的人类学，而理性选择理论的难题之一就是理性选择者的信息缺失问题。一项严肃的人类学研究通常需要 6 个月以上的参与观察的田野工作（这似乎只是人类学家的一种经验共识），对他们来说，宏观研究依据的大量所谓经验资料，都只不过是生活本文的符号系统，而且是经过很多层"遮蔽"（时空距离、话语叙说、语言转喻、数据抽象、逻辑加入等）、造成大量真实信息缺失（"遗忘"）的符号系统（斯蒂格勒，1999/1994）。所以，人类学的工作，首先是"祛蔽"，是解释符号与生活本文的关系，是解释被"遮蔽"的生活逻辑，而不是强加于真实生活一种外在的理性逻辑。在他们看来，研究的价值，更重要的不是证明理性推定的结果或"大规律"的普遍性，而是解释超出理性推论的东西和"地方性知识"的多样性。

2. 理性选择理论发展的出路

理性选择理论要获得新的发展，真正需要解决的难题并不是研究的工具和技术方面的欠缺，而是"理性的社会选择"何以成为可能的问题。理性选择理论假设的前提是每个人都是"自由的"，可以按照符合自己利益的偏好做出选择，但每个人都生活在社会的群体中，群体生活要依赖社会选择的理性才得以延续和发展。社会选择的理性，不是建立在一些人的"自由"和另一些人的"地狱"之间，也不是建立在"上帝"的"自由"引导和芸芸众生的皈依顺从之上。

然而，从多样性的个人"自由"选择出发，如何能达到并不损害个人"自由"的社会选择呢？这个根本性的问题是极具挑战性的，以致当森

（Amartya Sen）证明人们的生活质量和贫困不能以其拥有的财富来衡量，而要以其拥有的选择自由来衡量时，学术界为之一振，宣称这是发展理论和实践的革命。森接受 1998 年诺贝尔经济学奖的讲话题目就是《社会选择的可能性》。森的一个重大理论贡献就是他证明了理性的社会选择何以成为可能的问题。在他之前，主流经济学界存在三种对社会理性选择可能性（或曰理性的进步的可能性）的怀疑论。一是认为，在一定的社会中，由于不同的个人具有偏好和价值评判上的差异性，所以不可能产生理性的和"一致的"（coherent）社会评价。这派学者在说明其观点时喜欢引用 18 世纪法国数学家关切的"投票悖论"（voting paradox）问题，即在投票人偏好差异的情况下投票结果会出现"循环大多数"的问题。这方面的代表性理论是阿罗（K. Arrow）著名的"不可能性定理"（impossibility theorem），这个定理被解释为严格地证明了从个人差异性偏好导出社会理性选择的"不可能性"（Arrow，1963）。二是从方法论的角度对人类达到预期目的的能力提出质疑，认为现实的长期历史一再表明，它总是被"未预期的结果"（unintended consequences）所主宰。亚当·斯密、门哥（M. Menger）和哈耶克都以不同的方式强调，如果现实中发生的大多数重要事件都是未预期的，那么我们主观上追求预期目标的行动从方法论上来说就是无意义的。三是怀疑维护共同价值行为规范的有效性，认为在市场机制发挥主导作用的情况下，人们的行为方式无法超越狭义定义的"私利"，因而不可能发生在市场机制驱动之外的社会变迁，不可能产生所谓更加"社会的"、"道德的"和"约定的"的社会安排，这种善良的愿望只是无法实现的乌托邦而已。

森在证明理性的社会选择何以成为可能时指出，阿罗的"不可能性定理"并没有错，但证明的只是有条件的（在决策信息缺乏情况下的）不可能性，它的欠缺是没有充分考虑个人理性选择所依赖的信息基础，随着个人获得信息的增加，人们对持续获益的途径会有更清醒的理解，达到社会理性选择的可能性也在不断增加，自由、民主、共同体、合作、社会公正都是在相互获得信息的增加中实现的。森认为，历史发展结果的"未预期"（intended）并不表明其不可预见（predictable），对重要的未预期结果的预见应当是我们理性分析经济改革和社会变迁的一部分，预见性的因果分析可以使我们减少和避免有害的未预期结果，更加接近社会理性选择。

森还以中国的改革实践取得的成就和产生的问题来说明，经济学家对未预期结果的缺乏预见，是由于把社会变迁视为经济改革的自然结果的思维定式，他们往往忽略对深层的社会变迁如何促成特定的经济改革的过程进行分析（Sen，1995、1999a、1999b）。

综上所述，我们可以看到，目前理性选择理论在自身发展中所探讨的一些基本命题，对这一理论最初的基本假定已经做出很多的修正和完善工作，所以任何批评和评价都应当考虑到这些理论发展，不能一味地指责其最初的假定，似乎只要证明这些假定的难以成立，就可以完成推翻理性选择理论的壮举。社会学对所谓"经济学帝国主义"的批评，应当尤其注意这个问题。总体上看，理性选择理论对现实的假定，仍然类似于物理学对真空状态的假定，它的最大长处就是逻辑清晰、操作性强，排除了很多"不确定"因素，特别是比较便于通过建立模型进行数理分析，在进行宏观比较分析和确定宏观社会现象之间的函数关系时，这一理论更加凸显出它的优势。但正因为如此，它也最容易受到指责，最容易显露它简化社会生活的重大缺陷。尽管理性选择论者在很多案例研究中做出很多理论的修正或增加了许多理性选择的约束条件，以便增强对复杂社会生活的解释力，但在更经常使用的数理分析中，迫于分析工具的限制，又不得不舍去复杂社会生活的种种"不确定性"。这是理性选择论者的苦恼，同时也是非理性选择论者的难题，因为尽管后者可以为他们取得的对某些理性选择结论的"证伪"成就而骄傲，但在通过"证实"而建立"公理"和"规范性理论"方面却往往难以奏效，因为大量不确定因素的增加往往使他们构建的理论失去任何操作性意义。

面对理性选择理论，在社会学中实际上存在三种态度，这些态度有时甚至陷入尖锐的对立状态：一是认为理性选择理论的假定只不过是现实中的一种极端情况或一种理想的特例，这种理论的"科学主义"的工具取向与社会科学的批判和怀疑精神背道而驰，它的流行和带有霸气的扩展泯灭了社会学的创造力和人文关怀，使社会学沦为经济学的附庸，因而必须抵制这种取向的强化；二是认为理性选择理论虽然存在重要的缺陷，但目前还是我们可以选择的理论方法中最好的也最具有操作性的一种，社会学要建立规范性理论体系，必须沿着理性选择理论的路径向前推进，社会科学要想成为一种"科学"，就要减少理论解释的"不确定性"和"随意性"，在经验研究学科建立起统一的规范体系和数理语言；三是认为社会学从一开始就带有边缘学科的特征，因而在理论和方法上要采取一种开放的宽容态度，博采经济学、政治学、人类学甚至哲学母体的众长，大可不必去追求一种统一的逻辑语言，社会学中的理性选择理论和人文关怀精神具有互补的意义，这种互补可以使我们达到返回古典理论时发现的那种理论均衡，它使社会学具有了更广阔的发展空间和对话领域。

我们应当看到，一种理论的建构不仅是一个工程，也是一个过程。在这个过程中，由于社会现象的复杂性以及人的思维和认识过程的复杂性，理论上的对话和争论非常必要。理性选择理论尽管有种种缺陷，但它毕竟是我们的理论讨论必须关照的基础体系之一。社会学要在它的各个研究领域建立起一系列规范的中层理论，必须注重理性选择理论研究视角，你可以不同意理性选择理论的假定和推论，但你不能没有对一种规范的理论体系的追求。理性选择理论在自身的发展中，也要克服简化社会现象的缺陷，更加注重研究影响社会现象因素的"复杂性""不确定性"，吸纳其他理论取向提出的"挑战"和"反思"，增强自身理论体系的包容能力。

其实，如果说理性选择理论的主张在社会学家中的扩展，代表了一种社会学的经济学化趋势，那么越来越多的经济学家把理性选择理论运用于社会领域的分析以及对社会变迁凸显的关注，则可以说是代表了一种经济学的社会学化趋势，二者之间的张力、互补和融合，可能正是理性选择理论发展的动力和出路。

参考文献

奥尔森，1996/1980，《集体行动的逻辑》，陈郁等译，上海三联书店/上海人民出版社。

布罗代尔，1992～1993/1979，《15 至 18 世纪的物质文明、经济和资本主义》（3 卷本），
  顾良、施康强译，生活·读书·新知三联书店。

陈其南，1987，《家庭伦理与经济理性》，《当代》第 10、11 期。

哈贝马斯，1999/1991，《认识与兴趣》，郭官义、李黎译，学林出版社。

——，1994/1985，《交往行动理论（第一卷）》，洪佩郁、蔺青译，重庆出版社。

哈耶克，1989/1949，《个人主义与经济秩序》，贾湛等译，北京经济学院出版社。

黄绍伦，1991，《中国文化与香港的现代化》，载黄绍伦编《中国宗教伦理与现代化》，

香港，商务印书馆。

黄宗智，2000/1990，《长江三角洲小农家庭与乡村发展》，中华书局。

加尔布雷斯，1983/1973，《经济学与公共目标》，商务印书馆。

金耀基，1993，《儒家伦理与经济发展》，金耀基《中国社会与文化》，香港：牛津大学出版社。

斯蒂格勒，1999/1994，《技术与时间：爱比米修斯的过失》，裴程译，译林出版社。

斯乌利，2000，《理性选择理论在比较研究中的不足》，《国外社会学》第 1 期。

苏国勋，1988，《理性化及其限制：韦伯思想引论》，上海人民出版社。

韦伯，1987/1958，《新教伦理与资本主义精神》，于晓等译，三联书店。

吴国盛，2001，《科学与人文》，《中国社会科学》第 4 期。

亚当·斯密，1981/1880，《国民财富的性质和原因研究》，商务印书馆。

余英时，1987，《中国近代宗教伦理与商人精神》，台北：联经出版社。

张宇燕，1992，《经济发展与制度选择》，中国人民大学出版社。

周长城，2000，《理性选择理论及其研究》，《国外社会学》第 1 期。

Hedstrom, P., 1996, "Rational Choice and Social Structure: On Rational-Choice Theorizing in Sociology." in B. Wittrock (ed.), *Social Theory and Human Agency*, London: Sage.

Polanyi, K., 1958, *The Great Transformation*, Boston: Beacon Press.

Abell, P., 1992, "Is Rational Choice Theory a Rational Choice of Theory." in J. Coleman & T. Fararo (eds.), *Rational Choice Theory: Advocacy and Critique*, Newbury Park: Sage.

Arrow, K., 1963, *Individual Values and Social Choice*, New York: Wiley.

Becker, G. S., 1976, *The Economic Approach to Human Behavior*, Chicago: University of Chicago Press.

——, 1981, *A Treatise on the Family*, Cambridge: Harvard University Press.

Bohman, J., 1992, "The Limits of Rational Choice Explanation." in J. Coleman & T. Fararo (eds.), *Rational Choice Theory: Advocacy and Critique*, Newbury Park: Sage.

Boudon, R., 1985, "L' individualisme Methodologique." in *Encyclopaedia Universalis: Symposium*, Paris: Ency clopaedia Universalis France S. A.

Buchanan, 1954, "Social Choice, Democracy and Free Market." *Journal of Political Economy*, 62.

Burt, R., 1992, *Structural Holes: The Social Structure of Competetion*, Cambridge: Harvard University Press.

Chayanov, A. V., 1986/1925, *The Theory of Peasant Economy*, Madison: University of Wisconsin Press.

Coleman, J. , 1986, "Social Theory, Social Research and a Theory of Action. " *American Journal of Sociology*, 91.

——, 1990, *Foundations of Social Theory*, Cambridge: Heinemann.

Elster, J. , 1989, *Nuts and Bolts for the Social Sciences*, Cambridge: Cambridge University Press.

Eshleman, J. R. , 1985, *The Family*, Massachusetts: Allyn and Bacon.

Frantz, R. S. , 1988, *X Efficiency: Theory, Evidence and Applications*, Kluwer Academic Publishers.

Friedman, M. & Hechter, M. , 1988, "The Contribution of Rational Choice Theory to Macrosociological Research. " *Sociological Theory*, 6.

Geertz, C. , 1973, *The Interpretation of Cultures*, New York: Basic Books.

Giddens, A. , 1984, *The Constitution of Society*, Cambridge: Polity Press.

Goldthorp, J. H. , 1996, "The Quantitative Analysis of Large-Scale Data-Sets and Rational Action Theory. " *European Sociological Review*, 12.

——, 1997, "Rational Action Theory for Sociology. " Working Paper of Oxford University.

Granovetter, M. , 1982, "The Strength of Weak Ties: A Network Theory Revisited. " in P. Marsden & N. Lin (eds.), *Social Structure and Network Analysis*, Beverly Hills: Sage.

——, 1985, "Economic Action and Social Structure: The Problem of Embeddedness. " *American Journal of Sociology*, 91.

Leach, J. W. & E. Leach, 1983, *The Kula*, Cambridge: Cambridge University Press.

Lindenberg, S. , 1990, "Homo Socio-Economicus: The Emergence of a General Model of Man in the Social Sciences. " *Journal of Institutional and Theoretical Economics*, 146.

North, D. C. , 1990, *Institution, Institutional Change and Economic Performance*, Cambridge: Cambridge University Press.

Pareto, V. , 1966, *Sociological Writings*, London: Pall Mall.

Parfit, D. , 1986, "Prudence, Morality and the Prisoner's Dilemma. " in J. Elster (ed.), *Rational Choice*, Oxford: Blackwell.

Popkin, S. , 1979, *The Rational Peasant: The Political Economy of Rural Society in Vietnam*, Berkeley: University of California Press.

Popper, K. R. , 1976, *Conjectures and Refutations: The Growth of Scientific Knowledge*, New York: Harper & Row.

——, 1968, "The Logic of Social Sciences. " in T. W. Adorno et al. , *The Positivist Dispute in German Sociology*, London: Heinemann.

Samuelson, P. D. , 1979, *Economics*, New York: McGraw-Hill.

Scheff, T. J. , 1992, "Rationality and Emotion: Homage to Norbert Elias." in J. Coleman & T. Fararo (eds.), *Rational Choice Theory: Advocacy and Critique*, Newbury Park: Sage.

Schultz, T. W. , 1964, *Transforming Traditional Agriculture*, New Haven, Conn. : Yale University Press.

Scott, J. C. , 1976, *The Moral Economy of the Peasant: Rebellion and Subsistence in the South-east Asia*, New Haven, Conn. : Yale University Press.

Sen, A. , 1995, "Rationality and Social Choice." *American Economic Review*, 85.

——, 1999a, "The Possibility of Social Choice." (Nobel Lecture), *American Economic Review*, 89.

——, 1999b, *Development as Freedom*, New York: Anchor Books.

Simon, H. A. , 1982, *Models of Bounded Rationality*, Cambridge, Mass. : MIT Press.

Veblen, T. , 1994/1899, *The Theory of the Leisure Class*, New York: Dover Publications, Inc.

Weber, M. , 1951, *The Religion of China, Confucianism and Taoism*, Trans. by Hans H. Gerth, New York: Free Press.

2002 年

穷人主体建构与社区性制度创新[*]

沈　红

扶贫作为一种制度化的资源传递过程，牵连并且构建着一系列社会群体之间的关系。不同的扶贫制度直接影响到目标群体——穷人，和执行发展计划的外部机构——政府，以及项目工作人员之间的利益关系和权力格局。本文讨论穷人在发展中的主体性，并从理论和实证两方面分析主体建构的意义。理论方面，我将从发展主体论和互为主体的角度出发，运用社会结构中的利益关系、参与性和公共领域等概念，对穷人的社区发展和穷人的发展实践中的权力关系进行理论梳理。实证方面，将根据贫困社区的案例来分析穷人的主体意识和主体状态，特定的扶贫方式如何影响他们的主体意识，以及穷人和扶贫制度之间如何互动。

一　制度化扶贫与主体建构理论脉络

扶贫作为一项社会行动涉及社会结构的多个群体及其相互关系，扶贫制度的利益主体是谁？这是扶贫制度需要回答的基本问题，可以称为主体建构问题。如果穷人是发展的主体，那么什么样的机制可以保障他们的主体性？如果穷人不是主体，那么他们为什么不是？谁拥有发展的成果？如果对发展的主体追问，对反贫困制度所假定的主体追问，就会发现，穷人这个扶贫对象以及政府这个"不言而喻的"扶贫主体之间的关系是有问题的。在轰轰烈烈的扶贫运动中，穷人的声音微乎其微。约定俗成地，贫困者的公共形象往往是被救助者、受益者和表达感激者。媒体展现给我们的

* 这篇论文是作者于 2001 年完成的研究报告《扶贫制度创新的社区机制》的一部分，根据第三章和第四章改写而成。本研究得到中国社会科学院及福特基金会的资助，深表谢意。原文发表于《社会学研究》2002 年第 1 期。

是一种被"我们"预期的穷人，穷人的生活世界、认识世界里面的信息往往被忽略或者被过滤掉。在既有的权力金字塔结构中，穷人作为一个弱势群体，其主体性受到忽视。

1. 对穷人主体性的反思

穷人在发展过程中失去决定权、主体性的问题，经常被假设为穷人行为缺乏理性和缺乏能力的结果，例如下文中拉祜族苦聪人社区发展的例子。贫困者的行为被认为是非理性的，或者包含很多非理性的成分。这种假定也导致了对穷人信用的怀疑，不相信他们有必要的技术能力和经营能力用好扶贫资金和贷款；又由于穷人缺少生活必需品，扶贫贷款可能使穷人落入消费陷阱。

笔者认为以穷人为主体的发展理念，是反思性地建构起来的。社会学观点，率先用来反思对穷人理性的误读，社会学语境中的理性不是简单的经济理性，而有着更广阔的含义。笔者的研究证明，穷人的每一种行为，甚至是所谓贫困化行为，都存在一定的合理性依据，但这种行为又直接导致了贫困循环（沈红等，1992）。那种把贫困的原因简单归结为穷人自身的非理性行为的观点是一种误读。通常所谓的理性即把个人理解为追求自我利益最大化者，是基于狭义的经济理性而言的假设。在韦伯的社会学思想中，现代社会的矛盾即通过形式合理性与实质合理性之间的相互关系和张力来解读的：形式上的合理性与实质上的非理性的相左是现代社会的本质特征。韦伯所谓的形式合理性，是指完全从纯功利的标准衡量达到目的的手段与目的本身之间的关系，即从对追求目的的人有利以及对达到目的有利的方面去评价。与之相对立的是实质合理性，即从人类存在的最高价值观点上评价衡量目的本身和达到目的所使用的手段。现代社会的不合理之处在于把功能效率这一本来属于手段的东西当作目的来追求了。

不论关于穷人的理性假设和能力假设是不是一个误读的结果，它都在客观上成为削弱穷人主体地位的工具。如果把贫困者谋求发展的过程置于现代性的范畴内加以考量，那些给穷人的行为贴上非理性标签的观点，与韦伯所揭示的用形式合理性取代实质合理性的现代社会特征一脉相承，实际上落入了现代性矛盾之中。从 20 世纪 30、40 年代开始，经济人类学家波拉尼、人类学家马林诺夫斯基、哲学家曼海姆等人从不同的角度探讨了人类行为的动因问题，认为个人行为的目的不仅要满足自我的物质需求，还要获得社会的认同，在历史文化和制度的背景下做出的行为选择，要受到历史、文化和社会价值体系等潜移默化的影响。随着联合国和国际发展组织在中国实施扶贫计划，穷人参与的原则和理念被"嵌入"中国贫困研究中来。90 年代开始，参与理论对发展中的公平－效率讨论做出正面回应，以参与理念反思政府为主体的反贫困战略——它忽略了贫困人口自身的能力和作用。认为在市场经济条件下，政府与贫困人口的关系应该是平等的；政府有责任保证宏观经济稳定，向贫困地区实行财政转移支付，提供社会服务和组织基础设施建设；同时，贫困人口不仅分享扶贫资源，也要承担扶贫责任和义务；主张建立政府官员、技术专家和贫困者之间的伙伴关系（李小云，1999）。

2. 何种主体性

从政府－市场－民间社会的结构关系来观察贫困乡村，穷人主体性可以从三个方面建构：决策主体性、经营主体性、文化主体性。（1）决策主体性。在笔者考察的许多贫困社区，贫困小农长期被排除在决定他们社会生活的决策制定过程之外。贫困正是发展主体的发展权利不足的一种表现。穷人参与的意义不是出席、列席或者旁听，参与意味着穷人有资格在发展计划的制定、实施、管理、监督的全过程中承担主要职责。穷人的参与不仅是发展的必要手段，而且参与过程本身就是发展的一个制度化目的。（2）经营主体性。贫困者是市场经济中的弱势群体，他们需要发展更有针对性的经济关系来增强市场竞争能力，比如发展社区性合作经济。东亚小农经济社会中值得借鉴者如日韩模式。政府放开这些与农业相关的领域，让小农的合作经济进入和发展。帮助小农开发营利性生产项目、合作经营，补贴种植业，这是一种可取的制度安排。（3）文化主体性。如果承认贫困者拥有平等的生存权和发展权，那么，贫困人群所认同的地方性文化、民族文化应当得到保护和发展。每一个社会群体都有发展的权利，但是实现发展权利的基础与条件并非一致。公平的发展意味着对于多样化的、非线性的发展模式的承认和接纳。

上述三种主体性建构需要政治的、市场的和文化的不同场域，而社区提供了这样一个场，使几个维度的主体建构有可能整合，得到共时性的实现。

3. 相互主体性

受西方新社会学中"相互主体性"或"互为主体"概念的启发，我们把发展主体或主体性问题置于扶贫结构关系中理解。"相互主体性"是现象学社会学代表人物舒茨的一个中心概念。舒茨理论认为社会行动意义既不是纯粹主观的，也不是纯粹客观的，而是互为主观的，具有相互主体性。行动者创造和经历着一个共同的主观世界。舒茨主张对互为主体性的创造和保持进行经验研究，把社会事实放到社会互动过程中研究，以发现生活世界的结构、变化和性质。为此，他把现象学的"生活世界"和"互为主体性"引入社会学。社会世界对于社会学家来说就是生活世界，它是先于任何一种客观的、科学反思的世界；是意识的意向性客体，只能被理解为现象（即意识）给予的具体性世界，是一个直接具有真实生命活动的"活的"世界，所以舒茨也把现象学社会学称为生活世界构成的现象学。人类通过互为主体的经验建立起思想规则、概念和日常生活信息。这些知识是一种经验得到的实在。与他人交换位置，双方便会对世界具有共同的经验和看法，经历着和分享着一个共同的世界。

埃利亚斯（Elias）在分析文明化过程时指出，贫困始终是一个相对的观念。各个社会群体的行为方式之所以各异，关键不在于他们在物质占有方面的差异，而在于他们在对物质的控制程度及要求方面的差异，进而发展成自我认同，维护与他人的区隔需求方面的差异（李康，1999：322）。穷人的工具理性和实质理性只能在一定社区和一定场域中被解读，也需要在一定社区和一定场域中得以整合和发展。以理性主义为基础的穷人主体论，使得扶贫制度变革具有了现代性意义。人们相信通过竞争、交流和沟通得以实现文化主体重建，摆脱发达社会和不发达社会的主从关系。在全球化时代，个人和民族主体性的确立不能仅仅依靠自我内在地实现，必须将它延伸到相互关系之中，从个人、群体的社会关系中寻求主体重建的可能途径，以及摆脱贫困的社会资本和社会资源。现象学社会学启发人们用相互主体性的视角理解穷人的主体性问题以及扶贫制度所蕴含的现代性问题。

二　穷人的角色：拉祜族社区案例

穷人在扶贫计划中的实际角色和实际主体性，从拉祜族村寨扶贫搬迁的例子得到清楚的说明。长期以来拉祜族苦聪人是我国贫困程度最深的族群之一，政府为了帮助苦聪人发展，几十年来投入大量人力物力，特别是20世纪90年代末，地方政府的扶贫力度之大，资金之密集，在全国范围内十分突出。以笔者调查过的六六新寨和东风寨为例，这两个拉祜族贫困社区位于云南省金平县西南部的者米乡。金平苗族瑶族傣族自治县是一个集边境、山区、原战区、多民族于一体的国家级贫困县，者米拉祜族乡是金平县最贫困的7个扶贫攻坚乡之一。

1. 苦聪社区

者米乡拉祜族曾被称为"苦聪人"，1985年经云南省政府批准正式恢复其自称"拉祜族"。拉祜族苦聪人发展起点低，与同一地区居住的其他民族的社会经济状况相比有明显差距，其社会形态甚至被划定为"原始社会"，拉祜族被认为是"社会发育层次最低的民族之一"。拉祜族的贫困有这样一些显著特点。（1）丛林游居。在金平县西南部居住着8000多苦聪人，其中的870户4919人分布在大山深处的山林中，分散在70个村寨。由于躲避战乱等历史方面的原因，他们长期以来生活在中国西南边陲的深山老林，居无定所，地处偏远，交通闭塞，最远的寨子到最近的公路需要走七八个小时的山路。在笔者调查时，他们原先居住的原始森林已经大量消失。（2）刀耕火种。由于缺乏从事农业生产的基本手段和技能，拉祜族苦聪人生产力水平十分低下，刀耕火种、游耕是他们的主要耕作方式。种植业的粮食产量仅能维持三四个月的口粮，除此之外，其维持生存的粮食有以下几个来源：采集自然植物作为食物，采集木耳、香菇等出售或交换部分食物，政府救济粮，到周围其他民族村寨中乞讨。1994年，全乡拉祜族人均有粮160公斤，人均纯收入93元。粮食基本自给的仅占人口的13%，半自给的占58%，完全依靠救济的占29%。苦聪人秋收之后就开始缺粮，只能以木薯、野菜充饥。到1999年时，缺口粮、缺耕牛的情况依然比较严重。（3）树叶作房。除了少数低海拔的村寨有土木结构的草房，以及政府给他们盖的石棉瓦房外，在高山地区居住的拉祜族苦聪人仍然住在用竹片、树枝作墙壁，用芭蕉叶作房顶的草棚内，面积仅10平方米左右。东风寨大多数人家老小仅一张床，或者席地而卧。除了几件简陋农具，一口锅和几个碗，几乎没有家产。笔者走访的家庭，家中所有东西折价均不足100元人民币。（4）社会组织程度弱，家庭之间保持一种十分松散的联系，新中国成立前没有形成类似部落的组织形式。依靠"原始的"平均主义相互凝聚，有社区性平均消费传统，如有物共享，"有肉同吃，有酒同喝"、"谁有吃谁"的习俗。在新中国成立后的定居生活中，尽管建立了村一级的组织，但村组织的作用仅限于分发救济粮、救济物资。（5）教育设施缺乏，入学率低。国家教育的普及程度远远落后于周边民族地区。70 个自然村中，没有完整的小学，仅有 9 个村设有教学点。1994 年适龄儿童入学率 37%，在校小学生 260 人，女生只占 40%。在校初中学生 9 人，女生也不足一半。师资缺乏，拉祜族苦聪人教师中一半为代课教师。40 多年来，者米乡农村人口中达到初中毕业文化的拉祜族人仅仅 7 人，平均每 10 个村寨只出现过一名初中生。

2. 对苦聪社区 40 年扶贫扫描

对于者米乡拉祜族这样一个贫困程度很深的特殊群体，政府采取了特殊措施扶持。云南省各级政府为了拉祜族苦聪人的社区发展，倾注了大量人力物力，最典型的是政府在不同时期都派出工作队，扶贫到村。40 年中，政府曾先后派出 5 批工作队扶贫，进驻拉祜族苦聪人村寨。每一阶段工作队都留下了时代的特征、社会变迁的痕迹，以政府为主导的扶贫制度特征得到了充分体现。

第一批工作队是 50 年代末 60 年代初的解放军和民族工作队，他们进入深山老林寻找苦聪人，目的是把他们从丛林中接出来定居，建立村寨。笔者认为首批工作队对苦聪人的扶贫行为，主要基于人民政府济贫的职能和人道主义关怀，本身没有可持续性的制度化意义。

第二批工作队是在 60 年代进驻的，国家拨出专款修建了六六新寨等一批定居社区，主要扶贫目标是救济和安置苦聪人，让他们组织起来，定居定耕，开展集体化农业生产。这个时期由于工作力度比较大，取得的成效显著。扶贫的作用被放大为社会制度和社会形态的转变，媒体广为宣传，称苦聪人"从原始社会跨越到社会主义社会"。60 年代末到 70 年代初，六六新寨作为政府成功地发展拉祜族苦聪人的典范，曾出现过一位省劳动模范，一名大学生。

第三批工作队是在 70 年代进驻的，主要是围绕政府的中心工作开展工作，由于目标不明确，效果不佳，至 1978 年便撤销。随着家庭联产承包责任制的实行，原来的组织形式消失了，苦聪人随即处于一种放任自流、缺乏组织管理的状态，苦聪山寨开始出现自发迁回深山老林游耕游居的事件。

90 年代初开始选派第四批工作队。其主要任务是按 60 年代的做法构想出来的，由于组织不充分，资金动员不足，没有发挥显著作用。后来结合农村基层组织建设，明确了村建工作目标，但是不久陷入一般农村中心工作里，大多数拉祜族人的温饱仍得不到应有保障，重返深山老林的现象依然频繁。

目前这一批工作队声势最大，1998 年出台了各级政府联合扶贫方案，计划在 5 年内，以定任务、定责任、定指标、定奖惩的特殊方式实施扶贫计划。具体措施包括：并村定居，发展教育，改土治水，通电通路，科技发展。设想用 3 年时间使他们能够吃饱饭、能上学、有水喝，再用 2～3 年时间做到修通路、有电用、有钱花。截至 2001 年初，共到位资金 765 万元，第一年有 3 个寨子 167 户人家定居，第二年计划 320 户迁居，建 6 个定居点。已经基本解决 1/5 的拉祜族贫困者的温饱问题。

以往 40 年的扶贫历史对今天的发展有什么启发？为了消除拉祜族苦聪人的贫困问题，各级党委和政府已经采取了许多特殊的强有力的"扶贫到户"的制度性措施，也曾经取得了显著成效。但是这种扶贫成效并不稳固，缺乏持续性。其中反映的不仅仅是拉祜族基础设施和文化素质等客观条件的制约，更重要的是扶贫过程中苦聪穷人的主体性问题。

3. "工作队的牛"？"项目组的猪"？

六六新寨是 1966 年建立起来的拉祜族苦聪人的定居点。当时采取的也是扶贫到户的措施：政府选择地点，盖好石棉瓦房让他们居住；政府从其他民族的耕地中划出一部分，并新开出一些梯田让他们使用；政府买了耕牛，送给他们使用。至今流传着下面这个有关六六新寨的故事。曾经有一伙拉祜族村民把政府给他们的耕牛宰杀吃掉，然后有人到工作队谎报："你们的牛滚坡死了！"

在六六新寨，除了一片教师的房屋明显地被修整过外，其他的房屋，即使房屋漏雨、土墙出现巨大裂缝，甚至部分倒塌，也基本没人修理。定居户的石棉瓦房漏雨，苦聪人并不着急维修，工作队员来了解情况时，户主就告诉他："你们的屋漏雨了！"

在云南流传着一个段子：某扶贫项目组去某村帮助当地人脱贫致富，他们在村里转了一圈，认为搞养殖见效快，于是买来小猪无偿送给村民饲养，然后返身回城；数月后，有村民来报告说："你们的猪死了！"

这些例子里，穷人的发展资源几乎都是由政府无偿提供的。苦聪人无偿受益，被动地参与了这种特定的新社区建设过程。因为耕牛和"养猪"是外来扶贫工作队或项目官员一厢情愿的主意，耕牛被苦聪人看作"工作队的牛"，猪也被认为是"项目组的猪"，因此在他们的潜意识中产生"这些东西都是你们政府的"，修公路是"你们政府的事"等想法。扶贫资源没有真正变为穷人的资本，由于主体不清楚或者产权不明，受益农户只是个代理人或保管员，扶贫项目的风险被外部化，出了问题尽可能不去承担责任。

4. 行政手段扶贫方法对于主体建构的影响

政府为主体的扶贫体制有这样的基本特点，由政府官员、乡村干部或者扶贫工作者针对社区现状提出一个计划方案，然后通过某些方式传导到社区中，并尽力使这些农户的行为朝向理想或计划的要求进行整合。我们从两个方面来分析行政手段扶贫的作用。

媒体对于者米乡扶贫活动的报道显示，最近云南省政府针对拉祜族扶贫采取特别行政手段，进行了强有力的行政动员和资金动员（李小林等，2000），效率很高。资金动员是指由省州县共同筹措资金 3966 万元，以定时间、定任务、定责任、定指标、定奖惩的特殊方式实施联合扶贫攻坚方案。对于总人数约 5000 人的者米乡拉祜族，这笔建设资金是高强度的。虽然资金不会按照社区内的家庭平均分配，但是这项扶贫规划中近 4000 万元的筹资方案已经达到平均每个家庭 4 万~5 万元的扶持强度，目的是帮助当地村民跨越家庭年平均收入 3000~4000 元的贫困线。其资金强度之大在全国范围内也属罕见。

行政动员表现为自上而下的示范作用，表现为环环相扣的行政压力和行动。省：省委书记跋山涉水，到拉祜族村寨访贫问苦；省政府组织调查组调查金平县者米乡扶贫情况，制订《金平县者米乡拉祜族五年发展规划》；省民委派出民族工作队，省委派出村建工作队。州：州委书记、州长挂帅成立专门领导小组，州级 13 个有关部门参加；州委直属机关工委发动党员干部与几百户拉祜族结成帮扶对子。县：县委县政府成立领导小组，下辖 5 个业务工作小组；县委书记、副书记每个月要往者米乡跑三四次；县级派出了工作队分驻到各个村寨包村帮扶。乡：乡党委书记和乡长"为了这项工程更是三天两头山上山下一趟又一趟地跑来跑去"。各级政府的工作队员连续驻扎山寨，与村民同吃、同住、同劳动。

在这样强大的扶贫声势下，拉祜族新一轮的社区重建被启动。两年过去了，社区面貌发生显著变化。记者这样描述第一期完成搬迁定居的下纳米村寨："从公路边通向大山深处各定居村寨的人马驿道有一两米宽，输电线路主干道已架通，一幢幢玻璃窗、铁制门、石棉瓦、砖石土墙结构的房屋明亮而宽敞，全寨59户中有五六户人家买了电视机，清澈的泉水通过水塔水管引到每家每户，房前屋后的空地上种上了翠绿的葱蒜、白菜和香蕉，山坡上是新栽的经济林木和新开的水田，旱育稀植的杂交水稻绿油油预兆着丰收，不少人家养着好几头猪、十来只鸡，大多数村民家里的粮仓装得满满的，有些村民家还自发修盖了简易的厕所，村里的小学校正在不远处的另一个山寨修建……"（李小林等，2000）。这么一幅脱贫致富的物质图景中，无疑政府起到了决定性的主导作用。那么，拉祜族穷人是不是这幅物质图景的所有者？

由各级政府派出的扶贫工作队，异常辛苦地驻扎在山寨。虽然他们与拉祜族村民同吃、同住、同劳动，但他们不是社区内平等的一员，而是作为各级政府代理人驻扎在社区的。"为培养拉祜族同胞劳动的自觉性和提高他们的生产技能，每个队员要挨家挨户手把手地教，随时进行苦口婆心的说教和督促引导。如果发现村民白天喝酒或是农忙时喝酒，都要立即批评教育；不听劝导的，将在补贴粮食、物资中适当扣减以示劝诫"（李小林等，2000）。扶贫工作队在社区中不仅有政治身份、行政权威，而且有社区资本的控制权力。这种工作方法中的强制性特点说明，以政府为主导的扶贫工作，如果没有明确穷人自主地位，那么所谓脱贫致富过程不会自然而然地导向穷人主体构建的过程。使得穷人在接受帮助和扶持的过程中处于被动地位。

对于穷人搬迁回森林的"非理性"行为，也应当放置在具体社会情境下分析。搬迁是政府帮助的并非他们自愿的，他们被动地成了扶贫受益者。问题的关键在于移民搬迁项目中穷人不是行为主体，搬迁的决定和行动是政府为他们着想的结果，工作队翻山越岭挨家挨户做动员，不搬家的可能性几乎没有。苦聪人被动地参加了发展进程，其被动感不是表现为直白地"说不"，而是表现为认同上的区隔，表现为把政府和工作队无偿帮助和提供的资源界定成"你们的"。轰轰烈烈的扶贫运动帮助苦聪人在物质基础上获得进步改善，但是不一定能促进他们自我发展意识和能力的提高。按照普遍接受的进化论式的发展逻辑，拉祜族苦聪人无论在物质上，还是在精神上，都处于极度贫困和落后的状态。所以现阶段的发展目标应该是加快其社会化的进程，他们应当经历这样一个其他民族已经走过的发展道路：采集狩猎→游耕→定耕→"现代化"（经济化 - 技术化 - 政治化），完成从原始社会向现代社会的转型。这意味着一方面加强其民族内部凝聚力，组建定居式社区；另一方面促使其不断地融合到现代社会中去，包括加强同其他民族的社会经济和文化交往，而并不限于目前的乞讨关系和简单的商品交换关系。苦聪人返回森林虽然是一种消极的遁世行为，却可能包含着穷人在外部约束条件下自主选择的一种曲折要求。这种自然人的生活方式，也是在生存压力下的一种自由选择，他们返回到深山老林后，"则享受着充分的自由，同自然充分融合的无拘无束，除了他们不能违背自然规律外，其他任何社会规范对他们都不起多大的作用"（简小鹰等，1996）。尽管这种自由选择不是以我们的价值来评判的"合理""进步"的选择。他们逃离各方面条件更加"现代化"的新寨回到丛林的现象，我们应当识别区分，他们究竟是背离现代文明，所谓逆历史潮流而动，还是在选择一个更加具有自主感、更具备主体性——哪怕是极低水平的主体性场域？从规范的角度来看，离开构成公民政治自主的交往权和参与权，享有私人自主的社会成员也就不可能获得均等的自由权利（哈贝马斯，2001）。如果人们希望苦聪人重返深山老林的故事不再重演，那么在一幅物质建构的图景之外，还需要在主体建构及其制度创新上多加努力。

三　参与式方法：主体建构的社区过程

穷人的主体性是扶贫成败的关键因素，因此扶贫制度创新的基本出发点就是明确穷人的自主地位，帮助穷人参与到发展的全过程中来，穷人的主体性是通过社区参与来建构的。如果穷人没有参与决策、实施和管理的全过程，他们即使在客观上受益也未必在主观上产生"主人翁责任感"。不是受益者不会管理自己，而是没有明确权利或者给予管理机会，明确权利或者给予管理机会要依靠一套参与性的制度安排。有了合理的制度，发展项目的受益群众完全有可能管理自己的社区事务。

1. 界说社区性参与

社区参与是在全球化背景下进口到中国的，借助于国际发展机构的推介，这个概念正在逐渐移植进中国最贫瘠的土壤。社区参与在发展中国家的扶贫和发展行动中得到过广泛运用。第二次世界大战结束后，许多国家面临着贫困、疾病、失业、经济发展缓慢等一系列问题，要解决遍及全社会的问题，仅仅依赖政府力量是远远不够的，因此运用社区民间资源、发展社区自助力量的构想应运而生。联合国成立之初，提出落后地区经济发展须与社会发展同步进行的方针，并采取实际步骤援助以社区为单位的社会发展。在此基础上，联合国倡导社区发展计划，设想以乡村社区为单位，建立社区福利中心，由政府有关机构同社区内的民间团体、合作组织、互助组织等通力合作，发动全体居民自发地投身于社区建设事业。此后，联合国也推动社区发展计划在发达国家的研究和应用，解决后工业化与城市化带来的诸多社会问题。

社区发展运动也引发了深刻的思想解放运动，把发展主体和参与性问题提到发展理论前沿的代表人物之一，英国学者罗伯特·詹伯斯（Robert Chambers）出版了一系列影响广泛的著作，如《乡村发展：让最后者优先》（1983）、《挑战专家：乡村发展前沿》（1993）、《关注谁的现实？把优先者放到最后》（1997）等，书名就彰显了作者的鲜明立场和主张。近年来，社区参与式方法被介绍到我国，先在国际机构和非政府组织的扶贫项目中运用发展起来。

笔者于1995年开始运用参与式方法考察联合国开发计划署在中国西南的扶贫项目，有机会参与这个舶来品的本土化和制度化过程。有意思的是，参与如同它自身的内涵一样，一直没有一个权威的定义。无论是国外文献还是项目文件，对它都有多种多样的界说，而且允许多样性界说解释和平共处。在抵达社区之前的传递系统中，社区参与通过一套比较制度化和接近官方话语的方式来表述；但越接近基层社区，对参与的表述越多样化，以多种多样的方式嵌入地方性话语系统，在笔者看来，参与性的传播或传递本身即一个被理解和创新的过程。

（1）参与：社区性价值学习和分享。英国萨赛克斯发展研究所（IDS）是国际上倡导参与式方法的机构之一，他们提出参与性（participatory）是表明原则和价值的一种发展方式，而不仅仅是一种工作方法。这套方式的精神基于多种转变：从严密控制的到非严密控制的，从集中和标准化到认识多样化，从依照固定的蓝图计划转变为强调不断地学习的过程。参与原则体现在行动的全程：从启动到实施的每个阶段。

（2）参与：赋权过程。参与式发展的核心是赋权（Empowerment），是对于扶贫发展计划和活动全过程的"权力再分配"。它是在平等商谈基础上增强和提高社区穷人和弱势群体的自信、自尊和能力的过程。参与式赋权过程具有明确的方向性，它是自下而上的，扶贫项目要以贫困者的需求和愿望为基础，是对贯穿于传统发展模式中的自上而下的权力结构的挑战。

（3）参与：自助与互助能力建设。参与是参与者主动的行为，启发贫困者把参与项目当作自己的事业。贫困农户共同讨论面临的困难和贫困原因，发现解决问题的办法和途径，分享自己的生产、生活经验，分担经营风险。乐施会在其"权利为本"的中国项目中表达这样一个理念：穷人享有被聆听的权利。扶贫项目的目的在于加强民间团体及贫困群体的自助互助能力，并能对发展政策提供建议。项目均强调参与性与性别敏感方法，培养当地合作伙伴与发展工作人才，支援能力建设。

2. 社区性参与规则

参与式扶贫制度有一整套原则和方法设计，涉及组织建立、项目选择、项目管理等各个环节，它的基本原则包括自愿互助、连带责任、面对面互动和民主管理等方面。

（1）自愿规则。穷人自愿组建互助小组。鼓励同一社区内社会地位、经济能力相近的穷人在自愿原则下，建立小组，合作信贷。组织起来的贫困户共同抵御风险、承担联保责任。非自愿的小组依赖外部指令，没有自我发展的能力。经社区参与方法选出的目标贫困户都可以是互助小组成员。互助小组成立的条件是彼此了解、相互信任。每5~10个贫困家庭组成一个互助小组。若干小组组成一个中心。小组成员经过讨论，愿意共同遵守互助小组制度。

（2）连带责任。为了明确互助小组成员之间的连带权利和连带责任，成员签订合约或入组协议。协议的核心条款为，成员的连带权利是享有从扶贫机构借款、获得金融和技术服务的权利，享有得到其他成员对其借款的连带担保的权利。连带责任为连带还款责任以及按时参加小组会议和中心会议的责任。笔者在云南调查扶贫项目时注意到穷人组织起来之初的很多问题，我访问的 10 个互助小组，虽然人手一份小组活动规范，他们也被告知其中的责任条款，但是由于这种书面协议一开始是项目官员替他们设计的，内容不具体，用的又是村民们感觉陌生、别扭的官方语言，所以过了不久大家就忘记了。如果活动规范成了官样文章，就不能真实地型构穷人之间的责任关系。

（3）民主规则。穷人组织内部实行民主管理，由全体成员选举和撤换小组负责人和中心主任，不搞提名和指派，无记名投票；从小组组建开始，民主管理机制就起到了内部筛选的作用，非穷人自然淘汰出去，懒人、信誉不好的人也不会被小组接受。扶贫资金用于哪些项目，哪些项目能创收，由贫困者自己选择，政府和信贷机构不要代替贫困户决策。那种由于政府选择了错误项目让群众来承担经济损失的问题得以避免。因为贫困户了解他们自己的能力和当地的情况，因此比外人更清楚应该选择什么项目。家庭项目要让家庭成员决策，小组项目要让小组成员集体决策。在小组建立之初，穷人多不善于表达自己的意见，经过一段时间的参与式实践，他们会积极地提出自己的意见和建议。当农民将一个组织当作他们自己的组织，参与组织活动的热情就会被激发并且持续。

（4）面对面互动规则。面对面互动规则表现为穷人互助小组的定期会议和中心会议，这对每个贷款成员的资金使用和还款起到相互监督和担保的作用，减少了项目选择和资金使用不当带来的风险，避免穷人的收入落入消费陷阱。同时，贫困户在遇到意外困难时能够及时得到其他成员的帮助。小组的每件事情的决定过程都以小组会议或中心会议公开进行，尊重贫困者自己的意愿。与此同时，面对面互动规则保证了他律的激励机制向制度化自律转变的行为情境，培育穷人和社区的公共责任，效果不亚于思想政治工作和社区外部的监督机制。

四 参与和疏离：主体识别的社区过程

与穷人的主体构建同时存在的另一个社区过程是主体识别，即识别或者瞄准穷人。只要是穷人，不管生活在什么样的社区环境里，都应当有瞄准他们的途径，确保真正的贫困者平等参与扶贫项目，确保弱势群体如贫困妇女和少数民族都有平等的发展机会。一个具有普遍性的问题是，政府的扶贫传递体系上存在扶贫资金不能够传递到贫困农户、扶持对象不能落实的问题，被称为扶贫"瞄不准"现象。过去对贫困者的识别方法粗放，所谓靠项目覆盖、靠企业辐射、靠能人帮带，扶贫计划瞄准的是贫困地区而不是贫困者，难免陷入目标置换的陷阱。90年代前期的数据证明，全国的信贷扶贫资金只有30%用于农业项目；扶贫信贷资金到户率仅为21%～23%（何道峰等，1998）。扶贫资金的受益人应当是真正的贫困户，而不是村庄中非穷人和有发言权的人。许多调查表明，在扶贫资金和项目没有能够抵达穷人的地方，并非没有穷人，而是缺乏识别真正穷人的机制。

穷人识别的方法众多，笔者以图1归纳示意识别贫困者的不同技术路径之大致分类和变化，并且根据主体－客体这个线索，对不同技术路径及其相应的制度含义进行初步分析。

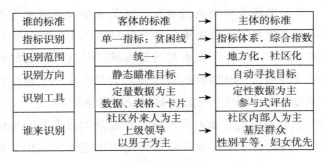

图1　识别贫困者的不同技术路径变化

1. 客体的识别

客体的标准指的是社区以外的人们按照他们研究出来的客观标准去识别穷人。在理论意义和操作意义上，贫困状况和贫困线完全能够被测量，并且测量方法正在日益精确和完善。这涉及贫困标准及其新变化。我国政府现行的贫困标准是以家庭年人均纯收入这个单一指标来衡量的，这是一个为了操作便利而采用的工作标准；所确定的收入水平也远低于世界银行使用的一天一美元的标准，其原因之一是政府财力的限制。由于贫困的综合特征，这种以单一的收入指标来衡量贫困的做法有很多缺陷，在国际社会早已遭到质疑和批判，取而代之的是以多指标和综合指数来衡量贫困，既使用收入指数，也使用非收入指数，如教育、健康和居住条件。新近的变化趋势是，在宏观层面上，越来越多的国家采用联合国开发计划署推荐的人文发展指数，从预期寿命指数、教育指数和GDP指数三个方面综合衡量国别贫困状况。在微观层面上，贫困者的识别方法趋向于本土化和精细化。

（1）本土化：比如联合国开发计划署支持的湖南扶贫项目与世界银行支持的四川秦巴扶贫项目所采取的具体指标各有自己的区域特点。湖南扶贫项目对穷人的识别标准是：长期处于贫困状态，1997 年人均纯收入 600 元以下；具有劳动能力和必要资源以从事某种生产劳动，但是缺乏技能；住房条件较差，土木或木石结构；扣除房屋，全家总资产低于当年价 2000 元；所选择的少数民族的比例应当和项目区贫困户的民族人口比例相应；小组和中心成员至少 50% 是贫困妇女和少数民族；小额贷款发放对象总数中至少 50% 是妇女。而秦巴扶贫项目中对目标农户的界定标准是：1996 年家庭人均纯收入低于 580 元；家庭人均产粮低于 300 公斤；居住的房子为土坯房或茅草房；家庭已婚成员；妇女优先。对比统一的收入标准，这些选择目标贫困户的标准更加适合当地情况。

（2）精细化：与识别技术的具体化、可视化相关联。优先法和排除法被运用到穷人识别机制中，特别贫困的家庭优先，经济条件比较好的家庭置后。比如，具备以下条件的家庭应优先考虑：家庭成员中有因经济困难而失学的学龄儿童；口粮严重不足的家庭；房屋破旧狭小，建筑材料是茅草或土坯；生活必需品严重缺乏；在全村通电的情况下，电线没有入户；无条件获得其他贷款。应排除的家庭：住房条件好，比如水泥房，室内或者室外进行了装修；家庭成员有稳定工资，如政府干部、国营或集体企事业单位人员、医生等；有大中型农机农具或加工作坊、商业店铺、较大林果园或鱼塘（湖南项目）；购置了彩电等高档消费品；有信用社和邻居间的赖账记录（秦巴项目）。

2. 主体的识别

虽然在理论意义和操作意义上贫困测量方法正在日益精确和完善，但是再精确的客观测量也不一定和社区内部人自己的感受和判断完全一致，仅仅用客体的标准来定义主体是不完备的。学者们先后对实证主义研究进行反思，指出"用于探询真实世界的试验性或半试验性的设计和统计分析过分强调量化指标，削弱了社会系统的复杂多样性"。为了获得社区内部人的更加真实的信息，主体识别开始采纳新技术。国际上自 20 世纪 80 年代以来，中国则自 90 年代以来，参与式方法在方法论意义上为扶贫机制带来创新，最突出的有参与式乡村评估（Participatory Rural Appraisal，PRA）、参与式贫困评价（PPA）。PRA 是一种创新的行为而不仅仅是创新的方法，是由项目人员和社区群众一起灵活地有创造性地使用的评估学习和交流工具，在主体识别意义上指的是通过外来者的协调，由当地人自己进行分析评估，识别穷人，有助于当地人主动参与发展进程（Chambers，1997）。参与式贫困评价侧重于"倾听贫困的受害者自身关于贫困的体验"，以贫困者自己理解的方式描述他们的生存状态以及对发展的期望，多数情况下，会涉及他们社会和家庭生活的各个方面（周学军，2001：131～134）。

（1）贫富排序：PRA 工作者在进入社区后，并不仅仅依靠填写表格、问卷调查等方法识别目标农户，而是用参与式方法选择一些排序者，按照他们自己的标准对整个社区人口或农户贫富程度进行分类和排序，这是一种敏感而有效的识别穷人的方法。贵州省威宁县草海保护区在开展渐进项目时，运用参与式乡村评估方法选择渐进小组的对象，由本村村民共同参与衡量农户的贫富程度，请村民为本社区的每个家庭按照贫富排序，根据社区群众的排序和他们陈述的理由，最终做出谁是最贫困者、谁最需要帮助的判断。几年后笔者再次访问该社区，村民仍然认可当时的判断选择。表明参与式的识别方法失误少，比使用客体标准的方法效率更高，能够比较准确地选择穷人中的穷人。

（2）自动寻找：参与式方法使得项目过程具有一种自动寻找目标的制度功能，对于非穷人具有社区疏离的作用，把非穷人淘汰出去，保证稀缺资本提供给穷人。这种自动寻找目标的设计，在小额信贷扶贫项目中也得到了充分应用，成为帮助穷人实现信用能力的扶贫制度创新的成功基础。

（3）小组讨论：PRA 基本方法之一是参与式小组讨论。PRA 工作者邀请社区群众一起参与讨论，和本社区的村民一起分享社区经验，识别社区问题和目标群体。协助当地人画图和绘制表格，是一项基本的引导方法。目的在于通过直观可视的办法呈现问题，在外来工作者和村民之间、村民与村民之间开展沟通和讨论。

笔者在云南、湖南等地贫困村庄进行过多次 PRA 方式的座谈，贫困者都能够用自己的方式表达问题意识和解决问题的内在需求，他们表现出比项目官员和外来工作者更加了解自己社区的需要和存在的问题。所缺乏的只是相应的场所、交流情境和适当的传递系统。参与式方法在扶贫制度创新中的作用并非只是识别主体，根据笔者调查过的采用了参与式方法的项目社区的情况，参与式发展扶贫通过发展决策权与执行权的转移引发一系列的组织与制度安排创新，作用是多方面的。

第一，培育社区自组织资源。参与式发展启动了一套保证社区自我组织和自我动员过程的制度安排，发展机构并不需要有意追随"国际标准的"参与式方法采用的模式把农民组织起来，而是需要帮助农民培育自我组织和管理能力，根据具体问题和需要产生的小农的再组织化就是一个水到渠成的过程。从组织穷人发展到穷人组织自己，贫困者只有自我组织起来，才能从社区有限的资本中获得尽可能大的收益。自组织的管理方式提供了穷人之间相互合作的机会，一种能够解除主体成长的内外部压力的新的制度安排，利于培养主体意识，帮助穷人成为成熟的社会群体。

第二，重建社区权力结构，向穷人赋权。社区及贫困人口的参与主要取决于权力结构是否具有授权意识及机制重组问题（李小云，1999）。社区参与可能引导对社区权力的再分配过程，这种再分配使在政治及经济过程中被排除在外的穷人能够被包括进来，使群众公平地拥有发展的选择权、参与决策权和受益权。穷人从作为受众的参与转为作为主体的参与。

第三，推动贫困社区的民主制度建设。村民委员会虽然是法定的农民自治组织，但是在相当多的乡村社区内部尚没有真正实行民主制度。参与式发展可望扩大农村民主建设，使农民能够在事实上自己管理和解决自己的事务：健全村民委员会的民主选举；实行村务公开制度，由村民代表大会监督村级财务运行状况。村级公益事业建设和公共积累及村自治组的管理所需资金，由村民代表大会讨论决定是否收取、如何收取、收取多少；培养村民议事能力，建立社区自治的农村公共物品供给制度。当社区的特征从被组织为主转变为自组织为主时，村民委员会的主要职能也将从一个外来机构的办事处朝向村民自主的议事机构发展。

第四，促进社区参与的同时减少社区隔离，促使穷人和非穷人都能够有效参与社区发展。那些单纯根据客体标准的项目，常因为不能识别真正的穷人，排斥弱势群体，形成社区内部隔阂，使社会关系紧张。参与式发展不仅自动瞄准穷人主体，而且可以改善穷人和非穷人的关系，共同发展。比如草海项目在鼓励穷人组建小组的同时，也为小组之外的农户保留参与的可能，特别为贫困者保留优先权。村基金面向全村，未参加基金小组的村民可向委员会基金借贷，贫困户优先考虑。结果有限的扶贫资金不仅成为启动贫困社区活力的可再生资源，而且借助于参与式方法为贫困社区营造了一个相对开放的公共空间。

五　穷人的社区参与和公共领域

扶贫制度创新的理性预期是，通过增强穷人的生产自救能力、资本动员能力、社区参与和管理能力，发展他们自己的生活世界，实现工具理性和实质理性一致的目标。穷人如何参与社区发展，使社区成为扶贫制度创新的场域，是由主体性讨论引申出来的问题。

图2和图3象征性地演示了参与式发展带来的新旧扶贫模式的变化。在发展项目的实施过程里，参与模式被具体化为主体明晰的自组织行动。农村贫困人口组织自己、组织他们自己的组织，以此来确定他们真正的需求，介入扶贫行动的设计、实施及评估的过程。这种行动是自觉产生的，并且证明穷人对生产资源及服务拥有持续的使用权，而不仅仅是投工投劳的一次性参与。参与式发展提供了倾听社区所有人的声音的平等基础，所以，它也为自己预设了反思性的行为准则，有了这些准则，社区才可能修正违背公正和平等准则的潜在行为。借助于参与式评估等操作技术，在社区内部谋求平等发展的权利才真正成为穷人可以企及的一种光明图景。

図2　被组织的扶贫模式　　　　　図3　自组织的扶贫模式

资料来源：联合国开发计划署，1996，《微型信贷启动项目指南》。

参与式方法有别于过去使用的扶贫方法。按传统做法，扶贫工作主要靠外部强势集团及其传递系统的资源供应，而贫困农民只是被动地等待救济。一些发展组织运用参与性原则在中国扶贫取得的成果表明，参与式方法是一种外部干预和内源发展结合的行动方式，目的是有效发掘穷人作为发展主体的潜力；同时是一种抵御传递系统目标风险的工具。参与式方法强调鼓励村民参加社区的全部决策过程。村民的参与被视为彻底脱贫并获得农村长期发展的重要条件。参与既是扶贫策略的手段，也是目的，它实现了人们的各种基本要求，作为最终的目标，参与使处于结构弱势的贫困者在发展的过程中提高了其社会和经济地位。

社区参与方法有助于营造一个情境互动意义的结构，并把该群体的现实形象综合起来，参与式扶贫制度绝对不是简单地让政府和任何外来扶贫组织对项目区穷人或受益农户"落实"项目计划，"安排"扶贫任务，相反地，这是一个通过鼓励批判和革新的过程，鼓励参与项目的穷人对已经被赋予重要意义的"项目"体系进行审视和审察，对其可行性做出社区评判。参与式扶贫是以批判为方向的，因为它向组织成员提供了社会改造（或社区改造）的实际手段。社会改造的一个先决条件就是对话语发挥功能方式的理解和批判。换言之，如果意识形态显现于日常话语中，那么对该意识形态及其伴随的权力结构的批判和改造便要求对组织话语进行批判和改造。同时，参与式方法又可以理解为一种社区诊断过程，通过它穷人向整个社区反射了他们在社区边缘位置上的需求和多方面意义，让社区成员进行考虑和反思。小组和中心会议为目标贫困户提供了相互交流的机会和反馈的途径、场域，可以相互学习和相互传授生产技能，交流创收活动、贷款使用的经验，提高经营和生活能力。借助小组和中心的活动，小额信贷机构可以了解项目进展，及时了解贫困户的技术和市场需求，及时提供技术和市场信息方面的服务。

安东尼·吉登斯在论述第三条道路时也指出，传统的扶贫项目必须为以社区为中心的方式所取代，这些方式不但使更多的民主参与成为可能，而且还会更加有效。社区建设必须重视支持网络、自助以及社会资本的培育，使这些因素成为促成低收入社区经济复苏的重要资源（吉登斯，1998）。

与此同时，社区性扶贫对于现代性话语中的一些意义也呈现出来。笔者认为不同形式社会资本的构成以及资本在社区相关场域中的可转换性、可接近性、可获得性，是扶贫制度创新研究最有理论价值的内容。这一点受布迪厄（Pierre Bourdieu）场域分析的启发，他提出场域这个概念是为社会关系分析提供一个框架，涉及的是对地位的分析，对行动者占据地位的多维空间的阐述。一个特定行动者的地位是这个人的习性与其在地位场域中的位置之间的相互影响的结果，而地位的场域则是由资本适度形式的分布决定的。穷人的权利是由特定社区内的资本分布决定的，他们借助于社区网络而接近稀缺资源，扶贫制度在一定程度上增强穷人的自组织能力，从而增强他们获得金融资本的能力和经营管理的能力。比如，信贷小组提供给穷人以寻求资本的行动场域。每个场域都具有明确的行动主体，由其自身的历史积累、自身的行为逻辑、自身的资本形式来表明其特征。而且，在一个场域中获得的资本酬劳可能被转换到另一个场域中，穷人在小组中的成功会提高他们在小组之外寻求社会资本的能力。

帮助穷人获得社会资本的意义不限于其权力场域中的地位改善，扶贫制度也必然涉及现代性问题，要回答如何把这些在现代化过程中大大"落后"的边缘群体引导到现代社会系统中来。哈贝马斯的《交往行动理论》将宏观的系统研究与微观的互动研究结合起来，使用现象学理论的"生活世界"概念并加以重新定义，认为社会整合取决于系统和生活世界过程间的平衡。生活世界是基于面对面的家庭、群体和"公共领域"形成的文化同一性，这种文化同一性包括相互共享的意义和相互主体性。系统指维系人类生存的经济、政治、法律、家庭等结构。它们与生活世界之区别，在于它们是靠货币与权力的中介组织起来的。本来，货币与权力应该为生活世界服务，使人们能更有效地获得物品以支撑生活世界。当经济和国家的系统过程以金钱、权力等为中介，侵占和支配了生活世界过程时，社会整合就会出问题，就会出现"生活世界再生产"的危机，即哈贝马斯语义的系统对生活世界的殖民化。从现代化的宏观背景看待中国消除乡村贫困以及西部开发，同样经历着系统对生活世界的"侵蚀"过程。只有创造一种不受金钱、权力等系统中介的干扰而进行沟通的环境，在经济和政治活动场所恢复公共领域，才能重新平衡系统和生活世界，解决现代性危机。哈贝马斯对人权和公共领域方面的讨论引出关于发展主体性的进一步问题，如何选择讨论的语境。一方面，不必把发展主体放得过大，例如在超越国家主权的层面上讨论人权话语；另一方面，也不要把发展主体缩小限定在个体层面，而遗漏了公共领域对于主体建构的价值。所以，通过社区发展来营造发展主体，协调扶贫者的系统与贫困者的生活世界之间的关系，不失为一个可行方案。

由于贫困乡村是通过相互直观性组织起来的，包括面对面的家庭、群体和共同话语空间这些构成生活世界的要素；同时，扶贫计划使一个以金钱、权力等为中介的系统世界介入社区的生活世界中来，因此我们可以在特定的扶贫过程中探讨制度化的扶贫方式对于当地社区文化同一性的影响和意义。利用参与式的网络式的交往行动，帮助穷人构建自己的生活世界和社区公共领域。

借助于参与式制度安排，穷人才能进入扶贫制度创新所营造的情境。穷人能够依靠自己的力量营建一个共同意义上的"生活世界"，每个人都是这个不断发展的世界的组成部分。舒茨所谓的日常世界或生活世界从一开始就是由多重实在构成的互为主体/主体间性的世界；人们关于这个世界的日常知识从根本上就具有互为主体的特征。这种新的制度安排使得原本日益隔绝于社区边缘的贫困者回到社区，并且充分生活于自己的社区。这个主体建构过程不仅对于穷人有价值，对于我们这些观察整个事件过程的人来说也意义深长：能够从一个弱势群体关于自我－他人、此在－彼在的认识和重建之中获得一种互为主体的社区视野。

参考文献

安东尼·吉登斯，1998/1984，《社会的构成》，生活·读书·新知三联书店。

费里德曼，1997，《再思贫困：赋权与公民权》，《国际社会科学杂志（中文版）》14卷第2期。

哈贝马斯，2001，《论人权的文化间性——假想的问题与现实的问题》，哈贝马斯访华期间在中国社会科学院的讲演录，4月17日。

何道峰等，1998，《小额信贷与中国扶贫开发方式的变革》，国务院扶贫办。

简小鹰、晏红兴、白澄宇、沈红，1996，《重返老林的启示：云南省拉祜族（苦聪人）考察报告》，《红河》第5期。

李康，1999，《埃利亚斯》，杨善华编，《当代西方社会学理论》，北京大学出版社。

李小林等，2000，《从苦聪山寨发起的攻坚战："扶贫攻坚在金平"系列报道之一》，兴边富民行动网。

李小云主编，1999，《谁是农村发展的主体？》，中国农业出版社。

——，2001，《参与式发展概论》，中国农业大学出版社。

联合国开发计划署，1996，《微型信贷启动项目指南》。

刘文璞等，1997，《贫困地区经济增长和减缓贫困》，山西经济出版社。

沈红，2000，《中国贫困研究的社会学评述》，《社会学研究》第 2 期。

沈红等，1992，《边缘地带的小农——中国贫困的微观解理》，人民出版社。

世界银行等，2000，《中国农村扶贫联合调查报告》，21 世纪初中国扶贫战略国际研
    讨会。

王绍光，1999，《正视不平等的挑战》，《管理世界》第 4 期。

王晓毅、刘军等，《组织、市场与技术——西藏珠峰保护区参与式扶贫的实践》，ht-
    tp://www. cass. net. cn/s09 - shx/jpdd/zuzhi/zuzhi1. htm。

温铁军，2000，《解决农村经济问题要有创新》，中宏网 12 月 18 日，http://www. macr-
    ochina. com. cn/。

杨善华编，1999，《当代西方社会学理论》，北京大学出版社。

周彬彬等编，1998，《小额信贷的组织与管理》，人民出版社。

周学军，2001，《参与式贫困评价》，载李小云《参与式发展概论》，中国农业大学出
    版社。

Bourdieu, Pierre & Loic Wacquant, 1992, *Invitation to Reflexive Sociology*, Chicago：Uni-
    versity of Chicago Press.

Chambers, R., 1997, *Whose Reality Counts? Putting the First Last*, London：Intermediate
    Technology Publications.

——, 1983, *Rural Development：Putting the Last First*, London：Longman.

Coleman, JS., 1990, *Foundations of Social Theory*, Cambridge：Belknap Press of Harvard
    University Press.

North, Douglass C., 1990, *Institutions, Institutional Change, and Economic Performance*,
    New York：Cambridge University Press.

Olson, M., 1965, *The Logic of Collective Action：Public Goods and the Theory of Groups*,
    Harvard University Press.

巨变：村落的终结[*]

——都市里的村庄研究

李培林

摘　要：本文是对中国发达地区村落终结过程的记录和分析。作者通过对广州市"城中村"的调查发现，村落终结的艰难，并不仅仅在于生活的改善，也不仅仅是非农化和工业化的问题，甚至也不单纯是变更城乡分割的户籍制度问题，而在于它最终要伴随产权的重新界定和社会关系网络的重组。作者试图通过建立具有普遍解释力的村落终结类型，建构村落城市化整个链条的最后一环，以便能够在理论上复制中国改革开放以后村落非农化、工业化、城市化的全过程。

关键词：村落　城市化　制度变迁　理性选择

10 年前，我曾翻译了法国著名农村社会学家孟德拉斯（Henri Mendras）的一本经典著作《农民的终结》，这个话题，对于当时中国这样一个农业大国来说，似乎还非常遥远。孟德拉斯在书中指出，"20 亿农民站在工业文明的入口处，这就是在 20 世纪下半叶当今世界向社会科学提出的主要问题"，因为在此之前的上个世纪，"较之工业的高速发展，农业的缓慢发展可以给人一种安全稳定、千年平衡的印象，与工业的狂热相对照，农民的明哲适度似乎是永恒的：城市和工业吸引着所有的能量，但乡村始终哺育着恬静美满、安全永恒的田园牧歌式幻梦"，而工业化和城市化的铁律打破了原有的平衡，震撼和改变了整个社会结构（孟德拉斯，1991）。事实上，在中国一些较发达的地区，这个过程在 20 世纪 80 年代就已开始了。当然，对于整个中国来说，这种"巨变"可能要延续很长时间，不过，在上述地

---

[*]　原文发表于《中国社会科学》2002 年第 1 期。

区，这种"巨变"正在加速进行。人们原来以为，村落的终结与农民的终结是同一个过程，就是非农化、工业化或户籍制度的变更过程，但在现实中，村落作为一种生活制度和社会关系网络，其终结过程要比作为职业身份的农民更加延迟和艰难，城市化并非仅仅是工业化的伴随曲，它展现出自身不同于工业化的发展轨迹。

一　问题的提出和方法、假设的交代

"城中村"在整个珠江三角洲地区是一个非常普遍的现象和热门的话题，围绕着"城中村"，街谈巷议中也有各种各样的故事。近20年来，珠江三角洲的工业和城市以令人目眩的速度扩张，这种高速扩张似乎是引发产生"城中村"这种独特事物的直接原因。但问题并非如此简单，因为在其他国家的城市化过程中，这种"城中村"现象还几乎从未出现过。所以，"城中村"现象的产生，一定与中国的比较独特的因素相关联，这就很容易使人们联想到中国已经实行了几十年的城乡分割的户籍制度。但这种户籍制度是所有中国村落共有的，所以还应当有另外的特殊机制在起作用。而这种机制究竟是什么，则成为激发我们研究热情的一个"悬念"。

在调查之前，我们原来设想，所谓"城中村"，就是在很多城市的城乡接合部出现的、已经转为以从事工商业为主的村落，是城市地域扩张的一种自然延伸，大概就类似于北京的"浙江村""韩村河"那种村落，无非是生活和工作都很城市化了，只不过房子矮一点、商业气氛淡一点而已。然而，当我们到作为华南经济、政治、文化中心的广州市的"城中村"进行实地调查时，尽管事先已阅读了一些相关的资料，还是感到一种心灵的巨大震撼并惊讶地失语。因为现实呈现给我们的"城中村"，与我们心目中原来的想象，实在有太大的距离：就在繁闹的市中心区域，就在鳞次栉比的高楼大厦之中，每个"城中村"就像在方圆几公里人为制造的一个整体的高达20多米的"水泥巨物"。震撼还不仅仅来源于此：这个"水泥巨物"并不是由某个公司或某个经济集体建造的，其基本的住宅楼是一家一户的个体盖起来的，但在土地和房租收益的刺激下，建筑已完全失去个体差异的美学意义，经济的铁律也碾碎了中国传统村落和谐人居空间的"文化意义"（刘沛林，1998）。在连接着的非常雷同的7、8层高的建筑物中间，是由原来的宅基地间隔确定的宽约 1.5～2 米的街道，但在第 2 层楼以上，为了最大化地扩展住宅建筑面积，街道两旁的楼都伸展出来，几乎把露天的地方全部塞满，形成当地人戏称的"贴面楼"、"亲吻楼"和"一线天"。村落中的大部分住宅，白天房间内要靠电灯照明，村里的街道也形同"地道"。但就是在这样的环境中，村里的人气和商业气氛却很旺，狭窄幽暗的街道两旁，排满各种商店、杂货店和服务网点，在村里居住的人除了村民之外，还有几万租房而居的外来打工者。

都市里的这种"城中村"，既像是古老历史的遗物，又像是快速城市化过程中新生的活体。发生在"城中村"里的种种故事，也遭到一些媒体和学者的简单非议。一位学者写道，"城中村"的"规划、建设、管理极其混乱，外来人口膨胀，里面的出租屋成为黄赌毒的温床，'超生游击队'的藏身之穴，……这些和现代城市的生态、整洁与舒适是大相径庭的"（马中柱，2000）。还有一位记者评述道，这些"洗脚上田"的农民，"他们不用劳作，有村社的分红和出租屋的租金，足可以高枕无忧。……他们成为居住在城市里的特殊群体——出入城市公共场合，却没有得体的打扮和相应的气质，对宗族观念、对求神拜佛的尊崇弥漫了整个村落。城市在进化，村庄在消失，'村'民在夹缝中裂变。老人在麻将桌上消磨着他们的最后岁月，中年人在文化水平低下、被社会的先进产业淘汰的情况下，固守现状，任何一项有关'城中村'新政策的出台，都会令其对自己的生存状况担忧"（记者评述，2000）。

2000 年 9 月 6 日，广州市召开"城镇建设管理工作会议"，确定在未来 5 年要加快城乡一体化进程，建立整体协调的大都市城镇体系。这其中的一项重要工作，就是要在 5 年之内基本完成中心城区内"城中村"的改制和改造，在城市规划区内全面推行农民公寓建设，基本没有土地、不以务农为主要职业的农民，全部成建制地转为城镇居民，实行城市化管理（郑毅等，2000）。然而，与这种乐观的规划形成对照的，是广州市市长在接受记者采访时表现出的出人意料的审慎和冷静：他认为，"城中村"的改造"需要一个很长的时间，有的可能要花一两代人的时间，并不是 3 年、5 年、10 年可以改造好的"（市长专访，2000）。

从宏观上来看，城市化是转移农村剩余劳动力、提高农民收入水平、改造村落社会结构的必由之路。而且我们通常认为，这个城市化的过程是充满农民的欢庆、喜悦和梦幻的。然而，在村落城市化的最后一环，在这村落的终结点上，为什么我们看到的是一个千年村落的文明裂变和新生的艰难？我们在本文提出和试图回答的问题是：在世界城市化的经历中，为什么唯独在中国最发达的珠江三角洲出现了"城中村"？它是农民的一种理性选择还是一种非理性的构造？"城中村"的顽强存续究竟是一种什么机制或功能在起作用？改造"城中村"究竟应当从哪里入手？

把村落终结过程作为研究对象，比较适用的社会学研究方法可能就是参与观察了，在对历时性的"过程"研究方面，一个时点上的共时性问卷调查显然有很大的局限性。尽管利用问卷调查数据进行生命历程的研究已经取得很大的突破，但数据反映"过程"还是欠缺"丰满"和"质感"。当然，对个案的参与观察研究，也容易囿于个案的特殊性而失去普遍的解释力。我们的目的也许过于宏大了一点，我们试图在研究中建立一种关于中国村落终结的具有普遍解释力的理想类型（Ideal Type）。在中国改革开放后村落城市化过程的链条上，社会学已经有众多不同类型的散点研究，如周大鸣（2013）对广东都市里的村庄"南景村"的研究，王春光（1995）、项飙（1998）、王汉生等（1997）对都市外来流动民工和农民小业主聚居地北京"浙江村"的研究，折晓叶（1997）对高度工业化的东南地区超级村庄"万丰村"的研究，陆学艺（2001）等人对北方地区初步工业化的"行仁庄"的研究，王铭铭（1997）对发达地区农业村闽南"美法村""塘东村"的研究，黄平等人（1997）对欠发达的民工流出地4省8村的研究，等等。通过对村落城市化链条每一个发展环节理想类型的建立，就可以在理论上再造中国村落城市化的生动而又丰富的全过程。

本文的经验材料来自2001年10月对广州市9个"城中村"的调查，它们是石牌村、棠下村、瑶台村、三元里村、同德村、冼村、杨箕村、林和村和猎德村。我们在调查中访谈了部分政府管理者、村干部、村民和居住在"城中村"的外来打工者，形成了一个更加深入细致的访谈调查的结构性框架。这是一项关于"都市里的村庄"研究课题的初步调查，所以本文也相当于此项研究的开题报告。据统计，广州市共有139条"城中村"，以"条"而不是以"个"为单位来计算"城中村"的数量，表现出"城中村"融入城区的特点。这139条"城中村"大体可以分为三种类型：一是处于繁华市区、已经完全没有农用地的村落；二是处于市区周边、还有少量农用地的村落；三是处于远郊、还有较多农用地的村落。我们调查研究的"城中村"，基本只限于第一种类型，因为它们最突出地呈现村落终结的特点，这个类型的村落在广州市 139 条"城中村"中约占 1/3，本文中"城中村"概念的使用，也特指这一种类型的村落。

二 "城中村"的产生：土地和房屋租金收益的刺激

要想了解"城中村"产生和存在的原因，一般来说应当从"城中村"本身作为城乡二元混合体的典型特征入手。如果说在市场经济和再分配经济之间存在着"混合经济"的话，那么"城中村"就是在城市和村落之间存在的"混合社区"。"城中村"的生活方式已经完全城市化了，"村民"们也都居住在市区，甚至是中心市区，他们已经完全不再从事或基本上不再从事属于农业范围的职业，甚至他们的户籍也已经全部或绝大部分转为城市户口。那么根据什么还称他们为"村落"和"村民"呢？难道以上这些方面不正是我们平常区别"村民"和"市民"最通行的标准吗？

"城中村"的村落特征或许显示我们容易忽视的一些更深层的城乡差异的体制因素。这些因素可以概括为以下三个方面。一是土地制度的差异。根据法律，城市所有土地的产权归国家所有，而村落土地的产权归村落集体所有，在城市化的过程中，国家可以征用作为农民生产资料的农用地，但难以征用作为农民生活资料的宅基地，所以"城中村"嵌入市区的住宅用地和部分村集体房产用地至今还是归村集体所有，我们在随后的分析中会看到这种差异的重要性和巨大影响。二是社会管理制度的差异。根据法律，城市社区由作为基层政府派出机构的"街道办事处"管理，管理的一切费用由政府财政承担，而村落社区则由作为村民自治组织的"村民委员会"管理，管理的一切费用由村集体承担，这是形成我们在后面要分析的"村落单位制"的一个根本的因素。三是与土地制度和管理制度相联系的"村籍"制度。我们容易认为，城市化的主要阻碍是一个户籍制度问题，农民身份的转变就是从农村户籍转为城市户籍，但"城中村"的"村民"已经由于耕地的征用而几乎全部转为城市户籍，但他们仍然保留着"村籍"，对他们来说，"村籍"比"户籍"重要得多。正是因为具有"村籍"，他们同时也是强大的村集体经济的股东，并因此与外来的村宅租客和一般市民在经济地位上有极大的差别，从这一点上来说，他们宁可为"村民"而不愿为"市民"。

问题在于，就宏观正式制度来讲，全国都是一样的，为什么唯独在珠江三角洲这样的地区出现如此密集的、把土地使用价值最大化利用的村落建筑群体？农民难道没有意识到，这种违反城市人居空间规则的异化的建筑"怪物"，从它诞生之日起就意味着"短暂的生命"和"最终的毁灭"吗？即便是从经济收益的角度看，农民为什么不能把住宅盖得更"优雅"一些，同时也把租金提高，就像房地产商开发的住宅区那样？是农民缺乏房地产商的资本实力和开发眼光吗？对此问题，很多学者从制度变迁的角度进行分析，认为这是发达地区超高速的城市化扩张与严重滞后的村落制度变迁之间形成的巨大落差造成的，这种落差形成城市化的社会理性与农民个体非理性行动之间的矛盾和冲突，而"城中村"就是这种矛盾和冲突的"异化物"。我们在本文中则更倾向于从一个相反的个体理性选择的角度来分析"城中村"产生的原因，因为这样更能够从逻辑上推导出改造"城中村"的真正难点。

从个体理性选择的角度看，"城中村"这种特殊的建筑群体和村落体制的形成，是农民在土地和房屋租金快速增值的情况下，追求土地和房屋租金收益最大化的结果。但是，农民是否具有或能够具有追求收益最大化的经济理性，这本身就是学术界长期争议的一个问题。社会学和人类学中大部分注重"小传统""地方性知识"的实体主义学者，都认为小农是缺乏现代经济理性的，并往往陷入非理性的"深层游戏"，即使不能武断地认为他们是非理性的，小农具有的所谓"理性"也是一种不同于"功利主义"的"另类理性"，对于生活较为富裕的农民来说，这是因为农民在缺乏资本积累和增值的外部刺激情况下保持的"安逸自足"和"明哲适度"的生活态度，而对于生活艰难的农民来说，则是出于规避生活风险的"生存理性"（Geertz，1973；Chayanov，1986；Scott，2001）。与这种小农"另类理性"的解释相反，很多经济学家和一些历史学家论证了以"经济理性"解释小农经济行为的"普适性"，认为农民的潜质其实与土地投资者没有什么差异，一旦有来自外部的新的经济刺激，农民一样可以走出支配他们的"生存逻辑"，做出追求利益最大化的选择（Schultz，1964；Popkin，1979；黄宗智，2000）。其实，从过程分析的角度看，这两种观点并不存在根本的理论冲突和差异，冲突和差异只在于我们是否能够假设会发生使农民从"生存理性"过渡到"经济理性"的"巨变"。而对于濒临"村落终结"的"城中村"的"村民"来说，这种"巨变"是真实地发生了。

我们在调查中了解到，村民每户的宅基地面积在70多平方米，用市亩制计算，也就是一分多地。农民创造的"一分地奇迹"，是最大化地利用了土地价值，把楼盖到6～8层，使拥有的住宅建筑面积增加到400～600平方米，而且建筑从第2层以上探出，最大限度地挤占了公用街道的"空域"，尽管并没有占用公用街道的"领土"。"村民"们一般是自己居住一层，而把底层的铺面和其他住房全部出租。铺面的租金要视商业位置而定，差异较大，而住房的租金一般在每平方米每月10～15元，这在市中心的地理位置是非常便宜的价格。每层楼一般有两个单元房，但由于租客很多是外地单身来打工的，所以一个单元也可能是几个租客合住。"城中村"里一个有趣的现象是，一个单元的租金并不是固定的。比如，一个单元如果一家人居住，租金是每月600元，但如果是4个单身合住，就是每月800元，每人分摊200元，5个人合住每月就是900元，每人分摊180元，6个人合住则是每月1000元，每人分摊160多元。但是这种逻辑并不会一直持续下去，因为"村民"们已有了住房折旧的概念和规避"拥挤"风险的意识，他们有一个约定俗成的符合效用最大化的房客与居住面积匹配的比例。

"城中村"的这个"故事"，使我想起张五常应用于亚洲的著名的"佃农理论"。以前，西方学者一般都认为，耕地的固定租金制比收入分成制更有利于产出的最大化，因为固定的租金比随产出增加而增加的租金对佃农的劳动和资金投入具有更大的刺激力。张五常则根据理论逻辑和经验数据证明，在竞争和由于人多地少而造成的劳动力充分供给这种特殊的约束条件下，耕地的一定的收入分成制也是最有利于产出最大化的合约安排。他的论证逻辑是一个简单的假设"故事"：假如一个佃主有一大块耕地，他租给一个佃农，获得的收入分成率会较高，因为规模经营的效益可以使佃农不另谋高就。但佃主并不满足于此，于是他把土地分租给两户佃农，虽然他的分成率会下降，但由于耕作规模变小后单位面积的投入增加，总产出的增加会使佃主的总收入也增加。但是，如果佃主不断地把耕地切开分租，这种分成率下降而总收入提高的逻辑不会一直持续下去，到某一点佃主再切下去，佃主的总收入就会下降，也就是说耕地分租的曲线上，只有一个点是符合收益最大化而又与竞争均衡没有冲突的。亚洲某些地区土地改革确定的佃主的分成率不能超过耕地收入的37.5%，就是接近这个点的一种分成率，这说明依靠政府管制实行的土地改革的成功，实际上也是一种竞争合约的成功（张五常，2000）。

"城中村"的"房租故事"与张五常的"地租故事"很相似。实际上，城市土地的收益率，存在一个自由竞争的均衡价格，在某种制度约束和管制的条件下，会出现收益率降低和"租金消失"的现象，但"租金"不会真正的消失，它会以别的形式得到补偿或以政府成本的形式表现出来。"城中村"的住宅建筑不是没有制度约束的，政府规定村民的住宅最高可以盖到3层半，否则就要罚款，但村民们都违规盖到6~8层，因为租金增加的收益足以超过罚款付出的成本。在市区地价高涨的情况下，一般分布状态的6~8层的住宅还不足以达到土地收益的均衡价格，而6~8层似乎是政府可以容忍"村民"违规建筑的极限，在此情况下，"村民"为了补偿自己的土地收益低于竞争均衡价格的差价，就只有最大化地利用可支配的面积和空间，这就是"城中村"密集建筑"怪物"产生的根本原因。所以，如果在改造"城中村"的过程中，"村民"不愿意损失租金收益，政府也不愿意付出巨额补偿，唯一的办法，就是使住宅向更高层发展，以更高层的空间收益置换目前的空间收益，这样才能基本保证达到或接近市区土地收益的竞争均衡价格。

三 "村落单位制"到"村落公司制"的转变：共生、共有和分红

"单位制"原本是特指中国再分配经济体制下城市国有部门的组织形态，已有众多的研究（Walder，1986；李汉林，1993；李汉林等，1988；路风，1989；李培林等，1992；李培林、张翼，2000）。在"单位制"下，国家机关、国有企业和国有事业单位，不仅是一个工作或经营单位，也是一个社会生活和政治管理单位，单位成员在身份、就业、养老、医疗、福利等诸多方面，都对其所在的单位组织具有很强的依赖性。在"城中村"里，我们发现也存在与这种组织形态很相似的"村落单位制"，尽管"村民"已经没有了耕地，也多数不在这个村落中工作，但他们在收入、生

活、情感、社会交往、心理认同等诸多方面，依然对自己的"村落"具有很强的依赖关系。

"村落单位制"是两方面的原因促成的：一是村落管理制度下共同生活的社会关系网络，二是村落集体经济产权下的分红。在"村落单位制"下，"城中村"就像是镶嵌在都市的汪洋大海里的一个个孤岛，大海是一个陌生的世界，而孤岛中是一个熟人社会。

村落管理与街道管理实际上有很大的差异。在街道社区的管理中，街道办事处只负责有限的事务，而教育、卫生、治安、供水、供电、道路、环境建设、征兵等社会事务，都是由条条的相关机构直接负责的；而在村落社区的管理中，村民委员会几乎要负责与"村落生活"有关的这一切事务，村主任的责任就类似于村落这个大家庭中家长的无限责任。街道社区建设和管理的费用是由国家财政支付，而村落建设和管理的费用是由村集体支付。棠下村里生活着 6000 多原"村民"和 3 万多外来打工者，为了管理村落社区生活，村集体雇用了 100 多个治安人员、30 多个卫生保洁人员、15 个市场管理人员、6 个计划生育管理人员、20 多个垃圾运送人员，此外村集体还要负责 1000 多老年村民的养老金、村民的医疗补贴、村小学教师工资外的福利补贴及小学硬件建设、村道路和管线的建设、村民服役的补贴、献血补贴、上高等学校补贴，等等。该村的集体经济一年的纯利润 1 亿多元，其中 12%～15% 要用于以上这类社区管理、建设和服务的公共支出。这种公共支出的比例关系在其他"城中村"也大体如此。如石牌村原"村民"9000 多人，外来的居住者 4 万多人，每年村集体纯收入平均9000 多万元，税收 500 万元～800 万元，日常行政支出几百万元，用于社会事务的公共支出 1000 多万元，剩下可供分红的利润 4000 万元～5000 万元。村集体对"城中村"社区生活的全面负责，形成了"村民"对"村落单位"的依赖，但这种依赖还有另外一个更深层的原因，这就是具有村落排他性的、社区内非村民不能分享的村落集体经济分红。

"城中村"早期的集体收入来自一些集体兴办的劳动密集产业，如纺纱、酿酒、造纸、制砖、制茶、石料加工、服装加工等，但随着城市劳动力价格和土地使用价格的升高以及城市劳动密集产业的衰落，"城中村"经历了一个"去工业化"的过程，现在村集体的收入主要来自村集体的物业收入。管理村集体经济的组织是"经济联社"，下属若干个"经济社"，它们都独立核算，与行政管理上的村委会和村民小组实际上是一体化的。在这里我们仍能看到过去农村人民公社体制下公社、大队、生产队"三级管理、队为基础"的影子。对于"城中村"来说，公社彻底解体了，但大队和生产队的组织遗产却保留下来，成为"村民"在股份合作的基础上重新组织起来的组织架构，"村民"们既是"经济社"的股东，也是"经济联社"的股东。

"经济联社"和"经济社"实行的是"股份合作制"，而它与"股份制"和"合伙制"都有区别，实际上是村行政与村经济一体化的产物。"股份制"是"一股一票"，"股份合作制"却是"一人一票"；"合伙制"的合伙者都是老板，并可退出资本，而"股份合作制"的一般村民股东谈不上有什么决策权，股份也不能退出。但也有共同点，就是按股份分红。

股份的分配依据两个原则：一是"按籍分配"，凡是村民，不分长幼，股份平等，一般每人 5 股，俗称"人头股"；二是在此基础上的"按工龄分配"，每一年工龄折为一股，俗称"年资股"。"人头股"加上"年资股"有一个最高限，一般是 25～30 股，股份可以继承，但不能转让、退股和抵债。由于"城中村"的收入主要是物业收入而不是产业收入，所以基本上没有其他发达地区工业村出现的"资金股"、"技术股"和"关系股"等。

近两年，"城中村"发生了或即将发生两个重大的体制转变：一是经济体制从"经济联社"到"集团公司"的转变，这是"村民"主动选择的合约式转变；二是行政管理体制从"村民委员会"到"街道办事处"的转变，这是政府主导的新的制度安排。这两个转变的过程是完全不同的，前者是实质转变快于形式转变，而后者是形式转变快于实质转变。

在经济体制转变方面，1994～1995 年，为了避免村民流动和迁移带来的股权纠纷，彻底解决集体经济产权内部边界不明、产权主体不清的问题，在"村民"的呼吁、推动和政府的支持下，"城中村"先后实行了"一刀断"的产权制度改革，从一个时点开始，实行"生不增、死不减、进不增、出不减"，即村落新增人口、劳动力不再增加股份，减少人口也不再减少股份，此后不论集体经济组织的资产增加或减少，都由股东按股份共有。这项"股份固定化"改革以后，"村民"获得几乎完整的产权，自己的股份不仅具有收益权，也有了自由处置权，股份不仅可以继承，也可以转让和抵押了，但退出还是有限制。这样，产权的运作不再是遵循村规民约的非正式制度，而成为遵循法律的正式制度，在此基础上进行"公司化"，也是顺理成章的了。但是，由于这种"公司"的收入主要来自几乎是"无成本"的物业收入，所以产权的占有和收益具有集体的"封闭性"，它不允许外部资金的注入来改变产权结构和分享收益。

另一项转变是行政管理体制方面的。2000年，政府为了加快城市化速度，出台了"'城中村'整治建设计划方案"，要求"城中村"逐步实行"政企分开"，村集体经济组织要进行公司化管理，原村委会及其管理社会事务的职能，由街道办事处替代。然而，截至我们调查的时候，这种管理形式的转变并没有带来实质的变化，除了不再负责外来人口的暂住登记，其他一切社会事务仍然是由村里负责，村"集团公司"成了"影子内阁"，因为政府很难并且也不急于拿出巨额财政来替代原村委会管理社会事务的公共支出。原来设想的"村落"改"街道"这种结束村落体制的根本性制度变迁，似乎并没有真正改变什么。

"村落单位制"与"国有单位制"实际上面临着同样的问题，即单位利益的排他性和对内部福利的追求，增加了其内部的凝聚力，但限制了资源的流动并加重了社会事务管理的成本。改变"单位制"的关键，不论是"村落单位制"还是"国有单位制"，都不是某种形式化的制度变迁，而是要找到替代或消散"单位制"的"社会事务成本"的办法。

在"城中村"从"村落单位制"到"村落公司制"的转变中，如果其"社会事务成本"真的可以由政府公共支出替代，运行的效率和效益应该是提高的。然而在调查中，"城中村"的干部似乎并没有对此前景表示乐观，不知究竟是因行政管理权力的失落，还是由于村经济的发展本来就很难离开这种权力的支持。

四 "城中村"的社会分层结构：存在的和生成的

在"城中村"社会分层结构中发挥作用的分层因素，一是身份和房产，二是组织权力，三是资本，四是知识技能。

首先是身份上"有村籍"和"无村籍"产生的分层。"无村籍"者的收入几乎全部来自经营和劳动，而"有村籍"者的收入主要来自三块：分红、房屋出租收入和经营劳动收入。分红和房屋出租的收入一般都远远高于经营劳动收入，所以"有村籍"者的经济地位，不仅高于外来"无村籍"的打工者，也远非普通的市民工薪阶层可以望其项背。不少"城中村"的"村民"完全靠分红和房屋出租收入过着悠闲的日子，成为新型的"租金食利阶层"。即便是"村民"自己住宅的铺面，一般也都租给别人经营，他们自己并不屑于从事这种劳累的"微利"生意。"村民"们自视为"城中村"里的上层，一些富裕的"村民"已经另购住宅，搬到环境幽雅的地方居住，因为他们认为与外来打工者混居"影响了孩子的成长和素质"。

其次是"有村籍"者内部由于拥有"组织权力"的不同而产生的分层。"城中村"虽然只是一个很小的社会，但管理体系却有很多等级，"经济联社"有财务部、物业管理部、劳资人事部、行政办公室、法律顾问室等，其下属的"经济社"又有很多分属机构。此外，治安、卫生、市场管理、计划生育、教育、养老等方面的管理人员都由"本村人"担任，他们都拥有不同的组织权力资源。"本村人"担任管理工作的薪水都是不菲的，如村一级的领导年薪可达 10 万元。组织权力的分层作用还不止如此，因为拥有组织权力的人更能够使他们的房产获得较好的收入，并把他们的存款变成"活资本"。

再次是在"无村籍"的外来人员中因"有资本"和"无资本"而产生的分层。在每个"城中村"居住的几万外来人口，基本上可以分为两类：一类是"有资本"的在街面上从事各种商业和服务业的小业主，即我们通常所说的"个体户"；另一类是"无资本"的完全靠打工生活的工薪阶层。不过，这种"有资本"与"无资本"之间的差异，并不像通常认为的那么大，这可能是因为在"城中村"住的小业主都是从事小本生意的，很多是家庭自雇人员，他们在缴了铺面租金和税费之后，所剩的收入其实也就略高于普通工薪阶层而已。在这里我们看到所谓"第三产业"的复杂性。在"城中村"里，本村的"房地产主"和外来的"小业主"从事的都是第三产业，但经济地位和社会等级却有很大的差异，而这种差异甚至要大于农业和工业的差异。另外我们也观察到，在"城中村"这样的经济活跃区域，存在很大一块"隐形经济"，像"村民"租房这样的大宗经营活动，是 GDP 里统计不到的，所以与一些地区相反，这里的 GDP 不是因为有"统计水分"而高于实际增加值，而是因为有"隐形经济"而低于实际增加值。

最后是在"打工族"中因拥有的"知识技术"的差异而产生的分层。"打工族"都是"无资本"的工薪阶层，但由于具有"知识技术"上的不同而产生"白领"和"蓝领"之分。"城中村"居住的"白领"一般从事企业技术员、营销人员、教师、医生、出租车司机、编辑、记者、公司文员等职业，"蓝领"一般是加工制造业雇工、建筑装修业雇工、餐饮商铺等服务业雇工、运输装卸工、散工等。除此之外还有"发廊小姐"之类的"粉领"以及从事非法行当的"黑领"。我们在调查中发现，近几年来流动"打工族"中出现了一个新的发展趋势，即外来打工者已经不都是来自乡村，从小城市到大城市、从欠发达地区城市到发达地区城市、从经济不景气城市到经济活跃城市的流动打工者越来越多，这也许是一种新的流动就业大潮的前兆。"城中村"的"打工族"中的"蓝领"多数过去是农民，而"白领"则多数过去就是城市职工。

以上是"城中村"里"存在的"社会分层结构，但这个结构并不是凝固不变的，在个体理性选择的机制下，正在"生成的"或"建构的"分层过程并不是原有结构的"复制"。"城中村"里的小业主和"打工族白领"，他们或者是由于具有旺盛的创业精神，或者是由于具有"知识技术"的优势，在分层体系中具有良好的社会升迁前景，从"城中村"里已经走出了一批批成功的创业者。而一些属于"城中村"上层的"租金食利者"，由于"知识技术"上的劣势地位，他们难以找到自己满意的工作，安逸和无所事事的生活又销蚀了他们的进取、创业精神，所以在流动的分层体系中具有社会下滑的可能，他们中的一部分最终会成为不进则退的农业文明的守业人。

五　村落社会关系网络：分家和"富不过三代"

村落是一个以血缘、亲缘、宗缘、地缘等社会关系网络构成的生活共同体，"城中村"也不例外。在过去村落"组织起来"的过程中，人们曾试图打破这种社会关系网络，以现代法人的行政体系或经济组织来替代，但很少成功过。这些外部注入的现代构造，在嵌入村落社会关系网络之后，都被潜移默化地进行了彻底的改造。甚至进城的"流动农民"，他们就像"新客家人"，在进城打工以后，还会把他们的村落社会关系网络移植到城市，形成像北京"浙江村"那样的生活共同体。人们难以理解，这种传统的村落社会关系网络为什么有那么大的延续力量？

地处城市中心的"城中村"，虽然生活水平和生活方式非常城市化了，但原有的社会关系网络并没有因此而发生断裂。"城中村"的"村落社区"与城市的"街道社区"和"单位社区"都有很大的差异，它不是一个由陌生人构成的生活共同体（如街道和物业小区），也不是一个仅仅由业缘关系而构成的熟人社区（如单位宿舍大院），而是一个由血缘、亲缘、宗缘和地缘关系结成的互识社会。

"城中村"有一个共同的特点，在非常拥挤的建筑群中，似乎只有三处豪华建筑具有空间的"特权"，可以超越"租金最大化"逻辑，这就是宗祠、小学幼儿园和老年活动中心，它们是作为村落里敬祖同宗、尊老爱幼的共同价值观象征而存在的。"城中村"一般都有 3～5 个大姓，不同的姓有不同的宗祠，宗祠的气派是该宗族村落地位的象征，村落权力配置一般要与其宗族结构相协调才能"摆得平"。华南村落中的宗族关系似乎远比华北农村盛行，这可能是由于整体迁移性群落对他们的"根"都有特殊的关注。

从我们访谈调查的情况来看，由于各种复杂的亲属和联姻关系，平均每户村民至少与 20 户村民具有血缘和亲缘关系，大的家族可以把这种关系扩展到 50 户甚至上百户。在宗族群体的地位划分之下，是家族之间的地位划分。宗族就像村落"集团公司"下属的"主干公司"，而家族是"主干公司"下属的"子公司"。在经济组织产权架构的下面，是深层社会关系网络的基础。

村落"大家庭"的内聚力，与村落社会关系网络的相对封闭性有重要关系，这种相对封闭性保证了村落"做蛋糕"的集体与"分蛋糕"的集体基本一致。过去村里有嫁出村的姑娘，也有娶进村的媳妇，大体保持着集体利益的平衡。但进入 20 世纪 90 年代后，这种相对封闭性下的平衡已难以保持，年轻一代与城市青年的"涉外婚姻"越来越多，作为村落社会关系网络基础的集体经济利益受到威胁，因为"分蛋糕"人数的增加意味着平均分配数额的减少。所以，到 90 年代中期，"城中村"大多数都实行了此后任凭生死婚嫁而股份不再变动的制度。

中国历来有"富不过三代"的说法，这也可以被称为"家族盛衰循环定律"。对此"定律"的道德解释是，富家子弟多半是纨绔子弟，是败家子，其实这并非普遍真实的，因为人力资本的家庭再生产假设更容易得到证实。从继承制度上对此"定律"进行解释似乎更加可信：中国传统的家庭财产继承制度与欧洲国家有很大不同，也与中国的皇位继承制完全不同，它不是聚集财产和权力的"长子继承制"，而是分散财富和权力的"兄弟分家制"。这种"兄弟分家制"的功能类似于现代国家的"遗产税"，似乎是一种国家的设计，它不允许一个家族的力量无限扩大到可以与皇权和国家抗衡。对于家族的盛衰来说，创业人去世后的"分家"，往往成为产生内隙、内讧和由盛变衰的转折点。在一些家族企业悲壮的盛衰史上，我们仍可以看到这一"定律"在起作用。所以，历来大家族规避和抵御衰落风险的根本办法，就是不"分家"，因为"分家"就意味着产权和社会关系的重组。

"城中村"实际上就是一种由血缘、亲缘和宗缘等社会关系网络联结的"大家庭"。这种村落社会关系网络，具有聚集财富和资金的实际功能，村落股份制一般都有不能退股的严格规定。农民在改变职业身份以后，之所以对村落社会关系网络还有那么大的依赖性，是因为他们面对一个新的陌生社会，有着共同抵御风险和外部压力的需要。"城中村"里村落社会关系网络的顽强存在，实际上是"村民"们为了"大家庭"的持续兴旺而坚持不"分家"的结果。他们本能地按照自己的理性选择，试图保持他们"大家庭"的气脉不断。

六 改造"城中村"的逻辑：政策和产权置换资金

村落制度是"城中村"的村民们世代生活的规则，这里活跃着各种各样的为现代城市所不容的"隐形经济"，形成"城中村"的"繁荣"，"村民"们希望他们因此而获得的收益能够长期保持。但是从城市管理者角度看，"城中村"似乎有成为"新贫民窟"和"藏污纳垢"之地的可能。而且"城中村"的超密集建筑群体，在日新月异的城市发展中，的确像是一个现代社会的"异物"。这样，城市现代化的铁律和村落集体对这一铁律的"抗拒"形成了人们担忧的冲突。

实际上，"城中村"的彻底改造要比"城中村"建立街道办事处的改制艰难得多，因为改造不仅意味着搬迁和翻建，而且意味着产权的重新界定和村落社会关系网络的重组。"城中村"的改造仍然是一种历史的必然，只是时间早晚的问题。一些"城中村"的领导已经意识到这种必然性，开始进行改造自己"城中村"的经济核算。根据石牌村的测算，全村各类房产的建筑面积100多万平方米，按"村民"可以接受的平均每平方米2000元的价格计算，买下全村的房产需要20亿元。以此粗略推算，要买下市中心40个"城中村"的房产就需要800亿元，这将是一项耗资比"三峡工程移民"还巨大的动迁（三峡移民总投资约600亿元）。不过，与三峡移民不同的是，"城中村"的土地都是可以生钱的"活资本"。在很多"城中村"村民的家里或住宅门口，都供奉着土地神，两旁的对联就是"土可生财，地能出金"。

在"城中村"改造的博弈中，存在三方对弈者：政府、房地产商和"村民"。"城中村"的最终改造方案，将是这三方利益平衡的合约安排。"村民"们的要求是在改造中保护他们的租金收益或对损失的租金收益给予补偿，房地产商的要求是在投资改造中至少获得平均收益，而政府的希求是避免财政的压力和保证市场、社会的稳定。在这种情况下，"城中村"改造的真正难点，就是改造的资金从哪里来？政府的担忧是，拆迁过程中的利益冲突会成为社会不稳定的因素，政府自己开发因成本过于高昂难以启动，而给予优惠政策吸引房地产商介入开发，又可能造成房屋过量供给，冲击业已趋近饱和的房地产市场，使目前房地产开发中大量的国有银行贷款无法收回；房地产商的担忧是，此种拆迁开发中的利益矛盾重重，不确定的变数很多，高昂的交易成本会吞没和消散房地产开发的正常收益，政府对楼层高度的管制会使开发最终变得无利可图；"村民"们的担忧是，他们既得的房地产租金收益在开发中得不到保护，而且会损失市中心区域房地产升值前景的好处（过去的5年铺面租金几乎翻了5倍），他们会以几百年来祖祖辈辈居住在这里为由，对他们的既得利益寸金必争。

从纯粹开发经营的角度看，似乎问题很简单，要改变"城中村"为人们所诟病的建筑"过密化"和混乱无序状态，无非是开发高度空间来替代低度空间的拥挤。仅就资金来源来说，香港依靠土地批租获得财政收入和开发资金的做法以及珠江三角洲以房屋期权聚集建设资金的做法都是现成的成功经验。但复杂的是开发过程也是一个利益博弈的过程，必须创造一种对弈各方共赢的合约安排才能使开发顺利和成功。政府在这种博弈中显然处于主导的地位，可以通过另辟一块住宅地来置换"城中村"的地产；可以通过放宽房地产商在改造"城中村"中建筑高度的限制和减免开发中的部分附加费用，使房地产商有能力以新建住宅的期权来置换"城中村"在一个规定时点的现有住房；还可以通过将"村民"现有村落住宅的使用证变更为城市住宅产权证，使"村民"获得新房产的完整产权，从此可以出售和抵押房产，以此来换取"村民"在住宅拆迁补偿价格上的让步。为了防止因"城中村"的改造带来房屋过量供给和房地产市场的波动，改造显然不宜大规模地进行，而要有步骤、分阶段地进行，不能奢望在短期内完成。城市建设应是百年大计，切忌在"几年大变"的冲动下一哄而起。不过，对规划中必须改造的"城中村"，要立即确定和公布改造范围以及房屋改造补偿的建筑时点，因为在我们调查时，有些改造中必然要推倒的"过密化"建筑还在进行新的翻建，这会进一步增加改造的成本。

过去多数对村落城市化的研究，都把问题的焦点放在户籍制度的改革上，以为户籍制度的彻底改革，会使城市化进程一路凯歌。然而我们从"城中村"村落终结的过程中看到，户籍制度在这里几乎已经不再发生作用，但村落的城市化并没有因此而完成，村落的终结还要经历一个艰难的产权重新界定的过程和社会关系网络的重组过程。广州"城中村"的情况，或许有其许多超阶段发展的特殊性，但它预示的村落终结过程中的各种冲突是有普遍意义的。

一个由亲缘、地缘、宗族、民间信仰、乡规民约等深层社会网络联结的村落乡土社会，其终结问题不是非农化和工业化就能解决的。村落终结过程中的裂变和新生，也并不是轻松欢快的旅行，它不仅充满利益的摩擦和文化的碰撞，而且伴随着巨变的失落和超越的艰难。

参考文献

奥尔森（M. Olson），1996，《集体行动的逻辑》，陈郁等译，上海三联书店。

曹锦清，2000，《黄河边的中国：一个学者对乡村社会的观察与思考》，上海文艺出
    版社。

调查村文件，1988/1995，《若干个"村合作经济股份制章程"》。

杜赞奇（P. Duara），1994，《文化、权力与国家：1900—1942 年的华北农村》，王福明译，江苏人民出版社。

费孝通，1985，《乡土中国》，生活·读书·新知三联书店。

广州天河区委文件，1994，《关于进一步完善农村股份合作制的若干规定》。

广州天河区委文件，2001，《关于农村股份合作经济组织的基本规定》。

郭于华，1994，《农村现代化过程中的传统亲缘关系》，《社会学研究》第 6 期。

黄平主编，1997，《寻求生存：当代中国农村外出人口的社会学研究》，云南人民出版社。

黄宗智，2000，《长江三角洲小农家庭与乡村发展》，中华书局。

吉尔兹（C. Geertz），1999，《地方性知识》，王海龙、张家译，中央编译出版社。

记者评述，2000，《在城市的夹缝中裂变》，《南方都市报》9 月 6 日。

柯兰君、李汉林主编，2001，《都市里的村民：中国大城市的流动人口》，中央编译出版社。

科斯等（R. Coase et al.），1994，《财产权利与制度变迁》，胡庄君等译，上海三联书店。

李汉林，1993，《中国单位现象与城市社区的整合机制》，《社会学研究》第 5 期。

李汉林等，1988，《寻求新的协调：中国城市发展的社会学分析》，测绘出版社。

李培林，1996，《流动民工社会网络和社会地位》，《社会学研究》第 4 期。

李培林、王春光，1993，《新社会结构的生长点：乡镇企业社会交换论》，山东人民出版社。

李培林、张翼，2000，《国有企业社会成本分析》，社会科学文献出版社，第 17～41 页。

李培林等，1992，《转型中的中国企业：国有企业组织创新论》，山东人民出版社。

刘梦琴，2001，《石牌流动人口聚居区研究：兼与北京"浙江村"比较》，载柯兰君、李汉林主编《都市里的村民：中国大城市的流动人口》，中央编译出版社。

刘沛林，1998，《古村落：和谐的人居空间》，上海三联书店。

陆学艺主编，2001，《内发的村庄》，社会科学文献出版社。

路风，1989，《单位：一种特殊的社会组织形式》，《中国社会科学》第 1 期。

麻国庆，1999，《家与中国社会结构》，文物出版社。

马中柱，2000，《改造"城中村"是建设现代化城市的需要》，《广东精神文明通讯》第 87～88 期专刊。

孟德拉斯，1991，《农民的终结》，李培林译，中国社会科学出版社，第 1～6 页。

市长专访，2000，《按照规划量力而行改造城中村》，《南方都市报》9 月 6 日。

唐灿、冯小双，2000，《"河南村"流动农民的分化》，《社会学研究》第 4 期。

"外来农民工"课题组，1995，《珠江三角洲外来农民工状况》，《中国社会科学》第

4 期。

王春光，1995，《社会流动与社会重组：京城"浙江村"研究》，浙江人民出版社。

王汉生等，1997，《"浙江村"：中国农民进入城市的一种特殊方式》，《社会学研究》
第 1 期。

王沪宁，1991，《当代中国村落家族文化》，上海人民出版社。

王铭铭，1997，《村落视野中的文化与权力：闽南三村调查》，生活·读书·新知三联
书店。

王晓毅，1993，《血缘与地缘》，浙江人民出版社。

王颖，1996，《新集体主义：乡村社会再组织》，经济管理出版社。

魏安雄，2000，《聚焦"城中村"》，《文明导报》第 10 期。

项飙，1998，《社区何为：对北京流动人口聚居地的研究》，《社会学研究》第 6 期。

张继焦，1999，《市场化中的非正式制度》，文物出版社。

张乐天，1998，《告别理想：人民公社制度研究》，东方出版中心。

张五常，2000，《佃农理论：应用于亚洲的农业和台湾的土地改革》，商务印书馆。

折晓叶，1997，《村庄的再造：一个超级村庄的社会变迁》，中国社会科学出版社。

郑毅等，2000，《广州改造"城中村"目标确定》，《南方都市报》9 月 6 日。

周大鸣，2001，《城乡结合部社区的研究：广州南景村 50 年的变迁》，《社会学研究》
第 4 期。

周荣德（Y-T. Chow），2000，《中国社会的阶层与流动：一个社区中士绅身份的研究》，
学林出版社。

Chayanov, A. V. , 1986, *The Theory of Peasant Economy*, Madison：University of Wiscon-
sin Press.

Geertz, C. , 1973, *The Interpretation of Cultures*, New York：Basic Books.

Polanyi, K. , 1958, *The Great Transformation*, Boston：Beacon Press.

Popkin, S. , 1979, *The Rational Peasant：The Political Economy of rural Society in Vietnam*,
Berkeley：University of California Press.

Schultz, 1964, T. W. , *Transforming Traditional Agriculture*, New Haven, conn. ：Yale U-
niversity Press.

Scott, J. C. , 2001, *The Moral Economy of the Peasant：Rebellion and Subsistence in the
South-east Asia*, New Haven, Conn. ：Yale University Press.

Walder, A. G. , 1986, *Communist Neo-Traditionalism：Work and Authority in Chinese Indus-
try*, Berkeley：University of California Press.

2001：中国社会学前沿报告[*]

本刊编辑部[**]

　　21 世纪第一年，在世界经济增长速度普遍放缓的情况下，中国却一枝独秀，仍然保持了超过 7% 的高增长率，吸引外资总额、外汇储备额、人均国民收入均创历史新高。加入世界贸易组织，申办奥运成功，足球冲出亚洲，好戏连台。香港《亚洲周刊》认为，这是 100 多年来中国历史的重大转折：中国的综合国力上升至新高点，中国人的自豪感也上升至新高点。"全球约 14 亿中国人，正以无可争议的姿态，成为 2001 年的'风云人物'。"（邱立本等，2001）

　　社会学研究，一向与国家和人民的命运息息相通，对社会的发展和进步极为关注。2001 年的学术研究，虽然未必能说发生了"重大转折"，但可以说取得了一些重要进展，在某些方面也许是具有标志意义的"转折"。概括地说，"重要进展"或"转折"主要表现在以下几个方面。

　　1. 研究力量开始向若干重点领域相对集中

　　中国社会学虽然已经恢复重建 22 年了，但对于一个学科来说，这段时间并不算长。特别是改革开放中出现的大量社会热点难点问题、学科自身建设所必须铺开的大量分支学科领域，以及学者个人希望寻找更适合自己的可以自由驰骋的学术空间的主观愿望，使得以往的学术研究布局处于不断发散、不断展开的过程，以致在相当一些分支学科和研究领域，形不成学术对话的氛围，不具备相互讨论的基本条件，各自为战、自说自话的情况比较严重，更谈不上集中力量解决一些重大的理论和实践问题了。间或，也会有少数热点问题同时吸引一些社会学学者参与研究，例如，20 世

---

　　* 原文发表于《社会学研究》2002 年第 2 期。
　　** 本文统稿人：景天魁、罗红光；执笔人：张宛丽、张志敏、谭深、罗琳、杨团、陈光金、罗红光、景天魁。

纪 80 年代后期 "农工潮" 乍起，引起了敏感的社会学者的极大兴趣，一时间，仅在北京就成立了至少七八个课题组，不少单位的精兵强将都卷入进来，形成了一个研究的 "热潮"。但没过多久，"民工潮" 没有落，"研究潮" 却先行冷落了。潮过之后，宛如海滩上留下了一些闪光的贝壳———一些质量尚可的研究报告，但对学科建设具有长远积累价值的 "建筑物" 却并不多见。当然，这里并不是要评论那时的研究成果，而主要是评论当时的研究布局———一种学科研究的状态。

2001 年，又出现了新的研究热潮，社会分层问题就是一大亮点。但这次的状况与过去有所不同。比较而言，这一次的研究重点更为明确，力量相对集中，并且已经形成了学术讨论的氛围。年初，中国人民大学社会学理论与方法研究中心以 "社会结构和社会公平" 为主题召开了讨论会，年末又召开了社会转型问题讨论会，重要话题就集中在社会分层问题上。中国社会科学院社会学研究所 "当代中国社会结构变迁研究" 课题组，就分层问题进行了 3 年的调查研究，也开始推出一批成果。北京市社会科学院和一些高校的社会学者也在长期关注社会分层问题。对社会转型、社会流动和社会资源分配的长期理论研究为这次关于分层问题的研究热潮奠定了对话基础。如此，研究有望持续下去，并可期待可观的学术积累。

社区研究是另一个重点。这一方面是改革开放以来国家与社会关系调整和经济体制改革深化的需要；另一方面，作为社会学长期关注的一个领域，社区研究最近也受到了来自经济、社会、文化等方面的促进和推动，这使社区研究既是一个综合性很强的学术领域，也是一个应用性很强的实践领域。与此相联系，社会政策、宗教和文化、非营利组织以及其他几个研究领域，也在进行学术力量的积聚和学术成果的积累，已经或正在成为研究的重点。

2. 社会公正正在成为主导性学科意识

在研究收入分配不公和社会分层问题的过程中，在对下岗失业、弱势群体、弱能群体的关注中，在对城乡贫困人口和扶贫解困问题的研究中，社会学者的社会公正意识逐渐增强，并且已经体现在对各种社会问题的研究中，表现出社会学者的一种责任意识和学科意识。

曾经有一种说法，在效率和公平二者之中，经济学更关心效率问题，社会学更关心公平问题，这种说法当然不够准确。但由于社会学确实一向以达成社会秩序、社会协调和社会整合为重要的目标取向，所以，增强社会公正意识，也就是增强了这个学科的责任意识。

社会公正，不同于以财富和权力的均等程度来衡量的"平等"，也不同于与效率相对而言的机会"公平"和结果"公平"。社会公正是一个社会的最高理念，是得到广泛认同的价值基础，赖于这个基础，社会才能建立起良好的秩序，追求不同利益的个人才能遵循共同的行为准则，人们才能区分善恶并对惩恶扬善抱有肯定性的期待。如果没有对贫弱者的同情、对腐恶者的憎恨，至少上述那些领域的社会学研究是搞不好的，因为社会学从本质上说，不是关于"恶"的规律的学问，而是科学理性和价值关怀高度统一的学问。

3. 全球化正在成为重要的研究视角

美国"9·11"事件后世界格局的剧烈变化，中国加入 WTO 对世界和中国自身的影响，欧元发行对欧洲以及世界经济带来的冲击，日本经济衰退、阿根廷金融危机以及全球经济低迷……总之，今日的全球化过程，迫使社会学不论是研究城乡结构、阶层结构、家庭结构、交往结构，还是研究各种各样的热点问题，都不得不引入全球化的视角；否则，对当今社会问题就很难做出令人满意的解释。

全球化视角不仅会影响社会学者观察问题的广度和深度，也会影响学术研究的组织方式、交流途径以及对话范围。为了适应这个挑战，社会学界以积极的姿态做出了相应的努力。2003 年我国承办第 36 届世界社会学机构大会（IIS）就是一项重要的举措。作为中国社会学史上空前规模的盛会，它的主题就是"全球化背景下的社会变迁"。在此题目下，世界各国的社会学家将围绕诸如现代性条件下信息和知识、组织和制度的不确定性、风险和信任、社会老龄化、社会福利及社会救助、社会公正和社会伦理、公民社会及社会治理、贫困和发展、消费主义、恐怖主义、文化多元主义以及生态环境等问题，展开内容丰富、形式多样的对话，同时也给中国学者提供一个向世界展示自己和自己的学术团体、分享世界社会学界最新研究成果的难得良机。

围绕以上三个方面，我们从 2001 年中国社会学学科的众多新进展中，选择 10 大方面做具体的评述。

一　社会分配与社会分层研究

"谁得到了什么？是怎样得到的？"这一社会分层研究的经典问题，在进入 21 世纪的今天，特别是在处于向现代化社会结构转型阶段的中国社会，又被研究者们视为一个研究热点，并在 2001 年成为全社会关注的焦点。之所以如此，一是社会利益分配格局的结构性变化，使得原计划体制下的优势群体（如原国有企业的工人）的社会地位急剧下降，其中相当一部分人面临下岗、转岗、失业、收入下降以至贫困问题；二是出现了一个边界模糊、但雏形已现的"新"中间阶层，他们开始以其具有的市场竞争优势，在新的社会分配格局中分得了一块令社会下层群体羡慕的"蛋糕"；三是在 20 世纪 80 年代那一轮改革中出现的"贫富差距"日益扩大，并有愈演愈烈的趋势，"贫富悬殊"已成为现阶段社会分化的一个结构性现象；四是在改革初期阶段社会各阶层均不同程度地向上流动并获益，而至今天，有些阶层则不同程度地向下流动，且社会地位和机会结构开始出现一定的刚性；五是随着中国加入世界贸易组织及随之而来的全球化影响的加剧，国内现阶段的分化必将持续和加剧。

研究者们关注并研究的问题集中在两个方面：贫富分化与社会分配不公、"中间阶层"的崛起与社会分层。

1. 现阶段的贫富分化与社会分配不公

收入差距扩大、社会分配不公及贫富悬殊，成为近年来日益令人瞩目的社会分配问题。从 90 年代中期以来，贫富分化已达到相当严重的程度。国内外相关研究领域的研究者对此已形成了共识（葛延风，2001；郑杭生，2001a；李强，2001；李培林，2001b；等）。研究者们认为其具体表现和特点有以下三个方面。

一是居民收入差距的扩大非常迅速。据世界银行估计，1980 年，中国居民收入的基尼系数为 0.33；到 1988 年，城乡合计的基尼系数上升至 0.382；进入 90 年代后一路飙升，目前，基尼系数已上升到 0.458。按照国际上的通行看法，基尼系数超过 0.4 就属非常不平等，而目前 0.458 的基尼系数仍可能低估了中国当前的实际差距水平，例如：一些高收入群体的实际收入因无法了解而低估；一些低收入群体的收入则被统计高估；相当一部分农村居民的收入本已很低，在扣除生产性投入后，真正可供消费的收入更低。收入差距扩大已呈现为富人越来越富，贫困者越来越贫困的贫富悬殊态势。每年都有相当一部分家庭的收入出现负增长，且主要集中于低收入家庭。据国家统计局的相关调查，1999年，20%低收入户的减收入幅度均在70%以上，个别城市则高达93%（葛延风，2001）。更为严重的是当前我国在个人收入分配方面已经出现了一个"超高收入层"，集中表现为特权收入和违法收入的膨胀（郑杭生，2001a）。

二是城乡、地区、行业及部门间差距继续扩大。从1979年到1985年，城乡居民收入差距为1.72∶1，1995年为2.47∶1，1998年达到2.54∶1，1999年上升为2.65∶1；而亚洲各国一般在1.5~2.0倍。如果再加上城市居民享有而农村居民不能享有的住房、医疗、物价等补贴和各种社会保险，城市居民的实际收入比农村居民的收入至少要高出4倍（张理海等，2001）。农村居民的人均年收入水平还不及城市居民中5%困难户的人均收入水平：农村居民中，人均收入在1000元以下的占12%左右，与城镇居民10%最高收入户的人均收入相比，其比例为1∶12（陆益龙，2001）。中国现阶段的城乡差距在世界上也是最大的。据国际劳工组织发表的1995年36个国家的资料，绝大多数国家的城乡人均收入比都小于1.6，只有30个国家超过了2，中国是其中之一（D. Gale Johnson，2001），而且还有进一步扩大之势。地区差距继续扩大，主要表现为东部收入高于西部；东部地区的南北差距明显扩大（张理海等，2001）。

三是已经形成了贫富阶层的明显分化。从城市居民的情况看，国家统计局2000年对4万个城镇居民家庭收入情况的调查显示，占总调查量20%的高收入户收入占到总收入的42.5%，20%低收入户收入仅占总收入的6.5%。农村也与城市相似，20%的高收入人口拥有40%以上的全部纯收入。富有阶层和贫困阶层之间的实际生活状况反差极为强烈：一方面，一些人生活奢华，甚至糜烂；另一方面，在农村至少仍有5000万以上的人尚未解决温饱问题，城镇人均月收入和支出不足100元的家庭占家庭样本数的比例超过6%（葛延风，2001）。

如何认识现阶段社会的分配不公与贫富分化？有学者认为，贫富分化的关键不在于特别富的人有多富和特别穷的人有多穷，而在于二者的差距有多大。以比较最富与最穷的20%或10%的"不良指数"法推算，并将城镇人口的实际身份收入因素、社会保障因素、某些腐败因素造成的不法收入等估计在内，可以认为1998年前后的实际不良指数处于7.5～9.0，目前是在9.5左右，超过10的可能性不大。因此，中国目前的实际贫富差距，特别是乡村内部和城镇内部的贫富差距与国际相比，还处于中等程度，仍然处于可容忍的范围；但已经接近或达到警戒线，需要加以特别注意（朱光磊，2001）。

关于目前贫富分化的原因，研究者们所达成的共识是：（1）由市场竞争形成的收入差距，特别是初次分配领域的差距是市场化的必然结果；（2）我国历史和传统体制形成的不平衡的经济基础和发展水平，使得竞争存在明显的初始条件差异，并进而导致在资源占有和发展机会上，无论个体还是群体（包括地区、城乡、部门、行业等）在竞争起点上就已存在差距，即竞争起点的不平等；（3）不公平竞争、非法和腐败因素也加剧了社会分配的不平等（葛延风，2001；郑杭生，2001a；李强，2001；陆学艺等，2001；等等）。

此外，还有研究者指出，政府的"再分配"能力不足，难以对分配差距形成有效调节也是一个重要原因。如对高收入调节不利，缺乏对收入监控的基本能力，税收及征收、处罚手段无力，致使高收入群体"逃税""避税"现象极为普遍；一些税收政策不是在缩小差距，而是在扩大差距，如农民承担的税赋种类、数量等明显多于城市居民；对低收入阶层缺乏有效保护，对扶贫、基本生活保障、就业援助、最低工资保护等制度投入不足，管理和执行过程存在不少问题，致使相当多贫困者难以获得有效援助；在诸如住房、医疗等"再分配"中存在"逆向调节"，等等（葛延风，2001）。另有意见认为，现阶段出现的社会分配不公问题，与支撑现阶段耐用消费品的需求模式的社会结构和制度体系不配套有关（孙立平，2001b）。在分析当前中国社会城乡之间收入和消费形成的巨大差距时，乔森认为，除了随着经济的发展，农业在国民生产总值和就业中的比例必将下降的趋势外，还有一些具体的社会因素不可忽视，例如：户籍制等限制移民，促使了城乡差距的产生；农民接受的低水平教育，对他们的生产率、移民到城市后的适应能力及教育回报率产生不利影响；城乡获得信贷和投资的巨大差别、不平衡及扭曲；乡镇企业在布局、规模、资产及竞争力上存在的问题，使其不能发挥调节城乡差距的功能；等等（D. Gale

Johnson，2001）。

在中国人民大学社会学理论与方法研究中心举行的"社会结构与社会公平学术研讨会"上，就"社会公平"的政策选择问题有几种建议：（1）应注意到从日常生活世界出发来评价社会公平（刘少杰，2001a）；（2）要充分注意到贫富差距对国民心态，尤其是对社会公正的影响，依靠法律和制度建立正常的社会分配秩序（李培林，2001b）；（3）要充分注意到弱势群体，特别是在西部开发中的少数民族群体的利益保护（庄孔韶，2001）；（4）应切实解决政策制定过程中的"受益人缺席"及其利益保护问题（王建民，2001）；（5）政府应把保障最低收入、保护合法收入、调节过高收入、取缔不合理收入落实到位（丁宁宁，2001）。

伴随着社会结构变迁，社会利益分配格局也必然发生变化，在此，"社会公正"始终是一把尺子，即相对于"谁得到了什么""谁得到了多少"而言，"怎样得到的"这个问题才是衡量社会转型过程中社会分配是否公平的一个基本准则。在社会资源、地位机会的获得及分配结果上，有无权力及是否平等，比"得到了多少"在现阶段可能显得更为首要和重要。因此，社会分配中的权力问题（如工人群体的利益表达"缺席"、传统农民群体遇到的"边缘化"挤压等）、绝对占有与"相对剥夺"的关系问题（如收入的合法性、合理性等）、分配制度与行为选择的关系问题（如"既得利益"群体的自我保护，"地方行为"中的"势力"行为取向与制度建设、运作的关系）等，可能是值得进一步深入探讨的问题。

2. "中间阶层"的崛起与社会分层

自改革开放以来，特别是90年代以来推进的一系列体制改革，促进了中国社会结构向着社会主义市场经济的方向演进。产业结构开始发生变化——第三产业的比重开始上升；社会分工的职业专业化程度开始增强，一大批新型的现代性职业开始出现，如"办公室白领""私人律师""注册会计师""柜台收银员"等；其结果是引起了社会阶层结构的分化与重组，出现了一些新的"准阶层"：正在分化演变中，尚未完全定型的社会利益群体，比如"白领阶层"。对于这样一批已为社会瞩目并产生了相当影响，而其在社会结构中的社会身份及社会功能尚不明晰的群体的定位是研究者们关注的焦点。他们是谁？他们与原"中产阶级"是什么关系？与西方现代化社会中的"中产阶层"有无不同？将对中国社会产生什么样的影响？等等。已有一些研究在试图回答这些问题。陆学艺主持的中国社会科学院社会学研究所"中国社会结构变迁"课题组的初步研究结果显示，他们是现阶段以至未来相当长的时期中，中国现代化社会结构中的"中间阶层"。调查发现，公众是将"白领"及"高收入"、"高消费"、"高学历"与中间阶层联系在一起的。他们大多已知道"中产阶级"的称呼，但对"白领"这一叫法更熟悉些。公众一般认为现阶段的"中产阶级"或说"白领"包括这样几类人：（1）应聘于外企、三资企业的各级、各类"白领"（主要指办公室文秘、技术工人等）；（2）具有中高级职称的教师、工程师及各类市场稀缺的高级专业技术人才；（3）国有大企业及垄断行业的"老板"；（4）传媒界、演艺界、体育界的明星、"大腕儿"。这几类人从事的职业，其教育及科技含量较高，以脑力劳动为主，拥有较高薪水、私家轿车、私产房、较高质量的家庭生活，可以较阔绰地安排好自己的业余休闲生活，引领社会时尚潮流（包括职业、工作方式、消费及生活方式、交往方式等）。现阶段中国社会的中间阶层是指以从事脑力劳动为主，靠工资及薪金谋生，具有谋取一份较高收入、较好工作环境及条件的职业的就业能力，有相应的家庭消费能力，并具有一定的闲暇生活质量，具有公民、公德意识及相应修养的社会地位分层群体（张宛丽，2001）。

课题组的研究者认为，改革开放以来，中国社会阶层结构正在向与现代经济结构相适应的现代社会阶层结构方向转变。他们提出了以职业分类为基础，以组织资源、经济资源、文化资源占有状况为划分社会阶层的标准，并据此将当今中国社会群体划分为 10 个阶层：国家与管理者阶层（在社会阶层结构中约占 2.1%），经理人员阶层（约占 1.5%），私营企业主阶层（约占 0.6%），专业技术人员阶层（约占 5.1%），办事人员阶层（约占 4.8%），个体工商户阶层（约占 4.2%），商业服务业员工阶层（约占 12%），产业工人阶层（约占 22.6%），农业劳动者阶层（约占 44%），城乡无业、失业、半失业者阶层（约占 3.1%）；他们被分别划归为：社会上层（高层领导干部、大企业经理人员、高级专业人员及大私营企业主）、中上层（中低层领导干部、大企业中层管理人员、中小企业经理人员、中级专业技术人员及中等企业主）、中中层（初级专业技术人员、小企业主、办事人员、个体工商户）、中下层（个体劳动者、一般商业服务业人员、工人、农民）、底层（生活处于贫困状态并缺乏就业保障的工人、农民和无业、失业、半失业者）。

在一项关于上海社会结构与社会分层的研究中，研究者以"职业地位"作为社会分层的标准，在实证资料及相关统计分析的基础上，认为现阶段上海存在界限分明的 5 大社会阶层：上上阶层，以领导干部为主，包括私人企业主、外商代理人在内的职业群体；中上阶层，以办事人员或职员为主的职业群体；中间阶层，以各类专业技术人员为主的职业群体；中下阶层，以商业从业人员为主的职业群体；下下阶层，以工人、农民、居民生活服务业人员为主的职业群体。基本上是"金字塔"形结构，其最上层是"权力 + 财富阶层"，最下层是无权无财的"普通大众"。被调查者认同自己家庭属于上上层的占被调查者的 0.5%，中上阶层的占 5.6%，中间阶层的占 52.7%，中下阶层的占 35.8%，下下阶层的占 5.4%。大部分调查对象都把自己的家庭看作中间或中间偏下的阶层。研究者并不以为现在的办事员或职员、专业技术人员等职业群体自然地就是中间阶级或中产阶级；他们认为，在市场经济条件下，组织对个人的控制、个人对组织的依附虽在弱化，但个人对组织权力的追求和崇拜却在强化。因此，那些本应成为中产阶级主干的"经济精英""知识精英"，仍会对当官趋之若鹜，仍是附在某张"皮"上，很难独立生成为中产阶级。或许中国会产生大量的中产阶级职业，但不一定会形成一个独立的中产阶级——一个具有"有效支付能力"的社会阶层（仇立平，2001）。

另有研究者指出，直观地看，中产阶级或中间阶级是指生活水平、财产地位处于中等层次的社会群体，其与社会上层阶级和下层阶级之间并没有一条泾渭分明的界限。从世界近代史看，中产阶级曾发生过重大的结构变迁，有所谓"旧中产阶级"与"新中产阶级"的区分。旧中产阶级是指由小企业主、小店主等小资产者构成的社会中间层。20 世纪初以来，新中产阶级——从事管理、专业技术、商业、办公室工作的白领阶层，逐渐占据了中产阶级的主体地位，构成发达国家社会结构的最主要群体，起到了缓解社会上层与下层的对立和冲突的作用。在中国，中间阶级的演变有三个特点：（1）改革以前的旧中产阶级是由类似白领的干部、知识分子、国有企业职工构成的；而新中产阶层是由独立经营者构成的；（2）新、老中产阶级的更替是迅速发生的，因此老中间阶级是由一个 40~50 岁的同龄群体构成的；新中间阶级则是由一个 30 岁上下的年轻群体构成的；（3）传统中间阶级的衰落是整体性的——呈现为某一个巨大的"同质"社会群体，即人群比较集中的、主要是由国有企业职工组成的群体的衰落。由此，我国传统中间阶层地位下降所可能引发的社会后果会更为严峻（李强，2001）。

研究者发现，构成现阶段中间阶层的职业群体的教育回报率较其他职业群体要高，这与发达国家的现代化社会分层中的特定现象相似（陆学艺等，2001：29~30）。有研究者以历史事件方法，探讨了在我国体制改革的不同时期，不同类型的教育文凭资格与人们流入中高级白领职业阶层的关系，认为进入中高级白领职业阶层的教育标准，在改革过程中，经历了由中等职业技术教育向高等职业技术教育再向正规高等教育逐步强化的过程（刘精明，2001）。

另有研究者注意到"阶层意识"与揭示一个特定社会的社会阶层结构的认识关系，认为对中国社会做阶层分析时，学者们常常不顾研究对象的价值取向，套用对西方社会适用的分层"标准"，为中国社会成员贴上分类标签。然而，阶层地位的基础是多元的，任何社会资源的不平等分配，都可以表现为阶层差异；而社会资源之有价性的程度是同一定社会的制度安排和价值观念相联系的。人们观念中阶层划分的标准体现着一个社会对不同资源重要性程度的评价。在进行阶层分析时，若将这些评价同那些客观分层指标结合起来，则会更准确地揭示一个社会的阶层结构。基于这一认识，有研究者提出了"阶层意识的相对剥夺论命题"，认为分层机制的变化，必然是一部分人在社会经济地位或生活机遇上处于相对剥夺状态，即丧失传统体制下的既得利益或者未获得充分的改革新收益；而当人们处于相对剥夺地位时，无论其占据的客观分层地位是高还是低，都会倾向于做出社会不平等的判断（刘欣，2001）。

二　私营企业主群体研究

2001年，中国私营企业主群体研究显得十分活跃。许多来自不同学科、有着不同思想背景的学者以及实际工作者，从不同的视角积极参与这一领域的研究。究其原因主要是这个社会群体的发展向人们展示了其巨大的活力与影响力，这既使一些人受到鼓舞，又使另一些人感到其原有的信念受到严峻挑战。不过，多数研究者已形成一个共识：个体私营经济的发展是中国国民经济的新增长点，中国各地区之间的经济社会发展的差异，已经在很大程度上表现为个体私营经济发展水平的差异（陈光金，2001）。但除此之外，人们的看法就不尽一致了。

讨论的焦点主要有以下三个方面：（1）私营企业主群体的社会属性；（2）资本"收入"的社会属性（即是否剥削）；（3）私营企业主能否加入中国共产党，或者说，应当赋予私营企业主什么样的政治地位。相关的另一个重要理论焦点是如何理解和重新认识马克思的劳动价值论，尽管这主要是一个政治经济学的问题，但由于它涉及上述三个焦点问题的解决，所以，研究者们一般都绕不开它，几乎都要就它表明自己的理论取向。

一种观点认为，中国的私营企业主群体已经形成一个大的利益集团，实际上就是中国新生的资产阶级，他们利用资本剥削雇工雇员的剩余劳动，因此也是与雇工阶级对立的剥削阶级。与此相反，一些研究者不认为私营企业主群体是新生的资产阶级，也不认为他们的资本收入是剥削。其中一部分人认为，劳动价值论已经过时，他们从要素价值论出发，认为雇工的劳动、企业主的经营管理劳动和资本、作为企业家的能力等，都是生产要素，都有权利参与分配，雇工得到工资，私营企业主得到经营管理收入与企业家风险收入，资本得到利润（当然也归私营企业主所有），这是一种合理的收入分配方式。另一部分人认为，劳动价值论没有过时，但应当加以发展，要承认私营企业主的经营管理劳动也是劳动，他们的资本则是他们过去的劳动收入的积累和凝结，同样具有劳动的品性，并且所有这些劳动都创造价值，都有权利参与收入分配（晏志杰，2001；钱津，2001）。

中共中央党校王珏认为劳动价值论"既是革命的理论，也是建设的理论"，因此对它既要加以坚持，又要加以发展。由此出发，他认为，要解决上述若干焦点问题，尤其是私营企业中是否存在剥削的问题，一个重要的参照点是，在私营企业中，劳动者（主要是雇工）的劳动是否也被承认为一种资本，他们对私营企业的劳动投入是否也被视为一种资本投入。他提供的答案是肯定的，据此，他认为，雇工得到的工资和各种社会保障，不过是对他们投入的劳动这种特殊资本的一种偿还，好比企业主从银行获得的贷款是需要偿还的一样。如果他们仅仅得到工资收入，而没有参与企业利润（即剩余价值）的分配，没有获得适当的利润份额，就好像银行贷款没有得到利息或企业家的资本没有获得利润一样，是不合理的，因而在这种情况下就存在剥削，反之，就不存在剥削（王珏，2001）。

戴建中和张厚义都是长期从事私营企业主群体研究的社会学者，他们也对上述焦点问题做出了自己的回答。戴建中根据全国工商联等部门和机构先后四次进行的全国私营企业抽样调查的实证研究资料，全面考察了私营企业主在当代中国社会－经济结构中的地位，他们与其他社会阶层的关系，他们的内部管理，以及他们所拥有的文化资本、社会资本与组织资本。他的基本结论是：首先，私营企业主今天的成功，不是当年理性计算的结果，而是在历史潮流中应运而生、顺时而动的结果；其次，私营企业中存在巨大的税收漏洞，私营企业中的雇工则处于很虚弱的境地；最后，他们已经形成一个独立的社会阶级，但由于内部的巨大差异和光怪陆离的复杂性，尚未形成任何政治组织，不过，他断言，"中国私营企业主最终是会形成一个完整的阶级的"（戴建中，2001）。

张厚义阐述了他对这个群体的系统认识。根据他的判断，中国私营企业主群体已经成为一个相对独立的社会阶层，其由以形成的机制或途径，主要是私人收入资本化、公有企业私营化和人力资本企业化。作为一个相对独立的社会阶层，私营企业主群体的主要特征是：生产资料私人所有；企业内部通过劳动力的买卖间接实现劳动力与生产资料的结合；企业的所有权、经营权和管理权基本集中在主要投资人手中；私营企业纯利润的来源与归属不完全一致；阶层意识在逐渐产生；尚未产生统一而自觉的政治要求。张厚义认为，要判断私营企业主是否剥削，是否成为一个新生的剥削者阶级，在今天的时代背景下，主要看他们的资本来源是什么以及他们的资本收入是如何被使用的。根据他的研究，现阶段中国私营企业主不是资产阶级，也不是剥削者，因为他们的出身以及他们的资本来源表明，他们与传统的民族资产阶级有着质的不同；他们收入来源的主体是劳动收入，尽管他们也凭借其财产权利占有他人的剩余劳动，但这种剥削收入不是他们的主要收入来源，况且他们通常把其收入的70%以上重新投入扩大再生产，因此，从他们的管理劳动和社会贡献看，他们是社会主义现代化事业的建设者。当然，在他们当中，也存在一些这样那样的问题，因此，国家应当因势利导，兴利抑弊，引导这个阶层健康成长（张厚义，2001）。

总的来说，2001 年的私营企业主群体研究，在观念上有较大的突破，有助于澄清一些重要的问题。但是，客观地说，所涉及的许多重大理论问题并未完全得到解决，劳动价值论与要素论的冲突仍然存在，剥削问题仍然牵动着许多理论工作者的心弦，私营企业中存在的劳资关系问题也还没有得到深入的研究和考察，因此争论还会继续存在。在方法上，许多研究还是从理论到理论、从概念到概念的演绎，或者仅仅根据一些感觉或猜测进行判断，良好的有较高效度与信度的实证研究尚不多见。

三　社区研究

近年来，学术界对社区研究的热情越来越高，正如沈关宝（2001）所指出的：我国目前的社区研究与国际上再度强调社区问题这一背景相联系，是在全球范围内的"第二次对社区的关注"。这一关注显现的特点，就是多学科的合作，众多学科关注一个社会群体、一个社会基本单位来进行研究。无论是社区研究、市民社会还是国家与社会之间的关系，以及社会与市场之间的关系，等等，都已为诸多学科所涉猎。社区研究是一个全球性的话题，而多学科的合作研究则是一个全球趋势。

目前在中国，社区研究的特点又与我国特有的社会历史背景相联系。雷洁琼（2001）将这种背景概括为5个方面的变化：第一，企事业单位的职能发生变化，特别是国有企业逐渐改变原来"企业办社会"的运行模式，逐步将其原先承担的社会福利、服务职能外移；第二，随着国有企业改革和经济多元化，无单位人员越来越多，待业、下岗者，个体劳动者和其他在非公有制单位工作的人员同计划经济体制下城市组织的主要形式——企事业单位没有联系，而同街道办事处、居民委员会的关系相对密切；第三，随着农村经济体制改革的深入和城市的开放，大量农民工进城，他们务工经商、从事社会服务，正在愈益深入地进入城市社会；第四，随着现代化的进程，城市家庭小型化、人口老龄化的趋势也愈加明显，城市居民特别是老幼弱疾者的服务和照顾也面临新问题；第五，受经济体制改革的牵引，城市行政管理体制也在发生变化，上级政府不断将社会管理和服务职能下放，而街道办事处、居民委员会承担的社会职能的增加也改变着其自身在城市社会体系中的地位。

在当前的社区研究中，以下几个方面的问题正在凸显出来，成为新的亮点。

1. 社区发展中的组织与管理定位

就城市社区而言，上述变化的发生既与经济体制改革引起原"单位制"式微相关，也与城市原有街道、居民委员会所承担的有限社会职能相关。原先与"单位"并存的居民委员会在法律地位上属于群众自治组织，但是，由于其构成成分主要是社会边缘层，主流社会成员更多的是从属于单位，所以居民委员会在城市社会生活中的影响甚微，而更多的是附属于政府。在改革开放后的社会非单位化境况下，国家既不能通过原"单位"来控制国家管理的微观基础，也无法通过街道、居民委员会来重新整合社会成员。同时，因为市场主体是以经济利益最大化为目标的，所以在社会发展和社会整合方面，它不仅不能完全解决社会发展问题，反而会制造不少社会问题。因此，概括地说，我国的城市社区建设"是在'全能'政府'失效'和'万能'市场'失灵'的背景下发生的，是在国家与社会分离、作为国家与社会联结点的'单位制'解体的基础上出现的，其重要目标之一就是重新进行社会整合和社会再造"（徐勇，2001a）。

由雷洁琼负责的"北京市基层社区组织与社区发展"课题组，经过深入调查研究，在占有大量第一手资料的基础上，提出"我国城市中实行的单位体制－街居体制是主辅关系，即不但在改革之前，就是现在城市运行仍然主要靠单位制运行，但街居体制的作用在加强"（雷洁琼，2001）。该项研究指出，单位体制改革的内容和目标，直接对城市社区构成了挑战；单位原有的社会服务职能的外移、用工制度的改革以及退休职工管理服务责任的外移，都使城市社区组织不得不承担其本身难以承担的压力。城市社区面临着人力不足、资金不足和合法性支持不足的问题。这些压力和困难迫使街道、居委会这类"剩余体制"，沿用单位体制与街居体制的历史关系，对单位体制改革带来的新任务做出反应。这些反应包括：继续向居民所在单位索取资源，即所谓的"逆非单位化"；与居民所在单位责任共担或共建社区；发展街居经济。正是这种反应，使得基层社区在承担更多社会服务职能的同时，也在一定程度上改变着其剩余体制的地位。

社区发展并不只是一个社会服务问题，社区组织的性质和定位问题是其重要方面。针对基层社区组织发展街居经济的问题，孙立平认为："无论是作为一种自治性组织的管理机构，还是作为一种准行政性组织，居民委员会都不应当是一种利益实体"（2001a）。他指出，居委会本身就不应当是一个营利组织，营利活动必然使其职能走样变形。许多地方的居委会，利用社区拥有的资源，从事创收活动，虽然也向居民提供了一些服务，但同时也造成不同程度的扰民和损害社区环境的结果。而"北京市基层社区组织与社区发展"课题组则从基层社区的任务与费用的比较出发，认为应该发展街道经济，但要政企分开（雷洁琼，2001）。显然，这种观点是基于对目前我国基层社区组织的"剩余"性质和它所承担的单位制改革释放责任的考虑。而孙立平的观点则更着眼于社区发展的长远目标。

孙立平认为，社区发展涉及的因素是多方面的，可以将其分为两部分：一部分可称之为"硬件"，即可以在较短时间内通过自觉努力和行动实现其发展的内容，包括必要的物资设备和设施、正式的管理机构以及有意设置的处理社区事务的机制等，这是"社区建设"的任务；另一部分可称之为"软件"，即需要经过相当长的时间，以较为缓慢的速度才能达到的发展目标，如社区的文化与人文环境、人际关系、志愿团体的发展等，这是"社区发育"的任务。近年来我国社区发展中一个值得注意的误区，就是对那些硬件给予了较多的关注，而对社区发展中的软件多少有些忽视（孙立平，2001a；张立荣、李莉，2001）。因此，孙立平（2001a）在文章中重提社区（community）概念中"共同体"的本意，强调其社会性含意，而不是过多地考虑其"区"或"地域"的含义。

毫无疑问，无论从社区概念的本意，还是从社区发展的理想目标来说，基层社区的居民自治问题都将成为学术界关注的一个焦点。由于我国城市基层组织在计划经济体制下发展的历史特殊性，现有社区组织管理的社区行政普遍具有组织结构不合理、管理职能不明确、管理目标设定不科学以及管理制度不健全的缺陷（张立荣、李莉，2001；梁启东，2001）。徐勇（2001a）将行政导向的"上海模式"与自治导向的"沈阳模式"做了比较，指出自治导向的社区建设具有三方面的优势。第一，社区居民自治是一种管理成本较低的体制创新；而行政导向的社区建设虽然有其合理性，但所需条件和付出的成本较高。第二，社区居民自治是社区建设的内在要求，是居民直接根据自身需要推进的发展；而行政体制下的社区管理则往往需求信号不灵，难以及时有效地了解社区成员大量具体、细致的需求。第三，社区居民自治有利于扩大公民有序的政治参与，加强基层民主建设。通过居民自治能为社会成员提供参与与他们日常生活密切相关的公共事务管理的途径，是扩大公民政治参与的重要渠道。当然，行政管理与居民自治并不是截然对立的两极，尽管自治在理论上有着相当多的优点，但在日常的社区管理中完全排除行政的因素是不可能的（孙立平，2001a），应该强调的是社区管理中行政因素的有限性和尽可能创造居民参与管理、监督管理的条件。

2. 社区社会的建构

工业化社会的城市社区，如同社会学家斐迪南·滕尼斯所说的"联组社会"，这是一种人们只是作为高度分化的角色，按照分工原则组织在一起的分裂的群体的联合。

中国社会科学院社会学研究所社会政策研究中心通过对大连市的调查研究发现，这种裂化的联组社会与社区成员个体化和社区消失有关。因为不存在相应的社区互助组织，失业、下岗后的城市人只能回到封闭的家庭，彼此不相往来，社区对他们而言相对消失。在这种状态下，街道办事处、居民委员会因为拥有行政权力资源和经济资源，而成为社区唯一有效率的组织者和资源配置者。中国社区由于不存在以个体成员的自我意志自我发展为社区自组织源泉，所以尽管社区建设有了相当大的进步，依然脱离不了裂化的联组社会的原有躯壳。

大连的经验是将领取最低生活保障金的有劳动能力者组成社区组织，以此促成同一阶层的社区成员在阶层内进行自由的社会交换，包括交换他们的社会关系和文化意识，从而获得了这个阶层内的文化认同和社会网络资本。在这个基础上，他们为社区提供各类公共服务，开始了与社区其他阶层的纵向交换。如果社区的自组织是沿着这样一条先阶层内交换再阶层间交换的路径行进，就可能打破"联组社会"以专业化分工群体之间的交换为基本方式的社会构造模式。

研究的结论是：社区的自组织形态不会自发形成，而它的初始建构可能需要从同一阶层内部个体成员的群体组合开始（杨团、葛道顺，2002）。

3. 社区非营利组织研究

对于非营利组织的概念，学术界和实务界的理解有很大的差别，多数人认同"非营利机构在其经营活动中是不以营利为目的的"，但又担心仅仅以目的来衡量机构的非营利性质不足以规范号称"非营利"机构的行为，需要寻找一种度量的方法，可以结合机构的目的和机构的经营结果来判断机构的非营利性质。这既是理论问题，也是实践中迫切需要解决的问题。目前，在怎么看待非营利组织的非营利性经营方面一直存在两难的选择，有人主张非营利机构可以有一些非营利经营来平衡运营收支，另一种观点则担心非营利经营会损害机构的非营利属性。其实，这种营利性与非营利性的平衡点是需要恰当选择的。它既受到宏观社会福利政策和政府补贴的影响，又受到本社区的区位环境、居住群体、人文历史的中观影响，还受到微观的具体服务项目、服务设施、服务人群的影响。所以，社区经济的经营平衡点不是如同竞争性市场由供求双方的力量对比决定，而是宏观和微观因素在中观层面即社区层面上的一种配置组合，是一个内涵很深的文化现象。这种平衡并非是一个点，而是一个区间块面（杨团、朱又红，2001）。其间，策划者的选择偏好常常起着重要的作用。

关于社区非营利组织的构成范围，研究界有宽窄两种认识。窄派认为只有与政府毫无关系的、由个人自发成立的组织才算非营利组织。宽派根据组织目标与受益者的关系，将公益组织（社区内的基金会、慈善会、救助组织和志愿组织）、互助组织（限定受益人的社区内会员机构，各种文化、健身的兴趣团体，新建小区中的业主委员会等）、服务类中的非营利性经营实体统称为社区非营利组织。在服务类组织中，将政府或街道、居委会参与投资兴办和委托经营的社区服务机构，以资源分配和管理方式是否含有社区合作机制为依据，也归入社区非营利组织一类。宽派认为，这类目前被视为社区事业单位的机构，在一定的条件下，可能转型为社区非营利组织。而这种转型，可能使社区成为中国社会体制变革的发端。

构建资源营运者（主要是社区非营利组织）主体，使其与资源提供者（主要是政府或者政府的派出机构）的目标、功能和运作机制有明确区分，并在两类主体之间建立起机制化的联系方式，是社区组织转型的基本条件。

在这方面，发达国家在公共产品的非政府生产和经销方面的既有形式，如签订合同、授予经营权、经济资助、政府参股、法律保护私人进入、社会志愿服务（郑秉文，1993）可供参考。上海浦东罗山市民会馆提供了以签订合约的形式，将社区公共服务设施委托给社团营运的托管模式。罗山市民会馆脱颖而出，成为代表当地居民公共利益的新的社区主体，进行了民办非企业单位法人的登记注册。这一社会试验开辟了在政府、基金会、街道社区和服务性社团之间进行社区合作的道路，形成了资源营运者与资源提供者之间的社区合作机制，并对作为资源提供者的政府提出了更高的管理要求。政府只有制定一套考核托管机构服务绩效的指标体系，以及明确组织监督和公众监督的方式，才能选择适当的托管机构和决策经营补贴政策（杨团，2001b）。

4. 以社区为载体的社会政策研究

随着中国的产业结构调整、社会转型及非单位化，原来由国家或单位承担的相关社会功能被释放到城市社区，社区的社会功能应急式迅速扩张，从而也展示了社区在整合资源方面的独特功能。各项社会保障项目的具体操作系统越来越广泛地被引入城市社区，社区逐渐成为中国社会保障体系的依托地和运作平台。

未来的中国社区，适应不断发展的社会需求，包括对体制外人口的医疗保障、社区住房保障、社区安全保障、对弱势群体社会地位与权利的保障、对外来人口的保障等，有可能成为在中央政府、地方政府、企业、个人与家庭之外的具有自我构建能力的社会保障制度的又一主体，形成对社会保障主干制度具有重要补充作用的形态各异的社区化社会保障新范式（杨团、葛道顺，2002）。这种范式区别于现行体制的特征，是在现行社会保障制度的总目标和操作目标之下，给予社区根据自身的需要构建补充保障项目和选择操作方式的权力，推动社区自行调集配置各种资源，形成由政府、企业和非营利组织共同参与的社区合作机制，提供社会保障补充项目的供给。

为此，需要重新定位社区的社会角色，重构中国的社会政策体系。

有研究者认为，中国社会福利与社会保障存在结构性失衡（尚晓援，2001）。这是指社区迫切需要的医疗服务、住房保障、弱势群体的保护，以及社区公共设施的使用等具有明显福利特征的内涵都难以纳入现行社会保障体系。其原因是，以现金支付为终极目的、以社会保险为核心的中国社会保障制度架构本身就贬低以非货币的劳务形式提供的福利服务的价值，致使社会福利服务的社区提供与生产长期被忽视。社会福利制度本有广义狭义之分，但是一放入社会保障制度体系，就仅仅成了为特殊群体服务。尽管近年来社区服务的内容已经大大扩展，但在中国，却找不到一个合适的制度框架和政策体系来接纳它和使之继续深化。

解决制度和政策困境的出路在于理论创新。重新界定社会保障与社会福利的概念，将社会福利从社会保障制度体系中分离出来，恢复社会福利这个概念的宽泛性和作为一种关于公正社会的理念（NACW，1999），在此基础上，才能提出中国社会政策的整体性目标和系统设计问题。这将是 21世纪中国社会发展的重大战略问题。

　　总之，以满足社区需求为导向的社会政策变革，将会导致未来中国社会保障制度体系发生哪些变化，哪些功能会得到发展，哪些功能将会被改变，所有可能发生的变化的背景，变化的条件、过程、机制和效果等这些问题，都将是中国社会政策需要研究的课题。

四　村民自治研究

　　20 世纪 80 年代以来，我国农村基层管理体制和治理方式发生了深刻的变化，其中最富有意义的是村民自治的实施及乡村关系的调整。而村民自治及其所引发的诸多问题也就成了政治学和社会学研究的热点。

　　中国自古以来就延续着"王权至于县政"的格局，县是最基层的政权机构，县级层面是国家政权力量与乡村自主性力量的边界。到了清末，国家开始越过原来的边界，向乡村社会介入，清末新政时这种介入往往以"地方自治"的名义展开；后来的民国政权也没有中断过以"地方自治""村治"名义进行的国家介入乡村社会的过程，这就是学术界所说的"国家政权建设"过程（孟令梅、肖立辉，2001）。今天的村民自治也是国家政权建设的一部分。国家政权下沉的目的主要有二：一是将农村社会整合到国家的一体化体系中来；二是从农村汲取现代化所需要的资源（徐勇，2001b）。因此，村民自治不是国家从农村的撤退，也不完全是内生的自下而上的民主力量自觉推动的，而是在人民公社以后，国家政权在乡村的重建。在这个重建的过程中，国家开始有意识地利用、开发乡村社会的传统资源，即逐步恢复乡村"权力的文化网络"（吴理财，2001）。当前的村民自治与民国时期"村治"的共同点在于，政府在整个过程中都处于主导推动者的位置；而且，村级组织都具有行政功能与自治功能：凭借前者，国家基层政权对农村实施有效的行政管理；凭借后者，村级组织维护村民利益，管理村内公共事务和公益事业。也就是说，在村民自治的发展过程中，始终存在着国家和乡村社会两种力量的互动和协调。但是在实践中，如何处理好这两者的关系始终是一个难题（孟令梅、肖立辉，2001；吴理财，2001）。而且问题总是表现为"皇粮国税"的征收与农民的不堪重负。

研究者们认为产生问题的主要原因是以下几方面。

1. 村级组织作为"政权末梢"与其应承当的"社区自治"职能发生冲突

改革后，"行政村"取代"自然村"成了乡村组织的新基础。然而"行政村"并非乡土人际关系自然形成的共同体，而是国家基于管理需要划定的，其社会公共职能薄弱，"国家经纪"的色彩浓厚，它基本上是"国家政权末梢"，其职能用农民的话说就是"要粮要钱要命"，而社区职能很差。但是国家在法律上又不承认它是基层政权，而是将其规定为村民自治组织并由农民供养。这种"给国家办事而国家不养，由村民养活而无益于村"的状态导致村级组织处境尴尬。村干部要么消极不作为，要么趋向于自谋其利，成为既敷衍国家又脱离村民的消极利益阶层（秦晖，2001）。

2. 乡镇政权向"谋利型政权经营者"的转化

乡镇政权是国家在农村建立的最低一级政权组织，如果把国家行政权力到达的领域设定为国家一方，将实行村民自治的农村社区看作社会一方，那么，乡镇政权正处在国家与社会的连接点上。财政制度改革之后，政府间的利益分化，使得乡镇政权与村庄社区的利益分化，乡镇政权成为具有独立利益的集团，它既是国家利益的代理人，又是谋求自身利益的行动者，成为"谋利型政权经营者"（杨善华、苏红，2002）。这种角色的转换，使乡镇政权与下属村落的关系紧张——乡镇政权很自然地将开源的目标指向村集体，也使它与上级政府和国家的关系更趋于实用主义。

3. 国家实行的城市偏向分配政策和制度使农民受到了歧视性的"非国民待遇"，导致了城乡居民之间收入和负担的严重失衡

因此单纯地治理村级组织的乱收费和规范乡镇政府与农民的分配关系都不能彻底解决农民负担问题（刘书明，2001），也无法缓解乡镇政府与农民之间的紧张关系。此外，虽然实行了对农村的税费改革，但这种改革仍有明显的"身份性贡赋"色彩，不能一视同仁地对待城乡居民；而且在"皇粮国税"的征收上也忽略了纳税人的权利－义务统一原则。而纳税问题实质是公民与国家的关系问题，它表面上是个财政概念，实际上是个政治概念。而所有这些问题的解决当取决于政治体制改革的突破（秦晖，

2001)。因此，有学者从国家政权建设的规范性含义出发，认为，国家政权建设还含有这样的一个向度：它必须完成面向公共组织的性质转变，使自己成为提供公共产品、管理公共财物、为公共社会服务的组织。国家政权建设的实质是国家新的政治单位——治理角色和治理关系的制度改变问题。当以此来考量中国的国家政权建设，看它是否呈现、解决了上述基本问题，是否带来了新原则、新规范、新关系和新制度的扩展；是否确立了公民的地位，并将有效地保护他们的权利视为自己的责任（张静，2001)。

总而言之，村民自治实际所面对的是农民与国家、农民与"村"、"村"与国家的关系（其中，农民与国家、"村"与国家的关系又是通过乡来实现的，因此在对村民自治的研究中，乡村关系又是个重点）问题。在现代化的转型时期，这三者又分别对应着国家民主问题、社区民主问题与社区自治问题，而农民与国家关系所对应的国家民主问题又是关键之所在（秦晖，2001)。近年来所进行的村级选举就是试图通过村治（村级民主）促进国家民主，从而理顺上述关系。但是对于它的作用却不能估计过高。因为这种由具有国家民主理念的外部精英推动的"村级民主"是受制于国家政治气候的变化的，其关键在于国家的政治气候，而不在于基层民主的村治是否成功；而且，一些小共同体的传统自治形式也未必就不能改进村治，未必无助于国家的民主化。这里的关键问题是社区自治，而不是社区民主。村民自治的重要性不在于"民选村官"，而在于限制国家经纪权，使"村官"更多地体现社区立场，能够在国家面前维护村民的公民利益（秦晖，2001)。也可以说是以"公民与小共同体的联盟"为中介，来解决"传统中国的大共同体本位"问题（秦晖，2001)。

在当前有关村民自治的研究中，村级治理也是一个重要视角，它从治理的方面研究村民自治制度的实施状况和后果，特别是研究村民自治的实践可能性，其关注点是村民自治作为一种民主化的村级治理的具体过程、行动基础及主要特征（贺雪峰、何包钢，2001)。贺雪峰的研究强调在具体研究中注重制度安排的社会基础，他通过对低度社会关联村庄的民主化村级治理的讨论，发现民主化村级治理在理论上可能陷于瘫痪和盈利经纪的交替循环；并由此提出要关注村民自治制度对于村庄性质的依赖，否则，也许就得不出多少关于村民自治实践效能的有用结论（贺雪峰，2001；冯小双，2002)。董磊明借用村庄社会关联的概念分析了集体企业改制后的苏南农村村级治理，认为集体企业改制后地方威权主义的式微为建立新型治理模式、实行村民自治留下了空间，但是如果苏南农民不能形成现代型的社会关联基础和以此为原则而形成的自组织，乡村社会就有可能出现无序和危机（董磊明，2002；冯小双，2002）。仝志辉则是从村委会选举中精英动员的视角，讨论村庄内的权力分层及其运作逻辑。他认为，精英动员提供了解析乡村社会性质的一个重要的被解释项，这种解释有助于深入乡村社会内部，联系村庄历史和区域变化差异进行深入研究；而且也让我们看到精英的态度和要求将主导村民选举后的自治色彩越来越浓的村级治理（仝志辉，2002；冯小双，2002）。

此外，2001 年 12 月 21～24 日，由华中师范大学中国农村问题研究中心主办的"村民自治进程中的乡村关系学术研讨会"还就乡村关系的历史变迁、现实状况、现有的问题（特别是财政压力下的乡村关系）等进行了讨论。其间，仝志辉分析了村委会选举中的乡村关系，提出"乡村民主的治理化"观点（仝志辉，2001）；金太军、施从美分析了现行乡村关系的张力及其成因（金太军、施从美，2001）；黄辉祥、徐勇则通过个案调查，分析"目标责任制"在乡镇对村实行行政主控中的作用（黄辉祥、徐勇，2001）。

对村民自治的研究——无论从国家与农民的关系还是从村庄治理的视角——也涉及研究方法的问题。如何在借鉴前人（包括中西方）的理论和范式的同时，对中国乡村的现实问题保持敏感，并在思想方式上避免陷入二元对立的陷阱，当是所有学人所面临的问题。

五　社会政策研究的新走向

在过去二三十年间，西方学术界对社会政策的理解经历了不少变化。20 世纪 60、70 年代的主流意见认为，社会政策是由政府决策并实施的对市民福利有直接效果的政策，包括社会保险、社会救济、住房、教育等，这是社会行政的传统。到了 80 年代，社会政策被理解为"决定不同社会群体的资源、地位及权力的分配"；90 年代以来的社会政策在 80 年代的概念基础上进一步深化，从资源分配发展到社会关系（地位及权力）的分配，而这些分配影响社会部门（家庭、学校、社会福利、教育、社区等）与经济部门（市场）之间的关系（王卓祺、Alan Walker，2001）。

1. 社会排斥概念与社会政策

社会政策概念的新发展是适应新的社会问题的需要而产生的。它之所以在目标取向上从集中于消费层次的社会资源分配扩展为包括社会关系资源的分配，是与社会排斥现象的出现直接相关的。所谓社会排斥（social exclusion）是一个多元的概念，它不但指在经济资源上的长期匮乏，还指在社会关系上、心理上、文化上和政治参与上的长期被隔绝，这种匮乏和隔绝不仅导致日常生活质量下降，更重要的是被排斥者不能享受到公民权（citizenship）所赋予的公民政治及社会权利（Room，1995；Atkinson，1999）。而这种权利不可能依靠提供经济援助和保障救济来赋予。影响社会排斥形成的因素是多方面的，如缺少工作机会、低学历、缺少技能、体弱、缺乏政治和社会参与等因素相互恶性影响，导致社会关系网络丧失而陷入边缘困局。近年来，欧洲学术界在社会政策的研究中非常重视社会排斥的概念，有关贫困及社会不平等的研究都把注意力集中在增加社会融合（social integration），社会排斥的研究也超越了对传统贫困的界定，而注重考察多层次的不利条件如何使社会的弱势群体被抛出主流社会。

香港学者黄洪、李剑明以个案研究方式研究了处于全球化条件下被排斥在劳动力市场边缘的香港劳工，提出社会排斥是令弱势群体陷入边缘劳工脆弱处境的主要机制（黄洪、李剑明，2001）。国际社会将这种特定的劳动力市场称为非主流劳动力市场。边缘劳工所面对的社会排斥（在经济、社会关系、心理、社会参与和文化上的长期匮乏）却主要不是由于个人的缺陷或不幸，而是由于社会转型时期的结构性、制度性原因。

中国社会科学院社会学研究所社会政策研究中心在调查中发现，下岗失业者中，存在着一个凭借单个人的能力几乎找不到任何工作、主要依赖最低生活保障金过活的弱能群体，他们原有的社会关系或断裂、或被削弱，可利用的社会资源减少，同时也受到劳动力市场和社会保险体系的排斥。在探讨消除社会排斥的方法时，不少学者和专家提出需要重建社区（Commins，1993；McGregor & McConnachie，1995；Parkinson，M.，1998；Social Exclusion Unit，2000），特别是需要关注社区中社会关系网络的作用（European Commission，1997）。大连市通过建立社区公共服务社吸纳下岗失业者成为社员，使他们重新参与社区生活、重拾自尊的例子（杨团、葛道顺，2001）证实了这一点。在非竞争性市场和非货币交换关系下，帮助弱势群体与其他群体在获得基本的生存和能力发展资源上实现权利和地位的平等，是社会政策研究和实践的新走向。

2. 社会政策与经济政策

社会政策概念的方向性转变还体现在从再分配范畴转向经济生产范畴，社会政策与经济政策从不兼容到兼容。因为公民参与社会活动、应对经济危机、提升经济能力、抓住社会机会、实现增权和社会融入等社会政策已经超越了消费性的再分配范畴，而含有生产性的意义了。这就对传统的社会福利政策包括提供收入保障的社会保险政策和社会救助政策提出了挑战——物质的保障并不能完全解决公民受到社会及工作环境的排斥问题。积极的就业政策显然更有利于解决问题。因而，社会保障的理念需要更新。

3. 社会政策的参与式研究方式

社会科学的研究方式一般是针对问题提出假设，构建概念结构，将其假设代入经验事实中得到解释和验证，通过削错逼近正确答案。而社会政策的研究近年来发展出一种参与式研究方式（李小云，2001）。它主要是指：（1）在规范层次上，基于现实问题而不是假设来探索解决问题的方案；（2）解决现实问题的探索是从一个可见目标冲撞，反射到多目标的、连续的渐进发展过程，而不是通向一个固定目标的有序设计并实现的过程；（3）参与式的实证研究主要基于研究对象自身的直接体验、需求以及机会，不是主要基于抽样数据以及数据分析，这种分析只是用于对已取得的研究成果进行论证。中国社会科学院社会学研究所社会政策研究中心对大连市社区公共服务社的研究属于第二种方式，即社会政策的研究循着问题取向从单目标到多目标规划的过程。

六　社会救助研究

随着国企下岗职工和农民的边缘化，一批有劳动能力而失去工作的人陷入贫困状态，致使贫困人口的规模急剧扩大。进入"十五"期间中国的失业率较"九五"期间会进一步上升，大概在5%左右（张左己，2001）；加入WTO尽管会带来许多就业机会，但处于结构调整时期的结构性失业人员仍会大量存在。政府在不断加大扶贫开发的力度，消除贫困，特别是帮助那些收入不足以维持最低生活保障标准的贫困者，这是促进社会整合的一个重要部分，亦使社会救助问题跃升为 2001 年社会普遍关注的热点问题。

价值观的研究是目前社会救助研究中有重要意义的方面。在我国自古就有赈穷、恤贫等慈善事业，但均含有恩赐、怜悯的意思。受传统文化的影响，在中国人的传统理念中，贫穷是个人的事，个体主义贫困观一直得到社会的广泛认同，"多劳多得，少劳少得，不劳不得"的观念深入人心。新中国成立后的法律法规也体现并强化了这一观念。有学者认为体现在社会救助传统价值方面的贫困观上的个体主义、救助理念上的施恩思想、行为取向上的特殊主义这一模式，直到 20 世纪 90 年代没有根本变化（徐道稳，2001）。然而，也有学者明确指出政府在社会救助中应具有主体地位：现代社会保障制度中的社会救助是政府的一种责任与义务，受助者接受救助，是一国公民的基本权利。救助资金主要来自政府财政收入（杨团，2001a）。吴忠民在讨论贫困与公正的问题时也指出：一个社会有能力解决绝对贫困问题但仍存在大量绝对贫困现象，这种状况应当说这是不公正的。对于绝对贫困者来说，社会有责任提供最起码的社会救助亦即生活底线的保障，有责任从全社会发展的总成果中切出一部分予以调剂（吴忠民，2000）。从 1952 年起，我国的历次宪法都有关于社会救济的规定。1982 年制定的《中华人民共和国宪法》第 45 条规定："中华人民共和国公民在年老、疾病或者丧失劳动能力的情况下，有从国家和社会获得物质帮助的权利。国家发展为公民享受这些权利所需要的社会保险、社会救济和医疗卫生事业。"（《中国大百科全书·社会学》，1991：311）这一规定把从国家和社会获得帮助的权利推及全体公民，这是一大进步，但由于缺乏可操作性的具体规定而只能是一种美好的愿望。徐道稳认为，1999 年 9 月国务院颁布的《城市居民最低生活保障条例》标志着我国现代意义的社会救助制度正式确立。它"突破了社会福利的剩余模式，改变了以往只有'三无'人员或特殊对象才能获得定期定量救助的状况，使扶贫济困成为各级政府的法定责任，从而实现了从个体主义贫困观向结构贫困观、从施恩论向权利论的转变。这是社会救助观念上的重大突破。他指出，条例的颁布实施，确认了在社会救助中政府的责任性、制度的规范性和执行的强制性……使得普遍主义行为取向作为社会救助实际工作的价值标准成为可能"（徐道稳，2001）。王思斌则从文化、社会制度及社会结构的角度分析了作为社会工作核心的求－助关系，他转引卢瑟福的观点指出：在现代社会中，社会制度的建立与人的有意识建构有更加直接的关系……文化和社会制度对社会工作（或求－助关系）的具体影响在于他们在很大程度上决定了求助者和助人者行为的指导思想在什么样的框架中（或怎样实施）求助、助人（王思斌，2001）。这些研究不仅有助于探讨中国的社会工作模式，而且也为社会救助制度的研究提供了新视角。权利论和普遍主义价值反映了我国社会救助的价值追求，预示着我国社会救助制度的发展方向，但是要把法律规定中体现的现代价值转化为实际工作者和广大民众所信奉的价值观念和行为准则还需要一个复杂的文化互动过程。

从制度的角度看，社会救助应把对最困难的群体提供救助作为目标，通过建立安全网，保障全体社会成员免于陷于绝对贫困。基于此，作为社会救助主要内容的城市居民最低生活保障制度就凸显了其重要性。近期的研究多集中于较宏观的制度研究。研究者们普遍认为，最低生活保障制度是一项长远的基本制度，不应将其看成临时应急措施，要考虑到当前和长远，考虑到全体社会成员的整体利益和社会政策的相对平衡。针对低保中存在的制度的实际覆盖范围仍然有限、传统救济思想影响很大、各级财政分担比例极不合理、低保对象生活仍有困难等具体问题，唐钧提出对策建议：对于救助标准，应由人均国内生产总值（或人均国民收入）、人均地方财政收入、居民人均收入和居民人均消费支出等指标构成一个综合指标，将全国分成若干层次，由政府职能部门对各个层次的最低保障线的下限提出一个对全国有指导意义的参考标准，且这一标准应根据人民生活水平的提高和物价水平的变动等因素而每年调整；经费应考虑由中央、省、市、区四级分担，并尽可能减少区、县财政压力；在管理体制和职业培训方面要加强基层社区的作用。在制度框架方面可参照国外社会救助的制度结构，将最低生活保障制度分为基本生活救助金、特别需要救助金和酌情发放的救助金三个部分，以此建立起一个"综合的最低生活保障制度"（唐钧，2001）。国际劳工组织也十分关注中国的社会保障制度改革，针对城镇居民最低生活保障制度提出了一些建议：对城镇居民生活保险系统中的资金流进行评估和测算，以确定国家财政在这方面的负担；确定能够保证城镇居民最低生活保障资金来源的手段；增强中央政府的作用；提高社会保险的参与率，以减轻对社会救助的需要（国际劳工组织，2001）。

学者们的研究还涉及其他一些方面。国家计委宏观经济研究院在对中国城镇居民收入差距的影响及适度性进行分析时指出：贫困距比率和贫困发生率两项指标可以将贫困状况基本体现出来。贫困发生率体现的是贫困的规模，贫困距比率体现的是贫困的程度（国家计委宏观经济研究院课题组，2001）。根据这一研究结果，国家可及时掌握贫困人口的状况，适时调整救助政策和资金投入。关于组织建设，要使救助工作得以开展，且富有成效，形成一个社会救助网络是其必要保证。研究者们认为，要建立和完善社会化服务体系，应在基层社区建立社会救助站，并设专人负责，形成从上到下的管理体制。充分发挥基层社区组织在筹措资金、组织救助资源、实施救助工作等方面的积极作用。对这一问题的研究，同时也推动了社区研究的发展。此外，还有一些学者从群体的角度，关注弱势群体的研究，如顾东辉对下岗职工再就业服务和求职行为的研究（2001）、张友琴从老年人社会支持网的角度对城乡进行的比较研究（2001），等等。

七 社会学理论与方法论研究

"科学精神与价值关怀相结合"是 2001 年社会学研究的一大特点。中国社会科学院社会学研究所《社会学研究》编辑部在《社会学研究》2000 年第 1 期发表的《世纪寄语》中强调："在发展中国社会学和研究中国社会的过程中，努力达成科学精神与价值关怀的有机统一是一项基本前提。""在社会转型中探索结构层面的制度创新的同时，重塑文化层面的社会价值和道德，是社会学所谓社会整合所应承担的责任"（编辑部，2000）。社会学理论及方法论的研究也相应地体现了这些特点。

1. 学科边界开放，跨学科探讨方法论问题

探讨的焦点集中于社会研究中的主体与客体的关系。陈向明在回应侯龙龙关于质的研究方法的有关商榷中，从研究者的角度进一步探讨了主位与客位的关系。她认为，趋向文化主位的研究者可被称为"发现型"，他们认为研究的任务就是了解被研究者的行为和想法，对其进行描述和主位的解释；趋向文化客位的研究者可称为"验证型"，他们更看中研究者本人的观点和分析视角，从自己的理论假设出发对原始资料进行论证。二者之间存在一系列中间状态，可以被视为一个连续体而不是简单的对立关系（陈向明，2001）。吕炳强则从社会知识的获得和表述逻辑入手，在解读社会学大

家经典之作的基础上，追究：（1）"解释实践的二重逻辑"；（2）与实践的历史紧密相关的"时间结构"；（3）"惯性的存在本质"（吕炳强，2001）。李培林在探讨理性选择理论面临的挑战及其出路时指出：理性选择既是一种理论，也是一种研究方法，它的特征是，在方法论上是个体主义的而非整体主义的，是归纳的而非演绎的，是经验求证的而非哲理解释的；与其相对立的是方法论上的整体主义。在社会学中对理性选择理论有三种态度：一是认为其假定只不过是现实中的一种极端或理想的特例，其"科学主义"的工具趋向与社会科学的批判和怀疑精神背道而驰，泯灭了社会学的创造力和人文关怀，使社会学沦为经济学的附庸；二是认为这一理论虽然存在重要的缺陷，但目前还是我们可以选择的、最具操作性的一种理论方法，社会学要建立规范性理论体系，必须沿着此一路径向前推进；三是认为社会学从一开始就带有边缘学科的特征，因而在理论和方法上要采取一种开放的宽容态度，博采经济学、政治学、人类学甚至哲学母体的众长，如可从理性选择理论和人文关怀精神所具有的互补意义返回到古典理论时发现的那种理论均衡，扩展社会学的发展空间和对话领域（李培林，2001a）。汪丁丁则在对新兴的语言经济学的探讨中，强调了其对语言作为社会交往手段和知识载体的研究所具有的"帮助人类思想重返人类思想的家"的重大意义（汪丁丁，2001）。

2. 在寻找与国际社会学的对话领域（如社会分层及社会结构变迁、消费社会学、经济社会学等）和深入探讨、研究中国社会结构转型的过程中，开始将视野上升到"元理论"及社会结构"宏观理论"的探讨

在2001年中国社会学年会上，田宇鹏提出要注意现阶段中国社会学研究领域过于分散、选题越来越细微，而忽视宏观、重大问题研究的"碎化"问题。在中国人民大学社会学理论与方法研究中心2001年底举行的"转型中的中国社会学学术研讨会"上，孙立平在回顾国际社会学探讨中国社会向市场转型过程的相关研究后，进一步阐述了他关于"实践社会学"——面对实践状态的社会现象的社会理论的思考，他以"过程事件分析"为研究路径，从过程、逻辑、机制、技术等四个方面展开其理论研究（孙立平，2001c）。刘少杰则以"感性选择"概念探索中国人的社会行动及其理论解释，指出，"感性选择"是具象的，是经验过程中的一种行为选择，是用特定形式整理感知到的过程的一种选择（刘少杰，2001b）。刘

世定在对现阶段中国乡镇企业产权制度运行机制的研究中指出，在西方经济学有关"产权分析"的理论中，产权所具有的自由性、排他性是产权制度的基本特征，无法依此对中国的情形做对应分析；有一种判断认为中国状态的独特性在于它是"偏离状态"，刘世定认为应将其作为一种"常态"来研究，关键在于对"占有"概念的不同解释。他从"产权分析"的排他性方向、占有方式的选择范围、占有的实现等三个维度，与行政的强力界定，官方意识形态的界定，行为、道德、伦理的界定，特殊人际网络的界定，法律的界定等5个方面，解析中国乡镇企业产权制度的变迁机制（刘世定，2001）。郑杭生系统地概括了中国社会学界对"社会转型"的理论探讨与相关研究，归纳了9个方面：转型的内、外动因；对转型的描述；社会运行的研究；次级制度转型的研究；重大社会关系转型的研究；阶层结构与社会底层的研究；组织变迁的独特道路的研究；重大观念转型的研究；社会转型的后果分析（郑杭生，2001b）。

八 妇女与性别研究的理论推进

1999年，曾有研究者评论说，"到目前为止，（我国）妇女研究仍多属于'妇女问题'为主的课题、项目研究，这类研究的关注点不约而同地聚焦于解释或改变妇女的具体现实处境上，从而忽略了在各个学科领域内与传统知识结构进行对话和挑战这一更有战略意义的知识重构工作"（蔡一平，1999）。此话不无道理。近一两年来，情况出现了明显改观。这一方面得益于海内外一批研究者持续不断的学科化努力，一方面与越来越多受到比较良好的理论训练的学者加入妇女与性别研究的领域有关。2000年，来自不同学科的妇女与性别研究者建立了"发展中国的妇女与社会性别学"项目组，从妇女与社会性别基础及历史学、教育学、社会学等方面开展了相关的纯学术的梳理和讨论，是妇女与性别研究学科化努力中最强劲的一支。现将与社会学有关的部分介绍如下。

1. 几个概念

（1）学科的界定。80年代中期从国外传进的 Women's Studies 被汉译作"妇女研究"，有人认为，要发展中国的妇女学，当务之急是把"妇女学"从作为问题和课题的"妇女研究"中相对分离出来。但有人认为"妇女”这个词政治色彩太强，建议用“女性学”，有人反驳“女性”一词易于将妇女“生物学化”，掉进本质主义的陷阱（蔡一平，1999）。

国外有“妇女与社会性别学”（Women & Gender's Studies）的说法，有学者认为应突出社会性别这个新概念，不是光研究妇女，单纯讲女人是怎么一回事，而是研究人类社会中的社会性别关系。但为了文字简洁，主张用“社会性别学”（王政，1999：23；2001）。

也有学者对此提出异议，认为更需要讨论的是“女人”“女性”“妇女”这些概念，从传统到当前的中国，它们究竟被赋予了什么含义？因为在不同的环境下使用这些概念，会有不同的目的、作用、策略和效果（周华山，1999：22）。

（2）源于西方的“feminism”究竟是“女权主义”还是“女性主义”。“女权主义”在中国曾经是个正面的词，批判“资产阶级女权主义”之后变成了贬义词，出于策略，近年多用“女性主义”的译法。但有学者认为，国内很多以“女性学”“女性主义”为名的东西，完全是反女权主义的。所以还是主张用“女权主义”（王政，1999：26）。

周华山则同意在中国采用“女性主义”的译法。这并不仅是出于策略。他认为“女权主义”式的男女对立，只是西方70年代激进女权主义（radical feminism）的独特立场。从80年代开始，西方feminism的论述已经远远超出剥夺男人权力的“男女二元对立”，因此把feminism译成“女权主义”不足以反映这种变化，比较而言，将其译作“女性主义”更贴切（周华山，1999：27）。

（3）劳动的性别分工。在梳理妇女的劳动问题时，佟新（2000）提出重新建立劳动的概念，而不是工作、职业或就业的概念。马克思的两种生产理论认为，生产分为两种：物质的生产和人自身的生产。在劳动分工中，性别分工是最基本的分工之一。

从性别角度研究劳动分工的最有意义的发现在于，劳动的性别分工是等级化的，即男性总是占据和统治着优势领域。比如对国内外早期工业化的研究表明，那时女工所占比例非常大，但是工作却使这些女工名誉不佳。当大多数男性进入工业领域后，才形成私领域之外的公共领域，男性并被赋予相对优势的地位和较高的报酬。

另一个发现是，尽管大量的妇女参加社会有酬劳动，有的还成为家庭的主要经济来源，但是妇女的位置依然被定位于家庭（参见下页"认识论和方法论"）。妇女参加有酬劳动被认为是被迫的。

佟新认为要建立一个分析等级化的劳动性别分工的框架的基础是，建立对社会中最基本制度的理解。在中国最基本的制度就是家庭。婚姻制度和家庭制度在中国有非常大的强制性，人们通过婚姻获得社会身份，家庭被看作一个基本的生存单位。在此前提下，佟新的判断比较悲观，认为如果"家庭仍然是一个基本的生存策略单位的话，它所形成的内部劳动分工就很难改变"，因为这里一个重要的机制是，家庭获得的好处是隶属于包括妇女在内的每一个家庭成员的（佟新，2000）。

劳动的性别分工是妇女与性别研究的重要议题，也是一个争议很大的题目。如果说最初的劳动分工是两性在生理差别基础上的自然分工的话，那么问题是，差异是必然导致不平等还是可能导致多样性？这里有什么样的前提限制（张宛丽，2000：79）？怎样认识家庭内部的权力关系以及文化的重要作用？再者，技术进步和经济重组是改变还是重构了等级化的劳动性别分工？为什么？

（4）公共领域和私人领域。金一虹认为，目前我们使用的是工业资本主义时期的公私划分概念：公领域指为了交换而进行的物质生产，私领域指的是家庭领域。实际上，公领域还包含公共参与、公共事务等非生产性活动。马克思分析了资本主义如何使公共领域与私人领域分离，由此家务劳动失去经济价值。这种划分使女性被划定在私人领域，对女性的发展有非常大的限制，因此引起女性主义研究者的关注。

对这种划分，妇女和社会性别研究者是用什么策略来解构的呢？自由主义女性主义主张扩大公共领域，为女性进入劳动力市场、参与公共领域的事务努力；同时将法律保护延伸到私人领域。但问题是，这种努力仍然在公私二元划分的框架中，很多问题无法划定，如家庭暴力是私人的还是公共的？而妇女更多地进入公共领域并没有改变家庭的权力分层，也没有改变公共领域的权力分层，却带来妇女的角色紧张。马克思主义妇女观与自由主义的比较相似，即扩大妇女的公共领域参与，同时缩小私人领域，如认为家务劳动社会化可以将妇女从家庭中解放出来。而吉登斯则努力发现私人领域中的创造性，为其提供意识形态的支持。

还有人提出，从认识论层面解构二元划分牢笼，挑战公私两域的划分。

认为所谓公私划分完全是文化的构建，可以在认识层面上予以否定。但是金一虹认为，目前，公私领域划分是客观存在的，并非仅仅是观念；而且解构也不能解释为什么公私领域中是女性而不是男性处于被支配地位？

针对目前中国的情况，金一虹提出，她的忧虑是，在中国文化中，有一个集体主义和家族主义的传统，目前与公私划分很容易合流。尽管实际生活中妇女已大规模进入社会生产体系，但社会观念系统中仍可以维持着"男外女内"模式，这种观念的传播已经和将要对公共政策产生什么样的影响令人深感忧虑。比如，目前关于"阶段性就业"、男女退休年龄不一等一系列社会政策，以及有关"妇女回家"的讨论，其观念取向就是建立在公私领域的划分上的。而且某种危机如就业危机、全球经济结构调整等又给予这种政策以合理性借口。这是研究中不能忽略的现实（金一虹，2000）。

2. 认识论和方法论

从认识论和方法论角度，妇女与社会性别研究或女性主义的研究对包括社会学在内的主流社会科学的挑战，在于提出了知识建构中性别等级制的权力关系。知识建构中的权力关系包括两种：一是研究者与研究者的权力关系，即精英主义的主流方法对"非主流"方法的排斥，表现为通过维护某种方法的权威来建立学术霸权；二是研究者与被研究者的权力关系，如研究者以预设的理论和方法控制被研究者的答案，以及对边缘群体经验的排斥。现实中妇女作为一个边缘群体，在性别等级制中处于次等的、被忽略的地位，其经历还没有系统地进入现有的知识范畴体系。"女性主义方法学针对主流学术体制的性别盲点，坚持让被研究者作为主体，以改善被研究者的生活素质为研究的终极目标。"（周华山，2001）

实证主义和以实证主义为认识论基础的定量研究是以"普遍性""客观性"建立其科学性前提的，这一预设早已受到现象学、批判理论、新马克思主义、文化研究、解释学、符号学的批判。针对传统的实证主义的学科理念，周华山提出女性主义的田野研究方法学，其目标根本不是追求抽象的客观，而是要改变既有的权力关系。周华山以其对摩梭族群的调查经验指出，"知识生产其实是双重诠释（double hermeneutics）的过程，即述说者以自身的世界观与阅读角度来建构和整理自身的经历，研究者只是进行第二层的诠释，也就是用学术语言去诠释述说者的第一层诠释"（周华山，2001）。在建构知识的过程中，不同的分析架构、思维模式会建构出不同的"事实"与"阅读",研究者也会因介入"被研究"的社会而成为其中的一部分。因此对研究者自身的价值取向的反思就是非常必要的。

熊秉纯从方法论层面反思中国的社会学研究,认为引入社会性别视角,可以重新检视、整合社会学知识体系。针对到目前为止社会学研究中定量方法仍然占据主流地位的情况,她指出,定量研究是自上而下的研究方法,研究者和被研究者是不平等的关系。而质性研究是从当事人的角度出发来了解他们的经验,对于边缘群体来说,有了用自己的语言表述自己经验的机会;质性研究采用归纳法,从资料出发,总结出概念,再推演理论。这样,总结出来的理论就可能颠覆既有理论,也可能将原来不在知识体系中的现象、经验等纳入进来。这样的研究过程,对于妇女等边缘群体特别有利。因此,大部分女性主义者是偏向质性研究的(熊秉纯,2000、2001)。

王政在分析为什么社会性别理论难以进入中国知识界时尖锐地指出,许多有话语权的男性知识精英所选择的社会立场决定了他们会排斥一种批判和解构社会性别等级制的理论。她认为,社会性别学作为一个新的知识领域,是在挑战、质疑、批判、解构传统知识体系的过程中产生的。其基本概念对一切仍保存社会性别等级制的文化都具有批判意义。研究者的使命在于在学术领域中以自己的学术著作来颠覆和改造男性中心的知识体系,来创造从新的观察角度和社会立场出发的新知识(王政,2001)。

3. 研究领域的扩展

许敏敏运用公私领域的理论,分析了农村工业化的一种形式——家庭工厂的性别分工。其分析的特殊意义在于这种私人企业同时涵盖了私人领域和公共领域。一方面,它的经营和管理模式特别是作为工厂所有者的夫妻双方的角色分工和传统家庭内的角色分工极为类似,可以说是私人领域的延伸;另一方面,家庭工厂作为市场中的一个经济实体,又是公共的经济领域的一部分。它成为妇女从家庭的私人领域迈向公共领域的一条途径。那么这样一种变化在多大程度上能够提高妇女在家庭和社区中的地位?与同类研究有所不同的是,许敏敏强调了妇女的自主性作用。经过对两个不同个案的详细考察,她认为,妇女对经济的参与在很大程度上取决于妇女的主体性。虽然不论妇女在家庭工厂的参与程度有多高,甚至到"说了算"的程度,按村里人的观念,她们掌管的仍然是"家庭事务"(许敏敏,2002)。金一虹从权力关系角度研究苏南家庭工业,认为夫妻分工并不是平等的，男性始终处于支配地位。她的结论是，工业化并没有消除性别等级，相反由于男性从传统社会继承下来的社会资源和组织资源，再加上对新技术的优先掌握，重构了对女性的支配地位（金一虹，1999）。

考察中，许敏敏进一步发现，如果说妇女进入公共经济领域与她个人的素质有相当大的关系，那么要从公共的经济领域迈入公共的政治领域，则会遇到来自社区文化的强大阻力，特别是女性想进入当地权力核心，几乎是不可能的。由此，她得出的结论是，妇女进入公共领域，最艰难的不是参与经济，而是参与政治（许敏敏，2002）。

而李实从经济学角度分析了农村家庭内部的性别分工。他引用新古典经济理论的解释，家庭内部劳动的性别分工主要受家庭成员福利最大化目标函数的影响，这种理论认为影响家庭福利函数的两个决定因素分别是家庭收入和家务劳动。基于男女生理差异，"男外女内"就是最佳的分工模式。李实指出，这一模型忽略了家庭成员的利益差别和冲突，社会文化和传统习惯对女性构成的压力，特别是可能存在的职业歧视压低了女性参与外部经济活动的有利条件。

通过对10个村观察点的调查，李实指出影响家庭劳动分工的经济收入方面的因素，认为地区发展水平和妇女自身的受教育水平，以及外部劳动力市场的性别歧视，对妇女从事非农活动均会产生不利影响，从而造成传统家庭分工模式的长期化、固定化，对于妇女社会地位和自身素质的提高是非常不利的（李实，2001）。

九　消费主义研究

消费主义研究在中国方兴未艾，特别是在中国加入 WTO 之后，与中国人的生活方式紧密相关的消费行为越发引起研究者的关注。2001 年，一位英特尔公司的研究人员在中国进行了几个城市（北京、上海、青岛、昆明）白领阶层生活方式的研究。其中一项主要内容是中国白领阶层人士的生活方式与网络之间的关系。研究发现，英特尔公司已经开始注意营销市场的开发与当地人们生活方式的结合。如开始时，IBM 以为生产机器也就是硬件是最重要的，后来它也知道硬件只是第一步，很容易被做到，但是赚钱的却是软件和服务。这是最重要的利润生长点，是不容易做到的（戴慧斯、卢汉龙，2001）。这里有几个观点值得注意：其一，超出产品本身使用价值以上的使用；其二，消费边界以及它与阶层认同的相关性；其三，消费行为本身的可塑性，即消费与生产这两个财富的社会运动之间的关系。

中国的市场经济也会以消费者主体来实现吗？卢汉龙认为："消费者自主实质上从经济方面形成一种投票解决公共需求的模式"（戴慧斯、卢汉龙，2001），而这无异于第二次改革，是一场经济革命……带来的是一场静悄悄的消费革命。

关于消费的经济学研究由来已久，但是消费的社会学研究则是随着消费行为的研究而发展起来的一门分支学科。这一分支将消费者当作社会生活诸多关系中的实体来研究，因而这一本来由经济学发展起来的研究领域也就有了社会学的声音。其中主要分三个领域：第一，将消费对象和消费行为当作经营、管理和市场营销的对象，因此，通过消费行为的研究达到对消费行为的可操作化，以便对市场进行开发；第二，消费的生产与再生产；它关注的焦点在于"集体消费"（即"公共消费"）与"个人消费"之间的关系；第三，关于消费文化的研究。它主要受战后法兰克福学派对消费主义批判的影响，重视消费的符号意义、文化建构和感受过程（王宁，2001）。

王宁认为：消费为一种认同符号，因而个人消费和集体消费、消费行为与消费文化之间也就出现了一些值得注意的涉及沟通和整合的现象。这一派主张消费认同不仅是一种品牌意识的结果，同时也是一种表达社会身份的象征体系。"用常识的、通常是心理学的'认同'概念来指导经验研究，而不是在社会学含义上来使用'认同'概念。其结果是限制了这一概念的社会学解释力。"（王宁，2001）"概念工具"和"分析框架"之间、"消费行为"与"消费文化"之间通过社会鉴赏能力分析的研究，即不同于心理学意义的"认同"分析，推敲了个体与集体、生活与生活方式、消费行为与社会解释力这两者之间的整合分析的思路。这一思路追求的不是物质与人的心理反应那种狭义的消费行为分析，而是将消费行为放在社会生活的意义系统中进行分析，因而我们可以说"认同"在这个意义上是一种被诸多社会关系定义了的"社会认同"，换言之，它是社会鉴赏能力的一种体现，而不是心理学意义上的欲望和行为的认同方式。

十 网络社会研究

因特网作为信息技术在全球范围的迅速突起和扩张，在人们的观念中产生了巨大的回响，它极大地激发了人们的想象力，获得了广泛的社会认同和支持，人们越来越认识到，这种技术现象本身不能脱离与更为广泛的社会整体系统之间的互动过程和关系网络，因此，网络和网络化必然要体现为一种社会现象和社会过程，从而也就自然地进入了社会学的分析范围（冯鹏志，1999）。

网络所构成的社会世界具有虚拟性，这是它区别于人们长期生活于其中的日常社会的基本特征，所谓虚拟性，并不是说人们在其中不构成真实的社会行动，而是指，人们的网络行动所依附的行动空间是一种不同于现实的物理空间的电子网络空间，或赛伯空间。以赛伯空间为活动平台的网络行动，无论是电子邮件、网络讨论、文件传送、远程登录以及万维网浏览，还是其他更为复杂的网络行动形式，都不具有如人们在现实物理空间中所进行的社会行动那样的实体性和可感知性，都不具有外在的可触摸和可察觉的时空位置与形态，而只有一种功能上的实在性和可重复性。虚拟性还指人们在网络上的互动是符号性的互动，即人们的网络行动必须以各种各样的网络图标或象征符号作为其行动中介乃至互动对象。在现实社会行动中，符号仅作为行动沟通的中介而使用，但在网络行动中，信息图标和象征符号不仅构成人们网际互动的中介，更进一步构成人们可以与之直接进行互动的对象，人们的网络行动在很大程度上就是奠基在并依赖于由这些信息符号及其相关的知识系统所构筑而成的虚拟性的王国（冯鹏志，1999）。

在虚拟的计算机网络世界里，个体之间的互动、个体与群体的交往互动、个体与社会的关系都出现了一些不同于现实社会中的特点，人们用"虚拟群体""虚拟身份"（杨宜音等，1999；本刊编辑部，2001），以及"虚拟社群"（virtual communities）（Howard Rheingold，1993）等来进行描述和分析。"网络社会"也常常被人称为"虚拟社会"。"虚拟社会"是现实社会的"延伸"，并"依存于现实社会"（戚攻，2000）。

但是，关于"网络社会"究竟性质如何的问题，人们还没有形成清晰的共识，大多数学者把它等同于"虚拟社会""信息社会"，对此，童星、罗军表示了不同的意见。他们提出，网络社会是一个"现实的社会"。原因是：（1）按照社会学的传统和主流观点，即对社会持一种"唯实论"的立场，人们互动交往而形成的"关系""网络"即社会，是真实的存在，虽然它们不一定看得见、摸得着。依此，则网络社会显然也是"客观现实的存在"。（2）从哲学上看，"现实"意味着"自在"和"实在"，而网络社会具备了自在与实在的性质。否认它的自在性，是由于夸大了计算机与人的相互关系中计算机所提供的虚拟游戏、虚拟生活环境，并把它推广到网络社会。网络社会中有很多虚拟的东西，但这只是网络社会中的一部分，并非它的本质；否认网络社会的实在性，则是由于网络社会中虚假的信息太多。按照戈夫曼"戏剧分析理论"，人们在日常生活中都是戴有"面具"的，在不能面对面接触的网络社会中，能用作面具的材料更多，而识破面具更难，但这并不能构成网络社会与日常社会的对立。因此，"作为人与人交往结果的'网络社会'，在本质上等同于'日常社会'，它是'日常社会'的一部分，'网络社会'与'日常社会'的关系是'部分'与'整体'的关系"（童星、罗军，2001）。按照童、罗二人的界定，"网络社会"是"通过网络（主要是互联网）联系在一起的各种关系聚合的社会系统"。它与"虚拟社会""信息社会"的区别是：前者是"网络社会"中的一部分；而"网络社会"是"信息社会"中的一部分（童星、罗军，2001）。

如果我们引入符号交往的视点，关于网络社会的"虚拟"与"现实"的问题还可以向我们展示更为深入的社会文化批评的视野。网络社会的虚拟性还体现在人们在网络上的互动是一种符号性的互动。但是在现实中，人们的互动也是依赖于符号的。按照波德里亚的说法：一切沟通形式都奠基于符号的生产和消费。因此，在所有社会里，人类都生存在符号的环境里，并通过符号环境来行动。现实总是通过符号而被感知，而这些符号又总是"以其逃离严格语义定义的某种意义而架构了实践"，在此意义上，"现实（reality）总是虚拟的"。所以互联网——"作为以一切沟通模式（从印刷到多媒体）之电子整合为核心的新沟通系统"——的特殊性就不再是诱发虚拟的现实（virtual reality），而是建构了"真实虚拟"（real virtuality）的文化（曼纽尔·卡斯特，2001：462）。

　　这种由符号所建构的真实虚拟的文化，对于作为现代性的理性自主的主体会有什么作用，这是马克·波斯特在他的《第二媒介时代》中所关注的问题。波斯特回溯了自由主义、马克思主义对电子传播媒介的新形式——计算机数据库的研究和批评（前者的批评集中在数据库给个人隐私带来的威胁，后者则集中批评全球范围内现有的阶级分化会因为计算机化信息技术而加强）。他认为，两种学说都有一个预设的前提，即存在一个理性的、自主的主体。但是他们都忽视了一个问题，即"社会现在是一种双重的运动：其一是个人和机构的；其二是信息流的"（马克·波斯特，2001：92～93）。为了理解这种信息流的作用，他借助福柯关于权力与知识、波德里亚的符号消费理论，把对数字化信息作用的分析转到了语言的层面。他指出，在电子传播媒介的作用下，语言不再表征现实，不再是用来强化主体的工具理性的中性工具，而是"重构了现实"；"语言构建了主体，而不是主体构建了语言"（马克·波斯特，2001：87、91）。他的有关信息方式与波德里亚的消费文化的分析很有启发性。波德里亚说："消费的社会逻辑根本不是对服务和商品的使用价值的占有……它不是一种满足的逻辑。它是社会能指的生产和操纵的逻辑。"这里的要点是，能指可以同所指分离，能指本身可以变成消费客体。而媒介新技术"使能指自由地漂浮于交流空间"，不再指涉一种实在之物，却能被任意地附着于特定商品，于是，一个新的意义结构就建成了。事物与观念之间的区别已不再有效。一个由自我指涉的符号构成的世界——"超现实"，代替了这种区分。波德里亚认为这种"超现实"是高科技资本主义时代下社会存在的首要原则。这种符号、意义的社会交换力量是很大的。普通大众不仅被生存所迫的劳动之需所控制，而且被交换符号差异的需要所控制。个体从他人的角度获得他们自己的身份，其首要来源并不是他们的工作类型，而是他们所展示和消费的符号与意义（马克·波斯特，2001：145）。就这样，在信息流的作用下，现代性的理性自主的主体作为意义和符号的消费者被消解了。

　　网络社会毕竟还是十分新的社会现象，它肯定会对人类的社会生活文化发展带来影响，但是什么影响、其程度如何，还需要进行大量的实证和理论的研究。已有学者提议建立网络社会学，并提炼出一些议题，一是关于网络社会本质和运行规律的研究；二是关于网络社会对整个社会生活的作用与影响的研究；三是通过网络社会来深入研究全球化问题（戚攻，

2001；童星、罗军，2001）。目前，关于网络社会的规范与秩序的问题
（田佑中，2001；张彦、马立，2001），关于互联网对国家的冲击与国家的
回应问题，以及互联网所带来的价值冲突等问题都有学者涉入（周光辉、
周笑梅，2001；刘江涛、李申，2001；刘宏，2000）。随着网络神话与网
络经济泡沫的破灭，相信人们对网络社会及其所引发的诸多问题的清理和
研究将走向深入。

参考文献

本刊编辑部，2001，《2000 年社会学在中国——研究进展状况及热点难点问题》，《社
　　会学研究》第 2 期。

编辑部，2000，《世纪寄语》，《社会学研究》第 1 期。

蔡一平，1999，《视角转换和方法革新：赋历史研究以社会性别》（代序），蔡一平主
　　编《赋历史研究以社会性别》（内部本）。

陈光金，2001，《云南省南华县私营企业发展考察报告》，"鼓励和引导私营经济健康发
　　展专题研究"分报告之一。

陈向明，2001，《文化主位的限度与研究结果的"真实"》，《社会学研究》第 2 期。

陈学明等编，1998，《痛苦中的安乐：马尔库塞、弗洛姆论消费主义》，云南人民出
　　版社。

仇立平，2001，《职业地位：社会分层的指示器——上海社会结构与社会分层研究》，
　　《社会学研究》第 3 期。

戴慧斯、卢汉龙，2001，《消费文化与消费革命》，《社会学研究》第 5 期。

戴建中，2001，《现阶段中国私营企业主研究》，《社会学研究》第 5 期。

丁宁宁，2001，在"社会结构与社会公平学术研讨会暨教育部人文社会科学重点研究
　　基地挂牌仪式"上的发言，《"社会结构与社会公平学术研讨会暨教育部人文社会
　　科学重点研究基地挂牌仪式"举行》，《社会学研究》第 3 期。

董磊明，2002，《传统与嬗变——集体企业改制后的苏南农村村级治理》，《社会学研
　　究》第 1 期。

冯鹏志，1999，《伸延的世界：网络化及其限制》，北京出版社。

冯小双，2002，《阅读和理解转型期中国乡村社会——"转型期乡村社会性质研究"学
　　术研讨会综述》，《社会学研究》第 1 期。

葛延风，2001，《防止收入差距继续拉大——国务院发展研究中心研究员葛延风访谈
　　录》，《安徽决策咨询》第 4 期。

顾东辉，2001，《下岗职工的再就业服务和求职行为》，《社会学研究》第 4 期。

国际劳工组织，2001，《对中国社会保障制度改革的评论和建议》，中国人民大学书报
　　资料中心：复印报刊资料《社会保障制度》第 2 期。

国家计委宏观经济研究院课题组，2001，《中国城镇居民收入差距的影响及适度性分
　　析》，《管理世界》第 5 期。

贺雪峰，2001，《论民主化村级治理的村庄基础》，《转型期乡村社会性质研究学术研讨
　　会会议论文集》。

贺雪峰、何包钢，2001，《民主化村级治理的两种类型——村集体经济状况对村民自治
　　的影响》，《转型期乡村社会性质研究学术研讨会会议论文集》。

黄洪、李剑明，2001，《困局、排斥与出路——香港边缘劳工质性研究》，香港乐施会
　　2001 年研究报告。

黄辉祥、徐勇，2001，《目标责任制：行政主控型的乡村治理及绩效——以河南 L 乡为
　　例》，《村民自治进程中的乡村关系学术研讨会论文集》（上）。

金太军、施从美，2001，《现行乡村关系的张力及其成因分析》，《村民自治进程中的乡
　　村关系学术研讨会论文集》（上）。

金一虹，1999，《"男人生活"与"女人生活"——苏南农村工业化过程中的性别分工
　　变化》，李小江主编《主流与边缘》，三联书店。

——，2000，专题"私人关系和公共关系"导读，王金玲主编《赋社会以社会性别——
　　"社会性别与社会学"读书研讨班专辑》（内部本）。

雷洁琼，2001，《转型中的城市基层社区组织——北京市基层社区组织与社区发展研
　　究》，北京大学出版社。

李培林，2001a，《理性选择理论面临的挑战及其出路》，《社会学研究》第 6 期。

——，2001b，在"社会结构与社会公平学术研讨会暨教育部人文社会科学重点研究基
　　地挂牌仪式"上的发言，《"社会结构与社会公平学术研讨会暨教育部人文社会科
　　学重点研究基地挂牌仪式"举行》，《社会学研究》第 3 期。

李强，2000，《社会分层与贫富差别》，鹭江出版社。

——，2001，《关于中产阶级和中间阶层》，《中国人民大学学报》第 2 期。

李实，2001，《农村妇女的就业与收入——基于山西若干样本村的实证分析》，《中国社
　　会科学》第 3 期。

李小云，2001，《参与式发展概论》，中国农业大学出版社。

梁启东，2001，《城市社区建设管理的体制缺陷与创新构想》，《社会科学》第 1 期。

刘宏，2000，《网络启示：后传播时代的到来》，《现代传播》第 6 期。

刘江涛、李申，2001，《论网络时代的价值冲突》，《上海社会科学院学术季刊》第 3 期。

刘精明，2001，《教育与社会分层结构的变迁——关于中高级白领职业阶层的分析》，

《中国人民大学学报》第 2 期。

刘少杰，2001a，在"社会结构与社会公平学术研讨会暨教育部人文社会科学重点研究基地挂牌仪式"上的发言，《"社会结构与社会公平学术研讨会暨教育部人文社会科学重点研究基地挂牌仪式"举行》，《社会学研究》第 3 期。

——，2001b，在"转型中的中国社会学学术研讨会"上的发言，中国人民大学社会学理论与方法研究中心举办，12 月 29～30 日。

刘世定，2001，在"转型中的中国社会学学术研讨会"上的发言，中国人民大学社会学理论与方法研究中心举办，12 月 29～30 日。

刘书明，2001，《减轻农民负担新论》，《转型期乡村社会性质研究学术研讨会会议论文集》。

刘欣，2001，《转型期中国大陆城市居民的阶层意识》，《社会学研究》第 3 期。

陆学艺等，2001，《当代中国社会阶层研究报告》，陆学艺主编《当代中国社会阶层研究报告》，社会科学文献出版社。

陆益龙，2001，《先富与共同富裕：对转型期贫富问题的反思》，《江苏社会科学》第 3 期。

吕炳强，2001，《社会世界的底蕴》（上）（下），《社会学研究》第 2、3 期。

马克·波斯特，2001，《第二媒介时代》，南京大学出版社。

曼纽尔·卡斯特，2001，《网络社会的崛起》，社会科学文献出版社。

孟令梅、肖立辉，2001，《民国早期山西村治的理论与实践》，《转型期乡村社会性质研究学术研讨会会议论文集》。

戚攻，2000，《网络社会——社会学研究的新课题》，《探索》第 3 期。

钱津，2001，《劳动价值论》，社会科学文献出版社。

秦晖，2001，《税费改革、村民自治与强干弱支：历史的经验与现实的选择》，《转型期乡村社会性质研究学术研讨会会议论文集》。

邱立本、纪硕明、王健民，2001，《2001 年风云人物：中国人！》，香港：《亚洲周刊》12 月 24 日。

尚晓援，2001，《社会福利与社会保障再认识》，《中国社会科学》第 3 期。

沈关宝，2001，《社区研究的地位与领域》，《社会》第 3 期。

孙立平，2001a，《社区、社会资本与社区发育》，《学海》第 4 期。

——，2001b，在"社会结构与社会公平学术研讨会暨教育部人文社会科学重点研究基地挂牌仪式"上的发言，《"社会结构与社会公平学术研讨会暨教育部人文社会科学重点研究基地挂牌仪式"举行》，《社会学研究》第 3 期。

——，2001c，在"转型中的中国社会学学术研讨会"上的发言，中国人民大学社会学理论与方法研究中心举办，12 月 29～30 日。

唐钧，2001，《中国的城市贫困问题与社会救助制度》，《江汉学刊》第 2 期。

田佑中，2001，《论因特网时代的社会控制》，《社会科学辑刊》第 5 期。

仝志辉，2001，《论村委会选举中的乡村关系》，《村民自治进程中的乡村关系学术研讨会论文集》（上）。

——，2002，《农民选举参与中的精英动员》，《社会学研究》第 1 期。

佟新，2000，专题"差异性与多样性"导读，王金玲主编《赋社会以社会性别——"社会性别与社会学"读书研讨班专辑》（内部本）。

童星、罗军，2001，《网络社会：一种新的、现实的社会存在方式》，《江苏社会科学》第 5 期。

汪丁丁，2001，《语言的经济学分析》，《社会学研究》第 6 期。

王建民，2001，在"社会结构与社会公平学术研讨会暨教育部人文社会科学重点研究基地挂牌仪式"上的发言，《"社会结构与社会公平学术研讨会暨教育部人文社会科学重点研究基地挂牌仪式"举行》，《社会学研究》第 3 期。

王珏，2001，《既是革命的理论，也是建设的理论》，《民营经济内参》第 44、45 期。

王宁，2001，《消费与认同》，《社会学研究》第 1 期。

王思斌，2001，《中国社会的求—助关系》，《社会学研究》第 4 期。

王政，1999，会议发言，蔡一平主编《赋历史研究以社会性别》（内部本）。

——，2001，《浅议社会性别学在中国的发展》，《社会学研究》第 5 期。

王卓祺、Alan Walker，2001，《西方社会政策理念与 21 世纪中国福利事业的发展》，张敏杰主编《中国的第二次革命》，商务印书馆。

吴理财，2001，《村镇的兴衰》，《转型期乡村社会性质研究学术研讨会会议论文集》。

吴忠民，2000，《贫困与公正》，《江苏社会科学》第 5 期。

熊秉纯，2000，《社会性别与社会学方法论》，王金玲主编《赋社会以社会性别——"社会性别与社会学"读书研讨班专辑》（内部本）。

——，2001，《质性研究方法刍议：来自社会性别视角的探索》，《社会学研究》第 5 期。

徐道稳，2001，《论我国社会救助制度的价值转变和价值建设》，《社会科学辑刊》第 4 期。

徐勇，2001a，《论城市社区建设中的社区居民自治》，《华中师范大学学报》第 3 期。

——，2001b，《县政、乡派与村治：乡村治理的结构性转换》，《转型期乡村社会性质研究学术研讨会会议论文集》。

许敏敏，2002，《走出私人领域——从农村妇女在家庭工厂中的作用看妇女地位》，《社会学研究》第 1 期。

晏志杰，2001，《劳动价值学说新探》，北京大学出版社。

杨善华、苏红，2002，《从"代理型政权经营者"到"谋利型政权经营者"——向市场经济转型背景下的乡镇政权》，《社会学研究》第 1 期。

杨团，2001a，《对中国社会保障制度的反思》，中国人民大学书报资料中心：复印报刊资料《社会保障制度》第 7 期。

——，2001b，《社区公共服务设施托管的新模式》，《社会学研究》第 3 期。

杨团、葛道顺，2001，《社区公共服务社：消除边缘特性的社会政策研究与应用》，《社会政策评论》（内刊）冬季号。

——，2002，《中国城市社区的社会保障新范式》，《管理世界》第 2 期。

杨团、朱又红，2001，《通过罗山会馆研讨中国的社区服务》，《非营利机构评估：上海罗山市民会馆个案研究》，华夏出版社。

杨宜音等，1999，《互联网个性化信息服务的社会心理学研究》，课题组内部报告。

张厚义，2001，《私营企业主是中国社会阶层结构的重要组成部分》，陆学艺主编《当代中国社会阶层研究报告》，社会科学文献出版社。

张静，2001，《国家政权建设与乡村自治单位——问题与回顾》，《转型期乡村社会性质研究学术研讨会会议论文集》。

张理海、杨邦荣、王军旗，2001，《我国贫富悬殊的现状、成因及解决的建议》，《中国特色社会主义研究》第 2 期。

张立荣、李莉，2001，《当代中国城市社区组织管理体制：模式分析与改革探索》，《华中师范大学学报》第 3 期。

张宛丽，2000，会议发言，王金玲主编《赋社会以社会性别——"社会性别与社会学"读书研讨班专辑》（内部本）。

——，2001，《中国中间阶层的初步研究》，陆学艺主编《当代中国社会阶层研究报告》，社会科学文献出版社。

张彦、马立，2001，《论网络犯罪及其社会控制》，《江苏社会科学》第 5 期。

张友琴，2001，《老年人社会支持网的城乡比较研究》，《社会学研究》第 4 期。

张左己，2001，《中国城镇登记失业率控制在百分之五》，《中国劳动保障报》3 月 13 日。

郑秉文，1993，《市场缺陷分析》，辽宁人民出版社。

郑杭生，2001a，《社会公平与社会分层》，《江苏社会科学》第 3 期。

——，2001b，在"转型中的中国社会学学术研讨会"上的发言，中国人民大学社会学理论与方法研究中心举办，12 月 29~30 日。

周光辉、周笑梅，2001，《互联网对国家的冲击与国家的回应》，《政治学研究》第 2 期。

周华山，1999，会议发言，蔡一平主编《赋历史研究以社会性别》（内部本）。

——，2001，《女性主义田野研究的方法学反思》，《社会学研究》第 5 期。

朱光磊，2001，《怎样看目前中国的贫富差距状况》，《百科知识》第 5 期。

庄孔韶，2001，在"社会结构与社会公平学术研讨会暨教育部人文社会科学重点研究基地挂牌仪式"上的发言，《"社会结构与社会公平《中国大百科全书·社会学》，1991，中国大百科全书出版社。

学术研讨会暨教育部人文社会科学重点研究基地挂牌仪式"举行》，《社会学研究》第 3 期。

Atkinson, R., 1999, "Citizenship and the Struggle Against Social Exclusion in the Context of Welfare State Reform. " in J. Bussemaker (ed.), *Citizenship and Welfare State Reform in Europe*, London: Routledge.

Commins, P., 1993, (ed.) *Combating Exclusion in Ireland*, Brussels: European Commission.

European Commission, 1997, *Community Involvement in Urban Regeneration: Added value and changing values*, Luxembourg: Office for Official Publication of the European Communities.

Johnson, D. Gale, 2001, 《中国城乡收入差距为何世界最大》，《经济学消息报》5 月 11 日。

McGregor, A. & McConnachie, M., 1995, "Social Exclusion, Urban Regeneration and Economic Reintegration. " *Urban Studies* 32 (10).

NACW, 1999, *Encyclopedia of Social Work*, 19th Washington D. C. NACW Press.

Parkinson, M., 1998, *Combating Social Exclusion: Lessons from area-based programmes in europe*, Bristol: Policy Press.

Rheingold, Howard, 1993, *The Virtual Community*, Reading, MA: Addison-Wesley.

Room, G., 1995, "Poverty and Social Exclusion: The New European Agenda for Policy and Research. " in Room G. (ed.) *Beyond the Threshold*, the Policy Press, Bristol.

Social Exclusion Unit, 2000, *National Strategy for Neighborhood Renewal: A framework for consultation*, London: HMSO, accessed at http://www. cabinet-office. gov. uk/seu/2000/national-strategy. pdf.

社会政策研究范式的演化及其启示[*]

杨 团

摘 要：社会政策学科创建于 19 世纪后期。至 20 世纪后期，由于它的研究范式无法回答在经济全球化背景下如何保持和增进人类福利的问题，学科面临严峻的挑战。在回应挑战的努力中，学科观察和研究社会问题的角度和方式发生了重要变化：从单纯的政府决策向着多个社会主体共同决策转变；从再分配与消费取向向着生产和社会投资进入再分配领域转变。一个原本属于非生产性的学科正在走向生产性，显示了这个学科正在经历研究范式的演化。本文对这一过程进行了考察，在此基础上，就中国社会政策学科的建构提出了自己的意见。

关键词：社会政策 研究范式演化 中国社会政策学科构建

社会政策概念与社会政策学科的诞生是工业化时代的产物。1873 年，德国一批经济学教授为研究处于市场经济初期德国的社会矛盾，发起成立了社会政策学会。第一个给社会政策下定义的是华格纳（Wagner Adelph）。他在 1891 年提出，社会政策是运用立法和行政的手段，调节财产所得和劳动所得之间分配不均的问题（白秀雄，1981）。20 世纪四五十年代，在欧洲各国解决工业化带来的社会问题的进程中，一门应用性学科——社会政策学科形成了。经过半个世纪的发展，社会政策学科在欧洲已被广泛接受。欧洲的大学研究生院几乎都设有以其命名的系科[①]，学科有自己的刊

---

[*] 原文发表于《中国社会科学》2002 年第 4 期。

[①] 以英国伦敦政治经济学院为例，社会政策的人才培养包括本科、硕士和博士。本科的专业类别有社会政策与行政、社会政策与政府、社会政策与社会心理学、社会政策与人口研究、社会政策与社会学；硕士生的培养包括政策形成分部、政策实施分部、社会政策与发展分部；对博士生的培养注重个人研究能力的积累和研究方法论的教学。

物和学会。近年来，讲究实用的美国人也开始关注社会政策制定与分析的有关理论，1999 年，哈佛大学首次设立了社会政策的博士学位。

社会政策学是一门经济学与社会学的交叉学科。它发轫于经济学，方法论更多地依据经济学，却与经济学的研究范式有明显区别，而它的价值观则更多地来自社会学。

从根本上说，社会政策学是应对社会问题的产物。由于不同时代人们面临不同的社会问题，它所研究的主要问题也在发生着变化。20 世纪五六十年代，随着福利国家的建成，许多人认为意识形态的争论在西方国家已经终结，因此，社会政策需要研究的就是如何增进公民福利即政策的有效执行，这就形成了这门学科最初的社会行政传统，其主要代表者是英国著名的社会学家、社会政策研究的鼻祖马歇尔教授（T. H. Marshal）。20 世纪70 年代，由于社会福利政策对经济社会以及人们的价值观产生了负面影响，人们开始对社会政策学科的理论基础和政治立场进行反思，其中的代表性人物是另一位社会政策研究大师、英国社会学家、现代福利国家理论创始人之一的蒂特姆斯（Richard M. Titmuss）。蒂特姆斯的贡献之一，是揭示了价值选择在社会政策中的地位。他说："我们所能做得到的，是更加清楚地揭示需要社会正视的价值抉择。如果我们将社会政策领域视为一个专门为社会某一或某些集团而设的封闭及分割的领域，我们将不会发掘出有意义的问题。"（Marshal，1976）他的这一观点为社会政策科学研究确立了价值观，即在以不同价值取向制定不同社会政策的政策制定者面前，要保持价值无涉的科学和客观的态度。此外，比之马歇尔，他对社会政策关涉客体的理解要宽泛得多。他在解释社会政策的需求时说："我们关注的是对一系列社会需求以及在稀缺条件下人类组织满足这些需求的功能的研究。人类组织的这种功能传统上称为社会服务或社会福利制度。社会生活的这个复杂领域处于所谓的自由市场、价格机制、利益标准之外。"（Marshal，1974）

20 世纪 70 年代中期以来，西方社会人口结构、全球经济结构和政治格局发生了重大变化，高科技和信息技术的高速发展，加快了世界性竞争和大规模工业改组的进程，结构性、技术性失业迅速增长。尤其是呈不可逆转之势的对劳动力需求的明显减少，对某些社会群体如非熟练的青年职工、老年人和妇女产生了深刻而持久的影响，各种新形式的贫困和边缘化来势迅猛，并被加速进行的经济全球化带往世界各地。十分明显，工业化时代形成的社会政策价值理念和制度模式，无法应对这些新问题，社会政策学科面临严峻的挑战。于是，福利国家展开了有关社会政策价值观的激烈争论，人们对以往司空见惯的满足需求的基本方式——依赖政府的社会干预直接提供社会福利产品提出了质疑，与此同时，政策实施中以多元化的手段特别是引进市场机制推进社会政策目标实现的尝试在许多国家推开。

在这种背景下，社会政策学科的研究范式①发生了深刻的变化——从单纯的政府决策向着多个社会主体共同决策转变；从再分配与消费取向向着生产和社会投资进入再分配领域转变。一个原本属于非生产性的学科正在走向生产性。

本文试图考察社会政策研究范式的演化，在此基础上，将对中国社会政策学科的建构提出自己的意见。

一 社会政策研究范式的演化

过去三十年间，国际学术界对于社会政策的解释发生了很大变化。20世纪 60 年代的主流意见还认为，社会政策是由政府决策并实施的对市民福利有直接效果的政策，包括社会保险、社会救济、住房、教育等，即沿袭了社会行政的传统。到了 80 年代，社会政策被理解为"决定不同社会群体的资源、地位及权利的分配"。90 年代以来，对于社会政策的解释进一步深化，从关注经济性资源分配发展到更加关注社会关系（地位及权利）的分配，认为正是社会关系的分配影响了社会部门（家庭、学校、社会福利、教育、社区等）与经济部门（市场）之间的关系；社会政策不仅属于政府的行为，还反映了不同社群在社会资源及社会关系方面的分配结果，左右社会政策产生不同结果的是社会、经济及政治部门的制度安排（王卓祺、Walker，2001）。这种变化反映了一个多世纪以来人们对社会政策认识的不断深化。总的来看，这种认识经历了三个阶段。

第一阶段大体上从 19 世纪末期到 20 世纪 60 年代。这是社会政策发轫

---

① 依照库恩（T. Kuhn）的观点，研究范式系指由一整套概念和假定所组成的看待世界、解答问题的基本方式。

的阶段，它起源于整个社会对市场机制缺陷的认识。市场机制带来成千上万倍于前工业化社会的财富增长速度，同时，从资源占有到财富分配的巨大不公出现了，社会进步的成果被极少数人所垄断，占社会多数的工人阶级处于赤贫状态，无产阶级与资产阶级形成了阶级对立。有鉴于此，资产阶级的有识之士对本阶级发出警告："财产越滚越大，一场雪崩就要发生，必须设法阻止它"；否则，"它将压扁你和你的子孙"。而阻止的办法，就是"分散它的速度一定要快于它的增长速度"（Smith，1999）。他们认识到，如何合理地分散即分配财富，使得贫困者以及社会全体公民都能得到不断增长的社会财富的一定份额，已成为直接关系社会安全的重大问题。于是，对于这一基本问题的思考和处理，导引出社会政策的理性概念和具体操作。其中，福利国家的制度功能及其背后的价值理念尤为令人关注。

第二阶段从 20 世纪 70 年代至 20 世纪末期。当政府机制取代市场机制直接进行社会财富的再分配后，新的机制缺陷显露了。于是，对政府机制缺陷进行反思并调整社会政策，成了第二阶段与第一阶段的分野。对政府缺陷的认识，是随着社会政策的失效而展开的。从第二次世界大战结束到 60 年代，经济持续增长支持了西方福利国家的高福利政策。但是自 1973 年起，高失业和高通胀并发，使得福利国家的高福利政策陷入困境。在这种情况下，自 70 年代下半叶起，新自由主义思潮席卷西方世界主要发达国家，其主要观点是由于国家权力太大，干预过多导致了政府失败。这种思潮主张重新回到市场去。现实的压力使得这场学术革命很快演变为推动社会政策变革的政治运动，改革福利国家的政策，减少国家干预，削减政府开支和福利项目，加强市场竞争，将国有机构私有化一时成为大的趋势。

在这一阶段，社会政策学科的研究方法也在发生重要变化。不论在社会政策的理论基础——福利哲学的观念评价上，还是社会政策的实际内容——社会福利的各项应用性问题的解决上，以及有关民意测验的作用和相关技术研究，都从主要体现政府意志逐渐朝向更准确地反映民意转化，这就为在第三阶段全球高度关注社会政策研究准备了条件。

第三阶段自 20 世纪末期开始，这是社会政策学科范式发生演化的阶段。

前已述及，当代高科技、信息技术的迅速发展以及经济全球化，使得社会问题丛生。美国学者杰里米·里夫金说："我们正在进入一个全球市场和自动化生产的新时代。通向接近无工人经济的道路已经在望。这条道路是通向安全的天堂还是可怕的地狱，这将取决于文明如何为紧跟着第三次工业革命而到来的后市场时代做准备。"（杰里米，1998）面对新的社会问题，过去那种要么依赖政府，要么依赖市场的二元思维模式显然不适用了，需要重新审视社会政策的价值理念，吸取其他学科的营养，从而建构新的研究范式。

发展中国家在这一阶段也对社会政策理论做出了贡献。这主要体现为在这些国家中社会政策与经济政策的自然融合上。由于发展中国家都是后发的农业国，如何帮助大量农村贫困人口脱贫成为社会发展的主要问题，社会政策也就与发展政策合为一体。在那里，在培育农村社区的基础上，力求实现扶贫方式从物质扶持为主向提高贫困人口获取资源能力为主的转变。而自下而上的参与式的发展模式、以人为中心的发展理念又推动着社会政策的改变，从而有利于在扶贫领域中政府机制、社会机制与市场机制的有机结合。这些成果，受到了国际社会的广泛关注。下文将要讨论的社会投资论就是基于对发展中国家社会发展理论的总结。

在这一阶段，社会政策学科发生了以下的显著变化。

第一，有关贫困的研究深化了。

消除贫困是社会政策的根本目标，因而，对贫困的研究一直是社会政策学的基本内容。传统的概念以收入或资源占有量来界定贫困，而忽视考察造成贫困的非经济原因。相应地，传统社会政策动用的主要手段是经济再分配，常常无视不同贫困人群需求的差异，他们长期无法实现的社会参与的要求，以及各种非物质的能力剥夺对于造成他们收入贫困与能力贫困并存的复杂状态的作用。新的社会政策概念强调非收入因素对人的福利的作用（李秉勤、Pinel，2002），深化了人们对于社会需求、社会机会的认识，力图从增权或能力提升、社会融入以及界定和度量贫困群体所获保障（王卓祺、Walker，2001）等新的视角进行考察。总之，这些理论使贫困的多元化特点、动态性和产生的复杂性等深层问题被揭示出来，从而拓展了研究的空间。

第二，研究重点和主要关注的问题改变了。

传统社会政策研究中的社会资源序列是"收入、财产、安全、地位、权利等"，其中，非经济资源的"地位、权利"的研究总是从属于经济资源即"收入、财产"的研究，而最新的变化是对社会关系（地位及权利）

等非经济资源分配的研究构成了研究的重点。与此相关，在关于就业与社会排斥的研究中，受到关注的问题有：社会成员的地位与权利的社会性改变对于家庭、学校、社会福利和社区部门产生了什么影响，以及这些影响与市场经济关系变化的相互作用，物的使用者即人本身的感受，对与社会福利相关的人本身的研究，人的福利组合，等等，这表明在社会政策学科中，人的因素得到强调，作为社会政策深层建构的价值观已经发生了深刻的变化（Walker，1983）。

第三，学科的领域拓展了，政策的手段增加了。

传统社会政策学科的特征是非生产性的，研究的视野基本上局限于社会福利领域，政策手段主要是对社会福利产品进行再分配，而当今社会政策学科的视野扩展了，有关人的一切福利组合以及达到这种组合的条件和方式都受到关注，政策手段从单纯的再分配转变为同时考虑生产与投资。例如，美国学者梅哲利（Midgley）将源于发展中国家的社会发展理论应用于欧美发达国家，提出了社会投资论的新的理论框架。其主要观点是：社会福利不应不计成本，要将成本效益方法论广泛应用于社会福利政策；要将人力资本投资的经济学研究成果用于社会福利政策，加强职业培训，同时通过减免税收、低息贷款等方式促进积极的生产就业；要促进社会资本的形成，强化社区内合作社会关系，改善社区环境，鼓励社区积累财产；鼓励低收入的人建立个人发展账户；加大对社会服务的投入；消除社会福利对象参与经济发展的障碍；等等。（张秀兰，2001）

第四，决策主体和行为主体由单一转向多元。

在传统模式下，社会政策的决策主体和行为主体均为政府，区别只在于中央政府决策，地方政府执行。新的模式将单一的由政府决策和支配福利转变为由政府、市场、家庭、非营利组织、社区等多元社会主体参与决策和实施。这里，福利多元主义为社会政策的决策主体和行为主体多元化提供了理论依据。这一理论认为，既然社会政策的目标是创造社会条件，实现人的福利组合，那么，在不同的福利组合层次，参与实现这一目标的社会机构和群体就都该拥有该层次社会政策决策主体的资格，即是否成为决策主体，不取决于机构本身的性质是政府还是非政府机构，而取决于权利与其责任和利益是否统一。同理，社会福利政策框架中的行为主体也必须实现多元化，即责任与权利要对称。

第五，学科的边界进一步开放，多角度和多元化研究成为趋势。

传统社会政策学科观察社会问题的视角偏重于社会行政，经济学只是被用做解决再分配问题的工具，社会学对于社会的理性分析不被重视。新的社会政策学科边界进一步开放，例如，它注重从社会学的角度考察社会关系，重点研究社会关系如何影响经济关系，特别是非经济要素作用于资源生产和资源分配系统的社会方式，从而为社会政策与经济政策从疏离走向融合开辟了道路。再如，就业正在成为21世纪最重要的社会政策，以何种方式为贫困的失业者群体注入生产性资源，如何使大量存在的非正规就业既能保障生存、还能促进精神的融合，这些研究已经涉及多种学科，显示了社会政策学科的包容性。

此外，学科研究的多角度和多元化成为一种趋势。从供给方面，社会政策已经不仅仅是政府的供给，而扩展为可以包括国际的、国家的、教区的、地方的等多元主体；从需求方面，不仅仅关注基本的物质生活保障，而且包括社会关系、社会参与、精神需求等多方面的满足。在社会政策的一切实施领域，关于社会公平、社会融合、社会合作，以及避免社会排斥等多角度的研究也引人注目。

由此不难看出，社会政策学科的研究范式正在发生深刻的演化。在这种趋势下，学科出现了一些新的研究进路。

（一）社区提供社会福利

这种进路将社区视为一个可能发育内在自组织机制的区域社会，认为社区是推动社会政策的重要行为主体。其理论基础是社会学的社区理论及社会结构理论，主要关注社区的就业与社会福利的公民参与。如何通过开发社区的公共物品与服务，增加社会投资，增进社区的经济资本，如何建立社会工资概念，对市场以外的社会产品、社会活动赋予经济价值，如何以社区为平台来构筑社会团结，这些都是研究的热点。

（二）市场提供社会福利

加强市场机制在提供社会福利方面的功能，将本来由政府包揽的部分福利项目交由市场来提供，以提高社会福利的利用效率，是发达国家常用的方式之一，被称为社会福利私营化。具体做法是政府与私营机构合作，以现金或购买券的方法补贴他们，还对他们提供税收优惠；受助对象从政府那里领到现金或购买券，根据需要到市场上买服务。在美国，近年来有将近一半的非营利医院转向营利医院，香港老人院中的私营比例也在上升。

（三）致力于公民社会权利的实现

人人拥有享受社会福利的权利，是 20 世纪社会政策的价值观，它在多数国家的立法中得到确立。但是，法定权利和这种权利的实现是两回事。法定权利的实现从来就是个复杂的问题。而社会政策自诞生之时起，实际上就是以实现公民社会权利的制度化为己任的，只是当初还没有明确地道出这一点。20 世纪 90 年代，拉特里迪斯对社会政策下的定义清楚地指出社会政策在实现公民社会权利上的工具性价值。他说，社会政策"是向全体人民提供公民权利的媒介物"。他认为，"这是一个强调在社会的制度和结构因素之间，以及整个人口和个人之间进行合作和分担责任的领域"。它成为"改进人口全体、社会阶级和个人的生活条件和生活方式的共同的工具"（Latridis，1994）。

在发挥社会政策的这种工具性作用时，第三部门的组织具有重要的意义。这些遍布社区各个角落的非营利组织，有效地帮助公民实现他们的社会权利。第三部门的存在与发展以社会政策的价值观为基础，近年来，对它的研究方兴未艾。

由于这种研究进路将政治学、社会学、法学的营养注入社会政策学，因而具有很大的理论空间。

（四）以治理的理念加强政府与公民在社会政策上的合作

治理（governance）理论①产生于经济全球化背景下种种复杂社会问题的挑战。这些问题再也不能简单地依靠国家计划或市场来解决，于是，治理作为一种更为有效的协调机制而诞生。将治理的观念运用于社会管理过

---

① 治理指的是一种由共同的目标支持的活动。它的实质在于建立在市场原则、公共利益和认同之上的政治国家与公民社会、政府与非政府、公共机构与私人机构的合作（俞可平，2001）。

程，引出了善治（good governance）的概念①。善治的本质特征在于它是政府与公民对公共生活的合作管理，是国家权力向着社会的回归。善治有赖于公民自愿的合作和对权威的自觉认同。从这个意义上说，公民社会是善治的基础。治理与善治弥补了国家与市场在调控和协调过程中的不足，对于消除社会排斥、促进社会融合和社会整合具有重要意义。

治理的理论得到国际组织的认同。世界银行将社会政策的目标确定为"消除贫困，促进包容和社会公正，使边缘群体进入全球经济和社会的主流"（世界银行驻中国代表处公共信息中心，2001）。世界银行强调，在解决社会政策的问题时，需要引入治理的理论。它认为，贫困人口受到社会排斥的一个重要原因是"未融入世界经济的国家治理结构和政策薄弱"（世界银行驻中国代表处公共信息中心，2001）。"善治"目标强调政府的责任，即政府的责任不仅限于对经济资源的再分配，还要承担对社会权利与地位的再分配，与此同时，也强调公民与政府的合作。这样，社会的各种主体，包括企业以及非政府组织、非营利组织共同合作，帮助家庭、学校、社区、社会福利机构和市场在各种资源的再分配中促进社会融合、避免社会排斥，就构成了社会政策的新目标。为此，社会政策研究需要更加注重对政府、群体和个人的权利与责任之间关系的分析，需要促进政府和公民、社会的合作。

二　有关社会政策的几个概念

（一）公共政策与社会政策

公共政策②研究的出发点在于公共利益。而公共利益被政府界定为"有利于每个个人，同时反对特殊的集团"。但在实际上，公共政策成了保护政府界定的公共利益的工具。因此，公共政策与政府决策是同义语。政治科学将公共政策分为实质性与象征性两类。"实质性的公共政策决定公

---

① 善治系指将公共利益最大化的社会管理过程。其基本要素包括合法性、透明性、责任性、法制、回应和有效（俞可平，2001）。

② 公共政策是一种"政府和官员的权威性行动，它不是建议或者讨论，而是用来满足被感知的国家需求的，包括法律、司法布告、执行命令和行政决定"（罗斯金，2001）。

共资金——每个国家都稀缺的国家资源的开支"，"象征性的公共政策是指那些创造情感忠诚的政府行为（爱国主义、忠诚、顺从或民族自豪感）或把社会地位赋予社会上的关键人物"。（罗斯金，2001）由于政府是现代社会维护公共利益、生产和提供公益物品的规模最大的社会组织，所以，必然成为公共政策研究的主要对象，政府的职能、行为、运作机制，政府机构的制度能力和制度设计成了公共政策的研究主题。

社会政策是社会新创造的一种社会公共物品，从这个意义上讲，社会政策与公共政策是可以并列的。近年来，越来越多的学者认为，可将社会政策与公共政策分列为两个学科。

另外，由于社会政策的内容长期以来主要集中在社会福利方面，包括社会保险、社会救助、医疗卫生服务、房屋政策等，而从政府的活动内容和策略的角度，公共政策可将上述内容与例如港口、运输、人口、移民、治安、国防等方面的政策统统囊括在内，所以，也有学者将社会政策归入公共政策。从研究取向看，它们之间的区别往往只是用词不同，发展趋向类同。例如，无论社会政策也好，公共政策也好，其研究主体都不能仅限于政府，目前对社会资源的分配与再分配，对社会地位、权利的再分配带来改变和影响的不仅有政府的活动，也有其他社会组织的活动，包括以非营利组织为主体的第三部门的活动等等①。

（二）社会政策与经济政策

在社会政策与经济政策的相互关系上，体现了社会政策概念的方向性转变。戈夫（I. Gough）将西方学者对社会政策与经济政策相互关系的观点分成三种类型：互不兼容、相互兼容、偶然兼容。（Gough，1996）近年来有关社会排斥与社会整合的研究，以及回应经济全球化导致一国单独应对经济危机能力的减弱，都不能不求助于在本质属于再分配领域的社会政策与本质属于生产领域的经济政策之间建立新的关系。解决问题的思路固然可以从社会政策或经济政策两个角度分别展开，不过，方向是一个，

---

① 安东尼·吉登斯在1999年的一次讲演中指出，我们长期以来是以政府领域定义公共机构的，一谈到公共制度，它的所有者和控制者就都是政府。现在需要重新定义公共机构的概念，形成公共制度的新的方式。应该承认，这其中的许多内容是由创新的第三部门的组织规划和实施的。（Giddens，1999）

即各自向对方寻求支持以弥补自己的弱项。由此，社会政策与经济政策相互兼容势在必然。

社会政策与经济政策的相互兼容引出了许多重大命题。

首先，在兼容经济政策的社会政策研究中，尤为需要进行社会素质本身的研究，因为它涵盖了经济和社会两大类内容。社会素质是一个新提出的概念，它的内涵和外延还有待进一步的研究来确定。现在可以看出的是，社会素质是一个综合的系统概念，它由许多概念组成。这些概念可能有：社会需要、社会机会、增权或能力提升、社会排斥、社会融入以及基本的社会及经济保障等。显然，社会素质是一个新的研究领域，对它的研究可能带来社会政策学科基础概念和基本理论的重大变化。其次，经济政策及其背后的价值观和某些原则、概念对于社会政策学科的影响。最后，积极就业政策研究。积极就业政策属于经济政策范畴而又具有社会政策的内涵。

总之，社会政策的主体、主题、目标、内涵、方式、决策机制与实施机制，统统在适应社会环境的变化中发生着重要的转变，学科范式的演化就在这种转变中逐渐展开。

（三）社会排斥与社会政策

近年来，欧洲学术界在社会政策的研究中非常重视社会排斥这一概念，凡有关贫困及社会不平等的研究都把注意力投向反对社会排斥，增进社会整合（social integration）上。

社会排斥（social exclusion）的概念起源于西方福利国家的贫困与社会不平等研究，当时主要是指相对贫困者缺乏正常的活动与社会参与，处于被社会排斥的地位。20世纪80年代至90年代，全球面临的社会问题使这一概念很快被人们所接受。社会排斥被认为是"当一些人或地区受到一系列相互关联的问题，如失业、技术缺乏、收入低下、居住条件恶劣、高犯罪环境、健康状况不佳及家庭破裂等的困扰时，可能发生的情况的简称"（Social Exclusion Unit，2001）。这是由劣势地位"导致某些排斥，这些排斥又导致更多的劣势和更大的社会排斥，并最终形成持久的多重（剥夺）劣势"的"一个动态过程"，它导致社会纽带的断裂（De Haan，A.，2000）。

学者们从不同的角度对社会排斥概念进行了界定。例如，从现象描述的角度，有双重含义说①、被排斥者角色说②、社会排斥行动说③、社会排斥结果说④；从原因探究的角度，有社会系统失效说⑤、市场排斥说⑥、地位排斥说⑦、能力剥夺说⑧；等等。

与社会排斥相对，社会整合意味着"社会要避免出现可能威胁社会稳定的巨大收入差距，保障贫困人口享有受教育、医疗和基本服务（如清洁的水、卫生和用电）的机会，意味着人民能够参与影响他们生活的重大决策，这也是赋权的含义"（世界银行驻中国代表处公共信息中心，2001）。

社会排斥的研究目前已经超越了传统的贫困研究，而注重考察多层次的不利条件如何使社会的边缘群体（如穷人、老人、单亲、新移民、失业者等）陷入缺乏维持最低标准生活的能力，从而被排斥出主流社会。社会排斥概念的提出，使得对贫困问题的界定扩展到社会地位与权利等非经济因素以及基本能力的被剥夺和机会丧失等方面（Sen，1999）。它凸显了贫困的社会内涵及其破坏社会整合的负面作用。这就意味着解决这类老问题需要新的视角——从纯粹的政府控制之下的经济再分配手段过渡到各种社会机制并用。总之，社会排斥的研究表明，社会政策理论发生了深刻的变革。

三　对中国社会政策学科的启示

在中国，明确提出社会政策概念，在高校建立社会政策系，以及设立专门的研究机构只是最近几年的事。其实，最早的中国社会政策研究可追

---

① 社会排斥既是一种边缘化或隔离的系统性过程，又同时涉及经济的、社会的、政治的、文化的诸多方面。
② 以不同时期处于社会底层的人们，即穷人和贫民、社会边缘的沦落者和领救济者、社会地位不利者或住房恶劣者的社会角色来定义社会排斥。
③ 从一个群体、一种制度或一个领域中排除某些人的一种行动。
④ 从被排斥者的处境的角度，被排斥成为一种身份，同时含有主观特性的表现。
⑤ 社会排斥是社会运作失效的表现。
⑥ 特指发达国家的劳动力市场排斥。
⑦ 制度性歧视致使某个社会群体的社会地位被否定，从而产生社会孤立感和隔离感。
⑧ 社会排斥可以视为个人长期无法实现某种功能的状态。这是人在社会关系上、心理上、文化上和政治参与上被长期隔绝造成的，是导致长期陷入经济贫困无力自拔的原因。

溯到 20 世纪二三十年代的社会调查、乡村建设研究①，但是这个进程被日本帝国主义的侵华战争打断了。新中国建立以后的 30 年间，适应城乡二元和"单位制"的社会结构，中国通过计划经济、广泛就业、平均工资、物价管制、城乡贸易价格调控等宏观政策实现着一种特殊的社会福利发展模式。这种模式中的社会福利不是社会结构中独立的一部分，而是依附于单位制的社会组织之中。因此，在国家的宏观政策系统中没有将社会政策单独提出。20 世纪 80 年代以来，随着经济改革的深入，各类社会问题尤其是社会保障问题不可能再由单位制解决，社会政策才由于社会保障制度的独立而被提上日程。20 世纪 90 年代以来，有关社会政策基本理论的研究开始出现，并因对社会保障与扶贫政策的研究而逐渐聚集了一支研究队伍。

总体来看，中国的社会政策学科还处于起步阶段。那么，立足于当前中国的现实，基于上面对社会政策学科研究范式演化的考察，年轻的中国社会政策学科需要研究和解决哪些问题呢？我的意见如下。

（一）三重挤压：学科建构的背景

中国社会目前处于社会发展、社会转型与全球化的三重挤压之下。首先，发达国家几个世纪所走过的各个发展阶段——从前工业化到信息化社会，同时并存于发展不平衡的中国各地。发达国家几百年的发展历程，我们这个地域辽阔、各地发展水平相差悬殊的人口大国如何能够在几十年间跨过去？这是一个很大的难题。其次，中国社会正面临社会转型，转型中出现的机制、规范、利益、观念冲突形成了异常复杂的局面。最后，全球化这柄双刃剑带给中国的负面影响很大，尤其是信息技术的全球化将劳动力过剩这一人类危机抛给了世界，给我们这个人口大国带来的困难可称世界之最。面对三重挤压，中国社会政策可选择的空间十分狭小。而从另一方面看，由于今天社会对社会政策有着强大的需求，社会政策学科的发育又面临极好的机遇。

---

① 从 1927 年到 1935 年，在中国各地完成的社会经济调查有 1000 多项。调研的主题当时主要集中在农村发展上。一批社会学家考察农民的生活，试图通过加速农村工业化为中国的工业化发展寻找出路。另有以梁漱溟为代表的乡村建设学派，在农村建设了一批乡村发展示范区，期望寻求一条适合中国国情的社会发展道路。

（二）基本价值理念：学科建构的基石

1. 确立"以公平为基础，以效率为导向"的基本价值理念

任何学科都有某种价值理念作为其最深层的依据。社会政策学既然是"关切着某种共同的人类需求和问题"的学科，其主导方向是在市场机制之外，"对一系列社会需求，以及在稀缺的条件下人类组织满足这些需求的功能的研究"（Titmuss，1974），那么，达致社会公平应该成为社会政策学科的基本价值理念。在中国，"以公平为基础，以效率为导向"应当成为这门学科的基本价值理念。

当前，我国资源配置与收入分配两大环节的分配不公所造成的后果在近五六年间愈见明显，不容忽视。一是贫富悬殊。目前，我国居民收入的基尼系数达到 0.42（中国社会科学院社会学研究所课题组，2002），已进入国际警戒线。二是城乡差距突出。据统计，全国 50% 的农村家庭的年收入不到 2000 元，农民的收入与消费水平比城镇居民至少落后 10 年（中国社会科学院社会学研究所课题组，2002）。三是低收入群体在整个社会人群中所占比重很大。统计资料显示，1994 年到 1999 年，中等和中下等收入的人群占到全部人口的 64.15%。四是失业下岗现象严重，再就业前景困难。截至 2001 年 6 月，全国登记失业人口达到 618.7 万人，加上下岗职工 769 万人，总数已达 1388 万人。同时，再就业率逐年下降已成为造成失业率增加的重要因素（中国社会科学院社会学研究所课题组，2002）。面对这种情况，在"以公平为基础，以效率为导向"的基本价值导向下，中国的社会政策应该体现社会保护与社会促进并重的价值原则。所谓社会保护，主要是指政府对在市场化、全球化和社会变迁过程中的受害者提供积极的保护和补偿，社会保护原则可以体现在社会保障政策、公共卫生政策、教育政策、住房政策等一系列的社会政策中。所谓社会促进，是指通过实施社会政策来提高整个社会的人力资本，增强处境不利者在经济、社会和文化等方面的能力，以求得整个社会在公平基础上的效率的提高（关信平，2001）。

2. 关注非收入因素对人的福利的作用，构建社会政策的伦理

一个社会的道德水平不仅取决于其主流群体的道德观念，也取决于这个社会对待边缘群体的态度、方式和价值观。贫困不是一种个人的错误和

缺陷，关怀贫困群体是全社会的道德义务，是社会所缔造的社会团结精神的体现，也是社会政策的伦理基础。当前，在社会政策传统研究范畴——贫困问题的研究中，全球的一个重要走向是关注非收入因素对贫困产生的影响和社会排斥现象。在中国，农民和失业下岗职工应有或原有的社会地位在丧失，他们缺乏机会、信心低下、疾病缠身、人际关系及家庭生活损失、参与社会生活的公民权利难以实现，个人需要和社会资源配置之间的差距在拉大。我们的社会应当关注他们所处的境遇，采取切实的措施给他们以有效的帮助。

3. 建构新的社会福利权利观，增强公民的权利意识和参与意识

所谓社会福利权利观，是指一个社会的公民、人群和组织对社会福利乃恩赐或应享权利的理解。在发达国家，公民及其社会组织的认识曾经历了从社会福利乃恩赐性的慈善到应享权利的过程，至今这种认识又从依托主权国家的公民的社会权利向着解释力更强的全球化条件下的普遍人权发展。

中国人的相应观念迄今仍停留在前工业化阶段，公民个人并不认为与政府之间存在着社会契约关系。例如领取最低生活保障金的贫困人士，更多地将政府的救助视为有良心的执政者的仁慈举动，而并非自己应得的社会权利。因此，社会政策学科要确立新的社会福利权利观，培育公民的权利意识和参与意识。因为，只有在具有权利意识和参与意识的现代公民的参与下，社会政策才能实现其既定目标。

（三）社会政策与经济政策的相互关系：学科建构的指南

前已述及，社会政策与经济政策的关系是疏离还是融合，是社会政策研究范式的重要问题。当前，中国正处于从经济政策统帅或替代社会政策过渡到两者分离的阶段，实践要求社会政策学科回答这样一个方向性的问题：如何处理好分离后的社会政策与经济政策的关系？考诸学科史，显然，我们只能走一条跨越式的新路，将二者的关系定位在融入经济政策的社会政策的思路之上。

（四）政府与市场的作用配置：学科建构的主题

纵观社会政策学科史，可以说，政府与市场在社会政策中的作用和相

互关系是这门学科在操作层面需要处理的根本性问题。这里，一个总的原则是，面对不同的社会问题，应当建立政府与市场的多种关系模式。那么，如何判断一种模式与解决某种社会问题是否相宜呢？这里有两条标准。第一，是否与社会政策的价值取向相符；第二，为获得社会福利总产出①所耗费的社会总成本是否较低，即社会福利投入产出效率是否较高。

下面分别就当前中国社会保险与社会福利服务这两个不同社会问题领域中政府与市场关系的模式做一简要分析。这两个领域的服务主体不同，分别为缴费者和全体公民；目标不同，分别为对缴费者的社会保护和使全体公民增进能力。

中国的社会保险制度，是以政府财政为支撑的财政性社会保险制。尽管养老保险制度设计针对工资劳动者，不过除了国有企业职工之外，其他如三资或私营企业职工并不愿意缴费②，致使养老保险费缴纳的扩面工作一直受阻。与此同时，现已退休的老职工退休费的工资替代率高达百分之九十几，甚至有不少省份超过百分之百。收少支多，必然产生当年收不抵支的财政缺口。据统计，到 2001 年 9 月，全国养老保险个人账户空账将近 2000 亿元，比 2000 年又增加了 10 亿元。养老金当年入不敷出的实际缺口 1998 年为 187 亿元，2000 年为 357 亿元，2001 年接近 400 亿元（中国社会科学院社会学研究所课题组，2002）。这就产生了三个问题：第一，养老保险个人账户的空账做法违背了制度设计之初的意图，即要想让缴费者承担责任，必须赋予缴费者对养老金个人账户的权利。第二，以社会福利的投入产出效率来衡量，政府以超出制度设计相当大比例的政策成本，填补养老金历年的缺口，换取保护养老保险缴费者的社会福利总产出，社会效率是很低下的。第三，投入这种社会转移支付的资源只是一种不可再生的高额耗费，它对于社会公平所产生的效果并不因为政府投入多而提高。相反，由于这种制度并不覆盖农民，政府投入的增加又进一步拉大了城乡差距，与达致社会公平和公正的价值观相悖。

---

① 社会福利总量公式 TWS = H（家庭户的福利产出）＋ M（福利在市场上卖出和买进）＋ S（政府的福利产出），见黄黎若莲（1995）。

② 由于三资或私营企业职工平均年龄低，今日缴费只能为现已退休的老职工养老金账户填空，加之缴费率过高（超过 25%），超出了他们的心理承受能力。强制性的社会养老保险也由于缴费率过高，占据了企业投保补充养老保险和人寿保险的空间，使单位和个人在政府保险之外，不再寻求其他市场化的途径。

另一社会领域即社会福利服务，采用的是"社会福利社会化"也即市场化的基本方针。之所以提出这样的方针，主观原因在于未分清社会福利产品与市场产品的不同，客观原因在于财政体制的限制。体制转轨之后，社会福利责任要由社区承担，就必须重新投入大量资本。可是社区公共财富在旧体制下的存量资本几乎等于零。于是中央政府出面进行社会动员，要求全国范围内所有省市地县各级政府、街道办事处、居民委员会和社会各界共同投资社区福利，以非制度化的类似慈善筹款的方式进行大规模的公共福利资产的基础建设。这里，中央政府只起动员作用，实际的管理者是承担出资和筹资责任的街道办事处。后来，街道直接启用市场机制，兴办企业，聘用个人办社区服务就成为中国社区在改革中的一般走向。它的后果，是社区服务与社区建设在大多数社区中形同虚设，社区居民公共利益受到侵犯，公共资产的利用率极低，社区设施空壳化。社会福利社会化政策失误的原因在于无视社会公共事务成本的存在，试图用市场机制去化掉这个成本。其实，这个成本是一个国家、一个社区、一个单位之所以存在的基本理由，是真正市场失灵之所在。因此，无论从社会价值观的角度还是从社会福利投入产出的角度观察，社会福利社会化方针下的这种政府与市场关系的社会政策模式都是不成功的。更有甚者，这类市场导向的社会政策波及一切原计划体制下的非生产性领域——医疗保健、文化教育、科技、体育等，它们统统被要求实现社会化或市场化。而在社会化、市场化的大旗遮盖下，政府办市场，让市场去办社会，角色错位，责任倒置，不但该做的事情没有做好，还构成了越轨行为产生的温床。

上述两个例子，分别表现了政府机制和市场机制的失灵与缺位。社会保险的问题在于政府包揽一切，占据了市场机制原本可能发挥作用的空间，社会福利服务的问题在于政府退得太远，让市场占据了主导位置。可见，社会政策中政府与市场关系模式的选择并非易事，这里需要高超的智慧，需要有战略的眼光和对现实的洞察力。社会政策学科在这方面理应有所贡献。

（五）社会政策的系统整合：学科建构的当务之急

所谓社会政策的系统整合，有两个层面的意义。在实践层面，指的是消除社会政策领域中的不同制度、不同方式、不同政策主体和行动主体之间不相一致甚至相互冲突的内容，实现它们之间的相互协调和功能互补。

在学科层面，指的是为社会政策的系统整合提供系统概念构架。

我国在社会政策实践层面，有着明显缺陷。例如，各种社会政策常常分属各个政府部门。通常，人们把社会政策等同于社会保障；把农村税费改革、土地政策、城乡就业政策等视为经济政策；把医院分类、社团管理、教育津贴等视为事业政策。从学科的层面看，许多从事这些研究的人并不认为自己是在从事社会政策的研究，也极少进行信息沟通和共同探索，学者的身份认同和同行共同体有待建立，自然也不能为社会政策的系统整合提供一个概念构架。

这些问题集中表现在我国社会政策决策和实施过程缺乏一整套科学的程序上（中国社会科学院社会政策研究中心，1999）：（1）决策信息的选择缺乏现代的专业化的社会调查系统的支持，更多地依赖对零星、片面的信息来源进行先入为主的主观选择，难免产生信息误导；（2）参与决策的专家未经过必要的专家选任程序，缺乏足够的独立性，难以超越部门利益，致使社会政策决策常常成为部门代言人内部妥协的产物；（3）对决策的主导方向，公众和社会群体缺乏表达意见的机会，参与程度很低，导致决策意见往往无法代表广大公众；（4）对政策实施过程未进行必要的科学监控与效果效益评价，致使政策失误不能得到及时有效的纠正；（5）从政策制定到实施的全过程均有不确定性，执行中的优先次序及具体方式常由操作者根据他们的感觉和好恶来确定，不规范的政策执行现状，造成了相当程度的混乱。

由此可见，社会政策的系统整合是学科建构的当务之急。我们应当将更多的理性注入这门学科，力求避免理论上的混乱和实践中的无序。

> 2002 年 3 月 21 日 1 稿
> 4 月 7 日 2 稿
> 5 月 8 日 3 稿

参考文献

白秀雄，1981，《社会福利行政》，三民书局，第 93 页。

关信平，2001，《全球化背景中的中国社会政策》，唐钧主编《社会政策：国际经验与国内实践》，华夏出版社，第 22 ~ 23 页。

黄黎若莲，1995，《中国社会主义的社会福利》，中国社会科学出版社，第 24 页。

杰里米·里夫金，1998，《工作的终结——后市场时代的来临》，上海译文出版社，第 240 页。

景天魁主编，2001，《基础整合的社会保障体系》，华夏出版社。

Kathleen Jones、John Brown、J. Bradshaw，1987，《社会政策要论》，巨流图书公司。

卡尔·帕顿、大卫·沙维奇，2001，《政策分析和规划的初步方法》，华夏出版社。

李秉勤、John G. Pinel，2002，《能力、贫困、社会排斥及福利》，未发稿。

马尔科姆·奥斯特，2001，《现代社会学理论》，华夏出版社。

迈克尔·罗斯金，2001，《政治科学》，华夏出版社，第 45 页。

秦晖，1999，《政府与企业之外的现代化》，浙江人民出版社。

尚晓援，2001，《"社会福利"与"社会保障"再认识》，《中国社会科学》第 3 期。

石彤，2001，《国有企业下岗职工社会排斥研究》，华人社会排斥与边缘性问题研讨会论文（香港）。

世界银行驻中国代表处公共信息中心，2001，《世界银行中国简讯》12 月第 5 期。

唐钧主编，2001，《社会政策：国际经验与国内实践》，华夏出版社。

托巴斯·丁·赖斯，1992，《美国公共政策的形成与实施》，《应用社会学》，黑龙江人民出版社。

王卓祺、Alan Walker，2001，《西方社会政策理念与 21 世纪中国福利事业的发展》，张敏杰主编《中国的第二次革命》，商务印书馆，第 283 页。

熊学刚，1999，《从城市贫困问题探讨我国社会政策模式和分析框架的建构》，中国社会科学院社会政策研究中心：《社会政策研讨会论文集》。

许纪霖，1998，《从范型的确立转向范例的论证》，张静主编《国家与社会》，浙江人民出版社。

杨团，2000，《社会政策的理论与方法》，《社会学研究》第 4 期。

杨团、葛道顺，2002，《社区公共服务社——消除边缘性的社会政策研究》，《江苏社会科学》第 4 期。

杨团、葛道顺，2002，《中国城市社区的社会保障新范式》，《管理世界》第 2 期。

杨团、杨体仁、唐钧，1996，《中国社会保障制度的再选择》，中央广播电视出版社。

杨伟民，2000，《社会政策与公民权利》，《社会政策评论》，中国社会科学院社会政策研究中心内刊（春季卷）。

俞可平主编，2001，《治理与善治》，社会科学文献出版社，第 2 ~ 6 页。

张敏杰主编，2001，《中国的第二次革命》，商务印书馆。

张秀兰，2001，《从欧美国家社会福利政策变化趋势谈我国社会福利的政策取向》，《第二届全国社会福利理论与政策研讨会》，武汉。

郑秉文，1993，《市场缺陷分析》，辽宁人民出版社。

中国社会科学院社会学研究所课题组，2002，《社会发展步入全新的开放阶段——2001～2002：中国社会形势分析与预测总报告》，《管理世界》第 1 期。

中国社会科学院社会政策研究中心，1999，《建立社会政策决策支持系统的报告》。

Alcock, P., A. Erskine, and M. May, 1998, *The Student Companion to Social Policy*, Oxford: Blackwell Published Ltd.

Anthony Giddens, 1999, *The Role of the Third Sector in the Third Way*, CAF Focus Charities Aid Foundation Kings Hill, West Malling Kent ME 194TA Press.

Armatya K. Sen, 1999, *Development as Freedom*, Alfred A. Knope Publisher, INC. New York, pp. 87 – 110.

A. Walker, 1983, *Social Policy, Social Administration and the Social Construction of Welfare*.

Charles T. Clotfelter and Thomas Ehrlich, 1999, *Philanthropy and the Nonprofit Sector in a Changing America*, Columbia University, Published in Association with the American Assembly.

David Korten, 1990, *Getting to the 21st Century*, Voluntary Action and Global Agenda: West Hartford Kunarian Press.

De Haan, A., 2000, *Social Exclusion: Enriching the Understanding of Deprivation*, Issue 2, pp. 22 – 40.

Demetrius Latridis, 1994, *Social Policy Institutional*, Context of Social Development and Human Services, Brook/Cole, Colifornia.

European Commission, 1997, *Community Involvement in Urban Regeneration*, Added Value and Changing Values. Luxembourg: Office for Official Publication of the European Communities.

I. Gough, 1996, *Welfare and Competitiveness*, New Public Economy, Vol. i (2), p. 210.

James Allen Smith, 1999, *The Evolving American Foundation*, *Philanthropy and the Nonprofit Sector Changing America*, Indiana University Press, p. 37.

McGregor, A. and M. McConnachie, 1995, *Social Exclusion*, Urban Regeneration and Economic Reintegration, Urban Studies.

Midgley, J., 1997, *Social Welfare in Global Context*, London: Sage.

Richard M. Titmuss, 1974, *Social Policy*, Allen and Unwin, London.

Social Exclusion Unit, 2001, *Preventing Social Exculsion*, Social Exclusion Unit at the Office of the Deputy Prime Minister in the Cabinet, London, United Kingdom.

Someerville Peter, 1998, "Explanations of Social Exclusion, Where does Housing Fit in."

Housing Studies Harlow.

Tom Burden, 1998, *Social Policy and Welfare a Clear Guide*, London.

T. H. Marshal, 1974, *Social Policy*, Allen and Unwin, London.

T. H. Marshal, 1976, *Commitment to Welfare*, Allen and Unwin, London.

制度规范行为[*]

——关于单位的研究与思考

李汉林　渠敬东

一　问题与假设

在现阶段社会结构的变迁中，非国有经济及非单位制度的迅速和持续发展，不仅打破了长期以来在中国社会结构中"单位制度"及国有经济占主导地位的状况，而且也造成了当前中国社会单位与非单位制度并存的特殊的结构格局。据统计，在我国工业企业的资产结构中，国有工业企业固定资产净值年余额所占全社会固定资产净值比重，自改革初期的90%以上降至1985年的85.4%，而到了1999年则降至71.8%；相应地，非国有工业企业固定资产净值比重由不足10%升至14.6%，再升至28.2%。国有工业企业流动资产年均余额所占比重，由改革初期的80%以上，降至1985年的76%，再降至1999年的62.7%；相应地，非国有工业企业流动资产年均余额由不足20%升至24%，再升至37.3%（刘伟，2001：124）。生活在非单位制度中的成员，或者按照市场的机制，或者同时利用市场与非市场新旧两种机制，也在不断地改善自己的社会经济地位。他们的行为作为一种参照群体，在很大程度上刺激着生活在单位制度中的社会成员。这样的一种结构性变迁，在中国这样的一个社会中较长时期的存在，一方面会保持社会的相对稳定，促进社会经济的协调发展；另一方面，也会不可避免地导致一系列的摩擦和冲突。深入地分析和认识这样一种社会结构状况，对于我们准确地把握中国国情，理解在如此制度性结构条件下人们的

---

　*　原文发表于《社会学研究》2002年第5期。

社会行为，进一步推进社会政治和经济的改革，具有非常重要的意义。

我们曾经从资源、权利和交换的角度，深入地分析了"单位组织"这一中国独特的社会现象。这种独特的社会现象是指：大多数社会成员被组织到一个一个具体的"单位组织"中，由这种单位组织赋予他们社会行为的权利、身份和合法性，满足他们的各种需求，代表和维护他们的利益，控制他们的行为。单位组织依赖于国家（政府），个人依赖于单位组织；同时，国家依赖于这些单位组织控制和整合社会。因而，单位组织的状况，构成了当代中国城市社区的基本结构。个人在这种组织中社会化，受这种组织文化的影响，逐渐形成了一种独特的价值观念和行为规范（李汉林，1996；李汉林、李路路，1999，2000；李路路、李汉林，1999，2000a，2001）。

"单位组织"在中国社会里已经远远超出了一般社会组织的意义。实质上，它不仅是一种统治和统治形式，更重要的是一种制度，一种深刻地受制度环境影响、"嵌入"特定制度结构之中的特殊的组织形态。

在以往的一些社会学的相关认识中，制度主要被看作在主流意识形态和价值观念基础上建立起来的、被认可和强制执行的一些相对稳定的行为规范和取向（Buss，1985；Berger，1992；Lau，1978；Schelsky，1970；Schuelein，1987；Lepsius，1990）。这种行为规范和取向融化于相应的社会角色和社会地位之中，用以保证人与人之间的社会互动，调整人们相互之间的社会关系，满足人们的各种基本社会需求。而单位作为一种制度，也主要是因为，在目前的中国社会里，不管它是企业单位、事业单位还是行政单位，都具有一系列在主流意识形态和价值观念基础上建立起来的、被认可和结构化的一些相对稳定的行为规范。这些行为规范，融化于人们在单位中所扮演的各种不同的社会角色，以及所具有的不同的社会地位之中；调整着单位中人们相互之间的社会关系，保证着人们之间的社会互动，并成为人们之间这种社会互动的最基本的组织和制度的结构条件。

在改革开放以前，单位是中国社会中的一个高度整合和低度分化的基本组织形态。当时的中国社会，是一个由极其独特的两极结构所组成的社会：一极是权力高度集中的国家和政府，另一极则是大量相对分散和相对封闭的一个一个的单位组织。在城市社区中，社会成员总是隶属于一定的单位：在学校属于学校单位，参加工作属于工作单位，退休以后不仅仍属于原工作单位，同时也属于街道单位。在中国单位里，人们相互熟悉，没有陌生人——这是一个"熟悉的社会"、一个"没有陌生人的社会"。在这个社会中，人们之间彼此相互了解，甚至在日常的生活中朝夕相处、相互影响和依赖。与此同时，由于资源主要由单位垄断分配的机制，使个人与单位的关系变得异常紧密。人们从摇篮到墓地，生生死死都离不开单位。在这里，单位社会的生活成为人们社会生活的常态、人们社会行为的常态。一方面，从制度上不允许人们割断与单位社会的联系，因为离开了单位，人们就会失去社会身份和地位，国家和政府也就会失去以往那样对人的控制。另一方面，失去与单位社会的联系，对个人而言，在目前的这种社会及社会化的环境中，也是一件并不轻松的事：它不仅会给人们的行为带来失落和迷茫，而且也会使人们逐渐失去自身社会存在的基础。所有这一切，也就构成了单位作为制度的重要的政治、经济和社会的前提和条件。

事实上，在相当长的一段时间里，国家与单位、单位与个人的关系总是处于这样的一种状况：国家全面占有和控制各种社会资源，处于一种绝对的优势地位，进而形成对单位的绝对领导和支配；单位全面占有和控制单位成员发展的机会以及他们在社会、政治、经济及文化生活中所必需的资源，处于一种绝对的优势地位，进而形成对单位成员的绝对领导和支配。在当时，所谓企业单位办社会、单位功能多元化的一个直接和突出的社会后果，就是在极大程度上强化了单位成员对其单位的全面依赖性。如此，国家和政府对其社会成员，按照国家所倡导的行为规范和价值取向进行整合和控制，根本不需要也不可能直接作用于社会成员，只需要通过控制其隶属的单位就能实现自己的行为目标。换言之，国家和政府的社会控制主要是通过单位来实现的，而单位在贯彻国家整合和控制的意志中则主要是基于单位成员对单位的全面依赖性，通过单位办社会、单位自身功能多元化的过程来实现的。这是因为，在任何依赖的社会情境中，人们只有以服从为代价才能换取资源，进而获得社会身份、自由和权利。即使在今天，一些人们维系基本的政治、经济、社会生活所需要的主要资源，仍然只有通过单位的分配才能够得到。资源的单位所有与个人所求两者之间供不应求的状况，仍然是目前中国单位社会的一个普遍的典型特征，也是单位作为一种制度的政治经济基础（Li Hanlin，1991，1993，1994，1995，1996）。

改革以前的中国单位，这种从摇篮到墓地的社会体系发育得比较充分，功能多元化的整合程度也比较高。在这样的一种单位里，在人的社会化的各个阶段都能较强烈地感觉到单位的作用和单位的影子。单位作为一种规范、一种观念、一种规范化的制度，深刻地影响和制约着人们的行为，成为人们在社会行为过程中不得不考虑或者说情不自禁地要"掂量"的一个极为重要的社会因素和客观存在，或者说，是中国单位人社会化过程中的一个极为重要的组成部分。可以设想一下，如果一个人出生在单位办的医院里，上的是单位办的托儿所、幼儿园，随着时间的推移，又在单位办的学校里完成自己的学业，并走上了自己生长的单位的工作岗位；成人以后，在单位的帮助下找对象、恋爱、结婚，生儿育女；尔后又住进了单位分的房子或职工宿舍，常态的生活直至终老都与单位息息相关，并如此循环往复下去。在这样的一种社会环境和社会氛围中，难道人们还会有什么别的选择吗？存在决定意识，单位极其强烈的客观存在决定了人们强烈的单位意识。长此以往，这样的一种单位意识就会不可避免地内化成为人们的一种行为取向和规范。即便在改革开放后的今天，有了一些非单位性的组织形式，比如一些三资和私营的企业以及一些发展迅猛的乡镇企业；但是，人们在长期社会化过程中业已形成的那些带有浓郁的乡土气息的价值观念和行为规范，并不是一下子可以挥之即去的，它们顽强地以各种不同的方式在人们的行为过程中不断地反映出来。一些非单位组织中的单位化倾向，把强化单位意识作为一种企业文化和增进成员对组织的认同感来加以贯彻的做法，乡镇企业与其所属社区的那种割不断、说不清、永远以各种各样的方式"粘"在一起的联系，以及目前城市中街道社区化、社区单位化的倾向，都说明了单位在中国社会和社会生活的各个角落里实实在在的客观存在。中国的社会在总体上仍然是单位社会，而单位社会中的那种浓郁的乡土气息则把现代的中国和传统的中国紧紧地联系在了一起，把"乡土中国"与"单位中国"紧紧地联系在了一起，这同时构成了单位作一种制度的意识形态和文化的基础。

概而言之，单位之所以被看作一种制度，是因为它是在主流意识形态和价值观念基础上建立起来的一种特殊的组织和机构形态。它能够满足人们的基本需求，有一些在任何单位形态里都适用的基本的社会角色和社会地位，同时也有一些只在特定单位形态里通行的特定的行为规范和取向，并以此作为人们在这种单位形态中行为与互动的条件与前提。在中国的单位形态里，政治作为一种组织化的形态整合了单位，成为单位结构的一部分；意识形态在中国单位里也被赋予了特殊的意义。作为一个"社会人"，只要他进入了单位，在单位形态里生活和工作，就会不可避免地、自觉或不自觉地被社会化为一个"单位人"，扮演着单位中特定的社会角色，具有特定的社会地位，把单位形态中的行为规范和取向作为自己的行为规范和取向。恰恰在这个意义上，单位成了一种制度，成为定义和规范人们行为的制度形态。

还需要强调的是，单位之所以被看作一种制度，还因为它是一种相对稳定的社会与组织形态，是传统文化和现代意识形态相结合的产物。在这里，一些传统的东西被意识形态化，一些意识形态的东西最终被结构化；而那些被结构化的基本东西，是既不可能一挥而去，也不可能朝令夕改的。人们行为的惯性，融入为单位制度的结构，成为人们的行为规范，成为人们行为互动的条件和前提。人们在这种制度的结构中生活，根据这种行为规范而"社会化"。如此循环往复，使单位制度在其深层的结构上，具有一种抗拒变迁的能力，其变迁的滞后性具有了深刻的制度基础。在目前的中国，尽管非单位组织和制度有了迅速和持续的增长与发展，进而形成了单位与非单位制度并存的结构格局；但是，单位及单位制度仍然是当代中国社会的一个不可忽视的、不以任何人意志为转移的客观存在。

在这篇文章里，我们主要试图从制度规范行为的角度来说明不同的组织制度对人们行为的影响。在本文中，我们对人们的行为及行为取向的分析做相应的限定，即主要集中在分析下列两个行为取向上：不满意度和相对剥夺感。我们将利用我们在 1987 年、1993 年及 2001 年所做的问卷调查的数据做相应的比较。

二　样本与量表

我们在 1987 年、1993 年以及 2001 年分别就不同的主题做了问卷调查。① 当时的调查总是根据当时的需要、针对当时所要解决的问题而设计问卷和拟定假设的。实事求是地说，当时我们并没有考虑到尔后会利用这

---

① 1987 年的调查主要由李汉林、王颖、孙炳耀、方明和王琦组织实施；1993 年的调查主要由李汉林、李路路、王奋宇组织实施；2001 年的调查主要由李汉林、渠敬东等组织实施。

些数据做相应的比较。三个不同时期的经验研究所侧重的主题不同，所选择的样本不同，样本的大小也不一样。在严格的方法论意义上，应该说并不具备相互比较的基础。

但是在这篇文章中，我们仍然试图做一些比较，我们仍然试图在比较的过程中去检验我们的研究假设。我们这样做主要是基于以下两点考虑。

首先，在这篇文章中，我们所试图检验的最基本的假设是：制度是否能够影响和规范行为。尽管我们在三个不同时期的调查中抽样的方式不同，样本的大小并不一样，所制作的量表中选择的 Items 也不尽相同，但是，从大的方面来观察，三个不同时期所选择的都是城市社区的居民；我们所检验的假设也只是试图去说明，在单位或非单位制度中生活和工作的成员的行为是否有所不同。在极端的意义上，当我们能够从不同的角度、利用不同的量表说明这种行为的差异的时候，我们就能够在一定程度上证明制度规范行为的假设；反之，当我们不能证明这种行为差异的时候，我们仍然可以做出相应的解释，即为什么在特定的时期里制度不能规范行为。我们在这里所做的比较，实际上是一种间接的比较，一种宏观的比较，而不是对同一个样本、同一批人群所做的追踪调查，因而这样的一种比较在方法论上是可以成立的（Tanur，1992；Roth，1995；Engel，1994；Nachmias，1976；Loether，1986；Simon，1982；Flick，1995；Straits，1988；Tufte，1978；Cole，1980；Babbie，1989）。其次，尽管我们的分析旨在检验我们的研究假设，同时会得出相应的结论，但是，由于抽样方法的限制、样本量大小的局限等诸方面的因素，我们将不做任何总体性的推论。虽然我们所选择的样本城市或许能够代表某些城市的类型，我们的一些分析结果或许也能够揭示总体的一些结构性特征和发展趋势。这样一来，我们就可能在很大程度上避免以偏概全，避免方法论上的错误。

这项研究的学术价值和意义主要在于，首先，它是一种探索性研究的成果，通过这项调查所做的分析以及由此所得出的分析结论能够为将来进一步的研究、为将来从样本推论总体提供坚实的学术知识的基础。其次，通过选择相应的角度（比如单位与非单位），能够比较有效地检验我们相应的研究假设，为我们了解和掌握一些总体的情况和变化，提供一个可靠的学术的样本依据。最后，它能够为我们今后进一步的研究以及在更大范围内的随机抽样提供方法论上的依据。总之，这次调查所提供的探索性的知识和结论，对于我们进一步理解目前中国所发生的在组织、制度和结构上的社会变迁，对于我们深入理解和分析制度能否、在什么样的条件下以及在多大的程度上影响和制约人们社会行为的取向，都是非常有益的。

在这篇文章里，我们主要是利用不同时期所做的两个量表对数据做相应的分析和比较。

（一）不满意度

在严格的意义上，不满意度是一个社会心理学的概念，它测量的主要是人们社会心理上的一种感受。当人们在工作与行为上的付出与劳动（effort）不能够得到他认为应该得到的回报、补偿和奖励（reward）的时候，人们就会自然而然地在心理上产生一种相对不公平和不满足的感觉。两者之间的差距愈大，或者说，人们付出的比他们所得到的愈多，人们对这种报酬的不满意程度就会愈高（Siegrist，1996；Weiner，1981；Bosetyky & Heinrich，1989；Mayring，1993）。这里需要强调的至少有三点：不满意度强调的是一种在投入－产出行为过程中自我的一种不断的权衡和比较，以及由此在心理上所产生的一种相对不平衡和不公平的自我感受。不满意度同时也是一种在投入－产出的交换过程中趋于追求利益最大化的理性行为感受。事实上，人们在投入后所获取的利益回报愈大，那么，他们在心理上的成功与满足、平衡与公平的感觉就会愈加强烈；否则，人们就会产生强烈的不满意的感觉。在这里，不满意度所强调的是比较和交换。人们实际得到的比他们所期望得到的愈多，人们自身的不满意度就会愈低；反之，人们期望值愈高，而实际所能得到的愈少，那么，人们的怨恨愈深，牢骚愈多，相应地，其不满意度就会愈高。

第二，在分析不满意度的过程中，必须重视和考虑的相应的重要概念和因素是期望以及期望实现的程度。在实际的社会行为过程中，人们不满意度的高低往往取决于他们期望实现的程度。事实上，期望实现的程度愈高，人们的不满意度也就相应地愈低；反之，当人们的期望值高于其期望实现的程度的时候，人们就会感到失望，其不满意度也就相应地愈高。

第三，不满意度所表示出来的那种不平衡与不公平的感觉，似乎并不在意于回报的高低，而是更多地在意这种回报与奖赏是否公平或者与自己的付出是否等值。这种公平或等值的判断，以及人们实际上对某种事物或事件所做的满意不满意的评价，有可能受个人社会地位、环境、参照群体等各种外在因素的影响。

在这里，需要明确强调的是，在1987年展开对城市居民心态调查，并开始设计这份问卷的时候，我们并没有试图去做不满意度量表，因而也就没有直接设计这方面的问题。我们是在后来进行这项研究，并考虑要对单位与非单位成员行为取向进行分析的时候，才回过头来研究问卷，思考问卷中的哪些问题能够间接或直接地反映人们不满意的情绪。为此，我们选择了在问卷中所列举的7种当时社会上比较流行的看法，分别让受访者判断在下列的这些看法中哪些是他们自己很同意、同意、不同意或是很不同意的。我们列举的7种看法是：

（1）知识分子名声好听，实惠不多，收入太低；（2）工人地位相对下降，生活提高不快；（3）商业、服务业人员工作紧张，责任大，收入低；（4）中小学教师辛苦，未得到应有承认，收入太低；（5）个体户发财致富，许多靠的是歪门邪道；（6）干部以权谋私，有不少实惠；（7）这几年农民富得快，收入比工人高。

选择这些问题作为不满意度量表的主要依据是，在我们看来，个人对一些社会现象的不满意程度也是影响他们社会行为和社会态度的一个重要变量。不满意度作为一个综合性指标，主要反映的是人们的一些主观感受。事实上，人们对自己以及自己所处的社会、经济和政治环境的满意程度是可以直接通过测量个人对社会上一些主要的社会现象的看法和评价以及由此产生的一些主观感受而得到的。上述的这些在当时社会上比较流行的看法，应该说是能够比较典型地反映我们国家20世纪80年代中后期社会经济政治环境的一些主要的结构性特征的。所以，我们的期望是，通过观察人们对上述这些看法所持的态度，能够了解人们在多大程度上自我感受公平和满足。我们的基本假定是：人们同意上述的这些看法的程度愈高，那么，人们所感受的不满意的程度也会愈高。

这里，需要指出的是，在1987年的调查中，我们事先并没有刻意去设计这方面的假设，对这方面的认识应该说也是十分模糊的。它是调查问卷以及尔后分析调查数据的一个"偶然的发现"和"意外的收获"。正因为如此，在 1987 年的调查中，对不满意度量表的制作远没有我们在后来调查过程中那么系统和自觉。这样的一种认识水平，不仅表现在当时不满意度量表的制作上，而且还表现在当时其他一些量表的制作上。我们客观地把这些问题摆出来，是为了给读者一个实事求是的交代，是为了让读者对我们研究的轨迹有一个清楚和历史的了解，同时也是为我们自己对过去的研究有一个比较理性的梳理。

在 1993 年的调查中，我们已经能够比较明确地感到，不满意度是一个综合性指标。人们对自己以及自己所处的社会、经济和政治环境不满意程度的评价与感受是可以直接通过测量个人对自己在单位中的工作、本单位在社会上的地位、与单位领导和同事的关系、单位的劳保福利情况、工作收入、工作条件、晋升机会、住房情况、学习培训机会、工作稳定性等各方面的项目指标得到的。根据这种判断，我们在问卷中设计了下列的一个问题，即"您是否对自己的下列状况感到满意？"并列举了相关的 15 类项目，分别让受访者判断在这些项目中自己感到很满意、比较满意、一般、不太满意或者是很不满意。这 15 类项目分别是：

（1）对自己的具体工作；（2）对本单位在社会上的地位；（3）对自己的职业的体面程度；（4）与单位同事的关系；（5）与单位领导的关系；（6）单位的劳保福利状况；（7）单位的工作收入；（8）单位的工作条件；（9）自己才能的发挥；（10）单位中的晋升机会；（11）住房状况；（12）工作调动；（13）学习培训机会；（14）工作轻松自由；（15）工作稳定性。

我们的期望是：上述的 15 类项目能够基本囊括人们在中国单位社会中的基本社会、经济和政治等各方面的需求。通过观察人们这些需求实现的程度，进而能够了解人们在多大程度上自我感受公平和满足。人们的上述项目需求实现的程度愈高，人们所感受的满意程度也会愈高。

我们 2001 年的调查是在充分顾及和考虑 1987 年和 1993 年调查的基础上展开的。在 1987 年和 1993 年的调查问卷中，我们并不是一开始就自觉地和刻意地去设计一些问题，为在这两次调查中制作不满意度量表打下一个基础。实际的情况是，按照研究的逻辑和惯性，首先尽可能全面地设计各方面的问题，然后再根据数据分析的结果所提供的逻辑，相应地制作我们的不满意度量表和其他量表。换句话说，尽管这两次调查的研究主题是明确的，但从总体上来看，前两次的研究更多的是探索性的（explorative research）。

2001 年实施这项问卷调查的时候，情况就不同了。首先，我们有了两次大规模问卷调查的基础，在制作量表和选择相应的问题上有了较丰富的经验。其次，我们不仅有了明确的研究目的和主题，而且还有了较明确的研究假设，即为了检验不同的制度是否、在什么样的情况下，以及在多大的程度上能够影响和制约人们的社会行为和行为取向。最后，我们在分析中所需要的一些主要的自变量和因变量也比较清楚。正是在这样一种情况下，我们设计、选择的问题以及尔后所制作的量表都比较简练、直观和有的放矢。换句话说，2001 年的调查更多的是一种验证性的（confirmative research）。

就制作的不满意度量表而言，我们已经知道，作为一种综合性指标，我们可以通过直接询问被访者对自己在社会、经济和政治状况的好坏高低的感受中得到一些基本的信息。为此，我们设计了一个问题，即让被访者回答，根据他的教育水平、工作能力以及他给社会所做的贡献，他是否对自己目前的经济收入、福利状况以及社会地位感到满意。我们的期望是，通过直接观察人们对自己社会、经济和政治状况的好坏与高低的感受，能够了解到他们满意或者是不满意的程度。表 1 是对我们在三个不同时期所做的不满意度量表的一般统计概要。

表 1　对三个不同时期不满意度量表的一般统计概要

	1987 年	1993 年	2001 年
对量表集中趋势的检验			
Mean	19.04	48.96	9.62
Mode	19.00	48.00	9.00
Median	19.00	48.00	9.00
对量表离散趋势的检验			
Standard Deviation	3.24	9.56	2.45
Minimum	1.00	16.00	1.00
Maximum	29.00	80.00	39.00
Range	27.00	64.00	38.00

	1987 年	1993 年	2001 年
对量表值分布状况的检验			
Skewness	-1.23	0.094	0.992
Kurtosis	4.84	0.973	
对量表的 Alpha 检验			
Alpha	0.5016	0.9076	0.7794
标准 Alpha	0.4956	0.9081	0.8044
n	2348	2787	1556

（二）相对剥夺感

与不满意度相似，相对剥夺感测量的也是人们行为过程中的一种主观感受。相对剥夺感主要是指人们从期望得到的和实际得到的差距中（discrepancy between expectation and actuality）所产生出来的或所感受到的、特别是与相应的参照群体的比较过程中所产生出来的一种负面的主观感受，一种不满和愤慨的情绪（Runciman，1972；Gurr，1971；Opp，1989：132－179）。在我们理解相对剥夺感这个概念的过程中，起码有以下 4 点需要强调（见表 2）。

表 2　期望、期望实现程度、相对剥夺感与不满意度

期望	期望实现程度	相对剥夺感	不满意度
高	高	低	低
低	高	低	低
高	低	高	高
低	低	低	不高不低（趋中）

第一，相对剥夺感总是在期望以及期望的实现的不断比较过程中产生的。当人们的行为期望值总是不断地高于实际实现值的时候，人们就会感到失望和失落。在这里，人们的期望值总是一种他们认为他们能够得到或者说应该得到的东西。当人们认为能够或应该得到的东西在实际上却没有得到的时候，他们就很容易自然而然地感到在实际行为过程中受到剥夺。

第二，相对剥夺感同时也是人们在其行为的过程中，不断地与其相应的参照群体（reference group）相比较的结果。参照群体主要是指被特定的社会集团和个人自觉或不自觉地把这些群体的价值观念和行为规范作为自己的行为取向的那些社会群体。人们总是在与他们自己所认同的群体和个人的比较过程中，不断修正自己的行为。同样如此，也正是在这样的一个过程中，人们来感受相对被剥夺程度的高低。在这里，相对剥夺感的特殊之点在于：它更多地在意自己所得到的回报和奖赏在和自己的参照群体（reference group）的比较过程中，是否处于一种等值或公平的状态。人们在拿自己的付出和回报与其相应的参照群体的比较过程中愈感到平衡与公平，那么，其相对剥夺感的程度就会愈低。反过来，如果人们在拿自己的付出和回报与其相应的参照群体的比较过程中愈感到不公平和愤恨，那么，不仅满意度的程度会愈低，而且，也会不可避免地产生一种被相对剥夺的感觉。因此，人们的被剥夺感是相对的。人们实际上对某种事物或事件做出满意不满意的评价时，都有可能受到个人社会地位、环境、参照群体等各种外在因素的影响，因而是相对的（Kelly，1952：401－414；Eisenstadt，1954；Merton & Rossi，1968：279－333）。

第三，相对剥夺感作为一种负面的感受（negative feeling），反映的是人们的失望和失落，表达的是一种愤慨和不满的情绪。不满意度和相对剥夺感强调的重点或概念的指向不同，但都是在期望值与实际实现值产生差距的情况下出现的，因此，二者之间存在着紧密的联系。表2比较形象地说明了期望、期望实现程度、相对剥夺感以及不满意度这4个变量之间的关系。从表2中可以看出，只有当人们具有高期望值和低期望实际实现值的时候，人们的那种被相对剥夺的感觉才会变得强烈起来。

表3　对三个不同时期相对剥夺感量表的一般统计概要

	1987 年	1993 年	2001 年
对量表集中趋势的检验			
Mean	10.84	28.35	22.50
Mode	12.00	24.00	21.00
Median	11.00	28.00	22.00

	1987 年	1993 年	2001 年
对量表离散趋势的检验			
Standard Deviation	2. 26	4. 58	5. 46
Minimum	0. 00	8. 00	1. 00
Maximum	15. 00	40. 00	51. 00
Range	15. 00	32. 00	50. 00
对量表值分布状况的检验			
Skewness	− 1. 70	0. 477	− 0. 297
Kurtosis	6. 25	0. 242	1. 786
对量表的 Alpha 检验			
Alpha	0. 745	0. 8694	0. 8438
标准 Alpha	0. 747	0. 8708	0. 8656
n	2348	3059	1560

第四，相对剥夺感产生的一个重要的条件就是不切实际地大幅度提高人们的期望值，做出许多没有实现或不可能实现的允诺。这样造成的结果必然会使人们的期望值和实际实现值的差距不断拉大，使人们经常陷入失望与失落、不满和愤慨的情绪之中。在这样的一种情况下，人们的相对剥夺感也就会不可避免地产生。

总之，我们认为，相对剥夺感主要是指人们从期望得到的和实际得到的差距中，以及与其相应的参照群体的比较过程中所产生的一种负面的主观感受。为了测量这种负面的主观感受，在 1987 年的调查中，我们选择了在调查问卷中设计的两个问题。第一个问题是："在下列问题上，你觉得你与单位内同事相比怎样？"为此我们在问卷中列了 3 个项目，即你目前的经济收入、你目前的社会地位和你目前的政治地位，分别让受访者判断自己的状况是很高、偏高、差不多、偏低还是很低。在我们选择的第二个问题中，我们在问卷中同样列出了上述的 3 个项目，让受访者与社会上的其他人进行比较，同样让他们判断自己的状况是很高、偏高、差不多、偏低还是很低。在 1993 年和 2001 年的调查中，除了上述的两个问题外，我们又分别增加了一个问题，即 "如果人的地位可以分为五等，您认为您在单位中和在社会上分别属于哪一等？" 并分别让受访者判断自己在单位中和社会上属于上等、中上等、中等、中下等或下等。我们的预期是：上述的这些不同问题能够从不同角度来反映和测量人们被相对剥夺的感受。就此，我们制作了三个不同时期相对剥夺感量表。表 3 是对我们在三个不同时期所做的相对剥夺感量表的一般统计概要（见表 3）。

三　检验与分析

（一）1987 年的调查

1. 满意度

我们在制作量表的时候就指出，个人对一些社会现象的不满意程度在一定的意义上影响着他们的社会行为和态度。基于这种认识，我们选择了问卷中列举的 7 种当时社会上比较流行的看法（见前述），让被调查者做出相应的同意或不同意的判断。我们的期望是：通过观察人们对这些看法所持的态度，我们能够直接或间接地了解人们在多大程度上能自我感受公平和满足。

在我们这篇文章和这项研究中，一个试图深入探讨的核心问题是：制度能否规范行为，制度在什么样的情况下以及在多大程度上能够规范人们的行为。为此，我们在分析过程中的一个最重要的自变量是单位与非单位制度。在这里，我们所理解的单位制度主要是指具有集体和国有所有制形式的各种类型的社会组织以及相应的行为规范和取向；与此相应，我们所理解的非单位制度，则主要是指除集体和国家所有制以外的各种类型的社会组织以及相应的行为规范和取向。这既包括私人所有的企业或社会组织，也包括国外机构或厂商来中国兴办和建立的企业或社会组织。以此为基础，我们试图观察，在单位或非单位的制度中，人们的行为及行为取向是否不同。制作不满意度量表，并以此作为因变量，就是要观察在单位或非单位的制度中，人们的不满意度的状况是否不同（见表 4）。

表 4　不满意度与单位

	非单位	单位
不满意度（n）	297	1947

	非单位	单位
均值	17.94	19.21
标准差	3.29	3.21
95%的均值置信区间		
下限	17.57	19.07
上限	18.32	19.36

注：F 值（F-Ratio）=40.14；自由度（df）=1；显著度（Sig.）=0.000。

表 4 中所进行的 Anova 分析表明，不满意度状况在单位与非单位制度中生活的成员中有显著的区别。结果显示，单位成员的不满意度均值（19.21）要比非单位成员的均值（17.94）高出一个多百分点。F 检验的结果为 40.14，远远大于在显著度为 0.01 条件下的 F 值（6.64），从而有力地支持了单位人比非单位人更倾向于不满意的研究假设。

为了进一步分析在什么样单位制度条件下的单位成员更具有不满意的倾向，我们同时把不满意度与所有制结构和单位类型进行了 Anova 分析。结果表明，国有所有制中的单位成员的均值（19.25）要比集体所有制中的单位成员的均值（19.03）高；而集体所有制中的单位成员的均值则比私人所有制中的成员的均值（17.94）高。说明国有所有制中的单位成员比集体所有制中的单位成员更倾向于不满意；而集体所有制中的单位成员则要比私人所有制中的成员更倾向于不满意。在这里，F 值为 20.73，远大于显著度在 0.01 条件下的 F 值（4.60），从而有力地支持着上述研究假设。

与此同时，进一步的分析结果还显示，在国有企业中单位成员的均值（19.32）要比在政府事业单位工作的单位成员的均值（19.15）高；而在政府事业单位工作的单位成员则比集体企业单位工作的成员的均值要高（19.03）；在这里，均值最低的仍然是私营或其他非国营、集体及政府企事业单位的成员（17.94）。F 检验的结果为 14.19，仍大于显著度在 0.01 条件下的 F 值（3.78），表示其研究假设成立，即国有企业职工较之政府事业单位的成员更倾向于不满意；政府事业单位的成员较之集体企业单位职工更倾向于不满意；私营企业及其他单位的职工较之上述的单位成员其不满意的倾向较低。

　　如果联系 20 世纪 80 年代末期的主要社会经济的结构性特征，我们就能够比较容易地理解在这里 F 检验的结果。80 年代后期所进行的经济体制改革，触动最大的是国有企业单位。那个时候议论最多的、政策的行为导向以及具体的操作实施最集中的，就是如何打破国有企业的铁饭碗，提高国有企业的经济效益。这对于长期习惯于生活在计划经济体制下的国有企业单位的成员来说，对于他们长期形成的行为惯性来说，无疑是一个巨大的冲击。那个时候的单位成员很难理解和接受，单位怎么会一下子不要他们，单位领导怎么会一下子不管他们这样的一个现实。于是乎，不公平和不满意的感觉就一下子变得强烈起来（周其仁、杜鹰、邱继成，1987；国务院农研中心发展研究所，1987；发展研究所综合课题组，1988；高尚全，1989）。

　　集体所有制中的单位成员，由于单位对其大包大揽的程度远不如国有所有制下的单位成员，其"铁饭碗"的牢固程度从根本上也远不如国有所有制下的单位成员。所以，那个时期经济体制改革对他们的冲击，从主观感受上远没有国有所有制下的单位成员那么强烈。具体反映在不满意的倾向上，自然也就比国有所有制下的单位成员低一些。

　　相对而言，不满意程度最低的是私人所有制中的非单位成员。在这种所有制形式下生活和工作，其前提条件就是要遵循和适应在这种制度中的一系列的行为规范和取向。这种组织和制度本身就是经济体制改革的产物。人们进入这种制度，应该说是有一定的思想和心理准备的。对于当时经济体制改革的冲击，他们较之国有和集体所有制下的单位成员来说，是更能够适应的，其不满意度相对而言也就要低一些。

　　与此同时，我们还试图进一步地分析，在单位与非单位组织中，什么样的成员更倾向于不满意。表 5 对 6 个不同变量的 F 检验的结果表明，在单位成员当中，性别、年龄和收入与不满意度的 F 值不显著，说明这几者之间无明显的相关关系，也不能证实两者之间或高或低的研究假设。而在政治面貌、教育水平和主观判断的地位上，其 F 值略高。政治面貌与不满意度之间的 F 值为 3.093，大于在显著度为 0.05 条件下的 F 值（2.60），说明其研究假设在 0.05 的条件下成立；教育水平与不满意度之间的 F 值为 5.888，大于在显著度为 0.01 条件下的 F 值（3.78），说明其研究假设在显著度为 0.001 条件下成立；主观判断的地位主要是指被调查者综合自身的情况，认为自己的社会、经济和政治地位属于哪一等级。这一变量与不满意度之间的 F 值为 3.213，大于在显著度为 0.01 条件下的 F 值（3.02），说明其研究假设，即自我判断的社会地位愈高，不满意的程度愈低，在显著度为 0.01 的条件下成立（见表 5）。

表 5　6 个自变量与不满意度的 Anova 分析

自变量	因变量					
	单位成员的不满意度			非单位成员的不满意度		
	F-ratio	df	Sig.	F-ratio	df	Sig.
性别	0.100	1	0.752	0.005	1	0.945
年龄	1.151	3	0.327	1.214	3	0.305
政治面貌	3.093	3	0.026	2.263	3	0.081
教育水平	5.888	3	0.001	1.439	3	0.231
收入	0.412	3	0.744	1.873	3	0.135
主观判断的地位	3.213	5	0.007	3.878	5	0.002

在非单位成员当中，除主观判断的地位以外，其他的 5 个变量与不满意度的 F 值均不显著，说明性别、年龄、政治面貌、教育水平以及收入方面的因素，对非单位成员中不满意度方面的行为和行为取向，显示不出统计学意义上有显著性差别的影响。

2. 相对剥夺感

如前所述，相对剥夺感量表主要测量的是人们在行为过程中的一种主观感受，即人们从期望得到的和实际得到的差距中所产生的，特别是与相应的参照群体的比较过程中所产生的一种负面的主观感受。在这项研究中，运用这个量表，并以此作为因变量，主要是探讨在单位和非单位的制度中，人们的被相对剥夺的感受和程度是否因受制度的影响而不同。

表 6 中 Anova 分析的结果表明，人们被相对剥夺的感觉的强弱，在很大程度上受着制度的影响。结果显示，在单位制度中的成员的相对剥夺感要比在非单位制度中成员的相对剥夺感强烈得多。其均值高出近 2 个百分点，其 F 检验的结果为 97.52，大大高出在显著度为 0.01 条件下的 F 值（6.64）。制度对人们行为、行为取向以及态度的影响，起码在相对剥夺感的问题上，能够非常强烈和鲜明地表现出来（见表 6）。

表6　相对剥夺感与单位

	非单位	单位
相对剥夺感（n）	299	1952
均值	9.90	11.10
标准差	2.45	1.87
95%的均值置信区间		
下限	9.62	11.02
上限	10.18	11.18

注：F值（F-Ratio）=97.52；自由度（df）=1；显著度（Sig.）=0.000。

在具体分析在什么样的单位制度条件下的单位成员更具有相对剥夺感时，我们进一步对单位所有制和单位类型做了 Anova 分析。结果表明，国有所有制中的单位成员的相对剥夺感要高于集体所有制的单位成员；集体所有制的单位成员的相对剥夺感则又高于私人所有制的职工。在这里，F值为48.81，远大于在显著度为0.01条件下的F值（4.60），有力地支持着上述的研究假设。有意思的是，进一步分析的结果同时还表明，在政府事业单位工作的成员的相对剥夺感高于在集体企业中的职工；而集体企业单位的成员的相对剥夺感则高于国有企业职工。在这里，相对剥夺感比较低的仍然是私营和其他组织的成员。F检验的结果为33.27，远大于在显著度为0.01条件下的F值（3.78）。

在这里，首先需要解释的是，为什么集体企业的单位成员的相对剥夺感要高于国有企业的职工，而不满意度的状况则恰恰相反？我们知道，不满意度和相对剥夺感的一个最重要的区别是比较的尺度（in terms of sb. or sth.；in comparison with sb. or sth.）。不满意度主要是自己的付出与自己所得到的相比较，自己期望得到的与实际所得到的相比较，及在这种比较的过程中所产生的一种主观感受。而相对剥夺感则更多的是自己与别人比，与自己的参照群体比，并在这种比较的过程中所产生的一种负面的主观感受。国有企业职工不满意的程度比其他所有制职工高，主要是因为他们长期生活在计划经济的体制下，习惯于国家和政府从摇篮到墓地的大包大揽。80年代经济体制改革的强烈冲击，首先迫使国有企业的职工迅速改变长期形成的行为规范和取向，以适应当时打破铁饭碗，提高国有企业经济效益的需要。而当人们不能适应这个急剧变化的过程的时候，不满意的感觉就会变得强烈起来。换句话说，在当时的情况下，国有企业职工的不满意是自己和自己比较的结果。

而相对剥夺感的情况则不是这样。相对剥夺感的高低更多的是人们与他们的参照群体比较的结果。在传统体制下，集体所有制的企业职工远没有国有所有制企业的职工那样受到国家政策的保护，大包大揽的程度远没有国有企业职工高。如果说，这样的一种状况造就了他们比国有企业职工相对容易地适应经济体制改革的冲击，自己与自己比的不满意程度比国有企业职工要低的话，那么，他们在与他们的参照群体相比的时候，在与国有企业职工相比的时候，怨气和愤慨的情绪就会比其他所有制下的职工要强烈得多。在这种与参照群体比较的过程中，他们恐怕比其他所有制下的职工更能深刻地体会到不公平和不平等。我们以为，这可能就是他们被相对剥夺的感觉比其他所有制下职工更为强烈的主要原因之一。

与不满意度量表一样，我们还试图进一步分析，在单位和非单位组织中，什么样的成员更能深刻地体验被相对剥夺的感受。表7对6个不同自变量F检验的结果表明，在单位成员当中，除性别与相对剥夺感的F值不显著以外，其他5个自变量与相对剥夺感以及相应的研究假设均在显著度为0.01或0.05的条件下成立。这样的一个结果起码可以说明两点：第一，在单位成员中，人们对被相对剥夺的感受在性别上没有区别；第二，人们的年龄不同，教育水平、政治面貌、收入以及主观判断地位不同，其被相对剥夺的感受也不相同。进一步的分析告诉我们，教育水平较高的人（均值为11.31），收入水平较低的人（均值为11.33）比教育水平低的人（均值为10.62）以及收入水平高的人（均值为10.53）更能深切地感受被相对地剥夺（见表7）。在这里，人们很容易联想到80年代所说的那种"搞原子弹的不如卖鸡蛋的"脑体倒挂的现象。这实际上是在资源试图按照新的规则重新分配、利益在急剧变动的过程中，资源和利益按照市场经济的规则不到位所产生的一种暂时扭曲。而对这种扭曲的不满意，在对其参照群体比较过程中所产生的怨气，也就不难理解了。

值得注意的是，在非单位的成员当中，政治面貌和教育水平与相对剥夺感的F值完全不显著，年龄、性别和收入也只在显著度为0.05的条件下显示着差别。这说明不同类型的非单位成员之间对被相对剥夺的感觉远弱于不同类型单位成员的感受。在这里，制度的作用、制度对人们行为及行为取向的影响更加清晰和显而易见了。

表 7　6 个自变量与相对剥夺感的 Anova 分析

自变量	因变量					
	单位成员的相对剥夺感			非单位成员的相对剥夺感		
	F-ratio	df	Sig.	F-ratio	df	Sig.
性别	0.415	1	0.519	4.565	1	0.033
年龄	9.693	3	0.000	3.978	3	0.008
政治面貌	5.037	3	0.002	1.650	3	0.178
教育水平	4.452	3	0.004	0.864	3	0.460
收入	5.345	3	0.001	3.508	3	0.016
主观判断的地位	40.970	5	0.000	6.936	5	0.000

（二）1993 年的调查

1. 不满意度

我们这次研究所试图探讨的一个核心问题是为了说明制度能否规范行为，制度在什么样的情况下和在多大程度上能够规范人们的行为。制作不满意度量表，用 15 类项目直接测量人们对自己所处的社会、经济和政治环境不满意程度的评价和感受，就是为了把不满意度作为因变量，把单位与非单位制度及其他的一些制度的自变量放在一起加以分析，从一个侧面来观察，制度是否、在多大的程度上以及在什么样的情况下能够影响和制约人们的行为取向。

为了更深入地观察人们在制度影响下的不满意度，在具体的分析过程中，我们主要利用了不满意的 3 个子量表，目的是更清楚地了解，在不同的制度环境下，人们究竟在什么方面表现出了他们的不满意。我们的分析结果显示，在对机会的不满意度上和在对社会的不满意度上，单位成员和非单位成员没有显著的区别，其 F 值分别为 1.37 和 1.56，显著度分别为 0.242 和 0.211，从而不能证明单位成员比非单位成员对所提供的机会及对社会更倾向于不满意的研究假设。

联系到 20 世纪 90 年代上半期的情况，似乎也能够说明这一点。总体来看，外资在这一时期的大量涌入，为非国有部门的发展提供了很多有利的条件。但是与此同时，政府对国有部门大力扶持，在其市场份额不断下降、对经济增长的贡献越来越小的情况下，仍然用稳定的高福利和高收入支撑着它们的存在与发展（程晓农，2001，1995）。这在一定程度上抵消了国有部门工作成员对社会与机会的不满意度。或者说，他们对所提供的机会以及对社会满意或不满意的感受或情绪，与非单位成员在这方面的感受和情绪没有什么显著的区别。

但是在工作条件的问题上，结果却不一样。Anova 的分析表明，单位成员对工作条件不满意的均值（12.64）要高于非单位成员对工作条件不满意的均值（12.15）。在这里，F 值为 7.16，大于在显著度为 0.01 条件下的 F 值（6.64），说明在工作条件的问题上，单位成员比非单位成员更倾向于不满意的研究假设能够得以成立和证明。

为了进一步分析在什么样的制度条件下的成员更具有不满意的倾向，我们同时把不同类型的不满意度与所有制结构以及不同的单位类型进行了 Anova 分析。结果显示，不论是对机会、对工作条件还是对社会，集体所有制的单位成员比国有和私人所有制组织中的职工都更倾向于不满意。在这三者的比较过程中，私人所有制组织中的成员始终处于一种比较满意的状态。在这里，与所有制结构所做的 Anova 分析中，对机会的不满意度的 F 值为 3.29，对工作条件的不满意度的 F 值为 4.35，对社会的不满意度的 F 值为 4.22，三者的 F 值均大于显著度在 0.05 条件下的 F 值（2.99），说明能够证明我们的研究假设，即集体所有制单位的职工较之国有所有制和私人所有制组织中的成员在对机会、对工作条件以及对社会的问题上更倾向于不满意。

我们用不满意度与不同的单位类型进行了 Anova 分析（见表8），其分析结果与对所有制的分析结果非常相似。集体企业的单位成员比其他任何单位和组织中的成员在各个方面都更倾向于不满意。表中的 F 值为 3.925，均大于显著度在 0.01 条件下的 F 值（3.78），说明了我们在这里的研究假设能够成立。

如果联系到 20 世纪 90 年代上半期中国的主要社会经济的结构性特征，我们就能够比较容易地理解这里 F 检验的结果。90 年代上半期外资的涌入，一方面对非国有单位的发展提供了有利条件；另一方面，在那里工作的成员因此也得到了许多具体的实惠。较之国有所有制和集体所有制的单位成员，他们不仅有较高的收入，较好的工作条件，而且还有较多进一步发展的机会。在这一时期，国家和政府出于追求社会与政治稳定的考虑，用比较明显的政策倾斜极力地去安抚和满足国有所有制单位中成员的主要和基本的利益要求，这在一定程度上降低了在那里工作的单位成员的不满意度。应该说，这是在用一种特殊的经济的不理性选择来换取社会的理性选择。而在集体所有制中工作的单位成员的情况却不是这样。他们既没有在私营或合资组织中工作的成员那么幸运，也不像国有所有制中单位成员那样有一位大包大揽和极力给予他们保护的"父亲"（国家和政府），他们所能得到的各种机会和资源都要远远地少于其他类型的单位成员。在这样的情况下，他们的不满意也就不可避免。

表 8　不满意度与单位类型

政府	事业单位	国企单位	集企单位	其他单位
不满意度（n）	1078	918	468	250
均值	48.49	49.54	49.84	48.13
标准差	9.13	9.73	9.72	9.90
95% 的均值置信区间				
下限	47.95	48.91	48.96	46.89
上限	49.04	50.17	50.73	49.36

注：F 值（F-Ratio）＝3.93；自由度（df）＝3；显著度（Sig.）＝0.008。

与此同时，我们还试图进一步分析，在单位与非单位的组织中，什么样的成员更倾向于不满意。表 9 对 7 个不同变量的 F 检验的结果表明，在单位成员当中，下面列出的 7 个自变量在与不满意度因变量做 Anova 分析的时候，其 F 值均大于显著度在 0.01 条件下的 F 值。这说明在单位组织的成员当中，性别、年龄、婚姻状况、政治面貌、教育水平、收入以及主观判断的地位不同，其自身的不满意程度也不一样，或者说，具有显著的差别。反过来，在非单位成员当中，性别、婚姻状况、政治面貌和主观判断的地位与不满意度的 F 值不显著，说明这几者之间无明显的相关关系，也不能证实两者之间或高或低的研究假设。而在年龄、教育水平和收入上，其 F 值均高于在显著度为 0.05 条件下的 F 值，说明在非单位成员当中，年龄、教育水平和收入不同，人们的不满意的程度也是不一样的（见表 9）。

表9　7个自变量与不满意度的 Anova 分析

自变量	因变量					
	单位成员的不满意度			非单位成员的不满意度		
	F-ratio	df	Sig.	F-ratio	df	Sig.
性别	20.608	1	0.000	0.455	1	0.500
年龄	17.909	3	0.000	2.786	3	0.041
婚姻状况	9.723	3	0.000	0.481	3	0.696
政治面貌	30.547	3	0.000	0.448	3	0.719
教育水平	5.839	4	0.000	7.515	4	0.000
收入	35.262	4	0.000	3.936	4	0.004
主观判断的地位	13.942	3	0.000	2.364	3	0.072

2. 相对剥夺感

表10　相对剥夺感与单位

	非单位	单位
相对剥夺感（n）	271	2711
均值	27.48	28.46
标准差	4.36	4.59
95%的均值置信区间		
下限	26.95	28.29
上限	28.00	28.63

注：F 值（F-Ratio）=11.47；自由度（df）=1；显著度（Sig.）=0.001。

表10 中 Anova 分析的结果表明，人们被相对剥夺的感觉的强弱，在很大程度上受制度的影响。均值显示的结果说明，在单位制度中的成员的相对剥夺感（28.46）要比在非单位制度中成员的相对剥夺感（27.48）强烈。其 F 检验的结果为 11.47，高出在显著度为 0.01 条件下的 F 值（6.64）。制度对人们行为、行为取向以及态度的影响，起码在相对剥夺感的问题上，能够比较明确地表现出来（见表10）。

在具体分析在什么样的单位制度条件下的单位成员更具有相对剥夺感时，我们进一步对单位所有制和单位类型做了 Anova 分析。均值显示的结果表明，几乎和不满意度的状况一样，集体所有制中的单位成员的相对剥夺感（28.90）要高于国有所有制的单位成员（28.35）；国有所有制的单位成员的相对剥夺感则又高于私人所有制的职工（27.48）。在这里，F值为9.04，远大于在显著度为0.01条件下的F值（4.61），有力地支持着上述的研究假设。与此同时，进一步分析的均值结果还表明，集体企业职工中的相对剥夺感（28.94）要高于国有企业的职工（28.77）；而国有企业职工的相对剥夺感则高于政府事业单位工作的成员（28.01）。相对剥夺感在这里较低的仍然是私营和其他组织的成员（27.48）。F检验的结果为11.25，远大于在显著度为0.01条件下的F值（3.78）。

我们知道，相对剥夺感的高低更多的是人们与他们的参照群体比较的结果。在传统体制下，集体所有制的企业职工远没有国有所有制企业的职工那样受到国家政策的保护，大包大揽的程度远没有国有企业职工高。如果说，这样的一种状况使他们比国有企业职工相对容易地适应经济体制改革的冲击，自己与自己比的不满意程度比国有企业职工要低的话，那么，他们在与他们的参照群体相比的时候，在与国有企业职工相比的时候，怨气和愤慨的情绪就会比其他所有制下的职工要强烈得多。在这种与参照群体比较的过程中，他们恐怕比其他所有制下的职工更能深刻地体会到不公平和不平等。我们以为，这可能就是他们被相对剥夺的感觉比其他所有制下职工更为强烈的主要原因之一。

与不满意度量表一样，我们还试图进一步分析，在单位和非单位组织中，什么样的成员更能深刻地体验被相对剥夺的感受。表11对7个不同自变量F检验的结果表明，在单位成员当中，除性别以及婚姻状况与相对剥夺感的F值不显著以外，其他5个自变量与相对剥夺感以及相应的研究假设均在显著度为0.01的条件下成立（见表11）。这样的一个结果起码可以说明两点：第一，在单位成员中，人们对被相对剥夺的感受在性别和婚姻状况上没有区别；第二，人们的年龄不同，教育水平、政治面貌、收入以及主观判断地位不同，其被相对剥夺的感受也不相同。

值得注意的是，在非单位的成员当中，性别、年龄和婚姻状况与相对剥夺感的F值完全不显著，政治面貌、教育水平、收入以及主观判断的地位也只在略高于显著度为0.05或0.01的条件下显示着差别。这说明不同类型的非单位成员之间对被相对剥夺的感觉远弱于不同类型单位成员的感受。在这里，制度的作用，制度对人们行为及行为取向的影响显而易见了。

表 11　7 个自变量与相对剥夺感的 Anova 分析

自变量	因变量					
	单位成员的相对剥夺感			非单位成员的相对剥夺感		
	F-ratio	df	Sig.	F-ratio	df	Sig.
性别	0.000	1	0.991	0.001	1	0.976
年龄	9.56	3	0.000	2.524	3	0.058
婚姻状况	3.180	3	0.023	0.498	3	0.684
政治面貌	63.25	3	0.000	5.502	3	0.001
教育水平	19.701	4	0.000	3.230	4	0.013
收入	37.268	4	0.000	4.979	4	0.001
主观判断的地位	19.293	3	0.000	2.883	3	0.036

（三）2001 年的调查

1. 不满意度

我们制作不满意度量表，并以此作为因变量，就是为了试图观察，在不同单位或非单位的制度中，人们的不满意度的状况是否不同，从而进一步地去深入探讨我们的核心问题，即制度能否规范行为，制度在什么样的情况下以及在多大的程度上能够规范人们的行为。

表 12 中所进行的 Anova 分析表明，不满意度状况在单位与非单位制度中生活的成员中有显著的区别。结果显示，单位成员的不满意度均值（10.17）要比非单位成员的均值（8.73）高出一个多百分点。F 检验的结果为 136.97，远远大于在显著度为 0.01 条件下的 F 值（6.64），从而有力地支持了单位人比非单位人更倾向于不满意的研究假设（见表 12）。

表 12　不满意度与单位

	非单位	单位
不满意度（n）	591	964
均值	8.73	10.17
标准差	2.42	2.31

续表

	非单位	单位
95%的均值置信区间		
下限	8.54	10.03
上限	8.93	10.32

注：F 值（F-Ratio）= 136.97；自由度（df）= 1；显著度（Sig.）= 0.000。

为了进一步分析在什么样单位制度条件下的单位成员更具有不满意的倾向，我们同时把不满意度与所有制结构和单位类型进行了 Anova 分析。表 13 所做的不满意度和单位类型的 Anova 分析结果表明，在单位制度中，事业单位中成员不满意度的程度为最高（均值为 10.61），其次是行政单位中的成员（均值为 9.44），再次才是企业单位的成员（均值为 9.12）。在这里，F 检验的结果为 66.66，远远大于显著度在 0.01 条件下的 F 值（4.60）（见表 13）。

表 13 不满意度与单位类型

	行政	事业	企业
不满意度（n）	81	509	962
均值	9.44	10.61	9.12
标准差	1.86	2.21	2.46
95%的均值置信区间			
下限	9.03	10.42	8.97
上限	9.86	10.80	9.28

注：F 值（F-Ratio）= 66.66；自由度（df）= 2；显著度（Sig.）= 0.000。

这样的一个结果似乎令人费解，因为在改革过程中首当其冲受到市场经济强烈冲击的是国有企业的职工，他们的怨气似乎应该更大和更多一些。我们认为，这样的一个分析结果似乎可以从另外的一个角度来解释。首先，在改革的过程中，国有企业首先会不可避免地受到市场经济的强烈冲击，因而无论是党和政府还是相应的各项政策都给予其巨大的关注和倾斜，相应的政策配套和社会支持体系比较完善，这在某种程度上缓解了人们心中的一些不满意的情绪。其次，我们这次调查主要集中在北京地区，由于是首都，各级政府对国有企业职工的支持、帮助和关注可能又会比其他地方做得更好一些；另外，产生不满意度的情绪在一定程度上是比较的结果。在北京集聚了大量的中央国家机关事业单位，他们知道和了解的情况比其他单位成员要多，他们所要攀比和参照群体的经济水平有时候就会比其他单位成员高，这样一来，较多的怨言和较高的不满意情绪有时也就会因之而变得不可避免。

为了进一步验证我们的这些想法，我们同时把不满意度与单位级别作了 Anova 分析。表 14 的结果表明，在具有较高级别单位里工作的成员的不满意度（均值为 9.85）确实要比在较低级别单位中工作的成员高出一个多百分点（均值为 8.78）。在这里，F 值为 22.49，远大于显著度在 0.01 条件下的 F 值（4.60），从而有力地支持着上述的研究假设（见表 14）。

表 14　不满意度与单位级别

	高	中	低
不满意度（n）	1009	255	291
均值	9.85	9.69	8.78
标准差	2.50	2.52	1.99
95％的均值置信区间			
下限	9.70	9.38	8.55
上限	10.01	10.01	9.01

注：F 值（F-Ratio）＝22.49；自由度（df）＝2；显著度（Sig.）＝0.000。

与此同时，我们还试图进一步地分析，在单位与非单位组织中，什么样的成员更倾向于不满意。表 15 对 5 个不同变量的 F 检验的结果表明，在单位成员当中，性别、年龄、政治面貌、教育水平和收入与不满意度的 F 值均在 0.01 的条件下呈现显著状态，说明这几者之间有明显的相关关系，也能够非常清楚地证明两者之间或高或低的研究假设。与之相反的是，在非单位成员当中，除年龄以外，其他的 4 个变量与不满意度的 F 值均不显著，说明性别、政治面貌、教育水平以及收入方面的因素，对非单位成员中不满意度方面的行为和行为取向，显示不出统计学意义上有显著性差别的影响（见表 15）。

表 15　5 个自变量与不满意度的 Anova 分析

自变量	因变量					
	单位成员的不满意度			非单位成员的不满意度		
	F-ratio	df	Sig.	F-ratio	df	Sig.
性别	18.096	1	0.000	0.325	1	0.569
年龄	17.083	3	0.000	2.851	3	0.037
政治面貌	15.753	3	0.000	0.785	3	0.502
教育水平	5.163	2	0.006	2.001	2	0.136
收入	6.156	3	0.000	2.236	3	0.084

2. 相对剥夺感

相对剥夺感所选择的问题和我们 1993 年制作该量表所选择的问题基本一样。这样做的目的，一方面是因为测量人们相对剥夺感所涉及的问题比较集中，也比较成熟；另一方面，两个不同时段的调查数据起码在理论的检验上有一个比较明确的相互回应和说明。同 1993 年的调查一样，运用这个量表并以此作为因变量，主要是试图探讨在单位和非单位制度中，人们被相对剥夺的感受和程度是否因受制度的影响而不同。

同其他的两个量表一样，表 16 中所进行的 Anova 分析仍然表明，相对剥夺感的状况在单位和非单位制度中工作和生活的成员中有显著的区别。结果显示，单位成员的相对剥夺感（均值为 23.78）要比非单位成员在这方面的感受强烈得多，其均值要高出三个多百分点（均值为 20.39）。F 检验的结果为 156.05，远远大于在显著度为 0.01 条件下的 F 值（6.64），从而有力地支持了单位人比非单位人更能深切地感受被相对剥夺的感觉的研究假设（见表 16）。

表 16　相对剥夺感与单位

	非单位	单位
相对剥夺感（n）	591	969
均值	20.39	23.78
标准差	5.07	5.28
95% 的均值置信区间		
下限	19.98	23.45
上限	20.80	24.12

注：F 值（F-Ratio）＝156.05；自由度（df）＝1；显著度（Sig.）＝0.000。

　　我们的研究结果反复证明的东西提出了一个令人深思的问题，即个人理性与制度理性是否一定会发生冲突？非单位制度的选择是否一定是制度的理性选择？我们知道，个人理性主要表现为个人利益的选择与追求的最大化，而制度理性则表现为集体利益与共同利益选择与追求的最大化（张宇燕，1993；张曙光，1999；卢瑟福，1999）。从理想主义的角度看，一种好的制度总是表现为个人理性和制度理性的有机结合，形成的是一种双赢局面。这就是说，在一种好的制度环境里，人们心情舒畅，追求着自己的最大利益，与此同时，制度主体本身也获得了自己的最大利益（程虹，2000；奥斯特罗姆等，1992；陆江兵，2000）。只有当个人理性的实现在特定的组织和制度中受到束缚的时候，人们才会具有被相对剥夺的感觉。

　　当然，问题远比我们初步的分析要复杂得多。较高的不满意度和相对剥夺感一方面可能可以说明个人理性的实现受到来自社会、政治和经济方面的障碍；另一方面，也可能体现为制度理性的实现受到个人理性的挑战，因而是两者之间冲突的结果；当然，同时还可能体现为制度本身的不完善、社会理性和个人理性的冲突、个人实现与社会实现的不一致等。我们在这里试图要说明的是，人们在特定组织制度中积累了较多的负面感受，其原因可能是多种多样的。人们不能因之而简单地归结为是制度的问题，进而推导出制度的失误。我们的分析只是为了说明，制度是否、在什么样的条件下以及在多大程度上能够影响人们的行为和行为取向。我们的分析以及由此所得出的结论至多能够说明制度创新的重要性和迫切性，至多是从实证的角度来证明个人理性和制度理性的统一是制度创新的目标。

　　事实上，人们在单位制度中更能够深切地体会到相对剥夺感，至少可以说明三个方面的问题。首先，从宏观上所出现的非单位制度与现存的单位制度在事实上已经形成了一种互相比较、互相激励和竞争以及互为参照群体的格局。其次，单位制度内部也在发生着剧烈的分化和变迁，人们对公平公正的要求随着社会的发展呈日益增长之势。最后，它重新在证明我们制度规范行为的基本假设，呼唤着制度的变迁与创新。

　　同上述两个量表一样，我们在这里也试图探讨，在单位体制内部，究竟在什么样的单位类型中工作的单位成员更能够较深切地体验被相对剥夺的感觉。结果显示，在单位制度中，事业单位中的成员体验这种被相对剥夺的感觉最为强烈（均值为 25.27），其次是企业单位中的成员（均值为

21.14），再次才是行政单位的成员（均值为20.91）。而且，事业单位成员这种感觉的均值要比行政单位成员高出4个多百分点。在这里，F检验的结果为114.48，远远大于显著度在0.01条件下的F值（4.60）（见表17）。

表17　相对剥夺感与单位类型

	行政	事业	企业
相对剥夺感（n）	82	517	958
均值	20.91	25.27	21.14
标准差	5.67	4.50	5.33
95%的均值置信区间			
下限	19.67	24.88	20.80
上限	22.16	25.66	21.48

注：F值（F-Ratio）=114.48；自由度（df）=2；显著度（Sig.）=0.000。

表18的结果表明，在具有较高单位级别单位里工作的成员的这种被相对剥夺的感觉（均值为23.02）确实要比在较低单位级别单位中工作的成员高（均值为20.63）。在这里，F值为22.11，远大于显著度在0.01条件下的F值（4.60），从而有力地支持着上述的研究假设（见表18）。

表18　相对剥夺感与单位级别

	高	中	低
相对剥夺感（n）	1020	254	286
均值	23.02	22.50	20.63
标准差	5.50	5.76	
95%的均值置信区间			
下限	22.68	21.78	20.09
上限	23.36	23.21	21.16

注：F值（F-Ratio）=22.11；自由度（df）=2；显著度（Sig.）=0.000。

与此同时，我们还试图进一步分析，在单位与非单位组织中，什么样的成员更能够深切地体验被相对剥夺的感觉。表19对5个不同变量的F检验的结果表明，在单位成员当中，我们选择的5个变量与相对剥夺感的F值均在0.01的条件下呈现显著状态，说明这几者之间有明显的相关关系，也能够非常清楚地证明两者之间或高或低的研究假设。与之相反，在非单位成员当中，除年龄、教育水平和收入以外，其他的两个变量与相对剥夺感的 F 值均不显著，说明性别和政治面貌方面的因素对非单位成员的相对剥夺感方面的行为和行为取向，显示不出统计学意义上有显著性差别的影响。

表 19   5 个自变量与相对剥夺感的 Anova 分析

自变量	因变量					
	单位成员的相对剥夺感			非单位成员的相对剥夺感		
	F-ratio	df	Sig.	F-ratio	df	Sig.
性别	19.684	1	0.000	0.000	1	0.993
年龄	14.004	3	0.000	3.811	3	0.010
政治面貌	17.665	3	0.000	2.313	3	0.075
教育水平	10.769	2	0.000	5.218	2	0.006
收入	9.815	3	0.000	7.993	3	0.000

四　结论

在这篇文章里，我们试图从制度规范行为的角度来说明不同的组织制度对人们行为的影响。通过数据分析和假设检验，我们可以比较明确地看到，在单位和非单位制度中工作和生活的成员，其行为取向和行为方式是不一样的，是有明显区别的。具体地说，在不同的组织制度中，由于资源的分配方式不同，其内部组织的结构方式不同，所强调的意识形态不同，人们对诸如不满意和被相对剥夺的感受也不一样。

在 1987 年的调查中，就其不满意度而言，单位成员都要比非单位成员高。在国有单位工作成员的不满意度较之集体单位工作的成员要高出 0.2 个百分点，比私营企业组织成员则要高出 1 个多百分点。就其相对剥夺感而言，单位成员要比非单位成员高出 1 个多百分点。和不满意度不同的是，从单位类型的角度看，政府事业单位成员的相对剥夺感要高于其他任何类型的单位，而集体企业单位成员的相对剥夺感又高于国有企业单位的成员。和1987 年的调查略有不同的是，集体所有制单位成员显示出了比其他类型单位成员更高的不满意度，说明在当时的社会转型过程中，集体所有制组织虽然具有单位组织的制度性结构特征，但在资源分配上，较之国有所有制组织却处于明显的劣势地位。在这样一种特殊的制度环境里，集体所有制成员的不满意似乎就变得不可避免。就相对剥夺感而言，结果与1993年不满意度数据分析的结果大体相似。在2001年的调查中，单位成员的不满意度和相对剥夺感仍然比非单位成员高。在具体的分析过程中，我们仍然可以比较明显地发现，在单位成员当中，性别、年龄、政治面貌、教育水平和收入与不满意度以及相对剥夺感的 F 值均在 0.01 的条件下呈现显著状态，说明这几者之间有明显的相关关系，也能够非常清楚地证明两者之间或高或低的研究假设。与之相反，在非单位成员当中，除个别变量在较低的条件下呈显著状态以外，其他的一些变量与不满意度以及相对剥夺感的 F 值均不显著，说明性别、政治面貌、教育水平以及收入等方面的因素，对非单位成员中不满意度方面的行为和行为取向，显示不出统计学意义上有显著性差别的影响。

上述的这些数据分析的结果，都在不同的时期比较有力地说明，不同的组织制度对人们的行为及行为取向会产生不同的影响。不同的组织制度会在一些最根本的问题上给人们的行为提供稳定的、被大家所认可并可不断重复的行为模式，并以此来定义人们在特定组织制度中社会行为的条件。制度规范行为，不仅是我们这些数据分析得出的结论，也是我们在研究中需要反复论证和思考的假设。

从纯粹的经济理性的角度，就经济制度而言，国家所有的经济制度以及相应的企业和单位，在一个国家和社会经济发展过程中，事实上也起着非常重要的作用。某些行业、某些产业用国家所有的形式经营，有利于打破私人垄断，有利于统一处理外部经济与外部的不经济；有利于维护必要的市场秩序，特别是通过国有制贯彻政府定价，以保持某些领域的价格标准；有利于提高经济领域对劳动力就业的吸纳能力，促进就业率的提高和稳定，改善劳动力的供求关系；有利于改善经济调节机制的功能，丰富国家调控经济的制度手段；等等。就是在今天市场经济高度发达的西方国家，国有经济仍然占有较高的比重（刘伟，2001：80～82；席春迎，1998：1～18；韦森，2001）。在当今世界，国有经济已经不仅仅是一个意识形态的概念，它更是一个社会经济发展的手段和必不可少的条件。

在这里，一个根本的问题是，中国目前的国有经济，乃至以国有经济形式存在的国有企业以及国家所有的事业和行政单位，除了具有其他西方国家所具有的国有经济的一般特征以外，还具有中国所独有的制度性特征，那就是中国国有经济制度中所具有的政治功能。在中国的国有经济制度中，任何一个单位都会有党的组织存在，任何一个单位都必须努力地去贯彻党的指示，都必须努力地去实现这种政治功能。这样的一些单位，就不仅仅是一种单纯的经济组织，它同时还体现着一种统治，或者说，是统治的一种制度化的形式（Li，1991；Li &Wang，1996）。在这里，国家与政府处于一种两难的境地：一方面，要维持中国共产党的领导和统治，那么，党的组织就不能够和不应该从国有经济的基层单位中退出；另一方面，市场经济的一般要求又强调经济组织在产权上必须是单纯的经济性质，因而从根本上要求国有经济不应该承担经济功能以外的其他社会功能。所以，恰恰在这个意义上，如何使国家所有的制度与自由的市场经济有机地结合在一起，就成为当今制度与发展过程中的重要命题和"哥德巴赫猜想"。正是基于这样的一个认识，从制度规范行为的角度来分析和观察单位与非单位制度中人们社会行为及行为取向上的差别，为我们从根本上"解惑"提供了一些必要的知识。

在另外一个方面，随着改革的深入，单位的专业化功能得到了不同程度的强化，单位所承担的诸如企业办社会那样的非专业化功能不断地从单位中分离出来。但是与此同时，社区及社区委员会似乎在不约而同地、有意识或无意识地逐渐在承担从单位中分离出来的功能和责任。社区单位化的趋势似乎在这种变革和再结构化的过程中变得越来越明显。这样的一种状况似乎可以说明，从政治社会学的意义上，国家对个人的控制正在逐步地从单位转向社区；单位作为一种中国社会的传统行为和传统文化的积淀现象不可能一挥而去，它在另一个层次上还顽强地表现出了它特有的生命力。在今天，一个仍然不可回避的事实是，要理解中国的社会，要理解中国目前的社会经济和政治结构，其中的一个重要的前提条件仍然是要理解中国的单位组织和制度。认真研究中国社会中的这种独特现象，思考它存在与发展的逻辑及其经济政治文化与社会的理性，去其糟粕，留其精华，这不仅是这一研究领域的独特魅力，同时也是我们每位学者的学术责任。

参考文献

奥斯特罗姆等编，1992，《制度分析与发展的反思》，商务印书馆。

程虹，2000，《制度变迁的周期》，人民出版社。

程晓农，1995，《维持稳定与深化改革：中国面临的抉择》，《当代中国研究》第 1、2 期。

——，2001，《繁荣从何而来——中国经济现状与趋势的分析》（网上文摘）。

发展研究所综合课题组，1988，《改革面临制度创新》，上海三联书店。

高尚全，1989，《九年来的中国经济体制改革》，人民出版社。

国务院农研中心发展研究所，1987，《走向现代化的抉择》，经济科学出版社。

李汉林，1996，《关于中国单位社会的一些议论》，潘乃谷、马戎编《社区研究与社会发展》，天津人民出版社。

李汉林、李路路，1999，《资源与交换：中国单位组织中的依赖性结构》，《社会学研究》第 4 期。

——，2000，《单位成员的满意度和相对剥夺感》，《社会学研究》第 2 期。

李路路、李汉林，1999，《单位组织中的资源获得》，《中国社会科学》第 6 期。

——，2000a，《单位组织中的资源获取和行动方式》，《中国社会学年鉴（1995—1998）》，社会科学文献出版社。

——，2000b，《中国单位组织中的权力、资源和交换》，浙江人民出版社。

——，2001，《关于中国单位组织中的资源获取方式》，马戎、苏星编《文化自觉与跨文化对话》，北京大学出版社。

刘伟，2001，《转型经济中的国家、企业和市场》，华文出版社。

卢瑟福，1999，《经济学中的制度》，中国社会科学出版社。

陆江兵，2000，《技术、理性、制度与社会发展》，南京大学出版社。

韦森，2001，《社会制序的经济分析导论》，上海三联书店。

席春迎，1998，《国有经济的规模及其演变轨迹》，中国经济出版社。

张曙光，1999，《制度、主体、行为》，中国财经出版社。

张宇燕，1993，《经济发展与制度选择》，中国人民大学出版社。

周其仁、杜鹰、邱继成，1987，《发展的主题》，四川人民出版社。

Babbie, E. , 1989, *The Proctice of Social Research*, Belmont.

Berger, P. L. et al. , 1992, *Die gesellschaftliche Konstruktion der Wirklichkeit*, Frankfurt.

Bosetyky, H. & P. Heinrich, 1989, *Mensch und Organisation*, Muenchen.

Buss, L. , 1985, *Lehrbuch der Wirtschaftssozio, logie*, Berlin.

Cole, S. , 1980, *The Sociological Method*, Chicago.

Eisenstadt, S. M. , 1954, "Studies in Reference Group Behavior." *Human Relations*, Ⅶ.

Engel, U. et al. , 1994, *Panelanalyse*, New York.

Flick, U. et al. , 1995, *Handbuch Qualitative Sozialforschung*, Weinheim.

Gurr, T. R. , 1971, *Why Men Rebel*, Princeton University Press.

Kelly, H. H. , 1952, "Two Functions of Reference Groups. " G. H. Swanson et al. , *Readings in Social Psychology*, New York.

Lau, E. E. , 1978, *Intention und Institution*, Muenchen.

Lepsius, R. , 1990, *Interessen*, *Ideen und Institutionen*, Opladen.

Li Hanlin & Wang Qi, 1996, *Research on the Chinese Work Unit Society*, Frankfurt.

Li Hanlin, 1991, *Die Grundstruktur der chinesischen Gesellschaft*, Opladen.

——, 1993, "Das Danwei-Phaenomen und die chinesische Modernisierung. " *Atteslander P.* (*Hg*）: *Kulturelle Eigenentwicklung*, Frankfurt.

——, 1994, "Soziale Kontrolle und die chinesische Danwei-Organisation. " Reimann, H. , & Mueller, H. P. (Hg.), *Probleme moderner Gesellschaft*, Opladen.

——, 1995, "Power, Resources and Exchange in the Chinese ' Work Unit Society' . " Atteslander, P. (ed.), Anomie-Social Destabilization and the Development of Early Warning System, *International Journal of Sociology and Social Policy*, Vol 15.

Loether, H. et al. , 1986, *Descriptive and Inferential Statistics*, Boston.

Mayring, P. , 1993, *Psychologie des Gluecks*, Koeln.

Merton, R. K. & A. S. Rossi, 1968, "Contributions to the Theory of Reference Group Behavior. " R. K. Merton, *Social Theory and Social Structure*, The Free Press.

Nachmias, D. , 1976, *Research Methods in the Social Sciences*, New York.

Opp, K. D. , 1989, The *Rationality of Political Protes*, Westview Press.

Roth, E. (ed.), 1995, *Sozialwissenschaftliche Methoden*, Muenchen.

Runciman, W. G. , 1972, *Relative Deprivation and Social Justice*, London.

Schelsky, H. , 1970, "Zur soziologischen Theorie der Institution. " *Zur Theorie der Instittution*, Duesseldorf.

Schuelein, J. A. , 1987, *Theorie der Institution*, Opladen.

Siegrist, J. , 1996, "Adverse Health Effects of High-Effort/Low-Reward Conditions. " *Journal of Occupational Health Psychology*, Vol. 1.

Simon, J. , 1982, *Basic Research Methods in Social Science*, New York.

Straits, B. et al. , 1988, *Approaches to Social Research*, New York.

Tanur, J. (ed.), 1992, *Questions about Questions*, New York.

Tufte, E. , 1978, *Data Analysis for Politics and Policy*, London.

Weiner, A. B. , 1981, *Lehrbuch der Organisationspsychologie*, Muenchen.

"他者"的经验和价值[*]

——西方女性主义社会学的尝试

吴小英

西方女性主义研究的兴盛是 20 世纪不可忽视的学术现象。它起源于 60、70 年代女性主义运动"第二次浪潮"的政治风暴,因此可视之为女性主义向文化界、学术界的进军[①];它又与同时代风靡西方的反主流文化浪潮相契合,带有很强的反主流意识和批判意识,因而常常被归类为批判理论或后现代主义的一种。与女性主义在其他学科的表现相类似,社会学中的女性主义研究集中于对学科本身的男性中心导向的批判,倡导在女性经验基础上建立新的学科范式。尽管女性主义自身在社会学话语的批判与重建问题上还存在诸多分歧,主流社会学界对女性主义在社会学中的工作也有各种评价,但学术界已经无法对 20 世纪 70 年代以来女性主义在社会学中发出的声音置之不理,当代社会学理论和方法流派的教科书都无法将女性主义理论或性别分析方法排除在外[②]。由于立足于一种全新的社会性别

* 本文系中国社会科学院社会学研究所 2000 年年度课题"社会学中的女性主义流派研究"以及福特基金会资助的赴美交流项目"女性主义对社会学的影响"的成果之一。文中所需的许多资料直接得自笔者 2000 年 11 月至 2001 年 11 月在加州大学伯克利分校访问期间该校社会学系 Barrie Thorne 教授的慷慨提供,与她就女性主义社会学相关问题的讨论也使笔者受益匪浅,在此谨表谢忱。原文发表于《中国社会科学》2002 年第 6 期。

① 女性主义运动的"第一次浪潮"是指 19 世纪中叶到 1920 年代的妇女运动,"第二次浪潮"诞生于 1960 年代,西蒙·德·波娃的《第二性》(1949 年出版)和贝蒂·弗里丹的《女性的奥秘》(1963 年出版)为这次浪潮提供了理论基础。关于女性主义研究的兴起及其与女性主义运动的关系,可参见拙著《科学、文化与性别:女性主义的诠释》(中国社会科学出版社,2000 年版)"导论"中的论述。

② 如华夏出版社最新出版的"高校经典教材译丛·社会学"系列读本中,都包含与性别研究和女性主义相关的章节和内容。参见乔纳森·特纳《社会学理论的结构》(上、下),2001 年;艾尔·巴比《社会研究方法》(上、下),2000 年;马尔科姆·沃特斯《现代社会学理论》,2000 年。

（gender）视点，强调女性作为"他者"的经验和价值①，女性主义社会学开辟了一种日常生活的社会学图景，这种尝试对社会学很具启发意义，西方女性主义也因此在学界获得了自己一块稳固的地盘。

一 女性主义介入社会学的背景

作为一种学术思潮，西方女性主义是在 20 世纪 70 年代介入各学科的。此时，西方社会学领域有两个值得一提的现象为女性主义提供了机遇：一是长期以来社会学内部形成的对女性或性别问题的普遍忽视；一是社会学包罗万象的统一理论的式微和反实证主义潮流的兴起。

长期以来，在社会学的研究对象中，女性被大大地忽略了。她们一般仅仅出现在像家庭、生育、性等较为狭窄的研究领域之内，正如在实际生活中女人的空间局限于这些所谓个人、身体和家庭等私密领域一样。因此，关于女性的研究在传统社会学中处于边缘位置。这与她们在社会中的边缘位置极其一致，也体现了社会学的创立者们有关这一学科的最初梦想，即社会学就是以自然科学的技巧和模式去如实描绘社会秩序和人类行为。他们相信，在社会世界中，如同在自然界一样存在着一种合理的自然秩序，而关于女性和家庭的位置就是构成这一合理秩序的一个部分。

在社会学中占据重要地位的功能主义那里，社会是个有机整体，而家庭一向被视为社会的一个功能单位。由于女性与男性之间的天然差异，女性的功能只能是在家庭里承担妻子和母亲的角色。女性服务于家庭中的男性，而家庭和其他社会组织之间的联系则由男性来负责。男性和女性的角色分工和功能分化，构成了社会有机体趋于稳定和平衡以及社会演进合理化一个基石。因此，是女性的自然状态造就了劳动力的分工和男性权威

---

① 西蒙·德·波娃在《第二性》中谈到，在人类社会的历史和文化长河中，男人是作为绝对的主体（the Subject）存在的，人就是指男人；而女人作为男人的对立面和附属体存在，是男人的客体和"他者"（the Other）。由于女人一直被界定为天生的"他者"，现实世界被认为是由男性主宰和统治的，两性之间不可能存在平等。要使妇女走向真正的解放，必须摆脱"他者"的地位，成为真正"独立的女人"［参见西蒙娜·德·波伏娃《第二性》（上、下），陶铁柱译，中国书籍出版社，1998 年］。后来的女性主义者却看到了女性作为"他者"所独有的经验和价值，认为它可以克服男性经验所具有的偏颇而成为更加富于人性的知识的来源。文中所说的"他者"就是指女性主义强调的女人相对于男人所处的边缘化的、陌生人的特殊处境和地位。

的体制，也就是说，父权制在功能主义那里被视为社会体制的一种自然演化形式（Ollenburger，Moore，1998）。

冲突论者则认为，社会的变革与进步是通过不同群体和阶级之间的彼此冲突和斗争实现的，男性和女性就处在冲突的双方。这种冲突来自双方在财富和权力方面的不平等分配，男性在家庭和社会中的位置始终处于优势，而女性则处于受压迫的位置。女性一方面成为婚姻买卖中的一种特殊财产，另一方面也成为劳动力市场上最底层的被剥夺者。其原因就在于女性在生理上比男性弱，她们是作为男性的性对象和私人财产而存在的，于是性别的分化导致两性在经济、政治各方面的不平等和冲突，这种冲突最终将会带来社会的变革。

可以看出，对于两性的分工与功能的解说，无论是功能主义者还是冲突主义者，过去主流社会学理论基本上都是以传统的性别角色理论为基础，只不过得出的结论不同而已（以协调为宗旨或以变革为目标）。这些理论模式都是建立在男女性别差异的"生物决定论"的解说基础之上，是以男性的经验、利益为基础的，符合父权制结构的社会机制以及性别主义（sexist）的范式，因此，女性在社会学中的位置就像她们在社会中的位置一样，始终是无足轻重的，或者可以说是无形的、边缘的、歪曲的甚至完全缺席的。这种现象随着当代女性主义运动的深入以及跨学科女性研究的发展而日益受到学院派女性主义的抨击。女性主义试图从一种新的理论视角和方法论维度出发，对社会中的女性位置做出重新分析和解说，并且致力于改变女性和性别研究本身在社会学学科中的边缘地位。

与此同时，作为一种学科建制和知识模式的社会学本身也正遭遇前所未有的危机。一方面，20世纪60年代刚刚从战后的绝望与憧憬中走出来的西方世界又重新受到阶级冲突、种族冲突和民族冲突的困扰，各种各样的民权运动、反战运动和学生运动汇集成一股声势浩大的反政府、反现存制度的巨流，并使青年人成为反叛文化的主体。他们在知识精英的引导下对战后社会进行了不懈的批评，使以反主流文化为特征的运动在整个西方社会以及思想界和文化界愈演愈烈。在美国，帕森斯时代所推崇的那种社会稳定和进步的意识形态假设受到普遍的怀疑，曾经雄踞霸主地位多年的结构功能主义理论，面对新的社会结构变迁和意识形态的衰落，也显得无能为力。因此，受到批判和质疑的不仅仅是功能理论本身，还有作为社会学理想目标的帕森斯式的庞大社会运行系统理论存在的可能性。美国社会学家阿尔文·古德纳在《即将到来的西方社会学危机》一书中就表达了这种质疑（Gouldner，1970），进而倡导建立一种"反思社会学"（reflective sociology）来取代代表社会秩序普遍话语的传统社会学。

另一方面，从学术和思想领域看，20 世纪 60 年代以后现象学、解释学、批判理论等思潮的广泛传播也使作为自然科学和社会科学知识模式基础的实证主义受到前所未有的冲击，对社会学基本概念和方法的重新审视、批判和尝试成为社会学家的一个当务之急。美国社会学家斯梅尔塞在谈到战后美国的社会学状况时指出，研究主题、视角和方法论类型的分化已成为这一学科的标志，它带来两种结果：一是每个亚研究领域内解释框架的日益丰富多彩，二是在关于什么是知识的核心组织基础的问题上越来越缺少一致性。然而一方面是社会学的这种四分五裂和日益专业化所带来的问题，另一方面是社会学家越来越依赖于自然科学模式的陷阱，二者同时并存。对技巧和实证科学的强调充斥着这个学科，结果导致曾经作为社会学思想中心的哲学的、道德的和社会问题的传统逐步走向边缘化。这种对不变的关系和精确的技巧以及程序实用性的追求作为美国社会学的主导范式至今仍然占据着核心的位置。它使社会学家们误以为不是以研究问题来界定所用的方法，而是以研究技巧来界定社会学问题的提出。这种方法论的霸权威胁到社会学作为一种可行的学科事业的前景，导致学科本身的危机和边缘化（Vaughan，1993）。

华伦斯坦等人在谈到战后社会科学的发展状况时也指出，对定量分析和数学模型的依赖已成为经济学、政治学和社会学等以探寻普遍规律为宗旨的社会科学的普遍趋势，这导致学科各自独特方法论的削弱以及学科之间多方面的重合，因此要寻找学科之间明确的分界线变得越来越难，每门学科自身也变得越来越不纯粹，从而导致人们对学科内部统一性以及学术前提合法性的怀疑。各种各样跨学科的东西便在这时应运而生，女性研究就是其中的一个。另外，以普遍主义标榜的社会科学日益受到偏狭性的挑战。人们开始认识到，在科学普遍性的旗号下，形形色色居于主导地位的意识形态原先被确认为理性的反映和体现，成为决定诸多知识形式命运的普遍范式，实际上只不过代表着某一群体、某一区域的特殊利益。西方社会科学就是"凭借其经济上的优势和精神上的卓异"来向全世界传播自己的观点，在它作为社会科学典范的面貌下掩盖的是"欧洲中心主义"的偏狭追求（华勒斯坦等，1997）。因此随着后现代主义而兴起的文化研究以怀疑主义的姿态对所有以追求普遍性为目标的所谓"宏大叙事"展开了挑战，女性主义者以普遍的男性话语为批判目标，也毫不迟疑地加入了这些持异见的挑战者的行列。

二　女性主义对社会学传统的批判

女性主义介入社会学的第一步就是对传统社会学进行不遗余力的批判，这种批判是系统的而不是零散的，内容涉及从具体的研究领域、主题到基本的概念、理论和方法的方方面面。在 20 世纪 70 年代一本颇具影响力的论文集《另一种声音：社会生活与社会科学的女性主义观点》中就收集了当时的女性主义社会学家对社会学的主要批评和新见解，编者在那篇著名的导言中列举的六个方面成为女性主义社会学的经典批判（Millman，Kanter，1975）：一是社会学中传统的界定模式忽视了社会研究的许多重要领域；二是社会学集中于公共的、官方的、有形的或戏剧性的角色扮演者和情景定义上，忽视了女性参与最多的那些非官方的、支持性的、私人的、无形的或不具戏剧性的社会生活领域；三是社会学假定男性和女性处在一个"单一的社会"里，并从中可以概括出对所有参与者同等适用的普遍性，而实际上男性和女性处在两个不同的社会世界中；四是社会学的一些研究领域忽视了作为社会现象和行为的最重要解释变量——性别因素的作用；五是社会学总是以解释现状、为现存的权力分配结构提供合理性为目标，而女性主义则提出社会科学应该以探讨必需的社会变革，鼓励建立一个更加公正的、更富于人性的社会为己任；六是社会学中过于强调量化的研究方法和技巧，这种倾向可能限制了研究者的视野并得出有问题的结论，因此女性主义倡导在方法论上的多元化尝试。

这六个方面又可以概括分为两个部分，前三点主要集中于社会学中女性及其相关议题的被忽视、冷落和歪曲，包括研究领域和界限的偏狭界定以及研究前提和结论的偏差和曲解。后三点主要集中在社会学研究基本框架及主导理论和方法模式上的男性中心导向，包括对社会学本身的知识模式和方法论基础的理解和争论。也就是说，前一部分着手在社会学现有框架内的批评和修补，后一部分则着力于对社会学传统和框架本身的批判和重建。

　　具体地说，女性主义对社会学中性别主义传统的批判几乎遍及社会学的各个领域。例如在作为社会学核心的社会结构与分层问题上，女性主义社会学家琼·艾克（Joan Acker）就对传统分层理论中以家庭作为分层体系的基本单位、以家庭中男性户主的地位替代女性地位的做法提出了质疑，认为这种测量方法没有看到性别因素对劳动分工和个人地位产生的影响，并且运用双重标准（即男人以职业、女人以婚姻）作为测量阶层地位的范畴标准，是一种"智识上的性别主义"（intellectual sexism）。它不仅抹杀了家庭与劳动力市场上的两性差异，而且也导致人们对社会结构和分层的真实境况的歪曲理解①。在家庭问题上，传统社会学中占主导地位的帕森斯结构功能学说认为，核心家庭中男人的工具性角色和女人的表意性角色分工能最大限度地满足工业社会的需求。女性主义对此也提出了质疑，指出不存在任何基于生理需求和所谓天然角色分工的特定的家庭形式。家庭结构及其意识形态是社会建构而成的，同时，被建构的还有外在的社会和权力关系②。在女性主义看来，所谓公共领域与私人领域的划分以及与男性角色和女性角色之间的对应，是基于生物决定论的一种文化诡计。它预设了男性和女性在家庭和社会中的现有角色分工和地位的合理性，也为社会学将女性及相关议题排除在外提供了理由。由此看来，女性主义对社会学传统的批判如果再向前迈进一步，就会导向对社会学的主导概念、框架、理论和方法的男性中心导向的挑战。

　　70 年代初期，女性主义学者对社会学中由于结构功能学派的倡导而广为应用的性别角色理论提出了批评。女性主义社会学家列举了这一理论至少三个相互关联的弱点③。（1）性别角色理论作为社会理论是值得质疑的，因为它将一个生物术语与一个社会术语连接在一起，暗示社会是循着自然倾向发展的，而生物性别的差异又总是可以通过更加高级的社会角色的形式显现出来。因此性别角色理论总是热衷于研究性别差异，从而落入男性角色和女性角色的僵化的二元框架。（2）性别角色理论没有实现将个体与

---

①　参见 Acker（1973）。

②　参见 Thorne，Marilyn（1992）。

③　参见 Osmond，Thorne（1993）。

社会有效地连接起来的承诺。社会决定论强调个体是由他们的社会角色决定的，因此人类无法摆脱性别角色的规定。一旦人的行为违反了角色规定，性别角色理论总是责难这些人而不是性别体系本身。（3）性别角色理论最根本的弱点是无法说明性别关系中存在的权力、不平等和冲突。角色理论假定在界定地位阶层和角色期待时，起作用的是公正的、非个人的"标准化因素"，它忽视了下面这种可能性，即那些制定角色规则的人是从他们自身利益出发的。因此女性主义主张彻底摒弃"角色"这一不合适的概念，并以社会性别这一概念取而代之。随着女性主义批评的不断积累，社会性别关系（gender relations）的概念被用来取代传统的性别角色概念，以至 1979 年美国社会学学会的性别角色部成员投票一致通过，将他们部的名称改为性别与社会性别（sex and gender）部。

女性主义还对作为社会学传统框架基础的公共与私人的两分法提出了挑战。社会学中男性及男性活动的相关领域如国家、市场等一向被视为公共领域而赋予重要性，而女性及女性相关领域如家庭、情感等被视为私人领域而遭轻视。公私领域的分野与男女角色的分离相对应，形成了传统社会学家关于社会、劳动分工以及家庭的意识形态，也规定了社会学研究中孰轻孰重的排序。女性主义对工作和家庭等概念重新进行了定义，指出传统的工作概念是依据男人的职业和组织特点来界定的，家庭的概念是以那种中产阶级的核心家庭模式为标准，它们都建基于公私二元论的意识形态。其实家庭内外的工作组织都受到父权制的性别体系以及资本主义经济体系的双重影响；男性不是家庭中唯一的挣钱养家者，女性也不是在经济上难以独立的依附者；女性的从属地位不是仅仅体现在家庭中或仅仅体现在经济体系中，二者并非是分离的，而是相互作用的结果①。因此社会性别理论本身超越了公共与私人、男性与女性的传统两分法，也为将传统社会学中被忽略或边缘化的领域或议题纳入社会学主流提供了合理性依据。

社会学传统模式的核心就是对价值中立的客观性的追求，这一目标直接来自实证主义。女性主义是实证主义的坚定反对者。他们认为，社会学虽然标榜客观地描述社会世界，但在研究过程中保持价值中立是不可能的。研究者在三个领域都会受到价值的侵扰：一是选择被研究的问题时，

①　参见 Osmond，Thorne（1993）。

二是决定用什么方式进行研究时，三是对所收集的资料和发现的证据进行解释时。事实不会自己说话，因此研究过程中价值的作用不仅是不可避免的，而且是至关重要的（Ollenburger，Moore，1998）。社会学家以科学为名，宣称研究过程不涉入任何主观的价值倾向，实际上是在借此帮助维系一种使女性居于从属地位的男性意识形态，所谓的客观性是代表男性特殊利益、观点和经验的男性的客观性。关于这一点，女性主义社会学家多萝西·史密斯（Dorothy Smith）的批判最为激进。她认为，在对社会生活的男性特色理解与社会学所推崇的概念框架以及统治他人所需要的知识之间，存在着一种不幸的契合。社会学是我们这个社会的统治所需的概念霸权的一部分，它代表的是男性的所谓社会普遍性，是被男性占为己有的领地。它不仅缺乏"科学"性，而且本身就是一种意识形态。我们社会的统治是通过概念和符号完成的，社会学的概念和模式对此做出了不可磨灭的贡献，因此它可以被视为这个社会统治实践的一部分，或者说是使女性的被压迫和从属地位得以延续的帮凶（Smith，1987）。

出于对客观性的追求，社会学中通行的方法是将研究者与研究对象分离开来，将被研究的人当作可操作的物来对待，女性主义称这种研究模式为"形同强奸的研究"。其最典型的是量化方法，通过问卷调查、统计分析等技巧，强调观察者的中立、强调材料和证据的可靠，从而强调结果分析和判断的客观性。女性主义认为这种研究框架人为地拉大了研究者和研究对象之间的距离，作为研究对象的人是被动的，无法发出自己的声音，分析的概念和范畴以及解释的框架和理论都是研究者预先强加于被研究者之上，因此它实际上反映了标准的男性中心立场和导向，是充满意识形态偏颇的。大部分女性主义者倡导社会学研究中的质化方法，认为在这种研究模式中被研究者不致沦为零碎的可操作物，研究对象的立场、观点和声音不容易被忽视，易于在被研究者与研究者之间建立起更加平等的关系[1]。在女性主义看来，社会学研究中的研究者与研究对象之间有着密不可分的

---

① 参见 P. Abbott & C. Wallace《女性主义观点的社会学》，（台北）巨流文化出版社，1996年。实际上，女性主义在社会学研究方法的量化和质化问题上存在诸多争论，他们通常对前者采取较严厉的排斥态度，对后者则较为推崇。但是越来越多的女性主义者也采纳了更加包容和开放的态度，即倡导方法上的多元化追求。参见 Reinharz（1992）、Sprague 和 Zimmerman（1989）、Miller 和 Treitel（1991）、Oakley（2000）。

关系，研究者本身是研究对象的一部分，他们不可能保持中立——无论是他们对世界的认识还是所使用的框架语言都不是纯净而透明的。每一种研究方式都是一种建构，都存在偏见。价值的涉入不仅是必然的，也是必要的。研究者必须时时反省和意识到他们的价值观念和喜好如何影响了研究的进程和结果，因此社会学必须具备一种反省能力。

三 女性主义社会学的新尝试

女性主义对于社会学来说并不仅仅是一个批判的角色，它还致力于对社会学研究议题的重新规划、解释和修正，同时试图通过基本概念、理论和方法的变革来建构与传统社会学相异的女性主义社会学。

（一）女性主义对社会学中的一些传统议题重新解释，并开发了一些新的研究领域

女性主义第一次将两性不平等与劳动力的性别分工联系起来。马克思主义女性主义认为[①]，传统的家庭以及家庭意识形态下的性别分工，可以解释女性进入劳动力市场后何以会处于较为劣势的地位，以及资本家何以会以不同于男性的方式来利用女性劳动力。女性似乎是工业社会中的"劳动后备军"，在经济扩张时被推入劳动力市场，不景气时又被最先踢开。她们所从事的多半是无技术的廉价劳动，正如女性在家庭中的劳动一样，没有经济报酬或者报酬极其低微。这是因为劳动的性别分工已经成为一种制度性的东西，造成了男女在职业上的分隔，这种分隔既产生于传统的性别意识形态，又恰好满足了资本主义体系对劳动力的不同需求。激进女性主义则认为，传统的父权制体制——即男性统治和支配女性的体制是造成女性在劳动力市场上处于劣势的主要原因。男性乐于从女性的家务劳动中获利，同时将女性排斥在男性所控制的雇佣劳动之外，或者以家庭中同样的方式去剥削工作中的女人，这种体制并不是资本主义所独有的，它长期

---

① 西方女性主义有许多流派，文中提到的马克思主义女性主义、激进女性主义、社会主义女性主义一般被认为是 20 世纪 70 年代出现的三大经典流派，相对于古典的自由主义女性主义来说更加激进。20 世纪 80、90 年代以后，又出现许多新的变种及更加激进的流派，如后现代主义女性主义、有色人种女性主义、同性恋女性主义等。参见 Tong（1998）。

存在，不过在资本主义社会表现得更加突出罢了。社会主义女性主义认为，资本主义与父权制是相互促进的两个体制，通过性别分工的机制，它们共同维护了男性在就业市场和家庭生活中对女人的优势和支配地位。女性的低工资使她们必须在经济上依赖于男性，这样一来就造成一种恶性循环，女性在劳动力市场的从属地位加剧了她们在家庭中的从属性，而在家庭中的从属性反过来又加剧了她们在劳动力市场的从属地位。因此劳动力的性别分工是女性受到性别体制和阶级体制双重压迫的体现。

女性主义驳斥了传统社会学中将"工作"局限于劳动力市场上以男性为主所从事的有酬劳动的狭隘定义，认为女性在家庭内所从事的繁重的家务劳动不应该排除在"工作"范围之外，由此开辟了对家务劳动的专门研究①。

女性主义还质疑那种将生育孩子、行使母职简单地视为女性的"天性"或"本能"的说法，认为母性（motherhood）并不是出于女性的所谓生物本能，而是社会建构的角色要求。并不是所有的女性都要成为母亲，也不是所有的孩子都必须由母亲来照顾。女性主义主张，在生养孩子的问题上，女性应该有更多的自主选择的权利，在养育孩子的组织方式上需要有历史的和跨文化的变革。艾德丽安·里奇（Adrienne Rich）从自己作为母亲的亲身体验出发，创造性地提出了母性作为制度和意识形态以及作为经验的区分，认为父权制社会中的母性制度是建立在女性从属地位的基础上的，男性专业人员（医生等）与宗教、社会团体联合控制了女性的身体，堵塞了她们进行节育或流产的渠道，树立起一种既理想化又低微的母亲形象，这种形象与实际上作为母亲的复杂的、活生生的经验是不同的（Rich，1977）。倾听女性依自己的经验发出的声音，通过这种方式，女性主义关于母性问题提出了许多新鲜的见解，并由此拓展了家庭社会学的研究议题。

女性主义也开辟了为传统社会学所忽略或不容的新的研究领域和议题，如家庭暴力、性骚扰、同性恋的研究等。女性主义从性别不平等的角度审视家庭暴力的原因，谴责了那种"责备受害者"的立场以及以保护家庭私领域的名义对它不予干涉的态度，认为正是这种普遍存在的立场、态度和偏见，维护了男性在家庭中的绝对支配地位和男性统治社会的正常运

---

① 早期较有影响的研究见 Oakley（1974）。

行。女性主义还提出了"性骚扰"的概念，指出性行为并非人们所认为的那样仅仅是生理的和本能的反映，而且是社会建构的与性别意识形态相一致的东西。因此像性骚扰、性侵犯、强奸和婚内强奸等都可以视为男性对女性施展权力和控制欲望的一种行为，体现了两性之间不平等的权力结构关系。

值得一提的是，女性主义将有关同性恋的研究大大地向前推进了一步。在女性主义看来，性关系和性倾向也不是天生的或本能的，而是社会历史和文化共同建构的。它的标准模式就是以白人男性的异性恋经验为基础的性关系模式，因此长期以来异性恋被视为正常的性关系，而其他不同类型的性活动则被视为是反常的、病态的。女性主义试图打破这种强制性的标准男性异性恋模式，寻求以女性自身的话语来探讨和命名不同形式的各种性关系和性身份认同的含义。通过对同性恋群体和社区的研究，女性主义发现性认同并不是简单地产生于个体，而是在人与人之间的关系、在具体的社会环境和文化情境中形成的。同性恋不仅代表一种不同于异性恋的性倾向或性行为，而且代表着基于个人身份认同的一种不同生活方式的选择，因此它不是固定的，而是可变的。在20世纪70年代激进女性主义的意识形态中，同性恋成为对男性统治构成挑战的一种政治姿态。而到了80年代，同性恋作为一种"集体认同"和性亚文化，其统一身份和共性遭到了怀疑，因为同性恋群体内部存在多元化的性行为和性观念。于是在20世纪90年代，女性主义提出了所谓"酷儿理论"（queer theory），以酷儿指代"所有在性倾向方面与主流文化和占统治地位的社会性别规范或性规范不符的人"。这种理论既反对异性恋的压迫，又反对同性恋的同化，它对所有被权力边缘化的人们的行为持包容态度。同时它不仅挑战了传统的男性/女性、同性恋异性恋的两分法结构，而且还挑战了正统的同性恋文化和价值观念，因而"是一种具有很强颠覆性的理论"（李银河，2000）。女性主义关于酷儿的研究，开拓了社会学研究的一个新领地和新视角。

（二）女性主义社会学的理论追求与方法论尝试

女性主义并不满足于在具体的研究领域和议题上进行修修补补，从一开始他们就认定了社会学的传统是男性中心导向的，因此他们最终的目标是要彻底改变社会学的现有模式和框架，建构女性主义的社会学，为此他们在基本概念、理论和方法方面都进行了有益的尝试。

社会性别是女性主义理论的核心概念。女性主义最早致力于将生物性别与社会性别区分开来，强调性别的社会建构性。社会性别在女性主义眼里不仅代表一种个人的性别身份，还是一种反映社会结构和文化规范的符号。女性主义学者桑德拉·哈丁（Sandra Harding）将社会性别概括为三种含义（Harding，1986）。一是个体或个人性别，这是性别身份认同的核心，也就是人们意识到自己是男性或女性，并将某些现象与男性气质或女性气质联系起来的性别认知。这种认知开始于童年时代，而建构一个性别化的自我意识的进程终其一身。二是结构性别，也就是作为社会组织和结构的总体特征的性别。劳动的性别分工、职业的性别分隔都体现了这种制度性的性别，还有教育、司法、宗教、医疗等几乎所有国家体系的构造都体现了性别关系。三是符号或文化性别，也就是在特有的社会文化情境中作为男性女性的规范性含义。例如公共领域与私人领域的二元划分提供了使男女之间不平等的权力关系合法化的统治的意识形态，所谓"男子汉"和"贤妻良母"的说法则规范了婚姻生活中隐匿的一种权力关系。

在社会性别理论的基础上，女性主义试图建立自己的研究模式，然而，关于什么是女性主义研究，存在众多的说法。女性主义社会学家莉丝·斯坦利（Liz Stanley）和苏·怀斯（Sue Wise）认为，女性主义研究就是具有女性主义意识（feminist consciousness）的研究方式，而所谓女性主义意识就是女性看待社会世界时与传统的性别主义相异的独有观点（Stanley，Wise，1983）。因此也可以说女性主义研究体现了一种女性主义的视角，它的特点如下：（1）将社会性别作为最基本的组织概念，这一概念不仅像种族和阶级一样是一种社会结构，也是一种根本的不平等权力关系的基础。因此女性主义不是简单地将性别作为一种个体特征，而是将其视为社会组织的一个核心原则，是所有制度机构的人们通过日常的互动过程建构起来的社会元素。（2）认为不存在单一的社会世界以及不变的性别关系，因此性别关系必须置于特定的社会文化和历史情境中加以分析和考察。（3）假定女性经验的特殊价值，并将它视为研究的来源和出发点，把它放在研究的核心位置。女性经验的显性化和多元化揭开了认知世界的新方式。（4）强调研究的价值取向，质疑现有研究的"有效性"和"客观性"，明确提出女性主义研究的目的不只是以不同的方式认识这个世界，而且要改变这个世界

（Osmond，Thorne，1993）。

舒拉米特·雷恩哈茨（Shulamit Reinharz）从方法论的角度界定了女性主义研究。她将女性主义研究的方法论归纳为 10 条（Reinharz，1992）：（1）女性主义是一种视角，不是一种研究方法；（2）女性主义运用了多样化的研究方法；（3）女性主义研究包括对非女性主义研究的持续批评；（4）女性主义研究是由女性主义理论所引导的；（5）女性主义研究可以是跨学科的；（6）女性主义研究以推进社会变革为目标；（7）女性主义研究努力再现人类的多样性；（8）女性主义研究常常将作为人的研究者包含在研究过程当中；（9）女性主义研究常常试图与被研究者形成特殊的互动关系；（10）女性主义研究常常与读者之间建立一种特殊的联系。总之，女性主义研究是多元的而不是单一的，它强调从女性的自我经验出发，强调研究者作为主体的介入以及与研究对象的互动关系，着眼于对男性中心主义的批判，是一种为了女性而不仅仅是关于女性的研究。

多萝西·史密斯明确提出了女性主义社会学就是一种"为女性的社会学"（a sociology for women）（Smith，1987），所谓"为女性"是指从外在于统治关系的女性立场出发来解说社会和社会关系，把女性所在的日常生活世界作为研究问题的起点。她认为，传统的社会学是一种适合于男人的结构化的抽象知识模式，由于公共与私人领域的划分，女性被迫待在家里，外在于男人的统治结构，无法从具体的日常生活中分离出抽象的知识，因此女性社会学家时时处在一种"分裂的意识"（bifurcated consciousness）当中。现有的社会学运用的是一种围绕男性模式形成的语言，这就使得女性无法充分地参与到社会学中。因此有必要重新构造社会学家与知识之间的关系，也就是将研究者置于其具体的情境之中，把研究者自身的经验作为构成其知识的首要基础。史密斯倡导一种始于女性日常生活经验的情境化的反思社会学，认为只有这种知识才能摆脱男性主宰的统治关系而成为社会变革的力量。

女性主义社会学家马乔里·戴佛（Marjorie Devault）将女性主义研究视为一种叙说真理（speaking truth）的实践活动，其核心思想产生于对以往未被注意的经验的系统关注。她坚持女性的谈话不仅仅是闲话或民间故事，而是构成经验知识的重要内容。这些知识以往被模糊和歪曲了，女性主义的目的就是要揭示和提炼它们。她认为，女性主义的见解强化了经验研究，因为比起那些宏大理论和主导叙事所阐述的令人怀疑的真理，女性主义的真理更小、更加特制、更为集中地指向真理。女性主义阐述各种各样的经验，而不是坚持一种实在，因此对许多人来说，它都比传统学术所追求的那种抽象的、表面上宣称的普遍体系更加坚实和有用（DeVault，1999：1－3）。但是戴佛认为，总的来说，女性主义研究者只是修改了而不是发明了研究方法，不过他们已经形成了自己独特的方法论，其核心就是批判现有的知识生产机制对性别压迫的支持和维护。女性主义方法论体系提供了不同于以往的研究实践标准：（1）女性主义追寻一种以"发掘"为己任的方法论，即改变男性所关注的标准实践的重心，以便揭示女性所在的位置和视角。女性主义研究的大部分工作是"将女性带入"，去发现被忽略、被删改、被压制的东西，揭示女性实际生活的多样性以及造成那些生活中诸多东西无形化的机制。（2）女性主义追寻一种使研究过程中对被研究者的伤害和控制达到最小化的目标。研究者有意无意地吸收草根组织和职业妇女组织的工作方法，以便形成更具包容性的程序和更少等级关系的结构。（3）女性主义追寻一种支持对女性价值的研究，并导向有利于女性的社会变革与行动的方法论。戴佛认为，这些女性主义的方法论原则提供了一种不同于以往冷漠的、歪曲的、无激情的社会科学研究程序的新的可能性选择。但是女性主义方法论并不是一些固定的教条，而是一种不断变化的对话，它必须保持一种开放的和暂时的特征（DeVault，1999：27－32）。

女性主义关于社会学方法论的多样性的强调，不仅包括在研究手段上包容和利用所有可能的技巧和资源（比如所谓量化和质化、硬的和软的、客观的和主观的等），而且包括对作为其研究出发点和知识来源的女性经验的多元性和复杂性的重视（不但重视白人中产阶级异性恋女性的经验，也不能忽略有色人种、工人阶级和第三世界女性以及同性恋女性的经验），也就是将性别因素与种族、阶级等因素交叉起来考虑。他们意识到单向度的或统一的女性主义方法论的危险，因为女人的生活和经验本身不是单向度的和统一的，这就要求女性主义社会学在制度上形成一种自我反省、自我批判的程序，让作为研究者和被研究者的女性共同用自己的语言说出自己在各个领域的生活体验。因而女性主义社会学无论有多少种不同的定义和方案，从根本上说都可以归结为一种源于日常生活经验、强调作为"他者"的女性主体价值的反思社会学。

四 女性主义在当代社会学中的影响

女性主义介入社会学后形成的冲击波，对主流社会学无论在建制方面还是在智识方面都产生了不可忽视的影响。

以美国为例，女性主义渗入美国大学及社会学研究领域已经 30 多年，一个明显的建制方面的变化是促进了女性社会学家人数的大幅度增长。1970 年，美国社会学界只有 18% 的博士学位是授予女性的，此后这一比例获得了持续稳定的攀升，1988 年达到 53%。女性获得终身职位的教师人数也增加了，1991 年女性占社会学终身教授的比例达 29%（其中 46% 为助理教授，30% 为副教授，20% 为正教授）。而在美国社会学学会的理论部也有 28% 的成员是女性（Laslett，Thorne，1997）。现在，性别与社会性别部已成为美国社会学学会中最大的研究部门，1995 年这个部有 87% 的女性成员，以及相对于其他各部更高的研究生比例。通过几十年的努力，女性主义社会学家已经把性别社会学变成一门显学，给它套上了学科合法性的外衣。它的名字罗列在学科目录和工作职位表上，成为一个博士专业，需要通过资格考试，有专门的期刊和评奖与奖励机构，以及具有国家声誉的学者网络。可以说，社会学中女性主义的研究共同体已经形成并且越来越走向成熟。

从智识方面看，女性主义对社会学的影响则要复杂得多。如果说女性主义社会学在增加新的研究议题、对传统主题进行新的解释方面已经取得了相当成就的话，那么，他们在对主流社会学的知识和权力基础进行批判，以及建立新的知识框架和方法论模式方面还存在很大的局限。芭芭拉·莱斯勒特（Barbara Laslett）和贝尔芮·索恩（Barrie Thorne）认为，通过将性别作为分析的核心范畴以及探讨私人的（性关系和情感）与公共的（政治和物质资源以及文化资本）领域之间的关系，女性主义研究已经大大丰富了社会学的常规主题，使得女性和性别研究在学术界的代表性和权力大大增加；但是 70 年代宣告的那种从女性经验出发、以性别为分析范畴改变整个学科的主导框架，改变制度、组织、社会、自我、阶级、工作、文化、家庭甚至研究方法论的努力似乎并没有完全实现。学术界依然是白人中产阶级男性占据着主导地位，并由他们建立学术研究的准则和范式并进行实践。女性主义研究依然处于边缘化的位置，女性主义理论和主流社会学理论继续在两个不同的认知和建制轨道上前行，彼此之间尚缺乏有意义的对话（Laslett，Thorne，1997）。

然而女性主义对当代社会学的贡献也是有目共睹的，这就是对主流社会学的性别主义模式的批判和对社会学理论以及研究视野的丰富和拓展。传统社会学模式中的性别主义不仅忽视了女性的生活经验和感受、使其无形化和边缘化，而且扭曲了对整个社会世界运行秩序和人类生活状况的全面公正的理解。通过批判性地检视社会学研究中的具体议题和结论以及社会学传统范式存在的弊端，女性主义从独特的女性经验和"他者"立场出发，不仅以女性主义理论填补了社会学传统理论中的一些空白，用性别分析的视角挑战已有的一些正统见解，更重要的是启示人们重新审视那些习以为常的公认的所谓普遍性主张和客观性结论中所蕴含的权力关系，从而成为后帕森斯时代反思社会学潮流中一股不可轻视的力量。从这个意义上说，女性主义社会学不仅仅是社会学中的一场性别革命，同时也是基于性别视角的一场知识变革，因此它的影响不能不说是深远的。

但是我们也不得不承认，这样的革命或变革无论以主流学界的所谓范式革命的"成功"标准而论，还是就女性主义自身所梦想的解放目标而言，都还相去甚远。女性主义在社会学中的知识变革最初始于填补鸿沟，即纠正性别偏见以及创造来自女性经验的新主题。随着时间的推移，女性主义发现许多鸿沟都是由同一原因造成的，即现有的范式系统地忽略或抹杀了女性经验或性别制度的重要性。这种发现促使女性主义重新思考社会学各领域现有的基本概念和理论框架。因此女性主义在发现和填补社会学知识的空白方面做了大量有价值的工作，这些工作证明了传统社会学理论和方法中存在系统的缺陷。但是女性主义社会学家在学科基本范式的重构这一问题上取得的成功则要少得多，朱迪丝·斯黛西（Judith Stacey）和贝尔芮·索恩在80年代的一篇文章中就失望地称之为"社会学中女性主义革命的迷失"（Stacey，Thorne，1985）。她们认为，范式转换的过程包括两个独立的方面，即现有概念框架的转变以及这种转变为本领域中的其他学者所接受。相对于人类学、历史学和文学批评等领域，女性主义社会学既被主流社会学所吸收同化，同时又被其牵制孤立，这种特殊的状态表明女性主义所期待的范式转换并没有完成。

这一悲观的女性主义社会学革命迷失论发表之后的几十年中，女性主义在对社会学基本框架的挑战和重建方面取得了重要的进展，在学科中占有越来越大的领地。现在越来越多的女性主义学者可以在自己的学科领域内享受合法研究和与同事共同合作的环境，获得令人尊敬和重视的学术生涯。斯黛西甚至担心这样的成功潜伏着新的知识和政治危险，即女性主义者可能会因此丧失反正统语言和研究问题的热情和冲动，或者更少地参与到越轨的知识革新形式中去，从而挫钝批判的锋芒并忽视公众的可理解性，而这些曾经是女性主义知识革命计划的一部分（Stacey，1997）。另外，后现代话语的兴起使女性主义更加关注女性之间以及女性和男性之间差异的多样性和多元化的主体概念，关于女性主义话语的统一模式遭到怀疑，而局限于独立的学科结构和专业框架的讨论也被视为一种本质主义的企图。因此在十年后斯黛西和索恩发表的一篇题为《社会学中的女性主义革命依然迷失吗?》的文章中，她们把所谓"社会学中的女性主义革命"看成自我冲突的、有缺陷的说法，因为这种说法假定知识上的革命是通过独立的学科完成的，并且把现有的知识分界看成完整无缺的，这样一种界定学科结构的方式体现了一种本质主义的倾向（Stacey，Thorne，1996）。女性主义更加提倡一种跨学科的研究方式，并且呼吁将政治旨趣与思想旨趣结合起来，反对知识普遍性旗帜下的男性中心主义。同时，他们意识到，女性主义并不是一个统一的思想运动，而是包含着相互冲突的理论和政治视角，表现出支离破碎的多样性，社会性别范畴也必须与阶级、种族等范畴结合起来分析才能获得更加无偏见的知识。这样一来，当初给女性主义社会学家带来挫折感的所谓统一范式革命的失败，如今反而成为女性主义社会学避免话语霸权与专制而走向平等与开放的一种优势所在。

尽管关于女性主义社会学的规划有所谓整合、分离和重建三种方案[①]，但越来越多的女性主义者已经将第三种方案（革命或重建）作为自己的目标。总体来说，他们或多或少为此做出了努力，并相信这一努力是值得

---

① 参见 P. Abbott & C. Wallace《女性主义观点的社会学》。

的，并取得了一定的成效，其中最明显的是让沉没于人群之中的女性经验名正言顺地浮现在社会学的桌面上，让来自日常生活世界的琐细情景成为知识的合法来源。这一理念虽然还没有完全实现，但其所倡导的知识论目标是与近几十年来西方学界的时尚相一致的，即对地方性知识价值的推崇。然而，一方面，这种目标是建立在性别二元论（男性经验与女性经验之间的对立）基础上的，由于将社会性别视为核心范畴并以女性的"他者"立场作为女性主义经验知识的独特价值和优势所在，女性主义社会学家在对传统范式的批判上远比在知识重建上做得更好。这是女性主义社会学的遗憾之一。另一方面，由于过于关注从学术界的边缘进入核心的进程，在获得学术界相对独立地位的同时，学院派女性主义或多或少脱离了现实的政治实践和最终的解放目标，这样就有可能使女性主义研究丧失自己的思想和学术资源而走向真正的迷失。这是女性主义社会学的遗憾之二。这些问题的存在迫使女性主义不得不采取一个特殊的研究策略：他们既不能成为传统意义上的纯粹的学者，也不能使研究沦为服务于运动目标的简单工具。所以在女性主义社会学家中出现的两个普遍倾向是：强调学科边界的式微和学术边界的式微，也就是说，在跨学科领域以及跨学术和社会领域寻找自己的发展空间。这使得至今仍处在边界状态的女性主义社会学获得了无限丰富的文化资源和自由拓展的空间，也表明社会学中女性主义研究的道路还很漫长。

参考文献

华勒斯坦等，1997，《开放社会科学》，三联书店，第二章。

李银河，2000，《关于酷儿理论》，见葛尔·罗宾等著《酷儿理论：西方 90 年代性思潮》，时事出版社。

A. Oakley，1974，*The Sociology of Housework*，London：Martin Robertson.

A. Oakley，2000，*Experiments in Knowing：Gender and Method in the Social Sciences*，New York：The New Press.

A. Rich，1977，*Of Woman Born：Motherhood as Experience and Institution*，New York：Bantam.

A. W. Gouldner，1970，*The Coming Crisis of Western Sociology*，New York：Basic Books，Inc.

B. Laslett & B. Thorne，1997，"Life Histories of a Movement：An Introduction."in B. Laslett

& B. Thorne, eds. , *Feminist Sociology*: *Life Histories of a Movement*, Rutgers University Press.

B. Thorne, Yalom, Marilyn, 1992, *Rethinking the Family*: *Some Feminist Questions*, 2nd, New York: Longman.

C. Miller & C. Treitel, 1991, *Feminist Research Methods*: *An Annotated Bibliography*, Greenwood Press.

D. E. Smith, 1987, "Women's Perspective as a Radical Critique of Sociology. " in *Feminism and Methodology*, ed. , Sandra Harding, Indiana University Press, 1987。

D. Smith, 1987, *The Everyday World As Problematic*: *A Feminist Sociology*, Boston: Northeastern University Press.

J. Acker, 1973, "Women and Social Stratification: A Case of Intellectual Sexism. " *American Journal of Sociology*, 78, pp. 936 – 945。

J. C. Ollenburger & H. A. Moore, 1998, *A Sociology of Women*: *The Intersection of Patriarchy*, *Capitalism*, *and Colonization*, 2nd, Prentice Hall, pp. 10 – 11.

J. Sprague & M. K. Zimmerman, 1989, "Quality and Quantity: Reconstructing Feminist Methodology. " *The American Sociologist*, Spring.

J. Stacey & B. Thorne, 1985, "The Missing Feminist Revolution in Sociology. " *Social Problems*, Vol. 32, no. 4 。

J. Stacey & B. Thorne, 1996, "Is Sociology Still Missing Its Feminist Revolution?" *Perspectives*: *The ASA Theory Section Newsletter*, vol. 18, no. 3。

J. Stacey, 1997, "Disloyal to the Disciplines: A Feminist Trajectory in the Borderlands. " in B. Laslett &B. Thorne, eds. , *Feminist Sociology*: *Life Histories of a Movement*, Rutgers University Press。

L. Stanley & S. Wise, 1983, *Breaking Out*: *Feminist Consciousness and Feminist Research*, London: Routledge & Kegan Paul。

M. L. DeVault, 1999, *Liberating Method*: *Feminism and Social Research*, Temple University Press, pp. 1 – 3。

M. Millman & R. M . Kanter, 1975, *Another Voice*: *Feminist Perspectives on Social Life and Social Science*, Introduction, New York: Anchor Books。

M. W. Osmond & B. Thorne, 1993, "Feminist Theories: The Social Construction of Gender in Families and Society. " in P. G. Boss, et al. eds. , *Family Theories and Methods*: *A Contextual Approach*, New York: Plenum Press.

R. P. Tong, 1998, *Feminist Thought*, 2nd, Westview Press.

S. Harding, 1986, *The Science Question in Feminism*, Cornell University Press, pp. 17 – 18。

S. Reinharz, 1992, *Feminist Methods in Social Research*, Oxford University Press.

T. R. Vaughan, 1993, "The Crisis in Contemporary American Sociology: A Critique of the Discipline's Dominant Paradigm." in T. R. Vaughan, et al, eds., *A Critique of Contemporary American Sociology*。

2003 年

当知识遭遇性别[*]

——女性主义方法论之争

吴小英

  当学院派女性主义在 20 世纪 70 年代以"女性研究"（women's studies）的形式进军学术界时，其初衷还只是借助女性主义运动的力量在学术界为女性争得一席之地，同时为解释女性所处的不平等的生存境况和寻求走向未来解放的可行途径提供理论上的依据和知识上的储备。所以与女性研究在其他学科中的表现相类似，女性主义进入社会学的初期也是以批判正统和填补空白的姿态出现的（Millman & Kanter，1975；Stanley，1993；Abbott & Wallace，1996），即批判社会学领域中对女性以及相关议题的忽略与歪曲，通过对社会性别（gender）这一变量的强调和提升，使被边缘化甚至无形化的众多女性问题或所谓非正统议题"浮出水面"，并将它们纳入研究范围，从而改变社会学中以男性及相关议题为唯一正统和标准的局面。

  然而女性主义很快就发现，这种对传统议题的重新解释或对新领域的开发充其量只是在现有的社会学框架里做一点修修补补，并不能从根本上改变社会学中男性霸权的基本状态。他们认为社会学的整个框架和传统都是依据男性经验建立起来的，它不能反映女性在社会世界的独有经验。这样就使得进入这一领域的女性主义社会学家面临着一种"分裂的意识"（bifurcated consciousness）或自我冲突的困境（Smith，1987；Oakley，1981），即无法将女性的经验感受与现有的社会学规范融合在一起。这种发现使女性主义相信现有的社会学范式存在着系统的缺陷，进而将批判的程序进一步推向奠定学科知识基础的方法论本身（ASA，CSWS，1980；Cook & Fonow，1986）。女性主义期望通过方法论的变革，将社会学改造成

---

  * 原文发表于《社会学研究》2003 年第 1 期。

一种不仅是关于女人或由女人（of or by women）来研究的学问，而且成为女人（for women）的社会学（Smith，1987；Stanley & Wise，1983）。

要完成这样的使命，除了需要特定的主体（女性主义者）来参与之外，还需要运用新的理念和新的工具（女性主义方法论或方法）来促成目标的实现。因此关于女性主义方法论的探讨和争论成为女性主义社会学研究关注的焦点。是否存在独特的女性主义方法论或女性主义研究方法？如果有，其特点是什么？它们对社会学的传统方法论或研究方法构成怎样的挑战？女性主义通过对这些问题的回答和争论，意在分析社会学研究中当知识遭遇性别时的境况与结果。这种独特的问题视角为后帕森斯时代社会学的范式论争增添了一道新的风景线。

一 关于方法和方法论：视角压倒一切

在是否存在独特的女性主义方法论或研究方法的问题上，女性主义者之间向来存在着严重的分歧，几乎很难找到一个令人满意的答案。女性主义学者桑德拉·哈丁认为，原因之一就在于人们往往将方法、方法论与认识论问题纠缠在一起，而没有认识到它们之间虽然有复杂的关联，同时却是相互区别的。方法是指收集研究资料和证据的技巧，方法论是用于分析和说明研究如何进行或应该如何进行的理论，而认识论问题则讨论有关知识有效性的理论和辩护策略。女性主义在讨论方法或方法论问题时，往往将这三个方面混杂在一起，缺乏清晰的概念，结果不能理清作为女性主义社会研究最独特的东西是什么（Harding，1987a）。哈丁进一步指出，收集资料和证据的方法不外乎三种类型：一是访问被调查人并倾听他们的心声；二是观察他们的行为；三是考察其历史的踪迹和记录。女性主义研究者可以运用这些传统意义上的任何一种研究方法，只不过其运用的具体方式可以有所不同，这些对熟悉的研究技巧的不同运用依赖于新的方法论和认识论。在这个意义上，她认为不存在独特的所谓女性主义研究方法，只存在独特的女性主义方法论和认识论。

哈丁的观点实际上代表了大多数女性主义者的心声。虽然他们不一定使用"方法论"这样的词或对方法论有各自不同的理解，但越来越多的女性主义者认定女性主义研究具有与非女性主义研究相区别的独特的方法论特点或视角。女性主义社会学家舒勒密·雷恩哈茨将女性主义研究的方法论原则归纳为十条：（1）女性主义是一种研究视角，不是一种研究方法；（2）女性主义运用多样化的研究方法；（3）女性主义研究包括对非女性主义研究的持续批判；（4）女性主义研究是由女性主义理论所引导的；（5）女性主义研究可能是跨学科的；（6）女性主义研究以创建社会变革为目标；（7）女性主义研究努力代表人类的多样性；（8）女性主义研究常常将作为人的研究者包含在研究范围之内；（9）女性主义研究常常试图与被研究的人之间形成一种特殊的互动关系；（10）女性主义研究常常与读者建立一种特殊的关联（Reinharz，1992：240）。

女性主义社会学家莉丝·斯坦利和苏·怀思将女性主义研究视为一种具有女性主义意识（feminist consciousness）的研究，这种女性主义意识植根于女性独有的具体的日常生活经验之中，是女性对社会实在的独特观念的表达，因此他们强调只有女性才能成为女性主义者、具备女性主义意识并进行女性主义研究。① 但即使这样，他们也不认为存在什么独特的女性主义研究方法。"我们的立场是拒绝将'女性主义研究'与某些特定的方法、性别主义（sexist）研究与其他不同的方法简单地等同起来。我们既不认为女性主义研究就是妇女所从事的研究，也不相信这种研究可以由男人来从事。因为我们觉得从根本上说，'女性主义研究'是蕴含着并产生于女性主义意识的，正因为如此它才能'以不同的方式看待世界'。"（Stanley & Wise，1983：31－32）

女性主义社会学家马乔里·德佛也认为，女性主义研究者主要是对现有的方法进行了修改，而不是发明了什么新的方法；但是他们的确已经形成了描绘研究实践和认识论的独特体系，这就是"女性主义方法论"。女性主义有许多种类型，因此其方法论也不是一些固定的教条，而是一种不

---

① 关于是否只有女性才能成为女性主义者或从事女性主义研究的问题，也有许多争论。支持者（如 Stanley & Wise）认为，在父权制社会中只有女人才具有被当作女人对待的独特生活体验，男人不具有女性那样的生活经验，因此无法成为真正的女性主义者或从事真正的女性主义研究；反对者（如 Harding）认为，男人同样可以从事女性主义研究，只要他们坚持女性主义的方法论准则。女性主义研究并非简单的"女人研究"（female study），若将男性排除在女性主义共同体之外，势必减弱女性主义的同盟力量，并犯下了与男性中心模式同样的错误。这种有关女性主义研究的知识主体的争论反映了女性主义者在知识论和认识论上的分歧。

断发展中的开放的对话。德佛认为这种方法论的核心就是批判，即将现有知识生产的工具视为建构和维护女性压迫的场所。这种批判性的理解为一种不同的研究实践提供了可能性标准。（1）女性主义者追求这样一种方法论，即通过"挖掘"工作，转变男人所关注的标准实践的重心，以便揭示女人所处的位置和视角。（2）女性主义者追寻一种在研究过程中对被研究者最小伤害和控制的科学。例如吸收草根组织或专业妇女组织的工作，形成综合的程序和更少等级制的结构，尽力将研究关系中的权力和控制的等级阶梯拉平。（3）女性主义者追求这样一种方法论，它支持对女性有价值的研究，并导向有利于女性的社会变革或行动。这不仅包括变革理论或将新的主题引入学科，而且包括参与者意识的觉醒和去殖民化（decolonization），以及产生能激发或支持政治行动或决策的材料数据等等（Devault，1999：30－32）。德佛认为，这些女性主义方法论准则提供了一种不同于冷漠的、歪曲的、无激情的所谓社会研究客观程序的另类可能性。

哈丁认为女性主义研究的独特威力或者说区别于传统研究的新东西就在于方法论方面的三个特点。（1）新的经验来源和理论来源：女性经验。传统的研究只从男性的经验出发，只关注男人所关注的那些社会问题。但是仅从资产阶级白人男性的视点出发来定义哪些社会现象是需要解释的问题，其结论必然是偏狭的和不公正的。女性主义研究的特点之一就是从女性经验的视点出发界定需要研究的问题，并把它作为衡量现实世界的一个重要指标。这种女性经验是多样化的，它来自不同阶级、种族、文化的女人的日常生活经验，而这些支离破碎的主体身份是女性主义见解的丰富源泉。（2）新的社会研究目的：为女性。女性主义研究的目标就是为女性提供她们所需要的社会现象的解释。传统的社会研究一直是为男性提供他们所需要的解释，往往是从男人对女人的控制、剥削或操纵的欲望出发提出问题。女性主义新的研究目的是与他们新的问题视角不可分割的。（3）新的研究主题：将研究者与公开的研究主题放在同一个批判平面上。也就是说，在女性主义研究中，研究者本人的阶级、种族、文化、性别假设、信念和行为等必须置于她或他所要描绘的框架中去，这样一来"研究者对我们来说就不是以一个无形的、匿名的、权威的声音出现，而是表现为一个具有具体的、特定的欲望和利益的真实的、历史的个体"（Harding，1987a：9）。

可见女性主义者虽然强调其独特的方法论规则或研究视角构成了女性

主义研究区别于非女性主义研究的基础，但并不主张自己在具体的研究方法上有什么特别之处，而是倡导方法的多样性与包容性。① 致力于所谓"女性主义方法"的探讨，但他们所指称的意义实际上是方法论。例如女性主义社会学家多萝西·史密斯主张女性主义社会学应该具有自己独特的思维方法和叙述文本的方法，能够将人们的经验和行动的具体情境与关于社会运行组织和统治关系的说明联系起来。但她自己也认为这些方法又可称为"理论"，因为她所关注的是用来解释社会现象的"程序"，也就是"如何概念化或如何构造社会现象的文本性"。她所谓的女性主义研究方法重点，就在于"从女人的立场出发探索日常世界"（Smith，1987）。从女性立场出发并不意味着将女人的特殊经验普遍化，或者只是代表了女人之间共有的观点，而是为社会学中缺席的主体和经验创造了空间。因为在史密斯看来，社会学一向是社会统治机构的一部分，而女人一向是被排除在这个统治框架和组织之外的。将日常世界作为社会学问题的来源，就是研究实际的个体在实际进行中的活动，而不是抽象的社会秩序或规则。这种研究的主体不是超验的，而是存在于其自身的生活以及与他人关系的现实当中。因此这样的研究总是反思性的，是关于我们女人自己的——既作为研究者，同时又作为研究对象（Smith，1992）。显然史密斯这里所谈到的方法应该用方法论来指代更为贴切，实际上在她的著作中二者常常是可以通用的。

也有许多女性主义者虽然不认同唯一、独特的女性主义研究方法，但承认女性主义者在研究方法的取舍上存在某些偏好，如更加倾向于推崇解释性的、定性的研究方法，拒绝实证性的、定量的研究方法。为避免在女性主义方法的选择问题上争论不休，也有人干脆放弃了所谓女性主义方法的规范性定义，采用了更加实用的操作性定义。如雷恩哈茨就给出了关于女性主义方法的描述性的自我定义：（1）女性主义研究方法就是那些自认为是女性主义者或妇女运动一分子的人在研究中所使用的方法；（2）指那

---

① 在这一点上大多数女性主义者的主张与科学哲学家费耶阿本德所倡导的无政府主义方法论有相通之处，即反对存在奠定客观知识基础或带来知识有效性的任何形式的所谓标准方法或规范方法，认为科学的权威并非源自方法的权威，也不意味着所谓理性的胜利，而是渗透了意识形态和权力的社会选择的结果。如果说存在什么具有普遍性的方法规则的话，那只能是："怎么都行。"

些女性主义刊物或著作中发表的研究所使用的方法；（3）指从那些资助人们做女性主义研究的组织中获得奖学金的研究所使用的方法（Reiharz，1992：6）。换句话说，坚持女性主义研究方法的多元性和开放性，也就是承认不存在什么独特的女性主义研究方法。因此最能代表女性主义研究方法和方法论特点的也许就是：视角压倒一切。

二　关于定量和定性：虚假的两极之争

在社会学的方法论和研究方法的探讨中，有关定量和定性方法的争论是个恒久的话题，以致常常被视为社会学方法论两大阵营之间带有对抗性质的"范式大战"（paradigm wars）（Oakley，2000）。这是因为定量方法和定性方法的对立和冲突不仅存在于具体的研究实践的层面上，而且存在于研究者所崇尚的意识形态和价值观念的层面上，并且往往与社会学领域中不同流派的消长相联系。然而定量方法与定性方法在范式之争中显然并非势均力敌，定量方法似乎较少为自己辩护，而定性方法则不得不面对人们对其所谓科学性、合理性的质疑。这表明在社会学中实证的、定量的范式长期以来是更加强有力的传统，而解释的、定性的范式传统主要是在 20 世纪 60 年代库恩的"范式"理论兴起以后学术界愈演愈烈的反实证主义、反科学主义潮流中逐渐声势浩大起来。女性主义介入社会学后不久也义无反顾地投入了实证主义的批判者行列，并且将定量方法作为男性社会学的典型范式加以拒斥。

女性主义对实证主义的挑战主要集中在对以主客体的二元分离为前提、以价值无涉和情境独立为保障的客观性原则的批判上。① 这种传统的客观性主张将知者与所知人为地分离开来，无视研究者所包含的偏见对于研究过程来说是不可避免的，幻想一种中性的观察、中性的语言存在的可能

---

① 女性主义对客观性的批判在很大程度上得益于后库恩时代科学哲学界以及社会科学界对实证主义的清理，包括对客观性的可得性（attainability）与客观性的可欲性（desirability）的批判。像现象学、批判理论、常人方法学、建构论等也都为女性主义方法论提供了学术资源，所以在对实证社会学的客观性原则的批判这一问题上，女性主义并没有多少与众不同的认知上的新鲜东西。唯一不同的是他们以社会性别为立足点，以性别文化为参照体系，因此方法论批判在这里顺理成章地转化为一种文化批判，并最终服务于他们解放的宗旨。

性，把知识视为独立于社会进程和具体情境的、有关自在（out there）事实或世界的抽象理解。其结果并没有获得真正具有普遍性的客观知识，而是打着客观性的旗号、以科学为名树立了社会学的男性中心地位，维系了男人统治女人的意识形态。因此女性主义认为，以客观性为目标的社会学的方法论追求与父权制的社会文化之间存在着深刻的内在关联。男人在学术界的优势地位不仅仅是统计学意义上的，而且是方法论意义上的，也就是说，学术界的游戏规则是由男性制定的，因此作为实证精神体现的定量方法似乎在无意识中与男性之间形成了共谋共存的关系。女性主义社会学家安·奥克利甚至将社会学中定量方法与定性方法之间的范式争斗看成"两性战争的另一种形式"。她认为，定量与定性的两分法首先是作为认知方式的一种性别化描述起作用的。其中"定量的"是指硬的、可靠的、理性的、客观的、公共的，与男性气质相呼应；"定性的"是指软的、不可靠的、直觉的、主观的、私人的，与女性气质相呼应（Oakley，2000）。这样就构成了一个二元结构的权力等级体系，社会性别在这里不仅指作为社会群体的男性和女性，而且用来喻指更一般意义上的有权者和无权者；定量与定性也不是简单的方法对立，而是包含着复杂性别文化内涵的话语权力之争。正因为如此，定性方法常被倡导用于许多弱势群体如妇女、儿童、残疾人、少数族裔、同性恋者等的研究，因为这些人往往被排除在白人中产阶级男性文化的主流研究之外。

许多女性主义者对定量方法（如结构性调查、人口统计学分析等）持批判态度，并在研究实践中更多地倾向于应用定性方法（如参与观察、深度访谈、口述史、民族志等）（Miller，1991；Reinharz，1992；Abbott & Wallace，1996）。对定量范式的批判主要集中在两个层面。一是对定量研究中的性别偏见的批判。如定量研究中女人的经验和声音常常是空缺的，研究样本中或者根本不包括女性，或者所提的问题是不适合女性的，或者把男人当作标准、女人当作异类，把在男性样本和理论假设基础上得出的结论强加在女人头上，从而形成对女性经验的扭曲理解（Eichler，1979）。又比如在统计方法的运用过程中，概念或变量的选择、数据的收集、统计程序的运行、统计类别的呈现等都给性别偏见留下可乘之机（Oakley & Oakley，1979）。二是对定量研究本身的方法论特点的批判。如研究者常常只以问卷或其他文字记录为中介与被访者交流，主体与客体之间的距离由于定量技巧的运用而不断拉大，以致要产生有用的理解都非常困难。分析范畴和解释框架被研究者先验地决定，它们来自标准的男性主导立场，这样就使研究可能成为父权制意识形态的表达（Cook & Fonow，1986）。同时，研究者侵入被研究者的私人领域，干扰他们的理解力，利用伪装，操纵他们之间的关系，把被研究者当成可以分割的零碎的物来对待，将自己的意志和愿望强加在他们头上，而他们很少或几乎不能得到任何回报。这种定量研究的模式是一种"强奸模式"，在研究者与被研究者之间形成了一种控制和统治关系（Abbott & Wallace，1996）。

许多女性主义者相信定性方法可以避免定量方法带来的这些问题，因为在定性研究中研究者与被研究者不是分离的和等级关系的，而是以整合的、同情的、平等的甚至合作的关系形式为特征的（Mies，1983；Reinharz，1983）。他们认为定性方法尤其适合女性主义研究的目标，因为这些研究让作为被访人的女性发出自己的声音，使她们参与到决定研究方向和重点的工作中去。这些方法还强调特殊性比普遍性更重要，有助于纠正实证主义所主张的无根基、无差异的脱离具体情境的抽象观点（Mies，1991）。

然而也有越来越多的女性主义者对此提出了异议。在一篇题为"定性与定量：重构女性主义方法论"的文章中，女性主义社会学家乔伊·斯伯拉格和玛丽·齐默曼指出，主客体的分离不是定量方法独有的，定性方法也不一定就能避免研究中的权力控制关系。每一种研究方式都是一种建构，都存在着偏见。必须打破定量和定性的虚假的逻辑两分法，通过二者的整合重建女性主义方法论（Sprague & Zimmerman，1989）。她们认为，女性主义对定量方法的批判掩盖了这样一个事实，即定量方法作为一种研究策略，强调每一个阶段如测量技巧、最终数据、评价进程的明晰性，强调标准化和规范化，使得学者共同体内部的交流与批判成为可能。大型的调查研究以获得代表性信息、最大限度地减少特殊研究个体的选择所带来的偏见为目标，这种情况下只有运用定量策略才是可行的。这并不是说定量策略能产生更加符合事实的数据，而是说它们提供了在不同的和更加公开的层面上进行批判和交流的可能性。奥克利也认为，女性主义对定量方法的批判有将澡盆里的孩子与洗澡水一起倒掉之嫌。其实由于定量方法更具一般意义，女性主义需要用它来说明男人和女人结构分化的程度，描绘女性受压迫的图景。只不过要打破偏见、重新构造研究的对象，需要的是一种不同的视角，一种视原来的常识为偏见的见解（Oakley，2000）。

一些女性主义者还对定性方法的局限提出了批评。如那些非结构的或开放式的访谈更易受研究者的偏见和观念的侵袭，这些偏见以更加微妙和不易察觉的方式起作用；定性方法还在很大程度上依赖于被访者的语言表述能力，很容易导致研究者的误解；并且定性研究使得事后的反驳或检验变得异常困难，等等（Ryff，1985）。女性主义社会学家朱迪丝·斯黛茜注意到，在女性主义者所推崇的民族志研究中，研究者与被访者之间形成了亲密而复杂的人身依附关系，研究关系中的人际参与以及对这种关系体系的闯入和干涉对被访者来说自然是一种冒险。这种关系虽然冠之以合作的名义，但本质上并非是平等的。二者在身份地位上存在差异，在研究的基本选择上也有差异，最起码对于研究者来说，要从这种关系体系中抽身比被访者容易得多。在研究记录或报告的产生过程中，还不可避免地出现了作者权的不平等问题，研究者总是假定自己是权威。因此这种定性研究策略中显然也存在有害的权力关系（Stacey，1988）。

实际上女性主义既然主张方法的多样性，那么关于定量与定性方法孰重孰轻的争议或取舍对他们来说就是一种无意义的虚假的两极之争。因为任何方法都可以以性别主义或非性别主义的方式得到应用，关键不在于研究者运用的是定量方法还是定性方法，而在于以何种方式运用它们。为避免社会学的传统方法或方法论可能带来的弊端，女性主义社会学家提出了自己的研究策略。斯伯拉格和齐默曼指出，女性主义在社会研究中必须考虑四个方面的因素。（1）认识到在任何观察中偏见都是不可避免的。因此相信某一种或一类方法而拒绝其他种类的方法是要不得的，克服偏见的唯一希望就在于尽可能地利用不同研究策略的长处。定量研究者必须批判地、谦虚地阅读定性研究的文献，反过来，定性研究者也是如此。每一种方法都有自己的弱点和强项，没有一种单一的方法可以提供一个令人满意的答案，因此接受过不同方法训练的研究者之间必须合作。（2）认识到我们所研究的对象的主体性以及我们作为研究者的对象性。把我们自己的观念和问题与被研究者的相比较，当二者出现分歧时，要能够证明为什么我们所做的选择是合理的而不是简单地断言它们。这样首先必须使我们自己的假设和偏见尽可能地清晰明了，同时考虑到研究的每一个阶段在现实世界的应用以及相关性来调停主客体之间的分离关系。要将我们的研究与我们所研究的对象的主体性整合起来，必须特别注意我们所使用的语言，使我们研究所得的信息能够摆脱抽象的外衣，为文献之外活生生的个体所理解和利用。（3）认识到研究关系的等级性质。并非所有的等级关系都是有害的，要视这种关系的组织是为了使不平等得以维持或加剧还是为了使不平等程度得以降低或消除而定。如果研究者与研究对象之间起始的关系是不平等的，我们当然可以组织这样一种研究进程来形成平等的研究技巧并分享彼此的知识。（4）认识到研究与统治的再生之间的关系。为了避免现有统治关系的再生，我们需要形成策略性的研究议程。这并不意味着要对直接产生于政治行动的问题进行提问或回答，也不意味着我们要将自己限制在一种应用性的政治社会学上，虽然那是一项需要完成的重要任务；而是在更一般的意义上我们应该选择站在被压迫群体一边来反对他们的统治者（Sprague & Zimmerman，1989）。

女性主义称传统的社会学研究为"父权制的"（patriarchal）研究，称自己的则为"参与性的"（participatory）或"反思性的"（reflexive）研究。女性主义社会学家朱迪丝·库克和玛丽·佛诺曾对女性主义社会学研究中常用的研究技巧进行探讨，并概括了女性主义社会学研究最基本的研究策略（Cook & Fonow，1986）：（1）承认社会性别无处不在的影响，认识到社会学研究中的男性中心偏见，将女性界定为分析的重心，并考虑到研究者也是一个性别存在体；（2）将研究集中于唤醒人们意识的思想启蒙上，运用提高觉悟（consciousness-raising）①的技巧收集材料，承认研究者的女性主义意识对研究的影响，把社会变革作为研究进程的目标之一；（3）拒绝主客体两分的逻辑规则，考察女性参与者作为研究者、助手和被研究者在研究过程中被屈于从属地位的方式，挑战那种认为定量化以及研究者和被研究者之间的严格分离是达到客观知识的必要保证的假设；（4）考察研究过程的伦理关怀，预见研究结果对被研究者的影响，确保被研究者得到他们

---

① 也可翻译为"意识觉醒"，是美国 20 世纪六七十年代女权运动中流行的一种组织活动方式。妇女们组成各种各样的"提高觉悟小组"，聚在一起畅谈各自生活中作为女性所经历的痛苦和遭受的不公待遇，意在打破女性长期受蒙蔽和受压抑的无意识状态，让她们通过诉说和交流清醒地意识到作为女人的受压迫处境，并分析社会和家庭是如何一步步使自己甘心屈于从属地位的。这种方法带有明显的心理分析倾向，在组织方式上又很类似于中国曾经盛行的各种"诉苦会"，对于女性的意识觉醒和觉悟提高有很好的效果。

所需要的信息，对体现从属方式的语言的作用进行评估，并对研究准入活动的公平性进行质疑；（5）强调女性的赋权与女性命运的变革，通过研究努力使结果有助于改变女性在生活中受压迫和受剥削的处境，让这个潜在的目标群体加入研究的设计和运作中去。

这样，有关定量和定性方法的传统争议在女性主义这里就化解为一种有关研究策略或方法论规则的探讨，而这些最终都可以在女性主义的认识论那里找到答案。

三　关于知识：性别化的建构

女性主义认识论的核心就是探讨知识与性别的关系问题，即知识与性别是否相关、在何种程度上相关。显然，从前面的论述中可以看出，女性主义从不否认知识与性别的相关性，但在相关的程度和形式问题上存在极大的分歧。这种分歧最终导致了女性主义在方法和方法论取向上的不同偏好。

关于女性主义认识论的最有系统的论述是由桑德拉·哈丁做出的。她把女性主义认识论视为证明女性主义研究合法性的辩护策略，包括谁将成为研究的主体、知识的合法性是否依赖于信念的驱除、可以认知"主观的真理"吗、客观性的本质是什么、研究过程中研究者与被研究者之间的恰当关系是什么、知识诉求的目的是什么等问题的探讨（Harding，1987b）。哈丁认为，按照传统认识论的观点，由于女性主义是一种以社会变革为目标的政治运动，而科学知识被视为价值中立的、客观的、不带情感色彩的、无偏见的，应该免受政治利益或愿望的干扰，因此所谓"女性主义知识""女性主义社会学"等说法本身就是自相矛盾的。然而许多由女性主义所引导的研究却产生了更加可靠、更少偏见、得到更多支持的知识，这就产生了一个对传统认识论具有极大挑战性的问题，即政治化的有价值取向的研究可以产生更加完整和更少歪曲的研究结果吗？

哈丁将女性主义认识论划分为三种形式，即女性主义经验论（feminist empiricism）、女性主义立场论（feminist standpoint）和后现代女性主义（feminist postmodernism），指出他们对这个问题有各自不同的回答（Harding，1987b）。女性主义经验论认为，由错误的信念所产生的社会偏见有可能进入研究的设计、材料的收集和数据的解释等各个阶段，从而导致研究结果的扭曲。他们相信通过更加严格地坚持现有的方法论规则，可以最大限度地减少或消除研究过程和结果中的男性中心主义偏见。在这个意义上，妇女解放运动充当了"皇帝的新装"那个古老的故事中没有偏见并敢于说真话的孩子的角色，帮助人们摘去有色眼镜而获取真正客观的知识。同时，这一运动也为更多的女性或女性主义研究者创造了机会，而她/他们比男性或非女性主义者更容易产生无偏见的知识。可以看出，这种辩护策略只对传统认识论的不完善的实践方式提出批评，并没有从根本上对主流的知识规范提出挑战，对现有的方法论规则也是持认同态度的。虽然这样，它对于促进女性主义社会学早期的纠正偏见、填补空白工作还是起到了有力的支持作用。这里知识与性别的相关性只停留在研究实践的层面上，女性作为知识主体的介入只是为了在知识进程的最终结果中彻底摆脱性别。

女性主义立场论的态度则不同。虽然他们同样主张知识以经验为基础，但他们认为女性主义研究之所以更加优越和可取，不是因为他们在遵循现有方法论规则的过程中更加严格或更少出错，而在于他们本身源自女性的生活经验，这种经验为产生更加完整和更少歪曲的知识提供了潜力。女人处在被统治、被忽略、被边缘化的"他者"位置，这使她们获得了一种不同于男人的批判的眼光和立场，有助于克服偏见并产生更加客观的知识。立场论者对传统认识论所主张的价值中立的客观性原则持批判态度，强调认知过程的社会性和主体性，坚持女性立场和经验的价值取向的重要性，明确提出要寻求一种具有反思性的独特的女性主义方法论规则。可以看出，这种辩护策略比女性主义经验论更加激进，已经对主流的知识规范提出了正面挑战。这里知识与性别的相关性已深入研究规范的层面，女性的全方位卷入是为了让知识进程朝着有利于性别解放的方向前行，而不是徒劳无益地试图摆脱性别的纠葛。

如果说女性主义经验论和立场论还在试图追求一种能比传统的社会科学更少偏见、更少歪曲地反映社会现实的普遍知识的话，那么后现代女性主义已经对是否存在这种知识产生怀疑。他们批判启蒙思想所推崇的任何具有普遍性的所谓"宏大叙事"，认为女性主义所能做的只不过是让来自不同种族、阶级和文化的不同女性讲述自己的故事，呈现她们所拥有的不同经验和她们的不同需求。如果以掌握这个世界的所谓唯一真实的权威故事为目标，势必使女性主义有关社会生活的叙事沦为另一种不同于男人权威叙事的新的"主人的故事"，使知识重新成为专制和权力的化身。在他们眼里，知识最核心的要素就是"情境化"，没有不含偏见的知识，也不存在一种压倒一切占绝对优势的知识形式，只有由多样化的支离破碎的主体所讲述的多种多样的故事。可以看出，这种辩护策略强调知识的建构性和多元性，在一定程度上为相对主义打开了大门。这里知识与性别都被还原为一种权力话语，并在文化的建构中相互融合。

哈丁的认识论叙述勾勒了女性主义研究过程中知识与性别相遇的几种基本形态。实际上不同认识论取向之间的界限有时并不那么分明，特别是20世纪八九十年代以来女性主义一边从后现代主义、后殖民主义那里汲取了更多营养，一边更加坚定地抵制相对主义之风，很难简单地将他们归于某种具体的认识论或流派类别，多元化越来越成为一种时尚。在社会学研究中，女性主义者更加关注种族和文化的差异，更加注重语言和修辞分析的技巧，也更加注重以跨学科的、策略化的眼光寻求更具亲和力和更加精致的方法。例如多萝西·史密斯运用所谓"制度民族志"（institutional ethnography）的方法来帮助女性从自己的位置出发去理解她们所处的社会世界，就是取材于人类学中广泛应用的民族志方法，吸取了田野工作的近距离考察特点以及擅长研究边缘群体的传统。但史密斯认为传统的田野调查是从"内在者"（insiders）的立场出发，走出去寻找"外在者"（outsiders），把他们的生活现实包装成一种"材料"带回到统治计划之中，这样产生的知识对强势群体来说是有用的，因为它提供了一个进入边缘群体的窗口。制度民族志则要把这样一种流程颠倒过来，作为研究者的女性本身就是边缘群体的一分子，所以她们能从作为内在者的边缘立场出发，向外辐射到社会权力和统治的中心，阐明影响具体情境的统治的可能性。这种研究的目标就是通过日常世界活生生的个体经验来揭示组织现有统治秩序的社会关系，它提供了一种从"个人的"走向"政治的"以及理解制度因素对个体生活影响的方式（Smith，1986）。因此制度民族志总是关注制度的关联，关注各种活动场所之间的关系以及这些场所通过统治制度和文本而达成的合作。比如传统的社会学观点将家庭视为私人场所，而制度民族志则提出家庭生活与外在的多种制度相联系，与工作、教育、健康保护、闲暇活动以及产品的生产与分配等制度有关，这些制度体系和话语被看成家庭成员在家庭之外必须执行的东西。史密斯认为这种制度民族志的研究类似于"提高觉悟小组"的组织方式,在研究者与被研究者之间形成了一种平等的关系,双方都从研究中学到了许多。

马乔里·德佛在她那本命名为《解放方法》的著作中则用大量篇幅探讨了如何从女性立场出发谈话与倾听、书写与修辞的方法技巧。她将女人的谈话视为一种人工制品,认为有必要对这些访谈资料进行分析,以便揭示其中未能彰显的意义。受常人方法学的影响,她强调这些访谈的精心组织的特点,让分析者看清访谈材料中那些容易被忽视的细节,使这些人工制品为经验和互动分析提供线索。同时,她坚信女人的谈话包含着值得发现的意义,并且这些意义又很容易被忽略。在传统的社会学研究程式中,这些谈话往往被当作"闲话"或琐事的表达而被排斥在外,而这样的排斥和标签实际上是控制女人和她们对公共话语的贡献的机制。因此她认为,对语言的新关注应该成为女性主义研究计划的核心(Devault,1999:56-57)。德佛指出,在女性生活与谈论经验的主流语汇之间存在某种不适合,这种不适合对女性在日常生活中的自我表达造成了真正的困难,她们不得不进行"翻译",结果或者是不能很好地描述事情,或者只能以非标准的方式运用语言。在男女混合的群体中,女人比男人更少被倾听,她们所说的东西也更少被相信或被别人采纳。她们比男人更多被打断,想要继续谈话也必须花费更大的努力。这些发现可视为男人和女人之间权力关系的结果,也证明了女人充分而自信地表达自己所面对的特殊障碍(Devault,1999:61)。在这个意义上,女人在社会中是一个"沉默的群体"。戴尔·斯邦德认为这种"沉默"并不表明女人不说话——事实上女人是语言的重要传播者,而是指女人以有限的、受男人更大的社会权力和控制的影响而在个体和制度两方面都受到训练的方式说话。这种独特的说话特征不能视为语言技巧上的缺陷,而是对她们所面对的说话制约因素的合适反应。因此,语言对女人来说也可以成为潜在的权力资源,比如女人对女人的谈话(woman-to-woman talk)就给女性提供了更加充分地说出自己经验的机会,因为她们之间更有可能相互理解和彼此倾听,提高觉悟小组就可以理解为一种系统化的女人对女人的谈话方式(Spender,1985)。

然而,德佛指出,在描述女性的生活经验时,不管研究者采用什么收集和分析访谈资料的方法,都面临误贴标签的危险,这种危险来自不适合的语言的运用。因此研究者必须仔细而有创意地选择言辞，注意到选用这些言辞对经验进行描述的结果会是什么。女性主义文本应该以超越标准语汇的方式描述女性的生活，以个体视角的有效性取代抽象的、标准化的知识主张。在构建这样的文本的过程中，许多女性主义者试图给予女性的边缘位置以充分的说明，让自己的文本成为社会学传统的一部分；但是如果产生的文本太适合于已有的社会学传统，又可能会颠覆其变革这一传统的计划。在德佛看来，这是女性主义研究始终无法摆脱的两难困境（Devault，1999）。如果将女人在主流文化和学术传统中的缺席比喻为女人的沉默，那么这种沉默意味着：不出席、不参与、不书写，谈（或写）但不被听到，谈（或写）但被忽略，谈（或写）但没有信心，谈（或写）但没有权威，谈（或写）但不生效，谈（或写）但只以有限的方式——只集中于特殊的主题或只在特定的地点、时间、范围、情境，谈（或写）但只能短期存活。改变这种局面的方法之一就是增加参与，将更长、更响亮、更有信心的女人的故事和声音纳入知识结构产生的渠道，这就要冒险接受现有的排斥女人的主流话语的影响；另一种解决方法是考察何种组织形式和传统造成了对话中女人的沉默，确认这些组织形式和传统的作用，并积极寻求对传统的言辞和权威构成干扰的反霸权活动（Devault，1999）。可见女性主义知识进程始终是与作为社会进程的妇女解放运动密不可分的，他们相信知识是一种性别化的建构，因此"解放方法"在这一意义上与"解放性别"成为同一事件的两个方面。

四 结语

至此，女性主义的方法论之争已经呈现一个基本的轮廓，尽管我们清楚这样的争论永远不会有完结的时候，因为关于社会学的方法论之争已经成为学科本身不可或缺的一部分。从总体上说，女性主义对以实证主义为代表的主流社会学方法论持批判态度，并将传统的价值中立的客观性原则斥为父权制文化的男性中心主义典范。他们追求以批判性、反思性和参与性为特征的独特的女性主义方法论规则，但大多数女性主义者并不认为存在什么独特的女性主义研究方法，而是主张方法的多样性和包容性，只不过强调要在坚持女性主义视角和立场的前提下博采众长。女性主义反对认知和文化体系中的两分法传统，认为关于定量与定性、客观与主观、理性与情感、主体与客体、公共与私人的二元划分与男人和女人、男性气质和女性气质的性别对立相对应，构成了有权者与无权者之间的权力等级关系，必须加以拒斥，因此社会学中所谓定量与定性的范式大战在方法论意义上是虚假的两极之争。女性主义经验论、立场论以及后现代女性主义的认识论取向反映了女性主义关于知识与性别关系的三种基本形态，无论知识在何种程度上是性别化的建构，女性主义相信解放方法与解放性别是不可分割的两个方面。

女性主义尽管在方法论的变革问题上不乏雄心勃勃的设想，却不敢说已经达到了预期的目的。事实上，女性主义社会学家朱迪丝·斯黛茜和贝尔利·索恩在 1985 年的一篇文章中已经承认这种对社会学基本假设和框架的挑战是失败的，因为女性主义的见解还常常处在被社会学主流孤立或分离的状态，她们悲观地称之为"社会学中女性主义革命的缺失"（Stacey & Thorne，1985）。这种变革的失败可能源自两个方面的原因。一是自 20 世纪 60 年代功能主义作为一种主导范式衰落以来，社会学本身已成为一个无中心的领域。在这种四分五裂的局面下，要建立一种统一的具有震撼力的女性主义革命相对较难，所有的变革可能不得不导向多元化和多维度，女性主义也不得不在跨学科的边界地带寻找自己生存的空间。二是由于女性主义自身在方法论问题上的暧昧态度。比如一方面他们宣称偏见是不可避免的，不存在任何独立于具体情境的真正普遍的、抽象的知识，另一方面又以追求更少偏见的客观性作为女性主义知识的目标；一方面认定传统的社会学范式渗透着男性中心主义，是服务于男性经验的说明和解释的，另一方面又主张吸收社会学甚至跨越学科界限的一切方法为我所用，似乎方法本身可以逃脱性别化的侵蚀而"洁身自好"，只要冠以"女性主义的方法论"或"研究策略"的指导就可以改头换面成为女性主义新范式的成员；在关于定量和定性方法的取舍问题上，理论上他们声称反对非此即彼的二元结构，实践中却更多地偏向于定性研究而往往对定量分析较为排斥，等等。这种暧昧的态度来自女性主义者所描绘的女性在社会和文化中作为"身处其中的局外人"（outsiders within）或"边缘化的局内人"（marginal insiders）的特殊处境和立场。

虽然这样，女性主义的方法论尝试在理论上还是具有启发意义的，并且在实践中也促成了许多清新而精致的女性主义研究成果的出现，许多在正统的社会学范式中被忽略、被遮蔽、被扭曲的东西在女性主义这里重新被挖掘出来或得到了补充和修正。从知识论上看，女性主义基本上是个文化建构论者，他们强调社会性别在这种建构过程中无处不在的影响，强调个人经验（无论是作为研究者还是被研究者）在知识构成中的价值，强调将建立一个没有权威和权力控制的真正民主的认知方式作为解放的社会科学的目标，因此女性主义有关方法论或认识论问题的探讨带有很明显的政治和伦理意味，知识变革与女性解放的目标始终是交织在一起的。比如他们当中许多人推崇在研究过程中借鉴"提高觉悟小组"的谈话方式，就是通过个人经验的交流，在研究者与被研究者之间建立一种平等合作的关系，让被研究者发出自己的声音，让研究者学会倾听和书写。在这个意义上，女性主义政治运动中那个著名的口号"个人的是政治的"在女性主义知识变革中可以相应地改为"个人的是学术的"（虽然女性主义者自己并没有明确提出这样的口号），这就从方法论的角度挑战了所谓私人生活和公共生活的规范划分以及蕴含的权力关系。

参考文献

Abbott, Pamela & Wallace, Claire, 1996,《女性主义观点的社会学》, 台北：巨流文化出版社。

American Sociological Association, Committee on the Status of Women in Sociology (ASA, CSWS), 1980, "Sexist Biases in Sociological Re-search: Problems and Issues." *ASA Footnotes*, January.

Cook, Judith A. & Fonow, Mary M., 1986, "Knowledge and Women's Interests: Issues of Epistemology and Methodology in Femi-nist Sociological Research." *Sociological Inquiry* 56 (2).

Devault, Marjorie L., 1999, *Liberating Method: Feminism and Social Research*, Philadelphia: Temple University Press.

Eichler, Margrit, 1979, *The Double Standard: A Feminist Critique of Feminist Social Science*, New York: St. Martin's Press.

Harding, Sandra, 1987a, "Introduction: Is There a FeministMethod?" in *Feminism and Methodology: Social Science Issues* (ed.) by Sandra Harding. Indiana University Press.

——, 1987b, "Conclusion: Epistemological Questions." in *Feminism and Methodology: Social Science Issues.*

Mies, Maria, 1983, "Towards a Methodology for Feminist Research." in *Theories of Women's Studies*, (ed.) by Gloria Bowles & Re-nate Duelli-Klein, Routledge & Kegan Paul.

——, 1991, "Women's Research or Feminist Research? The Debate Surrounding Feminist Science and Methodology." in *Beyond Methodology: Feminist Scholarship as Lived Research*, (ed.) by Judith A. Cook & Mary Margaret Fonow, Indiana University Press.

Miller, Connie, 1991, *Feminist Research Methods: An Annotated Bibliography*, Greenwood Press.

Millman, Marcia & Kanter, RosabethMoss, 1975, *Another Voice: Feminist Perspectives on Social Life and Social Science*, New York: Anchor Books.

Oakley, Ann & Oakley, Robin, 1979, "Sexism in Official Statistics." in *Demystifying Social Statistics*, (ed.) by John Irvine, et al. London: Pluto Press.

Oakley, Ann, 1981, "Interviewing Women: A Contradiction in Terms." in *Doing Feminist Research*, (ed.) by Helen Roberts, London: Routledge & Kegan Paul.

——, 2000, *Experiments in Knowing: Gender and Method in the Social Sciences*, New York: The New Press.

Reinharz, Shulamit, 1983, "Experiential Analysis: A Contribution to Feminist Research." in *Theories of Women's Studies*, (ed.) by Gloria Bowles & Renate Duelli-Klein, Routledge & Kegan Paul.

——, 1992, *Feminist Methods in Social Research*, New York: Oxford University Press.

Ryff, Carol D., 1985, "The Subjective Experience of Life-Span Transitions." in *Gender and the Life Course*, (ed.) by Alice S. Rossi, New York: Aldine Publishing Company.

Smith, Dorothy, 1987, *The Everyday World As Problematic: A Feminist Sociology*, Boston: Northeastern University Press.

——, 1992, "Sociology from Women's Experience: A Reaffirmation." *Sociological Theory*, Vol. 10, No. 1, Spring.

Spender, Dale, 1985, *Man Made Language* 2nd., London: Routledge & Kegan Paul.

Sprague, Joey & Zimmerman, Mary K., 1989, "Quality and Quantity: Reconstructing Feminist Methodology." *The American Sociologist*, Spring.

Stacey, Judith & Thorne, Barrie, 1985, "The Missing Feminist Revolution in Sociology." *Social Problems*, 32 (4).

Stacey, Judith, 1988, "Can There Be a Feminist Ethnography?" *Women's Studies International Forum*, 11.

Stanley, Liz & Wise, Sue, 1983, Breaking *Out*: *Feminist Consciousness and Feminist Research*, *London*: *Routledge & Kegan Paul.*

Stanley, Liz, 1993, "The Impact of Feminism on Sociology in the Last 20 Years." in *The Knowledge Explosion*, (ed.) by Cheris Kra-marae & Dale Spender, Harvester Wheatsheaf.

网络化：企业组织变化的新趋势[*]

—— 北京中关村 200 家高新技术企业的调查

李培林 梁 栋

一 问题的提出

在经济全球化和中国经济体制转轨的大背景下，中国企业组织的变化正在从两个方面深入展开：一方面是体制转轨，包括产权结构的变革和公司治理结构的建设；另一方面是组织方式转型，其主要内容之一就是企业组织的网络化趋势。

这两个方面的变化是密切相连的。有两个重要因素影响了企业组织网络化趋势的产生：一是随着国有企业保障体制的社会化和后勤服务的市场化，国家的社会治理方式开始发生了基础社会治理权力从单位到社区的转变，原有的企业单位化组织发生解体、变异或重构，原有的科层等级化企业组织必须与市场网络衔接，才能在激烈的竞争中生存；二是信息技术的快速发展使信息传递速度发生革命性变化，信息传递和使用的成本也大幅度地降低，企业的基层负责人掌握了更多的信息资源从而提高了对市场做出反应的决策能力，企业组织的架构从垂直科层体系向模拟市场网络的扁平化方向发展。本文考察的主要是后一个因素的影响。

在北京众多的营销手机的公司中，有一家起初并不起眼的"中复公司"，它在短短几年内迅速成长，在竞争非常激烈的手机营销市场上，业绩骄人，其专卖店目前已遍布北京。我们在这家公司调查时发现，它成功的秘密，其实就是麦当劳式的"专业化连锁分包"，总公司控制着营销网

---

* 原文发表于《社会学研究》2003 年第 2 期。

络，但总部管理机构简单，收益更多地向基层负责人倾斜。总公司与各专卖店的关系类似于在市场上建立的各种协议关系。它带给人们的疑问是，这样的企业组织，究竟是更类同于由不同的车间组成的科层化工厂，还是更类同于由不同的公司组成的市场协议网络？

事实上，近20年来，由于信息传递成本的大大减低和全球化进程带来的资源在世界范围内的配置，像"通用"这样的国际大公司，已经一改过去所有零部件"通用化"的口号，广泛地采用分包和外购等方式，在全球范围构建起网络化企业结构；而像"耐克"这样的全球跨国公司，虽然其生产厂家遍布世界，"耐克鞋"全球流行，但在美国的本部并不直接从事生产，它的基本职能是在全球建立网络化的耐克帝国，将技术、资本和劳动进行最低成本的组合。而在企业组织内部，像"沃尔玛"和"思科"这样的大型企业，则通过对管理模式的调整和对信息技术的广泛使用，在组织内部形成相互合作的网络结构，削减中间管理环节，提高企业的快速应变能力。

在这种企业组织结构变化的新趋势中，中国的企业也没有置身度外，网络化同样是企业组织日显重要的发展形式。在家电制造领域，中国的许多家电生产企业集中在珠江三角洲地区，诸如"TCL""康佳""科龙""格力"，如此大规模的聚集，其原因在于该地区有完备的零部件生产企业、集中的原料供应网络和共享的销售网络，即存在一个"产业群网络"。随着营销方式的发展，许多企业更进一步采用OEM（贴牌）生产方式，将具体的生产环节外包，自身则致力于质量的监控、销售网络的开拓和产品的创新。在浙江，"小商品、大市场"是农民创业的一个奇迹，以纽扣、拉链、打火机、服装、箱包等小商品的集中原料采购、低成本分包生产、大规模批发和网络化销售为特征，形成网络化的企业和网络化的市场，并且完全超越传统的依托原料产地的企业发展模式。

企业组织结构网络化新趋势的特征可以概括如下。

（1）企业运行所需要的各方面的联系网络和密集的信息，使企业的命运不再完全由股东（stockholder）来决定，而是由企业的贷款银行、原料供应商、分包生产部门、高层经理、营销机构、客户、技术研发部门、会计审计和法律咨询机构等利益相关者（stakeholder）构成的网络来决定。

（2）企业组织结构日益从原来复杂的层级化垂直管理向简约的网络化平面管理转变，企业集团的分包生产和集中的采购、销售网络，成为普遍的组织形态。竞争机制被广泛引入组织内部，企业"内部市场"（internal market）屡见不鲜，形成了企业与市场的双向变动趋势，企业网络和市场网络的界限日渐模糊。

（3）企业集团通过网络化渠道与分包的生产、供给、销售部门建立各种各样的合作关系。由于信息传递方式的便捷和传递成本的大大降低，大企业的中层管理人员被大量精简，基层的分包生产和营销部门负责人的利益更加受到重视，一般通过赢利分红、持股和期权收益使他们与集团的利益更加紧密地联系在一起。

（4）市场销售网络日益成为企业集团一个非常重要的组成部分，企业组织的触角逐渐伸展到销售的末梢，营销、品牌宣传、低价扩展市场、塑造消费者口味，成为企业竞争的有效手段。

（5）产业的集群效应越来越明显，"产业群"产生的集群收益，可以使处于"产业群"圈内的企业普遍受益。靠近"产业群"成为比靠近原料产地、交通枢纽和销售市场更为重要的企业发展因素。

我们在本文中试图回答的问题是：是否存在企业组织的网络化趋势？[①]为什么会出现这种趋势？这一变化的理由和动因是什么？这种变化在理论和现实上有什么意义？

二　理论探讨和研究假设

1. 理论探讨

在传统的关于企业组织的社会学、经济学理论中，现代的层级化科层组织结构与组织效率之间的紧密联系被广泛地论述（Weber，1968；法约尔，1982）。对他们来说，层级化的科层制是理想的企业组织形式，它建立在个体行动合理的基础上，当个体行动具有工具合理性特征时，才可能在此基础上建立起法理型的支配关系，组织行动才会是有效率的。这几乎成为一个铁律，很少受到挑战。对这一命题的批判，大多只是从人文关怀的角度来痛斥把人变成机器。

---

① 事实上，网络是很早以前就已存在的组织形态，正如科层制这一组织形式可以追溯到古代社会。因此，我们所要讨论的问题是当今的企业组织是否正经历着网络化的洗礼，而不是讨论网络组织的产生。

　　科斯从考察企业性质入手，提出了为什么会存在企业这种组织形式的问题。在他看来，企业组织的存在，是由于市场的讨价还价存在交易成本，在很多时候通过市场交易来配置资源是不经济的，因此企业组织可以在市场不能发挥效率的地方生长。市场是通过议价配置资源，而企业组织是通过企业家的令行禁止配置资源（Coase，1937）。科斯之后，威廉姆森对这一问题加以扩展，他把市场和企业层级制组织置于比较的两端，强调由于市场信息阻塞、人的有限理性、机会主义倾向、市场的不确定性和参与市场交易的小数目，双方交易的达成在很多时候需要支付很高的交易成本，因此层级组织可以自行发展纵向一体化，把原由市场完成的交易转为由组织自行完成，从而节约交易成本（Williamson，1975，1985）。科斯和威廉姆森也都注意到，企业组织的管理也有组织成本问题，企业随规模扩大而管理收益递减，所以不可能无限地扩大规模，企业组织成本与市场交易成本的比较，决定着市场和企业之间的替代关系。

　　把网络化作为企业组织结构的新的变化特征，是在 20 世纪 80 年代以后，起因是分包和外购越来越成为一种主流的生产方式，形成了有别于市场和层级制组织的新型组织形式。在此问题上，阿尔钦和韦藤（Aldrich & Whetten）提出了"组织的形态和网络"，在某种意义上可以算是这一概念的肇始（参见 Travic，1999）。此后，大量的学者参与到讨论中，有关的争论也在不同学派中展开。例如，"资源依赖理论"认为，企业组织间的分工创造了企业相互依赖的网络，导致了对企业组织间互动的约束，产生了企业组织间长期性的合约关系。而"种群生态理论"则认为，网络组织是由客户、供应商、主要生产厂商及其他有关人员组成的动态适应系统，企业间的竞争进而演变为种群间的对抗（Hannon & Freeman，1989）。

　　新经济社会学从嵌入性的角度切入组织间的关系问题。他们认为经济行动是嵌入社会结构中的，对组织间关系结构的讨论不能把行动者原子化，而应该考虑它们之间的关系结构。格兰诺威特在《经济行动与社会结构：嵌入性问题》一文中，认为由分包产生的组织形式是有别于层级和市场的另一种组织形式，他称之为"准企业组织"，作为企业间的嵌入性的网络结构，这种组织方式可以使交易双方尽可能地了解到对方的信息，建立起信任机制，避免交易中可能的流血的公开斗争，使冲突得以弱化，市场交易变得井然有序（Granovetter，1985）。其后，鲍威尔（Powell，1994/1990）、贝克尔（Baker，1990）、乌齐（Uzzi，1997，1999）、洛伦佐尼（Lorenzoni et al.，1999）、加拉蒂（Gulati et al.，2000）先后用这一概念来分析组织间的网络结构及其对效率的影响。鲍威尔的研究系统地完善了网络这一组织框架，将其特征与市场和层级做了比较，指出网络作为力量互补的结构，是有别于市场组织和层级组织的新兴结构，它更能适应弹性生产的需要，有助于实现组织的高效率（Powell，1994/1990）。

在经济学领域，拉尔森修正了威廉姆森关于市场和层级的二分法，建议用"市场"、"组织间的协调"和"层级"三极制度框架代替原来的两极。借鉴亚当·斯密和钱德勒把市场和层级分别称作看不见的手和看得见的手的隐喻，拉尔森把组织间的协调称为"握手"，并以此说明，当处于较低的招集成本和较高的内在化成本或行为者之间高度信任的情况下，不确定性越大、交易频率越高和特定资源依赖协调程度越高，资源依赖的协调越有可能由作为企业间契约的网络来协调（Larsson，1993）。

把网络组织视为组织内的关系结构是稍迟的事，继权变学派之后，由于现代信息技术普遍发展，组织内网络关系可以在更为宽泛的范围内讨论，参与者日甚。此中，包括摩根（Morgan，1989，1993）、奎因（Quinn，1992）、罗卡特和肖特（Rockart & Short，1991），以及默顿（Morton，1991）等在内的学者皆从不同的角度对此做出分析。罗卡特和肖特认为，网络组织的核心应该是基于 IT 网络的非正式的人力网络。在这种结构中，中层管理正逐渐被抽离；团队成为工作的核心；货物和服务的流程被重组；通过功能、地域和产品线，数据、沟通和商务的程序被整合在一起。在网络组织中，信任发挥着重要作用，虽然它已不是传统的面对面的互动，而是基于电子邮件、电视会议和其他的信息技术（Rockart & Short，1991）。

另外，奎因和摩根对组织内部的网络结构也做了相关的讨论，并分别构建了"蛛网"（spider web）和"蛛状吊兰"（spider plant）的概念，以比喻组织内部的网络关系（Quinn，1992；Morgan，1993）。这些分析的共同之处在于把内部网络定义为具有去层级化、去中心化、各单元高度独立、以团队的方式开展工作、共同分担责任与义务、普遍的信息收集与交换、广泛的信息技术运用等特征。层级组织将为网络组织代替成为普遍共识。

综上所述，我们看到，在传统的市场和层级制企业组织之间，正在形成一种新的比较普遍的企业组织形态，即网络化企业组织，它既有组织成本低于层级制组织和交易成本低于市场的优点，也有激励强度低于市场和控制强度低于层级制组织的弱点（见表1）。但这种网络化企业组织的流行，说明随着信息技术和市场环境的变化，企业组织的运行方式也正在发生深刻的变化。

表1　市场、网络组织和层级组织的特征差异

	市场	网络组织	层级组织
支配关系：			
自主程度	+ +	+	0
控制强度	0	+	+ +
合作关系：			
激励强度	+ +	+	0
协作程度	0	+ +	+
运行成本：			
组织成本	0	+	+ +
交易成本	+ +	+	0

说明：＋＋＝强，＋＝中等，0＝弱

2. 企业组织网络化趋势产生的原因

促成企业组织网络化趋势的原因是多方面的，从宏观发生过程来看，以下四个方面对企业组织网络化趋势的产生具有重要影响。

（1）市场竞争的加剧。市场竞争更加广泛和日益激烈，对企业产生了更高的降低成本的要求。而现在降低企业生产和管理成本的竞争，已经不仅仅是围绕企业内部生产要素配置的问题，而是涉及企业和市场连接的整个"物流"和"人流"网络。

（2）现代信息技术的发展。现代信息技术的发展是20世纪70年代以后的事情，其核心的标志是微处理器、个人计算机和互联网络的发明（卡斯特，2000）。这些信息技术应用于企业组织，给组织在信息的处理和传递等方面带来根本性的影响，组织成员之间的联系脱离了地域的局限，在视频和虚拟技术的帮助下，组织中的支配关系也相应减少，代之而起的是多点间的水平沟通，网络关系自然在组织内延展。

（3）分包与外购方式的流行①。分包（subcontracting）与外购（out-sourcing）是 20 世纪 70、80 年代逐渐普及开来的管理方式，它把原来由组织自行生产的某些产品交由分包商生产，从而控制生产成本的增长。20 世纪 70 年代以前，美国工业界曾经历过几次纵向一体化的浪潮，出现许多巨型企业"恐龙"，如通用汽车、福特汽车和杜邦等。这些企业为了控制的需要，几乎生产一种产品的全部零部件，成为封闭一体的生产结构（钱平凡，1999）。从原理上讲，纵向一体化的作用在于克服信息不确定性的影响，防止过高的市场交易费用。这种方式的弊端是使组织的规模不断扩张，导致组织成本过高和管理效率低下。因此，到 70 年代初，一些巨型企业出现了规模不经济现象，严重削弱了其在市场中的竞争力。为此，一些大企业采用了外购和分包的方式，建立起企业组织网络。

（4）"产业群"效应的扩展。"产业群"效应的日趋明显，使人们越来越认识到网络化企业组织对于建立竞争优势的重要性，"产业群"中存在的密切协作关系，使参与"产业群"的企业普遍受益，这种协作网络比传统的层级制组织成本低，比传统的市场效率高。美国的硅谷、汽车城，中国的珠江三角洲家电产业群、浙江小商品产业群、苏州工业园区产业群、北京中关村高新技术产业群等，都显示出其网络化企业组织的"产业群"效应。

3. 研究假设

为了验证以上理论讨论，本文在余下部分将利用调查数据对其进行经验证明。具体包括如下理论假设：（1）竞争程度的加剧会导致企业组织网络化；（2）企业信息化程度的提高会导致企业组织网络化；（3）分包方式的存在会导致企业组织网络化；（4）"产业群"的聚集会导致企业组织网络化；（5）企业组织网络化的发展会导致企业人均利润的提高；（6）企业组织网络化的发展会导致企业人均销售收入的增加。由于组织网络化包含组织内网络化和组织间网络化两种情况，因此，本研究的各假设分别包括组织内和组织间两个方面，在此不做赘述。

---

① 从时间的角度考虑，分包和外购的发展与现代信息技术的发展几乎是同步的。信息处理能力的增强和沟通方式的改善在一定程度上对组织间网络关系的形成起到了作用。

三 分析资料和研究变量的说明

本文使用的分析资料，来自我们参与的一项在北京中关村高新技术工业园区对 300 多户企业所做的"高新技术企业发展研究"问卷调查，该调查由北京市委研究室与中国人民大学社会学系主持，调查时间为 2001 年 10 月至 2002 年 4 月。本文选取其中调查质量较好的 200 户企业的调查资料作为分析对象。以下是研究变量的说明。

1. 因变量

组织内的网络化。在组织内网络化的具体测量上，本研究设计了一组五级的李克特量表，其中包含部门间的独立程度、决策的分散化程度、对市场的反应程度、团队的数量及层级的数量等五项指标。这些指标主要刻度的是企业组织的水平性、协作性、分散性和适应性等方面的内容，通过被访者的主观评价来确定该企业组织在行业内的网络化水平。[①] 我们运用主成分分析法对这五项指标的调查数据进行因子分析，从中抽离出组织内网络化公因子（该因子的信度值 α = 0.7153，特征值 = 2.352，总解释量为 47.030%）。

组织间的网络化。在组织间网络化的具体测量上，包含合资开发新产品、产品创新依赖战略联盟、大学和研究机构共同研发等三项指标。这些指标主要刻度了企业组织在产品创新方面与外部组织的合作程度。[②] 运用主成分分析法对其进行因子分析，从中抽离出组织间网络化公因子（该因子的信度值 α = 0.6587，特征值 = 1.795，总解释量为 59.844%）。

人均利润。本文使用的人均利润是指企业税前人均利润。从统计结果看，在 66 个有效样本中，2000 年度企业人均利润的均值是 1.27 万元。人均利润为负数的共有 23 家，占样本总数的 34.8%，亏损面大约为 1/3。就具体分布而言，人均税前利润在 0 ~ 1 万元的企业最多，占到了总数的 37.9%，1 万 ~ 5 万元的企业占 15.2%，5 万元以上的占 12.1%。

---

① 对于组织内网络指标的选取，本研究参考了近年来国内外的研究成果，从结构和行动两个方面来定义组织内部的网络化程度，因此既包括对组织结构水平程度的分析，也包含对组织的市场反应能力的分析。

② 在组织间网络指标的选择上，受各种因素的影响，未能较全面地反映企业与客户、银行等相关部门的关系，只有在以后的研究中进一步完善。

人均销售收入。在 64 个有效样本中，2000 年度企业人均销售收入的均值是 24.16 万元。人均销售收入为 0～5 万元的企业最多，占到了总数的 32.8%，10 万～50 万元的企业占总数的 29.7%，50 万元以上的企业占 17.2%。

2. 自变量

竞争程度。该变量同样来自我们研究设计的五级李克特量表，包含产品的竞争状况、企业的普遍发展速度和产品更新速度三项指标，从中抽离出竞争程度公因子（该因子的信度值 $\alpha = 0.6419$，特征值 $= 1.752$，总解释量为 58.411%）。

信息化程度。该变量包含企业信息技术使用程度、信息的收集水平、部门内及部门间的信息交换程度和信息对业绩的促进程度四项指标，从中抽离出信息化公因子（该因子的信度值 $\alpha = 0.8474$，特征值 $= 2.750$，总解释量为 68.756%）。

分包关系。根据前面的理论说明，我们认为具有分包关系的企业更倾向于网络化。该变量为虚拟变量，有分包关系的赋值为"1"，无分包关系的赋值为"0"。

产业群聚。我们倾向于认为在中关村地区，较之其他行业，IT 行业具有相对较高的聚集度。因此，将是否为 IT 行业企业作为考察产业群聚的重要指标。该变量为虚拟变量，IT 行业企业赋值为"1"，非 IT 行业企业赋值为"0"。

产权结构。该变量系虚拟变量，"1"为国有企业，"0"为非国有企业。

治理结构。该变量系虚拟变量，"1"为具有委托代理关系，"0"为无委托代理关系。

员工总数。该变量为定距变量，指企业截至 2001 年的现有人员总数。

企业年龄。该变量为定距变量，指企业自注册年份至 2001 年的时间长度。

3. 控制变量

为了更好地说明模型中各项指标的关系，我们还引入人均资产总额作为控制变量，该变量为定距变量，指企业 2000 年末人均占有资产多少。

各自变量的基本情况和相关关系如表 2 所示。

表 2　各自变量的描述性统计和相关系数（N = 200）

（1）	（2）	（3）	（4）	（5）	（6）	（7）	（8）	（9）
（1）竞争程度	1.000							
（2）信息化程度	0.337	1.000						
（3）分包关系	-0.041	-0.059	1.000					
（4）IT 行业	0.239	0.219	-0.016	1.000				
（5）国有企业	-0.070	-0.066	-0.005	-0.106	1.000			
（6）委托代理	-0.183	-0.093	0.137	-0.113	0.280	1.000		
（7）员工总数	-0.116	-0.018	-0.075	-0.008	0.131	0.063	1.000	
（8）企业年龄	-0.145	-0.123	0.072	-0.124	0.243	0.158	-0.030	1.000	
（9）人均资产总额	0.046	-0.294	0.012	-0.113	0.102	0.115	0.074	0.312	1.000
均值	0.00	0.00	0.167	0.48	0.28	0.78	96.02	5.35	36.31
标准差	1.000	1.000	0.374	0.50	0.45	0.42	255.1	3.71	62.92

四　企业组织网络化的验证和分析结果

1. 企业组织网络化的成因分析

（1）验证过程。在本部分，我们重点考察企业组织网络化的具体成因，通过多元线性回归方程来分析验证假设 1-4。在此，我们构造了两个分析模型，分别就组织内网络化和组织间网络化与各自变量的关系做具体分析。

模型 1 是以"组织内网络化"作因变量，将"竞争程度"、"信息化程度"、"分包关系"和"IT 行业"作为自变量，具体考察这四个变量对因变量的影响。为了更清晰地说明网络化的各项特征，我们还将"国有企业"、"委托代理"、"员工总数"和"企业年龄"作为控制变量带入模型，以检视组织内网络化与各种企业特征的关系。在模型 2 中，我们将因变量置换为"组织间网络化"，自变量则继续沿用模型 1 中各自变量，从而具体说明各自变量对"组织间网络化"的作用。

（2）分析结果。从分析结果看（见表 3），模型 1 和模型 2 均通过显著性检验，模型 1 具有相对较好的拟合度，决定系数"R^2"达到 0.303。就各项假设的验证情况看：①竞争程度对网络化作用明显，竞争程度越高，组织内网络和组织间网络的网络化程度也会相应提高；②信息化程度对网络化有显著作用，信息化程度的增加会导致组织网络化水平的提高；③IT行业对组织间网络化有一定作用，但显著性略差，说明同类企业的相对聚集有可能导致组织间网络化程度提高；④分包关系与网络化水平的关系未得到证实。

表 3　不同企业特征对企业组织形式影响的多元线性回归分析结果

	组织内网络化（模型1）		组织间网络化（模型2）	
	非标准化回归系数	标准误	非标准化回归系数	标准误
竞争程度	0.151#	0.087	0.235**	0.106
信息化程度	0.474***	0.082	0.182*	0.029
分包关系	−0.0627	0.198	0.214	0.229
IT行业	0.171	0.156	0.329#	0.186
国有企业	−0.0227	0.178	−0.0373	0.210
委托代理	216	0.198	0.527**	0.236
员工总数	0.0005*	0.000	0.0005#	0.000
企业年龄	−0.0067	0.024	−0.0104	0.029
常数项	−0.265	0.224	−0.635**	0.267
R^2	0.303		0.187	
F值	6.951***		3.097**	
自由度	136		116	

说明：#：$p < 0.10$；*：$p < 0.05$；**：$p < 0.01$；***：$p < 0.001$。

除以上结果外，分析模型还显示：（1）委托代理关系对组织间网络化有作用，存在委托代理关系的企业会有相对较高的组织间网络化水平；（2）员工总数对网络化有影响，员工相对较多的企业会有较高的网络化水平；（3）是否为国有企业对网络化水平的影响不显著，说明网络化水平可能与产权结构无关。

2. 企业组织网络化与企业业绩的关系

（1）验证过程。在分析网络化与企业业绩之间的关系时，我们选择了企业的人均利润和人均销售收入作为因变量，其原因在于使用人均指标可以相对较好地比较企业间的业绩，而不受企业规模大小的影响。在模型3

中，把"人均利润"作为因变量，将"组织内网络化"和"组织间网络化"作为自变量，同时引入人均资产总额作为控制变量，考察三者间的线性关系。引入人均资产总额作为控制变量的作用在于，单纯分析人均利润与网络化之间的关系还不能完整刻度相互间的影响，比如餐饮服务人员与金融服务人员所创造的利润就不具有可比性，因为他们两者占有和支配的人均资产大相径庭。因此，将人均资产总额作为控制变量引入模型，可以使人均利润与这两者的关系在人均资产大致相当的情况下得以观察，增加模型的合理性。在模型4中，我们将因变量置换为"人均销售收入"，考察网络化对人均销售收入的影响。

（2）分析结果。分析结果显示（见表4）①，模型3和模型4均通过显著性检验，并且具有较好的拟合度，模型3的决定系数"R^2"为0.549，模型4的决定系数"R^2"也达到了0.384。从因变量的具体作用看：①组织内网络化对人均利润和人均销售收入的影响都通过显著性检验（对人均销售收入的影响显著性稍弱），说明组织内网络化水平的提高会导致企业人均利润和人均销售收入的增加；②组织间网络化对人均利润和人均销售收入的作用在本研究中未得到证实。

表4　企业网络化对企业业绩影响的多元线性回归分析结果

	人均利润（模型3）		人均销售收入（模型4）	
	非标准化回归系数	标准误	非标准化回归系数	标准误
组织内网络化	1.56 **	0.609	8.002 #	4.317
组织间网络化	−0.721	0.493	−4.340	3.817
人均资产总额	0.0737 ***	0.011	0.375 ***	0.086
常数项	−1.195 **	0.644	10.880 **	4.992
R^2	0.549		0.384	
F 值	17.449 ***		8.514 ***	
自由度	46		44	

说明：# : $p < 0.10$；* : $p < 0.05$；** : $p < 0.01$；*** : $p < 0.001$

① 在模型3和模型4中，由于所使用的因变量为企业的绩效指标，要求被调查企业必须认真填写损益表和资产负债表才能得到该数据，因此拒答率较高。但通过对现有数据的分析，我们也可以在一定程度上证实网络化对企业业绩的影响。

五 发现和讨论

从以上分析可以看出，本研究的大部分理论假设得到了证明，即企业间的竞争程度、企业的信息化程度和"产业群"对组织网络化起着重要作用；企业组织的网络化会对企业业绩的改善有显著影响。同时，我们也发现了某些与原假设不一致的地方。对于各自变量的作用，我们将在如下部分做出更为具体的讨论说明。

1. 关于竞争

竞争是经济生活中司空见惯的现象，随着消费时代的来临，竞争的方式和激烈程度也在发生变化。对企业组织来说，由于其所处行业类型、产品技术发展状况，以及企业自身规模和结构等因素各不相同，因此各企业所面对的竞争程度会有显著差异，而这也必然导致企业选择不同的组织形式。通过如上研究分析可以看到，竞争程度在很大程度上左右着企业的网络化水平。当企业面临的竞争环境日趋激烈时，企业在组织内和组织间都会加强网络化倾向，更强调自身的水平结构和对外界的反应弹性，更强调与外部的结盟关系，从而适应竞争的需要。

2. 关于企业信息化

在企业组织中，现代信息技术的发展增进了企业组织信息化水平，并导致企业组织网络化程度提高。对于组织信息化与网络化两者之间的关系，较为合理的解释是把它们看作一种相互促动的结构，信息化增进了组织网络化，而组织网络化又助长了企业的信息化水平。信息化包含信息和信息技术的使用两个方面，信息技术的应用增加了信息的收集、处理和使用频率，信息的需求又促进了信息技术的更新。这一过程的结果是，企业组织对内部和外部环境的了解不断增加，反应的时间不断缩短，相互间的横向关联越来越多，由此导致了层级结构的消解和网络结构的生长。从本次研究的分析结果看，企业信息化对网络化的作用得到了很好的证明，在模型1和模型2中，信息化对组织网络化的影响具有较高的显著性，信息化对组织内网络化和组织间网络化影响的非标准化回归系数分别达到0.474和0.182，说明信息化指标对方程的贡献较大，显示了信息化在企业组织网络化过程中的主导作用。

3. 关于产业群聚

"产业群"是当前经济活动中的重要现象，种群生态理论认为同类企业在某一地区的聚集，会形成产业群落，它们相互关联，进而增进各自的市场竞争力。"产业群"主要涉及企业组织间的关系，它更多的是对企业组织间的网络化发生作用。在本研究中，由于中关村地区主要聚集了IT产业（占被调查企业的48%），因此，可以认为中关村地区存在IT产业群，与其他产业比较，各IT企业间会具有更高的组织间网络化水平。研究结果初步证实了我们的设想，分析结果显示，模型2中，"IT产业"这一指标在10%的水平上通过显著性检验，说明该地区的IT产业群可能具有较高的组织间网络化水平，"产业群"对组织间网络化具有一定作用。

4. 关于分包

分包事实上就是企业与供应商之间的一种网络关系。作为一种推动组织网络化的结构和动力，分包还可以通过外包生产和研发，删减组织内的层级结构，增进组织内的网络化。然则，从本次研究的情况看，分包与组织内网络化和组织间网络化的关系均未得到证明，其原因一方面可能是由于中关村地区主要以IT产业为主，与汽车制造等行业相比，它们的规模相对较小，对组织内网络化的促进作用不明显；另一方面可能是由于本研究在组织间网络化指标的设计上还有一定缺陷，未能显现它们之间的具体关系。

5. 关于产权结构和公司治理结构

产权结构和公司治理结构是当前讨论的热点问题。我们在研究产权结构时，主要分析的是国有企业与非国有企业在网络化程度上是否有明显区别；在研究公司治理结构时，则想考察有委托代理关系的企业与无委托代理关系的企业网络化水平是否有差异。

从研究结果看，是否是国有企业对企业网络化水平的影响没有通过显著性检验，这说明在被调查企业中，国有企业制度不是阻碍企业组织形式变化的根本因素。我们还对国有企业与企业业绩的关系做了单独分析，也未发现国有企业与非国有企业在人均利润和人均销售收入方面有显著性差异，这在一定程度上说明，在某些既定条件下，企业组织形式对企业业绩的影响可能比产权结构更具作用。

研究结果还显示，有委托代理关系的企业，其组织间网络化程度相对较高，在1%的水平上通过显著性检验。这说明，企业所有权与经营权的分离，可以促使企业更为积极地寻求外部合作，建立各种网络关系来促进企业发展，而企业所有权和经营权未分离的企业更愿意在企业内部组织研发和生产，不同的公司治理结构可能会有不同的网络化水平。

6. 关于企业业绩

企业的人均利润和人均销售收入都是考察企业业绩的重要尺度，从作用看，企业的人均利润更能说明企业经营情况的好坏。但由于我国存在不少企业瞒报利润的现象，因此，我们将这两项指标都纳入分析模型，以便相互对照，考察网络化对企业业绩的作用。从分析结果看，企业组织内网络化对企业的人均利润和人均销售收入都具有明显的促进作用，而企业组织间的网络化则没有明显的促进作用，说明企业的利润和销售收入指标基本上是一致的。

企业组织内网络化对人均利润的作用存在两种可能的途径，一种是组织内网络化有助于控制企业组织成本的增长，降低总成本，从而提高企业的人均利润（罗仲伟，2001）。另一种可能的途径是，组织内网络化有利于提高组织的弹性，增加组织与客户的沟通，以便生产出更具利润的产品，提供更新的增值服务（Quinn，1992）。因此，组织内网络化的好处既可能来自对成本的节约，也可能得之于利润率的提高。而就组织内网络化对人均销售收入的作用来看，企业组织内网络化程度提高，可以使企业组织提高对市场的应变能力，更好地服务于客户，促进人均销售收入的增长。因此，企业组织内网络化对企业的人均利润和人均销售收入的增长都应具有促进作用。本次调查也证明了这一点，研究结果显示组织内网络化对人均利润和人均销售收入都有明显的促进作用，并且组织内网络化对人均利润的作用要大于对人均销售收入的作用，且显著性也相对更强，说明与销售收入相比，组织内网络化更多地促进了企业利润的增加。

组织间网络化对企业人均利润和人均销售收入的促进作用在本研究中未得到证实，其原因可能在于我们在选取组织间网络化指标时，受条件限制，主要选择考察了企业在产品创新方面对组织间网络的重视程度，而对具体生产过程中存在的组织间网络化问题涉及不多，因此无法完整描述组织间网络化与企业绩效之间的关系。对此，有待今后的研究进一步完善。

通过以上的分析和讨论，我们可以看到，在经济全球化的背景下，由于市场竞争的日益激烈和信息网络技术的飞速发展，中国的企业组织也似乎在酝酿一次变革，这就是网络化的新趋势，这是中国的企业必须直面的现实。这种趋势将迫使我们从一个全新视角来观察、分析和预测中国企业的成长、区域经济增长的不平衡、各种"产业群"发生的神奇效应和不同产业的兴衰周期。

参考文献

贝尔，1997，《后工业社会的来临——对社会预测的一项探索》，王宏周等译，新华出版社。

法约尔，1982，《工业管理与一般管理》，周安华等译，中国社会科学出版社。

郭志刚，1999，《社会统计分析方法——SPSS 软件应用》，中国人民大学出版社。

黄泰岩、牛飞亮，1999，《西方企业网络理论论述》，《经济学动态》第 4 期。

贾根良，1998，《网络组织：超越市场与企业两分法》，《经济社会体制比较》第 4 期。

卡斯特，2000，《网络社会之崛起》，台北：台湾唐山出版社。

卡斯特、罗森茨韦克，2000/1985，《组织与管理——系统方法与权变方法》，傅严、李柱流等译，中国社会科学出版社。

科尔曼，1999/1990，《社会理论的基础》，邓方译，社会科学文献出版社。

李汉林、李路路，1999，《资源与交换——中国单位组织中的依赖性结构》，《社会学研究》第 4 期。

李培林，2001，《理性选择理论面临的挑战及其出路》，《社会学研究》第 6 期。

李培林、张翼，2000，《国有企业的社会成本分析》，社会科学文献出版社。

李友梅，2001，《组织社会学及其决策分析》，上海大学出版社。

梁栋，2001，《网络组织的源起与意义》，《国外社会学》第 6 期。

林闵钢，2002，《社会学视野中的组织间网络及其治理结构》，《社会学研究》第 2 期。

罗仲伟，2001，《网络组织对层级组织的替代》，《中国工业经济》第 6 期。

尼葛洛庞帝，1997，《数字化生存》，胡泳、范海燕译，海南出版社。

诺思，1994，《经济史中的结构与变迁》，陈郁、罗华平等译，上海三联书店/上海人民出版社。

钱平凡，1999，《组织再造》，浙江人民出版社。

邱泽奇，1999，《在工厂化和网络化的背后——组织理论的发展与困境》，《社会学研究》第 4 期。

涂尔干，2000/1902，《社会分工论》，渠东译，三联书店。

威廉姆森，1999/1987，《反托拉斯经济学》，张群群、黄涛译，经济科学出版社。

Alchain, Armen A. & Demsetz, Harold, 1972, "Production, Information Costs, and Economics Organization." *American Economics Review*, XII, December.

Baker, W. E., 1990, "Market Network and Corporate Behalior." *American Journal of Sociology*, 96.

Boisot, M. H., 1995, *Information Space: A Framework for Learning in Organization*, *Institutions and Culture*, Routledge.

Burns, Tom & Stalker G. M., 1961, *The Management of Innovation*, London: Tavistock.

Chung, Seungwha, Singh, Harbir & Lee, Kyungmook, 2000, "Complementarity, Status Similarity and Social Capital as Drivers of Alliance Formation." *Strategic Management Journal*, 21.

Coase, R. H., 1937, "The Nature of the Firm." *Economica* N. S., 4.

——, 1991, "The Institutional Structure of Production." *Les Prix Nobel*, Nobel Lecture, December 9.

Combs, Jams G. & Ketchen, David J., 1999, "Explaining Interfirm Cooperation And Performance: Toward A Reconciliation of Predictions From The Resource-Based View And Organizational Economics." *Strategic Management Journal*, 20.

Daft, R. L., 1999/1998, *Essentials of Organization Theory and Design*, South-Western College. (中译本：《组织理论与设计精要》，李维安等译，机械工业出版社）。

Druker, Peter F., 1954, *The Practice of Management*, New York: Harper & Row.

Granovetter, M., 1985, "Economic Action and Social Structure: The Problem of Embeddedness." *American Journal of Sociology*, 91.

Gulati, R., Nohria, N. & Zaheer, A., 2000, "Strategic Networks." *Strategic Management Journal*, 21.

Hannan, M. T. & Freeman, F., 1989, *Organizational Ecology*, Cambridge: Harvard University Press.

Harrington, Jon., 1991, *Organizational Structure and Information Technology*, London: Prentice Hall International Ltd.

Larsson, R., 1993, "The Handshake Between Invisible and Visible Hands." *International Studies of Management & Organization*, 23.

Lorenzoni, G. & Lipparini, A., 1999, "The Leveraging of Interfirm Relationships as a Distinctive Organizational Capability: A Longitudinal Study." *Strategic Management Journal*, 20.

Miles, R. E., & Snow, C. C., 1986, "Organization: New Concepts for New Forms." *Cali-

fornia Management Review, 28（3）.

Miles, R. E. , 1992, "Cause of Failure in Network Organization. " *California Management Review*, Summer.

Morgan, G. , 1989, *Creative Organization Theory*: *A Resourcebook*, Newbury Park, CA: Sage.

——, 1993, *Imaginization*: *The Art of Creative Management*, Newbury Park, CA: Sage.

Morton, S. M. (ed.) , 1991, *The Corporation of the* 1990s: *Information Technology and Organization Transformation*, Oxford, England: Oxford University Press.

Powell, W. W. & Smith-Doerr, 1994, "Networks and Economic Life. " in *Handbook of Economic Sociology*, （ ed. ） by Neil Smelser, N. & Richard Swedberg, Princeton N. J. : Princeton University Press.

Powell, W. W. , 1994/1990, "Neither Mark Nor Hierarchy: Network Forms of Organization. " in B. M. Staw & L. L. Cummings （ eds. ）, *Research in Organization Behavior*, Greenwich, CT: JAI Press. （中译文载于《国外社会学》1994 年第 4 期）

Quinn, J. B. , 1992, *Intelligent Enterprise*: *A Knowledge and Service Based Paradigm for Industry*, New York: The Free Press.

Rorkart, J. F. & Short, J. E. , 1991, *The Networked Organization and the Management of Interdependence*, in S. S. Morton （ ed. ）, *The Corporation of the 1990s*: *Information Technology and Organization Transformation*, Oxford, England: Oxford University Press.

Stuart, Toby E. , 2000, "Interorganizational Alliances and the Performance of firms: A Study of Growth and Innovation Rates in a High-Technology Industry. " *Strategic Management Journal*, 21.

Takeishi, Akira, 2001, "Bridging Inter-and Intra-Firm Boundaries: Management of Supplier Involvement in Automobile Product Development. " *Strategic Management Journal*, 22.

Travic, Bob, 1999, *New Organizational Designs*: *Information Aspects*, Stamford: Ablex Publishing Corporation.

Uzzi, B. & Gillespie, James, J. , 2002, "Knowledge Spillovers in Corporate Financine Networks: Embeddedness and the Firm's Debt Performance. " *Strategic Management Journal*, 23.

Uzzi, B. , 1997, "Social Structure and Competition in Interfirm Networks: The Paradox of Embeddedness. " *Administrative Science Quarterly*, 42.

——, 1999, "Embeddedness in the Making of Financial Capital: How Social Relations and Networks Benefit Firms Seeking Financing. " *American Sociological Review*, 64.

Weber, M. , 1968, *Economy and Society*, New York: Bedminster Press Incorporated.

Webster, F. E., 1994, *Market-driven Management: Using the New Marketing Concept to Create a Customer-oriented Company*, New York: John Wiley & Sons.

Wigand, R., Picot, A. &Reichwald, R., 1997, *Information, Organization and Management*, England: JohnWiley & Sons Ltd.

Williamson, Oliver E., 1975, *Markets and Hierarchies*, New York: The Free Press.

——, 1985, *The Economics Institutions of Capitalism*, New York: The Free Press.

——, 1991, "Comparative Economic Organization: The Analysis of Discrete Structural Alternatives." *Administrative Science Quarterly*, 36.

——, 1996/1979, "Transaction-Cost Economics: The Governance of Contractual Relations." *Journal of Law and Economics*, 22. (中译文载于陈郁编《企业制度与市场组织——交易费用经济学文选》, 上海三联书店)

全球化：一个新的问题与方法[*]

黄 平

当代的社会科学奠基于 19 世纪，从产生的第一天起，就为我们今天赖以生存的制度框架提供依据和合法性，这个框架就是民族国家——它其实是 18 世纪末 19 世纪初才从欧洲奠定并逐渐发展起来的，而直到第二次世界大战以后世界上几乎所有的地区才陆陆续续被组织进这样一个框架。经济当然是被组织到民族国家的框架里面，所以我们有了国民经济，政治、法律乃至于艺术、文化再生产，包括教育，也成为民族国家建设中一个有机的部分。

其实，社会科学是这样一个有机体当中一个重要的链条，它提供了民族国家赖以立国的合法性和知识性源泉。知识的再生产不止是传授技术、知识和放之四海而皆准的理论。这样一来，就有了以国家为基本分析单位的各类社会科学。开始，一些人怀着真诚的、虔诚的想法，要像认识自然世界那样来认识社会。但是这个理念除了有这样真诚执着的追求之外，还有一个很重要的过程与之相随，那就是社会生活的组织过程本身，也包括知识的再生产过程本身。知识的再生产，除了传授如何像认识自然那样来认识社会之外，同时也不断把社会生活组织到我们的知识体系中来，并且让它合法化，在我们不知不觉之中变成理所当然的东西。

现代社会科学遇到的第一个比较大的危机是 20 世纪 20 年代末的经济危机。大萧条给社会科学提出了一个很大的挑战，但也促成了某些社会科学的成熟和合法化，首先是经济学，此外还有政治学和社会学。大萧条及世界大战使这三个学科在发达国家——主要是西欧和北美——的社会科学中形成三足鼎立之势。第二次挑战是 60 年代兴起的社会运动。这些运动，

* 原文发表于《中国社会科学》2003 年第 2 期。

如黑人运动、反越战运动、女权运动等，对社会科学的基本建制和基本理念提出了挑战。社会科学家发现社会科学不那么简单、纯粹而中立，那些我们以为具有普遍意义的科学范式，可能是在很特殊的社会情景下总结出来的，它们是否真正具有普遍性，也遭到了严重的挑战。第三次挑战是冷战结束后，整个社会科学被迫要重新界定自己和社会生活。冷战后，人们迎来了一个全球化的时代，社会科学原有的范式、说词、方法、假说和理论几乎都遇到了挑战。对于"全球化"，目前还没有很清楚的说法，但至少可以说，全球化不是哪个学科专门研究的对象，但又是每个学科都要遇到的问题。对全球化的一个主要批评是说它不过是一种说法，这有一定的道理。不过，冷战结束给我们提出的一个最大的问题是民族国家的组织形式是不是真正遇到了挑战。这种挑战不是来自某一个国家，而是一个甚至是一组跨国的东西。社会生活不再像过去那样来组织、形成和实现，它们越来越具有"跨国"（transnational，而非 international）特色。更重要的是，全球化不只是一种现象，它还是我们重新组织社会生活的空间。因此，全球化是否也可以发展成为一种分析性概念，成为我们认识社会变迁的尺度、视角和方法，而不仅仅是一种描述？

过去的社会科学是民族国家建制的产物，同时为民族国家提供最基本的精神源泉和合法性。现在，国家当然还是最基本的制度框架和最重要的社会单位，但同时也的确有很多现象不再在民族国家的范围内发生了，它们成了跨国的现象。

回到社会学领域，以前我们一致认为社会的两个基本概念是社会流动和社会结构，社会流动被看成完成社会结构或是社会结构转型时的中间环节。那时候，三十而立、四十不惑，人们通过找到工作、建立家庭，逐渐确立自己的身份。剩下的无非是地位里面有一定的结构，这个结构很清楚，流动本身是为了完成结构内地位的确立。在此背后有个假设，即社会不管怎么变，万变不离其宗，都是要变到一个相对静态相对结构化的系统中。但是，我认为，对社会学最大的挑战是：当流动本身成为一种常态，结构性建制本身也成了变化不定的东西。

全球化带来了经济本身的跨国特色和社会生活的不确定性，也带来了国家治理的问题。19 世纪开始以国家的形式组织生产，所以今天的经济叫国民经济。但现在有大量的跨国经济，它们不再是以国家的形式组织，这使得一个基本的政治假说受到挑战。此假说认为，随着现代经济的确立，会有一批现代企业家，或者具有现代企业家精神的人，构成所谓的"中产阶级"，随着他们的壮大，国家的政治体制就有了基础。但如果这些企业不再从属于国民经济，这些人就成了跨国的中产阶级、跨国的管理者阶级，出现了人们在身份上的多重性和多重认同，这与政治学、经济学、社会学对政治结构的早期认定产生了矛盾。换句话说，全球化挑战的不仅是1997 年受到金融风暴冲击的国家，也挑战着发达国家和民族国家建制本身。

另外一个大的挑战是全球化的文化挑战。费正清等提出中国面临的是挑战与回应范式，但现在问题已经变了。后发国家面对的不仅仅是西方某国文化的挑战，而是全球文化的冲击。所有的民族国家都遇到了与全球化的关系的问题。在发展中国家，面对全球文化，人们更愿意将其理解为西方文化或美国文化并加以抵制。这当然还是一个严重的问题，但是也可能会造成认识上的偏差，会漏掉一个很重要的东西，就是全球文化。当然，强国面临的全球化挑战与弱国还很不同，强国还可以利用自己的强势去"化全球"。弱国却主要是如何在不被全球（而不只是强国！）"化"掉的情况下去发展、去实现国家框架内的现代化，这是双重挑战。

可以说，世界正在发生变化，如果我们还是以从前的方式考虑问题，就可能陷入自说自话的境地，或者离现实社会变迁很远。这不是说要以功利主义的方式处理知识的再生产，不是要学者、教授马上去研究商人、民工等问题，因为对有些问题的研究就是要有相对距离，也必须要考究经典。但是如果仅仅因为一些学院制度而每年不得不交几篇论文，论文却与现实生活毫不相干，那也别怪社会不重视我们。因为我们研究的成果、提供的信息，远没有达到社会的期望。如果社会科学不能为我们现在的生活提供一个合理的阐释，社会科学家也就失去了安身立命的基础。现在的问题是，学科内部的交流越来越少，学科之间的交流就更少。然而一些问题是综合性的，比如说全球化、贫困等问题，又需要各方面的对话与合作。我们更缺乏师生之间、学科内部各流派之间的交流。社会科学发展要跳出各种框框，敢于迎接挑战，不能绕道走。一个真正严肃思考的人不应该回避任何意义上的挑战，更不能为回避找借口。我们的研究可能会引起非议，可能不合潮流，但我们必须把时代的需要纳入思考和研究的背景中，这样才能将研究做得更加深入、更加宽厚，也更具有时代特色。

2002：中国社会学前沿报告[*]

本刊编辑部[**]

2002 年，中国共产党胜利召开了十六大；加入 WTO 的第一年，中国经济运行良好，国民生产总值首次突破 10 万亿元人民币大关，增长率达到 8%；在政治稳定、经济增长的大背景下，人民生活进一步改善，城市化速度加快，反贫困收效明显，就业和社会保障受到高度重视；中国进入全面建设小康社会的新阶段。所有这些，都激发了社会学者的研究热情，社会热点难点问题研究、理论和方法研究都有可喜进展。特别是即将于 2003 年在北京召开的第 36 届世界社会学大会得到了社会学界同人的广泛关注和支持；又值社会学恢复和重建初期创办的南开大学、北京大学等社会学系建系 20 周年纪念，京城内外社会学界的聚会和学术讨论空前活跃；《社会学研究》创刊百期评优活动也锦上添花……凡此种种，烘托出 2002 年的社会学研究在沉思中透着活泼，在热烈中含着冷静，一派生动气象。本报告依往年成例，仅选择以下几个方面予以概述，以收管中窥豹之效。

一　中国社会结构变迁及其运行机制研究

经过 20 多年的改革开放，中国社会结构发生了哪些重大变化？这些变化对中国社会民众的生活、对中国社会现代化进程产生了哪些重要影响？对"社会主义市场经济模式"及其社会结构理论研究具有怎样的意义？这些为中国社会学界长期关注的问题，在 2002 年的相关研究中逐渐形成一个分析、解释的焦点。之所以如此，一方面，与来自社会现实层面的三大社

---

　*　原文发表于《社会学研究》2003 年第 2 期。

　**　统稿人：景天魁、罗红光，执笔人：张宛丽、吴忠民、罗琳、彭泗清、景天魁、张志敏、谭深、王处辉。

会现象有关：一是愈演愈烈的社会贫富分化，使得社会财富与发展机会，继 20 世纪 80 年代中后期的"社会扩散"，演变为向少数人手中积聚；二是"权力"因素在社会资源分配及发展机会中，日益显现其决定性的作用；三是在自上而下与自下而上的社会互动中，一些新的结构要素被"再生产"出来，影响和改变着社会变迁的走势（孙立平，2002b；李强，2002b；陆学艺，2002；李路路，2002a）。另一方面，就研究行为而言，社会理论研究者尝试提炼社会主义市场经济条件下的社会理论，以丰富现有社会理论的探索旨趣日益强烈，并在积累了一定的经验资料、经过了一定的学科素养锤炼的基础上，开始了接近这一知识目标的努力。

对现阶段中国社会结构变迁及其社会影响的分析、解释，基本上是在两个层面上展开的：一是对现阶段中国社会结构重大变迁及其机制的研究，二是对作为社会结构利益主体——阶级阶层的研究。

在相关研究中，研究焦点首先集中于观察、分析中国改革开放 20 多年来社会资源配置机制及其变化（陆学艺，2002；孙立平，2002b；郑杭生，2002a；李路路，2002a；李强，2002b），且一般均以对已有的两类不同社会意识形态及制度背景下的市场转型及其后果的研究为参照，即一类是典型的资本主义国家，另一类是苏联东欧社会主义国家。边燕杰等认为，关于市场转型及其后果的研究，可归纳为三种不同的观点：第一，市场化是资源配置机制的变更，是由再分配变为市场机制的过程，简称为市场转型论；第二，市场化的本质是经济产权及其安排的变化，是由国家产权变为地方、组织或个人产权形式的过程，简称为产权变形论；第三，市场化不仅是经济机制、经济产权的变化，更重要的是经济和政治过程的相互影响和协调的过程，简称为政经双变论（边燕杰、张展新，2002）。

对中国改革开放引发的市场转型及其后果的研究，在早期，即 20 世纪80 年代末，最有影响的是倪志伟（Victor Nee）的"市场转型论"，他基于当时获得的中国改革开放的实证资料及其经验研究，提出了市场权力、市场刺激和市场机会三个主要论题（参见李强、邓建伟，2002）。而近期的研究，均注意到了中国市场转型的独特性（孙立平，2002b；陆学艺，2002；郑杭生，2002a；李路路，2002a；李强，2002b；边燕杰、张展新，2002），孙立平认为，中国市场转型的独特性表现在：第一，政体和意识形态的连续性；第二，转型过程是以渐进式的变通方式实现的；第三，在变通过程中，新的体制因素往往是以非正式的方式出现并传播的；第四，非正式体制的生长和发育，往往发生在体制运作的过程当中（孙立平，2002b）。孙立平基于市场转型的实践逻辑，从实践社会学的角度研究中国的市场转型，提出应有"日常生活的视角"———一种与"自上而下"和"自下而上"的视角都不相同的视角，是普通人与国家相遇和互动的舞台；以及"对底层社会的关注"。因为，苏东市场转型的基本特点是经济转型伴随着政体和意识形态的断裂，这就为政治因素、正式制度、上层精英等因素发挥作用提供了广阔的空间；而中国的市场转型的许多具体过程是以变通的方式进行的，这就给下层官员甚至普通人提供了更多的空间及机会，使得他们可以在实践过程中进行新的创造。其意义在于揭示并解释市场转型以及由此导致的社会转变的过程，是涉及全体社会成员的过程，还是只是涉及社会精英的过程（孙立平，2002b）。循此研究逻辑，孙立平发现，90年代中期以来，中国大陆社会已经发生了一些非常重要的、根本性的变化：第一，出现了与原来的社会有着根本不同的社会基本结构特征和运作逻辑；第二，这样的结构特征和运作逻辑已经开始定型和固化，可以影响和定型社会基本走势的主要社会力量集团开始生成并发挥作用。由此变化，导致一个新的社会正在出现，与之相伴随的有如下几个方面。（1）经济增长和社会发展出现断裂，经济的增长在很大程度上已经不能导致社会状况的自然改善；（2）形成一种新的经济增长逻辑———一种耐人寻味的悖论：即使经济有一个较为快速的增长，但社会中的大部分人不能从中受益；但如果没有一个较为快速的经济增长，社会中的大部分人却会从经济停滞中受害；（3）社会力量的定型，即已经开始形成新的社会力量以及构成新的组合关系，并在强有力地影响着改革的方向和实际的进程；（4）改革逻辑的改变：①改革更多地具有利益博弈的内涵；②改革动力由初期的自上而下推动、收益大而需很小代价，变化为多元化的社会力量开始影响改革的进程；③出现了扭曲改革措施及效果的机制，如一些旨在促进社会公平的改革措施，往往在实践中收到的是不公平的社会效果，甚至会被极端化为一种腐败的手段；④社会力量的不均衡与不平等机制的形成，特别表现在强势群体（既包括民间的经济力量，也包括一些重要的垄断部门）与弱势群体之间的力量对比上，无论是在对公共政策的影响上还是在利用社会机会的能力上都存在极大的差别，并开始成为加剧目前社会不平等的一个重要机制。孙立平认为，形塑90年代中期以来新社会的有三个基本背景：第一，90 年代中期开始的中国大陆社会逐步由生活必需品时代进入耐用消费品时代；第二，社会中的资源配置从扩散到重新积聚的趋势，导致资源积聚背景下两极社会的形成；第三，全球化的趋势以及中国大陆社会逐步加入全球化的过程（孙立平，2002b）。

李路路以一项经验研究为基础，明确验证并探讨了市场机制在制度转型与分层结构变化关系中的作用，认为在向市场转型的过程中，市场机制的发展可以在很大程度上改变资源分配的过程和结果；但是，由国家主导的改良式变迁以及一系列制度性因素，决定了阶层间相对关系的模式并没有发生根本性的重组，原有以阶层再生产为主要特征的相对关系模式在制度转型过程中仍然被持续地再生产出来。市场本身就不仅由经济行为和经济关系构成，而且包含了社会、政治、文化的逻辑和权力的实施。经济理性和某种经济机制都生存于特定的制度结构之中。向市场经济的转型过程和趋势必然要受到原有再分配体制的影响，而一场渐进改良的变迁将有可能使路径依赖的特征更为明显。原有的体制、资源分配结构、社会网络以及受到控制的转型过程，都有可能使阶层相对关系模式被延续下来（李路路，2002a）。

陆学艺主持的"当代中国社会结构变迁研究"课题组，在其初步研究成果《当代中国社会阶层研究报告》中指出："在现阶段的中国社会，资源配置机制多元化，其中既有合理合法的机制，如市场机制和国家再分配机制等，也有一些不合理不合法的机制。无论是怎样的配置机制，都将影响人们所享有的资源的份额，从而影响人们的阶层地位。"他们注意到，在社会转型和经济转轨的过程中，随着市场经济的发展和相应的制度改革与创新，基于能力主义－业绩主义的资源配置原则在一定程度上得到了落实（陆学艺，2002：76～77）。

二　社会分层研究

对于社会分层状况，较一致的认识有三点：一是随着经济体制市场化改革的持续推进，社会利益主体的贫富分化加剧；二是在这一分化中，与改革开放前期的受益面相比，越来越多的受益者被抛向受损者群体；三是出现了如党的十六大报告指出的一些新兴社会阶层，他们的利益诉求不同于原计划经济体制中的利益群体（陆学艺，2002；孙立平，2002a，2002b；郑杭生，

2002a；李强，2002a，2002b；李路路，2002a；戴建中，2002；张宛丽，2002a）。存在的不同认识及争论主要集中在两个方面：一是怎样认识现阶段中国社会阶级阶层结构，二是对那些新兴社会阶层的利益诉求及其社会功能做何判断。

（一） 怎样认识现阶段中国社会阶级阶层结构

陆学艺主持的"当代中国社会结构变迁研究"课题组提出：一个现代化社会分层结构在现阶段的中国社会已经出现。他们根据对全国不同地区的典型调查及统计资料，提出了以职业分类为基础，以组织资源、经济资源和文化资源的占有状况为标准划分社会阶层的理论框架，并据此勾画了当代中国社会阶层结构的基本形态，即由十个社会阶层（国家与社会管理者阶层、经理人员阶层、私营企业主阶层、专业技术人员阶层、办事人员阶层、个体工商户阶层、商业服务业员工阶层、产业工人阶层、农业劳动者阶层、城乡无业失业半失业者阶层）和五种社会等级（社会上层、中上层、中中层、中下层和底层）组成。他们强调中国社会阶层结构发育还相对滞后于现代化社会发展过程的要求，社会阶层结构中的地位秩序尚未得到全社会的充分认可，应当制定支持不同社会阶层发展的具体社会政策。应以培育和发展合理、有序的现代化社会利益结构为基准，缩小传统阶层规模（如原计划经济体制中的传统"农民阶级"），扩大和提升新兴阶层的比重和地位（如作为社会中间层的中层管理人员、中小企业经理人员、专业技术人员、办事人员、商业服务业员工等阶层）（陆学艺，2002：7~124）。

李强则认为，阶级阶层在含义上是指利益分化已经完成、物质利益地位已相对稳定的集团。然而，当今中国社会，利益结构变迁十分迅速，各个社会利益群体正在分化、解组（disorganization）、"重新整合"（reintegration），因此，使用地位相对稳定的阶级阶层概念就不太符合中国的实际情况。他以"利益群体"描述并区分现阶段中国社会不同利益诉求者及其关系。他根据改革以来人们利益获得和利益受损的状况，将现阶段中国人分为四个利益群体或利益集团[①]，即特殊获益者群体（是在改革 20 余年中获益最大

---

① 李强注：四个利益群体观点的原型，最初是李强在与孙立平、沈原参加有关社会结构课题的讨论中共同提出的。参见中国战略与管理研究会，"社会结构转型课题组"，1998。

的人，如民营企业家、各种老板、公司董事长、高级经理、工程承包人、市场上的各种经纪人、歌星/影星/球星等明星，以及与外资、外企结合的外企管理层、技术层，等等）、普通获益者群体（是改革以来在经济以及各种社会资源方面获得了明显的利益的群体，包括各个阶层的人，其中既有知识分子、干部，也有普通的经营管理者、办事员、店员、工人、农民等）、利益相对受损群体（是指在改革的现阶段利益受到损害者，包括在改革前期获益的前两个群体中的一部分，如城镇中的失业、下岗人员）和社会底层群体（最初曾称之为"利益绝对受损群体"）。利益的获得与受损是一个过程，而底层、中层和上层是利益分化的一种结果。在此意义上，可以将第一个群体称为上层，第二个群体称为中层，第三个群体称为中下层，第四个群体称为底层（李强，2002b：133~143）。

李路路强调，社会分层模式的构成及变化，并非简单地取决于经济机制或经济－技术理性的功能要求，而是在社会和政治的过程中被形塑，因而是特定制度环境和转型过程的结果。阶层相对关系模式在制度转型过程中以"再生产"为主要特征，有两个含义：一是阶层的继承关系占据主导地位；二是这一阶层再生产模式在中国城市社会的制度转型过程中依然会被持续地再生产出来，原有的相对流动机会的分布模式被延续下来。市场机制的发展并没有导致相对关系模式的"重组"或阶层结构的更替。那些过去占有优势地位的群体，通过不同资本的交换、社会网络和人力资本的优势，其优势地位在经济体制的变革中得以保持或延续。这种特征可称为"双重再生产模式"。他在参考了一些主要的阶层框架的基础上，建构了一个包括5个阶层的分析框架，即权力优势阶层、一般管理人员/办事人员阶层、专业技术人员阶层、工人/农民阶层和自雇佣者阶层。其中，权力优势阶层包括单位负责人和中高层管理人员，其特征是对他人和资源拥有支配权力，而一般管理人员和专业技术人员则拥有相对的工作自主性。可以看出，权力支配关系在这一框架中占有核心地位，且阶层位置的界定标准是多元的。阶层相对关系模式有如下基本特征：（1）权力优势阶层、专业技术人员阶层的再生产性。代际社会地位的继承或再生产成为占主导地位的关系，由再分配经济向市场经济的转型，没能改变这种再生产的特征。特别是权力优势阶层和专业技术人员阶层，其再生产的能力都不仅远超出了自身流动的能力，而且也远超出了其他阶层。（2）脑－体间隔，即在权力优势阶层、专业技术人员阶层和一般管理阶层与自雇佣者阶层和工人、农民阶层之间存在明显的鸿沟——存在明显的封闭性，这属于更大范围内阶层结构的再生产性质。（3）阶层再生产与相对流动性，有三个值得注意的特点：第一，在若干阶层之间存在不是主导的、"长距离"的流动，而是相对的、"短距离"的流动；第二，与权力优势阶层和专业技术人员阶层不同，一般管理人员阶层的继承性特征在代际关系中不是最强的；第三，脑－体之间的间隔并非完全封闭，其排斥性部分是潜在的。导致这一结果的因素，除了中国制度转型的基本特征外，还有：（1）制度安排的相对独立性——不同制度安排之间具有相对的独立性，而非一种简单的决定或功能需求关系；（2）国家主导的社会转型，即意味着由那些在社会中占有优势的群体所推动的、国家自上而下有控制地在市场化过程中重新配置资源以及权力的过程。因此，他们（它们）在这种转型中（包括向其他经济机制的转变）具有相当的主动权和主导权力，一方面，不断地将市场化过程推向前进；另一方面，借助于原有的各种优势，在适当的时机加入市场化的进程中，并继续推动市场化的发展。在这一过程中，权力的延续或转移、政治市场化、地方文化传统、路径依赖的方式和程度等等，都有可能成为他们（它们）在市场化过程中保持优势并在代际传递的机制，因而决定了社会分层结构变化的结果（李路路，2002a）。

许多相关研究均发现，"教育"及社会文化资源对于社会成员地位获得的重要性日益显著（陆学艺，2002；李强，2002b；李路路，2002a）。李春玲从"在现代社会中，教育是现代社会流动的动力机制"的既有论断入手，通过一项经验研究发现：正是由于1978年执政党意识形态及相关政策的变动，导致了中国社会的教育机会分配形态的变化断裂为两个截然相反的阶段。在1949～1978年，教育机会分配从一种极度不平等状态向着平等化的方向演变，教育成为促进社会经济均等化的重要手段。然而，1978年以来教育机会分配的均等化推进趋势停滞，导致教育机会不平等的一系列因素的作用力不断增强，教育从一种促进社会经济均等化的手段转变为促进社会经济分化的机制（李春玲，2002）。

（二）对新兴社会阶层的利益诉求及其社会功能做何判断

党的十六大报告指出，在社会变革中出现了一些新兴的社会阶层，如民营科技企业的创业人员和技术人员、受聘于外资企业的管理技术人员、个体户、私营企业主、中介组织的从业人员、自由职业人员等，报告并强调要"扩大中等收入群体的比重"（江泽民，2002）。那么，这些新兴的社会阶层，是否已经形成如西方现代社会发展中的新中间阶层？其社会功能如何？这些问题成为近年来阶级阶层研究的一个热点。

一些研究者认为现阶段中国社会出现了一个新中间阶层，或曰"新中产阶级"，但其发展远未成熟、成型（陆学艺，2002；张宛丽，2002a；李强，2002b；周晓虹，2002；吕大乐，2001）。李强、郑杭生等人认为，现阶段中国社会正在经历中间阶层的新老更替；传统中间阶层的解体表现为代际更替的形式，即年轻一代替代了中老年一代，占据了中间阶层的地位（李强，2001：99，2002；郑杭生，2002a）。

张宛丽提出：所谓中间阶层，是指占有一定的知识资本及职业声望资本，以从事脑力劳动为主，主要靠工资及薪金谋生，具有谋取一份较高收入、较好工作环境及条件的职业就业能力及相应的家庭消费能力，有一定的闲暇生活质量；对其劳动、工作对象拥有一定的支配权；具有公民、公德意识及相应的社会关怀的社会地位分层群体。就现阶段中国社会结构转型的具体国情而论，中间阶层的社会功能是：（1）社会主义市场经济秩序的行为示范功能；（2）现代化社会价值观及社会规范的创建、引导功能；（3）社会利益矛盾的缓冲功能。但"中间阶层"的行为边界目前还不是很清晰，阶层认知尚处于萌芽状态，仅为"准阶层"形态；而受到现阶段社会分化的结构性挤压，内部已显出上、中、下三层的分化形态（张宛丽，2002a，2002b）。现阶段中国中间阶层结构及行为特征为：（1）"多重社会分割"，主要表现在城乡二元分割、城市化发展水平不同的地域及城市社区分割、不同所有制经济关系的分割、不同社会价值观及行为方式的分割；（2）"建构性"，是一种历史的承继与现实的建构、正式制度因素与非正式制度因素、先赋因素与后致因素等共同作用的互动结果（张宛丽，2002a：261~264，2002b）。在行为方式上，周晓虹提出了"政治后卫与消费前卫"观，即赞成以渐进而不是动荡的方式推进民主政治的政治后卫倾向，和在消费行为中表现出来的追求品位、格调，接受"分期付款""贷款消费"等现代消费方式的消费前卫倾向（周晓虹，2002）。戴维·古德曼在山西做的相关研究则发现，现阶段中国中产阶级，无论是私营企业主，还是国有企业的经理，都与国家及党的组织有着良好和密切的社会关系，这是他们获取经济资源的前提之一（David S. G. Goodman，转自周晓虹，2002）。

新兴"私营企业主"阶层持续地成为近几年研究的另一个焦点。戴建中以"一个处于变动不居中、还未成熟的阶层"指称这一新兴群体（戴建中，2001）。他有如下观点。（1）自 90 年代后期以来，私营企业主内部，经济、政治、文化等各种资源的占有越来越不平等，且都相对集中于同一批人身上，出现了分化与"断裂"。依投资规模可分出 4 个亚层：100 万元以下的小企业主；100 万 ~ 1000 万元的中等企业主；1000 万 ~ 1 亿元之间的大企业主；亿元以上的特大企业主。而阶层内部大富与小富间的鸿沟令人吃惊：特大企业主与小企业主平均资产相差 460 多倍，大企业主与小企业主相差 50 多倍。（2）越是大企业主，对改进宏观政策、舆论宣传的要求越强烈（戴建中，2002）。

三　社会学方法论研究新动态

2002 年社会学方法论研究，被置于中国人文社会科学界关于知识生产与知识创新的讨论中而有所推进，主要以如何呈现社会学学术研究成果的知识价值为关注点。北京大学社会学系方文于 2001 年第 6 期《中国社会科学》发表了《社会心理学的演化：一种学科制度视角》的论文，提出了"学科制度"概念，引起了社会科学界较广泛的关注，《中国社会科学》编辑部就此于 2002 年组织了专题"学科制度建设笔谈"。此后，方文又在《社会学研究》2002 年第 5 期发表了《学科制度的精英、符号霸权和社会遗忘——社会心理学主流历史话语的建构和再生产》一文，进一步探讨了学科书写的话语建构对推进知识生产的意义。成伯清则在发表于同期《社会学研究》上的《社会学修辞》一文中，直接从当代国际社会学的修辞转向，探究社会学知识的价值呈现（成伯清，2002）。风笑天基于对 1990 ~ 2001 年发表于《中国社会科学》《社会学研究》上的 141 篇研究论文的结果呈现的实证分析，探讨了规范性陈述在社会学知识积累及创新中的作用（风笑天，2003）。

（一）学科制度建设

方文认为，在当前中国人文社会科学学术复兴的语境下，学科制度建设有着重要的现实意义，"它标志着中国人文社会科学自我反省意识的兴起"；"学科制度，因为其研究者的社会行动者的身份，因为其培养制度、评价制度和基金资助制度，必然与宏大的社会制度发生联系。因此，如何在宏大的社会结构和过程的背景下，建构良好的学科制度，同时又能保证学科制度自身的自主性、权威和尊严，值得持续关注"（方文，2002a）。他将"学科制度"概念粗略地界定为："秉承确定的职业伦理体系的知识行动者，在特定学科的知识生产和知识创新过程中所建构的制度体系。涵括知识行动者群体及其职业伦理体系、学科培养制度、学科评价与奖惩制度和学科基金制度。"（方文，2002a）郑杭生认为，学科制度就是学科的规范体系及其物质体现；在学科的规范体系及其物质体现的背后，还有某种深层的理念支撑着。可将学科制度分为三个层次：第一层次是学科深层理念，第二层次是学科规范体系，第三层次是学科物质体现。就社会学来说，其深层理念，就是促进社会进步，减缩社会代价；其全部学科规范都是为了在质和量上保证实事求是，把握真相；而在其学科物质体现上，无论是学位制度、出版体制，还是学科规模、投入的政策和体制等，与自然科学相比均严重失衡。重理轻文的观念被错误地制度化，对社会学的影响极大（郑杭生，2002c）。

（二）学科话语建构

方文通过对社会心理学学科书写史的个案研究发现，学科制度精英、符号霸权和社会遗忘机制左右着一门社会科学学科的知识生产。社会遗忘机制或策略有两类：第一类是对非主流研究的漠视化过程；第二类是对主流话语中的主流精英人物及其认识实践的剪裁、歪曲和简化。其结果，充满激动人心的冲突、焦虑、断裂和错误的学科动态史，被简化和切割为平滑、柔美和累计的学科制度中的符号霸权史（方文，2002b）。

成伯清"从探究的修辞学角度来重新审视社会学"，如作为社会学的修辞的："常识的问题"——强调科学与常识的不同；"客观的旁观者还是故事的讲述者"——在社会学理论图景中，理论表述者本身往往作为一种旁观者或观察者，充当了无所不知的隐身上帝、客观中立的权威讲述者；"定量狂"——将科学还原为技术－方法的操作，或者片面追求数字化；"诊断－治疗模式"——社会学者习惯上将社会看作患上重病需要医治的对象。他认为，从社会学对待常识方式的修辞学批判中可获得的有益启发的根本一条，就是揭开作为专家的社会学家对于社会知识的真理性声称的伪装，打破他们对于话语的垄断权（成伯清，2002）。

四　社会公正研究

近年来，随着市场经济体制的逐渐建立和社会转型的全面展开，社会公正问题已引起社会的极大关注。国内的社会学者以其独特的学科视角对这一问题进行了研究。

对于一个社会来说，社会公正是至关重要的。王绍光等人认为，经济繁荣并不是必然或自动地导致社会稳定。从中国历史来看，严重的社会危机往往发生在经济繁荣时期，从许多发展中国家的经验看，不公平、不公正的增长可能突然因社会危机而停滞、衰退甚至崩溃。所以说，经济发展是硬道理，社会公正也是硬道理（王绍光、胡鞍钢、丁元竹，2002）。

在种种社会不公现象当中，最能引起人们注意的是收入差距问题。郑杭生认为，中国社会的城乡差别、东西部差别、群体间差别、部门差别，都在程度不同地扩大。这些差别的扩大，归结起来，都贯穿着贫富差距这一中心差别的扩大（郑杭生，2002b）。孙立平认为，改革以来，中国出现了比较严重的利益分化，这是一种新的两极结构。近年来的一些收入调查证明，中国的高收入层在总收入中占有的比例过大，它不仅侵害了低收入层的份额，而且也侵占了中等收入层的份额。中国的贫富差距以惊人的速度在扩大，说明有一种异乎寻常的力量或机制在起作用。这个力量或机制，就是由市场和权力形成的合力（孙立平，2001）。李培林认为，贫富两极分化的出现是一个危险的信号，因为从社会心理上看，在普遍的获益过程中，自己的相对收益地位下降还是可以承受的，但绝对收益地位的下降，在经济上和心理上都是难以承受的（李培林，2001）。

有学者将社会公正与社会分层问题结合起来进行研究。王小章认为，一种分层机制若要被人们认同为合乎正义，就必须体现机会均等意义上的公正。在现阶段的中国，由于政府权力的钳制和干预、社会关系网络的束缚和干扰，市场不仅作用有限，而且其运作的机制受到极大的扭曲。也正因为如此，目前我国社会中的竞争还远远没有达到真正机会均等的公平竞争。就社会公正而言，改革的一个重要问题是，摆脱旧体制的束缚与失去旧体制的"保护"应是同步的，不能允许有的人摆脱了束缚却仍享受着保护，有的人失去了保护却仍受到束缚，前者垄断机会而后者承担风险，前者享受成果而后者付出代价。这是我国在改革过程中最需要反思之处，也是我国社会当前的社会分层机制最根本的不公正之处（王小章，2001）。刘欣认为，当人们与自己所处社会环境中的其他成员和群体相比较，在经济、权力、文化等资源的占有上沦入相对被剥夺地位时，无论其当下占据的客观分层地位是高还是低，都会倾向于做出社会不平等的判断。反过来看，那些正在上升到相对优势地位的人，则更有可能做出社会平等的判断（刘欣，2002）。

一些学者开始对社会公正的基本理论问题进行比较深入的探讨。吴忠民认为，机会平等是社会公正的一项重要原则，它有三层含义：生存与发展机会起点的平等；机会实现过程本身的平等；承认并尊重社会成员在发展潜力方面的"自然"差异，以及由此所带来的机会拥有方面的某些"不平等"。可以把机会平等分为"共享的机会平等"（共享机会）和"有差别的机会平等"（差别机会）这样两种类型（吴忠民，2001a）。吴忠民还认为，应当注重代际公正问题。代际公正是公正的基本内容与规则在历史过程中的具体化体现，同时也对公正的基本内容与规则产生重要的影响。代际公正的基本内容是，确定代际有关公正的恰当"储存率"；保证代际的机会平等；按照贡献进行代际的分配（吴忠民，2001b）。徐梦秋对公平的类别及比例问题进行了研究。他认为，可以从两个角度把公平划分为：机会的公平、起点的公平、结果的公平；原则的公平、操作的公平、结果的公平。他还认为，在各种不同的公平场合和不同的公平观中有一种共同的不变的东西，这就是比例的相等。凡是存在公平的地方都存在比例的相等（徐梦秋，2001）。王海明认为，公正是平等（相等、同等）的利害相交换的善的行为，是等利（害）交换的善行；不公正则是不平等（不相等、不同等）的利害相交换的恶行，是不等利（害）交换的恶行。平等是公正中最为重要的内容。而平等有两层含义：第一，每个人因其基本贡献完全平等（都同样是缔结社会的一个股东）而应该完全平等地享有基本权利；第二，每个人因其具体贡献不平等而应该享有相应不平等的非基本权利：人们所享有的非基本权利与自己所做出的具体贡献的比例应该完全平等（王海明，2002：303、366）。针对"效率优先，兼顾公平"的提法，吴忠民提出了异议，认为"效率优先，兼顾公平"严格说来只是一个有效的策略性的提法，其自身包含一些明显的局限：第一，忽略了经济领域的基本规则问题；第二，将这一提法泛化并覆盖非经济领域，更是犯了以偏概全的错误；第三，这一提法忽略了社会全面发展的重要性；第四，这一提法忽略了作为全社会代表者亦即政府对于社会成员应尽的责任；第五，这一提法颠倒了发展的基本价值目标与发展的基本手段、基本途径的关系。这一提法已开始对中国社会产生一些负面的实际效应。所以，应当本着与时俱进的精神，重新认识这一提法的得失，并做出必要的矫正（吴忠民，2002）。

从更根本的意义上看，社会公正问题始终是与自由和平等的关系问题互为表里的。罗尔斯提出的两条正义原则，第一条即强调的是一种平等的自由原则，第二条强调差别原则和机会平等原则（罗尔斯，1997：56）。秦晖、金雁近年来撰写了一系列探讨东欧国家社会转型的经验教训的文章，从捷克"在起点平等基础上找到最初的所有者，在规则平等的基础上找到最适合的所有者"的"民主私有化"的转轨理念与模式，到波兰工会在产权改革、利益格局变化中对公平的产生和消除"权贵私有化"之弊所起的作用，再到匈牙利的"保守疗法"和"休克疗法"，等等，均以对自由与平等的关系问题的思考为支点来探讨转型期的社会公正问题[1]。秦晖提出，在这个问题上，"民粹主义"与"精英主义"都不可取，"不公平的竞争"与"不竞争的公平"是一而二、二而一的，前者以精英主义对抗大众，后者以人民的名义行寡头主义之实，从而走向权威主义，二者均无视作为个体的人民的利益。他还对"原始积累"为社会进步的不可避免的代价的说法进行了辨析，认为，"原始积累"既不是市场经济国家的"必然阶段"，也不一定导向市场经济，它事实上是以强权为基础的行为，这种强权原则严重破坏了社会公正。为此他提出，中国的改革已经走到另一个临界点，是走向公平竞争的市场经济，从获得的公正走向交易的公正，还是继续"权钱结合的原始积累"所造成的严重社会不公，从权家通赢走向赢家通吃，陷入"不公平的伪竞争与反竞争的伪公平"的怪圈，就看我们的选择了[2]。

---

[1] 参见中评网《学者社区》秦晖、金雁主页中的《捷克经济转轨评述》（之一至之四）、《论匈牙利转轨》（之一）、《产权改革工人参与》。

[2] 参见中评网《学者社区》秦晖个人主页中的《不要民粹主义，也不要精英主义》《拒绝原始积累》《改革已走到了十字路》。

五　社会信任研究

近年来的信任研究是在两个大背景下展开的，现实背景是中国社会转型过程中的信任危机，理论背景则是西方社会科学界自 20 世纪 80 年代开始的信任热（王绍光、刘欣，2002）。因此，信任研究在中国就具有两条线索，一是介绍、评述西方信任研究的成果，并对其中与中国人信任行为有关的理论观点做出回应；二是分析中国社会目前信任缺失的原因，探讨重建信任的对策。前者偏重对与信任有关的基本理论问题的思考，后者偏重对现实问题的分析。当然，这两类研究并非没有关联：一方面，一些学者借鉴了西方信任研究的观点来分析中国的现实问题；另一方面，也有学者从对现实问题的探讨中发现了新的视角，从而可以对西方信任理论进行批判性的思考。从这个意义上说，中国的信任研究在理论和实际两个方面都有巨大的创新空间。

（一）　对信任的基本理论问题的探讨

在信任的基本理论方面，我国学者近年来的研究重点主要集中在以下几个问题。

1. 信任在个人心理生活中的地位

这方面的研究主要是评述、综合西方学者的观点，例如，认为信任是个体在心理上减少复杂性的一种机制，是个体获得本体安全感的一种基本需要（参见梁克的评述，2002）。但是已有的研究还几乎没有论及信任在中国人心理生活中的特殊地位，例如，在关系本位的中国社会中，通过信任来获得"关系安全感"也许与获得本体安全感一样重要。

2. 信任在社会生活中的地位，包括信任在经济生活中的地位

郑也夫（2001b）讨论了信任与社会秩序的关系。他指出，社会秩序有三个来源：强制、互惠和习俗。信任的产生与互惠和习俗有千丝万缕的联系，因而，由互惠与习俗造就的社会秩序将是一个包含信任，即社会成员间保持丰富信任关系的秩序。国家机器的恰当使用可以维护和加强一个自由繁荣的社会所需要的秩序，使社会成为一个"有秩序有信任"的社会；国家机器的滥用则将瓦解一个自由繁荣的社会的基石——自愿团体和

信任，导致一个"有秩序无信任"的社会。

在经济社会学看来，信任是一种社会资本形式，它在经济生活中的作用主要体现在三个方面：第一，维持和扩展经济秩序；第二，降低经济交易成本，提高经济效率与效益；第三，促进经济的繁荣与发展（参见董才生，2002）。王绍光和刘欣（2002）认为，信任不仅有助于宏观经济的增长，而且可能有助于提高微观经济组织的运作效率。

3. 信任在社会科学中的地位

梁克（2002）认为，围绕"社会秩序何以成为可能"的问题，社会学中形成了一支从社会团结、社会共同文化价值观念出发进行信任研究的传统，其代表人物包括涂尔干、卢曼、巴伯尔等人。在此意义上，信任成为理解社会学的基本问题（如制度问题、结构问题等）的一个核心因素。通过延伸吉登斯有关信任的"创造性"特征的观点，梁克进一步从社会关系的视角出发，考察了信任达成过程中的创造性空间及其填补手段。显然，这是一个很有价值的研究方向，不仅可以增加对信任的动态特征的理解，而且可以帮助我们更好地把握社会结构和社会运行的动力学机制。这样一来，信任就与社会学传统中的两个基本问题——秩序与发展——都建立了密不可分的关系。

4. 信任的类型、影响因素与建立机制

李伟民与梁玉成（2002）讨论了西方信任概念化中的"二分建构"（如特殊信任与普遍信任）与"三分建构"（如区分信任、信心与信念）。他们指出，不同类型的信任之间存在互补促进的关系，而非对立排斥。郑也夫（2001a）通过比较西方的行会与中国的同乡会，比较意大利的黑手党和旧中国的青帮，展示了传统社会中私人信任的多种标本；通过分析货币系统、专家系统与信任的关系，揭示了现代社会中系统信任的特征。

信任的影响因素有很多。在人类社会发展的不同阶段，在不同的社会文化环境中，信任的结构与特点很不一样。例如，传统社会中以私人信任为主，现代社会则更依赖于系统信任或制度信任（郑也夫，2001a；彭泗清，1999）。王绍光和刘欣（2002）的调查表明，一个人对他人的信任感与很多因素有关，如个人社会网络的规模、参与集体性活动的频率，个人的年龄、受教育程度、社会阶层、生活满意度与生活信心等。

私人关系的运作与正式的法制手段都可以成为信任建立的机制，而且二者之间可以相容（彭泗清，1999）。王询（2000）认为，组织中的正式关系与非正式关系是解决组织内部信任和可靠性问题的两种方式。正式的制度安排和规则可以减少契约的不完备性，从而解决信任问题。良好的非正式关系则可以提高处理"不完备契约"的能力，从而增加信任。这两种方式对组织效率的影响，与组织的文化背景、组织形式有关。特殊主义文化背景中，可供利用的非正式关系很多，而且特殊主义人际关系有助于非正式关系的成长，同时，特殊主义的人际关系倾向提高了建立正式关系的成本。因此在这种背景下采用非正式关系来解决信任问题可能更有效。如果过分依赖正式关系反而会降低组织运行效率。而在普遍主义文化环境中，一个组织在运行过程中较多依赖正式关系、制度和规则，较少依赖非正式关系。当然，过多依赖非正式关系必然限制组织规模。

5. 信任的根基是什么

这个问题至少涉及两个方面：一是整个社会的信任赖以产生、存在的基础；二是个体对他人的信任的决定因素。大体来说，在西方社会科学中存在四种研究信任问题的取向（彭泗清，2000：290~297）：（1）将信任理解为对情境的反应，是由情境刺激决定的个体心理和行为；（2）将信任理解为个人人格特质的表现，是一种经过社会学习而形成的相对稳定的人格特点；（3）将信任理解为人际关系的产物，是由人际关系中的理性算计和情感关联决定的人际态度；（4）将信任理解为社会制度和文化规范的产物，是建立在法理（法规制度）或伦理（社会文化规范）基础上的一种社会现象。

作为我国学者研究信任问题的第一本学术专著，郑也夫（2001a）的《信任论》对诚信的根基进行了相当系统的分析。郑也夫从当代生物学、博弈论、经济学、社会学等学科中吸收思想营养，讨论了人类信任行为的生物学根源、心理根源、制度基础（理性）以及文化基础（习俗）。

王绍光和刘欣（2002）则提出了一种对人际信任的理性解释。他们认为，甲是否信任乙取决于两个考虑：一是甲对乙失信可能性的判断；二是甲对乙失信所可能带来的损失的承受能力，即甲的相对易损性（等于甲潜在损失的绝对值在甲所拥有的总资源中的比重）。一个人的相对易损性越高，他越不愿意冒险信任别人。因此，增加一个人的资源总量，提高其风险承受能力，就可以提高其对他人的信任感。

6. 中国人信任行为的特点与中国社会的信任度

与人类的大多数行为一样，信任行为也带有文化的烙印（参见王飞雪、山岸俊男，1999）。一些学者从中国文化中人际交往的模式出发，探讨了中国人人际信任的本土特点。杨宜音（1999）关于"自己人"的研究揭示了中国人对外人的信任是通过拟亲化和个人之间心理情感的亲密认同这样两个将外人变为自己人的过程建立的。心理情感上的亲密认同能够增强交往双方的义务感和责任心，为双方的相互信任提供保证（李伟民、梁玉成，2002）。

在西方学者的论述中，中国是一个低信任度国家（福山，2001），中国人的信任是一种以血亲关系为本位的特殊信任（Weber，1951/1915）。对此，一些学者以实证研究为基础提出了质疑。李伟民、梁玉成（2002）经过问卷调查表明：血缘家族关系虽然是制约中国人是否信任他人的一个主要因素，但不是唯一因素；关系双方的情感对中国人之间的信任具有明显和重要的影响作用。王绍光和刘欣（2002）通过经验数据表明，"相对于世界上大多数国家而言，中国是一个高信任度国家"。他们认为，不同社会信任程度的高低恐怕不能主要用文化差异来解释，一个国家的社会信任度与其经济发展水平、政治制度都密切相关；而且，同一社会内部的不同地区之间，信任度也有差别，例如，调查表明，文化背景大同小异的四个中国城市（上海、天津、武汉、深圳）在社会信任度上明显不同。

需要注意的是，目前有关中国人信任行为特点的探讨，大都针对西方原有的论述进行，是一种反应性的分析，局限在西方论述所设定的思路之中。真正原创性的、从中国文化特点出发的理论探讨还相当欠缺。在社会结构发生变迁的时候，信任本身的内涵及功能也会相应地发生变化。因此，中国人信任的研究更应注意到中国社会的变迁和转型对原有的人际信任产生的强烈冲击（杨中芳、彭泗清，1999）。

（二）对现实社会问题的分析：中国社会信任危机的根源与对策

郑也夫（2001a）从分析"杀熟"现象入手，讨论了中国社会目前面临的诚信危机的社会土壤和体制原因，诸如单位制、政治运动、民间力量的衰落等。张维迎（2001）认为，近年来中国企业信誉的缺乏可以从产权制度上找到答案。企业的短期行为，扎根于我们现行的产权制度与政府管制上的弊端。通过多方面的论证，张维迎阐释了一个核心思想：无恒产者无恒心，无恒心者无信用，毁坏了信誉的产权基础，限制了自由竞争，必然导致市场秩序混乱，坑蒙拐骗盛行。张维迎认为，产权制度是一个比道德规范更基本的东西。从变革产权制度开始来根治企业的短期行为，是建立市场经济秩序的真正有效的途径，也是营造良好的社会环境，从而提高全社会道德水平和信任程度的可行之路。建设信誉的产权基础，可以成为中国社会重建诚信的一个突破口。

信任是一个既有很强的理论意义，又有重大的现实意义的课题。信任研究为探讨中国社会结构与社会运行的特点，为洞察中国人的心理与行为方式都提供了一个崭新的角度（参见梁克，2002）。在理论分析与实证研究的基础上，提出根治信任危机、重建社会信任的对策，是中国社会科学工作者义不容辞的历史责任。可以预见，在今后相当长的一段时期内，信任研究将继续成为一个热门课题，受到更多的关注。

六 社会保障制度的总体框架研究

始于 20 世纪 80 年代的中国社会保障制度改革，进入 90 年代以来，一直是公众关注的热点议题。学术界对这一问题的相关研究已从就事论事阶段走向依据理念和逻辑进行制度设计和评估的阶段。经过 20 多年的研究，中国学界已达成两个共识：（1）中国的社会保障制度不可能是保障水平越高越好，保障项目越全越好，中国只能建立适合中国国情、可持续的社会保障制度；（2）社会保障制度不仅仅是指养老、医疗、失业等具体工作，实际是要建立一种与市场经济相适应的、社会自我维系的、新的社会运行机制（景天魁，2002b）。但是，对于 20 年来的社会保障制度改革如何估计，却存在不同意见。一种意见认为，到目前为止，我国已基本形成了一个以失业保险、养老保险、医疗保险、社会救助为主体，与市场经济相适应的社会保障制度体系。劳动和社会保障部肯定地认为，社会保障制度框架已基本形成。我国确立了国有企业下岗职工基本生活保障、失业保险和城市居民最低生活保障制度三条社会保障线，基本形成了以养老保险、失业保险、医疗保险和城市居民最低生活保障为主要内容的社会保障制度框架。今后的工作是如何进一步完善现有的社会保障制度，如加强社会保障法制建设，进一步完善社会保障资金筹措机制等。另一种意见则认为，我国的社会保障制度改革，目前仍然处于探索阶段，目标不够明确，总体思路不够清晰，制度绩效不够理想，依然存在并新产生了一些深层次的问题，必须进行"再探讨""再思考""再设计"。

陈平（2002）在《建立统一的社会保障体系是短视国策》一文中认为，统一社保在经济上根本不可行。在区域发展高度不平衡、13亿人口的发展中国家，要建立统一的社会保障体系，在经济上将是乌托邦式的"洋跃进"。其次，将严重削弱中国的国际竞争力，外资将流向没有社会保障的劳动力廉价国家。最后，违背当前小政府大市场的世界改革潮流，在体制上可能重演西方和东欧的错误道路。

高书生（2002）分析了中国社会保障制度建设的理论困惑和实践难题。理论困惑在于国家对社会保障的高投入是否是短视国策，而实践难题有三：一是我国老龄化程度不足7%，但养老保险制度内的抚养比却接近欧洲水平（3∶1），基金收支不平衡的矛盾日渐突出；二是失业保险基金收不抵支的状况在不少地区已经发生，随着劳动力供大于求的局面长期存在，失业保险何以应对？三是医疗保险制度的实施，参保单位和个人的认同程度并不高，医疗保险基金的盈余能否换来制度的长久？葛延风（2002）认为，目前中国现行的社会保障制度尤其是主要社会保险制度已陷入困境，表现在：养老保险制度收不抵支，赤字逐年扩大；失业保险难以面对未来较长时间较高失业率的冲击；医疗保险成为"富人俱乐部"，不能持续。常宗虎（2002）认为目前在我国社会保障制度建设的实践中，已经出现了一些明显的问题，整个社会保障制度存在明显的结构性缺陷。比如所谓社会保障只覆盖城市而不包括农村，社会救助制度未得到足够重视，等等。

正是这些现实问题，引导研究者重新回到社会保障的总体性问题上来。景天魁（2002a）认为，需要对中国社会保障制度进行进一步的基础整合。主要包含6方面的整合：（1）以最低生活保障为底线，整合多元福利；（2）以卫生保健为基础，整合多层次需求；（3）以服务保障为基础，整合资金、设施、机构、制度等多方面保障；（4）以就业为基础，整合多种资源；（5）以社区为基础，整合政府作用和市场力量；（6）以制度创新为基础，整合城乡统筹的社会保障。他认为，效率主义和平等主义构想可能都是逻辑一贯、有说服力的，但在中国实践中都很难行得通。因为效率和平等都得要，不免陷入自循环的怪圈。要跳出这个怪圈，就要跳到更高层次，即社会公正的层次来思考。社会公正是基础整合的社会保障体系的理念基础。

高书生（2002）提出了社会保障新平台的框架：（1）保障项目少而精；（2）保障重点是老年人；（3）保障门槛要低。搭建这一新平台需要解决以下问题：（1）消除"短视国策"论者的顾虑；（2）顺应工业化与城市化的潮流；（3）增强社会保障的可持续性；（4）稳定和改善国民的未来预期；（5）为市场留足发展空间。

葛延风（2002）认为目前的社会保障制度应该全面改革，他的思路是：（1）强化最低生活保障制度建设，确保城乡居民的基本生活；（2）建立低水平、广覆盖、可持续的养老保险制度；（3）放弃失业保险，将其并入最低生活保障制度；（4）全面改革医疗保障制度；（5）放弃生育保险，有关职能并入预防保健；（6）继续对企业实施强制性工伤保险，强化雇主责任，保护劳工利益。常宗虎（2002）认为，中国特色社会保障制度的目标模式和制度框架应当是：以"补救模式"为目标，以社会救助为基础，以社会保险为主体，以社会福利为补充。以"补救模式"为目标，就是在充分发挥市场、社会、单位、家庭和个人作用的基础上，政府只在社会保障制度建设中发挥拾遗补缺的作用，而且保障水平只限定在维持基本生活的水平上，保障制度的设计以不损害市场机制有效运作为必要前提。以社会救助为基础构筑中国社会保障制度，既是我国国情所决定的，也是我国现有的社会保障制度发展水平的具体体现。以社会保险为主体，就是把社会保险制度的建立和正常运行作为整个社会保障制度是否已经建立并良好运行的根本标志，努力建立以维持温饱水平为目标，以基本养老、医疗、失业、生育、工伤和护理保险为主要内容，以多样化、可选择的补充保险为重要辅助的符合中国国情的社会保险制度。以社会福利为补充，就是把社会福利制度作为完整的社会保障制度不可缺少的组成部分之一，努力建立以国有企业职工、退役军人、各类公务人员和见义勇为人员社会福利为基础，以职业福利、家庭福利、公益事业和社区福利为基本内容的中国特色的社会福利制度。除此之外，社会保障还应当包括三个子体系：（1）法规体系；（2）管理体系；（3）服务体系。

杨团等（2002）认为，要修正现行社会保障制度，首先要完成社会保障的目标转移，即从政府目标转向社会目标，以消除贫困为目标的社会公正与社会包容，兼顾收入安全。其次，采取治理和善治的手段，调整反映不同群体地位和权利分配的收入制度和其他社会保障制度。

七　贫困问题研究

城市贫困问题是近年来困扰改革发展的重要问题。正式建立于 1995 年的城市居民最低生活保障制度，对于构筑综合性的城市反贫困体系至关重要。近期的研究已走过了用实证方法对城市贫困的具体标准进行测量的阶段，着重在对这一制度的总结与反思。洪大用认为：中国城市扶贫工作所经历的若干重大转变，包括从扶持企业到直接救助贫困人口，从道义性扶贫到制度性扶贫，从救助制度分立到救助制度整合，从基本生活救助到综合救助，从消极救助取向到积极开发取向，从忽视社区作用到重视社区作用。这些正在发生的转变将形塑未来中国城市扶贫的方向、政策、体制和内容（洪大用，2003）。唐钧等人从政策评估入手，对最低生活保障制度的进一步发展和完善做了一次参与式、追踪式研究，然后提出一系列认为比较切合实际并具有可行性和可操作性的政策建议。他们的研究发现：（1）中国之大，地方性的经验非常值得关注，自下而上的改革的成功可能性更大；（2）中国社会对贫困的看法正在走向理解与宽容；（3）重新认识社会救助在社会保障体系中的地位与作用，以社会保险为核心的中国社会保障体系目前仍有很多漏洞而难以承担中国社会本来寄予它的重任，最低生活保障这道"最后的安全网"的保底作用就凸显出来；（4）在政策制定和执行过程中聆听"用户"——弱势群体的声音是个革命性的突破（唐钧等，2002）。另有研究者从设计并实施一项制度至少必须考虑的目标定位、技术手段、实施模式与实施环境等方面对最低生活保障制度进行了全面的反思（洪大用、刘仲翔，2002）。

此外，有许多学者从社会政策的角度来研究贫困问题。社会政策这一概念一问世，就当仁不让地把目标锁定在"克服贫困"上，因而在种种试图消除贫困的方法中，社会政策始终处于突出的位置（唐钧，2002）。近期，研究者们在对中国城市贫困的研究中，引进了国际上流行的社会排斥概念，对这一问题的关注大大拓展了贫困研究的领域，使人们更多地关注贫困的复杂性，改变了传统的评价个人福利和贫困状况的基本思路。

在城市扶贫中近期研究涉猎最多的当属就业问题。在今后相当长一段时期，中国的就业都将面临来自城乡的双重压力，总量与结构的彼此困扰，新生劳动力与失业人员相互交织。

在有关乡村贫困的研究中，研究者们认为应尽快打破城乡二元分割的局面，在工业化、城市化基础上建立中国社会保障的城乡整合。有的研究者对这一目标的基本设计是：（1）对进城农民与乡镇企业（小城镇）职工逐步实行和城市企业职工统一的社会保险制度；（2）将养老保险的第一支柱（保障最低生活水平）与医疗保险的大病统筹部分设计为全民共享项目，分步骤地实现城乡一体化；（3）改革以农业积累支持工业的传统发展战略，实现工业反哺农业，财政政策向农业与农民倾斜，以增强农民个人参与现代社会保障的经济实力，从整体上保证农民社会保障和城市企业职工社会保障的实质公平；（4）建立全国统一使用的社会保障个人专户，推动社会保障体系城乡整合的最终实现（李迎生，2001）。

八　失业问题与再就业研究

失业和再就业问题受到全社会的关注，2002 年 9 月，中共中央、国务院专门在京召开了全国再就业工作会议。江泽民主席在讲话中指出，就业是民生之本。这次会议提出了扩大就业渠道、促进就业和再就业的一系列政策措施，形成了全党和全国上上下下齐心协力解决就业问题的局面。而在此次会议前后，关于就业问题的学术研究和政策研究作为一大热点，也把话题集中到以下几个问题上。

（一）关于失业规模的总体估计

中国的"失业洪水"突如其来，短短几年时间内，大批国有企业职工下岗，城镇失业人口猛增，政府感到震惊，下岗失业人员缺乏心理准备，学术界也一时众说纷纭，到底对失业规模如何估计，到底怎么界定失业，都难有一致意见。于是产生了所谓悲观派与乐观派之说，对怎么看待造成失业的原因和解决失业问题的前景各抒己见。

胡鞍钢（2002）认为，我国正在经历前所未有的结构调整，在不断创造新的就业机会和岗位的同时也在大量地摧毁旧的工作岗位。而且摧毁的速度超过了创造的速度，摧毁的规模超过了创造的规模，因此引发了大规模、突出性、持久性的失业问题。他认为，我国的失业人数包括以下 4 部分：（1）登记失业人数，2001 年为 680 万人；（2）下岗失业人数（国有企业和城镇集体单位下岗人员）1000 万人左右；（3）城镇农民工失业人数 120 万～150 万人；（4）大专以上毕业生待业人员 70 万人。失业率大体在 8.5%（胡鞍钢，2002），这一估计比政府公布的高。

另一方面，就业能力却在降低。研究表明，中国进入 20 世纪 90 年代后，就业增长率迅速下降。从就业增长弹性来看，改革开放前相当高，大约是 0.42，即经济增长 1 个百分点，就业可以增长 0.42 个百分点；80 年代降到 0.31，90 年代降到 0.1。就是说，经济增长不一定或很少带动就业增长。从第一、第二、第三产业来看，第一产业不但不能增加就业岗位，还要大量减少农民；第二产业的就业岗位从 1997 年起呈下降趋势，乡镇企业人数也在下降；第三产业现在创造的就业岗位比过去有大幅度下降。一方面失业如洪水，一方面就业能力下降，这种"十分严峻"的就业形势，被胡鞍钢称为"世界上最大规模的就业战争"（胡鞍钢，2002）。

蔡昉从对劳动力市场发育的研究出发，对就业问题做出了比较乐观的估计。他认为，改革开放以前，计划经济时期，我国损失了 40% 的就业机会，改革 20 年来，由于劳动力市场的发育，创造了大量的就业机会。首先，虽然国有企业吸纳劳动力的能力下降，但非国有部门吸纳的劳动力却在持续增加。而真正保障中国改革以来就业大幅度增长的是农村的非农产业，它吸纳的劳动力已将近农村劳动力总数的一半。其次，虽然正规就业在减少，但非正规就业（"非单位就业"）比重却越来越大，快与正规就业平分秋色了。因此，虽然城市下岗人数很多，但很大一部分都在隐性就业。没有合适的失业率，就没有劳动力流动，而劳动力流动对经济增长的贡献率占到 21%。所以，中国确实存在非常大的就业压力，但数额巨大的廉价劳动力不是负担，而是宝贵的财富，是今后 20 年中国经济高速增长的重要条件（蔡昉，2002）。

（二）就业形式和渠道

"灵活就业"，"非正规就业"和"社区就业"作为解决就业问题的新形式，成为今年就业研究的一个重点。所谓"灵活就业"，是在劳动时间、收入报酬、工作场地、保险福利、劳动关系等方面不同于建立在工业化和现代工厂制度基础上的传统主流就业方式的各种就业形式的总称（劳动和社会保障部劳动科学研究所课题组，2002）。"非正规就业"，指在非正规部门就业（如在家庭作坊就业），或指以非正规方式就业（如兼职就业、自雇型就业等），大体上也都是"灵活就业"。据研究，灵活就业已成为城镇下岗失业人员再就业的重要渠道。我国目前已有70%的下岗失业人员是以这种形式实现就业的。但灵活就业在实践中还存在一些需要进一步加以研究的问题，如，灵活就业者的权益保护，灵活就业者如何参加社会保险，如何给灵活就业提供更好的政策环境和法律保护，等等。

如果说"灵活就业"是指就业形式而言的，那么"社区就业"则主要指就业的渠道或载体。社区就业是把扩大就业与社区服务结合起来，依托社区，发动和组织社区力量开展社会化服务，从而开辟就业岗位（杨宜勇，2001）。近年来，各地在社区就业方面积累了许多好经验，使社区就业成为解决就业问题的重要途径。与此同时，学术界也开展了关于社区就业的容量、当前存在的政策问题、如何加强对社区就业的管理等问题的研究。

（三）城乡统筹就业

在计划经济体制下，城乡二元社会结构同时意味着就业的城乡分隔，特别是1958年建立严格的户籍制度以后，除了考大学、参军等极少的机会，农民的孩子注定要世世代代当农民，似乎农民根本没有就业问题，或者说，农民被剥夺了选择职业的权利。直到改革开放以后，8000万农民涌进城市，找到工作的还被称为"农民工"，找不到工作的被称为"盲目流动"。而在政策上，乃至学术研究中，直到新世纪之初，仍不承认农民有"失业"问题，过去被用来固定农民身份的土地，现在被美称为农民的"社会保障"。

实践走到了理论的前面。一些先进地区把农民就业问题纳入统一的就业政策之内，打破了户籍制度和就业制度的城乡壁垒，提出"城乡统筹就业"的概念和政策。浙江省义乌市即为一例。景天魁、唐钧等人通过对义乌市实践的总结，认为城乡统筹就业是打破城乡二元社会结构的突破口。

义乌的经验表明，通过城乡统筹解决中国的就业问题，路子是走得通的。（1）城市化的前提是产业化，即发展工业、商业及其他产业，新的产业格局可以带动新的就业格局的形成。义乌市就成功地走出了一条"小商品、大产业、小企业、大集群"的产业发展道路，经过近20年的发展，义乌市中心城区从2万~3万人增加到36万人；三个产业的比重发生了很大变化，在2000年的国民生产总值中，第一产业仅占6%，第二产业占51%，第三产业占43%，不仅为本地农村人口向城镇转移提供了可能，还为28万外地人口创造了就业岗位。（2）打破"城里人"与"乡下人"、"本地人"与"外地人"、"干部"与"工人"的界限，建立统一的劳动力市场，让劳动者和用人单位双向自主选择，公平竞争，形成市场导向的就业机制。义乌市提出"外地人本地化，本地人城镇化"的方针，对外地和本地农民进城就业，非但不限制，还积极引导和鼓励。一直以来，无论政府部门还是学术界，普遍担心一旦放开户口管制，农民会一窝蜂似的涌入城市，造成社会动荡，带来社会不堪承受的负担，义乌市和其他一些放开户籍限制的城市的实践表明，农民在当"城里人"这个问题上是相当理智的，获得城里人的待遇，过上城市生活，也许是大多数农民，特别是青年农民的理想，但是，在工作无门路、衣食无着落的情况下，他们也不愿意贸然放弃已经习惯了的农村生活条件。据此，研究者认为，虽然城乡分割的户籍制度在限制中国的城市化进程中确曾起过重要的阻碍作用，但是，放开户口限制，却只是推进中国城市化的条件之一，它的作用并不如想象的那么重大，对中国城市化进程起决定性作用的是产业结构（景天魁等，2002）。（3）在就业和社会保险的关系问题上，尤其对于进城农民工来说，是应该就业优先还是社会保险优先？很多人呼吁要重视进城农民工的社会保险问题，这在原则上是对的。但从目前的实际情况看，更重要的还是解决就业问题。毫无疑问，应该鼓励和要求雇主为农民工买保险，引导和鼓励农民工参加各种社会保险。但如果把加入社会保险作为就业的先决条件，那就势必因增加了成本而限制了就业，而没有就业也就谈不到缴纳社会保险费。所以，"就业优先"，在目前是切合实际的选择。（4）在诸种社会保险中，应该如何排序？现行的做法，似乎不言而喻地把养老保险排在首位。这对固定工来说也许有一定道理，但对流动民工来说就不合适了。首先，这会迫使农民工不得不承担将来能否兑现的风险，以及在向别处流动时不能费随人走的风险；其次，农民工最迫切需要的并不是养老，而是工伤保险，据调查，在私企甚至在部分外企中，工伤问题非常严重，而一旦发生工伤，会对农民工的生活甚至生命带来难以挽回的伤害。因此，工伤保险极为迫切，最为重要；其次是医疗保险、就业；最后才是养老保险。城乡统筹的就业和社会保障研究是一个崭新的问题，中央最近提出了"统筹城乡经济社会发展"的方针，将极大地推动这个领域的研究。

九　农民工流动与城市化

农村人大量外出到城市和发达地区经商务工，是近年社会科学研究所关注的题目之一，经济学、人口学、社会学、政治学、城市地理等学科以及政府有关部门、外援项目工作者等从各自的角度，采用综合调查、个案研究和专题研究等方式对这一现象和人群展开了研究。

按照社会学的理解，农民工流动不仅是劳动力的流动、人口的流动，同时也是一种社会流动，包含了地域流动、职业流动和阶层流动三个方面（李培林，1996）。从社会学角度，近年的研究大致包括：农民工流动行为的研究，如外出的动因、流动方式、社会网络、组织化程度、家庭模式、主体意识、失范，等等；农民工内部的分化或分层状况，如不同来源地、不同职业群体的研究；农民工群体与社会的关系，如在社会分层中的位置、社会排斥和不平等、有关管理和社会政策；以及有关社区的研究，等等。

1. 研究范式和理论

有研究者指出，人口迁移的研究大致经历了三种范式。一是古典和新古典主义的"均衡"范式。人口流动被视作由资源分布不均衡引起的（典型的如"推－拉"说），其结果是使经济要素在各地域间形成新的平衡。二是结构－历史－功能主义的范式，认为人口流动跟一系列的传统、结构和历史因素有关，人口流动被视为对特定结构的回应。第三种范式被称为"主体－实践"（agent-practice）范式，它强调移民也是一个能动的社会主体和政治主体，每时每刻都在以自己的"实践"来创造新的东西，而不是完全为"结构"所规定的行动者（项飚，1998/1996：127～128）。而黄平等的研究则提出吉登斯的结构化（structuration）理论综合了社会学中一向对立的整体论和个体论的视角，并以此尝试对农民的非农转移做出新的理论说明。他们认为就结构和主体的关系而言，如果没有结构性因素和条件提供的可能和制约，农民不可能实施外出，反之，如果没有农民外出的需求，无论什么样的制度安排也是没有意义的；就农民的行为而言，农民在外出和转移过程中总是不断反思自己的行动，改变自己的目标。因此，这些行动的后果，常常是未曾预料的，更不一定是"合乎理性的"（黄平，1997：3～8）。

有研究者总结了国内的研究，认为，近年社会学有关农民工的研究主要以两种分析框架为主：一是结构分析，将社会流动放在社会结构中探讨，它首先设定社会是以分层或地位的方式构成的，然后再将流动的概念放入其间来考察；二是社会网络分析，将个体的流动过程看成其通过建立社会网络来实现的，它不强调个人在社会结构中所处的位置属性，而是强调个体在其社会关系网络中所处的相对优越位置（渠敬东，2001；翟学伟，2003）。

渠敬东进一步认为，研究预设和方法本身有可能会简化材料的丰富性和复杂性，甚至排除那些难以归类却恰恰最具有社会效果的现象；结构分析也不能等于社会研究的全部。因此，他提倡新经济社会学提出的网络分析范式，认为从社会网络的角度切入这一群体的互动关系及其结成的社会纽带，是一种更容易走进他们特殊生活的范式。从某种意义上说，农村外来人口本身，以及他们的社会网络乃至社区，都是社会网络及其运动的效果（渠敬东，2001）。项飚对北京的"浙江村"进行了长达6年的观察，在经验研究中根据"主体－实践"（agent-practice）的范式，强调行动者的作用，从观察到的事实中提炼概念，然后与既有理论对话。在对"浙江村"形成过程的详尽描述中，他不断地对社会学和人类学相应的理论或基本的概念进行剖析、批评，并提出自己的理解。比如关于"社区"的概念，他认为"浙江村"无论如何也套不进已有的"社区"概念，很多的故事发生在"浙江村"，但"故事的源头及后果却往往在社区之外"。他发现社区成员认为的"大人物"与外来研究者所赋予的"精英"是有差别的；关于大人物和小人物之间的几种理解——阶层模式、再分配和中心模式及"层叠"模式等，都与"浙江村"的不同。又如关于迁移研究中的"嵌入"（embeddedness）模式，他提出不是经济行为"嵌入"社会关系，而是人们依靠社会关系在"展开"自己的经济行为。

2. 流动的社会网络

大量调查显示，农民工流动特别是初次外出所依靠的社会资源最主要的不是来自政府和市场，而是乡土网络，在农民工生活和交往的整个过程中，这种社会网络都起着重要的作用。李培林和赵树凯指出，市场化的变革和农民职业及生活方式的变化，并没有从根本上改变他们对以血缘地缘关系为纽带的社会网络的依赖（李培林，1996）。赵树凯具体分析了农民工的乡土网络，将其分为两部分：（1）外出前就存在的初级乡土关系；（2）外出后建立的次级乡土关系（赵树凯，1998：61～69）。但零点公司的田野调查发现，由于在同质群体内部可利用的资源有限，因而部分人在条件允许时有脱离农民工群体的倾向（北京零点市场调查与分析公司，1995）。

在研究中，格兰诺维特（M. S. Granovetter）的"强关系"和"弱关系"理论被引入进来。此前，边燕杰在对华人社会求职行为的研究中已经指出，与格氏研究的西方社会通过弱关系建立求职渠道不同，华人社会更多地依靠的是强关系。国内对农民工关系网络的研究多在此基础上展开。如李汉林等的调查结果认为，城市里的农民工交往和社会支持基本上由强关系构成，其关系由血缘关系向地缘关系推开；同时，农民工在城市也经历了学习和再社会化过程，其中一部分扩展了弱关系（李汉林，2002；李汉林、王琦，2001；渠敬东，2001）。刘林平采用了参与式方法对深圳的一个跑运输的湖南平江人聚居社区——"平江村"进行了调查，调查表明：平江人到深圳发展，并不是具有较充分的人力资本，也不具有充分的金融资本，而是充分地利用了社会资本。而社会资本是通过社会网络获得的。在格氏和边燕杰的网络理论中，关系只是被区分为强关系和弱关系，其区分是建立在一个时点上的。而刘林平从过去和现在两个时点上对关系重新分类，提出了4种关系类型：强关系、弱关系、弱强关系和强弱关系。他的调查发现，这几种关系可以互相转化，怎样转化有赖于个人的努力。因此他认为，不能把关系看作一种既定的社会结构，关系是一个动态的过程（刘林平，2001，2002）。翟学伟从中国社会文化的角度提出，格氏关于强关系和弱关系划分的前提其实是建立在社会上任何两个独立性个体之上的，但是中国社会关系构成的前提不能做这样的假设，对中国人来说，即使两个人彼此之间没有交往，但只要有天然性的血缘和地缘关系存在，就可以义务性地和复制性地确保他们之间的亲密和信任关系。根据对访谈个案的分析，他认为，农民工求职的关键问题不是信息多少和重复与否，也不是关系的强弱，而是此信息是真还是假，如何保证自己不受骗。因此提出了"强信任关系"和"弱信任关系"的概念，认为研究中国农民工在流动中的求职过程，首先是研究谁是最可能依赖的人的过程（翟学伟，2003）。以上研究的共同之处在于，都指出了农民工在建立和使用关系网络中的工具理性，而并非"文化习性"的倾向。

项飚对"浙江村"的分析重点也是"关系"，但是他没有从强关系和弱关系的理论出发。在作者看来，所谓"关系"是"中国人的一套关于社会和人际关系的民间理论"，它本身将可能成为人类学和社会学发展的理论资源。以往人们往往将"关系"理解为两个行动者之间的连线，而作者认为，当人在建立某一关系的时候，是带着已有的关系来的。可以说，关系的实质乃是"关系丛"。关系是"浙江村"的发展中核心的关键环节，是一个新的行动单位，作者称之为"系"。"系"是以某一行动者为中心的多种关系的组合。在涉及网络特征的经济体系时，"信任"往往被作为其维持的基础。但是作者认为它并不符合人们行动的真正逻辑，因而提出，建立一个稳定关系的实质意义，在于建立双方的制约，作者称之为"锁住"，即对于对方的惩罚和纠正的能力，而人们感觉到的信任乃是它的表现。亲友圈、生意圈相锁相叠，构成社区的整体秩序（项飚，2000）。从国家与社会的关系上看，项飚认为移民的流动，并非从一套先于他们存在的社会体系进入另一套先于他们存在的社会体系，而是在流动中改变这些社会体系，形成新的社会体系，他称之为"非国家空间"（项飚，1998/1996）。

3. 外来人口社区

无论是从农民工流动、社会结构还是城市管理的角度，在一些城市出现外来人口聚集地都成为引人注目的现象，近年大量的研究涉及这方面的题目。王春光从社会结构和社会变迁角度对北京一个温州人聚集的"浙江村"做了全景式描述，开了此类研究的先河（王春光，1995）。王汉生等从外来农民进入城市的方式的角度对"浙江村"做了研究，认为从事经营的温州农民以"产业－社区型进入"，是一种独特的进入方式。其意义在于：（1）它对应着城市商业管理体制和城市居民消费结构变化市场的机会结构；（2）它不仅是一个聚居地，而且促成了一种新的产业组织形式产生，这种组织以其"内部市场"方式分工协作，以区别于大厂商组织和外部市场；（3）对传统资源——主要是乡土资源的利用；（4）与城市管理体制形成了特殊的关系（王汉生、刘世定、孙立平、项飚，1997）。

项飙也对社区的概念提出新的见解。他通过对"浙江村"的深入观察及与北京其他网络人口聚居社区的比较发现，越是聚合性强的社区，内部冲突越多，它的对外开放程度和辐射程度也越高。以往对"移民聚居区"（包括国外"唐人街"）的研究认为它的最大特征是封闭和独立性，后来出现的"嵌入性"理论和"民族聚居区经济"理论虽然认为聚居区内部独特的结构提供了独特的经济机会，但是都认为封闭是形成该类社区既有特征的基本原因。社区概念进入中国，其内涵经历了一个转折，其理论传承影响到中国研究者对社区的理解：社区是有边界的实体；内部的整合性是它的重要特征；它是大社会的缩影。但是在"浙江村"观察到的，是聚合、冲突和开放的统一。在作者看来，社区更像一个舞台，但是舞台真正的内容，不是写好的脚本，而是每个人的实际表演，而且表演者所思所想，远远超出舞台范围（项飙，1998）。"浙江村"之所以成为"跨越边界的社区"，因为它既与社会的各个部分紧密相关，又在既定的总体社会秩序之外。它的特点还在于：不仅超越了地理上的边界，也超越了组织体系、行政体系和身份体系的边界等一系列更隐蔽更深刻的社会边界。"浙江村"展示的是一种新的生活状态的可能（项飙，2000）。

李汉林等通过对农民工关系网的调查分析，提出了"虚拟社区（virual community）"的概念，此前，在社会学研究中，已经有人将社会网归于非区域性社区（non-territorial community），还有人称非区域性社区为"精神社区"。在此，研究者关注的是，人们如何在这种互动和纽带关系的基础上形成一种非正式、非制度化、具有社会和情感支持的及特殊主义取向的系统和群体。这种系统和群体如何与区域性社区结构相互作用，推动社区发展和变迁？作者认为它是在一个城市内，农民工按照差序格局和工具理性构造出来的社会关系网络，相互之间的非制度化信任是构造这种虚拟社区的基础，而关系强度则是这种社区组织和构造的重要方式（李汉林，2002；李汉林、王琦，2001）。

4. 流动的驱动力

农村人为什么外出？这种人口流动现象的动因是什么？这可以说是近年农民工流动研究都会涉及的问题。许多研究以人口迁移的"推拉理论"解释了农民流动的宏观因素，特别是地区经济发展不平衡的结构因素，导致了欠发达地区的农村人流向发达地区和城市（如：杜鹰、白南生等，1997：34；

蔡昉, 2000: 47~56)。从微观层面研究农村劳动力外出的直接原因, 西方有关研究认为迁移是个人寻求利益最大化及最少成本的个体决策过程。而国内的研究者多注意到决策主体与西方的不同, 指出: 第一, 中国农民是否外出, 是家庭整体决策而非个人行为的结果 (如黄平, 1997: 79; 杜鹰、白南生等, 1997: 40); 第二, 中国农民外出的首要目的是增加收入 (如: 杜鹰、白南生等, 1997: 44 - 52; 蔡昉, 2000: 81~84); 第三, 运用人力资本理论, 外出被看作人力资本的投资, 这种投资的预期与人力资本的状况如年龄、性别、教育状况等相关 (如: 杜鹰、白南生等, 1997: 52~56; 蔡昉, 2000: 145~159); 第四, 针对一度流行的所谓 "盲目外出" 的说法, 研究者从不同角度提出了 "理性" 的概念, 如经济理性、迁移理性, 共同点是认为外出是利益最大化的选择 (杜鹰、白南生等, 1997: 81~82; 蔡昉, 2000: 14~15)。黄平则提出 "生存理性", 认为寻求生存甚至维持糊口而非在市场中追求利润最大化, 是中国农民在现实面前做出种种选择的首要策略和动力 (黄平, 1997: 78)。文军则从社会学的理性选择理论 (rational choice perspective in sociology) 出发, 提出了 "社会理性" 的概念, 认为人的行为也有非理性的一面, 同时关注制度文化对个人偏好和目的的影响作用。这里, 作者根据人们追求目标的不同假设, 把人的理性行为分为三个层次, 即生存理性、经济理性和社会理性。认为在农民外出就业发生初期, 其往往更多表现的是生存理性选择, 但随着外出寻求就业次数的增多和时间的拉长, 社会理性选择和经济理性选择将表现得越来越突出 (文军, 2001)。

国内研究者在对农民工外出行为的微观分析中, 普遍认为家庭决策和经济目标是中国农民工流动的特点。但是有研究者指出, 几乎所有农民工外出动机的调查结果都主要集中在挣钱和求发展两项, 两者的比例不相上下, 仅仅强调经济目的是否过于简单? 再者, 家庭是否能够简单化为一个 "整体", 所有的决策都是 "天然" 地从家庭整体利益最大化出发? 谭深根据多次调查的结果提出, 如果将外出动机的指向分作 "为家庭" 和 "为自己" 两项, 相当大比例的外出者主要从自身的需要出发而不是主要从家庭的需要出发外出打工的, 最保守的估计, 在总体中这个比例大致在 1/5 至 1/3, 在未婚者中占一半左右 (谭深, 2002)。

5. 农民工地位与分层

正如研究者指出的, 农民工的经济地位在职业变动中获得提高, 但其总体的社会地位没有发生与其经济地位相应的明显变化（李培林，1996）。事实上，农民工职业地位的提高，是与其原有的职业身份比较而言的，因为在中国的社会分层体系中，农民已经是最下端了，他们的流动只能是向上的，在这个意义上农民工通过初次职业流动，实现了地位的明显上升；但是他们的再次职业流动，地位的总分值却只有微小上升（李强，1999）；如果与城市人或流入地当地人比较，农民工依然处在最底层。李强根据1996年以来曾做过的多次社会声望地位调查证明，在城市社会分层体系的全部100种职业的排位中，农民工排在第92位（经商者）和第94位（打工者），而且，排在最后十位的职业，都是与农民工相关的职业（李强，2002d）。

农民工在城市或流入地的职业身份，是通过进入劳动力市场获得的。而由于体制的惯性，多数城市的劳动力市场是严重分割的二元劳动力市场，研究者称之为"首属劳动力市场"和"次属劳动力市场"（李强，2000，2002a：第六章）；农民工所能进入的，是那种收入低、工作环境差、待遇差、福利低劣的次属劳动力市场。而农民工为什么集中在这样的劳动力市场？有的研究者强调制度和政策因素，正是依据原有的户籍制度和与户籍相连的就业制度，城市管理部门制定了对职业进入的种种限制，使农民工被排斥到了一个与城市居民不同的劳动力市场，成为城市社会的底层（李强，2000，2002a：第六章）；此外，研究者还发现单位与地位的关系。城市市民的地位明显受到单位地位的影响，同时他在单位里的工作业绩是可以累积的，地位的累积成为个人的一种资本。而农民工不享有单位的身份和利益，因此也不会有地位的累积，职业地位就难以上升（李强，1999）。有的研究者强调人力资本和社会资本的作用，根据调查，认为决定农民工经济地位的主要因素将是他们的人力资本和社会资本情况（张翼，见李培林等，2001；赵延东、王奋宇，2002），特别是其对社会资本的"使用"比原来所拥有的人力资本影响更大（赵延东、王奋宇，2002）。

在当前的经济环境下，农民工的职业身份决定了他们不能进入城市的正式就业体系中，他们所从事的往往是非正规部门或非正规就业的工作。非正规部门和非正规就业的一个突出问题是社会保障问题。且不说非正规就业工人享受不到一般正规就业者享有的社会福利，就连基本的劳动标准也难以达到，比如工时、周薪、带薪假、最低工资、失业保险、医疗保险等。李强等在北京市的调查中发现，2002年农民工遇到过失业问题的比例高达45.4%；大约每四个农民工中就有一个拿不到工资，或者被拖欠工资；由于各种原因，有36.3%的农民工出现过身上一文不名的现象；有大约六成的农民工每天劳动时间超过10小时，1/3超过12小时，16%在14小时及以上；46%的人生过病，而93%的人单位未付分文医药费（李强，2002a：第十六章；2002d）。另一在北京、珠海和无锡三城市的调查将当地居民和外来农民工作为一个总体样本进行比较发现，流动人口工资低于当地居民，而且当地工资水平越高，工资差距就越大；农民工的贫困状态也远远超过本地人，北京的农民工贫困范围是当地人口的三倍，25%的农民工家庭处于贫困状态，当地家庭只有8%（王奋宇、李路路等，2001：288、291）。吴维平和王汉生组织的课题组对上海和北京流动人口的住房做了专项调查，指出，目前城市住房改革中，单位仍然保持着部分功能，而市场化分配模式比如商品房贷款、旧房转让、租赁等很大程度上忽略了流动人口群体的需求。在两城市中，拥有房屋所有权的流动人口比例不足1%，多数流动人口不得不住在条件更差、更为拥挤的住房中，其人均住房面积只有城市居民的1/3。在北京和珠海，70%的流动人口居住在低级标准的住房中（吴维平、王汉生，2002）；而流动人口平均支付的住房费用是当地人口的两倍（王奋宇、李路路等，2001：294）。不仅如此，城市管理部门将"非正规就业"与"违规活动"等同，予以打击，如严厉的驱逐措施、查抄和罚款。可以说，在生活条件、就业、医疗等诸多方面，农民工随时都处于一种受到威胁的状态（李强，2002a：第十六章；2002c）。

　　而在一些乡村工业化发达的地区如珠江三角洲、长江三角洲地区，外来农民工甚至成为当地劳动力市场的主体部分，但仍然是当地社会的边缘群体。与大城市不同，在那里，是城市户口还是农村户口已经不再重要，重要的是当地人身份还是外来人身份。与传统的劳动力市场理论不同，珠江三角洲外来劳动力市场的形成不仅涉及劳动力和资本两个因素，而且涉及第三个因素：流入地。地方政府由于直接参与招商引资的经济活动，实际上成为利益的一方。如果说在大城市的农民工受到排斥，主要源于城乡分割的管理体制以及城市社会的冷漠，在珠江三角洲这类地区，外来工（农民工）的边缘地位则是与当地人更清晰的利益意识联系在一起的。在这样特殊的三方结构中，外来农民工面对强大的资本，几乎没有对话能力，在发生冲突时地方政府往往做不到居中，而是从自身利益出发偏袒资方。但是从另一方面来说，由于外来劳动力对于当地经济的不可或缺，那里劳动力市场的排斥没有大城市严厉，随着劳工问题的尖锐化，国家权力更多地介入对外来工的保护，使当地的制度安排也走在全国的前面（谭深，2001）。

关于珠江三角洲当地人与外来人的关系，有研究者从分配制度、职业分布、消费娱乐、聚居方式和社会心理方面分析，认为本地人和外地人形成了两个不同的系统，提出了"二元社区"的概念，并认为形成的因素是当地的"寄生性经济"和"地方本位政策"（周大鸣，2000）。而王晓毅等对分散在4个省已经工业化了的4个村庄的调查显示，工业化和城镇化水平的提高，村庄资源的增殖和权力的扩大，并没有使村庄出现现代化理论所言的开放，村庄反而更趋于封闭。表现之一是村民构成各种关系连接的共同体，对外来人口采取了排斥的态度。流动到农村地区打工的外来人口受到正式制度和非正式制度的双重限制，无法融入当地社会。这样在同一个村庄中存在两个不同的社会集团，它们之间存在巨大的社会差异，相互隔膜，由此带来了社会紧张（王晓毅，2002）。

此外，同一个农民工群体自身的地位也是分裂的：在家乡社会，他们属于中等偏上阶层，而在城市社会，他们属于中等偏下阶层。可以断言，城市农民工是我国农民中素质较高的一个群体。他们在个人素质上具有明显的优势，例如，他们一般都处在活力最强的年龄段，尤其是具有很强的经济活动能力，教育程度普遍高于农村未流出人口。初次外出时，他们对自己地位的认定还是以农民为参照群体，满意度比较高；随着外出时间加长，他们的参照群体逐渐从农村移到城市，开始产生不公平感。特别是在农民工群体内部，必然会隐藏着一个特殊的精英群体，李强称之为"底层精英"。按照帕累托的精英理论，如果精英群体长期居于社会底层，就会引发社会的失衡、造成秩序混乱。根据调查，底层社会群体具有强烈的反社会倾向，与其他阶层的社会不满相区别，底层的社会不满是一种主导社会情绪，而社会仇恨则是一种强烈的反社会情绪，它一般伴有反社会行动。在任何情况下，社会底层存在一个高活力群体，对于主体社会都会是一种极大的威胁。因此，李强建议从对农民工的"集体排他"转向通过自由竞争式的"个体排他"，使精英有向上流动的渠道（李强，2000；2002a：第六章）。

6. 户籍制度与城市化

农业部农村经济研究中心课题组对安徽和四川农村劳动力的外出和回流

情况做的专项调查显示，外出和曾经外出的劳动力超过农村劳动力的二成（22.0%），而已经回流的只是其中的不到1%。不仅如此，回流者中有一半以上可能再外出，未曾外出者中也有近1/4打算外出（白南生等，2002）。李路路等对三城市外来人口的调查也显示，大约50%的农村"流动人口"表示想定居在目前的居住地，除非受到强迫，多数都不打算回到农村，而只有不到10%的人愿意返回农村的家乡（李路路，2002b）。持续增长的人口流动潮流，对已有的城市化政策和它的瓶颈——户籍制度——形成了越来越强烈的挑战。

李强认为，与发达国家城市化演进过程比较，中国目前的城市化面临三个困境：其一是没有一个渐进过程，现在需要在短期内解决长期积蓄的问题，会带来新的发展不平衡；其二，地区之间差异性大，发达地区已经进入了城市化的第二阶段，而欠发达地区还处在第一阶段，政策上难以统一；其三，中国的人口压力，城市化不仅面临基础设施的建设，还意味着数亿人改变生活方式的艰巨努力。因此，在城市化战略上，他认为应当多种模式并存。从社会分层的角度他认为，户籍制度是一种"社会屏蔽"（social closure）制度，核心是为人与人之间，以及人与资源之间的关系建立起秩序。而改革20多年来，产权、文凭、技术证书等相关制度已经逐渐取代户籍制度的维护秩序的功能，而新的制度体系比起户籍制度，是一种根据后天活动确立地位的制度，因而也更加公平（李强，2002e）。

还有一些议题未能展开，比如农民工的分化，农民工流动与性别，农民工外出对农村发展的影响，流动经历对农民现代性的影响，外来子女受教育问题，流动人口的犯罪问题，以及对流动人口的管理和政策研究等，近年都有较有影响的成果。但限于篇幅，只有留待以后了。

十　中国社会思想史研究进展

自1979年中国大陆恢复、重建社会学学科以来，对中国社会思想史的研究就一直与探讨中国社会学本土化的命题相缠绕。此间，一批高校陆续恢复社会学系，并开设了"中国社会思想史"课程。自2000年，在"国家社会科学基金项目"中，陆学艺研究员组织申报并立项"中国社会思想史研究"重点课题，开始了较系统的专题研究。至2002年，国内已有近百人从事此项研究；"中国社会思想史研究"课题组已收集、整理了近250万字的先秦到近代的社会思想史资料，即将结集出版；已出版了王处辉（2000，2002）、吴根有（1997）、陈定闳（1990）等分别撰写的几部中国社会思想史研究专著。2002年11月，又于中国社会学会下，正式成立了"中国社会思想史专业委员会"，中国社会学会会长陆学艺任会长。2002年11月，"中国社会思想史研究"课题组与南开大学联合召开了"第二届中国社会思想史研讨会"，集中探讨了中国社会思想史的研究意义、理论视角、研究对象和范围、研究方式及发展中的问题和应对措施。

1. 中国社会思想史研究定位

王处辉在他的《中国社会思想史》（2000）中，曾指出开展对中国社会思想史研究的五个方面的意义：一是有利于摆脱只用西方社会学理论来解释中国事实的中国社会学的"依附"地位；二是有利于发掘中国人的"社会文化性格"及中国社会自身的特点；三是有利于为新时期人类的共存共荣提供有世界性意义的思路；四是有利于更好地坚持"文化自觉"，弘扬中国优秀传统文化；五是有利于破除中国社会学一味学步西方之弊，坚持学术上不断地推陈出新。就这一问题，在2002年的研讨会上，陆学艺强调指出对中国社会思想的研究有三大作用：一是继承中国古代优秀思想，增强民族自尊自主自强精神；二是扭转当前中国社会学界照抄西方的倾向，推动中国社会学的本土化，服务于中国社会学学科的建设；三是发掘我们的特色，开展与国际交流并最终在世界社会学界占有一席之地。就学科建设而言，景天魁认为中国社会思想史不是社会学的一个分支，而是中国社会学的基础，是建构未来中国社会学的立足点。在推动中国社会学的本土化方面，吉林大学田毅鹏认为中国社会学的自我认识应当从中国社会思想的研究开始，在某种程度上说，中国社会思想的研究高潮可以看作中国社会学重建的基础性工程，或者是社会学中国化的第二次重建，从而极大地提升了中国社会思想的研究意义。

2. 话语、话语权力及其获取

在2002年的研讨会上，浙江大学杨维灵认为，话语权力背后隐藏的是"利益"之争，知识分子不可缺少的"良心"之争，以及各式各样民族主义情绪的拓展，因此应重视话语权力的获取。对社会学话语，南京大学庞绍堂认为，社会学首由西方传至中国，自然首先是西方的社会学话语，我们要在接受西方话语的前提下对其改造。在此过程中应防止两种倾向：一是认为社会学就是西方的，中国社会思想史的研究不是主流，只能位居边缘，甘愿永久性交出自己的话语权力；二是把社会学夸大为中国的社会思想，忽略了先有社会学后有社会思想的事实。中国社会思想的研究要获取自己应有的话语权力，根本上在于发掘已有的文献资料以提高对中国现实社会的解释力。话语交流的结构和实质是什么，景天魁认为，表层是术语的交换，深层则是历史的融合。中国越发展，中国的本土文化，包括中国社会思想就越可能大放异彩，现在关键是如何用本学科的知识来解释和解决中国自身的问题，如何用中国本土化的语言来转换和解读西方的话语，以解除西方话语对我们思想的固有束缚。

香港中文大学张德胜提出中国社会思想史的研究应有理论的视角，主要是受社会学理论的指导。他认为中国社会思想虽然杂乱纷呈，变化万千，大抵不超过秩序和变迁这一社会学的主题。正如生物体宜作为生物学的研究，社会思想也必须用社会学的视角才能得其真谛。

3. 研究对象和范围：社会的思想和关于社会的思想

像许多学科一样，中国社会思想的研究对象和范围也呈现模糊性。王处辉（2002）在其所著的《中国社会思想史》中，于所列举的30多种社会思想定义的基础上，提出了自己对社会思想的定义，即社会思想是指人们在社会生产和生活实践中所形成的关于社会生活、社会问题和社会模式的观念、构想或理论；并对社会生活、社会问题和社会模式的包含范围有具体的说明，以便于对社会思想的研究对象和范围认识更清晰和更具操作性。

就这一问题，在2002年年会上，黄忠晶提出应区别"社会的思想"和"关于社会的思想"。社会思想史不是研究社会上所有的思想，而是思想中的"社会"部分，但"关于社会的思想"具体的包含范围没有得到论述。江南大学王君柏充实和完善了1999年第一次中国社会思想史学术研讨会上景天魁的观点，认为中国社会思想的研究范围可包括个人和社会，国家和社会，风与俗，文与质，传统、现实与理想。

黄忠晶则对"中国社会思想史是社会学的史前史"的提法表示质疑，认为自社会学在中国建立后，社会思想的发展并未停滞，其历史的延续性不容割断。南开大学刘集林也认为中国社会思想史的研究与社会学的输入时间无关。但华中师范大学娄章胜认为应对社会学流传至中国前后的中国社会思想的研究加以区别，前者属于中国社会思想史的范畴，后者属于中国社会学史的范畴。这种区分不是要割断中国社会思想发展的脉络，只是学理上的区分，或许还伴有研究方式的转变。

在肯定对中国精英思想研究价值的基础上，有的与会者认为应把社会思想的研究范围进一步拓展到民间知识领域，了解所谓的"另外一套社会系统"的运作（时立荣），具体说来可以到画报、报刊、小说、民谣、方志、家法族规中去寻找（刘集林）。提倡到民间社会大众中发掘社会思想的观点早已有之（陆学艺、王处辉），近来更有清华大学葛兆光提出探讨"一般的知识、思想和信仰"。但就社会思想研究的这一领域的拓展，迄今实践者甚少，华中师范大学娄章胜的《略论谚语中的社会思想》为此走出了最初的步伐。文章主要是为了说明在民间谚语中也蕴涵了丰富的社会思想，并对这些社会思想从社会秩序、社会交往、人的社会化和鬼神命运几方面做了整理和归纳。

4. 研究方式：文献研究不是唯一的研究方式

中国社会思想史的研究到现在为止采用的方式主要是对已有文献的解读和分析。对文献的诠释可以有许多具体的方法，如多维聚焦法、比较定位法、功能分析法、因流求源法等，都要求研究者必须具备良好的学术素养，有与中国社会思想对话的能力。有学者提出能否采用其他的社会学方法，比如用定量的方法做该学科的研究，具体地说比如用定量的方法来测量当代中国人还有多少传统特质，并做出较准确的评估，等等。

在探讨社会思想史研究方式的继承和创新时，南开大学胡翼鹏提出应改变当前教科书式的研究方式，转向非教材的写作。他认为这不仅仅是写法的变化，实质上可以带来研究方式的变化。有助于推进中国社会思想史的研究水平，建立一个有独特性的科学的方法论以及成体系的能有效运用的具体方法，才能引起中国社会思想史写法上的真正深刻的变革。

参考文献

白南生、何宇鹏，2002，《回乡，还是进城？——中国农民外出劳动力回流研究》，《社会学研究》第 3 期。

北京零点市场调查与分析公司，1996，《裸人——北京流民的组织化状况研究报告》，

"中国农村劳动力流动国际研讨会"论文。

边燕杰、张展新，2002，《市场化与收入分配——对 1988 年和 1995 年城市住户收入调查的分析》，《中国社会科学》第 5 期。

边燕杰主编，2002，《市场转型与社会分层》，生活·读书·新知三联书店。

C. 莱特·米尔斯，1987/1951，《白领——美国的中产阶级》，杨小东等译，浙江人民出版社。

蔡昉，2000，《中国流动人口问题》，河南人民出版社。

蔡昉，2002，《市场怎样重新配置劳动力资源——中国城乡劳动力市场的形成与发育》，《社会保障制度》第 7 期。

蔡昉主编，2001，《中国人口流动方式与途径》，社会科学文献出版社。

常宗虎，2002，《中国社会保障制度的总体思考》，中国社会科学院社会学研究所政策研究中心编《社会政策评论》总第 5 期。

陈定闳，1990，《中国社会思想史》，北京大学出版社。

陈平，2002，《建立统一的社会保障体系是短视国策》，《中国改革》第 4 期；《社会保障制度》第 10 期。

成伯清，2002，《社会学的修辞》，《社会学研究》第 5 期。

戴慧思，2001，《二十世纪九十年代的不平等和分层》，《国外社会学》第 4 期。

戴建中，2001，《现阶段私营企业主研究》，《社会学研究》第 5 期。

——，2002，《私营企业主的内部分化》，北京市社会科学联合会、北京市社会学学会主办，"2002 年学术前沿论坛：当前中国社会结构的新变化"论文。

董才生，2002，《信任在经济生活中的作用》，《社会科学战线》第 2 期。

杜鹰、白南生等，1997，《走出乡村——中国农村劳动力流动实证研究》，经济科学出版社。

方文，2002a，《学科制度建设笔谈：〈后学的养成、评价和资助〉》，《中国社会科学》第 6 期。

——，2002b，《学科制度精英、符号霸权和社会遗忘——社会心理学主流历史话语的建构和再生产》，《社会学研究》第 5 期。

F. 福山（F. Fukuyama），1995，《信任：社会美德与创造经济繁荣》，中文版 2001，海南出版社；中文版 1998，李宛蓉译，远方出版社。

费涓洪，1994，《我国农村改革与两性劳动分工》，《社会科学研究》第 2 期。

风笑天，2003，《结果呈现与方法运用——141 项调查研究的解析》，《社会学研究》第 2 期。

冯仕政，1996，《城乡流动人口对其农村来源地的影响》，《国外社会学》第 3 期。

高书生，2002，《搭建中国社会保障的新平台》，中国社会科学院社会学研究所社会政策研究中心编《社会政策评论》总第 5 期。

高小贤，1994，《当代中国农村劳动力转移及农业女性化趋势》，《社会学研究》第 2 期。

葛延风，2002，《中国社会保障制度建设——困境及可供选择的出路》，中国社会科学院社会学研究所社会政策研究中心编《社会政策评论》总第 5 期。

洪大用，2003，《改革以来中国城市扶贫工作的发展历程》，《社会学研究》第 1 期。

洪大用、刘仲翔，2002，《我国城市居民最低生活保障制度的实践与反思》，《社会科学研究》第 2 期。

胡鞍钢，2002，《结构变革的创造性摧毁——中国城镇失业与下岗问题》，《社会保障制度》第 7 期。

黄平主编，1997，《寻求生存——当代中国农村外出人口社会学研究》，云南人民出版社。

江泽民，2002，《全面建设小康社会，开创中国特色社会主义事业新局面——在中国共产党第十六次全国代表大会上的报告》，《人民日报》11 月 18 日。

金一虹，1990，《中国农村妇女非农化转移的滞后性研究》，《妇女研究》第 5 期。

——，1998，《非农化过程中的农村妇女》，《社会学研究》第 5 期。

——，2000，《父权的式微——江南农村现代化进程中的性别研究》，四川人民出版社。

景天魁，2002a，《中国社会保障的理念基础》，中国社会科学院社会学研究所社会政策研究中心编《社会政策评论》总第 5 期。

——，2002b，《中国福利制度改革》，中国社会科学院社会学研究所、《社会学研究》杂志社主办，"东亚社会变迁背景下的社会福利与社会救助"国际论坛主题发言。

景天魁、唐钧、张时飞，2002，《城乡统筹就业：打破二元社会结构的突破口——浙江义乌市的实践》，《浙江经济》第 19 期，《中国改革报》7 月 29 日。

劳动和社会保障部劳动科学研究所课题组，2002，《灵活就业：解决再就业问题的重要途径》，《人民日报》5 月 23 日。

李春玲，2002，《家庭背景及制度因素对教育获得的影响——60 年来的变化趋势》，香港中文大学香港亚太研究所等主办，"第三届华人社会阶层研究研讨会"论文。

李汉林，2002，《关系强度与虚拟社区——农民工研究的一种视角》，中国社会科学院社会学研究所主办，"民工流动：现状趋势与政策"研讨会论文。

李汉林、王琦，2001，《关系强度作为一种社区组织方式》，柯兰君、李汉林主编《都市里的村民——中国大城市的流动人口》，中央编译出版社。

李路路，2002a，《制度转型与分层结构的变迁——阶层相对关系模式的"双重再生产"》，《中国社会科学》第 6 期。

——，2002b，《向城市移民：一个不可逆转的过程》，中国社会科学院社会学研究所主办，"民工流动：现状趋势与政策"研讨会论文。

李培林，1996，《流动民工的社会网络和社会地位》，《社会学研究》第 4 期。

——，2001，《中国贫富差距的心态影响和治理对策》，《江苏社会科学》第 3 期。

李培林、张翼、赵延东，2001，《就业与制度变迁——两个特殊群体的求职过程》，浙
　　江人民出版社。

李强，1999，《中国大陆城市农民工的职业流动》，《社会学研究》第 5 期。

李强，2000，《中国城市中的二元劳动力市场与底层精英问题》，《清华社会学评论》
　　第一辑，鹭江出版社。

——，2001，《社会分层与贫富差别》，鹭江出版社。

——，2002a，《转型时期中国社会分层结构》，黑龙江人民出版社。

——，2002b，《中国社会分层结构的新变化》，中国社会科学院社会学研究所编《2002
　　年：中国社会形势分析与预测》，社会科学文献出版社。

——，2002c，《城市农民工与城市中的非正规就业》，《社会学研究》第 6 期。

——，2002d，《中国的户籍分层与农民工的社会地位》，《中国党政干部论坛》第 3 期。

——，2002e，《当前我国城市化和流动人口的几个理论问题》，中国社会科学院社会学
　　研究所主办，"民工流动：现状趋势与政策"研讨会论文。

李强、邓建伟，2002，《我国社会分层理论的演进》，《学海》第 4 期。

李琼、刘子兰，2002，《小布什社会保障改革思路评析》，《经济学动态》第 7 期。

李婷玉，2001，《网络中的自我与人际关系》，《广西社会科学》第 4 期。

李伟民、梁玉成，2002，《特殊信任与普遍信任：中国人信任的结构与特征》，《社会学
　　研究》第 3 期。

李迎生，2001，《中国社会保障城乡整合之路的基本设计》，《浙江学刊》第 5 期。

——，2002，《社会结构转型对社会保障政策的影响：以工业化国家为例——兼谈对我
　　国的一些启示》，中国社会科学院社会学研究所、《社会学研究》杂志社主办，
　　"东亚社会变迁背景下的社会福利与社会救助"国际论坛论文。

梁克，2002，《社会关系多样化实现的创造性空间》，《社会学研究》第 3 期。

刘林平，2001，《外来人群体中的关系运用——以深圳"平江村"为个案》，《中国社
　　会科学》第 5 期。

——，2002，《关系、社会资本与社会转型——深圳"平江村"研究》，中国社会科学
　　出版社。

刘欣，2002，《相对剥夺地位与阶层认知》，《社会学研究》第 1 期。

陆学艺，2002，《中国私营经济、私营企业主阶层产生、发展的实践和理论演变》，香
　　港中文大学香港亚太研究所等主办，"第三届华人社会阶层研究研讨会"论文。

陆学艺主编，2002，《当代中国社会阶层研究报告》，社会科学文献出版社。

吕大乐，2001，《上海白领》，《社会转型与文化变貌：华人社会的比较》，香港中文大学香港亚太研究所。

罗尔斯，1997，《正义论》，何怀宏、何包钢、廖申白译，中国社会科学出版社。

M. 米德，1987，《文化与承诺：一项有关代沟问题的研究》，河北人民出版社。

马春华，2002，《市场化和中国农村家庭的性别关系》，"第二期中国妇女社会地位调查研讨会"论文。

孟宪范，2002/1993，《农村劳动力转移中的中国农村妇女》，《社会科学战线》第 5 期；收入《女性社会学的本土研究与经验》。

彭泗清，1999，《信任的建立机制：关系运作与法制手段》，《社会学研究》第 2 期。

——，2000，《关系与信任：中国人人际信任的一项本土研究》，《中国社会学年鉴（1995—1998）》，社会科学文献出版社。

曲伟整理，2002，《社会保障制度改革中的问题与发展前景》，《群言》第 4 期。

渠敬东，2001，《生活世界中的关系强度——农村外来人口的生活轨迹》，柯兰君、李汉林主编《都市里的村民——中国大城市的流动人口》，中央编译出版社。

孙立平，2001，《关于贫富差距的深层思考与制度重建》，《中国企业报》10 月 31 日。

——，2002a，《总体性资本与转型期精英形成》，《浙江学刊》第 3 期。

——，2002b，《90 年代中期以来中国社会结构演变的新趋势》，中国人民大学社会学理论与方法研究中心、华中师范大学社会学系主办，"当代中国社会分化与政策选择全国学术研讨会论文集（1）"。

——，2002c，《实践社会学与市场转型分析》，《中国社会科学》第 5 期。

谭深，1997，《农村劳动力流动的性别差异》，《社会学研究》第 1 期。

——，2000，《珠江三角洲外来女工与外资企业、当地社会之关系》，清华大学社会学系主办，"问题与方法：面向 21 世纪的中国社会学"国际学术研讨会论文。

——，2001，《流动与社会性别重构》，"第二届农村劳动力流动国际论坛"论文。

——，2002，《家庭策略，还是个人自主？——农村劳动力外出决策模式的性别分析》，中国社会科学院社会学研究所主办，"民工流动：现状趋势与政策"研讨会论文。

唐灿、冯小双，2000，《"河南村"流动农民的分化》，《社会学研究》第 4 期。

唐钧，2002，《社会政策的基本目标：从克服贫困到消除社会排斥》，中国社会科学院社会学研究所社会政策研究中心编《社会政策评论》春季卷。

唐钧、沙琳、任振兴，2002，《最后的安全网——中国城市贫困与最低生活保障（1992—2001）》，内部文稿。

田凯，《机会与约束：中国福利制度转型中非营利部门发展的条件分析》（待发表）。

王处辉，2000，《中国社会思想史》，南开大学出版社。

——，2002，《中国社会思想史》，中国人民大学出版社。

王春光，1995，《社会流动和社会重构——京城"浙江村"研究》，浙江人民出版社。

——，2001，《新生代农村流动人口的社会认同与城乡融合的关系》，《社会学研究》第 3 期。

王飞雪、山岸俊男，1999，《信任的中、日、美比较研究》，《社会学研究》第 2 期。

王奋宇、李路路等，2001，《中国城市劳动力流动》，北京出版社。

王海明，2002，《新伦理学》，商务印书馆。

王汉生、刘世定、孙立平、项飙，1997，《"浙江村"：中国农民进入城市的一种独特方式》，《社会学研究》第 1 期。

王绍光、胡鞍钢、丁元竹，2002，《经济繁荣背后的社会不稳定》，《战略与管理》第 3 期。

王绍光、刘欣，2002，《信任的基础：一种理性的解释》，《社会学研究》第 3 期。

王小章，2001，《社会分层与社会秩序——对当代中国现实的考察》，《中共宁波市委党校学报》第 5 期。

王晓毅，2002，《村庄中的外来人——农村到农村之间人口流动的正式制度和非正式制度障碍》，中国社会科学院社会学研究所主办，"民工流动：现状趋势与政策"研讨会论文。

王询，2000，《组织内的正式与非正式关系》，《东北财经大学学报》第 2 期。

文军，2001，《从生存理性到社会理性选择：当代中国农民外出就业动因的社会学分析》，《社会学研究》第 6 期。

吴根有，1997，《中国社会思想史》，武汉大学出版社。

吴维平、王汉生，2002，《寄居大城市：京沪两地流动人口住房现状分析》，《社会学研究》第 3 期。

吴忠民，2001a，《论机会平等》，《江海学刊》第 1 期。

——，2001b，《论代际公正》，《江苏社会科学》第 3 期。

——，2002，《"效率优先，兼顾公平"提法再认识》，《天津社会科学》第 1 期。

项飙，1998/1996，《流动、传统网络市场化与"非国家空间"》，原载《战略与管理》1996 年第 6 期，后收入张静主编，1998，《国家与社会》，浙江人民出版社。

——，1998，《社区何为》，《社会学研究》第 6 期。

——，2000，《跨越边界的社区——北京"浙江村"的生活史》，三联书店。

萧新煌、尹宝珊，2000，《台湾、香港和新加坡中产阶级的集体社会政治意识》，刘兆佳、尹宝珊、李明堃、黄绍伦编《市场、阶级与政治：变迁中的华人社会》，香港中文大学香港亚太研究所。

徐梦秋，2001，《公平的类别与公平中的比例》，《中国社会科学》第 1 期。

杨团、葛道顺，2002，《中国城市社区的社会保障新范式——大连与杭州社区个案研究与探索》，《管理世界》第 2 期。

杨宜音，1999，《"自己人"：信任建构过程的个案研究》，《社会学研究》第 2 期。

杨宜勇，2001，《我国社区就业发展状况调查》，《经济学家》第 3 期。

杨中芳、彭泗清，1999，《中国人人际信任的概念化：一个人际关系的观点》，《社会学研究》第 2 期。

俞会新、刘东华，2002，《21 世纪西方社会保障制度改革趋势》，《经济纵横》第 7 期。

"增加下岗职工就业机会研究"课题组，2001，《增加下岗职工就业机会研究》，《经济研究参考》第 11 期。

翟学伟，2003，《社会流动与关系信任——也论关系强度与农民工的求职策略》，《社会学研究》第 1 期。

张宛丽，2002a，《中国中间阶层研究报告》，陆学艺主编《当代中国社会阶层研究报告》，社会科学文献出版社。

——，2002b，《现阶段中国中间阶层研究初论》，"全球化与中国社会发展"——中国社会学会 2002 年年会论文。

——，2002c，《对现阶段中国中间阶层的初步研究》，《江苏社会科学》第 4 期。

张维迎，2001，《产权、政府与信誉》，生活·读书·新知三联书店。

张养志，2002，《俄罗斯社会保障体制改革评析——以医疗保障度为视角》，《东欧中亚市场研究》第 6 期。

张子刚、程海芳，2001，《信任在虚拟团队中的作用》，《科技进步与对策》7 月号。

赵树凯，1998，《纵横城乡——农民流动的观察与研究》，中国农业出版社。

赵延东、王奋宇，2002，《流动民工的经济地位获得及决定因素》，中国社会科学院社会学研究所主办，"民工流动：现状趋势与政策"研讨会论文。

郑杭生，2002a，《关于我国城市社会阶层划分的几个问题》，《人民日报》2 月 9 日。

——，2002b，《警惕"类发展困境"——社会学视野下我国社会稳定面临的新形势》，《中国特色社会主义研究》第 3 期。

——，2002c，《学科制度建设笔谈：〈当前社会学学科建设的问题〉》，《中国社会科学》第 6 期。

郑也夫，2001a，《信任论》，中国广播电视出版社。

——，2001b，《信任与社会秩序》，《学术界》第 4 期。

中国战略与管理研究会"社会结构转型"课题组，1998，《中国社会结构转型的中近期趋势与隐患》，《战略与管理》第 5 期。

周大鸣，2000，《外来工与"二元社区"》，《中山大学学报》第 2 期。

周晓虹，2000，《文化反哺：变迁社会中的亲子传承》，《社会学研究》第 2 期。

——，2002，《中产阶级：何以可能与何以可为？》，中国人民大学社会学理论与方法研究中心、华中师范大学社会学系主办，"当代中国社会分化与政策选择全国学术研讨会论文集（2）"。

Treiman, Donald J. & Kam-Bor, Yip. 1989, "Educational and Occupational Attainment in 21 Countries." in *Cross-National Research in Sociology*, （ed.）by Melvin L. Kohm, Newbury Park: Sage.

Weber, M. 1951/1915, *The Religion of China: Confucianism and Taoism*, New York: The Free Press.

社会政治变迁与教育机会不平等[*]

——家庭背景及制度因素对教育获得的影响（1940～2001）

李春玲

摘　要：自 1940 年以来的 60 余年里，中国社会教育机会分配形态的变化趋势经历了两个截然相反的发展阶段。1978 年以前，教育机会分配从一种极度不平等的状态向着平等化的方向演变；而 1978 年之后，教育机会分配的不平等程度逐步增强，家庭背景及制度因素对教育获得的影响力不断上升。本文基于一项全国抽样调查数据，对这两个阶段的教育机会不平等的变化趋势进行了系统描述和分析，并得出结论：意识形态及政府相关政策的变动导致了教育不平等的弱化或增强。

关键词：教育　社会流动　机会不平等

教育机会在人口中的分配形态，相当程度上决定了社会分层的基本特征。正如 Deng and Treiman 所指出的，"在现代社会中，教育是社会流动的动力机制。在我们能获得数据而加以分析的所有工业化或正在工业化的国家中，对'谁走在最前面'这一问题的最好回答，就是'那些获得了教育的人'"（Zhong，Treiman，1997）。因此，谁能获得教育机会这一问题，就被置于社会分层研究的中心位置，教育选拔机制被认为是导致社会经济分化最关键和最重要的机制（参见 Kerckhoff，1995；Treiman，Yip，1989；Shavit，Bolssfeld，1993）。在过去的 60 年里，由于急剧的社会政治变迁，中国的教育选拔机制和教育机会分配形态经历了几次大的、方向性的转变，这些转变与整个社会分层体系的变化紧密相连。因此，研究教育机会分配形态的变化，对于深入了解中国社会分层及其变迁至关重要，特别是

---

　*　原文发表于《中国社会科学》2003 年第 3 期。

对解释当前社会经济分化现象及未来走向具有重要意义。本文所研究的问题是，中国自 1940 年以来，家庭背景及制度因素对个人教育获得的影响经历了哪些变化。

一　研究背景：社会政治变迁与教育选拔机制的变化

1. 教育机会分配不平等问题

尽管现代教育系统的选拔过程似乎是以能力标准为主，但许多研究发现，非能力的身份性特征仍然对人们的受教育机会产生重要影响，尤其是家庭出身与教育获得之间的联系，几乎跨越国界而普遍存在。20 世纪以来，许多国家进行教育改革的目标之一就是要弱化这种联系，但是几乎毫无例外地，这种联系仍然存在着。法国著名的社会理论家布丢提出的文化资本的再生产理论，就解释了教育系统如何再生产了阶级地位，使阶级地位在代际进行传递（Bourdieu，1977；Bourdieu，Passeron，1977）。

这些情况表明，在绝大多数国家，教育机会的分配仍然是不公平的，这种机会明显地向家庭出身背景较优越的人倾斜。Coleman（1988）认为，有三种家庭资源影响到人们的教育获得：人力资本、经济资本和社会资本。教育系统作为筛选机器很明显地有利于较高社会经济地位家庭出身的人。这也就意味着，在大多数工业化国家，教育仍然是导致社会经济不平等并使社会经济不平等结构化的机制之一，尽管其作用的强度在各个国家存在一些差异。这些差异在很大程度上取决于教育制度的一些特征，比如教育模式以及教育选拔规则等等。同时，一个社会的文化传统和主流意识形态也可能产生影响。

2. 1949～1978 年：推进教育机会分配平等化及阻断家庭背景与教育获得之间的联系

一些跨文化的比较研究认为，社会主义国家或前社会主义国家教育机会的分配及对社会经济分化的影响，与西方工业化社会有所不同。Simkus 和 Andorka 等人（1982）的研究指出，社会主义国家通过迅速提高教育机会的供给量（尤其在基础教育方面）、减少或免除各级教育的学费、向较高等级教育的学生提供奖学金和生活津贴等，极大地减弱了出身背景与教育获得之间的联系。Parkin（1971）也指出，社会主义国家还有意推行某些政策（至少在一段时期内），使教育机会的分配以及教育模式向着更有利于工人和农民家庭出身的人倾斜，同时歧视资产阶级或专业人员家庭出身的人。然而，很少有数据资料证实东欧和苏联这类前社会主义社会的教育获得与西方国家有所不同。例如，Shavit 和 Blossfeld（1993）通过数据分析比较研究了 13 个国家的教育获得情况，并没有发现 3 个东欧国家（捷克、匈牙利和波兰）与 10 个市场取向的工业化国家之间存在系统差异。而有关中国的数据资料则证实了这些看法。Deng 和 Treiman 基于 1982 年中国人口普查数据分析出身背景对个人教育获得的影响，得出的结论显示，中国的教育机会分配是极其平等的，家庭背景与教育获得之间的关联微弱。而且，随着时间的延续，这种平等化程度日益增强，并在"文革"时期达到顶点。他们解释说，东欧的数据资料之所以未能证实这种假设，是因为东欧前社会主义国家所推行的教育政策还不够"共产主义化"。尽管有一套表面的说辞，但其促进平等化的国家干预政策在涉及社会结构变化方面的影响力相当微弱，并不足以导致与西方工业化国家在这些方面存在显著差异。然而，中国政府则通过一系列强有力的促进平等化的手段，有效地切断了家庭背景与教育获得之间的联系，极大地减弱了教育获得方面的阶级差异。他们进一步指出，在"文革"前和"文革"期间，中国政府采用了三种手段来促进教育机会的平等化并向工农子弟提供更多的受教育机会。首先是扩大教育系统；其次是实施大众教育（成人教育）规划；最后，采取一些特殊的行政手段来增加工农子弟入学的机会，使工农出身的人在大学生中的比例逐年上升，1953 年的比例为 28%，1958 年上升到 55%，1965 年达到 71%。他们认为，中国政府所采取的这些干预政策成功地阻断了父亲的社会经济地位与其子女教育获得之间的联系。（Deng，Treiman，1997）

Parish 和 Whyte 更早一些的研究也得出了类似的结论（Parish，1984；Whyte，1975，1981）。Parish 的研究发现，1966 年以前拥有较高文化水平的人，其父亲也可能接受过较高的教育并拥有较高的职业地位。但到了"文革"期间，家庭背景与个人教育获得之间的这种联系被割断了。工农出身的人或者工人和农民本身都有一定的机会通过教育实现身份的上升流动，并获取较高的职业地位——成为干部或知识分子。而知识分子和干部的子女在反对"资产阶级技术权威"和"官僚特权"的运动中并没有竞争教育机会的优势。

3. 1978年以后：教育精英化和市场化改革

1978年以后，经济增长成为最主要的追求目标，人们之间的社会经济差异不再是不可容忍的现象，而成为促进经济增长的一种激励机制。教育的主要功能之一不再是消除阶级差异，而是为经济增长（"实现四化"）选拔培育人才。在意识形态及教育功能发生转变的大趋势之下，1978年以来实施的教育改革可以概括为两个方面的转变。一是大众化教育模式向精英化教育模式的转变。这种转变对农村和贫困地区以及城市贫困家庭和父母文化水平较低家庭的子女产生了不利的影响，他们往往成为被淘汰的对象，辍学率的上升就是这种状况的反映。教育改革的第二个方面是由计划体制向市场体制转变（"教育的产业化"）。教育的市场化导致了地区之间和不同家庭经济背景的学生之间教育机会分配的不平等。近年来的一些研究已反映出这些政策变化对教育机会分配产生了影响（Zhou et al.，1998；Hannum & Xie，1994）。

此外，中国社会的一些制度特征对人们的教育机会也有影响，特殊的制度设置——如户籍制度和单位制等——使人们享有极其不同的教育资源。在由计划经济向市场经济的过渡中，这些制度因素对社会经济资源（包括教育资源）配置的影响力不但没有减弱反而增强，它们也导致了教育机会分配的不平等。

这一系列的重大政策调整，使教育的选拔机制和机会分配发生了重大变化。下面试图采用数据资料来论证这一变化过程。

二　研究假设

本文所考虑的影响个人教育获得或导致教育机会不平等的因素主要涉及两个方面：家庭背景和制度因素。家庭背景包括家庭拥有的社会资本（父亲职业地位）、文化资本（父亲文化水平）、经济资本（家庭收入）和政治资本（家庭成分）。制度因素包括户籍制度和单位制。

1. 总变化趋势

1949年以前，只有少数出身于优势家庭的人才有机会受教育，因而家庭背景对个人教育获得具有重大影响。1949年以后推行大众化和平民化教育，使教育机会与家庭背景之间的联系逐渐减弱。1978 年以后，教育体制向着精英化和市场化方向发展，使家庭背景因素及其他一些制度性因素对个人教育获得的影响逐渐增强。

假设 1：从 1940 年代至 1990 年代，教育机会分配的不平等程度的变化趋势是先减弱后增强。前 30 年间（1950～1970 年代），导致教育机会分配不平等的主要因素（家庭背景和社会结构等）的影响不断减弱，到 70 年代达到最低点；1980 年代以来，这些因素的影响力又在恢复或逐渐增强。

2. 家庭背景：社会资本、文化资本、经济资本和政治资本

多数学者在研究家庭背景对教育获得的影响时通常考虑的是三方面的因素：父亲职业（家庭拥有的社会资源）、父亲文化水平（家庭拥有的文化资源）和家庭经济收入（家庭拥有的经济资源）。由于中国社会在相当长时期里收入水平相当平均，许多有关中国的教育获得与家庭背景的研究不考虑家庭经济收入因素，而只考虑父亲职业和文化水平。不过，尽管1978 年前在城市和乡村内部收入水平差别不大，但人们的家庭经济条件仍然有差距。有较多人口的家庭通常经济条件要比人口少的家庭困难一些。这些家庭的子女有时不得不放弃继续升学的机会而提前工作，以减轻家庭经济负担。1978 年以后，特别是 1990 年代以来，家庭经济条件对个人教育获得的影响明显上升。因此，在研究 1940 年代至 1990 年代的教育机会分配情况时，家庭经济资源应作为影响个人教育获得的因素。另外，由于中国特殊的社会政治环境，家庭所具有的政治身份（政治资本）也有可能影响子女的教育机会。因而，政府依据政治标准所划定的"家庭成分"[1]，在某些时期会对个人教育获得产生影响。

---

① 在其他相关研究中，一般是采用"本人是否党员"这一指标来量度个人的政治资本，或采用"父亲是否党员"来量度家庭的政治资本。但从子女的受教育机会来看，家庭成分作为拥有政治资本的标志有更明确的影响力。同时，家庭成分的分类比是否党员的分类要细，作为测量指标亦包含更多的信息。但家庭成分作为一种政治资本主要在经济改革以前发挥作用，而经济改革以后，政治资本的内涵已发生了根本性的变化。这种变化本身也反映了政治与教育机会分配之间关系的变化。

假设 2：从 1940 年代至 1990 年代，家庭背景对教育获得影响的变化趋势是先减弱后增强。前 30 年间家庭背景的影响不断减弱，到 70 年代达到最低点；1980 年代以来，这种影响在逐渐增强。

假设 3：从 1940 年代至 1990 年代，影响个人教育获得的家庭背景因素是家庭的社会资本、文化资本、经济资本和政治资本。其中，家庭的社会资本和文化资本的作用力最强。家庭社会资本和文化资本在前 30 年的作用力不断减弱，在后 20 年（1980～1990 年代）的作用力不断增强，这也决定了整个家庭背景对个人教育获得的影响先减弱后增强的总体变化趋势。

假设 4：在前 30 年间，家庭经济资本对个人教育获得的影响微弱，但对某些特殊人群（如农村和女性人口）有显著影响。在后 20 年间，家庭经济资本对个人教育获得的影响逐渐增强。

假设 5：家庭政治资本在前 30 年和后 20 年对个人教育获得的影响明显不同。在前 30 年间，家庭成分对教育获得的影响是正向的，即家庭成分"好"的人更可能获得更多的教育机会。在后 20 年间，这种影响可能不存在或者起相反的作用。家庭政治资本主要对中高等教育机会分配发挥作用。

假设 6：家庭背景因素对个人教育获得的影响在城乡之间和性别之间有所不同，这种不同既表现在影响力的大小方面也表现在不同类型资源的作用力方面。

3. 制度因素：城乡二元结构和单位制

在当代社会，除了家庭背景因素以外，还有一些社会结构方面的因素会影响教育机会分配的不平等，比如性别和种族等。不过，在中国社会，影响教育机会分配的最主要的社会结构因素是由制度造成的。中国社会某些独特的制度设置在资源配置方面发挥着决定性的作用，它们对教育资源的分配也有重要影响。

假设 7：户籍身份对个人教育获得有重大影响，非农户口的人享有比农业户口的人更多的教育机会。在前 30 年间，由于政府采取政策把教育向农村普及同时有意识地向农民提供一些中高等教育机会，户籍身份对个人教育获得的影响在逐步下降。到 1980 年代和 1990 年代，由于城乡差距（包括教育资源的差距）有所拉大，导致户籍身份对个人教育获得的影响逐步增强。

单位制对个人教育获得的影响，主要表现在就业之后的教育经历方面。就业后的教育经历在中国人的教育获得过程中占有重要位置。而就业后教育尤其是要获得高等学历学位的教育，在一定程度上依赖于工作单位的资源背景。

假设 8：就业后教育机会的获得受工作单位资源背景的影响。全民所有制单位、党政机关及国有事业单位和行政级别较高的公有制单位往往控制较多的社会经济资源，从而能向其工作人员提供较多的教育机会，尤其是能提供更多的获取中高等教育学历学位的机会。

三　数据资料及分析方法

本文采用的数据资料是中国社会科学院社会学研究所"中国社会结构变迁研究"课题组于 2001 年 11 ~ 12 月收集的全国抽样调查数据。调查采用多阶段分层随机抽样方法，在全国 12 个省 73 个区县获取有效样本共6193（16 ~ 70 岁）份。本次调查数据的样本分布在性别、年龄、文化程度、就业状态等多项指标上与 2001 年第五次人口普查百分之一抽样数据极为接近，因此，此数据有较好的代表性。本文用于分析的数据选取了其中5858 个案例（排除在校学生样本），并对此数据进行了加权处理。

本文的数据分析主要包括三个部分：第一部分采用多元线性回归分析比较不同年代家庭背景因素对个人教育获得的影响，并比较了城乡和性别差异；第二部分同样采用线性回归方程分析不同年代城乡二元结构这一制度因素对个人教育获得的影响，并比较性别差异；第三部分采用等级对数回归模型（Ordered logistic regression model）分析单位制对就业后教育机会的影响。

第一部分的数据分析以受教育年限为因变量，以父亲职业（代表家庭社会资本）、父亲学历（代表家庭文化资本）、14 岁家庭年收入（代表家庭经济资本）和家庭成分（代表家庭政治资本）为自变量。受教育年限为两部分受教育年数之合：全日制、脱产、正规教育年数加上二分之一其他的成人教育年数①。父亲职业有四个分类：管理人员及专业人员、办事人员、工人和农民。父亲学历有五个分类：没有学历、初小、小学、初中和高中及以上。家庭成分有四个分类：好（贫雇农、工人、城市贫民、革命干部、革命军人、革命烈属）、中〔中农、小土地出租者、职员、小业主、小手工业者、小商贩、市民、小资产阶级（指知识分子）〕、差（富农、地主、资本家、伪职员、反动军人、反革命分子）和不清楚。14 岁家庭年收入为连续变量。比较不同年代是以出生年代为依据划分出 6 个代际群体（cohort）。第一个代际群体出生于 1931 年至 1940 年期间，大多在 40 年代和 50 年代初接受教育。第二个代际群体出生于 1941 年至 1950 年期间，大多在 50 年代和 60 年代初接受教育。第三个代际群体出生于 1951 年至 1960 年期间，大多在 60 年代和 70 年代初接受教育。第四个代际群体出生于 1961 年至 1970 年期间，大多在 70 年代和 80 年代初接受教育。第五个代际群体出生于 1971 年至 1980 年期间，大多在 80 年代和 90 年代初接受教育。第六个代际群体出生于 1981 年至 1985 年期间，大多在 90 年代接受教育。不过，第六个代际群体中许多人的受教育经历还未完成，因此，本次调查数据还不能准确估计家庭背景对他们教育获得的影响。

第二部分数据的分析同样以受教育年限为因变量，以 14 岁时户籍身份（农业户口和非农户口）为自变量。

第三部分的对数回归模型的因变量是"工作以后是否曾去读书或学习"，有三个定序分类：（a）否；（b）是，但没有获得学历学位；（c）是，获得学历学位。自变量是单位所有制、单位类型和单位行政级别。所有制有三个分类：全民、私营个体和其他。单位类型有三个分类：党政机关及国有事业单位、企业和无确定工作单位（指个人单独做事、家庭经营或非正规

---

① 有许多人在一些非正规性的成人教育机构（如职大、夜大、函大或民办学校）接受教育或获取学位，也有一些人是在职读书或接受培训，他们常常花费比正规教育多很多年的时间获得学历学位。这些人的受教育年数会很长，但学历并不很高。另外，从人力资本的测量角度来说，正规教育的含金量明显高于非正规的成人教育。因此，在计算个人的受教育年限时，非正规的、不脱产的成人教育年数乘以二分之一。

部门的就业）。单位行政级别有三个分类：处级及处级以上、科股级和无行政级别。

四　数据分析结果

1. 不同年代家庭背景对个人教育获得的总体影响

表 1 列出了不同年代回归模型的 R^2 值和回归系数，这些数据很明显地反映出 1940 年代至 1990 年代家庭背景对个人教育获得的影响程度由高到低又由低到高的变化趋势。图 1 中所列回归模型 R^2 值历年的变化趋势更形象地显示这一变化趋势。在 1940 年代和 1950 年代初期，父亲职业、父亲学历、14 岁家庭年收入和家庭成分四个变量可以解释 15.5% 的个人受教育年限的变化；在 1950 年代和 1960 年代初期，这四个变量对个人受教育年限变化可以提供 16.0% 的解释力；到 1960 年代和 1970 年代初期，四个变量提供的解释力下降到 13.1%；到 1970 年代和 1980 年代初期，家庭背景对教育获得的影响力下降到最低点，为 9.9%；而 1980 年代和 1990 年代，这种影响力猛增至 17.9%。不论从家庭背景总体影响来看，还是单从父亲职业或父亲学历的影响来看，1940 年代至 1970 年代期间家庭背景对教育获得的影响持续减弱，到 1970 年代达到最低点；随后出现转折，在 1980 年代和 1990 年代家庭背景对教育获得的影响明显上升，并达到 50 年里的最高点。观察表 1 的数据时需要注意的是：出生于 1981～1985 年的被调查者中很大一部分人还没有最终结束受教育过程，因此，表中所列 R^2 值和回归系数不能准确地估计家庭背景对这部分人的影响程度。

2. 不同年代父亲职业（社会资本）对个人教育获得的影响

表 1 和图 1 的数据显示，过去的 60 年里，父亲的职业地位一直都对子女的教育获得产生影响，但在不同时期其影响力有升有降，而其升降变化趋势与家庭背景总体影响的变化趋势基本一致。图 1 中以父亲职业为自变量的回归模型的 R^2 值显示：1940～1950 年代其影响力较大（10.8% 和 14.0%），随后开始下降，到 70 年代降至最低点（8.8%），然后到 1980 年代和 1990 年代上升至最高点（14.7%）。表 1 中的回归系数显示：在 1940 年代（1931～1940 年）出生的，工人家庭子女平均受教育年限比农民家庭子女高 2.1 年，办事人员家庭子女比农民家庭子女高 3.3 年，管理

人员及专业人员家庭子女比农民家庭子女高 5.2 年。在随后的几十年中，父亲职业不同的人受教育年限之间的差距逐渐缩小。到 1970 年代，出身不同职业地位家庭子女的平均受教育年限的差距降到最低点，工人家庭、办事人员家庭和管理人员及专业人员家庭子女的受教育年限并无显著差异，他们与农民家庭子女受教育年限的差距在 2.0～2.6 年。也就是说，70 年代这一时期，不同职业地位家庭的子女受教育年限并无多大差异，真正的差异存在于城乡之间，亦即农民和非农民家庭子女之间。至 1980 年代和 1990 年代这种差距又有所拉大，管理人员及专业人员家庭子女的平均受教育年限比农民家庭子女高 3.6 年，办事人员家庭子女比农民家庭子女高 2.9 年，不过，工人家庭子女与农民家庭子女平均受教育年限的差距反倒缩小了一点，两者相差 1.3 年。这表明，80、90 年代，出生于职业地位较高家庭的子女在受教育机会方面享有明显优势。

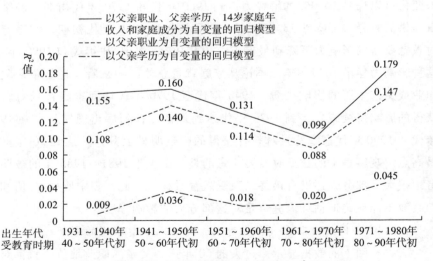

图 1　家庭背景对受教育年限回归模型的 R^2 值比较

3. 不同年代父亲学历（文化资本）对个人教育获得的影响

表 1 和图 1 的数据显示，家庭文化资本对个人教育获得的影响在 80 年代以前变化趋势并不明显，但在 80、90 年代则明显上升。需要注意的是，1930 年代至 1950 年代出生者的父亲大多是文盲，有学历的人很少，因此，家庭文化资本的影响力在统计上难以显著，表 1 中，1931～1940 年出生、1941～1950 年出生和 1951～1960 年出生三个代际群体的父亲文化水平回

表1 不同年代家庭背景对个人受教育年限的回归分析（非标准化回归系数）

自变量	所有样本 (N=5858)	1931~1940年 出生 (N=539)	1941~1950年 出生 (N=770)	1951~1960年 出生 (N=1158)	1961~1970年 出生 (N=1628)	1971~1980年 出生 (N=1383)	1981~1985年 出生 (N=382)
父亲职业（参照组：农民）							
管理人员及专业人员	3.431**** (0.190)	5.224**** (0.869)	3.897**** (0.700)	3.531**** (0.452)	2.583**** (0.297)	3.626**** (0.311)	2.051*** (0.732)
办事人员	2.434**** (0.203)	3.262**** (0.979)	2.883**** (0.628)	2.076**** (0.469)	2.038**** (0.360)	2.856**** (0.332)	0.848* (0.444)
工人	1.822**** (0.129)	2.093**** (0.541)	2.584**** (0.375)	2.529**** (0.319)	2.529**** (0.319)	1.320**** (0.210)	1.322**** (0.288)
父亲文化水平（参照组：无学历）							
初小	0.976**** (0.143)	0.771 (0.560)	0.448 (0.392)	0.439 (0.313)	0.425 (0.234)	0.771*** (0.271)	1.605*** (0.509)
小学	1.121**** (0.115)	0.688 (0.440)	0.927** (0.354)	0.362 (0.265)	0.520** (0.197)	0.801**** (0.206)	0.492 (0.421)
初中	1.604**** (0.139)	0.345 (0.887)	0.485 (0.495)	0.615 (0.450)	0.492* (0.241)	1.004**** (0.222)	0.886* (0.383)
高中及以上	2.421**** (0.223)	-0.374 (1.511)	1.863 (1.722)	0.972 (0.782)	1.186*** (0.367)	2.319**** (0.339)	1.260*** (0.442)
家庭成分（参照组：不好）							
中等	3.588e-02 (0.000)	-2.255** (0.826)	-1.969e-02 (0.580)	2.512**** (0.544)	-0.987* (0.488)	-0.176 (0.433)	1.581* (0.799)

续表

自变量	所有样本（N=5858）	1931~1940年 出生（N=539）	1941~1950年 出生（N=770）	1951~1960年 出生（N=1158）	1961~1970年 出生（N=1628）	1971~1980年 出生（N=1383）	1981~1985年 出生（N=382）
好	-9.061e-02	-3.804****	-0.845	1.855****	-1.210**	-0.162	2.110*
	(0.000)	(0.788)	(0.543)	(0.510)	(0.452)	(0.385)	(0.651)
不清楚	0.580*	-2.391*	1.465e-02	2.427****	-1.328**	0.221	1.261
	(0.255)	(1.041)	(0.793)	(0.633)	(0.511)	(0.409)	(0.664)
14岁时家庭年收入（元）	1.189e-05**	-7.700e-06	4.717e-04*	2.031e-04	1.578e-04*	2.017e-06	-3.621e-07
	(0.000)	(0.000)	(0.000)	(0.000)	(0.000)	(0.000)	(0.000)
常数项	5.931****	6.736****	5.369****	3.790****	8.046****	7.400****	6.087****
	(0.226)	(0.773)	(0.534)	(0.510)	(0.459)	(0.397)	(0.723)
调整后 R^2	0.157	0.155	0.160	0.131	0.099	0.179	0.157

注：括号内数字为标准误；* $p \leqslant 0.05$；** $p \leqslant 0.01$；*** $p \leqslant 0.005$；**** $p < 0.001$。

归系数都基本上不显著。到了1970年代，父亲学历的影响力才开始变得显著。到1980年代和1990年代，父亲学历的影响达到最高点，父亲文化水平在高中或高中以上的人平均受教育年限比父亲无学历的人多2.3年，父亲初中文化水平的人比父亲无学历的人多1.0年，父亲文化水平为初小和小学的人比父亲无学历的人多0.8年。

4. 不同年代家庭年收入（经济资本）对个人教育获得的影响

从总的数据情况来看，家庭经济资本对个人教育获得的影响都不太明显。只有在1950年代和1970年代以及不分年代的总样本中，家庭年收入的影响才呈现微弱显著。可以说，60年中，家庭经济资本对个人教育获得的影响是微小的。尽管1990年代以来，人们凭经验观察已经注意到，家庭经济状况对子女教育有越来越大的影响。但是受这一因素影响的人目前大多还在接受教育，由于他们还未能获得最终学历，本次调查数据尚不能反映家庭经济资本对其教育获得的影响。因此，此数据无法验证前面提出的假设：1990年代以来家庭经济资本对个人教育获得的影响在增强。尽管在总体上来说，家庭经济资本的影响力不大，但是表2的数据反映出，家庭经济资本对某些处于劣势状态的人群的教育有显著影响。表2的数据比较了城乡和性别之间家庭背景影响的差异。结果表明，14岁家庭年收入对农村地区的人和女性的教育获得有明显影响，但对城市地区的人和男性的影响则不显著。

5. 不同年代家庭成分（政治资本）对个人教育获得的影响

表1中的回归系数显示，家庭成分对子女教育获得影响的变化趋势与家庭背景总体影响的变化趋势不太一致，其在不同时期有着完全相反的作用力。对于出生于1931～1940年的人来说，家庭成分对教育获得的影响是明显的负作用，即出身于家庭成分"差"的家庭的人更可能接受更多的教育，家庭成分好的人要比家庭成分差的人平均少受3.8年的教育。这是因为1949年以后确定的家庭成分是把1949年以前拥有最多经济资本、社会资本和文化资本的家庭划定为差的成分，而这些家庭在当时可以向子女提供更多的教育机会。到1950年代，家庭成分的作用不显著，家庭成分差的人享受更多教育机会的优势消失。到1960年代和1970年代[①]，家庭成分

---

① 家庭成分对个人受教育机会的影响主要体现在中高等教育方面，1951～1960年出生的人大多在60年代后期和70年代接受中高等教育，1961～1970年出生的人则大多在70年代末和80年代接受中高等教育。

对教育获得的影响呈现明显的正向作用，即家庭成分好的人享有更多的教育机会。不过，并不是家庭成分最好的人受最多的教育，而是中等家庭成分的人受教育最多。例如：家庭成分好的人平均比家庭成分差的人多受1.9 年的教育，家庭成分中等和家庭成分不清楚[①]的人平均比家庭成分差的人多受2.5 年和2.4 年的教育。这可能是政治选拔机制与教育选拔机制交互作用的结果。家庭成分好的人大多是工农子弟，虽然政府通过各种行政手段向他们提供更多的教育机会，但其本身在教育机会的竞争方面（如入学考试等）处于劣势。家庭成分差的人，由于其家庭长期积累了较多的文化资本、经济资本和社会资本，更易于在教育机会竞争过程中获胜，但由于政治因素又常常被排除在中高等教育之外。而对于家庭成分中等的人（知识分子、职员、中农、小业主等的子女），其家庭一般拥有一定量的经济资本、文化资本和社会资本，有利于他们在教育机会竞争中获胜，同时他们又没有遭遇到政治上的歧视，因此，这些人往往能获得较多的教育机会。

家庭成分对随后一代人（出生于1961～1970 年的人）的影响发生了戏剧性的改变，由以前显著的正向作用改变为显著的负向作用，即家庭成分越差的人越可能受更多的教育，平均来说，家庭成分中等的人比家庭成分差的人少受1 年教育，家庭成分好的人比家庭成分差的人少受1.2 年的教育。这是1977 年高考制度的推行所使然，这项改革是邓小平一系列社会经济政治改革中的重要组成部分，它使高等教育的选拔机制由政治标准转向能力标准，并由此开始，中国整个教育体系的选拔机制越来越倾向于能力主义和精英化。毫无疑问，家庭成分较差的人在这种竞争中又显示出优势。出生于60 年代的人正是在80 年代接受中高等教育，家庭成分对个人教育机会的影响也主要表现在中高等教育，尤其是高等教育方面。因此，这些数据表明，在1980 年代，家庭的政治资本对个人教育获得的影响与1960年代和1970 年代完全相反。需要说明的一点是，家庭成分对1961～1970 年出生的人的影响并不是直接的而是间接的，因为对他们来说，家庭成分代表的是其祖辈的社会经济身份，而不是其父亲所拥有的社会、经济、文化资本。祖辈拥有的社会、经济及文化资本，由于政治原因而对其子女的教

---

① "家庭成分不清楚"通常情况下是属于家庭成分既不是很好也不是很坏，因此被访人常常记不清或不能确定。另外，一些年纪较轻的人（1971 年以后出生的人）则不太清楚其家庭成分。

育无法产生有利影响甚至产生负面影响，却对其孙辈的教育产生了有利影响。这说明，政治运动并不能完全阻断某些家庭资本的代际传递。政治试图根除家庭资本在代际的延续，它的确割断了经济资本的代际传递，但家庭所拥有的文化资本和社会资本往往是通过家庭内部的言传身教来传递的，这种联系不太容易被割断。一旦政治控制放松，它的作用就立即显示出来。家庭政治资本在 1960 年代、1970 年代与 1980 年代截然相反的作用力就表明了这一点。进入 1990 年代，由家庭成分所代表的家庭政治资本对个人教育获得已经没有显著影响。

6. 家庭背景对个人教育获得影响的城乡和性别比较

表 2 的数据比较了家庭背景对城市人与农村人以及对男性与女性的不同影响。表中区分城市样本与农村样本的变量是 14 岁时的居住地，因为 14 岁时的居住地基本上决定了被调查者的主要受教育经历是在城市还是在农村。从城乡比较来看，家庭背景对城市人的教育获得影响更大，城市样本的 R^2 值比农村样本的 R^2 值高 7.3 个百分点。在城市人当中，父亲职业不同的人之间的平均受教育年限的差距比农村更大，管理人员和专业人员子女的平均受教育年限比农民子女高 4.4 年，办事人员的子女比农民子女高 3.1 年，工人子女比农民子女高 2.1 年。但在农村地区，不同职业的人的子女平均受教育年限的差距没那么大。父亲学历对子女教育水平的影响似乎是在农村比在城市更显著，但实际上这是由于父亲学历这一变量的分类所造成的。对城市人来说，父亲学历往往在初中以上才能体现出对子女教育水平的影响，而表 2 中父亲学历的分类并未充分表现出父亲学历的影响。所以这不能证明在农村父亲学历的作用更强。家庭经济收入对城市人的教育没有显著影响，但对农村人的教育有显著影响。

表 2　家庭背景对个人受教育年限回归分析城乡和性别比较（非标准化回归系数）

自变量	农村 （N = 4814）	城市 （N = 1046）	男性 （N = 2933）	女性 （N = 2926）
父亲职业（参照组：农民）				
管理人员及专业人员	1.754 **** （0.267）	4.409 **** （0.354）	2.960 **** （0.266）	3.938 **** （0.260）
办事人员	1.029 **** （0.287）	3.100 **** （0.366）	1.958 **** （0.283）	2.721 **** （0.280）

续表

自变量	农村 （N = 4814）	城市 （N = 1046）	男性 （N = 2933）	女性 （N = 2926）
工人	0.861**** (0.184)	2.080**** (0.301)	1.416**** (0.182)	2.153**** (0.176)
父亲文化水平（参照组：无学历）				
初小	1.079**** (0.155)	1.773e-02 (0.340)	0.871**** (0.192)	0.908**** (0.203)
小学	1.183**** (0.125)	0.393 (0.278)	1.063**** (0.153)	1.088**** (0.165)
初中	1.562**** (0.159)	0.998**** (0.282)	1.688**** (0.193)	1.306**** (0.194)
高中及以上	2.397**** (0.269)	1.573**** (0.383)	2.187**** (0.303)	2.181**** (0.000)
家庭成分（参照组：差）				
中	0.305 (0.265)	-0.860 (0.562)	4.165e-03 (0.314)	0.154 (0.672)
好	0.119 (0.245)	-0.802 (0.512)	-2.009e-02 (0.288)	-0.146 (0.665)
不清楚	0.384* (0.286)	-0.117 (0.541)	0.925** (0.342)	236. (0.527)
14 岁时家庭年收入（元）	1.870e-04**** (0.000)	-6.996e-07 (0.000)	2.978e-06 (0.000)	1.892e-04**** (0.000)
常数项	5.514**** (0.246)	7.518**** (0.549)	6.624**** (0.289)	5.054**** (0.000)
调整后 R^2	0.102	0.175	0.135	0.221

注：括号内数字为标准误；* $p \leqslant 0.05$；** $p \leqslant 0.01$；*** $p \leqslant 0.005$；**** $p < 0.001$。

从性别比较来看，家庭背景对女性教育获得的影响远远高于对男性的影响。女性样本的 R^2 值比男性样本的 R^2 值高 8.6 个百分点。父亲有不同职业的女性之间的平均受教育年限的差距要比男性大。家庭经济状况对女性的教育获得有显著影响，但对男性没有显著影响。

7. 不同年代、不同性别户籍身份对个人教育获得的影响

表 3 比较了不同年代以及不同性别户籍身份对教育获得的影响。作为自变量的户籍身份是指 14 岁时的户口类别，即在其受教育时期的户籍身份。对于在户籍制度实行之前已满 14 岁的被访者，我们以 14 岁居住地来

表3 不同年代、不同性别户籍身份对个人受教育年限的回归分析（非标准化回归系数）

自变量	所有样本 (N=5858)	1931~ 1940年出生 (N=539)	1941~ 1950年出生 (N=770)	1951~ 1960年出生 (N=1158)	1961~ 1970年出生 (N=1628)	1971~ 1980年出生 (N=1383)	1981~ 1985年出生 (N=382)	男性 (N=2933)	女性 (N=2926)
户籍身份									
（对照组：农业户口）									
非农户口	3.110****	3.331****	4.149****	3.487****	2.987****	2.988****	1.808****	2.707****	3.548****
	(0.123)	(0.441)	(0.319)	(0.277)	(0.209)	(0.211)	(2.988)	(0.168)	(0.175)
常数项	6.804****	3.767****	5.101****	6.101****	7.381****	8.212****	8.819****	7.429****	6.164****
	(0.051)	(0.200)	(0.136)	(0.115)	(0.083)	(0.088)	(0.130)	(0.068)	(0.075)
调整后 R^2	0.098	0.094	0.179	0.120	0.111	0.127	0.070	0.081	0.123

注：括号内数字为标准误；$* p \leq 0.05$；$** p \leq 0.01$；$*** p \leq 0.005$；$**** p < 0.001$。

代替户籍身份，如果居住在农村就算作农业户口，居住在城市则归为非农户口。数据显示，在所有年代户籍身份对个人教育获得都有影响。从年代变化趋势来看，从1950年代到1970年代，户籍身份对个人教育获得的影响不断下降，从1970年代到1990年代，户籍身份的影响又开始上升。不同年代回归模型的 R^2 值显示，户籍身份对出生于1931～1940年的人的受教育年限的解释力较低（9.4%），这批人满14岁时还未实行户籍制度，因此，这实际上表明城乡差异对个人教育获得的影响还不是很强，因为当时不论在城市还是乡村，都只是极少数富裕家庭的子女才有可能受教育，但城乡之间平均受教育年限的差别还是很明显，生活在城市中的人受教育年限比生活在乡村的人高3.3年。户籍身份对出生于1941～1950年的人的受教育水平的影响迅速升高（17.9%），拥有非农户口的人的平均受教育年限比农业户口的人高4.1年。对1960年代和1970年代接受教育的人，户籍身份的影响力逐步下降，R^2 值分别降至12.0%和11.1%，非农户口的人与农业户口的人之间受教育年限的差距分别下降到3.5和3.0年。进入1980年代和1990年代，户籍身份的影响有所上升，R^2 值上升到12.7%，但非农户口的人与农业户口的人受教育年限的差距并没有明显拉大（相差3.0年）。这说明，1980年代以来，户籍身份对教育机会不平等分配的影响力在增强，但由于教育机会供给的增多，非农户口与农业户口的人实际平均受教育年限的差距并没有增加。与此同时，表3的数据还显示，户籍身份对女性教育获得的影响要大于对男性的影响。户籍身份可以解释女性受教育年限差异的12.3%，但对男性受教育水平的解释力只有8.1%。在女性中，非农户口的人的受教育年限比农业户口的人高3.5年，在男性中，两者之间的差距是2.7年。

8. 单位所有制、单位类型和单位行政级别对就业后教育经历的影响

表4中的3个等级对数回归模型考察了所有制、单位类型和单位行政级别对人们就业以后成人教育机会的影响。模型Ⅰ和模型Ⅱ的数据表明，在城市和乡镇，单位所有制和单位类型都对人们就业后的教育机会——工作以后是否曾去读书或学习——有显著影响。在城市中，全民所有制单位的人员曾经去学习或获得学历学位的比例是私营个体就业人员的2.5倍，其他所有制单位（包括集体、三资和混合所有制）是私营个体就业人员的2.0倍；同时，党政机关及国有事业单位是无明确固定单位人员的4.2倍，企业人员则

比无明确固定单位人员高 1.5 倍。在乡镇，全民所有制单位的人员就业后教育机会是私营个体就业人员的 11.7 倍，其他所有制单位是私营个体就业人员的 11.1 倍；党政机关及国有事业单位是无明确固定单位人员的 4.0 倍，但企业就业人员就业后的教育机会则比无明确固定单位就业人员要少一半。

表 4　单位所有制、单位类型、单位行政级别对工作后教育经历的影响（等级对数回归分析）

自变量	Model Ⅰ 城市		Model Ⅱ 农村		Model Ⅲ 公有制单位	
	Coefficient	Odds ratio	Coefficient	Odds ratio	Coefficient	Odds ratio
所有制（对照组：私营个体）						
全民	0.9166 **** (0.1890)	2.5	2.4560 **** (0.4417)	11.7		
其他	0.6800 *** (0.1939)	2.0	2.4054 **** (0.2944)	11.1		
单位类型（对照组：无明确固定单位）						
党政机关及国有事业单位	1.4448 **** (0.2152)	4.2	1.3763 *** (0.4372)	4.0		
企业	0.4123 * (0.1833)	1.5	−0.7766 * (0.3904)	0.5		
单位行政级别（对照组：无级别单位）						
处级及以上级别					0.5861 **** (0.1471)	1.8
科、股级					0.5947 **** (0.1388)	1.8
Intercept 1	−2.7361 **** (0.1239)		−4.3124 **** (0.1819)		−1.4924 **** (0.1175)	
Intercept 2	−2.0824 **** (0.1174)		−3.5575 **** (0.1485)		0.8961 **** (0.1129)	
−2 log likelihood	3050.369		791.440		2506.949	
X^2	313.7376 ****		178.0680 ****		22.0164 ****	
自由度	4		4		2	
样本数	2136		1950		1385	

因变量为定序变量："您开始工作以后是否曾去读书或学习过？"：否/是，但没有获得学历学位/是，获得过学历学位。

注：括号内数字为标准误；* $p \leqslant 0.05$；** $p \leqslant 0.01$；*** $p \leqslant 0.005$；**** $P < 0.001$。

表 5　50 年来中国初、中、高等教育升学率增长情况

年份	小学学龄儿童入学率（％）	小学毕业生升学率（％）	初中毕业生升学率（％）	18～22 岁人口高等教育毛入学率（％）
1952	49.2	—		
1957	61.7	44.2	39.7	—
1965	84.7	82.5	70.0	—
1975	96.8	90.6	60.4	—
1980	93.9	75.9	45.9	—
1985	96.0	68.4	41.7	—
1990	97.8	74.6	40.6	—
1995				7.2
1998	98.9	94.3	50.7	9.8
2001				13.3

资料来源：国家统计局国民经济综合司《新中国五十年统计资料汇编》，中国统计出版社，1999 年，第 100 页；周满生：《中国国情报告 3：教育》，《学习与参阅》2002 年第 20 期，第 9 页。

模型 Ⅲ 考察的是公有制单位中单位的行政级别对其工作人员的教育机会是否有影响，数据结果显示这种影响是显著的，有行政级别的单位可以向其工作人员提供更多的教育机会，但行政级别高低之间的差距不大。处级及以上级别的单位和科、股级单位工作人员获得的就业后教育机会比无行政级别单位的人员高 1.8 倍。

五　结论与讨论

从 1940 年至 2001 年的 61 年间，中国教育迅速发展，教育机会的供给量快速增长，人们的平均受教育年限不断上升。根据本次调查数据，1931～1940 年出生的人的平均受教育年限为 4.5 年，1941～1950 年出生的人为 5.9 年，1951～1960 年出生的人为 6.7 年，1961～1970 年出生的人为 7.9 年，1971～1980 年出生的人为 8.8 年，1981～1985 年出生的人为 9.6 年（部分人还未完成教育，此年龄段的人平均受教育年限应更高）。表 5 所列数据则反映自 1949 年以来，初、中、高等教育升学率的增长情况。但在教育机会持续增加的同时，教育机会分配的平等化进程则并没有持续平稳。正如本文的数据分析所显示，教育机会平等化的走向趋势被割裂为两个截然相反的发展阶段：第一个阶段是 1950～1970 年代，这一时期的特征是教育机会猛增及教育机会分配平等化快速推进；第二阶段是 1980～1990 年代，这一时期则是教育机会供量与教育机会不平等共增长。这两个阶段的转折点都与社会政治经济变迁及政府政策转变紧密相连，这也是本文想要论证的主题。

家庭背景因素对个人教育获得影响程度的高低变化，充分体现了政府政策及意识形态变化对教育机会分配机制的强烈影响。特别是家庭成分与教育获得之间的关系随年代变化而发生的戏剧性转变，更证实了这一点。制度分割因素——户籍制度和单位制——对教育机会分配的影响，则反映出政府政策如何调整原有的制度设置以适应新的市场经济，并使其在新的形势下仍对资源分配产生重要影响。这表明教育机会分配不平等程度的增长或弱化与政府的相关政策有紧密的联系。近十几年教育机会不平等程度的快速增长，在很大程度上是政策所导致的后果。毫无疑问，我们应该肯定改革 20 年来教育改革在扩张教育规模、选拔精英人才和追求经济效益等方面的成绩，但也不能不看到随之而来的教育不公平问题，从而有必要对当前教育改革的某些导向和具体策略重新进行评估和反省。从目前情况来看，教育机会分配的不平等还有增长的趋势，教育体制的精英化和市场化还有可能继续发展。1990 年代中后期以来，高等教育机会供给量的增加，有助于平抑精英化的发展趋势，但整个教育系统的市场化推进势头迅猛。从数据分析结果来看，这种发展趋势对农村贫困地区儿童和女性儿童的影响最大，机会分配的不公平已经严重影响了他们的个人发展和上升流动机会。同时，教育机会不平等也会促使社会朝着两极分化的方向发展，增强人们的不公平感，影响社会的整合度。

参考文献

Alan, C. Kerckhoff, 1995, "Institutional Arrangements and Stratification Processes in Industrial Societies." *Annual Review of Sociology*, Vol. 21, no. 1, pp. 323 – 347.

Albert, Simkus and Rudolf, Andorka, 1982, "Educational Attainment in Hungary." *American Sociological Review*, Vol. 47, no. 5, pp. 740 – 751.

Deng, Zhong and Donald, J. Treiman, 1997, "The Impact of Cultural Revolution on Trends in Educational Attainment in the People's Republic of China. " *American Journal of Sociology*, Vol. 103, no. 2, p. 391.

Donald, J. Treiman and Kam-Bor, Yip, 1989, "Educational and Occupational Attainment in 21 Countries. " in Melvin L. Kohn (ed.), *Cross-National Research in Sociology*, Newbury Park: Sage, pp. 373 – 394.

Emily, Hannum and Yu, Xie, 1994, "Trends in Educational Gender Inequality in China 1949—1985. " *Research in Social Stratification and Mobility*, Vol. 13, pp. 73 – 98.

Frank, Parkin, 1971, *Class Inequality and Political Order: Social Stratification in Capitalist and Socialist Societies*, New York: Praeger.

J. S. , Coleman, 1988, "Social Capital in the Creation of Human Capital. " *American Jouranl of Sociology*, Vol. 94, no. 1, pp. 95 – 120.

Martin, Whyte, 1975, "Inequality and Stratification in China. " *China Quarterly*, Vol. 64, no. 3, pp. 684 – 711.

Martin, Whyte, 1981, "Destratification and Restratification in China. " in G. Berreman (ed.), *Social Inequality*, New York: Academic, pp. 309 – 336.

Pierre, Bourdieu and Jean-Clande, Passeron, 1977, *Reproduction in Eduction*, *Society and Culture*, Beverly Hills, Calif. : Sage.

Pierre, Bourdieu, 1977, "Cultural Reproduction and Social Reproduction. " in Jerome Karabel and A. H. Halsey (eds.), *Power and Ideology in Education*, New York: Oxford University Press, pp. 487 – 511.

William, L. Parish, 1984, "Destratification in China. " in J. L. Watson (ed.), *Class and Social Stratification in Post—Revolution China*, Cambridge: Cambridge University Press, pp. 84 – 120.

Xueguang, Zhou, 1998, "Phyllis Moen and Nancy Brandon Tuma, Educational Stratification in Urban China: 1949—1994. " *Sociology of Education*, Vol. 71, no. 1, pp. 199 – 222.

Yossi, Shavit and Hans-Peter, Bolssfeld (eds.), 1993, *Persistent Inequality: Changing Educational Attainment in Thirteen Countries*, Boulder: Westview.

Zhong, Deng and Donald, J. Treiman, 1997, "The Impact of Cultural Revolution on Trends in Educational Attainment in the People's Republic of China. " *American Journal of Sociology*, Vol. 103, no. 2, pp. 391 – 428.

文化水平如何影响人们的经济收入 *

——对目前教育的经济收益率的考查

李春玲

一　前言

在绝大多数工业化国家，一个人的文化水平往往影响了或在某种程度上决定了这个人的收入高低，文化水平较高的人往往收入较高，文化水平较低的人往往收入较低。正因如此，人们愿意偿付高昂的学费以获得较高的学历文凭（这被称为个人的教育投资），并期望在获取较高的学历文凭之后能获得较高收入的工作（这被称为教育的经济收益）。尽管在各个国家，教育的经济收益率各不相同，但无可争议的是，提高文化水平对于增加个人收入作用明显，这是市场经济和工业化社会的普遍规律。

在中国社会，文化水平与个人收入之间的关系则较为复杂，不同年代的教育收益率差异很大。美国著名社会学家白威廉（Parish，1984：84 - 120），在对经济改革之前的中国教育的经济收益率进行估计时得出的是负数，也就是说，在 1960 年代和 1970 年代的中国社会，教育对收入的影响是负面的或不利的，较高的文化水平不仅不能增加个人收入，相反，它还可能对收入提高有负面影响。尽管后来的一些学者对白威廉所使用的数据的代表性有所怀疑，但其他几项类似的研究（Whyte，1975：684 - 711；1981：309 - 336；Whyte & Parish，1984；Davis-Friedmann，1985；Riskin，

　＊　原文发表于《社会学研究》2003 年第 3 期。

1987）也都证实，在经济改革之前，文化水平对个人经济收入高低并无显著影响，因为在那一时期确定个人收入高低的主要机制与文化水平无关。经济改革实施的最初十年（1980 年代），学者们在讨论教育程度与个人收入之间的关系时，最常使用的一个词是"脑体倒挂"，意思是说，体力劳动者（文化水平较低的人）的经济收入反而要比脑力劳动者（文化水平较高的人）高。当然，并没有哪个学者对这一时期的教育收益率的估计得出负值，也就是说，平均来讲脑力劳动者的收入还是要比体力劳动者高，只是教育收益率远远低于人们的期望值，通过教育获得的经济收益无法与个人在费用、时间、辛劳方面的投入成正比。十年之后的今天，一系列的研究结果都证实，自 1980 年代以来，中国的教育经济收益率在不断上升。中国社会科学院计量经济学研究所在 1981～1987 年对 30 个行业的企业职工共120000 人进行的追踪调查结果显示，1981 年城镇的教育收益率为 2.5%，1987 年为 2.7%（Xin Meng，2000：89）。中国社会科学院经济学研究所1988 年和 1995 年两次全国抽样调查的数据分析结果是，1988 年城镇的教育收益率为 3.8%，1995 年提高到 5.9%（赵人伟等，1999：32）。中国人民大学社会学系的一项全国抽样调查得出的 1996 年城镇教育收益率为 4%（李强、刘精明，2000：66）。1990 年代后期以来，中国教育的经济收益率提高速度更快。中国社会科学院人口与劳动经济研究所 2002 年五城市的调查数据所估计的教育收益率大约为 10%（China Adult Literacy Survey Team，2002）。本文采用的全国抽样调查数据（2001 年）所估计的教育收益率为11.8%（参见表 1 模型 3 的数据分析，估计方法与赵人伟、李实采用的J. Mincer 公式一致），但如果加入关键性的制度和结构控制变量，教育收益率则为 5%～6%（参见表 1 模型 6～8，估计方法与 China Adult Literacy Survey Team 采用的方程类似）。这些研究结果都表明，教育水平对个人收入高低的影响越来越大。

教育收益率的高低变化趋势实际上反映的是整个收入分配体系由计划经济向市场经济过渡的过程。教育的经济收益率不断提高，意味着市场经济的收入分配机制（能力主义分配原则）正在逐步取代传统的计划经济的收入分配机制（平均主义分配原则）。因此，对教育收益率的研究有助于我们深入理解当前的劳动力市场的运作规则和收入分配机制的变迁。不过，目前这方面已有的研究成果大多简单地估计教育收益率，并进行年代比较，以证实教育收益率的增长趋势。有部分学者（赵人伟等，1999：32）注意到中国教育收益率的估计应该考虑制度因素，因为目前中国的劳动力市场被一些制度设置所分割，但他们并未对这类问题进行深入、系统研究。

本文试图采用一些专业的统计分析技术，对当前教育的经济收益率做更精确和更深入的估量，并考察有哪些结构和制度的因素影响了教育对收入的作用。通过对教育的经济收益率的系统分析，作者真正关注的问题是收入分配体系及机制的变迁，即在整个中国社会由传统农业社会向现代工业社会以及由计划经济向市场经济双重过渡的大背景之下，教育与收入之间的关系发生了什么变化？这种变化对整个收入分配体系的演变具有什么意义？本文采用的数据资料是中国社会科学院社会学研究所"中国社会结构变迁研究"课题组于 2001 年 11~12 月收集的全国抽样调查数据。调查采用多阶段分层随机抽样方法，在全国 12 个省 73 个区县获取有效样本共 6193 个（16~70 岁）。本文用于分析的数据选取了其中 5037 个案例（排除在校学生、无劳动能力和 60 岁以上样本），并对此数据进行了加权处理。[①] 本文数据分析主要包括四组模型分析。第一组多元线性回归模型考察了受教育年限对个人月收入的影响程度以及哪些因素影响了教育对收入的作用；第二组多元线性回归模型比较了城乡、性别和体制内外教育对收入的不同程度和不同类型的影响；第三组多元线性回归模型显示不同阶段教育（不同学历）有不同程度的经济收益；第四组 logistic 回归模型是分析学历对有无收入（或者说有无工作）概率的影响。

二　受教育程度如何影响个人经济收入

模型设计

表 1 列出 8 个多元线性回归模型的非标准化回归系数和 R^2 值，目的是

---

① 除特别注明外，本文的绝大多数模型分析采用的是加权数据。在个别模型的数据分析中，加权后数据导致某些类别的样本数太少，影响参数估计的稳定性和显著水平，有这种情况的模型采用了未加权数据。加权样本与未加权样本的主要差异是城乡样本分布比例。

准确估计受教育年限①对 16～60 岁就业者（有工作的人）的个人月收入的影响，并考察有哪些因素影响了受教育年限对个人月收入的作用。8 个模型的因变量都是个人月收入对数。② 表 1 自变量一栏共列有 10 个自变量，可以分为三组。第一组只有一个变量即受教育年限，是这里要重点考察的变量。第二组是控制变量，包括 5 个变量："工作年限"、"工作年限平方"、"城镇"、"男性" 和 "全民集体"，加入这些控制变量的目的，是排除工龄长短、城乡差别、性别差异和体制内外（所有制）等因素对个人收入的影响，从而能更准确地估计受教育年限本身对个人月收入的影响程度。忽略控制变量将导致过高估计受教育年限对个人月收入的影响力。③第三组自变量是交互作用项，包括"受教育年限 * 工作年限"、"受教育年限 * 城镇"、"受教育年限 * 男性" 和 "受教育年限 * 全民集体" 等 4 个变量，它们是为了检验是否存在受教育年限与工作年限、城乡、性别和所有制等因素的交互作用，即不同工作年限阶段、不同（城乡）地区、不同性别和体制内外教育对收入的影响是否有所不同（见表 1）。

表 1 数据分析的几个发现

（1）受教育年数越多月收入越高；教育的经济收益率约为 6%。表 1 的 8 个模型受教育年限的回归系数都是显著的，且是正数，这说明，随受教育年限的增加，收入水平逐步提高。但是，教育对收入增长的作用到底有多大，各模型的数据结果是不一样的。表 1 中各模型估计的教育收益率（受教育年限回归系数）差异极大。按照国际上通常采用的 J. Mincer 公式④（模型 3 加入"工作年限"和"工作年限平方"为控制变量）所估计的教

---

① 这里"受教育年限"指接受正规、脱产教育的年数加上非正规、不脱产的成人教育年数的二分之一。有许多人在一些非正规性的成人教育机构（如职大、夜大、函大或民办学校）里受教育或获取学位，也有一些人是在职读书或接受培训，他们常常花费比正规教育多很多年的时间获得中专、大专或大本学历学位。这些人的受教育年数会很长，但学历并不很高。另外，从人力资本的测量角度来说，正规教育的含金量明显高于非正规的成人教育。因此，在计算个人的受教育年限时，非正规的、不脱产的成人教育年数乘以二分之一。

② 之所以对个人月收入这一变量进行对数转换，而不直接把个人月收入作为因变量，是因为个人月收入的分布是非正态的，直接把个人月收入作为因变量将导致偏误的参数估计。

③ 这 5 个控制变量是通过反复的数据分析从 12 个相关变量中筛选出来的，它们对因变量（个人月收入）有影响，同时与要考察的自变量（受教育年限）也有相关性。

④ 参见赵人伟、基斯·格里芬，1994：12，《中国居民收入分配研究》的有关说明。

表1 受教育年限对16~60岁就业者的个人月收入的影响（非标准化回归系数法，因变量为个人月收入对数。N=4481）

自变量	模型1	模型2	模型3	模型4	模型5	模型6	模型7	模型8
受教育年限	0.126**** (0.005)	0.188**** (0.005)	0.118**** (0.005)	8.064e-02**** (0.005)	6.865e-02**** (0.005)	5.161e-02**** (0.005)	6.746e-02**** (0.013)	5.987e-02**** (0.008)
工作年限	—	-5.359e-02*** (0.002)	2.345e-02**** (0.005)	3.276e-02**** (0.005)	3.563e-02**** (0.005)	3.145e-02**** (0.005)	3.743e-02**** (0.008)	3.315e-02**** (0.005)
工作年限平方	—	—	-6.979e-04**** (0.000)	-8.615e-04**** (0.000)	-9.778e-04**** (0.000)	-9.277e-04**** (0.000)	-1.030e-03**** (0.000)	-9.836e-04**** (0.000)
城镇	—	—	—	0.939**** (0.035)	0.960**** (0.035)	0.868**** (0.036)	0.555**** (0.091)	0.541**** (0.089)
男性	—	—	—	—	0.392**** (0.032)	0.396**** (0.031)	0.678**** (0.075)	0.678**** (0.075)
全民集体	—	—	—	—	—	0.414**** (0.045)	0.896**** (0.139)	0.889**** (0.138)
受教育年限 * 工作年限	—	—	—	—	—	—	-3.199e-04 (0.000)	—
受教育年限 * 城镇	—	—	—	—	—	—	3.958e-02**** (0.010)	4.135e-02**** (0.010)
受教育年限 * 男性	—	—	—	—	—	—	-3.693e-02**** (0.009)	-3.688e-02**** (0.009)
受教育年限 * 全民集体	—	—	—	—	—	—	-5.116e-02**** (0.000)	-5.029e-02**** (0.013)
常数项	4.652**** (0.040)	4.808**** (0.063)	4.608**** (0.073)	4.473**** (0.068)	4.347**** (0.067)	4.483**** (0.068)	4.343**** (0.132)	4.417**** (0.077)
调整后 R^2	0.133	0.135	0.140	0.259	0.283	0.296	0.302	0.302

注：显著水平 $****\leqslant 0.000$，$***\leqslant 0.005$，$**\leqslant 0.01$，$*\leqslant 0.05$；表中括号内为数据为标准误。

育收益率高达 11.8%。[①] 但加入"城镇"、"男性"和"全民集体"三个自变量后,受教育年限的回归系数明显下降(模型 4～6 估计的教育收益率分别为 8.1%、6.9%、5.2%)。这反映出,11.8% 的教育收益率当中实际上包含了城乡差异、性别差异和体制内外差异的作用。由于在当前中国社会某些体制因素对收入分配具有强烈的影响作用,采用 J. Mincer 公式来估计教育收益率,将导致过高估计教育对收入的作用。因此,要准确估计当前的教育收益率,需要把一些制度和结构因素考虑进去。

(2)收入与工作年限之间显现非常态关系:收入水平并未随工作年限延长而提高;相反,工作年限越长的人,收入反而有可能越低。表 1 中模型 2 和模型 3 的数据分析显示了当前工作年限(工龄)与月收入之间的奇特关系。在绝大多数市场经济(欧美)国家,工作年限与收入之间的关系如图 1 所示的类似抛物线的虚线,工作最初几十年里,收入稳步上升,在 20～30 年工龄期间,收入达到最高峰,之后,收入缓慢略微下降,但到退休前夕的收入水平还是远远高于开始工作时期。正是由于工龄与收入之间是曲线关系而非直线关系,所以在解释收入差异的方程中要同时加入工作年限和工作年限平方两个自变量。中国的工作年限与收入之间的关系与其他国家明显不同。经济改革之前,工龄与收入的关系几乎是一条一直上升的直线(如图 1 中显示的较细的线条),随工龄增加,收入一直上升,直至退休(Xin Meng, 2000:90)。其时,决定工资多少的一个最重要的因素是工龄长短,而文化水平高低则不起作用。本次调查数据显示的 2001 年工作年限与收入之间的关系则是相反的趋势:工作最初十年里收入增长最快,后随工龄延长,收入逐渐下降,接近退休年龄者的收入明显低于刚开始工作者(如图 1 中最粗的曲线所示)。如果把工龄与收入的关系简单地考虑为一条直线,那么大体上来说,在目前的中国社会,工作年限越长收入越低(模型 2 工作年限的回归系数是负数)。在其他国家,工作年限的回归系数通常是正数,即工作年限越长,收入越高。而当前调查显示的工作年限与收入之间的不寻常关系,反映的是这样一种情况:年轻一代的收入普遍高于老年一代;在中青年群体当中,收入水平随工作年限增加而提

---

① 英美等国的教育收益率约为 7%,低收入国家是 11% 左右,亚洲国家(不包括日本)大约在 10%。

高；在中老年人群当中，年龄越大收入水平越低。

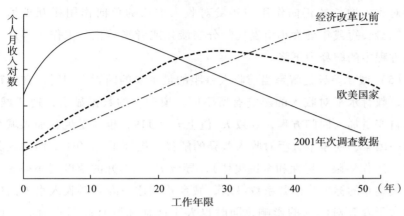

图1 工作年限与收入之间的关系

（3）教育的经济收益率并未随工作年限增加而提高

模型7的数据分析结果显示，教育水平与工作年限不存在交互作用（模型7中"受教育年限＊工作年限"的回归系数不显著），即工作年限长短并不影响教育对收入的作用。一般情况下，教育的经济收益率应该随工作年限增加而提高。不同文化水平的人在刚开始工作时，收入差距可能并不太大，随着工作年限的增加，有较高文化水平的人更可能获得职位晋升，因而导致收入快速增长；但文化水平较低的人获得晋升的机会较少，收入增长会较慢，因此，工龄较长的人群当中，不同文化水平的人的收入差异应该更大。但数据显示，当前的情况并非如此。

（4）代际分层状态的彻底改变。对模型1、模型2和模型3的 R^2 值进行比较，我们发现，工龄或者也可以说年龄因素对于当前收入差异的解释力并不大，加入工作年限和工作年限平方两个自变量，整个方程对收入差异的解释力只提高了0.7%。戴维斯－弗里德曼（Davis-Friedmann, 1985）和辛萌（Xin Meng, 2000）的研究都发现，经济改革之前的中国社会存在代际不平等或者说代际分层现象，较年长的一代往往占据较高的职业位置并拥有较高的工资收入，而较年轻的一代尽管文化水平较高，但往往处于较低的职业地位和较低的收入水平。但目前这种代际分层形态已彻底改观。正如图1所显示的，当前工作年限与收入之间存在两种趋势的交互作用：一方面，工龄越长的收入越高（在中青年人当中）；另一方面，年龄越大的收入越低（在中老年人当中）。这两种相反趋势的交互作用，导致工龄对收入增长的正向作用与年龄对收入增长的负向作用相互抵消，从而，工龄长短或年龄大小引发代际分层淡化或者复杂化，工作年限这一因素在方程中的解释力下降。

（5）城乡差异是解释当前收入差距的最重要的因素，同时，在城市和乡村，教育水平对收入的影响有所不同。模型4的数据显示，把"城镇"这一自变量加入回归方程，导致 R^2 值上升0.119，也就是说，加入城乡差别这一因素，使整个方程对收入差异的解释力提高了11.9%。而加入其他变量（工作年限、男性和全民集体），导致 R^2 值上升的幅度要小得多。另外，模型6的标准化回归系数显示，城乡差别这一因素对收入水平的影响远远大于教育对收入的影响，同时也大于性别和所有制因素对收入的影响。① 这就说明，城乡差异是导致当前收入差距的最重要的因素之一。模型7和模型8的数据分析结果表明，受教育年限与城乡差异存在交互作用，"受教育年限 * 城镇"的回归系数检验显著，并且为正值，这意味着，在城市和乡村，教育水平对个人收入有不同的影响，而且，在城市中教育水平对收入的作用力更强，即城镇就业人员的教育的经济回报率高于农村就业人员。

（6）性别因素对收入高低有影响，同时，教育水平对收入的影响在男性与女性中各不相同。模型5~8中男性这一变量的回归系数都是显著的，并且，模型5加入男性这一自变量导致方程对收入差距的解释力提高2.4%。这表明，性别因素对收入的影响是显著的。模型7和模型8显示，"受教育年限 * 男性"的回归系数是显著的，而且为负值，这意味着受教育年限对男性和对女性的收入影响不同，女性的教育的经济收益率要高于男性。

（7）所有制因素对收入高低有影响，同时，体制内（全民和集体所有制）和体制外（非全民所有制）教育水平对收入的影响有所不同。模型6~8中全民集体这一变量的回归系数都是显著的，并且，模型6加入全民集体这一自变量导致方程对收入差距的解释力提高1.3%。这说明所有制因素对个人收入高低有影响。模型7和模型8显示，"受教育年限 * 全民集体"的回归系数是显著的，并且为负值，这意味着受教育年限与所有制存在交

---

① 表1未列出标准化回归系数，模型6的各自变量的标准化回归系数如下：受教育年限为0.150，工作年限为0.290，工作年限平方为 -0.368，城镇为0.336，男性为0.162，全民集体为0.133。

互作用，受教育年限对体制内和体制外就业人员的收入有不同影响，体制外就业人员的教育收益率要高于体制内。

三　城乡、性别和体制内外的比较

模型设计

表 1 的数据分析已经显示城乡、不同性别和体制内外教育水平对收入的影响有所不同，表 2 则通过 3 组对比模型（分别做城市与农村、男性与女性、全民集体与非全民集体的回归方程），进一步分析城乡之间、性别之间和体制内外的差异具体表现在哪些方面。模型 9 ~ 11 的因变量仍然是个人月收入对数，自变量与表 1 类似（仅排除了"受教育年限 * 工作年限"）。表 2 同时列出非标准化回归系数和标准化回归系数。非标准化回归系数是用于不同方程之间的参数比较，标准化回归系数是用于同一方程内各参数比较（见表 2）。

表 2 数据分析的几个发现

（1）城市就业人员的教育的经济收益率远远高于乡村就业人员；在城市中，教育水平是决定收入高低的最重要的因素之一，在农村，教育水平则是较为次要的影响因素；城市和农村的收入分配机制明显不同。模型 9 的两个回归方程比较了城乡之间的差异。城市方程中受教育年限的非标准化回归系数（0.114）远远高于农村方程中受教育年限的非标准化回归系数（0.043），这表明，城市中教育对收入的影响要比在农村更为显著，城市的教育收益率高达 11.4%，而农村的教育收益率只有 4.3%。比较两个方程的标准化回归系数，可以发现，城乡之间各个自变量对个人收入的影响程度各不相同，或者也可以说，在城市和农村，决定个人经济收入的机制各不相同。城市方程的标准化回归系数显示，排除工作年限与工作年限平方的正负作用的相互抵消，受教育年限的标准化回归系数最大（0.430），也就是说，受教育年限对收入的影响程度要大于性别因素和所有制因素。农村的情况则相反，受教育年限的标准化回归系数明显低于男性和全民集体的标准化回归系数，即性别和所有制因素对收入的影响程度高于受教育年限的影响。另外，在城市中，不同性别和体制内外教育对收入的影响略

表2 受教育年限对16～60岁就业者个人月收入的影响的城乡、性别和所有制比较（因变量为个人月收入对数）

自变量	模型9 城市 N=1522 非标准化回归系数	城市 标准化回归系数	模型9 农村 N=2960 非标准化回归系数	农村 标准化回归系数	模型10 女 N=2055 非标准化回归系数	女 标准化回归系数	模型10 男 N=2426 非标准化回归系数	男 标准化回归系数	模型11 全民集体 N=1357 非标准化回归系数	全民集体 标准化回归系数	模型11 非全民集体 N=2505 非标准化回归系数	非全民集体 标准化回归系数
受教育年限	0.114**** (0.010)	0.430	4.298e-02**** (0.009)	0.118	5.067e-02**** (0.009)	0.157	3.100e-02*** (0.010)	0.085	4.295e-02* (0.017)	0.206	3.986e-02**** (0.010)	0.113
工作年限	3.715e-02**** (0.007)	0.406	3.725e-02**** (0.007)	0.362	2.593e-02*** (0.008)	0.228	3.967e-02**** (0.007)	0.391	1.240e-02* (0.006)	0.196	3.203e-02** (0.007)	0.290
工作年限平方	-1134e-03**** (0.000)	-0.492	-1.030e-03**** (0.000)	-0.450	-8.403e-04*** (0.000)	-0.314	-1.108e-03*** (0.000)	-0.475	-1.208e-04 (0.000)	-0.082	-1.006e-03**** (0.000)	-0.415
城镇	—		—		0.569**** (0.116)	0.221	0.178*** (0.138)	0.191	-0.374* (0.164)	-0.205	0.349*** (0.109)	0.136
男性	0.604**** (0.126)	0.305	0.629**** (0.097)	0.273	—		—		0.628**** (0.120)	0.475	0.640**** (0.097)	0.257
全民集体	0.377* (0.154)	0.186	1.271**** (0.246)	0.314	0.752**** (0.208)	0.232	1.019**** (0.186)	0.348	—		—	
受教育年限*城镇	—		—		5.167e-02*** (0.014)	0.201	3.801e-02* (0.015)	0.160	6.159e-02**** (0.016)	0.464	7.728e-02**** (0.013)	0.289
受教育年限*男性	-4.003e-02** (0.013)	-0.220	-2.122e-02 (0.013)	-0.078	—		—		-3.582e-02** (0.011)	-0.327	-2.943e-02* (0.012)	-0.107
受教育年限*全民集体	-3.254e-02 (0.014)	-0.189	-4.193e-02 (0.026)	-0.102	-4.180e-02* (0.020)	-0.143	-5.995e-02*** (0.018)	-0.227	—		—	

续表

自变量	模型 9				模型 10				模型 11			
	城市 N＝1522		农村 N＝2960		女 N＝2055		男 N＝2426		全民集体 N＝1357		非全民集体 N＝2505	
	非标准化回归系数	标准化回归系数	非标准化回归系数	标准化回归系数	非标准化回归系数	标准化回归系数	非标准化回归系数	标准化回归系数	非标准化回归系数	标准化回归系数	非标准化回归系数	标准化回归系数
常数项	5.013**** (0.113)	—	4.397**** (0.097)	—	4.519**** (0.102)	—	4.994**** (0.108)	—	5.449**** (0.188)	—	4.562**** (0.108)	—
调整后 R^2	0.174	—	0.143	—	0.327	—	0.237	—	0.194	—	0.290	—

注：显著水平 **** ≤0.000, *** ≤0.005, ** ≤0.01, * ≤0.05; 表中括号内数据为标准误; 模型 11 使用未加权数据。

有不同（"受教育年限＊男性"和"受教育年限＊全民集体"回归系数较弱显著），但在农村不存在这些差别（交互作用项不显著）。

（2）文化程度对女性收入的影响要大于对男性收入的影响，女性的教育收益率高于男性的教育收益率；城乡差别、所有制和工作年限等因素对男性和女性收入的影响程度各不相同。模型10的两个方程的标准化和非标准化回归系数都显示，女性的教育收益率要高于男性，女性教育收益率为5.1％，男性则为3.1％。同时，两个方程的R^2值差异极大，说明这一方程对女性收入差异的解释力远远高于对男性收入差异的解释，此方程能解释大约1/3（32.7％）的女性收入差异，而对于男性收入差异只能提供约1/4（23.7％）的解释。同时，工作年限和工作年限平方的标准化和非标准化回归系数显示，工作年限对男性收入的影响要大于对女性收入的影响，这不仅表现在工作初期收入增长趋势方面，也表现在年长的就业者收入下降的方面。所有制因素对男性收入的影响也大于对女性收入的影响（男性方程的全民集体的非标准化回归系数高于女性），在男性就业者和女性就业者当中，都存在教育对收入的影响的体制内外差异，但男性在这方面的差异略大于女性（男性方程的"受教育年限＊全民集体"的非标准化回归系数更高也更显著）。另一方面，城乡差异对女性收入的影响则大于对男性收入的影响（女性"城镇"的非标准化回归系数更高更显著），教育水平对城市女性收入的影响明显不同于对农村女性收入的影响，城市女性的教育收益率明显高于农村女性，但这种差异在男性中不太显著。

（3）体制内与体制外收入分配机制存在明显差异；教育水平对体制外（非全民集体所有制）就业人员收入的影响要比对体制内（全民集体所有制）就业人员收入的影响更强烈，但教育收益率差异不明显；年龄因素对体制外就业人员的收入水平有关键性影响，但对体制内就业人员的收入影响不大。模型11的两个方程比较了体制内外收入分配机制的异同。受教育年限的回归系数显示，体制内的教育收益率为4.3％，体制外的教育收益率为4.0％，从回归系数的标准误来看，体制内外教育收益率差异并不明显，但两者的显著水平差异很大。非全民集体方程的受教育年限的回归系数极为显著，而全民集体方程的受教育年限的回归系数只是微弱显著。这种情况说明，在体制外，教育水平影响个人收入是较为普遍的规则，而在体制内，教育对收入的影响在某些单位或部门表现得较为明显，但在另一些单位或部门较小。从总体情况来看，教育水平对体制外就业人员的收入水平影响更强烈。体制内外最突出的差异表现在年龄因素的作用方面。全民集体方程的工作年限平方的回归系数是不显著的，这就是说，年龄大小对体制内就业人员收入水平高低没什么影响。但这一回归系数在非全民集体方程中则极为显著，而且工作年限平方的标准化回归系数的绝对值（0.415）是此方程中最高的值，这表明，在体制外，年龄大小是决定收入高低的最关键性的因素，它对收入的影响要大于教育水平、性别和城乡差异等因素对收入的影响，随着年龄的增大，收入水平明显下降。另一方面，工龄增加收入的作用在体制外也表现得比在体制内更明显。非全民集体方程中的工作年限的回归系数是极显著的，但全民集体方程中工作年限的回归系数则微弱显著，这意味着，在工作的最初十几年里，随工龄延长，体制外就业人员收入增长的幅度要大于体制内就业人员。"男性"这一变量的非标准化回归系数在两个方程中差异不大，但各个方程内标准化回归系数的比较显示，性别因素对体制内就业人员的收入差异的解释力更大，它对收入高低的影响程度要大于教育水平、工龄和城乡差异等因素。在体制外，性别因素的作用虽然大于教育水平和城乡差异，但要小于年龄或工龄的作用。此外，体制外就业人员收入的城乡差异要比体制内更明显（非全民集体方程中"城镇"的回归系数较显著，全民集体则不太显著）。两个方程的 R^2 值差异很大，全民集体为 0.194，非全民集体为 0.290。此方程能对体制外就业人员收入差异提供 29% 的解释，但对体制内就业人员收入差异的解释力只有 19%。也许，此方程未包括的一些因素（比如单位类型、部门或行业等）对于解释体制内就业人员收入差异更重要。

四　不同阶段教育对收入增长的不同影响

模型设计

表 1 和表 2 的数据分析是通过"受教育年限"这一连续变量来考查教育与收入之间的关系，这种分析思路基本上是把教育与收入之间的关系假定为线性关系（一条直线如图 2 中的虚线），即平均来说多受一年教育，收入或收入的对数会提高多少。基于这样的思路，模型 1～11 的数据分析

结果反映了教育水平与收入之间的大致关系走势，即受教育年数越多收入就越高。然而，教育与收入两者之间的真实关系并非一条平滑的直线。[①]实际情况是，不同阶段的教育所获得的经济收益率不同，或者说，达到不同的学历，收入增长的幅度也会不同（如图2中那条折线）。表3的回归模型用5个等级的学历（无学历、初小及小学、初中、高中及中专、大专及以上）[②]来取代受教育年限作为考察因素，这样可以分别估计不同阶段的教育对提高个人收入有多大的作用。模型12是总体分析不同的学历对个人收入的影响（代表全国情况）。模型13~15则比较了城乡、性别和体制内外各学历对收入的作用。下述的数据分析重点观察4个学历自变量的回归系数，其他自变量仅仅作为控制变量加入模型，这里的分析并不关注这些控制变量的回归系数的变化情况。模型中，非标准化回归系数反映的是各学历的平均收入之间的差异情况，而标准化回归系数则是比较各学历对于收入差距（或提高收入）的作用力大小（见表3）。

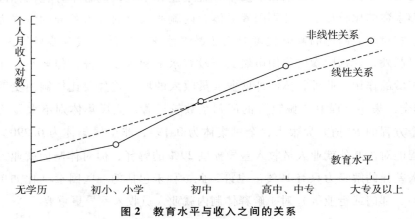

图2　教育水平与收入之间的关系

表3 数据分析的几个发现

（1）从全国范围的平均水平来看，初中学历对提高收入的作用力最强，

---

①　受教育年限与个人月收入交互分析的散点图显示，收入最高的那些人绝大多数并不是受最多教育的人，他们往往是受较高程度教育或中等程度教育的人，而受教育年限最多的人收入水平大多处于中等或中等偏上的位置。

②　设4个虚拟变量：①是否是初小或小学学历；②是否是初中学历；③是否是高中或中专学历；④是否是大专或大专以上学历。

表3 不同学历对16~60岁就业者个人月收入的影响（因变量为个人月收入对数）

自变量	模型12 全国 N=4481		模型13 城市 N=1522		模型13 农村 N=2960		模型14 女 N=2055		模型14 男 N=2426		模型15 全民集体 N=1357		模型15 非全民集体 N=2505	
	非标准化回归系数	标准化回归系数	非标准化回归系数	标准化回归系数	非标准化回归系数	标准化回归系数	非标准化回归系数	标准化回归系数	非标准化回归系数	标准化回归系数	非标准化回归系数	标准化回归系数	非标准化回归系数	标准化回归系数
（参照组：无学历）初小、小学	0.301**** (0.069)	0.113	0.965**** (0.123)	0.356	0.195* (0.081)	0.082	0.323**** (0.082)	0.124	0.124 (0.132)	0.047	8.791e-02 (0.078)	0.062	0.173* (0.086)	0.066
初中	0.527**** (0.073)	0.213	1.085**** (0.118)	0.534	0.446**** (0.089)	0.193	0.452**** (0.088)	0.178	0.345* (0.136)	0.145	0.182* (0.087)	0.136	0.326*** (0.094)	0.130
高中、中专	0.653**** (0.089)	0.198	1.344**** (0.128)	0.612	0.471**** (0.111)	0.125	0.566**** (0.113)	0.168	0.429*** (0.150)	0.136	0.372**** (0.101)	0.260	0.449*** (0.117)	0.133
大专及以上	0.978**** (0.128)	0.179	1.659**** (0.155)	0.577	1.266**** (0.235)	0.110	0.818**** (0.180)	0.134	0.802**** (0.191)	0.164			0.902**** (0.187)	0.119
工作年限	3.013e-02*** (0.005)	0.277	3.195e-02*** (0.007)	0.350	3.652e-02*** (0.007)	0.355	2.338e-02*** (0.008)	0.205	3.817e-02*** (0.007)	0.376	1.087e-02 (0.006)	0.172	3.168e-02*** (0.007)	0.286
工作年限平方	-9.212e-04*** (0.000)	-0.366	-1.011e-03*** (0.000)	-0.451	-9.947e-04*** (0.000)	-0.435	-8.054e-04*** (0.000)	-0.301	-1.054e-03*** (0.000)	-0.450	-8.091e-05 (0.000)	-0.055	-9.965e-04*** (0.000)	-0.411
城镇	0.512**** (0.087)	0.199	—	—	—	—	0.544**** (0.115)	0.211	0.528**** (0.132)	0.211	-509**** (0.104)	-0.278	0.378*** (0.109)	0.147

续表

自变量	模型12		模型13				模型14				模型15			
	全国 N=4481		城市 N=1522		农村 N=2960		女 N=2055		男 N=2426		全民集体 N=1357		非全民集体 N=2505	
	非标准化回归系数	标准化回归系数	非标准化回归系数	标准化回归系数	非标准化回归系数	标准化回归系数	非标准化回归系数	标准化回归系数	非标准化回归系数	标准化回归系数	非标准化回归系数	标准化回归系数	非标准化回归系数	标准化回归系数
男性	0.603**** (0.073)	0.246	0.251* (0.123)	0.127	0.605**** (0.092)	0.262	—	—	—	—	0.582**** (0.109)	0.440	0.612**** (0.094)	0.246
全民集体	0.891**** (0.145)	0.286	0.158 (0.157)	0.078	1.385**** (0.256)	0.342	0.738*** (0.218)	0.227	1.089*** (0.194)	0.372	—	—	—	—
受教育年限 * 城镇	4.413e−02*** (0.010)	0.176	—	—	—	—	5.601e−02**** (0.014)	0.218	2.966e−02* (0.015)	0.125	7.292e−02**** (0.010)	0.549	7.135e−02**** (0.013)	0.267
受教育年限 * 男性	−2.758e−02*** (0.008)	−0.106	−3.427e−03 (0.012)	−0.019	−1.941e−02 (0.012)	−0.071	—	—	—	—	−3.237e−02*** (0.010)	−0.295	−2.555e−02* (0.011)	−0.093
受教育年限 * 全民集体	−5.309e−02*** (0.015)	−0.189	1.054e−02 (0.015)	−0.061	−5.779e−02* (0.027)	−0.140	3.974e−02 (0.022)	−0.136	−7.296e−02**** (0.019)	−0.276	—	—	—	—
常数项	4.436**** (0.083)		4.935**** (0.127)		4.363**** (0.104)		4.506**** (0.109)		4.952**** (0.145)		5.741**** (0.109)		4.571**** (0.113)	
调整后 R^2	0.304		0.172		0.150		0.236		0.243		0.204		0.293	

注：显著水平：**** ≤0.000，*** ≤0.005，** ≤0.01，* ≤0.05；表中括号内数据为标准误；模型15使用未加权数据，其中全民集体回归模型的学历参照组为无学历、初小及小学，因为全民集体单位中的无学历者人数太少，无法作参照组。

其次为高中和中专学历，再次为大专及以上学历，初小和小学学历的作用力最弱。模型12中各个学历的非标准化回归系数反映不同学历就业者的平均收入存在显著差异，学历越高，平均收入水平越高。但标准化回归系数并未显示学历越高，收入增长幅度越大。不同的学历对收入差异的作用力各不相同：初中学历的标准化回归系数最高，其次是高中和中专，再次是大专及以上学历；不过这三种学历的标准化回归系数的差距并不是很大，也就是说，这三种学历所获得的经济收益还是比较接近的。而初级教育学历（初小和小学）的经济收益率则低得多，但它仍然对提高个人收入有显著作用。

（2）在城市中，高中和中专学历最有利于收入增长；在农村中，初中学历的经济收益最好。模型13的城市回归方程和农村回归方程的非标准化回归系数都表明学历越高，平均收入越高；但各学历对收入差距的作用力在城乡之间有明显差异。在城市中，高中和中专的标准化回归系数最高，其次为大专及以上学历，再次为初中学历，最低的是初小和小学学历。这表明，城市中各学历的经济收益率高低排序是高中和中专、大专及以上、初中、初小和小学。在农村中，标准化回归系数最高的是初中学历，它比高中和中专、大专及以上学历的标准化回归系数高很多，初小和小学的标准化回归系数最低，而且显著水平微弱。这反映出初中学历在农村能获得最高的经济收益，高中和中专、大专及以上学历的经济回报率则明显比初中学历低，而初小和小学学历与无学历的人相比，收入方面并无明显优势。

（3）在体制内（全民集体所有制），大专及以上学历的经济收益较高，并且拥有大专及以上学历的人的经济收入明显高于其他较低学历的人的收入，但其他学历的人的收入水平并无显著差异，而且经济收益极低。在体制外（非全民集体所有制），经济收益较高的是高中和中专、初中学历，大专及以上学历次之，初小和小学的经济收益极低。模型15全民集体方程的回归系数显示，在体制内，大专及以上学历对收入增长的作用最强（标准化回归系数值最大），其平均收入水平明显高于其他学历者的收入水平；高中和中专学历的经济收益比大专及以上学历低得多（大专及以上学历为0.260，高中和中专学历为0.136）；而且，高中和中专学历者的收入水平与无学历、初小和小学学历者的收入只有微弱差异（回归系数微弱显著），初中学历者的收入与无学历、初小和小学学历者的收入无显著差异（回归系数不显著）。在体制外，大专及以上学历的平均收入水平明显高于其他学历者，但其经济收益率并不是最高的（标准化回归系数为 0.119）。初中、高中和中专学历的经济收益率（标准化回归系数分别为 0.130 和 0.133）略高于大专及以上学历，初小和小学学历者的收入水平与无学历者差距不太显著（显著水平微弱），并且经济收益很少。

五　文化水平对失业机率的影响

模型设计

前面部分的所有数据分析所包括的样本都只是在业人员，这些模型分析的是受教育年限和学历对在业人员的月收入高低有什么影响。如果仅仅从这些分析来考查教育对收入的影响或估计教育的经济收益率，那将是不全面的。人们凭经验观察就能注意到，文化水平不仅对有工作的人的收入高低有影响，而且对个人有无收入或者说有无工作也有影响。本次调查数据中 16~60 岁（排除在校生和无劳动能力者）人员无收入者占 15%，他们大多是失业和待业人员、家庭妇女和其他一些不工作的人，他们在月收入这一变量上的值为 0。如果把这些样本包括在前面的模型分析中，将导致参数估计不准确（偏误），有可能对教育的经济收益率估计过高或过低，因此，前面的数据分析排除了无业人员样本。但是，在研究教育与收入之间的关系时，我们又不能不考虑教育水平对这一部分人的影响。表 4 的数据分析采用 logistic 回归模型，比较不同学历的人处于无收入或无工作状态的概率高低，这可以从另一个方面来反映教育对个人收入的影响。[①]　表 4 列出了 5 个 Logistic 方程的回归系数和比率比（odds ratio），第一个方程代表全国总体情况，第二、三个方程比较了城乡差异，第四、五个方程比较

---

① 从统计分析技术角度来说，这种情况应该选择 Tobit 模型来估计教育对个人收入的影响。Tobit 模型可以包括收入为 0 的样本，并同时估计受教育年限或学历对有工作的人的收入的影响程度及对所有人无业机率的影响，其参数估计也更为精确。但是，Tobit 模型在解释方面较为复杂，对于统计知识较为缺乏的读者理解起来较为困难。作者把前面的线性回归数据分析结果与 Tobit 模型结果进行比较，发现有部分回归系数有高估和低估的现象，但显著水平和回归系数总体趋势没有根本性差异。因此本文选择线性回归模型和 logi-stic 模型分别来估计教育对有工作的人的收入水平的影响及教育对无工作机率的影响。

性别差异。模型的因变量为二分变量——是否有收入，自变量为无学历、初小和小学、初中、高中和中专，参照组为大专及以上学历（见表4）。

表4 数据分析的几个发现

（1）从全国总体情况来看，大专以下学历的人比大专及以上学历者发生无收入或无工作情况的机率高2倍~3倍。表4第一个方程的回归系数和比率比显示，在发生无收入或无工作的可能性方面，大专及以上学历的人与大专以下学历的人差异很大，但大专以下各学历的人出现这种情况的概率则差别不大。比如：无学历者发生无收入或无工作情况的比率是大专及以上学历者的2.48倍，初小和小学学历者成为无收入或无工作的人的比率是大专及以上学历者的2.10倍，初中学历者是2.82倍，高中和中专学历者是2.90倍。这反映出，拥有大专及以上学历的人出现失业或不工作的情况的可能性较小，而大专以下学历对于降低失业可能性没有什么太大用处。

（2）在城市，学历越低，失业的可能性越高；在农村，学历高低对失业可能性没什么影响。城市样本的回归方程显示，与大专及以上学历的人相比，高中和中专学历的人发生无收入或无工作情况的概率是大专及以上学历者的3.54倍，初中学历的人发生这种情况的机率是5.17倍，初小和小学学历的人是7.51倍，无学历的人则是8.17倍。农村的情况则完全不同，各学历的回归系数都不显著，即大专以下各学历与大专及以上学历的人在发生失业可能性方面没有明显差异。当然，有可能是农村中大专及以上学历的人不太多，把他们作为参照组不太合适，影响了回归系数的显著水平。作者另外做的一个模型是以高中、中专和大专及以上学历者为参照组，比较他们与初中、初小和小学、无学历者之间无收入概率的差异①，这一模型数据分析结果同样显示，学历高低对农村人的失业概率没有显著影响，而且，初中学历者出现无收入情况的可能性还略微低于高中、中专和大专及以上学历者（回归系数微弱显著）。这可能是由于农村的就业结构并不需要什么高学历的人，比如我们在农村经常可以看到，有高中或中专文凭的青年人无所事事，而文化水平较低的人（多数是中老年人和妇女）在从事农副业生产。

---

① 表4未列出这一模型的数据分析结果。

表 4　学历对 16～60 岁者（排除在校生和无劳动能力者）有无收入的影响（Logistic 回归系数表，因变量为是否有收入，1 = 无收入，0 = 有收入）

自变量	全国 N = 5037	城市 N = 3144	农村 N = 1893	男 N = 2611	女 N = 2426
学历（参照组：大专及 以上）无学历	0.9088 *** （2.48）	2.1003 **** （8.17）	0.3514 （1.42）	0.9216 *** （2.51）	0.6227 * （1.86）
初小、小学	0.7419 **** （2.10）	2.0161 **** （7.51）	- .3555 （0.70）	0.0313 （1.01）	0.9523 **** （2.59）
初中	1.0353 **** （2.82）	1.6436 **** （5.17）	0.3282 （1.39）	0.4756 * （1.61）	1.3407 **** （3.82）
高中、中专	1.0628 **** （2.90）	1.2650 **** （3.54）	0.4235 （1.5）	0.9592 **** （2.61）	1.0137 **** （2.76）
常数项 - 2 Log likelihood	- 2.0789 **** 5402.814	- 2.0431 **** 3846.089	- 3.1780 ** 691.500	- 2.3256 **** 2053.024	- 1.7145 **** 3039.717
Chi-square	69.402 ****	210.760 ****	8.282	41.484 ****	57.355 ****

注：显著水平 **** ≤0.000，*** ≤0.05，** 0.01，* ≤0.05；表格括号内数据为 odds ratio；本表分析的数据为未加权数。

（3）学历高低与男性和女性失业机率的关系并未表现出明确的规律性，但总的来说，教育水平对女性的失业概率的影响要比对男性的影响更为明显。与大专及以上学历的人相比，男性中高中和中专学历的人无收入或无工作的概率要高 2.61 倍，无学历的人则高 2.51 倍，初中学历的人高 1.61 倍（微弱显著），而初小和小学学历者的概率与大专及以上学历者无显著差异。这可能是由于男性就业结构形态所致。目前存在大量的低技术含量的、体力性的、劳动密集型产业，可以向较低文化水平的男性（初小、小学、初中）提供大量的就业岗位，以致他们失业待业的概率低于较高文化水平者；而高中、中专文化水平的人不愿意从事这类体力性工作，但在竞争技术性的或白领工作岗位时，他们与有更高学历的人相比就处于劣势，因此，他们的失业机率就明显比大专及以上学历者高。女性的情况有些不同，初小和小学、初中、高中和大专学历的女性处于无收入或无工作状态的概率明显比大专及以上学历者高，最高的是初中学历者，她们比大专及以上学历者高 3.8 倍，初小和小学、高中学历者则分别比大专及以上学历者高 2.59 倍和 2.76 倍，而无学历的人失业概率与大专及以上学历者的差异则不太明显。

六　结论与讨论

第一，目前"脑体倒挂"现象已基本消除，教育的经济收益率稳步上升。随着市场取向的经济改革的进一步深化，教育收益率还将继续上升。近年来所谓"新经济"或高科技产业的发展，更有利于教育收益率的提高。当然，也许更重要的一点是，近十年来政府推行一系列调节资源分配的政策，使收入分配明显地向拥有文化知识的人倾斜。教育收益率的上升已导致中国社会收入分配机制的巨大变化，可以说，教育或人力资本取代了计划经济时期的论资排辈规则，成为目前调节收入分配的一个重要机制。

第二，中国社会的一些特殊的制度设置和结构特征影响了教育与收入之间的关系，忽略这些制度和结构因素，将导致高估或低估教育对收入的作用力。由于这些制度和结构因素的作用，劳动力市场被分割为不同的部分，各个部分的工业化水平和市场化程度差异很大，这导致不同地区、不同部门、不同人群有不同的收入分配规则和不同的教育收益。

第三，对收入差距和教育收益产生最重要影响的制度因素是城乡分割的二元社会结构。在城市，文化水平是影响个人收入和就业机会的关键性因素，但在农村，教育对收入和就业状态的影响微弱。目前，城市教育收益率已接近国际平均水平，而农村的教育收益率很低，城乡教育收益率相差7个百分点（城市为11%，农村为4%）。农村教育收益率过低，无法吸引高文化水平的劳动力，有较高文化水平的人纷纷离开农村，留下来的只能是低文化水平的老人和妇女，这十分不利于农村地区发展和农业的产业化水平提高；经济发展的迟缓，又反过来使教育收益率更难以提高，长此以往，将导致农村地区的进一步衰败和落后。

第四，体制内与体制外的分割也导致了教育收益的差异。有关中国收入分配体制变化的一个重要假设是：在由计划经济向市场经济过渡期间，一系列的决定收入分配的市场机制将取代计划经济的分配机制，而教育或人力资本作为最重要的市场分配机制之一将取代传统的平均主义分配原则。在过渡时期，公有部门（体制内）与非公有部门（体制外）共存，公有部门和非公有部门各自有一套收入分配规则，体制外的教育收益率较高，而体制内的教育收益率较低。已有的研究均证实，体制外的教育收益率明显高于体制内（赵人伟等，1999）。本文的数据分析也证实，体制内外的收入分配机制存在系统差异，在体制外对个人收入发挥关键性作用的因素，在体制内不发挥作用或发挥微弱作用，而决定体制内收入水平的某些因素在体制外可能不发挥作用。不过，教育收益率的体制内外差异没有以往研究显示的那么大。体制内外的平均教育收益率差距并不明显，只是在体制外教育影响个人收入是更为普遍的规则，而在体制内教育对个人收入的影响不那么均衡，可能某些单位或部门有极高的教育收益率，而另一些单位或部门教育对收入没有太大的影响。另外，在体制内，教育的收益也许主要并不表现在经济收入方面，它可能更多地体现在其他的方面如职位晋升和社会声誉等。总的来看，教育收益的体制内外差异在缩小，这可能主要是由于近年来政府部门一直推行以学历文凭为标准选拔人才的政策所致。

第五，教育收益率存在性别差异。文化水平对女性的收入水平和就业机会的影响要大于对男性的影响。对女性来说，提高文化水平是增加个人收入和改善就业状态的重要途径，但对于男性来说，除了提高文化水平以外，其他的一些方式（如凭借体力、特殊技术、风险机遇等）也可能达到这些目的。

第六，教育与收入之间的关系并不绝对地表现为教育程度越高收入也越高，不同阶段教育对提高个人收入的作用力各不相同。总体情况来看，中等水平的教育经济收益率最高，但在不同地区和部门，不同阶段教育的作用力有所不同。一般来说，在工业化水平较高的地区（城市）和部门（体制内），更高程度的教育对收入提高作用更大，而工业化水平较低的地区（农村）和部门（体制外），相对较低的文化程度对增加收入更有利。

最后，文化水平与就业机会之间的关系也不是绝对的。虽然拥有大专及以上学历的人失业概率会大大下降，但在大专以下文化水平的人当中，学历高低对其就业机会的影响并不明显，在某些情况下，较低学历的人的就业机会可能还高于较高学历的人。人们就业机会的多少，可能取决于目前的产业结构和就业结构对各种文化程度劳动力的需求情况。[①]

---

① 李培林、张翼在研究下岗工人再就业时也发现同样的现象，并提出了"人力资本失灵"的解释。他们发现一些文化水平较高、有专业技术的下岗工人再就业的机会可能还少于文化水平更低的下岗工人，他们认为是由于传统人力资本（学历、技术资格等）在市场体系中失效所致。

综合上述分析，我们透过教育的经济收益率的高低变化可以看到目前中国收入分配体系演变的两个趋势：即"从平均主义到能力主义"和"从论资排辈到学历决定论"。这两个发展趋势反映出，由传统农业社会到现代工业社会及由计划经济体制到市场经济体制的双重过渡导致了收入分配机制的根本性转变。不过，这一转变的进度在全国范围来说并不均衡。教育的经济收益率在城乡之间和体制内外的明显差异，说明当前中国收入分配体系的转变具有差异性和复杂性。双重过渡期间，传统农业部门与现代工业部门同时存在，受政府计划控制的部门与计划控制外的部门交错并存。制度屏障与部门分割导致教育对个人收入的作用在城乡及体制内外有极大的差异。这说明，目前阶段存在多套收入分配系统，不同的机制在城乡和体制内外发挥着不同的作用。而教育的经济收益率高低在很大程度上取决于工业化和市场化水平的高低。正因如此，我们在讨论当前的收入分配问题和教育的经济收益率时，必须考虑到当前社会结构的过渡性特征以及制度设置和部门分割等因素。

参考文献

李强、刘精明，2000，《影响中国城市居民收入的"先赋因素"与"自致因素"》，《中国社会科学季刊》夏季号总第 30 期。

赵人伟、基斯·格里芬主编，1994，《中国居民收入分配研究》，中国社会科学出版社。

赵人伟、李实、卡尔·李思勤主编，1999，《中国居民收入分配再研究：经济改革和发展中的收入分配》，中国财政经济出版社。

China Adult Literacy Survey Team (Institute of Population and Labor Economics, Chinese Academy of Social Sciences), 2002, "The Design, Implementation and Relevance of Adult Literacy Tests in China." A report in International Workshop on Use of Adult Literacy Tests in Urban China.

Davis-Friedmann, Deborah, 1985, "Intergenerational Inequalities and the Chinese Revolution." *Modern China* 11.

Riskin, C., 1987, *China's Political Economy: The Quest for Development Since 1949*, New York: Oxford University Press.

Whyte, Martin & William, L. Parish, 1984, *Urban Life in Contemporary China*, Chicago: University of Chicago Press.

Whyte, Martin, 1975, "Inequality and Stratification in China." *China Quarterly* 64.

——, 1981, "Destratification and Restratification in China." in G. Berreman (ed.), *Social Inequality*, New York: Acaedmic.

William, L. Parish, 1984, "Destratification in China." in J. L. Watson (ed.), *Class and Social Stratification in Post-Revolution China*, Cambridge: Cambridge University Press.

Xin, Meng, 2000, *Labour Market Reform in China*, Pitt Building: Cambridge University Press.

MOST 案例再研究：社区公共服务社的研究和政策应用[*]

——大连市完善城市居民最低生活保障制度[①]政策过程的案例分析

葛道顺

社会科学研究如何转变为社会政策并被政府采用，直接推动社会的发展，一直是社会科学工作者努力的主要方向之一，也是联合国教科文组织 MOST 项目关注的"社会转型管理"的核心问题。中国社会科学院社会学研究所社会政策研究中心——作为社会科学研究者，与大连市民政局——作为政策制定和执行者，合作开展的大连市社区公共服务社的政策研究与应用可谓是该领域的成功案例。

2000 年 4 月底，朱镕基总理在辽宁省视察社会保障工作时，肯定了大

* 本项目初始研究得到联合国教科文组织 MOST 项目种子资金资助。联合国教科文组织的"社会转型管理"项目（Management of Social Transformation，简称 MOST，正式开展于 1994 年，预计 2003 年结束）是联合国教科文组织的第一个政府间社会科学研究项目，旨在加强社会科学研究与政策制定之间的联结，加强社会科学家与政策制定者之间的联合，并为各国政府，特别是第三世界政府提供空前规模的社会转型管理的案例经验。2001 年 7 月开始，笔者执行了 MOST 中国案例研究——大连市通过创建社区公共服务社完善城市最低生活保障制度的政策过程分析，并在 2001 年 12 月向联合国教科文组织提供了案例报告（葛道顺、杨团，《社区公共服务社为什么能迅速推广》）。本文是在原案例研究的基础上，根据对大连市社区公共服务社截至 2003 年 1 月间发展的跟踪观察进行的再研究，再研究得到英国国际发展部（DFID）的资助。原文发表于《社会学研究》2003 年第 4 期。

① "社区公共服务社的研究和政策应用——大连市完善城市居民最低生活保障制度"课题是大连市民政局与中国社会科学院社会学研究所社会政策研究中心"中国社会保障制度研究"课题组的合作子课题，得到国家社科基金和英国国际发展部（DFID）的资助。该子课题 2000 年立项时的研究人员主要有景天魁、杨团、唐钧、孙炳耀、施育晓、关信平、吕学静、杨伟民等，子课题组长：杨团。2001 年底在完成并提交 MOST 案例研究报告后，笔者加入该课题组，并成为大连课题操作性研究的主要执行者。

连市由街道规划、社区组织落实的下岗失业者及其他贫困者的最低生活保障工作的做法。大连市民政局的工作人员受到鼓舞，于同年 5 月邀请中国社会科学院社会学研究所社会政策研究中心社会保障课题组赴大连调研，以进一步完善城市居民最低生活保障制度。课题组经过调研提出了建立"社区公共服务社"，组织有劳动能力的最低生活保障对象（简称低保对象）参加社区公共服务社活动，以形成低保制度甄别机制的研究成果和政策设计，大连市民政局采纳了这一政策建议，经过政策试点后，在全市街道成立了有劳动能力低保对象的自组织——社区公共服务社。至今，仍处于自身发展和社会保障课题组观察中的社区公共服务社在城市减贫、再就业、缓解社会排斥和社区团结等方面发挥着重要的作用。

一 研究的缘起与方法检讨

1. 研究缘起：政府"解决问题"的政策需要

一般认为，社会科学研究应当能够有益于改善政策规划的过程，并希望通过社会变革带来更大的平等，改善人们特别是弱者、处于不利地位者或被排斥者的生活状况，这种意愿长期以来一直是社会科学家们工作的基本理由（Nadia，1999）。关于大连市社区公共服务社的研究主要是基于这种基本动机和精神，无论对于该研究的直接发起人——大连市民政局，还是研究的主要承担者——中国社会科学院社会学研究所社会政策研究中心，都是如此。

作为政策制定者，大连市民政局发起该研究显然是出于"解决问题"的政策需要。大连市早于全国 3 年于 1999 年建立了以全体城市居民为对象、覆盖面达 3.4% 的城市最低生活保障制度，但在制度执行中，大连市民政局发现：①隐形收入、隐形就业问题难以甄别，一批收入水平远远高于最低生活保障线的家庭进入了低保系统，领取了最低生活保障救济，引起广大居民的强烈不满，因此迫切需要设计低保对象的识别机制；②真正的低保对象受到社会排斥，人格萎缩，需要精神保障。按照大连市民政局的最初想法，研究的基本目的是甄别低保对象，进一步完善城市最低生活保障制度，维护低保政策的公正性。

大连市民政局之所以选择中国社会科学院社会学研究所社会政策研究

中心承担此项研究，首先是因为大连市民政局领导与该中心的主要专家有过交流，了解该中心具有研究社会保障问题和政策设计的专长；其次是大连市民政局认识到中国社会科学院的务实研究风格将有助于提高政策研究的效果。中心的主要专家认识到，大连市在全国率先将低保政策覆盖到全体城市居民，其政策执行过程中出现的问题对全国推行城市最低生活保障制度具有前瞻性。因此，中心决定接受大连市民政局的委托，并对大连市的低保制度进行跟踪研究。

2. 研究方案检讨：专家访谈和居民走访的调研方式，在形式上直观、透明，在内容上简约、有效，增加了委托方对研究质量和政策设计成效的预期

近年来，学术界对研究方案的检讨比较集中于研究的价值取向。一种观点认为，研究者们各自的价值观念介入了对问题的分析与评价，从而损害了成果应用的客观性，因为科学家们的价值判断既反映在问题的提法上，也反映在与研究结果相联系的政策制定上（Nowotny，1987；Rein，1980：361 – 368）。但是，现在另一种观点逐渐占了上风，尽管社会科学家们按照他们自身的价值观念、理论、变数选择和方法论来定型他们所考察的世界，但并不会降低社会科学研究的价值（Nadia，1999）。在课题组关于大连市低保制度的研究中，研究方案设计直接反映了研究发起人的目的和需求，即加强低保政策运行管理，保障社会公平。因此，研究发起人的正当价值选择和课题组研究人员的价值中立，保证了研究结果和政策设计的公正性。

研究方法的选择是研究评估的核心，采用什么方法常常与研究试图回答的问题有关（Weiss，1998b）。一些研究指出，采用定量方法的研究可能比采用定性方法的研究吸引更多的注意力（Frenk，1992：1397 – 1404；Leviton & Hughes，1981：525 – 548；Green，1996：S11 – S17）。然而，不管是定量方法还是定性方法都各有所长、各有所短，适用于不同的目的，两者在一定程度上需要相互补充。在大连市社区公共服务社的研究案例中，出自发起者和研究者共同努力的研究方案得到了双方的认可。无论是大连市民政局还是课题组都十分清楚，研究成果的预期应用效果是研究获得成功的最终评判标准。主要评判者除了研究的发起者和承担者之外，还应包括政策对象——低保人员和社区相关居民。除了关注调查的主要问题

之外，大连市民政局也重视对具体调研方法的评价。课题组采用的专家访谈和居民走访的调研方式，在形式上直观、透明，在内容上简约、有效，增加了委托方对研究质量和政策设计成效的预期，课题研究因而得到了民政系统、相关基层政府和社区居民的认可和大力支持。

二　研究的执行

社区公共服务社的政策研究从 2000 年 5 月开始调研，到 2003 年初试点社完成民主选举（跟踪研究仍将继续），其间相应政策研究的进程可以分成 4 个阶段。

1. 第一阶段：2000 年 5～11 月，政策调研与初步政策建议

2000 年 5 月，课题组赴大连调研最低生活保障制度时发现，失业下岗职工的隐形就业和隐形收入成为阻碍低保政策公正实施的最大障碍。为解决收入甄别问题，课题组提出了以社区为单位，将有劳动能力的低保人员组成一个非营利公司，实行以工代赈，并通过组织管理低保人员的方式，筛除隐形就业和隐形收入者。同年 6～7 月，在市民政局的动员和帮助下，西岗区民政局向市民政局和西岗区政府提出试点工作的实施方案。试点的目标一是"加强社区低保工作管理，准确掌握低保对象家庭收入及再就业情况"，将具有隐形收入的人筛选出去，以"杜绝保障资金的浪费，促进社会稳定"；二是使有劳动能力的低保人员参加公益性劳动，承担"享受保障待遇所应尽的义务"；三是"在为低保对象提供物质援助的同时提供精神援助"。

2. 第二阶段：2000 年 11 月～2001 年 5 月，政策试点与试点评估

2000 年 7 月开始，在市民政局、西岗区政府的支持和社会保障课题组的监控下，在工人村街道开始有劳动能力的低保人员参加的社区劳动组织的试点工作。工人村街道试点的基本做法是：①入户调查，重新编制有劳动能力的低保人员登记表，确定政策对象；②以街道街政科为指导，社区居委会具体组织有劳动能力的低保人员参加社区公益活动和公共服务，每周不少于两次、每次不少于两小时，每次活动签到，一个月内累计三次无故不参加活动者，视为已隐形就业或有其他收入来源而自愿放弃最低生活保障；③街政科、劳动服务站与居委会共同努力，帮助参加组织活动（后

被命名为社区公共服务社）的低保人员再就业。

2001 年 5 月，中国社会科学院社会学研究所社会政策研究中心社会保障课题组赴大连调研一周，对试点进行评估，随后完成的评估报告认为，工人村街道的社区公共服务社试点不仅实现了民政局甄别低保对象的目的，而且有效改善了低保人员的福利状况（课题组，2001）。

3. 第三阶段：2001 年 6 月~2002 年 6 月，政策推广及评估

2001 年 5 月底，大连市政府发布 40 号文件，在全市推广社区公共服务社。至 2001 年底，城区 85 个街道全部建立了社区公共服务社，其他区、市、县至 2002 年 3 月全部建立了社区公共服务社，其间并入的街道（原乡镇）在 2002 年 6 月底前全部建立了社区公共服务社（葛道顺，2002）。

在政策推广阶段，2001 年 7~8 月，联合国教科文组织 MOST 项目将该政策制定及推广过程列为"社会转型管理"的案例加以研究。MOST 案例报告不仅肯定了这种组织创新的社区管理方式，而且对创建社区公共服务社的研究和政策决策过程进行了充分的探讨（葛道顺、杨团，2001）。同时，MOST 案例研究的过程也是政策研究者和市区各级民政主管、区街政府官员、社区工作者及公共服务社社员交流、沟通的过程，这对社区公共服务社的研究和发展起到了积极的促进作用。

4. 第四阶段：2002 年 7 月至今，政策体系建设与组织增权

作为完善最低生活保障制度的结构设计，社区公共服务社的发展需要更大范围政策体系的包容。随着政策推广及其组织结构和功能的发展，社区公共服务社已经超出了最低生活保障制度体系的框架。对边缘困难劳动者的社区组织而言，除了最低生活保障制度之外，社区公共服务社的持续健康发展还需要社区社工（Social Work）促进政策（杨团、葛道顺、占少华，2002）、社区推进第三部门发展制度、社区促进就业政策、社区整合社会保障制度（杨团、葛道顺，2002a），以及政府对社区管理方式的变革等一系列制度体系的创新与融合（杨团、葛道顺，2002b）。从某种意义上说，社区公共服务社的全面发展牵涉城市基层社会结构的变迁，与城市社区权力和资源配置方式的变革直接相连。

组织增权是社会保障课题组总结试点经验提出的与制度体系建设并行的另一重要发展任务。在试点中发现两个方面的问题：一是街道有关部门过度使用社员劳动力；二是大部分社员缺乏必要的法律和市场知识，在有

偿性劳务中不能维护报酬权利。社会保障课题组与大连市民政局商议相应开展了两类社区公共服务社的培训①，一是社区公共服务社各级管理者的政策培训；二是社员权利与创业培训。通过培训不仅迅速提高了各级管理者的政策水平和管理水平，而且增强了社员的权利和创业意识。课题组和工人村街道继续合作，在社员之间组织了不同类型的经济互助合作小组，通过物业管理、家庭保洁、洗车等创业项目，帮助社员通过劳动互助获得增权的经验。

社会工作理论一般认为，增权并不是"赋予"案主权利，而是挖掘或激发案主的潜能，因为权利很少能被送到案主手中（Parsons, Jorgensen & Hernández, 1994）。但是笔者认为，在发展中国家，社会政策的逻辑不应该停留在如此微观的视角，除了激发案主的潜能，社会政策更应该通过组织化、制度化、政治化等途径赋予权利。大连社区公共服务社对低保对象的增权始于组织化，组织起来就是增权，一个法人拥有比一个自然人更广泛的权利，如组织起来的法人即增添了平等的市场主体和民事主体权利。制度化就是要建立政策体系，形成社会制度，这是目前大连社区公共服务社继续试点的主要任务。政治化是大连社区公共服务社推广的方向，在意识形态和立法的高度调整资源配置，赋予弱势群体相应权利。大连社区公共服务社在组织化的同时，受到制度化鼓励，试点社工人村社区公共服务社在 2003 年 1 月完成了民主选举，经过社员大会竞选出了负责日常社务的副社长和管理小组，开始了组织化过程中走向自我治理的进程。

三 研究成果与传播

1. 研究成果

社会保障课题组关于大连市社区公共服务社的研究是一项政策性研究与设计，其研究成果包括理论研究成果和政策设计两个方面（见表 1）。由于实验研究尚在继续，故这些成果都是阶段性的。

---

① 社区公共服务社的培训得到亚洲基金会（香港）的资助。

表 1　理论和政策研究成果

研究和政策阶段	理论研究成果	政策设计成果
政策调研和初步政策建议	·组织化甄别低保对象 ·组织化与消除社会排斥 ·最低生活保障制度的治理机制 ·社区社会保障的新范式 ·组织化增权、赋予式增权	《大连市社区化的最低综合生活保障制度方案》 《大连市西岗区完善社会保障制度体系试点方案》
政策试点与试点评估		《大连市社区公共服务社设立方案》 《大连市社区公共服务社设立方案的说明》 《大连市社区公共服务社章程》 《大连市社区公共服务社管理细则》
政策推广与评估		《关于社区公共服务社试点评估报告及政策推广的政策建议》
政策体系建设和组织增权		《关于在社区设立社工岗位的政策建议》 《关于进一步发展社区公共服务社的政策建议》

关于政策设计的成果集中在关于社区公共服务社的组织设计、管理细则、推广策略以及相关的社会保障制度的完善建议等方面。试点后发现社区公共服务社不仅发挥了"甄别和门槛"的作用，而且可以给社员提供"精神保障"，参加社区公共服务社之后，大多数低保人员的精神状态有明显改善（葛道顺、杨团，2002）。

社区公共服务社研究的理论意义表现在为社区提供了新的组织方式，为社员提供了参与社会的渠道和规则。在与社会的交流与互动中，社员重新找到了自己的位置和行动策略。社员组织化后可以通过学习、培训、劳动重建社会网络，通过公共服务社参与社区服务可以重新获得社会资本，消除社会排斥（杨团、葛道顺，2002c）。

2. 研究成果的传播与交流

国外的研究普遍认为，研究成果的传播与交流和它的应用之间存在显著的关系（Fraquhar，1996：S44 - S49；Green & Johnson，1996：S11 - S17；MacLean，1996：S40 - S43；Patton，1996；Lipton，1992：175 - 188）。不少研究指出，系统传播途径的缺乏成为研究成果得不到应用的一个主要因素（MacLean，1996：S40 - S43；Patton，1996）。但是，更加可能的原因是人们对研究成果的传播往往不够重视。正如弗雷克拉等人所言，和研究评估的执行（如设计和执行）与寻找新的知识相比，人们往往不会优先考虑研究成果的传播与交流，并赋予后者更多的精力和资源（Fraquhlar，1996：S44 - S49；Green & Johnson，1996：S11 - S17；MacLean，1996：S40 - S43）。既然政策和方案的改革是大多数社会项目研究的目标，选择适宜的交流和传播策略应当是评估研究的重要手段。寻找能够克服结构性障碍的途径将研究成果传递给实际的决策和政策制定者，可以提供最大化应用研究成果的机会（Nutbeam，1996：18 - 23）。

课题组非常重视研究成果的交流与传播。主要表现在：第一，对研究发起者直接面对面传播政策设计的理念。在研究过程中，课题组使用了包括演讲、座谈会、书面报告等专业性的传播方式与大连市民政局主要官员交流意见和看法。在这种合作式的研究过程中，口头传播在交流关键性的理念、吸引政策制定者方面非常有效。第二，对学术同行及时提供研究成果，并接受质询和讨论。研究成果和政策建议在中国社会科学院社会学研究所社会政策研究中心的专业网站上公布（网址：http://www.social-policy.info），全国社会政策研究方面的知名学者都是该网站专家委员会的成员。研究成果在学术同行中引起了广泛的讨论。第三，将研究成果不失时机地传递给潜在政策制定者，为政策推广打下良好的基础。将社区公共服务社的政策试点成果在辽宁省民政局局长工作经验交流会、全国民政工作会议上介绍给与会的各级民政系统官员，从民政部主管部长到各省市的民政官员都对该成果和做法表示了赞赏。截至2003年1月，已经有沈阳、哈尔滨、上海、宁波等10多个城市的有关人员到大连市民政局考察，北京、上海等地方民政局也采用了组织有劳动能力低保对象参加社区公益劳动的管理方式。

四 研究成果的应用

在最低生活保障制度方面，以往的研究和政策建议侧重于对最低生活保障线的度量和津贴发放，很少涉及资格甄别和缓解社会排斥问题。甄别隐形收入更是全世界社会救济制度面临的一个难题（林毅夫，2003）。社会保障课题组关于大连市社区公共服务社政策的研究和设计，通过低保人员自治性组织的自我监督、自我管理、自我服务功能，不仅实现了资格甄别，而且缓解了社会排斥。它代表了一种新的学术观点，即有效的社会政策是政府目标与社会目标的有机整合。

1. 成果应用的模式

研究应用的模式可以分为两大类，一类体现着研究和政策之间的一种单向的、理性的关系；另一类体现出在研究结果、问题界定和政策解决方案之间存在一种比较随机的相互作用关系（Nadia，1999）。如韦斯（Weiss，1986：274－282）提出6种研究应用的意义范式，其中"寻求解决问题"和"由知识驱动"这两种应当说是与一种比较理性的政策制定方式联系在一起；另外4种（相互作用模式、政治的模式、策略模式和启示模式）则意味着一种比较复杂的、非理性的政策规划过程（Nadia，1999）。第一种模式提出一种直截了当的关系，它利用研究成果来解决问题，意思是把一项社会科学考察的结果直接应用于一项即将做出的政策决定。这种模式之所以可能，是由于政策制定者和研究者对于所期望的最终状态有一种共识，而且该项研究确实有助于识别和选择达到这种状态的最佳方法（Nadia，1999）。

大连市社区公共服务社的研究，从实质上看，非常符合韦斯提出的"寻求解决问题"的研究应用范式和纳迪亚（Nadia）对研究模式的评价，即直接利用研究成果来解决问题，在完善低保制度研究与推广社区公共服务社政策之间体现着一种理性的关系。

2. 成果应用的定义及评判

何谓社会科学的研究或如何评估结果的应用，不同的当事者有不同的看法（Cook & Pollard，1977：161－164；Weiss，1982：17－41；Leviton & Hughes，1981：525－548；Frenk，1992：1397－1404）。对研究成果的应用存在不同的水平和阶段，一些成果应用能够在短期测量出来，其他的只能靠时间来验证（Rich，1997：11－24；Weiss，1986：274－282）。如工具性应用，可以被及时、直观地观察到；而理念性应用因具有滞后的、扩散的特点而不易被观察到。韦斯指出，新的研究发现开阔了应用者的眼界："项目官员和决策制定者获得思路和见识；掌握不同方案的优势和短处。当遇到有利的组织条件时，他们能够通过工具性应用来实现概念性判断"（Weiss，1986：274－282）。可见，虽然研究成果的应用并不神秘，但当人们试图精确测量它的存在时，却并不能轻易实现，而阶段分析方法常常发挥作用。

由韦斯和布克维拉斯（Weiss & Bucuvalas，1980）提出的阶段分析方法将有助于指导我们评价从课题立项到目前大连市社区公共服务社研究成果和政策建议被应用的效果，该方法的特点是每7个阶段完成一个主题研究成果应用的良性循环，并以新的主题研究开始更高水平的政策应用。

表2　社区公共服务社研究的阶段分析

序号	韦斯阶段分析方法	社区公共服务社的研究与政策应用阶段分析
1－1	提出一个研究成果	提出了组织甄别低保对象的方法
1－2	起草新的政策和方案	起草了完善最低生活保障制度方案并实施试点
1－3	评估不同的抉择方案	评估并肯定了社区公共服务社试点的有效性
1－4	改进现行的方案	推广社区公共服务社，改进最低生活保障制度
1－5	动员各方面力量的支持	动员政府各部门、慈善机构、企业以及居民支持社区公共服务社的发展
1－6	改变原有的思维方式	形成了积极保障的新思维，改变了低保对象只能被动接受救济的旧观念
1－7	计划新的研究	计划新的研究和试点：社区公共服务社的增权与自治
2－1	提出一个研究成果	社区公共服务社的再发展需要增权与社工介入
2－2	起草新的政策和方案	起草了增权和社工介入的政策方案，并实施试点

　　对照韦斯和布克维拉斯的阶段分析方法，社区公共服务社第一主题"组织甄别低保对象，改进最低生活保障制度"的研究成果已经被大连市民政局完整应用，目前正在开展第二主题"社区公共服务社的增权和自治"的研究和政策试点。毋庸置疑，作为研究发起者和政策制定者，大连市民政局（包括西岗区民政局）实质上采用了社会保障课题组的研究成果和政策建议，即通过组织甄别低保对象，改进了最低生活保障制度，转变了思想观念，而且在政策应用的基础上发起了新主题研究和政策试点。可以说大连社区公共服务社的研究与政策应用和韦斯教授关于社会科学研究应用的阶段分析方法是一个相互验证。

　　3. 成果应用的变异及缘由

　　完整的政策应用并不是指政策制定完全照搬研究成果和政策建议，在大多数情况下，政策制定必须对由理论框架推导出来的概念性的研究结果进行操作化的调整和补充。工人村街道的试点方案和社会保障课题组最初的研究成果和政策建议相比存在以下三方面的调整和改变。

　　首先，最初的政策建议不仅提出了组织有劳动能力的低保对象参加社区集体劳动的思路，而且还提出了与之相适应的社会保障资源重新配置的整体思路，即政府将低保津贴以及下岗生活费、失业保障资金总额拨发给社区，由社区统一组织有劳动能力者参加社区公共服务，将救济金转化为他们在社区上岗的劳动津贴。但是，由于地方政府没有改变这些保障资金性质和发放程序的权力，所以，大连市民政局没有全盘采用社会保障课题组的最初研究成果和政策建议。

其次，最初的研究成果和政策建议提出成立非营利公司，试图借用企业化管理方式来提高这个新组建的社区公共组织的运行效率。而在试点方案中考虑到社区公共服务社是个政策性的新组织，运行效率问题并不突出。更重要的是，在试点中发现：社区公共服务社沉淀下来的社员构成了劳动者中的边缘性弱势群体。要求他们通过公司性组织实现完全就业几乎不可能，他们不但需要物质援助和精神保障，更需要融入社区。因此，一种公共服务组织对他们是更加合适的。

最后一个变动在于谁来负责这个组织，原政策建议是社区服务中心。因为社区服务中心是城市社区中主要的公共服务和私人家庭服务供求的集散地。在工人村试点中没有采取这个方案，而是由区民政局直接指挥街道民政助理，请街道办事处和居委会做协调，自办了一个无主管单位但由街道办事处街政科代管的新组织，这有利于试点方案的快速进行。

政策应用在实践中的变异具有单项突进的特点。这个特点使得试点效果特别明显，如甄别效果立竿见影。这个特点也带来了人们对未来前景的隐忧，特别是公共服务社的财政支持问题，迄今已成为可持续发展的主要难题。为解决这个问题，有些街道已经在尝试将社区公共服务社与区街的社区服务中心的功能衔接起来，也有街道尝试将社区公共服务社建成企业性机构。总之，公共服务社在政策尝试中不断试错的过程，可以视为对阶段性和程序性研究成果的修正。

五　影响成果应用的主要因素

有三类形式的社会科学研究可能比其他形式的研究更有利于加强研究者与政策制定者之间的联合，它们是：研究结论提出一种新的、明确而易于理解的观念；提供决策所需要的经验性证据；支持某个特定的论点或拥护某种立场（Nadia，1999）。在此，纳迪亚分析了社会科学研究本身的特性对政策应用的影响。实际上，影响研究成果应用的因素不但量多面广，而且在不同的政治和文化背景中表现也不尽相同。影响大连市社区公共服务社研究成果应用的因素既表现出与其他研究相同的一般特征，如研究模式、当事人的特征及相互的合作关系、研究成果的传播与交流方式、研究成果的积极或消极特性等，同时也表现出中国政治和文化因素的个性影响。

1. 研究成果转化为社会政策的促进因素

关于社区公共服务社的研究成果和政策建议能否迅速转化为政策实施，取决于政策制定者和研究者在问题解决导向基础上的高度合作和相互信任。可以说，这是中国特色的政府行政力量驱动的应用模式。因此，讨论研究成果的政策应用的促进因素就不能不考虑中国特有的政治文化背景。就本案例而言，促使大连市社区公共服务社研究成果转化为政策的主要因素有以下几个方面。

（1）富有激励的政治背景。不少研究发现，研究的外部特征，如政治背景，和研究本身的特征一样，影响研究成果应用的可能性（Rich，1997：11 - 24；Nutbeam，1996：18 - 23S；Lipton，1992：175 - 188；Frenk，1992：1397 - 1404；Weiss，1977）。政治因素不仅对研究的设计和执行，而且对研究成果将受到注意的程度有重要的影响（Weiss，1998a：21 - 33）。韦斯教授进一步指出，研究在具体社会政治背景中执行，具体项目代表着不同的人、不同的思想、不同的价值观和不同的政治意图，意味着它的影响因素远远超出简单的提供服务和中介咨询（Weiss，1991）。本研究发现，政治背景的影响力在单一政治结构的中国表现得更加明显。它不但对研究的发起，而且对研究成果的政策应用起着主导作用。大连市是辽宁省最低生活保障、生活保障（各种人员大量进入社区）和社会保障管理试点城市，而辽宁省是全国社会保障改革的试点省份，大连市的社会保障改革必须走在全国的前列。这一独特的富有激励的政治背景为大连市民政局的开拓进取提供了持续的动力。民政系统坚持以实践为检验真理的准绳，不断推进组织创新、政策创新和制度创新。几年来，大连市政府先后突破了全国性政策标准，创立了"四位一体"①的最低社会保障制度、经常化捐助的政府专门机构管理制度②等。可以说，政府职能部门的开拓创新为社区公共服务社的创立和发展提供了基本保证。

————————

① 指在单一差额救济的基础上，大连市创造性建立的以定期差额救济制度、定期定额救济制度、临时性救济制度和突发性救济制度为主体，以一户一策、行业援助、社会互助和经常性捐助为补充的"四位一体"多元化的城市居民最低生活保障模式。

② 大连市建立了公务员编制的政府经常化捐助管理办公室。

该研究和政策应用最直接的动因是 2000 年 4 月底，国务院总理朱镕基在大连视察社会保障试点工作时肯定了大连市由街道规划、居委会组织落实的下岗失业者及其他居民贫困者的最低生活保障工作的做法，朱总理因此提出要建立一个独立于企事业之外运作于社区之中的社会保障体系，重点解决下岗、失业职工的生活保障问题。完全可以想象，科层制结构中的最高长官的指示对基层社会保障工作的无穷推动力。5 月份大连市民政局即邀请中国社会科学院社会学研究所社会政策研究中心社会保障课题组评估大连市城市居民最低生活保障制度，从而发起了社区公共服务组织的研究和政策应用。

（2）合作性的研究方式和解决问题的研究策略。一些研究发现，合作性研究模式的成果被政策应用的可能性更大，因为在这类研究中，研究者和政策制定者直接参与了知识创新、优先和关联性因素的设定以及研究成果的传播等过程（Patton，1988：5 - 24）。帕顿又进一步指出，合作性的研究模式促进了"有倾向应用者的倾向性应用"，最大化了由知识创新到知识应用的直接路径，因为合作者，包括应用者，都参与了研究和政策设计行动（Patton，1996）。在当今中国，由政府机构发起、研究机构具体执行研究的合作方式是社会科学研究成果得以政策性应用的主要途径。关于大连社区公共服务社的研究具有典型的政府与研究机构合作的特征，大连市民政局作为研究发起者提出了明确的研究目标和需要解决的具体问题，中国社会科学院社会学研究所社会政策研究中心社会保障课题组作为研究者执行实地调查、比较分析和专业性判断。在调查研究和政策设计过程中，作为政策主要制定者的大连市民政局和西岗区民政局及工人村街道相关负责人自始至终一直是重要的参与者，他们不但提出了主要问题和研究所要达到的目标，而且还直接参加了问题讨论和相关方案、制度设计。在研究过程中，双方进行了充分的沟通与交流。作为研究发起人和政策制定者的大连市民政局对研究结果的良好预期无疑促进了政策应用。

当然，并不是所有的合作性研究都能促成研究成果的政策性应用，其中的关键是合作性研究必须采取解决问题的策略（Weiss，1986：274 - 282），社区公共服务社的研究是一个很好的证明。大连市民政局发起研究的直接目的是甄别低保对象，以进一步完善低保制度，这决定了社会保障课题组的研究和政策建议的策略的目的，即解决现行政策运行中遇到的具体问题。为了解决筛除隐性就业与收入者的难题，社会保障课题组经过调查，提出了把低保人员组织起来，成立社区公共服务社的政策建议，让低保人员二者选其一，要么留在服务社，享受低保，要么离开服务社，放弃低保，使隐形就业和收入公开化。大连市民政局认可并采用了课题组提出的解决问题的办法，经过试点，社区公共服务社在全市推广。

（3）研究成果的政策实用性和可操作性。韦斯指出，"寻求解决问题"的研究范式中，有关的研究考察报告必须表达得干脆利落，易于理解，而且必须就研究结果对于解决现实问题有何意义提出综合全面的意见（Weiss，1986）。实际上，在这里韦斯强调的是研究成果必须具有政策实用性和可操作性。

在对大连市民政局主要官员的访问中发现，作为政策制定者和具体执行者，大连市民政局认为政府委托项目的研究结果应当具有实用价值和可操作性才可能被政策应用，具有实用价值的调查研究报告必须包含明确的建议、可操作的具体方法、对行动目标有直接的意义而且适用于现行的各种政策法规。社会保障课题组对社区公共服务社的研究，很好地区分了理论研究和政策研究的不同价值取向，并采取了理论和政策两套不同的话语体系来表达研究成果，其中政策话语的表达简单易懂，易于被接受。

为了获得社区公共服务社政策设计对现有政策法规的嵌入性，社会保障课题组在试点方案中调整了以工代赈和非营利公司的思路，认同了现有的组织社员参加学习培训、公益活动和其他劳务合作的组织方法。这种方法不但使政策执行者——街道和社区便于执行，而且对政策制定者——大连市民政局和区街政府的治理目标具有直接意义，主要表现在三个方面。①有利于低保人员重新加入社区、参与社会。本研究通过调查发现，失去单位制保护而赋闲在家的低保人员，迫切希望通过组织方式回归社会，因此他们对社区公共服务社的认可和参与程度非常高。②有利于基层政府组织开展低保工作。过去，街道办事处（社区）和低保对象之间是直接面对面的管制与被管制关系，相互之间滋生着一种抵触情绪。而通过自组织方式和规范，低保人员有了自我行动参照和评价标准，和街道办事处（社区）相关管理人员面对面的直接冲突大大减少。③有利于市政府进一步完善低保制度。筛除有隐形收入者一直是困扰低保制度执行的一个难题，国家民政部要求的家庭收入调查加公示制度受到诸多因素的制约而难以达到最优（葛道顺、杨团，2002），而通过社区自组织方式却可以弥补其中缺陷。不难看出，这是一个对政策制定者、政策消费者和政策执行者各方都有益、让多方共赢的政策建议。

（4）试点的成功超出政策制定者的预期。现有的研究反映出研究的结果（如积极的或消极的发现）同样可能影响政策制定者对研究成果的应用（Weiss，l998b；Oh，1997：25 – 55；Lipton，1992：175 – 188）。例如，一些研究发现，当研究成果和决策者的信念和思想相对立，或者不能为决策者认为适当并为已经倾向于实行的特定行动方案提供佐证时，研究者提出的研究成果便很少可能得到应用（Weiss，1991）。而在一系列判断研究结果是否符合应用者期望的变量中，能够促进政策应用的主要因素如下：研究结果支持应用者的立场，且与应用者现有的知识一致，并与应用者的思想和价值观念不相矛盾。社会保障课题组提出的组织甄别的方式在理论推理上能够达到政策目的，但是在政策执行层面突破了现行的无需承担义务即可享受低保救济的原则。组织甄别的方式实际上强调了权利 – 义务对等原则，要求在享受低保救济的同时需要参加一定的公益活动，承担相应的社会义务。这个突破需要试点来检验，也决定了试点政策的首要目的是管制低保对象，设立低保门槛，促使他们在享受低保和（隐形）就业之间二者择其一。因为出于管制目的，大连市民政局甚至担心低保人员会抵制参加社区公共服务活动。

但是工人村街道试点的成功超出了民政局的预期。绝大部分有劳动能力的低保对象对参加社区公共服务社的活动态度积极，他们踊跃参加集体活动，包括学习、培训、公益劳动等。社区公共服务社得到了真正的低保对象的认同、接受和欢迎。这是政府求之不得的。另外，随着试点工作的推进，民政局还看到了社区公共服务社在即将实施的"星光计划""经常化捐助""政府购买岗位"等大连市社区发展项目中所能发挥的作用。民政局主要官员认为这些项目和社区公共服务社关系密切，也就是说社区公共服务社就是民政工作的人力资源库，社区大量的劳务性民政工作和社区建设工作可以由社区公共服务社社员来承担。社区公共服务社对社区团结、社区建设将长期发挥作用。

（5）城市再就业压力成为社区公共服务社的推动力。2001 年 5 月底，大连市民政局通过大连市政府文件的形式向全市街道社区推广社区公共服务社。推广文件要求在全市所有的街道成立社区公共服务社，不仅要把低保对象组织起来参加学习、培训、公益劳动等活动，而且要把实现社员再就业、培育新的经济实体作为发展方向和重要任务。经济实体化是社区公共服务社发展中的一个重要方向，为了获得经验支持，大连市民政局和社会保障课题组 2001 年 8 月开始在沙河口区进行社区公共服务社经济实体化的试点。近一年半的观察表明，30% 左右的社员在政府和社区的帮助下，可以通过提供社区服务获得自立和相当的经济收入。

政策制定者之所以要进行社区公共服务社经济实体化的尝试，其主要的原因来自政府对下岗再就业压力的回应。大连市民政局和沙河口区政府主要官员在接受访谈时表示，促进下岗再就业是大连市各级政府近几年工作的重中之重。2002 年 11 月党的十六大召开前后，中央再就业工作会议和国务院相关部委的工作指示都把促进再就业放到了首要的战略地位，大连社区公共服务社成为促进社员再就业的组织平台。2002 年，在各级政府部门的帮助下，超过 20% 的社区公共服务社开展了有偿劳动，参加劳动的社员每人每月增加收入 70 ~ 270 元，另外，有 1000 余名社员实现了再就业（大连市民政局，2002）。在这场就业竞争中，年龄偏大（男 45 岁以上、女 40 岁以上）、文化程度偏低（初中以下）、缺乏一定劳动技能的失业、下岗人员，如大连市社区公共服务社社员，将很难重新实现充分就业和正规就业。从 20 世纪末以来世界各国的劳动力市场发展规律看，部分时间的、不充分的非正规就业和政策性就业将会成为他们的主要就业方式。根据西岗区工人村社区公共服务社社员的调查资料可以预见，他们中的大部分人不可能通过竞争的方式实现再就业，最终将会沉淀在服务社中，依靠政府的最低生活保障和社会救助保证基本生活，通过非正规就业、政策性就业及自我组织活动获得社会参与和个人的其他社会性需求（葛道顺，2001）。

（6）个人结合面的作用。社会科学工作者和政策制定者之间的个人交流模式，即个人结合面（interface），对政策的制定往往起着关键的作用，特别是在政府治理领域。在相关研究中早有这样的理念，这一理念也借鉴于大多数民主制度的准则，在最好的政府治理制度中，政策顾问可以向政策制定者畅所欲言（肯尼思·威尔特希尔，2002）。大连市社区公共服务社的研究和政策应用体现出良好的个人结合面的架构主要在以下方面。第一，共同的伦理良知。社会科学家和政策制定者对公共利益的态度一致，政策符合公共利益是二者合作的前提。大连市社区公共服务社的研究和政策应用发端于大连市民政局主管官员甄别低保对象的需求，社会保障课题组科研人员的介入也是出于完善最低生活保障制度的动机，双方的目的都是保护大多数低保对象的合法利益，维持社会公正。毋庸置疑，在伦理良知方面，大连市民政局主要官员的进取意识和慈善意识对合作的形成和发展起着关键的作用。第二，及时化解政策制定者的需要和科学研究之间的不对称是个人结合面的工作动力。如何贴近公共利益是社会科学家和政策制定者的分歧所在。如对公共利益的界定、确认、辨认和衡量，社会科学家习惯从既存的理论和价值出发，如"无形的手""功利主义""社会最优选择""公共选择""社会资本"等，试图把个体利益和群体利益统一起来。同时，政策制定者一直在探索决策方法、决策程序和测量手段，应用调研和可行性研究等，并以此方法产生成本效益分析、环境影响评估、社会影响陈述以及国家计划、战略规划等，并以此努力贴近公共利益。不可否认，这些理论和技术对帮助政策制定是有益的，但用它们来代替政策制定就有害了。其中主要的任务是区分目标和手段的关系。富有经验的研究人员会看到并提出和研究与潜在应用者有关的重要问题，以进一步协调二者的目标。研究者和决策者同时追寻的目标将增加研究成果政策应用的可能性（Weiss，1998b；Patton，1996；Cook & Pollard，1977：161–164）。社会保障课题组主要研究人员，特别是项目主任和具体执行人十分注重和大连市民政局主要官员的信息交流和人际沟通，多次成功化解了至关重要的分歧，如关于社区公共服务社的组织活动方式、甄别条件、政策推广的意义认识和生命力的评价、有偿劳动和经济实体化的发展方向选择、社员培训和增权等方面的不同观点，不断推动社区公共服务社向前发展。第三，政策运作方式民主化促使了个人结合面的持续优化。在大连，政府行政方式和政策制定模式的社会化、民主化变革均走在中国改革的前列，大连市委、市政府关于把大连市建设成"学习型城市"的战略规划对促进该研究和政策应用课题形成良好的个人结合面具有指导意义。研究更加容易得到市委、市政府的认同，也更加能够吸引政策对象——低保对象和社区居民的积极参与，这使研究的不断推进和个人结合面的持续优化获益匪浅。

2. 研究成果转化为社会政策的阻碍因素

韦斯、帕顿、利普敦等学者的研究着重分析了研究过程的特性，如研究的模式、研究中的沟通；研究结果的特性，如研究结果的积极与消极特性；研究者和政策制定者的特性，如研究者的沟通、谈判及其团队工作技能、政策制定者拥有的决策权力和专业背景知识，都会影响研究成果的政策应用（Weiss，1986；Patton，1988；Lipton，1992）。但中国是政府对社会宏观管理和利用社会科学研究成果进行决策的水平还不高的发展中国家，从本案例的研究来看，阻碍研究成果政策化应用的因素主要来自政府系统不对称的权力资源架构，政府治理的保守意识、功利心理及其相应的行为。正如大连市民政局官员在接受研究访谈时表示，对现实问题的认识、政治价值及风险的评价和政府职能的分割是最主要的政策推广障碍。

（1）行政系统对社会组织的潜在排斥。作为一党执政制政治结构的国家，中国行政系统一度对各种非政府组织的存在和发展存在戒心。因此，党政各级系统都有部分官员对社会组织谨慎待之。开始大连市民政局及有关区、街政府部分官员在试验社区公共服务社之前，对成立一个低保人员组织的性质和作用心存疑虑，他们不但担心低保对象消极抵触参加学习及社区公共服务活动，而且更加担心出现政治风波，甚至防范低保人员形成组织后对抗政府。

选择政策试点街道社区时，这种防范的戒心对研究成果的政策性应用的阻碍作用表现得比较明显。不少街道、社区主要领导不愿意成为试点单位。确定西岗区作试点后，具体街道和社区也难以落实。直到大连市民政局和西岗区政府出具专门文件，表示不追究试点失败的后果和影响，工人村街道才同意在本街道进行试点。

本案例研究调查时还发现，试点政策在全市推广后，包括西岗区和沙河口区都有相当数量的官员在内心怀疑社区公共服务社这种基层社区组织对社区发展和社区保障的作用。他们强调政府应对低保对象加强管制，对社区公共服务社加强监管，防止一些低保人员利用社区公共服务社达到不正当目的。行政系统对民间组织的这种排斥是长期社会管制造成的后果，其消极影响必定不能在短时期内消除，也必定成为推进社区公共服务社自治发展的研究成果转化为社会政策的阻碍因素。

（2）功利性价值和行为取向。对西岗区和沙河口区街道主任的问卷调查反映出，一些街道办事处工作人员认为，社区低保人员的自治性组织及其活动增加了行政管理的负担却看不到行政考核指标的改善，因而不愿做更多的投入促进其发展（葛道顺，2001）。这部分工作人员一味强调社区组织的经济功能，认为如果不能解决低保人员的再就业，或者不能创造经济效益，社区公共服务社就没有存在的价值。特别是一些区政府的相关负责人员，他们只关注辖区的经济增长，对社区组织的社区保障功能没有足够的认识，所以，他们一时难以从实质上真正认可和接受主要对弱势群体承担社会保护和社会保障功能的社区公共服务社。

官员的功利性心理和行为取向与官僚系统科层制的考核、晋升制度的不健全有关。目前的体制偏重考核任职期间的区域经济发展的硬性指标，使得不少官员热心追求短期经济效益，而使得发展社区自治互助组织，增进社区福利，提高社区的保障能力等不在硬性指标考核范围内的工作在主观上受到忽视。这种认识和行为倾向实际上违背了公共利益的原则，在很大程度上影响了课题研究成果应用和政策推广的效率。

（3）政府职能的缺陷和条块分割。大连市社区公共服务社从课题研究、试点到政策推广，一直局限于民政系统现有的工作领域。而实际上在街道和社区，作为社区组织，社区公共服务社的发展所需要的制度环境和条件早已超出了民政救济和民间组织管理的范围。这表现在两个方面，其一是现有民政系统职能的缺陷不能促进社区对弱势群体提供直接帮助，如社工（Social Work）体系的缺位，社会工作者不能进入社区，社区组织的发展就难以在职业人才的帮助下走向专业化，而社区组织如果不能尽快专业化，将难以持续生存和发展（阿特·侯赛因，2003）。其二是政府职能的条块分割使民政系统和劳动、卫生等系统不能协力发展社区公共服务社。一方面民政系统把社区公共服务社当作"内部结构"而限制其组织结构和功能的丰富化和扩大化；另一方面劳动、卫生、工商等部门把社区公共服务社当作"外部结构"而忽视对它发展的资源支持。如前文所述，2002 年 7 月以来，大连市社区公共服务社的发展已经进入了政策体系建设与组织增权的第四阶段，在这个阶段，需要通过政策体系建设来完善社区职能和突破政府职能分割的限制，并在社区平台完成对政府、企业、社区等多方面资源的整合。相对而言，社区公共服务社越是向前发展，如果各种职能不能协力，政策推广遇到的阻力就会越大。

六　结论

通过对中国社会科学院社会学研究所社会政策研究中心社会保障课题组关于完善大连市低保政策的研究和发展社区公共服务社政策建议应用过程的分析，本案例研究认为它首先具有社会科学研究应用过程的一般规律，社区公共服务社的研究与政策应用作为一个案例验证了韦斯、纳迪亚等多位著名学者关于影响社会科学研究成果政策性应用的因素分析。这些因素来自研究者、发起者、政策制定者本身或他们之间的交互作用，来自研究的模式、研究成果及其传播特性，来自政策的重建状态及其丰富的政治背景。

大连市社区公共服务社是地方政府直接促进的一项研究和政策行动产物，它实际上反映出中国社会转型对基层社区建设、社区组织发展及社区社会保障整合的广泛期望和需求。过去，中国是政府职能全覆盖，社会组织的力量薄弱，大量社会工作，特别是社会保障工作在社区难以实施。政府推行的最低生活保障制度耗费大，但效率有待提高。真正需要帮助的低保对象只能得到有限的物质补偿，他们的社会关系、社会资本、个人潜能得不到重建和提高，在社会地位上只能向下流动而走向边缘化。社区公共服务社的研究和政策推广，使广大低保对象能够依靠社区自组织重建个人的社会资本和生活信心。因此，社区公共服务社的研究和政策应用对社区融合、社会结构的转型、社会保障体制的调整具有重要的意义。实际上，以社区为平台整合社会保障体制是中国社会科学院社会学研究所社会政策研究中心提出的基础整合的社会保障体系思路（景天魁等，2001）的一个具体延伸。

关于研究应用的影响因素，该研究集中反映出，在中国这样一个单一政治结构的发展中国家，政治背景因素的影响对社会科学研究及其成果的应用具有十分重要的意义。尤其是对涉及有关社会组织发展、政治力量变革的研究的应用，政治背景因素的影响往往起着主导作用。社区公共服务社的建立和推广不仅进一步完善了低保人员的社会保障制度，而且因为涉及社区自组织的产生和发展，对中国城市社区社会结构和基层政权的变革具有重要的推动作用。

最后，通过本研究也可以看到，在中国由政府一元全面管制向多元治理的社会转型过程中，社会科学研究成果的应用和社会政策规划对进一步完善社会制度、推动社会的协调发展功不可没。所以，有必要呼吁政府部门和研究部门更加紧密地联合起来，为推动社会的持续快速全面发展而共同努力。

参考文献

阿特·侯赛因（Athar Hussain），2003，在中国社会科学院社会学研究所社会政策研究中心社会保障研讨会上的演讲稿，1 月 11 日，未发表。

大连市民政局，2002，《大连市 2002 年低保工作年报》。

葛道顺，2001，《大连市社区公共服务社调查数据报告》，《社会政策评论》内刊，创刊号——大连专刊。

——，2002，《关于进一步发展社区公共服务社的政策建议（附社区公共服务社发展调查报告）》，《社会政策评论》内刊，秋季卷。

葛道顺、杨团，2001，《社区公共服务社为什么能迅速推广》（提交联合国教科文组织 MOST 项目研究报告），《社会政策评论》内刊，创刊号——大连专刊。

——，2002，《应当重视最低生活保障制度执行中的治理机制——兼论大连市社区公共服务社的政策效果》，《中国社会报》1 月 24 日。

黄洪、李剑明，2001，《困局、排斥与出路——香港边缘劳工质性研究》，香港乐施会 2001 年研究报告。

——，2000，《香港边缘劳工近年的发展》，香港乐施会 2000 年研究报告。

景天魁主编，2001，《基础整合的社会保障体系》，华夏出版社。

课题组，2001，《大连市西岗区工人村街道社区公共服务社评估报告》，课题负责人：景天魁，执笔人：杨团、唐钧、张时飞，《社会政策评论》内刊，创刊号——大连专刊。

肯尼思·威尔特希尔，2002，《科学家与政策制定者的新型伙伴关系》，《国际社会科学杂志》（中文版）。

林毅夫，2003，《经济发展和贫困问题》，http://www.ccer.pku.edu.cn，《政策研究简报》第 1 期。

杨团、葛道顺，2002a，《中国城市社区的社会保障新范式》［提交 ILO（国际劳工组织）研究报告］，《管理世界》第 2 期。

——，2002b，《大连社会保障组织创新值得重视》，《中国社会科学院要报》第 4 期。

——，2002c，《社区公共服务社：消除社会排斥的社会政策》，《江苏社会科学》第
2 期。

杨团、葛道顺、占少华，2002，《大连市社区社工岗位试点项目方案》，提交大连市民
政局，未公开发表。

Cook, T. D. & W. B. Pollard, 1977, "Guidelines: How to Recognize and Avoid Some Com-
mon Problems of Misutilization of Evaluation Research Finding." *Evaluation* 4.

Fraquhar, J. W. , 1996, "The Case for Dissemination Research in Health Promotion and Dis-
ease Prevention." *Canadian Journal of Public Health* 87 (Suppl. 2).

Frenk, J. , 1992, "Balancing Relevance and Excellence: Organizational Responses to Link
Research with Decision Making." *Soc Sci Med* 35 (11).

Green, L. W. & J. L. , Johnson, 1996, "Dissemination and Utilization of Health Promotion
and Disease Prevention Knowledge: Theory, Research and Experience." *Canadian
Journal of Public Health* 87 (Suppl. 2).

Leviton, L. C. & E. D. X. , Hughes, 1981, "Research on the Utilization of Evaluations. A
Review and Synthesis." *Evaluation Review* 5 (4).

Lipton, D. S. , 1992, "How to Maximize Utilization of Evaluation Research by Policymakers."
Annals of the American Academy of Political and Social Science 521.

MacLean, D. R. , 1996, "Positioning Dissemination in Public Health Policy." *Canadian Jour-
nal of Public Health* 87 (Suppl. 2).

Nadia, Auriat, 1999, "Social Policy and Social Study." *International Social Sciences Journal* 2.

Nowotny, H. , 1987, "A New Branch of Science." in H. Brooks and C. Cooper, *Sciences for
Public Policy*, Oxford: Reidel.

Nutbeam, D. , 1996, "Improving the Fit Between Research and Practice in Health Promo-
tion: Overcoming Structural Barriers." *Canadian Journal of Public Health* 87 (6).

Oh, CH. , 1997, "Explaining the Impact of Policy Information on Policy-making." *Knowl-
edge and Policy* 10 (3).

Parsons, R. J. , Jorgensen, J. D. , & Hernández, S. H. , 1994, *The Integration of Social
Work Practice*, California: Brooks Cole Publishing Company.

Patton, M. Q. , 1988, "The Evaluator Responsibility for Utilization." *Evaluation Practice* 9 (2).

——, 1996, *Utilization-focused Evaluation: The New Century Text*, Thousand Oaks, CA:
Sage.

Rein, M. , 1980, "Methodology for the Study of the Interplay Between Social Science and So-
cial Policy." *International Social Science Journal*, no. 2.

Rich, R. F. , 1997, "Measuring Knowledge Utilization: Processes and Outcomes." *Knowledge and Policy：The International Journal of Knowledge Transfer and Utilization* 10 （3）.

Weiss, C. H. , & Bucuvalas, 1980, *Social Science Research and Decision-making*, New York：Columbia University Press.

Weiss, C. H. , 1977, *Using Social Research in Public Policy-making*, Lexington, MA：Lexington Books.

——, 1982, "Knowledge Utilization in Decision Making：Reflections on the Terms of the Discussion. " *Research in Sociology of Education and Socialization* 3.

——, 1986, "The Circuitry of Enlightenment：Diffusion of Social Science Research to Policymakers. " *Knowledge：Creation, Diffusion, Utilization* 8 （2）.

——, 1991, *Organizations for Policy Analysis Helping Governments Think*, Newbury Park, CA：Sage.

——, 1998a, "Have We Learned Anything New About the Use of Evaluation?" *American Journal of Evaluation* 19 （1）.

——, 1998b, "Evaluation. " *Methods for Studying Programs and Policies*, Second Edition, Upper Saddle River, NJ：Prentice Hall.

走出生活逆境的阴影[*]

——失业下岗职工再就业中的"人力资本失灵"研究

李培林　张　翼

摘　要： 本文是对失业下岗职工走出生活逆境途径的探讨。以往相关方面的研究主要是关注市场需求和制度安排对就业的影响。本文认为，中国改革所带来的社会变迁，开创了一个社会结构与个体行动互动作用的新历史，在对外开放扩大、市场化转型和经济高速增长的大背景下，面对同样的社会事件，人们有了更大的通过调整自己的选择来改变生活的可能性。基于 2002 年 8 ~ 9 月对辽宁省 4 个资源枯竭型城市约 1000 个样本下岗职工的抽样调查，作者发现，与一般的常规推论相反，在下岗职工的收入决定、阶层认同和社会态度等方面，存在着"人力资本失灵"现象，即下岗职工以往的人力资本积累对提高其收入水平和促进社会态度的理性化不再发挥作用。这是因为随着市场的知识需求和职业结构的变化，下岗职工人力资本积累过程发生了断裂。所以，相应的政策建议是，在千方百计创造更多就业机会的同时，要特别注重对下岗职工转业转岗的培训，以增强其在就业市场上的选择能力，帮助他们走出生活逆境的阴影。

关键词： 失业下岗　人力资本失灵　收入决定　阶层认同

一　问题的缘起

人到中年，对多数人来说，也许意味着事业有成、生活稳定，但对一些特殊的群体，则是一种略带沧桑的悲壮。中国 40 ~ 55 岁这个年龄段的中

---

[*]　原文发表于《中国社会科学》2003 年第 5 期。

年群体，在人生的旅途上大都经历过大起大落的坎坷，因为他们经历过太多重大的历史事件，特别是"文革"中的"上山下乡"，在其人生轨迹中打下了深深的印记。他们中的一部分人，如今又有了从下乡到下岗的经历。在那些下岗失业问题严重的老工业基地城市，流传着"40、50 岁现象"的说法，意为那些年龄在 40～50 多岁的下岗失业职工，往往会因为年龄关系而成为一个再就业特别困难的群体，而摆在他们生活道路面前的，又是养老金有无着落、看病如何缴费、子女的学费是否付得起、高堂父母怎样供养等一系列难题。我们属于这个年龄段中幸运的一群，希望能够以学术研究这种自身的职业方式，来为帮助他们走出生活逆境的阴影提供建设性意见。

在过去相当长的一个历史时期，中国实行国家安排工作的充分就业政策，失业几乎成为陌生的集体记忆。1978 年中国实行市场取向的改革开放政策以后，国有企业实行放权让利试点。初期的改革，几乎表现为一个普遍获益的过程，即参与变革的每个社会阶层，都从改革带来的发展成就中得到实惠，尽管收入的差距开始拉大，但每个社会阶层的收入都在增长，以至这种特征被经济学家概括为"帕累托改革"（Pareto Reform）。但是，沿循放权让利思路的国有企业的改革，一直进展缓慢，城市经济体制改革的发展，更重要地表现为非公有经济的迅速成长。到 1990 年代中期，中国基本结束短缺经济时代，卖方市场转变为买方市场，市场竞争日趋激烈。消费市场的变化，使产业结构的大调整成为必然。在市场化和产业结构调整的双重压力下，国有企业改革开始触动利益刚性的就业保障领域，过去国有企业隐含的富余人员，很快以大量职工下岗的方式凸现出来。在大多数人收入上升的同时，很多下岗职工的生活陷入困境，他们的理解和宽容，成为改革顺利进行的重要条件。

从 1996 年到 2001 年，中国累计的下岗职工有 2500 多万人。到 2002 年，中国失业和下岗人员还有近 1400 万人，下岗和失业职工带来的生活问题涉及几千万城市家庭人口。下岗是中国国有企业在就业体制市场化转变过程中的一种过渡性制度安排，它与失业的定义有差异[①]。就平均情况来

---

① 虽然每一个国家使用的失业概念不尽相同，但国际劳工组织在 1982 年国际劳工大会上给失业所下的定义具有经典意义。其将失业标定为：在调查期内达到一定年龄（转下页注）

看，下岗人员的经济状况略好于失业人员。从 2000 年开始，中国加速了就业体制市场化改革，实行下岗与失业的体制并轨，但这一改革在国有企业和传统产业集中的老工业基地，特别是资源枯竭的老工业基地城市，遇到很多具体困难。2001 年，国家加大财政补贴力度，在东北老工业基地辽宁省进行社会保障改革试点，其中一项重要内容，就是下岗与失业的体制并轨。从 2001 年 7 月到 2002 年 7 月底，辽宁省实现并轨的总人数达到 73.6 万人，其中 2001 年实现并轨的人数达到 52.5 万人，人均领取解除劳动关系的经济补偿金只有 7340 元。到 2002 年底，某些省市已经关闭了所有企业"再就业服务中心"，下岗和失业基本完成体制并轨，今后新的失去工作岗位的职工将直接视为失业。同时，这个过程也在其他下岗问题严重的地区展开，"下岗"将逐步成为一个历史性概念。然而，由于经济增长、产业结构调整、技术和资本的增密以及劳动力供给等多种因素的影响，中国在今后较长一个时期，都将处于就业紧张状况。而且，一旦出现危机事件对经济的冲击，就业脆弱的群体受到的影响最大，例如由于中国非典疫情的影响，1500 万采取灵活方式再就业的失业下岗人员遭到严重冲击，800 万左右在城镇就业的农民工被迫暂时返乡（李连仲，2003）。

二 理论探讨和假设的提出

在过去研究重大社会变迁与个体生活历程关系的传统中，一个重要的理论视角，就是分析宏观的社会变迁对个体生活历程的影响。埃尔德的《大萧条的孩子们》在这方面具有开创性的意义，他分析和描述了 1920 年代初世

（接上页注①）并满足以下条件者：（1）没有工作，即未被雇用同时也未自雇者；（2）具有劳动能力，即完全可以被雇用或自雇；（3）目前正在寻找工作，即已经采取明确步骤寻找工作或自谋职业。在这里，为大多数人所同意使用的"调查期"是一个月（过去的 30 天），倘若调查期不同，得到的失业率就不一定相同。而"下岗"指的是失去了原工作岗位，但仍与原国有或集体企业保持着劳动关系，并在原企业"再就业中心"领取生活费的人。事实上，还有一大部分原国有企业职工，虽然没有进入再就业中心，而是离开了原单位，但也与原单位保持着劳动关系，这些人被称为离岗职工。正因为企业在裁减冗员时灵活地采取了多种办法，所以，许多企业在统计与其保持劳动关系的职工数额的时候，将仍然工作在本企业的职工称为"在岗职工"，将因各种原因离开工作岗位的职工统称为"不在岗职工"。

界经济大萧条对美国那一代孩子生活历程的影响（Elder，1974），周雪光和侯立仁的《文革中的孩子们》，则把这种理论视角引入对中国社会变迁问题的研究，他们通过对问卷的数据分析，测算了 1960~1970 年代"文革"中"上山下乡"对那一代人后来的职业和生活的影响（Zhou，Hou，1999）。这些研究比较侧重于强调社会结构变动对个体生活历程的决定性意义。

我们这里的研究则试图从一个相反的理论视角入手来考察事件史，即注重考察个体的禀赋、意愿和行动对改变自身生活轨迹的影响以及对社会生活的建构意义。因为中国改革所带来的社会变迁，开创了一个社会结构与个体行动互动作用的新历史，在对外开放扩大、市场化转型和经济高速增长的大背景下，面对同样的社会事件，人们有了通过调整自己的选择来改变自身命运的更大可能性。

1. 人力资本对收入地位的意义

在以往的地位获得研究中，就平均情况而言，在决定个人收入地位的诸多个人禀赋中，人力资本是最被强调的一个因素。各种关于社会结构转型趋势的研究结果也表明，随着产业发展的知识化和信息化，人力资本的作用也越来越重要。自从诺贝尔经济学奖获得者舒尔茨阐述了人力资本理论以来，国内外无数的研究都证明：在成熟的市场经济体系中，一个人的人力资本与其工作收入具有正相关关系（Schultz，1971；Becker，1994）。

尽管不同的学者在定义人力资本时侧重点会有所不同，但绝大多数学者都不得不使用这样几个容易获得的指标：第一，受教育所取得的文凭或在全日制学校读书的年限；第二，接受职业培训的时间长短；第三，身体的健康程度。事实上，在缺少后两个指标的情况下，很多学者往往以第一个指标测量人们所取得的人力资本。

社会学家在分析人们的社会地位变化与社会结构变迁的关系时，也将"受教育程度"这个人力资本变量作为最主要的自变量考察。例如，具有经典意义的各种地位获得模型都表明：受教育水平对一个人的经济收入和社会地位的提高起着举足轻重的作用（Blau & Duncan，1967；Treiman & Yip，1989；Erikson & Goldthorpe，1993；Bond & Saunders，1999）。涉及该领域研究的一项近期成果也发现，在中国市场化过程中，人力资本对劳动者的收入回报在逐渐上升（边燕杰、张展新，2002）。另外一项专门考察台湾个人受教育程度对社会经济地位变化的影响的研究，也证明了这种趋向（章英华等，1996）。

然而，我们在对老工业基地下岗职工的访谈中发现，很多具有较高文化程度的下岗人员找工作并不是更容易，或者找到工作后的收入并不比文化水平低的人高，我们把这种现象称为"人力资本的失灵"。造成这种现象的原因，可能是在市场转轨和产业结构改造的大转折时期，会发生劳动力市场"知识技能系统"的改变，从而导致"人力资本的断裂"，即原有的人力资本积累，在新的"知识技能系统"需求中不再明显地发挥作用。就像目前面对迅速变化的就业市场的大学生，虽然都是大学毕业，但由于掌握的"知识技能系统"不一样，通过求职所获得的地位与收入就可能存在天壤之别。雅库波维奇等（Yakubovich & Kozian，2001）在研究俄罗斯市场转型过程中发现，人们在传统计划体制下形成的人力资本，在寻求新的市场就业岗位时出现了迅速"贬值"的情况。赵延东2000年对武汉下岗职工的调查也表明，下岗职工下岗前的人力资本（职称与技术级别），对其再就业质量（新工作的工资收入、职业声望、满意度等）没有产生任何作用（赵延东，2001）。

据此，我们的第一个假设是：在知识技能系统的大转变时期，某些人会出现人力资本对收入地位解释的失灵现象，而"文革"中中断学习的一代，人力资本失灵的情况最为严重。

2. 人力资本对阶层认同的意义

众多社会学的经验研究结果证明，阶层认同（Class Identification）是一个比较复杂的社会现象，深受收入、职业、家庭背景、社会声望乃至年龄、性别等多种因素的影响。一个人主观认同的阶层地位，与收入决定的客观阶层地位之间，往往存在较大差异。如以往的有关社会调查发现，人们对自己社会地位和经济地位的主观感知和定位，常常偏向于中层。在性别区分上，与男性相比，同样收入水平的女性，会有更多的人将自己认定在较低的社会地位上（Beeghley，1996）。

正是这种差异使阶层认同或阶级意识的研究变得格外重要，因为在个人阶层认同和社会态度及行为动机之间，往往存在相关性联系或因果性联系。但不同的社会阶层，社会态度的一致性是不同的，而经受社会压力较大的社会阶层，社会态度的一致性会更高。用奥尔森（Olson，1980）的话说，较小的或具有外部压力的群体，更可能为了共同的利益采取一致的行动。

以往的众多研究提出的假设虽然不同,但比较一致的验证结果是,人力资本与阶层认同之间,存在较高的正相关关系。一般而言,影响人们阶层认同的因素,在传统社会中,家庭背景、身份等先赋性因素所起的作用大,而在现代社会中,则是文化程度、职业等获得性因素所起的作用越来越大。布劳和邓肯在《美国的职业结构》中着力刻画的图景是,教育对人们的阶层归属具有举足轻重的影响(Blau & Duncan, 1967)。章英华等(1996)在《教育分流与社会经济地位》中也指出,受教育水平越高的人,对自己的阶层认同也越高。黄毅志在研究台湾社会人们的阶级认同时也有同样的发现(黄毅志,2002)。

中国改革开放以来社会流动的变化也表明,教育对人们社会地位升迁的贡献在不断增加。可是,考察下岗职工阶层认同的影响因素,我们却发现,"受教育年限"这个重要的获得性因素,对其阶层认同的解释力减弱或消失了。我们在实地的访谈调查中感觉到,下岗职工的阶层认同的一致性较高,但与人力资本的相关性较低。这与我们对进城农民工的调查结果有较大差异——对进城民工的一项研究表明,受教育程度越高,自我认同的社会阶层也越高(李培林、张翼、赵延东,2000)。这可能是因为,下岗职工与进城民工的收益变动曲线是不同的,前者的收益曲线是下滑的,而后者是上升的。

据此,我们的第二个假设是:对于收益曲线下滑的群体,会发生人力资本对阶层认同解释的失灵现象,而且越是收益曲线下滑严重的人群,人力资本失灵情况越严重。

3. 下岗失业与社会稳定的关系

以往的很多研究还发现,失业率的上升会影响社会的稳定。薄一波(1991)在分析新中国成立初期(1950~1952年)失业高峰期的社会状况时就曾坦言:"1950年春夏出现市场萧条、私营工商业经营困难,很多企业关门倒闭,全国14个较大城市工厂倒闭2945家,16个较大城市半停业商店9345家,失业工人逾百万,人心浮动,'失望和不满的情绪在一部分工人和城市贫民中迅速蔓延'。"

另外,无业和失业与犯罪率的关系也经常被提到,"据上海、天津、南京三市公安部门统计,仅1993年7月至1994年6月一年间,在这些地区发生的抢劫、强奸、流氓斗殴等各类案件中,平均有56.4%以上系城镇失业青年和闲散在家的企业下岗职工所为"（汪大海，1999）。有的学者甚至认为，目前对社会和政治稳定威胁最大的大众群体，不是处于最底层的城乡贫困人群，而是失业或下岗的国有企业职工；由于他们的地位同时出现大幅度的绝对下降和相对下降，因此他们的不满最为强烈（康晓光，2002）。李普塞特在论述贫苦工人的政治取向时也曾说道："一个人的经验和稳定感越少，他越可能支持简单化的政治观点，越不可能理解与自己意见不同的人，越不可能支持宽容的基本原则，越可能感到难以领会或容忍政治变革的渐进主义思想。"（李普塞特，1997）

我们在实地调查中发现，尽管下岗职工的社会态度总体上一致性较高，但也存在一些差异，而且这种差异很难单纯用经济地位或在业还是失业来解释。不同城市的调查结果显示，下岗职工中隐性就业的比例达 30% ~ 60%。在我们这次调查的抚顺市，劳动与社会保障局的调查统计数据显示，约有 50% 的下岗职工"稳定"再就业；约 20% 的下岗职工"不稳定但经常"能够找到工作；约 10% 的下岗职工"就业不稳定"并经常失去工作；干脆"什么也没有干"的下岗职工只有 20% 左右。

以往的研究往往把人力资本的提高与社会态度的理性化相联系，我们在调查中却感到：文化程度高，而收入与阶层认同较低的下岗职工，似乎更容易产生社会不满情绪。因为由于人力资本对收入与社会地位解释的失灵，他们对收益下降的不满感受更强烈。

据此，我们的第三个假设是：对于收益曲线下滑的群体，人力资本对收入与社会地位解释的失灵情况越严重，其对现有社会的不满程度就越高。

4. 人力资本与生活发展前景的关系

在日常生活中，一个人的社会位置，尽管存在个人无力扭转的制度性和结构性安排，但随着社会的发展与市场化的深入，凭借个人的知识才能、努力奋斗、机会把握等因素而改变生活发展前景的可能性会越来越大，人力资本最终也会成为一个越来越重要的决定个人发展的因素。当今社会知识技能系统的快速变化，使人力资本的积累呈现为一个终身不断学习的过程，为了避免人力资本的断裂和失灵，就要不断地改善知识结构和提升工作技能。对于普通的下岗失业职工来说，通过某些富有实效的转岗转业培训，提高和转化他们的"知识技能系统"，使其适应于市场的需要，可能是帮助其走出生活逆境阴影的最可行选择。

据此，我们的第四个假设是：在收益曲线下滑的群体中，那些经过转岗转业培训，改变了个人的"知识技能系统"，并使自己的人力资本适应于市场需求的人，更有可能走出生活逆境的阴影。

三 数据与变量介绍

1. 数据来源

为深入研究下岗职工的工作生活状况和社会稳定状况，探讨帮助下岗职工走出生活逆境的途径，我们于 2002 年 8 月下旬和 9 月上旬，分赴辽宁省 4 个下岗职工既集中又难于再就业的资源枯竭型地级市进行调查，这 4 个市分别是抚顺、本溪、朝阳和阜新。调查分为访谈调查和问卷调查两种形式。访谈以开座谈会与入户调查两种形式为主，辅之以其他。参加座谈会的人员，有政府政策研究室、劳动保障局、计划委员会、统计局、工会、妇联、街道办事处、下岗职工集中的企业等单位以及社区的有关负责人和部分下岗职工代表。在入户访谈中，先由社区主任介绍情况，然后选择比较困难的下岗职工家庭入户访问，获得感性认识。

问卷调查采取随机抽样的方式抽取个案。每一个市独立抽样。为了回避以企业为调查单位所造成的选样同质性问题，增加个案选择的区位均衡性，我们首先在当地民政部门提供的社区名册中每城市随机抽取 38 ~ 40 个社区，然后再在抽取的社区中随机抽取 6 ~ 7 名下岗职工作为被访问对象，完成问卷调查。4 城市共访谈 1110 个下岗职工，获得 995 份有效问卷，有效率达到 90%。样本结构性特征的统计描述，请参见文章的附表①。

2. 变量介绍

在分析中我们主要使用问卷调查所得到的数据验证假设。在自变量的使用上，我们在不同的模型中，有时候会将定距变量和定序变量作为类别变量虚拟化处理，有时候会在不分组别的意义上作为定距变量处理。

我们使用的自变量主要是受教育程度（有时以被访问者在学校经历过的受教育年限来处理，有时以被访问者既已取得的学历文凭级别来处理）、

---

① 由于下岗职工的流动性较强，过去的有关调查多数是采取主观抽样。这次调查是迄今为止有关下岗职工的问卷调查中，抽样比较规范、数据质量较好的。尽管只是区域性的调查数据，但本文所着重的有关变量之间相互关系的分析，应当说是具有普遍意义的。

年龄（有时以实际年龄大小做连续性变量来处理，有时又分类为年龄组别来处理）、技术级别、政治身份、性别、有收入劳动的工作时间等。

我们在研究中设计的因变量分别是：下岗前月工资收入、下岗后再就业月收入、自我感知的社会地位——"阶层认同"和"不稳定状况"。这里需要说明的是："阶层认同"和"不稳定状况"属于主观变量，来自下岗职工的自我感知。"阶层认同"的问题是这样设计的：如果将全社会的人群分为高低不同的6个阶层，您认为自己属于哪一层？给出的选择是：上上层、上下层、中上层、中下层、下上层、下下层。自赛特斯开创性地使用这一调查内容以来，它已成为社会分层研究的一个经典性的题目①。"不稳定状况"也是一个主观性问题，是"对参加集体上访的态度""对社会公平程度的评价""对干群关系的评价""对当地经济景气程度的感知""对下岗失业问题缓解时间的感知"等相关性很强的一组变量的因子合成。

四　研究过程和结果

1. 收入决定中的"人力资本失灵"

下岗职工下岗前的收入，无疑会受到很多因素的影响。比如说，在企业层次上，会受到企业盈利率、企业工资水平和行业收入差距的影响；在个人层次上，会受到工作岗位、工龄长短、加班多少等的影响。我们的研究假设关注的是人力资本对收入获得的影响，即对于下岗职工而言，其下岗前和下岗后的收入状况会发生什么变化。

从表1可以看出，我们以最小二乘法所做的线性回归模型，反映了人力资本对被调查者收入的影响。在这里，"性别"和"是否党员"对下岗职工下岗前和下岗后的收入，都具有显著影响意义。男性的收入高于女性，党员的收入高于非党员，这在其他调查中也有所验证（边燕杰、张展新，2002）。

① 赛特斯在问卷中这样提问："如果你必须用中层、下层、工人层、上层这几个名称来说明你的社会阶层，你属于哪一个？"参见（Centers，1949）。

表 1 模型 1 的结果显示："受教育年数"这一变量对其"下岗前月收入"具有显著影响，即"受教育年数"越长，人力资本存量越高，其下岗前的月收入就越高。[①] 在这个模型中，"年龄"也具有显著影响意义，年龄越大，下岗前的月收入也越高。在国有企业中，年龄的大小就直接预示着工龄的长短，工龄又反过来影响着工龄工资，也影响着一个职工从企业获得的福利水平（张翼，2002）。在将技术级别做虚拟变量处理后，虽然高级工的技术级别对收入的影响并不显著，但中级技术工人和初级技术工人的技术等级与其月收入之间的关系却是显著的。这就是说，与无技术级别的职工相比，有技术级别的职工，其技术级别对其收入的提高都有贡献。

如果将"受教育年数"、"年龄"和"技术级别"作为人力资本来看待的话，下岗职工在下岗前的月工作收入，受着人力资本的支持，即人力资本越高的职工，其工作收入就越高。

考察表 1 的模型 2，当因变量改为下岗职工"干目前工作的上个月收入"时，情况却发生了重大的变化。第一，"受教育年数"对其收入的正向效应消失了，即其对收入的影响变得不具统计推断意义。第二，下岗职工的"年龄"对其再就业收入的影响，变成了负向影响，即下岗职工的年龄越大，其再就业收入就越少。这种现象恰恰与模型 1 所得出的推论相反。

为了对表 1 模型 2 中出现的"人力资本和年龄对下岗后工作收入具有负向影响"的状况做深入探讨，模型 3 和模型 4 分别检验了"20～40 岁"和"41～55 岁"两个年龄段的被访问者的收入决定状况。

从表 1 模型 3 可以看出，对"20～40 岁"这个年龄段的下岗职工来说，文化程度、技术级别和年龄对其再就业收入都失去显著影响。在"下岗前职业身份"类别中，只有那些"管理人员"与"其他人员"相比，才显示出了收入优势。但从总体上来看，下岗职工的人力资本对其下岗后的"再就业收入"，失去了解释意义。

---

① 关于教育与收入的关系，谢宇与韩怡梅在考察 1988 年中国城市居民收入差距时，发现虽然教育和收入是正相关的，但由于奖金和补贴的平均发放，经济增长对教育回报率有负面影响（参见谢宇、韩怡梅，2002）。而赖德胜的研究表明，从 1988 年到 1995 年，中国的教育收益率从 3.8% 提高到 5.7%，而且教育收益率高于工龄收益率（参见赖德胜，1999）

表 1　下岗职工的收入决定模型（OLS 标准净回归系数）

自变量 \ 因变量	下岗前月收入 模型 1	下岗后再就业收入（即"干目前工作的上个月收入"）		
		模型 2（所有年龄段）	模型 3（20～40 岁）	模型 4（41～55 岁）
上周工作时间		0.383 ***	0.378 ***	0.608 ***
性别	0.167 ***	0.146 ***	0.183 ***	0.086
是否党员	0.142 ***	0.155 ***	0.213 ***	0.130
受教育年数	0.082 *	0.025		
文化程度分组别				
对照组：小学及以下				
初中			−0.282	0.015
高中与中专			−0.252	−0.068
大专			−0.006	−0.129
本科			0.010	−0.029
年龄				
不分组别	0.089 *	−0.073 **		
下岗前职业身份				
对照组：其他人员				
管理人员			0.111 *	−0.028
技术人员			−0.005	−0.029
生产人员			0.086	−0.081
服务人员			0.006	−0.106
技术级别				
对照组：无级别				
高级工	0.061		−0.001	−0.213 ***
中级工	0.147 ***		−0.002	0.027
初级工	0.072 *		−0.047	−0.031
F 值	13.712 ***	35.21 ***	10.16 ***	8.24 ***
确定系数 R^2	0.114	0.213	0.283	0.447
调整后 R^2	0.109	0.207	0.254	0.392

注：*** $p < 0.001$；** $p < 0.01$；* $p < 0.05$。

表中下岗前职业身份中的对照组"其他人员"，包括机关和事业单位人员等，下同。

在表 1 模型 4 中，我们可以看出一个更有意义的现象：对于 "41～55 岁" 年龄段的下岗职工来说，在模型 3 里发挥显著作用的两个自变量——"性别" 和 "是否党员"，也失去了对再就业收入的统计解释力。也就是说，在深受 "文革" 影响而中断了学业，一般又具有 "上山下乡" 经历的那些 40 岁以上的下岗职工中，"男性" 与 "女性" 相比，"党员" 与 "非党员" 相比，其 "下岗" 后的再就业月收入，失去了比较优势，不具统计推断意义。而 "高级工" 的技术级别，与 "下岗" 后再就业收入之间的关系，反倒呈负向影响关系，即与 "无级别者" 相比，在第二产业中获得过高技术级别的下岗人员，在服务业——第三产业中的再就业收入反而较低。这使我们想到 1999 年在长春市进行下岗职工访谈时一位 49 岁省级劳模的话：

> 我下岗之后，很长时间也没有找到工作。最初的那段时间，是最难受的。我一连睡了将近一周。我爱人类似于残疾人，根本就找不到工作。我们瓷器厂的人，原来工作的生产线比较特殊，我也没有什么在别的厂子工作的经验，工作是特别难找的。……我在下岗的第二周，才到市里去找工作。说是找工作，实际是蹲马路牙子，我只能替人刷房子嘛。我有一个朋友，也是这样找工作的，他说让我一起去，我就去了。那一天没有人来叫我们，我们白等了一天，搭了些路费和午饭钱就回来了。第二天我们换了一个地方等，算是有人来找，就干了一天活……（李培林、张翼、赵延东，2000）

下岗职工收入决定中的 "人力资本失灵" 现象，具有深刻的社会学意义。在社会流动的链条上，人们必须凭借自己累积的人力资本和努力，来改善自己的收入地位，这是人们对现代社会合理性的一种社会信念。但在 "人力资本失灵" 的情况下，人们更容易从社会结构和体制的原因而不是自身的原因，去理解影响自己进入和走出生活逆境的因素。

2. 阶层认同中的 "人力资本失灵"

我们的调查结果显示，在下岗职工中，认为自己属于 "上上层" 和 "上下层" 的只占 1.1%，认为属于 "中上层" 的占 3.5%，认为属于 "中下层" 的占 15.7%，而认为属于 "下上层" 的占 35.2%，认为属于 "下下层"的占 44.5%。那么，主要是什么因素影响着下岗职工的阶层认同呢?

表 2 的模型 1 表明，对下岗职工"阶层认同"具有统计影响意义的，主要是自己"下岗后再就业月收入"和"配偶的月收入"，而受教育年数失去了对阶层认同的解释力，尽管相对于对照组"无级别"工人而言，"高级工"更易于将自己认定在比较高的阶层地位上，但这些人占下岗职工总人数的比重较小。

表 2 模型 2 和模型 3 是针对男性下岗职工而做的检验。这个验证表明，在不考虑配偶的情况下，对于男性下岗职工的"阶层认同"最有统计解释力的变量是"下岗后再就业月收入"；而当我们将"配偶的受教育年数"和"配偶的月收入"加入自变量后，却发现"配偶受教育年数"的影响并不显著，而"配偶月收入"的影响则具有统计显著意义。

表 2 模型 4 和模型 5 是对女性下岗职工的验证。在模型 4 中，对"阶层认同"有显著影响意义的自变量是"下岗后再就业月收入"和"自己的受教育年数"。可模型 5 加入了"配偶的受教育年数"和"配偶的月收入"之后，"自己的受教育年数"就变得不显著了（不但达不到 5% 的显著水平，而且标准净回归系数也很小）。这个模型可以更好地解释模型 1 的推论，即妻子的阶层认同，会更多地依附于丈夫的工资收入。

表 2　下岗职工的阶层认同模型（OLS 标准净回归系数）

	模型 1	模型 2	模型 3	模型 4	模型 5	模型 6	模型 7
	所有个案	男性	男性	女性	女性	20～40 岁	41～55 岁
下岗前月工资收入	0.019	0.108	0.092	0.027	−0.021	−0.025	0.048
下岗后再就业月收入	0.213 ***	0.336 ***	0.237 ***	0.241 ***	0.201 ***	0.224 ***	0.236 ***
技术级别							
对照组：无级别							
高级工	0.174 ***	0.080	0.116 *	0.140 *	0.216 ***	0.177 ***	0.165 **
中级工	0.034	0.048	0.020	0.040	0.035	0.070	−0.020
初级工	0.014	−0.030	−0.017	0.012	0.001	0.037	0.005
是否党员	0.008	0.050	0.002	0.067	0.037	−0.005	−0.007
自己的受教育年数	0.003	−0.023	−0.068	0.134 *	0.059	−0.065	0.109

	模型 1	模型 2	模型 3	模型 4	模型 5	模型 6	模型 7
	所有个案	男性	男性	女性	女性	20~40 岁	41~55 岁
自己的年龄	0.007	−0.031	0.023	−0.047	−0.003		
配偶的受教育年数	0.072		0.040		0.110	0.128	−0.010
配偶的月收入	0.269 ***		0.162 ***		0.277 ***	0.308 ***	0.241 ***
下岗前职业身份							
对照组：其他人员							
管理人员						−0.065	−0.097
技术人员						−0.082	−0.223 **
生产人员						−0.042	−0.109
服务人员						−0.111 **	−0.216 *
F 值	14.683 ***	7.497 ***	4.98 ***	7.74 ***	10.71 ***	7.51 ***	5.31 ***
R^2	0.201	0.161	0.155	0.146	0.263	0.224	0.224
调整后 R^2	0.187	0.140	0.124	0.127	0.239	0.194	0.182

注：*** $p < 0.001$；** $p < 0.01$；* $p < 0.05$。

表 2 模型 6 和模型 7 比较了"20~40 岁"和"41~55 岁"两个年龄段下岗职工的阶层认同决定状况。可以看出，对于那些在"文革"时期受"上山下乡"影响而可能中断教育的群体而言（41~55 岁年龄段下岗职工），与"对照组：其他人员"相比，他们中的"技术人员"却在统计意义上对自己的社会阶层认定得更低，而这种情况在"20~40 岁"年龄段的下岗职工中表现得并不显著。

综合考察这几个模型就会发现：下岗职工无论是男性还是女性，影响其"阶层认同"的因素，主要是"下岗后再就业月收入"和"配偶的月收入"。所不同的是，女性更加依附于丈夫的收入。人力资本（受教育年数）对阶层认同的影响总体上是不显著的，而且那些收益曲线下滑越严重的群体（41~55 岁年龄段下岗职工），其人力资本对自己阶层认同的解释力失灵的现象越突出。

3. 社会态度决定中的"人力资本失灵"

一般来说，越是文化程度和年龄较高的群体，其社会态度的理性化程度越高，即越倾向于采取温和的社会态度。但对下岗职工这样一个特殊的群体来说，由于生活经历中利益曲线的下滑，其社会态度的决定因素也发生了很大的变化。这里用以表示"社会态度"的，是一个因子合成的变量，主要合成因素是"对参加集体上访的态度""对社会公平程度的评价""对干群关系的评价""对当地经济景气程度的感知""对下岗失业问题缓解时间的感知"等，我们把这个因子合成的值称为"社会不稳定系数"。

表3　社会不稳定系数决定模型

自变量	模型 1	模型 2	模型 3
	所有个案	20 ~ 40 岁	41 ~ 55 岁
性别	0.026	- 0.022	0.113
是否党员	- 0.053	- 0.056	- 0.029
年龄	0.142 ***	0.137 *	- 0.076
阶层认同	- 0.335 ***	- 0.298 ***	- 0.412 ***
再就业月收入	- 0.147 **	- 0.079	- 0.173 *
受教育年数	0.122 **	0.118 *	0.120 *
周工作时间	0.151 **	0.085	0.204 **
F 值	14.125 ***	5.816 ***	8.653 ***
R^2	0.179	0.141	0.234

注：*** $p < 0.001$；** $p < 0.01$；* $p < 0.05$。

从表3的模型1可以看出，"性别"和"是否党员"对"社会不稳定系数"没有显著影响，而"年龄""阶层认同""再就业月收入""受教育年数""周工作时间"等对"社会不稳定系数"具有显著影响。特别值得注意的是，与我们的一般判断相左的是，越是受教育年数长和年龄比较大，对"社会不稳定系数"的影响越大，也就是说其社会不满意度越高，越可能采取激烈的行动。从标准回归系数大小的比较上还可以看出，"阶层认同"对"社会不稳定系数"的影响力最强，由于前面我们已经验证了"阶层认同"上的人力资本失灵状况，这里可进一步说明社会态度决定上的人力资本失灵。

表3模型2和模型3比较了20 ~ 40岁和41 ~ 55岁两个年龄段下岗职工对"社会不稳定系数"的影响。可以看出，与20 ~ 40岁年龄段下岗职工相比较，人力资本积累断裂情况更加严重的41 ~ 55岁的下岗职工，其"阶层认同"对"社会不稳定系数"影响更大，其"受教育年数"对"社

会不稳定系数"也更具负面的影响。

以上分析告诉我们,在收入一定的情况下,受教育年数越长、年龄越大的人,对利益曲线下滑形成的对比感受越强烈,也越容易采取激烈的社会态度和集群行动。所以,年龄段较高的下岗职工,尤其是那些过去有"上山下乡"经历、如今又有了"下岗"经历的人,是特别需要帮助接续其人力资本积累链条的一群人。

4. 转岗转业培训:帮助下岗职工走出困境的一种选择

下岗职工的再就业过程,清晰地折射出中国产业结构的大调整:传统产业的收缩和新兴产业的快速发展。这种调整也带来就业市场上知识、技能和经验的"编码系统"的改变,从而导致一部分人原有的"人力资本"失灵。因此,通过转岗转业培训,接续人力资本积累链条,转换和更新知识技能"编码系统",以适应劳动力市场的需要,就成为下岗职工走出生活困境的一种有效选择。我们在调查中了解到,参加过转岗转业培训的下岗职工,更容易找到具有体面收入的工作。

调查统计结果也表明,受过转岗转业培训的下岗职工,生活境况已表现出某种程度的好转。表4以列联表的方式,报告了"参加过转岗转业培训"的下岗职工与"没有参加过转岗转业培训"的下岗职工的区别。在每一个因变量的下面,也给出了皮尔森卡方检验的显著性值(因为因变量给出的选择不同,所以,各个卡方检验中的自由度存在差异)。

对"您或您家的生活水平在过去5年发生的变化"这个问题,参加过培训的群体与没有参加过培训的群体比较,"提高很多"和"提高一些"的百分比都相对较高,而"差不多""下降一些""下降许多"的百分比都相对较低。这说明,转岗转业培训对下岗职工及其家庭过去5年的生活,发生了相对积极的影响。

对"您目前的收入与您下岗前所在单位的全部收入比较有什么变化"这个问题,虽然参加过培训与没有参加培训的下岗职工相比较,在"高于原岗位收入"上区别不大,但在"差不多"和"低于原岗位收入"这两个变量上,则差距甚大,前者分别为30.8%和63.8%,而后者则分别为20.0%和74.4%。这就是说,参加过转岗转业培训的群体,再就业的收入明显地要比未参加者高一些。

表 4　转岗转业培训对下岗职工摆脱困境的帮助作用

	参加过转岗转业培训	没有参加过转岗转业培训	总计
您或您家的生活水平在过去 5 年发生的变化			
提高很多	4.1%	1.6%	2.0%
提高一些	13.8%	7.8%	8.8%
差不多	20.0%	22.5%	22.1%
下降一些	26.9%	27.7%	27.6%
下降许多	34.5%	37.5%	37.0%
不知道	0.7%	2.8%	2.5%
对自变量的皮尔森卡方			
检验：$x^2 = 12.53$；$d.f. = 5$；$p < 0.05$			
您目前的收入与您下岗前所在单位的全部收入比较			
高于原岗位收入	5.4%	5.6%	7.2%
差不多	30.8%	20.0%	21.8%
低于原岗位收入	63.8%	74.4%	70.9%
对自变量的皮尔森卡方			
检验：$x^2 = 7.59$；$d.f. = 2$；$p < 0.05$			

总之，这里的列联表分析说明，转岗转业培训不仅有利于下岗职工再就业收入的改善，而且有利于帮助下岗职工的家庭走出生活的困境。

转岗转业培训作为一种谋生能力的培养和建设，目前是由国家作为社会帮助的示范来提供，但并不是强制性的也不是具有经费保证的制度化安排，而是由失业下岗职工自主选择参加。但无论是在地方政府还是在失业下岗职工个人眼里，培养谋生能力的转岗转业培训，都不如直接的生活补助重要。但我们的调查分析则证明，谋生能力的培养，比单纯的生活救济，更有助于帮助失业下岗职工走出生活的阴影。单纯的生活救济可解燃眉之急，也可以在救济下暂时脱贫（根据"每天每人收入不低于按购买力平价计算的 1 美元"这个国际贫困标准），但返贫的概率很高，只有使被救济者具有自主谋生的能力，才能从根本上解决生活困境问题。

五　讨论与相关建议

在中国的大转变时期，快速的社会变动使人力资本失灵成为一个相当普遍的问题，而不仅仅限于失业下岗群体，只不过目前人们的关注点更多地集中在体制转轨和结构转型，多数人看到的是在市场化过程中人力资本作用的增强，较少注意到知识编码系统转换产生的人力资本失灵的后果。

在个人的知识和技能越来越具有决定个人生活轨迹的意义的情况下，人力资本失灵的现象尤其值得重视。中国亿万个家庭，为了他们下一代的前程，愿意倾囊中所有，进行子女人力资本投资，如果因为我们的教育供给与现代社会需求不适应，造成毕业后就失业，那将是千古之憾。但现在由于人力资本积累断裂而产生的人力资本失灵，已经造成大量人力资本投入的浪费，很多学生目前花费巨大精力和财力学习的东西，是已经在就业市场上被淘汰的东西。在不同的大学、不同的专业、不同的课程设计之间，人力资本的含量出现巨大差异。随着个人教育支出在家庭消费中的快速增长，要防止人力资本投入的粗放经营、重复建设、效益低下甚至血本无归。

在市场化过程和产业结构调整中，由于劳动力市场的快速变化而导致的失业下岗职工的人力资本失灵现象，对于他们自身来说，是一种无奈和悲哀，对于社会来说，也是重大的损失。

人力资本的失灵也影响到下岗职工的阶层认同和社会态度，在人力资本积累断裂的情况下，他们会倾向于认为，自己的收入水平和社会地位，不是决定于自己的知识技能水平和努力程度，而是决定于非个人的社会因素。这样，他们中人力资本较高的那些人，反而更容易滋生较强烈的"社会不满"情绪。换言之，在人力资本失灵的情况下，不是穷人更容易采取激烈的行动，而是人力资本失灵严重的穷人更容易采取激烈的行动。

人力资本失灵已经成为失业下岗职工生活道路的一堵屏障和一个瓶颈，能否越过这道屏障、突破这个瓶颈，成为决定他们生活命运轨迹的关节点。如果能够跨过这道坎，接续人力资本积累的链条，弥合人力资本积累的断裂，那么失业下岗职工已有的人力资本存量，包括受教育程度、劳动技能、工作经验、职业态度等，就能够被盘活，但如果跨不过这道坎，这些已有的人力资本存量，反而可能会成为他们做出新的选择的包袱。盘活国有部门的人力资本，与盘活其物质资本实际上具有同等重要的意义，但这一意义，目前并没有得到充分的重视。

在我们的调查研究中，具有重要意义的发现是，失业下岗职工中的一部分，正在从根本上改变生活态度，他们不再完全依赖社会和体制对自己生活的安排，而是相信通过自己的努力和选择，可以改变自己的命运，而且正是这一部分人，其生活前景发生了积极的变化。这也意味着，社会流动和社会升迁的机制在发生积极的变化，无数个体的积极行动，正在对新型社会结构的生成产生作用。

如果我们把下岗职工群体和进城农民工群体做一个比较，就会发现，尽管从收入地位和生活水平上看，后者并不比前者高，但后者的利益曲线是上升的趋势，而且人力资本效应显著，他们对于发展前景也具有更加积极的态度，还很少发生进城民工的激烈的集群行为事件。而下岗职工由于利益曲线是下滑的，又面临人力资本失灵的情况，因而对生活逆境的感受更为强烈。但后者目前生活态度正在发生的积极变化，可能会在一定意义上改变他们长期以来等、靠、要的选择，结束其个人命运完全由外在力量决定的历史。当年"上山下乡"的一代，不少人将生活的磨难转变为人力资本的财富，后来成为各行各业的脊梁。相信如今的下岗人员，也会有不少人从逆境中崛起，撑起未来的一片天地。

"下岗"也许很快就会成为一个历史性概念，但就业紧张的状况还将在较长时期内持续。在中国社会大变革的时期，随着产业结构的调整和升级，以及资本和技术对劳动的替代，经济增长的就业弹性不断下降，在经济快速增长和大多数人生活水平普遍提高的过程中，一部分人失去工作并导致生活水平下降，将会成为一种常态的伴随现象。失去工作的那部分人，在统计上也许只占一个很小的百分比，或者可以用冷冰冰的"自然失业率"来表示，但对他们自身来说，那就是生活的全部。对少数困难群体的重视、帮助和扶持，是一个团结、和谐和公正社会的重要标志之一。

对失业下岗职工的帮助，当然重要的是在经济上依据法律、法规和政策的补偿、补助，这无疑有助于缓解其在过渡期中的生活困境。但从长远考虑，特别是从个体选择和社会安排相互关系已经发生的积极变化考虑，更重要的还是为他们提供自食其力的就业机会。换句话说，需要向他们提供的，不仅是维持生存的粮食，更重要的是可以播种未来的种子。诺贝尔经济学奖获得者阿马蒂亚·森（Amartya Sen）受人瞩目的贡献就在于，他证明了发展和减少贫困的根本，不是简单地给予经济上的补助，而是提高人们个人选择和把握机会的能力。

由于下岗职工过去长期生活在国家和政府安排就业的制度环境里，在新的市场经济条件下，往往感到无所适从。在社会流动的可能性和就业机会面前，他们往往感到缺乏选择的竞争力。而帮助他们提高选择能力和接续人力资本积累链条的转岗转业培训，在很多地方都流于形式，一些地方更习惯于运用容易立竿见影的"单位安排"方式来增加就业。

应当看到，在国家、市场和社会的关系发生巨大变化的背景下，面对同样的社会事件，个人具有了更大的选择和改变自己生活的可能性。通过有针对性的转岗转业培训，改善和提高下岗职工的人力资本，增强他们的选择能力，使之适宜于劳动力市场的变化和需要，这是从根本上帮助下岗职工走出生活逆境阴影的一个有效的措施。而转岗转业培训对于失业者再就业的有效帮助，已经得到国际经验的普遍证明，改善人力资本对于从根本上减少贫困和返贫的有效性，也得到国际经验的普遍证明。

当然，一方面，今后在帮助失业下岗职工的总预算中应加大转岗转业培训投入的比重；另一方面，为了使资金的使用更加具有效率，可以采取招标的方式，鼓励民间中介组织参与，并把培训后的再就业率作为资金使用的考核指标。转岗转业培训作为帮助下岗失业职工走出生活阴影的重要措施，还必须辅之以各种配套的政策，包括对个人创业在税费、小额贷款、开业手续等各方面给予优惠的政策。过去，为了使一部分人先富起来，我们采取了各种优惠政策，现在，为了使仍然处于生活困境中的人也有能力富裕起来，更应当有充分的理由实行优惠政策。

中国在历经几十年的艰苦努力成功地解决了温饱问题之后，就业已成为今后几十年发展面临的最严峻挑战。我们期望在中国人自己塑造的安居乐业的"中国梦"中，有更多的人能够分享改革和发展的成果，有更多的人能够走出自己生活逆境的阴影。

附表　被访问下岗职工的描述性统计

单位：%

自变量	年龄在 40 岁及以下		年龄在 41 岁及以上	
	1996 年以前下岗	1997 年及以后下岗	1996 年以前下岗	1997 年及以后下岗
女性	54.4	45.3	53.8	55.2
文化程度				
小学及以下	0.5	0.4	1.9	1.6
初中及相当	64.6	49.0	61.4	44.8
高中、中专及相当	28.2	39.7	31.0	41.1
大专及相当	5.7	10.1	5.2	10.9
大学及以上	1.0	0.8	0.5	1.6
政治面貌				
中共党员	6.4	12.5	16.4	32.4
共青团员	15.9	15.6	2.6	0.7
民主党派	1.3	—	2.6	1.4
无党派	76.4	71.9	78.3	65.5
下岗前所在单位类型				
国有企业	34.4	52.3	34.4	46.9
集体企业	61.4	43.1	62.7	50.0
其他	4.2	4.6	2.9	3.1
下岗前所在单位行业				
农林牧渔业	1.4	0.4	—	1.6
采掘业	9.3	15.0	11.0	11.6
制造业	42.3	40.0	40.5	32.6
电力煤气及水生产	1.9	1.5	3.8	3.7
建筑业	8.8	6.5	11.4	6.8
地质勘查水利管理	1.9	1.5	1.9	0.5
交通运输仓储邮电	3.3	6.5	3.3	4.2
批发零售餐饮业	5.6	3.5	3.8	10.5
金融保险业	—	—	—	0.5
房地产业	—	—	0.5	—
社会服务业	4.2	3.1	5.2	9.5

自变量	年龄在 40 岁及以下		年龄在 41 岁及以上	
	1996 年以前下岗	1997 年及以后下岗	1996 年以前下岗	1997 年及以后下岗
卫生体育社会福利	0.9	—	0.5	1.6
文化教育广播电视	0.9	0.4	0.5	1.1
科研技术服务	0.5	0.4	0.5	0.5
党、国家机关与团体	0.8	—	0.5	
其他	19.1	20.4	17.2	14.2
下岗前职业身份类型				
企业管理人员	5.3	5.4	10.4	17.4
专业技术人员	7.2	10.1	9.0	7.9
企业生产人员	58.2	56.4	50.7	37.9
生产服务人员	20.2	19.5	19.9	24.2
其他人员	9.1	8.6	9.9	12.7

参考文献

边燕杰、张展新，2002，《市场化与收入分配——对 1988 年和 1995 年城市住户收入调查的分析》，《中国社会科学》第 5 期。

薄一波，1991，《若干重大决策与事件的回顾》（上卷），中共中央党校出版社，第 94 ~ 95 页。

曹凤，1997，《第五次高峰——当代中国的犯罪问题》，今日中国出版社。

丁大建，2001，《下岗人员与失业人员差异研究——从调查数据看下岗与失业的"并轨"》，中国人民大学书报复印资料《劳动经济》第 3 期。

国家统计局人口和科技司，1999，《下岗及下岗统计研究》，《统计研究》第 3 期。

黄毅志，2002，《社会阶层、社会网络与主观意识》，台北：巨流图书公司，第 38 ~ 39 页。

康晓光，2002，《未来 3 ~ 5 年中国大陆政治稳定性分析》，《战略与管理》第 3 期。

L. 达仁道夫，2000，《现代社会冲突》，林荣远译，中国社会科学出版社。

赖德胜，1999，《教育、劳动力市场与收入分配》，赵人伟等主编《中国居民收入分配再研究》，中国财政经济出版社，第 451 ~ 474 页。

李春玲，2003，《文化水平如何影响人们的经济收入——对目前教育的经济收益率的考察》，《社会学研究》第 3 期。

李连仲，2003，《非典对我国就业的影响与对策》，《经济日报》6 月 23 日。

李培林，1998，《老工业基地的失业治理：后工业化和市场化——东北地区 9 家大型国有企业的调查》，《社会学研究》第 4 期。

李培林、张翼、赵延东，2000，《就业与制度变迁——两个特殊群体的求职过程》，浙江人民出版社，第 162～163 页。

李普塞特（S. M. Lipset），1997，《政治人：政治的社会基础》，张绍宗译，上海人民出版社，第 89 页。

李强、肖光强，2000，《"隐性就业"现象研究》，《新观察》第 5 期。

李实，1997，《中国经济转轨中劳动力流动模型》，《经济研究》第 1 期。

莫荣，1998，《就业：中国的世纪难题》，经济科学出版社。

R. H. 奇尔科特，1998，《比较政治学理论——新范式的探索》，社会科学文献出版社。

汪大海，1999，《挑战失业的中国》，经济日报出版社，第 69 页。

谢宇、韩怡梅，2002，《改革时期中国城市居民收入不平等与地区差距》，载边燕杰主编《市场转型与社会分层》，读书·生活·新知三联书店，第 460～508 页。

隐性就业课题组，1999，《论下岗职工的隐性就业》，《西安石油学院学报》第 3 期。

张翼，1999，《受教育水平对老年退休人员再就业的影响》，《中国人口科学》第 4 期。

张翼，2002，《国有企业的家族化》，社会科学文献出版社，第 190～200 页。

张友伦，1997，《美国社会变革与美国工人运动》，中国社会科学出版社。

章英华、薛承泰、黄毅志，1996，《教育分流与社会经济地位》，《教改业刊》（台北）AB09。

赵延东，2001，《下岗职工的社会资本与再就业》，博士学位论文，中国社会科学院研究生院社会学系，第 63 页。

D. J. , Treiman and K. – B. , Yip, 1989, "Educational and Occupational Attainment in 21 Countries. " in M. L. Kohn （ed. ）, *Cross-National Research in Sociology*. Newbury Park：Sage.

G. H. , Elder, 1974, *Children of the Great Depresion*, Chigaco：University of Chigaco Press.

G. S. , Becker, 1994, *Human Capital*, Chigaco：University of Chigaco Press.

L. , Beeghley, 1996, *The Structure of Social Stratification in the United States*, Boston：Allyn and Bacon.

M. , Olson, 1980, *The Logic of Collective Action：Public Goods and the Theory of Groups*, Cambridge, Mass. ：Harvard University Press.

P. , Blau and O. D. , Duncan, 1967, *The American Occupational Structure*, New York：

Wiley.

Rifkin, J., 1995, *The End of Work: The Decline of Global Labor Force and the Dawn of the Post-Market Era*, New York: Tarcher/Putnam.

R., Bond and P., Saunders, 1999, "Routes of Success: Influences on the Occupational Attainment of Yong British Males." *The British Journal of Sociology*, 50 (2): 217 – 249.

R., Centers, 1949, *The Psychology of Social Classes: A Study of Class Consciousness*, Princeton: Princeton University Press, p. 233.

R., Erikson and J. H., Goldthorpe, 1993, *The Constant Flux: A Study of ClassMobility in Industrial Societies*, Oxford: Clarendon Press.

Sen, A., 2000, *Development as Freedom*, New York: Anchor Books.

T. W., Schultz, 1971, *Investment in Human Capital*, New York: Free Press.

V., Yakubovich and I., Kozian, 2001, "The Changing Significance of Ties: An Exploration of the Hiring Channels in the Russian Transitional Labor Market. " *International Sociology*, 15: 475 – 500.

Wilson, J., 1987, *The Truly Disadvantaged: The Inner City, the Underclass and Public Policy*, Chigaco: University of Chigaco Press.

Wright, E. O. and L., Perrone, 1997, "Marxism Class Categories and Income Inequality. " *American Sociological Review*.

Xueguang, Zhou and L., Hou, 1999, "Children of the Cultural Revolution: the State and the Life Course in the People's Republic of China. " *American Sociological Review*, Vol. 64, pp. 12 – 36.

2004 年

从社会学视角看"文明冲突论"*

苏国勋

一 "文明冲突论"是一个自我实现的预言

哈佛大学政治学教授亨廷顿于 1996 年发表的"文明冲突论",试图为人们重新认识冷战后的世界格局提供新的视角,其论述主旨是要人们相信,冷战后世界的根本冲突将不是以意识形态为主,或以经济为主;人类的重大分野和冲突的主要根源将是文化的或文明的;民族国家虽然仍是世界事务中最有力量的行动者,但全球政治的主要冲突将发生在跨越国家疆界、信仰不同宗教、分属于不同文化的民族和族群之间,文明冲突将成为未来的主要战场。其中最引人注目的是他为世界的未来勾勒了一幅令人不安的前景:伊斯兰文明有可能与儒教文明联手一起对抗西方基督教文明,由此引起的不同文明之间的冲突可能导致大规模毁灭性武器的滥用并最终演变成全球性战争。对于饱受 20 世纪战乱之苦和即将迈入一个新千年的人类来说,这一有关世界未来前景的预言无疑令人倍感沮丧,不啻是可怕的梦魇。

"9·11"事件后,美英联军未经联合国授权便出兵攻打伊拉克,使冷战后的中东局势骤然发生变化,人们很自然地把当前国际形势与文明冲突论联系起来。但亨廷顿在 2001 年 10 月 20 日《纽约时报》上答记者问时说,本·拉登等人显然想把这一事件策划成伊斯兰教与西方文明之间的冲突,而且也有朝着这个方向发展的危险性。他认为,如果美国国内一些人借助"9·11"这个突发事件强烈要求打击其他恐怖组织以及支持恐怖组

---

* 原文发表于《社会学研究》2004 年第 3 期。

织的国家，那么就有可能扩大成文明的冲突。或者如另外一些人所言，如果伊斯兰激进派通过宣扬穆斯林和西方的价值观截然对立而掌控了大权，那么伊斯兰世界与西方的对立也将会成为一种"文明冲突"。现在看来，上述两种假设的前提条件正在一步一步地变成现实，因而"文明冲突论"也正在演变成一种"自我实现的预言"。

所谓"自我实现的预言"（the self-fulfilling prophecy），是美国社会学家默顿（Robert K. Merton）在揭示人类社会活动的建构特征时使用的一个概念，意思是说一个本来属于不实的期望、信念或预测，由于它使人们按所想象的情境去行动，结果是最初并非真实的预言竟然应验了，变成了真实的后果。按照默顿的解释，"自我实现的预言"这个概念是以著名的托马斯定理（the Thomas theorem）为基础提出来的。托马斯定理是一个关于"情境界定"（definition of the situation）的定理，其含义是说，如果人们把一个情境定义为真实的并按照这一情境界定去行动，那么其结果就将是真实的（Merton，1968：475；默顿，2001：8）。"自我实现的预言"的例证在社会生活中所在多有，这个概念对于解释某些社会现象的启发作用已在社会学中得到普遍承认，由于它与社会建构论具有一定契合关系，因而对于深入理解当代民族、种族、宗教关系以及社会偏见和性别歧视的起源和作用，具有重要启示意义（参见苏国勋，2003）。其作用机制与国人所说的"征兆""先兆"类似，它会通过某种暗示、象征或隐喻，诱发人们某种心理或萌发人们某种情绪并使人按照这种建构的情境去行动，从而导致某种预想的结果出现，即所谓的应验。

从"自我实现的预言"这一概念来看"文明冲突论"，问题的关键在于如何"界定情境"，即怎样研判现今的形势。布什总统在不同场合曾讲述过的发动伊拉克战争的理由有三个：最初指责伊拉克拥有大规模杀伤性武器；继而又指控萨达姆政权暗中勾结和支持"基地"恐怖主义组织；最后竟然又宣称是为了推翻萨达姆独裁政权，帮助伊拉克实现政治民主化。再加上他对世界各国在反恐问题上那种善恶对立、二者择一、非此即彼的警告——"不站在美国一边，就是站在恐怖主义一边"——都表现了布什欲从恐怖主义的威胁中拯救世界的"使命感"，为此最初他把攻击伊拉克的战争命名为"无限正义行动"，这就是美国当权者对当时情境的界定。所谓"界定"就是确定事物的性质和范围并给出名称，这是一个社会建构的过程。正是这一界定赋予了美国出兵攻打伊拉克的"正当性"依据，遂使"文明冲突"的预言逐步得以应验。现在战事已然过去半年，美国撇开联合国单独搜寻罪证也已数月有余，可是迄今仍拿不出证据证明布什当初的指控是正当的，从而在世人面前陷入深深的被动。至于第三个理由，则完全是为了证明自己先发制人地对付假想的情境（敌人）——由大规模杀伤性武器扩散、国际恐怖主义，或两者共同构成的威胁——而发动战争的行为是正当的一种口实、说词，或曰外交辞令。这种"输出自由民主"的说法与冷战时期另一种"输出革命"的说法逻辑上如出一辙，都是借助某种超验的"实质正义"原则为自己的民族利己行为寻找合法性。美国在取得军事胜利后却深陷伊拉克泥潭不能自拔反而寻求联合国和国际社会援手的尴尬局面清楚地表明，倘若新保守主义者不愿意承认单边主义地先发制人的武力威胁会令世人不安，倘若他们不愿意通过联合国机构和多边程序去寻求打击恐怖主义的途径，那么他们对恐怖主义的指控就很难达到预期效果。

亨廷顿的"文明冲突论"问世后，在学术界引起了广泛的争论。当时冷战刚刚结束，西方世界正处在欢庆自由主义民主体制胜利的亢奋中，也是弗朗西斯·福山（Francis Fukuyama）之类否定意识形态作用的"历史终结论"大行其道之时。"文明冲突论"却力排众议，反其道而行之，刻意强调文明、族裔认同意识在未来事变中将起到重要媒介作用，甚至会扮演推波助澜的角色，在全球化脉络下，凸显宗教信仰、文化传统所导致的称霸与反霸冲突将日益尖锐化，自有其不容忽视的警世意义。但亨廷顿关于未来儒教将联合伊斯兰教共同对抗基督教文明的论断，除了表现出他对东方文明，尤其中华文明缺乏起码的认识及其骨子里的"西方中心主义"偏见之外，还有更深刻的社会政治背景。

20世纪90年代是保守主义在美国取得全面胜利的年代。1991年苏联作为一个统一的多民族联盟国家的解体以及东欧社会主义阵营的瓦解是其开端，共和党1994年赢得了自50年代以来对国会的首度全面掌控则是其具体体现。再往前追溯，60年代后期尼克松入主白宫中断了自1932年经济大萧条罗斯福推行新政以来至第二次世界大战后时期"美国的革命性转变"，开始了一个社会政治上自由派逐渐衰落、保守势力不断增强并主导美国政治的时代。80年代里根的共和党政府两届执政（1981～1989年），以及随后乔治·布什入主白宫为保守主义的胜利奠定了基础。以致到了 90年代，"几乎没有任何政客愿意承认自己是一个自由派。大众媒体和政治辩论为推崇自由市场的神圣性和斥责'大政府'的邪恶性的保守主义思想所充斥，既为作为民主党人的比尔·克林顿总统全盘接受，同时也为许多共和党人所接受。90 年代里，各级政府不再充当推动社会和种族进步的角色，反而削减规模，否定了向社会不平等宣战的传统"（方纳，2003：451）。冷战的结束和经济全球化的发展一方面带来了一种新的世界主义理想即将实现的错觉，福山的"历史终结论"就是一个例证；另一方面也导致了一种反全球化趋势，这是一种针对全球化的逆反心态，被称为"排他性的反叛"情绪，即重新强调种族和社群的认同感和合法权利的"身份政治"（identity politics）、"承认政治"（recognize politics）和"多元文化主义"（multicultur-alism）。作为后一种情绪的两个极端，一个是各种激进的宗教原教旨主义，譬如阿富汗的塔利班政权和"基地"组织、东南亚国家的伊斯兰团等，由于其野蛮残忍的国际恐怖行径而恶名昭著并为世人所谴责；另一个是种族主义的文明进化观又沉渣泛起，譬如 90 年代中期美国出版的一本题为《别人的国家：关于美国的移民灾难之共识》（Peter Brimelow, Alien Nation: Common Sense About American's Immigration Disaster, 1995）的著作认为，一个国家应该是个民族文化的共同体，一个文明必定拥有一种通过血缘产生的联合体；当前，非白人移民已对美国的历史文化认同传统构成了威胁，而真正的美国人——白人则处于被次等民族吞噬的危险之中（方纳，2003，458～459）。尽管作者抱怨亚裔移民已把南加州密密麻麻地覆盖了一层，却只字未提并不太久以前（1840 年代），正是这些白人的先祖用暴力把土著墨西哥人驱赶出其世代居住的加利福尼亚家园。

而这后一种倾向反映了社会达尔文主义在美国社会生活中的死灰复燃，这是种族主义与美国政治文化中的一个重要传统——反国家（干预）主义——的结合。它们主张，国家不应干涉经济运作的自然方式，同样也不应影响种族、族群自然的能力、贫富分化。针对少数族群追求自身权利（种族的、文化的或性别的）的诉求，它们反其道而行之，主张承认和赞赏族群差异并发展出一种特殊的、属于他们自己群体的"认同政治"观点，其理据不外乎一种陈旧而发霉的观点：世界被分成亘古不变的种族秩序，每个种族在从低到高的进化等级序列上各有其特定位置，各自遵循着物竞天择的自然法则进行着优胜劣汰的生存竞争。这种赤裸裸的种族主义见解，刚一出笼便为世人所诟病，即使在保守主义阵营内部也引起了不少的争论，但它却反映了美国政治文化中更广泛意义上的分歧，即作为美国立国根基的"自由"理念是否还能算作一种普遍主义的价值观？亨廷顿的"文明冲突论"就是在这样的社会政治脉络中应运而生的。在他勾勒的后冷战世界图景中，那些基于不同种族、文化、历史的文明将相互屠戮，角逐霸权，其实质仍然是不同种族之间为获得有利的生存空间和资源而进行的生存斗争。对此，方纳是这样评论的：

> 对亨廷顿来说，自由是一种在特定的历史、文化和种族环境下的权利，而不是一种普遍的权利。尽管他没有明确地说出来，但他的这种观点不禁使人想起18世纪的"英国人的自由"传统和19世纪以种族为基准的盎格鲁－撒克逊主义。他否定了西方与世界其他各地区的"相关性"，这是对传统的普适性自由观的背离，后一种思想起源于美国革命时期，并通过第二次世界大战和冷战被极为有利地强化了。（方纳，2003：459）

联系布什政府在"9·11"事件后的一系列单边主义作为及其广受非议的中东政策所导致的巴以冲突愈演愈烈的僵局，人们似应对"文明冲突论"与新保守主义的内在关系有更深的认识。

二　伊拉克战争的宗教社会学解读

伊拉克战争的直接导火索是美国断言萨达姆政权存有大规模杀伤性武器并暗中支持恐怖主义，实际上这场战争与美国的中东政策所造成的巴勒斯坦－以色列冲突长期未能解决有着直接的关系。巴以冲突由来已久，其本身有着复杂的历史根源和现实的地缘政治、经济利益的原因，中间涉及民族、宗教、文化传统等多方面因素的纠缠，再加上大国势力的角逐，致使中东地区成为自第二次世界大战结束后世界上最不稳定的地区，迄今巴以双方战事频发、以暴易暴的仇杀事件持续不断，成为世人瞩目的焦点，同时也是人们观察"文明冲突"的窗口。凡是关注国际关系的人都可以发现，美国的中东政策明显带有偏袒以色列的倾向，这里除了犹太移民在美国具有能左右世界金融走势和影响美国总统选举结果的雄厚政经实力因素之外，还有其更深刻的宗教－文化方面的原因。

伊拉克战争爆发后，北美媒体纷纷谈论原芝加哥大学教授施特劳斯（Leo Strauss）的政治哲学，诠释它与布什新保守主义的深层联系。受此影响，国内学界也开始翻译出版施特劳斯的著作，许多论述也试图多方探寻美国新保守主义内外政策形成的原因，人们尽管对此看法不一，但一个不争的事实是，美国研究的论域完全超出了传统的政治经济利益范围，开始关注对象的深层次思想文化根源，长此以往必将推动国际政治研究向更深广的领域发展，与此同时也在催生着一门新兴交叉学科——国际关系（政治）社会学或称全球社会学（cosmopolitan sociology）在我国的兴起。美国学者 J. D. 亨特所著《文化战争》一书详细阐述了美国国内政治思潮与其文化取向的关系，他把美国文化对保守主义的影响分为世俗的（亦即无神论的）正统派和宗教的正统派两种，而政治哲学家利奥·施特劳斯及其学派被他视为有名的无神论者和保守派分子（亨特，2000：137）。在谈到宗教与美国政治的关系时，他写道：

> 一方面，宗教保守主义与政治保守的传统主义之间有一点关系，或是同形异质；另一方面，宗教的或世俗的自由主义与政治的改革主义（即使不是激进主义）之间也有一点关联或同形异质。由于这些大致上的关联，秉持某种文化取向的人往往会有意想不到的政治理想。这可能有助于解释为何宗教正统派的人士总是主张强悍的甚至侵略性的外交政策。正统派团体之所以自认为是宗教的正统派，多半是因为他们认为美国是世界强权（例如，阻挡"不信宗教的"共产主义的扩张、保护以色列等）。（亨特，2000：144）

作者这里触及了美国偏袒以色列的对外政策与美政坛右翼人士宗教信仰之间的微妙关系。人们知道，在1948年5月宣布建国以前，以色列一直是一个亡国近两千年、没有自己领土的非地域性民族共同体的名称。据史书记载，公元前13世纪末以色列人即已在巴勒斯坦地区生活，公元前10世纪中叶所罗门王治下的以色列进入黄金时期，耶路撒冷圣殿（史称第一圣殿）即在此时建成。所罗门死后王国即分裂为地处北部的以色列和南部的犹大两部分。公元前 722 年以色列被亚述所灭，作为亚述附庸的犹大也于公元前 587 年被巴比伦攻陷，致使耶路撒冷圣殿被毁。以色列王国败亡后其成员部分被掠散落于巴比伦，波斯征服巴比伦后一些人又逃亡至埃及，后被准许返回耶路撒冷重修圣殿（第二圣殿），并于公元前 141 年获得独立。70 年罗马帝国入侵耶路撒冷，此后以色列作为一个独立实体遂不复存在。犹太人虽然亡国近两千年，颠沛流离于世界各地，却依靠着以色列民族的宗教——犹太教奇迹般地生存下来，并维系着世界各个角落犹太人的民族认同，也使语言文字和文化传统得以延续。而美国原是英国在北美新大陆上的一个殖民地，自 1794 年独立后接受来自世界各地的移民，成为多种文化交汇、多民族融合的"大熔炉"，但占主流地位的仍然是白种盎格鲁－撒克逊新教徒（White Anglo-Saxon Protestants，WAPs）文化，换言之，美国是个基督新教国家。从这个意义上说，美国与以色列并没有任何血缘、地缘上的关系，甚至美国在立国早期的 19 世纪中叶，随着天主教徒和犹太移民的大量涌入还出现过反天主教和反犹太教的文化冲突。从基督信仰上看，美国新教徒对犹太人怀有一种矛盾的心态。一方面，对犹太民族复国的理想和行动抱有深切的同情。自 70 年圣城耶路撒冷被罗马帝国攻陷后，大批犹太人遭到屠戮，幸存者迁徙异域，从此开始背井离乡散居世界各地的流亡生活；第二次世界大战期间更是惨遭德国纳粹的残酷屠杀。然而，历经两千余年的磨难，这个民族竟奇迹般地存活下来，说明他们终究是《圣经》上记载的"与上帝立约"的民族，是上帝拣选的子民。另一方面，他们又认为犹太民族是个背信弃义的民族，毕竟是犹太人杀害了耶稣基督，背弃了弥赛亚的信仰，违背了上帝的旨意，引起了上帝的震怒，遭到了报复和惩罚，在世界各地受尽各种苦难，实是咎由自取、罪有应得。但是，美国社会这种看待犹太人的矛盾心态以及与此相关的不同宗教信仰、不同文化间的张力，很快就被一种宗教多元主义的共识所化解，究其原委还要追溯到"圣经一神论"信仰上去（亨特，2000）。

作为基督教经典的《圣经》，包括"旧约"和"新约"两部分。"旧约圣经"，即犹太教的《圣经》，是从犹太教承继下来的，经书中讲述了上帝与犹太民族在西奈山订立盟约——上帝拣选犹太民族为特选子民，犹太民族笃信上帝为唯一真神，故名"约书"。它包括律法书、先知书和圣录三部分，内容主要讲述世界和人类的起源、犹太民族的历史和犹太教的法典、先知预言、诗歌、箴言等。基督教继承了这一经典，称为"旧约圣经"，但又认为，上帝通过基督耶稣被钉十字架流血受死而与人订立了新的盟约。"新约"是基督教的经典，包括记载耶稣生平、言行的"福音书"，叙述早期教会情况的"使徒行传"，传为使徒们所撰写的书信、启示等。这意味着，"旧约圣经"凝聚着犹太－基督教信仰关于敬拜上帝为唯一真神、严禁崇拜偶像的共识，它为美国的新教徒、天主教徒、犹太教徒、东正教徒提供了一种大众生活的共同理想，并成为美国社会生活的一种文化黏合剂，起到调和不同族裔文化冲突的功能。作为旧日英国的一个海外殖民地，美国的先民出于宗教信仰的原因被迫出走英伦三岛，乘着"五月花"号帆船漂洋过海辗转来到北美新大陆，迁徙定居谋求生存发展，这个经历，在新教徒的信仰中暗喻着旧约第二卷"出埃及记"中记述的以色列先民从埃及出走前后的情形：雅各的子孙在埃及沦为奴隶，上帝召唤摩西带领同胞出走埃及，脱离奴役生活来到西奈旷野；上帝在西奈山颁布十戒和律法给以色列人，通过摩西与以色列人立"约"（the covenant）——以色列人敬拜上帝为"唯一真神"，上帝视以色列人为"拣选子民"（the chosen people）；摩西死后，其后人约书亚率族人从西奈旷野重新返回迦南（今巴勒斯坦）——上帝曾对犹太人始祖亚伯拉罕做出允诺的"应许之地"（the promised land），让其子孙在这块"流（着）奶和蜜的地方"世代生息繁衍并"永远为王"。进而言之，美国先民在北美新大陆拓荒垦殖创立基业时的开拓进取精神，是以犹太人返回迦南地之前在西奈旷野经受磨难时所砥砺出的坚韧不拔为象征的。再进一步，美利坚合众国的建造负有神圣的宗教使命——为在这个尘世上建立具有基督美德的国家垂范，为天国（Kingdom of Heaven）的降临做好准备。这样说来，"旧约"就不仅成为新教徒与犹太人之间的一种精神联系，而且是美国人国家认同的符号（symbol）。明乎此，才能理解为什么在美国新教徒的信仰里视"出埃及记"为旧约历史发展的中心，犹如十字架在新约中的地位一样。这也是有人说"美国这个国家是圣经创造的，尤其是旧约创造的"（亨特，2000：77）的原因。

与上述问题直接相关的是新教徒关于"千禧年"信仰的神学教义问题。千禧年（Millenium），又称千年王国，源自《新约·启示录》第二十章记载的使徒约翰的预言：在世界末日来临之前，基督将亲自为王治理世界一千年，届时首批复活的圣徒将与基督共享福乐；千年期满世界末日到来，恶人也将复活，接受最后审判；圣徒升天堂享永福，恶人下地狱受永罚。这种基督再次降临的观念是与复活和最后审判紧密相连的，它与《旧约·但以理书》所载的"弥赛亚"预言①相契合。

早期基督教，无论正统或异端大多信仰千禧年说，5世纪后此种信仰逐渐衰落，16世纪后又有所回升，这种企盼基督千年为王治理的信仰后被称为锡利亚主义（Chiliasm）。19世纪20年代以后这一与末日论有关的神学教义在美国新教保守主义派别中得到了进一步传播和发展，迄今仍对美国新教向着偏离社会福音派运动方向的发展有着重要影响。这个保守主义派别就是美国新教中的基要派或称基本教义派（Fundamentalism），又称原教旨主义。基要派本来指美国新教信仰中的一个派别，它是在19世纪科学和史学思想革命的冲击下，对宗教信仰日益世俗化倾向的一种保守主义反映，因1895年几个新教派别召开的尼亚加拉圣经会议形成的"基要主义五要点"而得名，其主旨是：恪守基督信仰，坚信《圣经》绝无错误。基督复临派（Adventists）、安息日基督复临派（Seventh Day Adventists）、五旬节派（Pentecostals）、圣洁会（Holiness Churches）等是基要派中的典型。譬如，一个出生在西马萨诸塞名为威廉·米勒（William Miller，1782～1849）的农夫，从1831年起到处传播，根据《圣经》中先知预言推算，基督再次降临和千年王国的建立将在1843年和1844年发生。尽管他的两次预言都肥皂泡般地破灭了，但他的追随者却仍旧成立了基督复临派并经常召开会议，坚守这种信仰迄今不变。还有些人接受安息日浸信会的做法，以每周第七日（星期六）而不是第一日（星期日）为安息日（礼拜上帝日，不工作），这就是安息日基督复临派的主张。五旬节派则要求严格按照《旧约·利未记》第17～26章的规定，保持基督门徒在五旬节接受"圣灵"的传统（参见 Kenneth S. Latourette，1975：128、1258）。

① 弥赛亚（Messiah），希伯来文意为"受膏者"，指上帝所派遣者，因古代犹太人封立君王时受封者额头上被敷膏油而得名。以色列亡国后，人们传说，上帝终将重新派遣一位"受膏者"来复兴以色列国，于是弥赛亚就成为犹太人所盼望的复国救主。而基督教认为耶稣就是弥赛亚，希腊文即基督，但基督不是复国救主，而是人类的救世主，凡信仰他的人，灵魂都能得到拯救。并且，在新教的解释中，千年王国的中心是以犹太人的圣城耶路撒冷为象征的，因此新教徒对千禧年的盼望与犹太教徒对弥赛亚的企盼就发生了信仰上的联系，从而使耶路撒冷成为两种宗教的共同象征符号。

值得注意的是，近年在新旧千年相交之际，新教中某些极端派别或神秘派别关于世界末日到来和基督复临的"锡利亚式狂想"在一些地方又有所抬头。据媒体披露，与末日论信仰有关的"世界末日教派"于 1999 年成立。此后便不断有人类即将面临世界末日的预言从不同地域传出，一些类似上述米勒式的预言还借助媒体广告和影视光盘大肆传播，使许多信徒上当受骗，酿成许多人生悲剧并造成极坏的社会影响。仅见诸报端披露的就有 1988 年 10 月 28 日在韩国汉城和 1993 年 2 月 28 日在美国得克萨斯州以及 2003 年 11 月 10 日在印度尼西亚万隆市郊等地发生的一系列"世界末日"闹剧。

在千禧年教义中，基要派主张"千禧年前论"（Pre-Millenarianism），这是一种与"千禧年后论"相对立的主张，认为基督复临将在千禧年之前，千禧年的太平盛世亦因基督的复临而建立；在这千年中基督将亲自为王治理；千年届满即是世界末日到来，人类将面临最后审判。按照这一神学观点，以色列的完全复国以及耶路撒冷圣殿的重新建立，就成为基督复临实现千年王国预言的前提。信仰这种"千禧年前论"的美国新教基要派信徒自然会把支援以色列复国和重建耶路撒冷圣殿当作自己的神圣使命。布什家乡地处美国南部的得克萨斯州，新教基本教义派右翼势力影响历来甚大，小布什出身得州富商世家，年轻时酗酒纨绔，后决意戒酒并皈依宗教成为再生新教徒的经历以及入主白宫后以"领导世界""拯救世界"为己任的强烈个人使命感（从"无限正义"的自我僭称可管窥一斑），还有对外交往上的强悍、霸道作风，都表明布什其人性格中的新教基本教义派特征。从中不难发现美国新保守主义在中东问题上偏袒以色列的宗教诱因，这也是巴以僵局难以解决并进而引发中东旷日持久、愈演愈烈的宗教－文化冲突的深层原因。当然，决定美国的中东问题立场以及造成巴以冲突根源的并非就是宗教本身，还有更深刻的地缘政治和民族国家利益之间的矛盾，也有作为一个整体的世界体系的社会结构和历史方面的因素，但将这些矛盾转化为暴力冲突，宗教－文化因素无疑扮演着催化角色。正是基于这一看法，许多人对短期内解决巴以冲突并不抱乐观态度。须知，冲突着的双方，无论美以信仰的基督教－犹太教抑或阿拉伯－巴勒斯坦信仰的伊斯兰教，都属于一神论救赎宗教，终极关切上的排他性及由此带来的行为取向上的不妥协、不宽容，必然减弱甚至窒息实践上的多元文化主义主张，注定了巴以之间这场冤冤相报、轮回式报复性仇杀的暴力冲突难以在短期内化解。或许这正是"文明冲突论"的警世意义之所在！

三 "公民宗教"与美国的民族主义

尽管美国版本的全球化概念总是高调宣扬一套普遍主义、世界主义的理念，鄙薄、讥讽发展中国家主张的爱国主义、民族主义是一种特殊主义的、偏颇的、狭隘的、非理性的情绪，但认真观察美国社会生活就不难发现其内里的民族主义社会氛围丝毫不亚于世界任何地方，只不过形式更隐蔽，手法更高明罢了。同样，尽管美国历来不遗余力鼓吹政教分离，但深入观察和思考就会发现美国的许多社会 - 政治行动都是借助宗教语言表达的，远的如立国时期的联邦党人诸先贤对独立宣言以及宪法理念的阐述，近到现代历任总统所发布的国情咨文和重大政策的宣示，都要从《圣经》中摘引立论根据。尤其"9·11"事件后布什在一些公开场合的演讲，用一位美国著名作家的评论，"与其说是谈论战争，倒不如说是表达一种对宗教的敬仰"（伍德沃德，2003：74）。在美国，人们会发现层出不穷的宗教介入社会行动的现象，譬如，教会出面促使或阻止选民对某个政党执政的选择，或对公众人物竞选某一公共职位施加影响，对总统、国会议员制定某项法律或公共政策进行游说。美国人可能对此早已习以为常，并不觉得这与宪法主张的政教分离原则有什么悖逆或不妥之处，毋宁说美国人在日常生活中早已把宗教、道德、公民政治或者说公民责任融汇在一起了，在其潜意识里这可能反而是美国政治文化的一种长处。

尽管个人的宗教信仰、崇拜和交往被看作严格意义上的私人事务，而这里也有着某些共同的宗教取向的因素，这些因素是大多数美国人所共享的。它们在美国各种制度的发展中起过关键作用，并且仍为美国生活的整体结构，包括政治领域，提供一个宗教的方面。这个公共的宗教方面表现在信仰、符号和仪式中，我称之为美国的公民宗教（American civic religion）。在这种宗教中，总统的就职演说是一个重要的庆典仪式。它再次确认，在一切事情中，宗教合法性具有最高

的政治权威。（Bellah，1990：263）

作为社会学结构－功能主义大师 T. 帕森斯的亲传弟子，贝拉在一系列的公民宗教研究中恪守乃师传承，明确提出"在美国确实存在与教会宗教并存，而且很明显是从教会宗教分化出来的精致的和十分制度化的公民宗教"，并从公民宗教作为一种社会制度的层面，分别从公民宗教的理念、南北战争与公民宗教、当代的公民宗教几个方面，重点考察公民宗教在美国社会的组织结构中所发挥的社会功能。贝拉首先分析了约翰·肯尼迪在1961 年 1 月 20 日任美国总统的就职演说中前后四次出现的"上帝"一词的不同语境和意义，指出美国政治生活中的宗教维度不仅是人的各项权利的合法性基础，而且还为政治进程提供了一个先验目标（可以从演说词最后一句话"上帝在尘世的事业必须真正成为我们自己的"看出）。宗教，特别是对上帝的信仰，在早期美国政治家的思想中扮演了重要的建构性角色。

公民宗教的上帝不仅是相当"唯一神本位的"，而且在禁欲意义上更多的是与秩序、法律、权利，而不是与救赎和爱联系在一起。尽管初看起来他带有某种自然神论色彩，但他绝不意味着一个简单的钟表制造者的上帝。他真正对历史怀有兴趣并介入历史，其中尤对美国更予特别关注。在这里与古代以色列而不是与自然法有着更多的比喻性。在"美国的以色列"理念中，用美国等同以色列的说法屡见不鲜。当杰弗逊在其第二篇就职演说词中说，"我们渴望上帝的恩宠，我们大家都在他的掌握之中，他引导我们的父辈像古代以色列人一样离开他们土生土长的地方，并将他们安置在一个万物具备、生活舒适的国家"时，在前边引用过的华盛顿的话中所隐含的意思就清晰起来：欧洲是埃及；北美洲就是应许之地。上帝已经引领他的子民建立了一套新型的社会秩序，这一秩序将成为永远照耀在所有民族之上的光芒。（Bellah，1990：266）

在这段引文中，"万物齐备、生活舒适的国家"（a country flowing with all the necessaries and comforts of life）暗喻《旧约圣经·出埃及记》所说

"流〔着〕奶与蜜之地"（a land flowing with milk and honey），原意指以色列人"土生土长的地方"（native land）即迦南地。对美国人来讲，欧洲象征着使以色列人被因为奴的埃及，而北美新大陆也就是美国人的迦南地；它就是上帝允诺给予美国人的"应许之地"，因而美国人也就是上帝的"拣选子民"；上帝引导他的拣选子民建立的美利坚合众国这种新型社会秩序，也就成了"尘世中的天国"，它必将为世界上的所有国家垂范。这种隐喻式的类比构成了贝拉所说的公民宗教中"美国的以色列主题"（the theme of the American Israel），它是后来所有保守派右翼鼓吹的美国"特殊论""例外论"以及在对外关系上奉行双重标准的潜在宗教诱因。贝拉在稍后另一本名为《弃约》（1975）的书中深化了这一论题。他分别从美国的起源神话、美国是上帝的特选子民、救赎与美国的成功、本土主义与美国的文化多元主义、美国对社会主义的禁忌、新美国神话的诞生等几个侧面论述了美国公民宗教中这种"以色列情结"及其政治文化表现。由此使人联想到，自由主义社会思想家 J. 哈贝马斯指责东方的民族主义往往用文化建构的方式神化本民族起源，造成"我族中心主义"的民族神话，排斥他民族的价值（参见哈贝马斯，2000）等等，并把这些负面特征统统归入东方国家名下，似乎成为东方文化的一种特质，以此作为诟病东方民族主义狭隘性的口实，其实并不公允。哈贝马斯的说法并非不懂或疏忽，实为他"西方文化中心"潜意识的不期然而然的流露。可见，自由主义政治学的"价值中立性"原则说到容易做到难，即使对崇尚这一学说的思想大家也不例外。

贝拉认为，这些从教会宗教分化出来的思想观念经历几百年的生息繁衍已经成为一种具有独立性和完整性的"共同信念"，即"透过美国人的经验显现出来的对普遍的、超验的宗教实在的真正理解"，已经渗透在美国社会的组织结构和全部历史过程中，成为一种美国社会特殊的公民宗教。它拥有一系列神圣人物、神圣事件、信仰、仪式和象征，同时包含在在社会与个人、国家与公民生活中起着特殊作用的伦理和道德之中。肯尼迪入主白宫是贝拉发现公民宗教现象的一个重要来源或启示，这位号召美国人民与极权、贫穷、疾病和战争做斗争的总统俨然成为公民宗教的最佳象征是再合适不过的事了。须知，美国历史上第一位信奉天主教的总统上任伊始在他关于上帝引导国家的演说中，明白无误地诉求一种为全体国民所共享的精神资源——既不是罗马天主教的，也不是新教的——显然是对

"公民宗教"的最好诠释。

在美国的公民宗教里，革命是备受关注的神圣事件，它象征着美国先民从欧洲旧地历经诸种苦难远涉重洋迁徙到北美新大陆的最后行动，其中，华盛顿就是上帝指派领导他的人民摆脱集权统治的先知——摩西，《独立宣言》和宪法则是不可亵渎的神圣经典。南北战争是第二个最伟大事件，它极为深刻地涉及民族的自我理解，并提出了民族意义的最深层次问题。这场国内战争不仅是一场同族互相残杀的悲剧，而且也是19世纪人类最血腥的战争之一，其伤亡人数比美国历史上任何一次事件的损失都大得多。伴随着南北战争，一个新的主题——死亡、献身和再生——开始进入公民宗教。这个主题在林肯英雄般的一生以及最后遇刺身亡中得到了象征性的表达。贝拉认为，林肯在葛底斯堡关于奴隶制和南北战争的演说，其任务首先是为了挽救联邦——不光是为了美国，而且是为了美国对全世界的意义，其本身就是公民宗教圣经中林肯"新约"的一部分。新的象征意义很快地得到物质上和仪式上的表达：建立了许多安葬战死者的国家公墓；为纪念殉难者、缅怀他们的献身精神而设立的阵亡将士纪念日，就像感恩节把一家人团聚在一起一样，把各地不同族裔的社区统一到国家的崇拜中；这两个节日再加上7月4日国庆日、退伍军人日以及华盛顿和林肯诞辰纪念日，构成了美国公民宗教庆典仪式的年历。

公民宗教将上帝、国家信仰融合为一身，在其象征体系里，国家政治生活被神圣化，国家价值被宗教化，民族英雄被神化，民族历史被体验为具有神圣意义的历史、救赎的历史，并成为像美国全国退伍军人组织一类具有爱国主义倾向的社团的意识形态。作为一种爱国主义意识形态，从正面作用看，美国公民宗教以共同的宗教信仰为基础，通过强有力的民族团结象征为实现民族目标去激发个人深层的心理动机，从而起到动员国民、统合民族意志的社会功能；从负面看，其并非总是起到有利于有价值的目标或正义事业的作用。在国内舞台上，它往往成为攻击非国教信徒和各种自由主义思想、群体的一面旗帜。远的如南北战争前一些奴隶制的捍卫者就曾以宗教和国家理由来拒斥《独立宣言》思想，其中一些最顽固不化者不仅反对杰弗逊的民主，而且更反对宗教改革，甚至梦想由中世纪的骑士军团和神权政治来治理南方各州。在民族关系和国际政治领域，"美国的以色列主题"是为其自19世纪早期以来对外推行帝国主义的领土扩张政策合法化辩护的"天定命运论"（Manifest Destiny）的根据，它同时也引出了美国族裔关系史上最黑暗的一页，即这些欧洲白人移民对美洲原住民印第安人的征服性掠杀和对非洲黑人的奴役性贩卖。公民宗教建构的神话、信仰、叙事都是根据欧洲移民的经历，特别是英国清教徒的传统和象征体系而重复叙述的，其目的在于将民族国家的意志神圣化，一切有悖于这一目的的东西，如印第安人、黑人的经历以及体现他们在美国存在的象征符号，都被有意地隐匿和抹杀了，于是他们也就被否认了作为"美国人"的身份，并使他们在象征符号体系里"缺席""不在场"，最终了无踪迹。这样，作为一种传统、信仰和符号体系的公民宗教，几百年来一直被用来充当解释欧裔人对非欧裔人的压迫和剥削的意识形态。它不仅隐匿了上述种种冲突，无视非欧裔人的存在，而且也囿限了欧裔人自己的生活和历史空间，因为它在忽视非欧裔人存在的同时，也使欧裔美国人规避了自己的真实存在，隐藏了自己的真实经历，否认自己那段不光彩的掠夺征服和镇压的历史。如果从文化压迫或文化不平等的视角来解读公民宗教和新教，那么就可以清楚地看出美国公民宗教作为白种盎格鲁－撒克逊新教徒的一种民族主义的意识形态，原来只是关于白人征服者丰功伟业的一种宏大叙事，其中包含着一种双重的压迫：一方面是印第安人和黑人在身体上、文化上、精神上受压迫，在象征体系上也受压迫；另一方面，欧裔白人也使自己意识的一部分受到压迫，乃至逃遁、消失。结果就像贝拉所说的，"自由的异化和原教旨主义的僵化"（Bellah，2000：272）。

今天在美国，一切根本性权利都带有明显的宗教性，这可以在诸如堕胎、同性恋婚姻等问题上看出，两党无论赞成或反对这一权利都必须直接或间接地诉诸宗教理由，因此任何涉及这一权利的法案通过与否，都和它与公民宗教认同有着微妙的关系。在这个意义上可以说，公民宗教是"政治正确"的潜在判准。明乎此就不难理解，保守主义政治思潮在美国为什么具有强大的社会基础，而自由主义政治文化、批判的社会理论为什么只流行在少数知识界精英中和大学校园里。在这样一种强大的政治文化氛围下，所谓政教分离原则和宗教信仰自由，就只有形式上的意义了。著名哲学家理查德·罗蒂对此曾评论道：

要是我们没有不坦诚地表示我们不相信上帝，我们便无法参加公务竞选。尽管有着这种妥协，但是没有一个公开的无神论者在这个国家的任何一个地方易于获得公务竞选……除非宗教信仰者仍然愿意以私人化来换取宗教自由的保证，否则我们将无法保持一个民主的政治共同体……（罗蒂，2003：146～147）

从公民宗教的视角结合这场刚结束的伊拉克战争来思考问题，或许可以带给人们更多的启示。当布什总统宣布伊拉克由于"不站在我们一边"而被入另册成为"邪恶轴心"国家之一，进而判定伊拉克"藏匿大规模杀伤性武器"并决定用"无限正义行动"来彻底摧毁萨达姆政权时，在其潜意识里发生着公民宗教的符号互动作用：美国作为"新耶路撒冷"和"地球最后最美好的希望"的角色、美国人民作为上帝的"特选子民"、新教关于善恶势不两立的道德观念，它们一起将以总统意志为表达的国家意志神圣化，并为这场战争在美国国内的正当性、合法性提供了共同的宗教依据。对于无法判断伊拉克是否真的"藏匿了大规模杀伤性武器"的大多数美国人来说，这个论据本身或许也是可以接受的。当美国士兵冒着生命危险挺进伊拉克或在各地武装巡逻时，进一步诉诸"献身"这一伟大主题显得近乎残酷，但却也能使这场战争神圣化。这些都是这场战争尽管受到世界多数国家的反对但布什本人的国内支持率居高不下的重要原因。但在战争结束很长一段时间里，美国政府却拿不出任何有力证据证明自己当初行动正当且合法，从而使布什本人及其政府在世人面前陷入了深深的尴尬之中。这里提出了需要人们认真思考的问题：美国目前在世界上所扮演的角色与其先辈所为之奋斗的信仰、理念是否真正一致？再者，上帝的象征意义在公民宗教中如同在犹太教和基督教中一样，始终处于核心地位，无论左翼还是右翼、民主党或共和党都接受上帝具有至高无上的绝对权威地位，遑论各种教会或教派。这一点在美国建国前后的 18 世纪也绝无问题。但随着宗教世俗化的进一步深入，人们的宗教意识可能会发生潜移默化的变化，而一旦这种变化涉及共同的信仰基础，即关于上帝信仰这一根基时，就像基督教历史上曾经发生过的情形或者如欧洲当代不断深入的世俗化所表现的那样，将会给公民宗教带来什么样的冲击？考虑到公民宗教缺少像基督教的"信经"那种高度形式化的权威性信仰纲要，问题就显得更为严重。前一个问题包含着道德和政治危机，后一个问题则孕育着深刻的神学危机。须知"公民宗教已成为西方宗教和哲学传统最深刻的信念与美国人的共同信仰之间的连接点"（贝拉语），因此，从这个连接点上思考这场战争进而认识美国的对外政策，显得既有实践上的紧迫性，又有理论上的必要性。

参考文献

埃里克·方纳，2003，《美国自由的故事》，王希译，商务印书馆。

鲍勃·伍德沃德，2003，《布什的战争》，上海美国研究所组译，上海译文出版社。

理查德·罗蒂，2003，《后形而上学希望》，张国清译，上海译文出版社。

J. D. 亨特，2000，《文化战争》，安荻等译，中国社会科学出版社。

J. 哈贝马斯，2000，《关于主权和公民资格的过去和未来》，曹卫东译，载《国外社会学》第 6 期。

罗伯特·K. 默顿，2001，《社会研究与社会政策》，林聚任译，三联书店。

苏国勋，2003，《社会学与社会建构论》，载《中国社会学》（第二册），上海人民出版社。

Bellah, Robert N. & Hammond, Phillip E., 1980, *Varieties of Civil Religion*, Harper & Row, Publishers.

Bellah, R. N., 1990, *Civil Religion in America*, *From Culture and Society*, (ed.) by Alexander, J. C., Cambridge University Press.

——, 1975, *The Broken Covenant: American Civil Religion in Time of Trial*, Seabury Press.

Latourette, Kenneth Scotte, 1975, *A History of Christianity*, by Harper & Row, Publishers, Inc.

Merton, K., 1968, *Social Theory and Social Structure*, The Free Press.

关于公营事业的初步分析[*]

杨 团

什么是公营事业？本文将其定义为公共事物的运营业。公共事物的运营业既包括中国计划体制下的社会公益事业，即通常使用的"科（科技）、教（教育）、文（文化与新闻出版）、卫（卫生）、体（体育）"五大行业及社会福利、社会救济业，又包括市场体制下独立出来的环境资源保护、绿化、社会治安、社会保障与就业服务、社区服务等新的社会公益事业，还包括公用事业如道路、交通、航运、供水、供电、供气等行业和森林、水源、山地、公园等公共资源的保护和运营。总之，公共事物的运营业是对经由集体选择、集体安排且产出非物质经济价值[①]的所有行业的统称，它可以划分为社会公益事业、公用事业和公共资源保护三个部分。

公营事业不是国家要冲，多年来成为被遗忘的角落。中国经济体制改革走过了 20 多年，不仅传统的公营事业在发生转变，例如国家保障转变为社会保障，而且还不断涌现环境保护、社区建设等新的公营事业，对这些事业到底怎么管理，传统计划体制下的管理办法是行不通了，政府直接管理不仅效率低而且管不过来，但是采用市场化的方式管理却难以保障企业利益不损害公共利益。人们回过头来审视曾经走过和正在走的路，发现公营事业这个重大的社会存在似乎被忽略了。在国家社会二分的二元逻辑下，任何事物不是归属政府就是企业，不是行政的就是市场的。公营事业如何归属呢？是政府的还是企业的？如果都不是，那么它是什么？就是这种不知公营事业为何物的状态使人们模糊地感到，对这个就发生在自己身边的、生活中须臾不可离开的事物太需要加强认识了。

---

[*] 原文发表于《社会学研究》2004 年第 4 期。

[①] 物质经济价值是指具有实物形态的经济价值。非物质经济价值是指经济价值具有非物质形态。

关于公营事业有着太多的空白需要填补。何谓公营事业？如何搞好公营事业的运营？这个运营与市场、政府乃至志愿组织的运营有没有不同、有何不同？发展公营事业有没有一套独立的政策和制度规则？显然，要回答这些问题，需要构建关于公营事业的一整套理论。

笔者认为，公营事业是独立于市场、政府、志愿组织的第四域。由于它具有包容特性——在提供环节即规划组织环节可包容政府机构以及社区、非政府/非营利组织等，在生产环节可包容政府机构、企业或各类组织兴办的事业机构；产业特性——为满足一组确定的个人共同消费，在提供者、生产者之间结成一种常规性、专业性的组织关系；网络特性——消费者、提供者、生产者之间通过信息共享实现功能传递，使运营过程形成回路；自治趋势——共享公共服务的人们需要通过自治性组织强化对提供者、生产者的选择，公营事业的社会经济地位在 21 世纪将大为上升，它正在成为 21 世纪的朝阳产业群。

本文仅从基本概念出发，从事物本身的性质、公营事业的组织和运作的基本模式三个方面，探讨公营事业是否具有独立性，即是否可以独立于政府、企业和 NGO 、NPO 部门。

从公共事物本身的性质考察公营事业的独立性

人类早就认识到物品的性质对于人类福利有莫大的影响，亚里士多德就说过："凡是属于最多数人的公共事物常常是最少受人照顾的事物。"（亚里士多德，1983：48）

与公共事物对应的是私益物品。一般认为，私益物品由企业提供，公益物品由政府提供。所以，仅从物品的性质来看，公营事业显然独立于企业。不过，公营事业是否可以相对独立于政府呢？我们试图运用公益物品的一般理论对此做出解释。

以二元论看待世界是一种根深蒂固的传统观念。无论物品还是提供物品的社会组织机构，都以二元论划分为公益物品与私益物品、政府与私人企业。既然人们承认政府必须提供公益物品、企业必须提供私益物品，那么，只要在物品分类中出现明显的中间态物品——既非纯公益又非纯私益的物品，就可以说，需要一种以专门运营中间态的物品为业的公营事业，从而可以证明公营事业可以独立于政府而存在。下面来证明以上的假设。

私益物品或者个人物品是可分割的从而可以被个人所占有，公益物品不能分割为个人单独占有的项目，根据这个现实，理论抽象出定义私益和公益物品的两条标准，即排他性和使用或消费的共用性。

排他性是指在市场体制下，物品或服务的潜在用户能够被有效排除的性质。只要支付一定的费用，就可以得到这件物品，排除其他潜在的用户。不过，如果为排除潜在用户所花费的成本太高，根本不划算，就成了难以排他。

难以排他或不排他性指的是除非花费巨大成本否则无法阻止消费者不付费就搭车的性质。

使用或消费的共用性是指消费者个人享用或使用一项物品并不能阻止其他人的享用或使用的性质。例如，道路由行路者共享，图书馆由入馆者共用。这种共用的性质，也常常被称为消费过程中的非竞争性。它与消费过程中的竞争性相对。竞争性指的是某个人只要享用了这件物品，其他人就无法享用。

在有关公益物品的理论中，人们用排他性和竞争性描述私益物品，自然，非排他性和非竞争性可以用来描述公益物品。非排他性和非竞争性均具备的事物被称为公益物品，只具备其中一种性质的事物被称为准公共物品。对此，美国著名的行政学家、政治经济学家埃莉诺·奥斯特罗姆的解释与其他人有所不同，表1展示了她的解释。

表1　使用或消费的共用性

		分别使用	共同使用
排他性	可行	私人物品：面包、鞋、汽车、理发、书等	收费物品：剧院、夜总会、电话服务、收费公路、有线电视、电力、图书馆等
	不可行	公共池塘资源：地下水、海鱼、地下资源	公益物品：社群的和平与安全、国防、灭蚊、空气污染控制、消防、街道、天气预报、公共电视

资料来源：文森特·奥斯特罗姆、埃莉诺·奥斯特罗姆，2000：101。

私人物品：具有排他性和分别使用性的物品

收费物品：具有排他性和共同使用性的物品

公共池塘资源：具有非排他性和分别使用性的物品

公益物品：具有非排他性和共同使用性的物品

埃莉诺·奥斯特罗姆将公益物品仅限于两性均备的范畴，而将其他的公共事物依照一定的标准划分为收费物品和公共池塘资源，从而明确了资源类的公共事物与人造的公共设施在物品性质上的区别。

依前面的假设，只要在物品分类中出现明显的中间态物品，就可以说，需要一种以专门运营中间态的物品为业的公营事业，从而可以证明公营事业可以独立于政府而存在。现在收费物品和公共池塘资源都属于既非纯公益又非纯私益的中间态物品，可见需要以运营居中间态的公共事物为业的公营事业，它可以相对独立于政府而存在。

例如，收费物品是一种必须集体享用但个人可排他占有其分割部分的物品。既然个人可排他占有其分割部分，理性的个人就可能凭借收费价格的不同，扩大个人排他占有的部分，使自己尽可能花费较少的资源，在与别人得到同等或差值不大的享用中获得利益。目前，我国将养老院作为一种带有公益性的收费物品，从过去的政府直接办社会福利院改变为非营利组织办、企业办、私人办并存。并且兴办养老院的机构可获得免税的政策规定，为这类收费物品的营运开辟了空间。显然，这个行业已经相对独立于政府而存在了。然而这并不意味着养老院行业可以不置身于政府的规划、监督和社会政策的安排之下。目前的社会政策并没有将老年人福利政策与养老院政策相衔接，导致花费很大成本建立起来的养老院主要为健康的自理老人所享用，而非自理老人并未得到应有的照料。由于对自理老人入院的收费价格系统性偏低，且没有采取入院资格评价制度，导致自理老人群体争相入院以获取超值利益，而与此同时，也损害了非自理老人群体的利益。其他类别的收费物品例如教育、医疗都有类似的问题。可见，以运营居中间态的公共事物为业的公营事业，就是将每个使用公共设施或者公共资源的个人的各自行动转变为采用协同策略以减少共同损失或者增加共同收益的集体行动。这个集体行动本身是一个组织化的建构过程，其间，政府需要在导向和监督方面起作用。但是，就总体而言，这种集体行动不同于政府的强制行动，可能相对独立于政府而存在。

从公营事业的组织工作考察公营事业的独立性

面对上述划分的四种不同性质的物品，仅仅依靠即有的企业和政府两类组织是不够的。这四类物品因性质不同，在生产和消费中可能出现的不利后果往往也不同，避免这些不利后果是对组织理论提出的挑战。

由于私益物品只被个人占有和享用，为了以最佳的投入产出方式协调在既定收入范围内的买方和卖方，企业组织这种新的社会发明在20世纪初诞生了。企业家保留剩余的利润是这种组织模式的动力。通过市场竞争法则和价格的自动调整，大量、丰富的私益物品被源源不断提供出来。实践证明，企业组织是提供私益物品的最好模式。

中世纪的人类历史是一部人类为争夺财富和领地相互杀戮的历史，安全和防卫成为最重要的集体共有和共用的公益物品，以强权和强制力来保障个人的安全，成为国家这种组织模式诞生的原因之一。自国家诞生以后，经历了统治者以强制的方式直接掠夺剩余到"明智"地减少高压方式以增加税收收入的过程。但总体来说，国家采用强制机制，以强制求公益，这里不存在竞争市场那样的机制。

但是，国防只是极为特殊的一种公益物品，还有大量的其他公益物品以及公共资源物品、收费物品难以运用单一的国家理论解决问题。例如，集体共有但可个别享用的灌溉水渠的水资源类物品，这类资源由于曾经非常丰富，获得它的花费主要是集体建设的公共工程即灌溉水渠，而水资源本身只花费很少的代价，甚至在某些环境条件下不用花费代价，因此水资源不能被个人占有或者出售，而理性的个人就可能不顾他人的利益拼命扩大自己的享用，导致资源使用拥挤甚至资源干涸。从理论上看，以追求利润为目的的私人企业组织，只可能像一个理性的个人那样行动，所以不可能避免这类"公地悲剧"。那么，运用政府组织的模式如何呢？的确，对绝大多数自然资源实行中央政府的集中控制和管理是很多国家和地区长期以来的基本做法。但是，中央政府集中控制所达到的效果是建立在信息准确、监督能力强、制裁可靠以及行政费用为零等假设之上的。这些假设往往都不是真实的，即中央政府可能犯各种各样的错误。

中央政府以国家作为组织工具来实现保护资源的集体行动。在这里，组织保护资源的集体行动的负担全由国家承担，国家的收益和集体行动产生的经济利益剩余相关。所以，中央政府被抽象为资源保护的一个外部代理人。这个代理人对于所采用的集体行动所必需的制度规则承担首要责任，他能否对国民做出可信承诺，代表国民的利益，包括依靠资源生存的农民的利益，需要依靠完善的监督机制。如果由地方政府做代理人，其要求也是一样，即都需要解决建立保护资源的供给制度的设计、可信承诺和相互监督的问题。正是由于这些问题难以解决好，人们才重新考虑以政府为代理人是否是唯一模式，还有没有其他的组织模式可以解决类似问题。

公共选择学派的创立者布坎南在解释什么是公益物品时说："任何由集团和社会团体决定，为了任何原因，通过集体组织提供的物品或服务"（詹姆斯·布坎南，1992：13），从而将公益物品与集体组织和集体行动密切联系起来。

在布坎南之后，埃莉诺·奥斯特罗姆花费几十年时间，在大量实证案例研究的基础上，开发了自主组织和治理公共事物的制度理论，从而在企业理论和国家理论的基础上进一步发展，提出了"具体而明确的集体行动理论"。这个理论研究自主治理的组织和制度，证实了在现行企业和政府部门之外，可以通过建立新的集体组织、新的制度规则、新的可信承诺和监督机制以求得公共事物的新的解决之道（埃莉诺·奥斯特罗姆，2000）。

在这里，与传统的企业或国家理论不同的是，新的组织理论并非以创立一个或一类组织为核心，而是要解决所有公共事物中共性的组织问题。这就是前面已经提到过的，将公共事物的占用者的个人行动转变为占用者采用协同策略以减少共同损失或者增加共同收益的集体行动。这种集体行动的组织理论将集体行动的组织工作视为一个过程，组织只是过程的结果，一种组织，例如属于非营利组织的各种协会，只是组织工作过程中产生的某种形式的结果而已。在过程中还会产生其他的结果和形式，它们与各类组织形式之间交互作用，这些都构成了集体行动。例如，一个住宅小区的居民共同占有和享用小区的物业环境，这个物业环境就是他们这个用户群体的公益物品。业主委员会是由该小区内的居民当事人组成的集体消费单位，他们凭借具体而明确的集体行动理论，自愿组织起来以保持自己努力所形成的剩余。为此，他们制定一套制度规则，凭借这套规则聘请物业管理公司，与物业管理公司这类企业结合起来才能达到他们的目的。由于他们的需求，大量的物业管理公司应运而生。可见，业主委员会和物业管理公司都是在维护小区物业环境这个集体行动的组织过程中产生出来的组织形式。固然这些组织形式是必要的，不过，若不存在集体行动的组织过程，这些组织形式并不具有决定性的意义。而收费程序、收费标准、用户反馈、合约签订等多项组织工作的意义其实更为重要。业主委员会和物业管理公司只有凭借这些规则协同生产，才能减少共同损失以获得较高的收益。

20 世纪的工业社会为人类带来的不仅仅是越来越丰富的、大量的私益物品，同时还发展出越来越多的公共事物。随着历史的演进，人们对于公益物品和服务的需求越来越多样化、越来越丰富，人们的自我选择意识不断强化，也就越来越不满足于国家这个外部代理人所提供的公益物品的模式。例如，一群委托人，一个社区的居民，是听命于国家为自己提供所需要的所有的公益物品，包括环境、绿化、社区福利、文体活动，还是自行组织起来解决这些问题？不由局外人而由自己来提供公益物品的需求大大高涨起来，这股自 20 世纪下半叶开始的潮流，向 21 世纪提出了集体行动组织的新课题。

此外，因工业生产带给社会的污染，以及烈性传染病例如"非典"对全人类安全的威胁，这些被称为"外溢"因素的并非有意或者计划之中的影响，散落在其他人身上，成了其他人无法拒绝的全球公害。抵御这些公害也是 21 世纪集体行动组织的新课题。

从公营事业的运营模式考察公营事业的独立性

本文开宗明义提出，公营事业即公共事物的运营是对经由集体选择、集体安排且产出非物质经济价值的所有行业的统称。在这个定义中，集体选择、集体安排的含义来自政治学中的公共选择学派，非物质经济价值和行业来自社会学和经济学概念。

埃莉诺·奥斯特罗姆不仅发展了公益物品的集体行动理论，而且提出了融合社会学和经济学的新的公共经济理论。她提出：公共经济虽然与市场经济有类同之处，但是它非常不同于市场经济；同样，公共服务产业虽然与私人产业有类同之处，但也非常不同于私人产业，人类社会需要一种专门用来解决单靠个人自身不能解决的公共问题的公共经济的理论和操作方式（埃莉诺·奥斯特罗姆，2000：138～141）。

埃莉诺·奥斯特罗姆使用产业这个词时说，她只是借用经济学中的产业这个词语，说明公益物品的供给过程的确有着类似经济产业的那种常规生产的组织方式——具有相似技术和生产方法，并由一组确定的个人共同消费。她同时指出：供给公益物品包括收费物品和公共资源物品的公共服务产业，与市场产业本质上的不同在于，市场产业只有供给方（生产方）与需求方（出资方）两方构成的供需结构，而公共服务产业却出现了三方，即提供方——负责公共事物的规划、融资、安排生产、管理、监督的一方；生产方——适应提供方的要求，直接生产公共服务，并将服务按照数量和质量要求输送给用户一方；受益方——直接受益的由每个个体组成的用户群体，他们提出对公共事物的需求，并且在公共服务过程中与生产方协同生产，以求取得更好的服务效果。

显然，公共服务产业将需方扩展为个人与用户群体的代表两方，从而重构了供需关系结构。这个结构由于出现了三方关系，既不同于市场经济产业结构，又不同于政府直接操作的政府产业结构，而是一种新的组织体系和新的组织结构。它的最大特点是可以将传统的企业和国家两种组织工具相互嵌入，发挥它们各自的优势。政府的优势在于重大方向和政策的规划与资金筹措，企业的优势在于可将各种生产要素集合起来，以最低的成本和最佳的资本投资收益来生产各类物品和提供服务。当政府作为提供方代表，需要满足国民对某项公共物品（包括服务）的需求时，可以将选择合适的生产方纳入政府的规划范畴，建构合理的公共服务产业模式。

根据国际经验，对于生产方的选择有多种方式：（1）政府机构通过建立和经营属于自己的生产单位直接生产；（2）与私人企业或者非营利组织签约；（3）建立统一的服务标准让家庭户选择可以提供服务的承包机构；（4）收税，然后发给家庭户服务领取凭证（如住房补贴、医疗补助、食品券等），由其选择不同的生产者和不同组别的服务；（5）与其他政府机构所属的生产单位签约；（6）依靠自己的生产单位与若干不同性质的生产者的共同生产性努力提供服务（文森特·奥斯特罗姆，2000：110~113）。供应公共服务的生产方，既可以是政府直属的企业或者事业单位，也可以是私人企业或者非营利性机构，还可以是这些组织的合作机构。由于他们只是生产方，所以不会像私人市场那样，需要自定目标、自我筹资、自找市场和自行承担所有的风险，因此，在盘算好自己的收益和风险之后，生产方往往愿意接受提供方的委托。

所以，公共经济和公共服务产业的基本问题与私人经济和私人产业有本质区别。将私人企业以签约生产的方式引入公共服务只能算作一种形式，而不是实质。实质在于必须根据不同的公共事物的不同性质、运用这些事物的不同环境制定具体和明确的制度规则，形成提供方、生产方、受益方三者之间的链型关系体系，以求得共同指向公共事物的运营目标。

大部分公共事物的运营都存在提供方、生产方、受益方三方之间的链型关系体系。如根据我国学者的考察，在对水权和水市场的讨论中，最大的难题在于水资源经营中怎样处理水资源的"双重性质"，即公益性和商品性。现行的方式主要是"分离法"。将对水资源的产权分离为政治的和财产的权利，将水资源的使用权分离为公益性的和经营性的权利，从而顺理成章地将前者归属国家或行政事业机构，后者归属工程的投资者或水务经营公司。而且在经营当中简单套用国有企业改革的模式，管水的政府部门（提供方）不再给定充足的物质支持，让这些水管单位（生产方）自谋生路，靠水费维持运行。当收入只取决于水费，而节约用水意味着水管单位的收入下降，且水费价格并不足以促进用户（受益方）节水，则节水就丧失了内部激励机制。这种水资源的管理模式，使得提供方、生产方、受益方三者之间形成了以创收为主导的链型关系体系，自然，水资源的浪费和自然资源的被破坏势在必然（郑易生，2003）。

这类事例说明，但凡公共性的自然资源都与一般的市场竞争性资源具有不同的品性，简单采用市场体系下的私人生产的产业模式只会造成公共资源流失，使所有的资源使用者遭受共同损失的局面。解决的办法是走公共经济和公共服务产业之路，提供方即管水的行政管理部门必须负起对水资源规划、融资和管理监督的责任，而且慎重选择水资源的生产方——将水资源输送到用户的经营单位。水资源的收费价格往往不可能是完全的市场价，必须由政府融资加以补贴，由此限制经营单位创收的运营动力，并产生生产方和受益方必须协同生产、共同节水的合理模式和规则的创新问题。

埃莉诺·奥斯特罗姆在探索公共资源如何能够世世代代维护下去时，根据经验研究界定8条规则，大体是：清晰界定公共资源本身的边界以及有权从中提取一定资源单位的个人或家庭；占用和供应规则要与当地条件及所需劳动、物资和资金的供应规则保持一致；集体选择要使绝大多数受操作规则影响的个人参与对操作规则的修改；由占用者本人或是对占用者负有责任的人做监督；违反操作规则的占用者受到有关官员的分级制裁；占用者和官员能够通过低成本的地方公共论坛解决冲突；对占用者的组织权有最低限度的认可，他们设计自己制度的权利不受外部政府威权的挑战；多层次、分权制的机构，对占用、供应、监督、强制执行、冲突解决和治理活动加以组织（埃莉诺·奥斯特罗姆，2000：141～160）。从这些规则中我们可以看出，公共经济对于供给规则、可信承诺和相互监督有着最大的需求，他们是公共经济与市场经济、公共服务产业与私人产业的分野。同时，公共经济能否有效率的关键在于能否在公共服务领域近似地造就类似市场竞争的局面，即允许多个生产者和可替代的服务提供者存在，形成服务的提供者和生产者的替代市场。为此，埃莉诺创立了公共服务产业的多中心理论和多中心秩序，提出了可由多中心秩序构成公共服务的体制，在这个体制下，可以形成公共服务产业的新机制。

总之，这套区别于传统市场经济的公共经济的新体系与新结构，提出了可以嵌入私人市场规则的公共服务市场规则，它既可利用市场竞争机制克服政府直接操作的低效率，又可利用政府或者社会组织的规划与决策安排避免因市场无效竞争导致的资源巨大浪费。这种努力开辟了一个新的政府治道变革方向——由单中心的政治统治走向多中心的自主治理（文森特·奥斯特罗姆，2000：1），由行政型政府走向服务型政府，新的社会体系和机制将在这种新方向的指引下重生。

参考文献

埃莉诺·奥斯特罗姆，2000，《公共事物的治理之道》，上海三联书店。

安东尼·吉登斯，2000，《第三条道路：社会民主主义的复兴》，北京大学出版社。

奥斯特罗姆、帕克斯、惠特克，2000，《公共服务的制度建构》，上海三联书店。

《公共论丛》编辑部，1996，《市场社会与公共秩序》，生活·读书·新知三联书店。

文森特·奥斯特罗姆，2000，《美国公共行政思想危机》中译本序言，毛寿龙译，上海三联书店。

文森特·奥斯特罗姆、埃莉诺·奥斯特罗姆，2000，《公益物品与公共选择》，《政府间关系的行为取向》，见迈克尔·麦金尼斯主编《多中心体制与地方公共经济》，上海三联书店。

休·史卓顿，2000，《公共物品、公共企业和公共选择》，经济科学出版社。

亚里士多德，1983，《政治学》，商务印书馆。

杨团，2002，《社区公共服务论析》，华夏出版社。

詹姆斯·布坎南，1992，《民主过程中的财政》，上海三联书店。

张静主编，1999，《国家与社会》，浙江人民出版社。

郑易生，2003，《中国节约水资源战略再探讨——以农业节水为例》，未发表。

中国与韩国社会阶级意识的比较研究[*]

李 炜

中国与韩国比邻相居，有着长久的历史和文化渊源。19世纪后半期，又几乎同时受到西方文明的"挑战"。从那时开始，两个国家都开始了痛苦而艰辛的社会转型进程，即由经济上传统的农业文明国家，向现代工商业文明国家转型；由政治上专制集权的世袭政统，向具有现代意义的民主体制转型。在这重大的历史变迁中，各自的社会结构也相应地发生了变化，也由此形成了各自的社会阶级与阶层的体系。因此，两个国家的社会阶级阶层的比较，有助于学人们了解和感悟由传统走向现代化的路径。

在本文中，我要将两国社会的阶级阶层的比较研究汇聚到阶级意识（class consciousness）这一专题上。这主要是因为，无论在哪一流派的阶级或阶层的理论中，阶级意识都占有非常重要的位置。在马克思的阶级观点中，工人阶级要完成推翻资本主义的历史使命，必须要由自在的阶级（class-in-itself）转为自为的阶级（class-for-itself），这一转换的标志，便是工人阶级的阶级意识的产生。对于多元主义的阶级理论流派，阶级阶层意识，有时唤作"阶级认识"（class awareness）、"阶级认同"（class identity），都是阶级群体的一个"集体理念"。对以文化—符号视角分析阶级阶层群体的布迪厄而言，他的"惯习"（habitus）概念的功能，也非常类似"阶级意识"。因此，我们可以说，在各家阶级理论中，阶级意识的有无，往往都是阶级形成（class formation）和阶级排他（class exclusion）的标志。在阶级结构、阶级形成、阶级意识、阶级行动这一系列阶级分析的主题中，阶级意识无疑起着枢纽的作用。

因此，本文主要考察中国和韩国的民众的阶级意识的异同，并借以分

---

　　*　原文发表于《社会学研究》2004年第5期。

析两国阶级意识背后的社会结构因素。

一 有关阶级意识的文献及研究讨论

（一）阶级意识的概念

关于社会阶级阶层的理论思想脉络，大致有两大传承。一派是马克思的资产阶级和无产阶级两大阵营的社会冲突的观点；一派则是来自马克斯·韦伯的多元地位群体的视角。有关阶级意识的研究，也遵循这两条路线。

在马克思看来，阶级从根本上是简单地由生产方式的关系所决定的，这一生产方式的关系伴随着对资本所有者与非所有者的区分的界定。由于这种区分，就产生了在经济利益上相互对立的、具有明确边界的群体。这些群体逐渐发展出具有冲突性和区分性的社会和政治共同体，也就是阶级。马克思的阶级理论特别凸显社会制度对于社会阶级的决定作用。在他的思想中，资本主义的生产资料的占有制度和资方雇用劳方的生产关系体制，造就了两大对立的社会阶级。

马克思赋予了工人无产阶级革命的历史任务，但他并没有在理论上说明工人如何从经济的生产者转变为政治的行动者。在《哲学的贫困》一文中，马克思对阶级概念的类别做了区分：一个是自在阶级（class in itself），一个是自为阶级（class for itself）。所谓自在阶级是指由于资本主义生产方式的扩张而带来的大量劳动者，他们的阶级角色是为资本主义的生产关系体制所决定的。因之，而后的社会学也称之为"客观阶级"，即他们是居于客观存在的社会阶级结构地位上的集群。自为阶级则不但在客观层面上，而且在主观上要对自身所处的阶级关系有明确的认识，确立自己作为归属的阶级之一员的角色感，即阶级意识。而后才可能产生阶级意识驱动下的阶级行动，从而完成工人阶级的历史使命。正如奥索斯基所言，"采用经济标准为基础的阶级概念时，马克思有时引入心理的标准来对此概念的范围加以限定。符合社会阶级的经济条件人群，只有在他的成员被阶级意识，被共同利益的意识，被引发共同的阶级对抗的心理边界，联系起来才能成为完整意义上的阶级。"（Ossowski，1963：73）因此，根据这一逻辑，工人阶级的最终形成，端赖于自在阶级转化为自为阶级，端赖于阶级意识的产生。在这一阶级形成的逻辑中，我们又一次体察到马克思社会存在决定社会意识的规则的施用：

生产关系 ———— 阶级意识 ———— 阶级行动
（经济的、客观的）（意识的、心理的）（行动的）

然而马克思有关自在阶级、自为阶级和阶级意识的观点也多受到质疑：作为受阶级结构制约的"自在阶级"通过何种方式达成"自为阶级"？如果客观存在的阶级始终未能自觉到主观的阶级利益知觉的层面，是否仍然是一个完整的阶级？阶级意识仅存于工人阶级之中，还是各个阶级都会享有其阶级主观统一性？即，阶级意识是无产阶级独有的，还是普遍弥散于各阶级的？

首先对马克思"阶级意识"做出详细阐述的，是匈牙利的马克思主义思想家格奥尔格·卢卡奇（Georg Lukacs）。他在写于 1902 年的《历史与阶级意识》一书中，潜心阐释马克思的"阶级意识"理念，并将之上升到无产阶级最终的历史使命得以达成的前提高度上。[①] 根据卢卡奇的界定，阶级意识：

> ……事实上是对生产过程中特定的典型地位所做出的适当的和合理的反应，而这些反应是"被赋予的"。因此，阶级意识既不是组成阶级的单个人所思考或感觉的东西的总合，也不是其平均数。而且整个阶级在历史上有意义的活动，最终是由这种意识所决定的，而不是由个人的思想所决定的——这些行动只能根据这种意识来理解。（卢卡奇，1986：51）

可以看出卢卡奇所阐释的阶级意识，是超越于阶级集团中个人观念之上的"群体意识"，就这一点而言，非常类似于涂尔干的超越个体之上的"社会事实"或"集体的意识表象"，它绝不等同于个人思想的集合。

对于卢卡奇高屋建瓴的辩证法论述，后来的研究者却无法将它转化为实证研究的操作概念。因此，在马克思或新马克思主义的流派中，除了上述的历史—辩证方式的阶级意识的论述之外，还有一支是采用基于个体主

---

① "换言之，当资本主义最终的经济危机发展时，革命的命运（以及人类的命运）取决于无产阶级意识形态的成熟，即取决于无产阶级的阶级意识"（卢卡奇，1986：70）。

义心理学方式的阶级意识研究走向。

麦克尔·曼（Michael Mann）在《西方工人阶级的意识与行动》一书中，较早地对阶级意识（其实特指的是工人阶级意识）做出了分类。他认为，发展出成熟的阶级意识包含四个要素，按照发展的顺序是：

（1）阶级认同（class identity）——作为工人阶级一员的界定，作为和其他生产过程中的工人一样扮演独特角色的界定。（2）阶级对抗（class opposition）——要有这样的认识，资本家及其代理人强加给我们长久的敌对。这两个要素是相互辩证的；也就是说，对抗本身强化了认同，而反之亦然。（3）阶级总体性（class totality）——对前两项要素的接受就决定了，a）一个人的整体的社会处境，以及b）他所生活于之中的所有社会。（4）替代社会——人们伴随着对抗和斗争，走向这一目标。真正的革命意识是这4项的总和，而不能是单独存在的。马克思本人已经为这样的从1到4项的阶级意识的提升提供了理论。当工人将它自身具体的经验和对更为广阔的结构的分析关联起来，并进一步和改变结构关联起来时，阶级意识就成长起来（马克思有时说"扩展"）。正是在这一意义上，马克思主义是唯物主义的理论：生产领域的矛盾和集体力量的成长为工人所体验到，其后他们概化出了社会主义的理论。（Mann，1973：13）

曼对于阶级意识的细分对尔后的阶级意识相关的研究起了启迪作用。首先，他的划分有很强的逻辑感，4方面既相排斥，又有递进的关联，给阶级意识一个系统的概念群，极有利于操作。其实后来的研究者发展出的"阶级认同""阶级成员感"等指标，大多吸取了曼的思想。其次，他把阶级意识的解释由马克思－卢卡齐的宏观超验层面，具体化到了个人行动者的层面，并强调结构性的要素要为工人具体体验，才能形成阶级意识。这就为以后的以个人为采集对象的实证研究提供了思路。也正是在这个基础上，新马克思主义和新韦伯学派的两个取向的阶级阶层研究，都可以有相近的方法起点。

20世纪马克思主义阶级理论遭受的最大的挫折，可能是下面两件事：全世界无产者联合的革命行动的消亡以及新中产阶级（new middle class）的出现。这就需要重新审读马克思的阶级理论的不足。作为新马克思主义的阶级研究专家的赖特（E. O. Wright）从理论到具体研究层面，都对马克思的阶级理论做了充分修正。他提出"多重剥削"（multiple exploitation）以扩充马克思原有的资本剥削的单一维度，又提出了"矛盾位置"来重新刻画过去非资即无的两大对立阶级关系。所谓多重剥削，指的是在资本剥削之外，还存在组织、技能的剥削形式。而矛盾位置则正是由于剥削的维度增加，使得不完全占有某种剥削资本的群体处于既剥削他人又遭剥削的地位（Wright，1997：41-72）。比如，工厂的管理者就处于这样的位置，一方面他是工人，因为他也出卖自己于厂主，另外，他又是剥削者，因为在组织等级中他行使着支配他人的权力。这样，一个更为精密化的阶级结构分析框架产生了。

在此基础上，赖特进一步对阶级意识进行了操作化的界定。他认为，"阶级"意识，可以被看作有独特阶级内容的意识层面，由此引入了阶级意识的三个主要维度：

（1）对多种选择的知觉。选择就意味着在一组可知觉的多种可选的行动过程中加以挑选。意识的一个重要层面就是对多种存在可能性的主观知觉。这样说，阶级意识也就是卷入这样一个过程：对于多种可能性的知觉具有阶级内容，并且在后果上意识到阶级的行动。（2）后果的理论。仅有对多种可能性的知觉还不足以使人们进行选择；人们一定还要认识到行动选择的预期后果是什么。这意味着这一选择涉入了理论。它们应该是实作的理论，而不是抽象的形式化理论；应该有经验常识的特点，而不是阐释性的法则。在这一意义上，阶级意识进入这样的地步，人们持有的理论塑就了人们关于阶级实践的选择。（3）偏好。了解了人们知觉到的多种选择范围以及他们对每一选择后果的理论，还不足以揭示特定的阶级选择；当然，应该了解他们的偏好，那就是他们对那些选择后果的希望的评估。希望，在这里可以表示人们对物质利益的渴望，但这里并不一定要限制这一偏好是自利的或自我中心的估量。在这一意义上，阶级意识涉入了阶级利益的主观独特性。（Wright，1985：246-247）

和马克思及其后人的经济结构决定阶级存在乃至阶级意识的视角截然

不同的是马克斯·韦伯。韦伯对马克思阶级模式的简单化提出了质疑。首先，他认为生产关系并非经济分化的唯一源泉，而且相反，有多种市场关系也可以产生阶级。其次，他反对将阶级狭隘地限定于经济领域，并怀疑经济和社会立场间的任何的关系上的不可避免性，而强调分层的多重基础或维度。韦伯构想出权威等级（authority hierarchies）作为分层的强有力的力量，并引入了地位群体（status group）这一概念和经济的阶级做明确的区分（Weber，1946）。在这里，阶级成为一群有相似的经济生活机会（life chance）的人们形成的群体，地位群体则是这些人们认同的社会共同体，通常还有着文化基础（Jackman，M. R. & Jackman，R. W.，1983：2）。由于韦伯将地位、权力等非经济因素以及社会群体间未必对抗的思想引入阶级分析，这就为多元的社会分层及阶级研究开了先河。

安东尼·吉登斯对于阶级的观点是，试图将结构和行动结合起来，形成阶级的结构化（class structuration）。在他看来，阶级要转化为社会性的实体，必须要有共同行为及态度的形态产生，这也明确了结构化的阶级要有共同的生活机会和生活样式。吉登斯的一个重要的概念贡献，是对"阶级认识"（class awareness）和"阶级意识"的区分（class consciousness），以及对阶级意识的水平划分：

> 一个基本的区分可以从"阶级认识"和"阶级意识"的差别中引申出来。我们可以说，因为阶级是一个建构化的现象，所以阶级成员中一定存在一种和共同的生活方式相关联的、共同认识和共同接受的态度与信念。我这里所用的"阶级认识"的概念，却不涉及这样的认知，即这些态度和信念标志着特有的阶级凝聚，或存在着其他不同态度、信念和生活方式的阶级的认识。而我这里用的概念"阶级意识"，恰恰相反，则包含了上述两重认识。两者之间的区分是根本性的，因为阶级认识会采取这样的形式：否认阶级实体的存在。（Giddens，1973：111）

从这一区分的表述，我们可以领会阶级结构化的精髓。在吉登斯看来，阶级认识，是由于阶级结构存在着客观相同的条件，阶级成员间存在共同的生活背景和选择，因此，会自然产生出类同的价值体系和行为方式。但这仅仅是为结构所制约的，并为共同的生活经历所造就的相似性而已。这并不表示阶级成员有能动的自我群体的认同、有排他的倾向。而阶级意识则必须区分"我们"和"他们"，有明确的共同体的心理边界。所以阶级意识的产生，又反过来在心理上重新建构人们对阶级的认知。这样，阶级就成为既为结构所建构，又为阶级意识所另向建构的"建构化"产物。吉登斯还进一步将阶级意识概念化为阶级认同意识（class identity）、阶级冲突意识（class conflict）和革命阶级意识（revolutionary class consciousness）这三个水平的划分（Giddens，1973：112-113）。

特别值得关注的是皮埃尔·布迪厄在阶级和阶级意识方面提出的诸种"资本"（capitals）和"惯习"（habitus）的概念。布迪厄阶级理论的主旨是超越狭窄的经济范畴，揭示阶级斗争的符号和文化维度，他对阶级划分赖以凭借的"资本"做了细致的划分：经济资本、文化资本和社会资本。以上三类资本的特性都是获取社会劳动客观产品的工具。在元理论的意义上，它们构成了社会空间，除了物质生产和分配的经济领域外，还将文化和社会关系领域整合进了阶级关系的结构化中。然而，资本量和结构的配置，只是在理论上构成了"建构出的阶级"，这种既定的资本量或结构又如何转换为经验上可观察到的阶级实践呢？自在阶级如何转为自为阶级呢？布迪厄引进了"惯习"这一极类似于阶级意识的概念。

> 惯习是长时间获得的知觉、思考和行动的体系。它将客观条件——如给定的资本量和结构——与具体的个人和集体的实践联系起来。它的基本单元是作为某社会群体或阶级之一员的个人行动者。其确切意义为：惯习作为一种生成性的规则，以群体和具有阶级特性的生活方式的更为主观性的空间来调停经济和社会条件的客观空间。它既生成实践，又支撑使行动者可以用品位来划分既定的客观物和实践的认知架构。（Bourdieu，1977：Ch.2）

这里把惯习定义为一种性向（disposition），这样它就有了心理学意义上的动力性和选择性；另外它是系统的，意味着这种性向是跨情境的、稳定持续的，因此具有了惰性和惯性（inertia）。从布迪厄的理论还可看出，惯习的背后是阶级存在的客观条件（objectively classifiable conditions of existence）。所以基本上构成了存在条件-心理惯习-实践-生活方式这样的因果链条（见图1）。

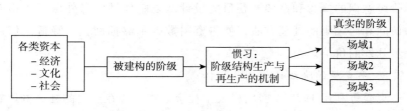

图1　布迪厄资本、惯习与阶段建构的示意图

由上可见，无论是马克思主义的冲突理论还是韦伯主义的功能理论，都关注阶级意识的如下几个层面：阶级知觉（class perception）/阶级认识、阶级认同、阶级冲突以及阶级的变革性。这些层面，也成为诸多有关阶级意识实证研究的操作化起点。

（二）阶级意识的研究操作

尽管在阶级及阶级意识概念、理论上有不同的视角，但在阶级意识研究的操作层面，冲突论和功能论确有许多相近之处，在有关阶级意识的概念细分、题器设定、测量方式等方面皆是如此。

1. 高索普的阶级印象及相关测量指标

英国社会分层及社会流动研究专家高索普是承袭韦伯多元社会分层思想的学者。他对主观阶级层面的研究，既类似于阶级意识，却又不涉及阶级意识与阶级行动的关联。在1962～1963年有关英国工人阶级的调查中，他采用了开放问题的方法，采集被访对象的"阶级印象"（class image）。主要的问题是"人们常常谈论有许多不同的阶级，你的看法呢？"然后根据调查员追问的情况，了解被访问工人：

"（1）对阶级的数量的感知；（2）对阶级表述的语汇及分类角度；（3）对决定阶级地位的主要因素的判定；（4）对自己在社会阶级结构中地位的判定；（5）对个人及群体何以能维持阶级地位的原因的解释；（6）对向上社会流动的程度的评价；（7）对阶级体系的期望和必需性的观点"等诸方面的主观感受。（Goldthorpe，1969：200－201）

可以看出，高索普的阶级印象测量，涉及阶级的主观认同、阶级差异、社会改变等内容，和阶级意识有共同之处。但由于理论上没有一个明确的阶级意识的概念和框架，题目的设计缺乏整体性。另外由于采用开放式的访问和后编码的处理方法，使得资料数据不够标准化，降低了使用和进一步开发的价值。

2. R. 杰克曼的阶级认识测量指标

杰克曼等利用1975年密歇根大学社会调查中心在全美的社会群体意识调查资料，将阶级意识做了如下的设计操作（Jackman, M. R. & Jackman, R. W., 1983: 11-67)：

> （1）阶级认同：人们谈到这样的一些社会阶级，如贫穷者、工人阶级、中间阶级、中上层阶级、上层阶级。你认为自己属于哪一个阶级？（2）职业—阶级地位认识：对于不同社会阶级的人们有属于他们的不同职业这一点，有不一样的看法。这些卡片代表着不同的职业，请把这些职业放置排列到代表上述5个阶级的插槽里。（3）阶级成员标准认识：为了确定有人和你是不是一个阶级，下面这些标准对你来讲有多么重要？他的职业？他的教育程度？他有多少钱？他对事物的看法和信念？他的生活方式？他来自什么样的家庭？（4）阶级凝聚感：这里有5个阶级，请问你感到和它们的亲疏程度如何？[①]（5）阶级差异的认识：你认为5个阶级之间有很重要的差异？有比较重要的差异？有不太重要的差异？没什么重要的差异？人们对阶级之间的差异有不同的看法，你同意哪一种？①大部分的差别是因为生来就不一样；②大部分的差别是因为生长的家境不同；③大部分的差别是因为在美国的机会不平等。（6）阶级利益的认识：人们对目前美国实行的某些政策和法规对什么人带来好处，对什么人带来伤害，有不同的看法，你认为下面的政策、法规对哪些阶级有利或有害？[②]

可以看到杰克曼对阶级意识的操作较为细密，但同时也较为繁杂。这些

[①] 亲近和疏远程度分别用不同的分值表示。

[②] 具体的题目有：（1）对于企业公司的私人产权——而不是政府的所有制，对5个阶级哪个带来利益，哪个带来伤害？（2）对某类企业的投资减税，对5个阶级哪个带来利益，哪个带来伤害？

题目间看不出明确的逻辑关系，也形成不了一个综合的阶级意识的测量指标。

3. 赖特的阶级意识测量指标

赖特在他的阶级研究中，将阶级意识作为依存变量（dependent varia-bles）放在检验他所创制的阶级地位框架的效标（test criterion）的重要位置上，使得阶级结构—阶级意识首次成为实证研究中理论假设—检验有机要件。因此，从研究的方法论上来看，赖特是相对成熟的。然而，遗憾的是，虽然在阶级意识的概念分析、理论的操作假设方面甚为精到，但最终阶级意识测量的题目却没有和上位的操作化工作发生对应的关联。在他 20 世纪 80 年代进行的美国和瑞典的社会阶级研究的调查中，采用了下面的 9 个题目作为与阶级意识有关的测量指标：

（1）公司使老板获利，是以工人和消费者为代价的。（2）应该有法律禁止罢工期间管理者雇人来顶替掉罢工者。（3）罢工工人动手不让破坏罢工的人进入工厂开工应该说是正当的。（4）美国的大公司权力太大了。（5）贫困的一个重要原因就是私有财产和牟利的经济。（6）如果有机会，没有老板，你工作地方的非管理的工人可以办事更有效率。（7）对一个现代社会而言，没有谋利动机社会应运转得更有效率。（8）设想一下一个大行业的工人正在外面罢工争取好的劳动条件和工资。你希望看到下面哪一桩事件发生？① （9）你认为自己是否属于某个特定的阶级？如果是，是哪个阶级？如果不清楚，许多人都说自己属于工人阶级、中间阶级或上层阶级。如果一定要做选择的话，你会认为自己属于哪一个？（Wright, 1985：146 – 147）

虽然赖特并没有讲明这些指标和阶级意识概念的具体对应，我们还是能略作归纳，这 9 个题目主要涉及：（1）阶级知觉和认同（题目 9）；（2）阶级归属（题目 8）；（3）阶级冲突（题目 1、2、3、4、5）；（4）阶级替代（题目 6、7）。

归纳上述对阶级意识的理念发展和操作化的讨论，可以看出这样的几

---

① 答案是：（1）工人赢得了他们最重要的需求；（2）工人的部分需求得到了满足，但也做了些让步；（3）公认的需求只有很少得到了满足，并且做了大的让步；（4）工人们什么也没得到，只好又回去工作了。

个倾向：（1）无论在阶级分析的冲突论者还是在功能论者那里，阶级意识或主观阶级问题都是关注的焦点，阶级意识乃是阶级形成的必要条件，已成为共识；（2）受实证研究趋势的影响，宏观层面的阶级意识分析已基本让位于个体角度的、微观的、心理特征的阶级意识分析；（3）和阶级意识的概念分析的详尽相比，阶级意识指标的建立缺乏明确性和系统性，理论到题目之间，有着明显的断裂。

二 中韩两国阶级意识的比较

（一） 研究资料及方法的介绍

对于两国阶级意识的比较，主要根据双方阶级阶层的调查数据资料。中国方面的资料，主要来自中国社会科学院社会学研究所 1999～2002 年所进行的"当代中国社会结构变迁研究"的调查数据。此次调查采用分层、分域、多阶段混合抽样（multi-stage composed sampling）的方法，共分 5 级抽样。访问则采用入户面访（face to face interview in house）的方式进行。本文引用的主要是第一阶段 4 个市县的调查资料以及 2001 年全国 6000 样本的调查资料。[①]

韩国方面的调查数据，主要来源于韩国出版的各类阶级阶层的调查统计资料和学术著作（参见文后所附参考文献）。

（二） 中韩两国阶级阶层结构比较

在对两国阶级意识进行比较之前，先考察一下两国的社会阶级阶层结构的异同。首先要说明的是，由于两国在社会制度背景上的差异和阶级阶层研究所采用的分类标准不同，数据资料的比较有许多空缺。但是仍然有些固定的指标是可以用来对照的，如图 2、图 3 所示。

从图 2 和图 3 两国社会阶级结构分布可以看出，韩国中间阶级在社会

----

① 该调查资料分为三期，第一期资料为湖北省汉川市、辽宁省海城市、福建省福清市、贵州省镇宁市的调查资料，其中一部分已经发表于《当代中国社会阶层研究报告》（陆学艺主编，2001）一书中；第二期资料为安徽省合肥市、江苏省无锡市、广东省深圳市、北京燕山石化总厂、吉林省长春第一汽车制造厂和天津南开大学等市县厂校的调查资料，目前尚未公布；第三期资料为全国正式调查资料，涉及全国 12 个省、市、自治区下属的 72 个市县区的 6000 份问卷调查。

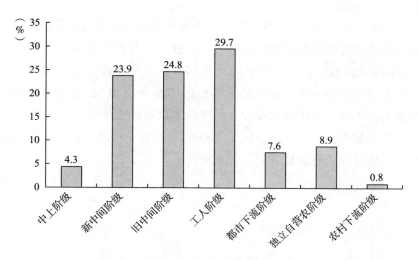

图 2　韩国社会阶级结构分布（2000）

资料来源：Doo-Seung Hong，2003。

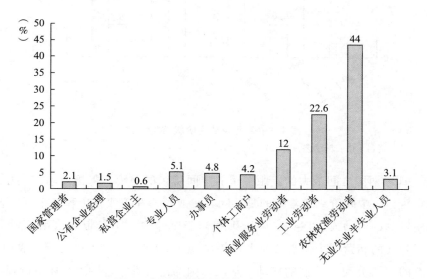

图 3　中国社会阶级结构分布（1999）

资料来源：陆学艺（2001）。

结构①中占主流地位，新、旧中间阶级之和超过了48%，工人阶级次之，近

---

① 社会阶级阶层结构分类理论视角的不同，韩国学者的划分法也不尽相同，比较著名的有
김영모模型、구해근模型、홍두승模型和홍두승模型。出于中韩两国资料比较便利的考虑，
本文主要采用分类法和中国相近的홍두승模型。

30%。这说明韩国的社会结构已经是一个相当成熟的工业化国家的构造，如果我们把这个结构图形沿轴线翻转一下，就可以得到一标准的"橄榄型"。而中国的突出特点是，农民阶级仍然占44%，工人阶级约占1/5-1/4。如果同样沿轴线翻转一下，看到的是典型的"金字塔型"，这说明中国的社会阶级结构正处于由传统农业社会向现代工商业社会转型的过程中。

如果把韩中两国的阶级结构分类指标进行相应的统一化，而后进行结构比较，就可以更明显地看到（见图4）：

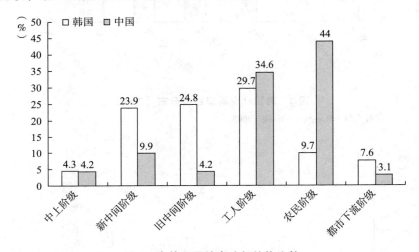

图4　中韩两国社会阶级结构比较

资料来源：陆学艺（2001）。

（1）两国之间最大的差距在于旧中间阶级的差距，韩国差不多是中国的6倍！旧中间阶级通常指的是伴随着工业革命和工业化历程的小资产者，雇用较少的劳动或自雇，在中国则相当于个体户、小老板和自由职业者。中国当代的私营、个体自营业者群体出现于20世纪70年代后期，表明了原有的"再分配"体制的松动。从跟韩国的比较看，这一阶层还很微弱。

（2）其次的差距在于农民阶级的反差。中国的农民是韩国的4倍多！这体现了中国城乡二元隔绝的社会结构特点。在中国，农民向城市的自由流动仍然受多重限制，城市的户口制、用工制、收容制和农村的土地政策，都妨碍着农业劳动力向城市的转移。

（3）新中间阶级也是较大差距所在。新中间阶级多指拥有技能和管理才能但又受雇于人的专业人士，即白领人士阶层。中国有近10%的新中间层（包括专业技术人员和办事人员）。而韩国的比例是中国的 2.4 倍。

（4）中上阶级在韩国指大资本家、政府高官、大企业的高级管理者、高级专业人士（高级法官、检察官、律师、医生、著名学者等），在中国则主要是政府官员和公有制大型企业的负责人。两国比例看似接近，实际上由于两国制度对政治权力和财富权的偏向不同，中上层内部的构造是不相同的。在中国，政府领域（行政高官）和经济领域（大企业管理者）间的力量比例是 1.4∶1；而在韩国，资本家则占了这一阶层的 60% 左右。

（三）中韩两国阶级意识比较

根据前述曼和吉登斯对阶级意识的层面划分，中韩两国阶级意识的比较可从"知觉层面""关系层面""实现层面"三个方面来进行——这一思路也是韩国学者所常用的（양춘，2001：155）。但由于双方资料不匹配带来的缺憾，这里我们只能对阶级意识的前两个方面加以对比。

1. 知觉层面

所谓知觉层面的阶级意识，主要是对自身的社会经济地位的归属的表述，通常被看作阶级阶层意识的基本形态。这一意识表露了对自我阶级的认同，对社会地位等级不平等的事实的确认。

在中国的研究中，我们首先了解的是民众对于阶级这一概念的认识（cognation）和阶级的划分标准。阶级这一概念在中国基本上是由精英向民间传递的，20 世纪初期自俄国传入中国，在共产党执政后，又依靠集权的意识形态，成为统治话语中的核心概念，但也渐渐失去了马克思建立在生产关系上的阶级概念的原意。相当长一段时期内，中国主流意识形态赋予阶级这一概念为与阶级斗争和专政相关联的身份类型。但 1978 年后，开始走向市场化的官方意识形态，又宣布阶级斗争已不存在。因此有必要考察民众对于这一灌输来的理念究竟如何看待。调查中首先询问"你是否认为当前的中国社会存在阶级？"中国汉川的调查结果表明（见图 5），总体上看，社会的阶级存在意识还是比较低的，只有 51.6% 的被调查者认为中国存在社会阶级，有 48.4% 的人或认为我国不存在社会阶级（18.5%），或说不清楚（26.6%），或干脆不回答问题。辽宁海城的调查也表明了同样的特征。

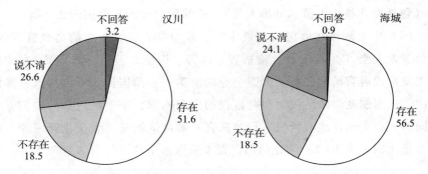

图5　中国民众的阶级存在意识——你是否认为当前的中国社会存在阶级？（％）

　　是不是中国民众真的没有知觉到社会的不平等分化？后面的分析证明并非如此，绝大多数民众对当前中国社会群体地位分化和不平等有强烈的态度。那么为什么有如此之高比例的民众不承认或不明确阶级的存在？可能的解释是，"阶级"这一词语在中国有很高的政治敏感度。一部分人是将阶级和"你死我活"的"阶级斗争""政治运动"联系起来的，认为中国目前不存在（也不希望存在）那样的阶级斗争；还有的人出于强调稳定、回避贫富分化的"政权思维"，而否认阶级的存在；如果这样的猜测成立的话，也恰恰说明，原有的、政府传导的阶级理念框架，无法适宜地表达人们对现实社会阶级分化的感知。下面这段调查中对声称不清楚是否存在阶级的被访对象的访谈纪录，便表明了这样的状态：

　　　　你叫我怎么分类，不好分，有什么标准。职业那么多，怎么分呢？大概齐？也不容易。粗略地分一下，可以分为吃"皇粮"的和不吃"皇粮"的，吃"皇粮"的有领导干部、一般干部，不吃"皇粮"的有雇工和老板。我还有一种按户口的分法，那就是三代北京人、两代北京人、一代北京人和外地进入北京的人。三代北京人就是他们的爷爷奶奶、父母和他们自己都是土生土长的北京人，两代北京人就是父母和自己都是土生土长的北京人，一代北京人就是自己是土生土长的北京人，父母不是。最有出息的是外地进京的北京人，其次是一代北京人，其他都是没有出息的北京人，他们（是）只耍嘴皮，不干实事，更干不了大事的人。按收入来看，最高的是承包商和国有企业老板，中国是个官本位的社会，赚钱都要与官结合起来才赚得多，然后就是证券商、广告商、广告人，像我们也是比较能赚钱的，当然要运气好，最差的是清洁工人，比下岗工人还惨。论地位讲，最高的就是大官，部长级以上官员，再就是大老板，这个社会，有钱就是有地位，钱是一个人的价值体现，也许用成功来表达比较好，所谓成功者，就是在经济上赚钱，或者职务得到提升。（本课题组北京地区调查访谈）

从这段话中可以归纳出这样几条信息：（1）被访人承认存在社会不平等现象；（2）她所使用的分类角度，或者说她所知觉到的群体差别维度，突出的是官与民（吃"皇粮"与否）和城与乡（户口划分）的不平等。这其实正是中国当今社会阶级结构的基本划分点；（3）这种感知和区分，是传统的阶级框架所不曾容纳的——在计划体制下，官方所认可的中国社会阶级构造是"两个阶级、一个阶层"①，其中干部（"官"）在理论上属于工人阶级的一部分，不存在和群众的利益对立，实际上是47年前吉拉斯的"新阶级"所指出的社会主义国家政治官员作为一个新兴的权力把持者和普通民众的对立（Djilas，1957：38）。

对韩国而言，阶级的存在是不言而喻的。阶级意识的知觉层面的另一个考察，便是主观的阶级认同（class identity）和归属这个被吉登斯称为阶级意识最初等的基础。在韩国和中国的调查中，都询问了"如果把人划分为上中下不同的等级，你自认为属于哪一等"这一类的问题。

韩国的资料表明，首先，韩国的民众有较强的中等阶层的阶级认同意识。在20世纪60年代的调查中，就有61.6%的民众认为自己属于社会中层。从60年代到80年代长时段的趋势看（表2），认定自己是中间层的（中上、中中、中下）比例，在47% ~64%②。中央日报1995年的调查统

---

① 指工人和农民两大阶级和知识分子阶层。

② 大部分调查研究来自包括了汉城在内的都市地区，因此并不能简单由此推断全国。如果限定在首都圈内，大体上60%的应答者都归属于中间阶层。当然每个调查研究的阶层等级划分多少不一，少的有4个，多的有9个，但中间阶层的归属倾向没有发生多大的变化。这里中间层归属倾向和中间阶级归属意识要有所区分。即按阶级分为资本家阶级、中产阶级、工人阶级，那么有42.1%的应答者属于中产阶级，54.5%属于劳动者阶级。这样按全国推算，有34.4%的国民为中产阶级，64.1%是劳动者。然后从地区看，汉城有55%的中产阶级，其他城市地区只有44%。农村地区则只有15%的应答者为中产阶级。详见양춘，2001：158。

计也表明，在 1985 年阶层归属意识调查中，下流占 39.8%，中流 57.7%，上流 2.5%；1995 年下流占 13.3%，中流占 78.4%，上流占 8.3%，10 年间有了明显提高。也就是说，有 86.7% 的应答者自认为是中流及以上。①

表 1　20 世纪 60 年代韩国阶层结构及归属意识

单位：%

所属等级＼阶层认同	上	中上	中下	下	合计	人数
上	5.7	60.4	30.2	3.7	100	53
中上	3	38.9	46	12.1	100	198
中下	1.9	19.8	43.8	34.5	100	258
下	—	4.8	24.3	70.9	100	206
合计	1.9	23.8	37.8	36.5	100	715

资料来源：김영모，1969：15。

表 2　20 世纪 60 年代～80 年代韩国对中间层归属意识的研究

调查实施年度	调查地区	中间层认同			
		中上	中中	中下	合计
1962 年	汉城、大邱、全州	12.5 (14.3)		35.4 (33.7)	47.9 (48)
1964 年	汉城	29.1		34.3	63.4
1968 年	汉城	23.8		37.8	61.6
1976 年	汉城	14.6		35.1	49.7*
1977 年	汉城、釜山光州、天安	10.5 (10)	30.7 (31.5)	21.7 (20.3)	62.9 (61.8)
1979 年	全国	14.8 (22.5)		32.4 (41.4)	47.2** (63.9)
1981 年	全国	26.9		36.5	63.4

* 如果按各阶层人口构成调整，应为 44.6%；** 若按全国职业构成推算，应为 40.2%。
资料来源：김석준，1992：25。

还可以从中间阶级的等级归属上发现这一特征。表 3 资料表明，20 世纪 90 年代全部被调查的中间阶级人员中（主要包含小资产者、旧中间阶

---

① 详见韩国《中央日报》(중앙일보)，1995 年 9 月 22 日。

级和新中间阶级），68% 的人都将自己归属于中间层，加上 6.7% 的中上层比例，则中层认同者共占 74.7%。这也反映了韩国社会较高的中间层归属意识。通过划分的中间层归属的考察来看，那些从事体力劳作和生产性劳作的劳动者（划分 1 和划分 2 中）大多数将自己归属为下层（分别为49.3% 和 53%），而具有"新中间阶级"特征者（划分 5 中专业资格获得者、划分 4 中的专业管理者、划分 3 中的监督者）不但中间地位归属最高，而且整体的归属都较为向上。这种归属意识和教育及学历变量有着深度的关联。

表 3　20 世纪 90 年代韩国中间层中不同阶级地位的主观阶层归属意识

单位：%

地位	归属	上层	中上层	中间层	下层	不知道归属	合计
小资产阶级		1.4	8.2	73.9	15.5	1	100
划分 1	非体力	0.9	7.8	71.9	17.7	1.7	100
	体力	—	1.4	47.9	49.3	1.4	100
划分 2	非生产	0.8	7	69.6	20.9	1.7	100
	生产	—	1.2	44.6	53	1.2	100
划分 3	监督	1.2	9.8	71.3	14.6	3	100
	非监督	0.5	4.7	63.7	30.1	1	100
划分 4	专业管理者	1.7	12.2	71.1	13.3	1.7	100
	日常雇员	0.3	3.4	63.5	31.3	1.6	100
划分 5	获得资格	0.9	11.6	77.3	9.7	0.5	100
	未获得资格	0.6	2.9	58.9	35.4	2.3	100
调查对象总体		0.9	6.7	68	22.9	1.4	100

资料来源：김석준，1992：191。

其次，尽管韩国社会成员普遍有中间层归属倾向，但客观的阶级位置和主观的阶级认同之间，有着共同的对应趋势。也就是说，客观阶级地位的分化在主观认同上可以得到确认。从表 1 可以明显看出，随着个人所属地位的从高到低的变化，阶级认同中，归属中上层的比例依次递减，而归属于下层的比例依次递增。从阶级划分的角度，依然可以看出依资产阶级 - 中间阶级 - 无产阶级的顺序，主观的等级归属在下降（见表 4），也体现了客观阶级与主观阶级归属大致对应的特征。值得注意的是新中间阶级自我认知的地位，要高于旧中间阶级。

表4　20世纪60年代韩国阶级与阶层意识

单位：%

阶层认同 所属等级	上	中上	中下	下	合计	人数
资产阶级	0	69.2	30.8	0	100	13
旧中间阶级	1.8	25.7	37.9	34.6	100	269
新中间阶级	2.3	29.3	46.5	21.9	100	215
无产阶级	2.0	11.1	29.3	57.6	100	198
其他	0.0	35.0	30.0	35.0	100	20
合计	1.9	23.8	37.8	36.5	100	715

资料来源：임영모，1969：15。

　　中国的阶级意识认同与归属和韩国有所不同。根据1999～2000年汉川、深圳、合肥三地的调查资料，（1）中国的阶级等级认同有明显的趋中倾向。这一比例在汉川是54.1%，在合肥是84.3%，在深圳是75.3%。也就是说，在客观阶级地位上不平等的各群体，依然把自己看作"中间等级"。客观阶级地位最高的"国家及社会管理者"（即官员）和"经理"（即公有制企业的负责人）在汉川、深圳和合肥把自己归属为中层的社会等级的比例都是最高的。（2）作为资产阶级的私营业主，对自身地位的认同随地区的差别而有所不同。在汉川，这一群体中的近60%把自己看作中下层；而在合肥，都集中在中上层和中层；在深圳，除大部分（约60%）认为自己属于中层、中上层外，已有10.7%的私营业主把自己看作上层。这表明随着地区的市场经济发展程度不同，地方社会对原属异己的"剥削阶级"的宽容度不同。（3）作为社会中间阶级的专业技术人员、办事人员和个体户（小资产者），他们的中间层认同是最为明确的。同时也明显看出，旧中间阶级的小资产者——即个体户——的主观地位等级认同就低于新中间阶级（专业技术人员和办事人员），这一点和韩国是较为一致的。（4）广义上的工人阶级（包括产业工人和商业服务业工人）并不把自己看作社会底层，其集中的定位是中或中下。职业人口中，唯有农民阶级自认为是社会的最下层（见表5）。

单位：%

表 5　汉川、深圳、合肥阶级结构与主观阶级认同

阶层认同 所属等级	汉川					深圳					合肥				
	上层	中上层	中层	中下层	下层	上层	中上层	中层	中下层	下层	上层	中上层	中层	中下层	下层
国家及社会管理者	8.3	16.7	50.0	16.7	8.3	0.0	40.0	40.0	20.0	0.0	2.5	17.3	48.2	29.6	2.5
经理	0	3.4	46.6	25.0	21.6	3.6	14.3	57.1	14.3	5.4	2.9	2.9	64.7	23.5	0
私营业主	0	0	17.2	59.2	6.4	10.7	32.1	28.6	14.3	7.1	0	50.0	50.0	0	0
专业技术人员	1.5	3.0	46.3	37.0	4.4	6.4	24.6	42.9	14.3	3.9	0	12.7	66.5	17.5	2.4
办事人员	2.3	6.2	41.3	22.5	13.9	5.6	13.9	44.7	14.7	13.3	0	8.0	54.3	25.9	8.6
个体户	2.4	2.6	37.6	26.0	25.8	1.9	11.8	39.2	23.5	15.7	0.9	2.8	48.1	24.5	21.7
商业服务业劳动者	0	2.1	25.2	37.8	22.7	0.9	8.5	33.0	24.5	25.5	1.8	1.8	54.4	21.9	16.2
工人	1.7	2.1	33.4	27.1	22.4	0.00	8.3	38.9	16.6	27.8	0.6	3.8	47.9	24.8	18.8
农民	0.3	1.7	28.5	17.4	39.7	—	—	—	—	—	—	—	—	—	—
待业失业半失业者	0.5	1.4	29.8	12.1	30.6	3.1	15.5	41.1	20.0	14.6	1.8	6.8	50.1	26.5	12.1

资料来源：中国社会科学院社会学研究所"当代中国社会结构变迁研究"课题组 1999 年社会阶层调查。

2. 关系层面

阶级意识的关系层面是指具有自我阶级认同的行为者对他所属于的集体的属性的认识和表达的程度。通常用社会距离（social distances）、生活机会、生活样式类同性、共同地位群体化、同流意识、群体亲近感等作为测量指标。正如汤普森所言：当具有共同经验（无论是继承的还是共享的）的人们，感受到并表达他们之间利益的认同，以及感受到并表达与那些与他们利益相异（通常是相对抗）的人们的差异，这时阶级就产生了（Thompson，1963：9）。

韩国阶级意识关系层面的测量，主要采用了职业社会距离测量（sociometry）和生活样式类同的方法。职业社会距离测量法，主要是询问被访人感觉到与哪个群体更接近。

在1988年的研究中，用8个职业——生产工人、出租司机、自营业者、公司事务员、一般公务员、高级公务员、公司老总、大学教授——分别代表下、中下、中、中上、上5个等级的社会阶层，并请被访人对这8个职业和自己的距离打分。分数越高表示距离越远，反之则越近。

正如表6所显示的，工人阶级对下层等级职业的生产工人和出租司机的距离感是最近的，旧中间阶级则最为靠近自营业者，新中间阶级对公司事务员和一般公务员的距离感最小，大学教授、公司老总、高级公务员则和中上阶级的心理距离最短。这一心理距离测量的结果也同样证明了韩国社会成员的客观地位和主观阶层感知之间有高度的对应。在这样的阶级印象下，自营业者对应于旧中间阶级，生产工人和出租司机对应工人阶级；公司老总和高级公务员则对应中上阶级。这一研究还发现，和中上阶级相比，旧、新中间阶级相对与工人阶级的距离更近一些。

韩国学者认为，这一方面是因为韩国人传统思维中固有的平民意识，另一方面是因为中间阶级成员的父母大部分具有农村社会的背景，因而对下层产生了伦理的亲切感，这一观点甚至隐含着这两大阶级社会运动方面协作的可能性（양춘，2001：164）。

职业间的社会距离感的等级性变化还可以从被访人的主观阶层差异上来分析。表7表明，下层群体，对生产工人和出租司机职业的距离感分数是最低的，而随着阶层的上升，距离感也相应加大。截然相反的是，上层人士对高级公务员、公司老总和大学教授职业的心理距离最近，而随着阶层向下，主观距离感也大体随之加大。然而，对自营业者、公司事务员和一般公务员这三个归属于中间层的职业，各阶层对他们的距离感却没有什么明显差异。这一结果说明，处于阶层序列两端的职业，更容易引起阶层间的距离敏感，而中间地位的职业差异却未被确认。

表6　韩国不同社会阶级的职业社会距离感的分数分布及显著度

社会阶级	评价的职业							
	生产工人	出租司机	自营业者	公司事务员	一般公务员	高级公务员	公司老总	大学教授
工人阶级	3.75	4.3	4.5	4.41	4.77	5.95	5.61	4.91
旧中间阶级	4.20	4.53	4.03	4.46	5.01	5.86	5.35	4.95
新中间阶级	4.34	4.9	4.72	4.01	4.41	5.56	5.46	4.59
中上阶级	4.61	4.95	4.82	4.17	4.94	5.01	5.00	3.63
平均	4.15	4.64	4.55	4.24	4.69	5.67	5.43	4.64
显著度	0.01	0.01	0.01	0.01	0.1	0.01	N.S.	0.01

注：除了对公司老总的距离感外，其他各阶级间的差异都在统计上有显著性。

资料来源：나간채，1988：63。

表7　韩国不同主观阶层的职业社会距离感的分数分布及显著度

主观阶层	评价的职业							
	生产工人	出租司机	自营业者	公司事务员	一般公务员	高级公务员	公司老总	大学教授
上层	4.33	5.39	4.4	3.78	4.47	5.28	4.15	3.76
中上层	4.33	4.88	4.68	4.27	4.79	5.39	5.19	4.19
中下层	4.12	4.63	4.48	4.17	4.72	5.76	5.61	4.75
下层	3.94	4.24	4.56	4.45	4.51	6.3	5.48	5.12
平均	4.15	4.65	4.54	4.24	4.7	5.69	5.44	4.64
显著度	N.S.	0.01	N.S.	N.S.	N.S.	0.1	0.01	0.01

资料来源：나간채，1988：66。

中国各阶层间对职业的社会距离感的测量采用职业声望测评的方式，

共有 80 种职业为被访人排序①。为了便于和韩国比较，从中抽出了相对应的 8 个职业。② 其中农民这一职业为韩国所无，但在中国，农民是唯一既被人又被自身认定为下层阶级的群体，因而具有比较的标杆作用。分析结果从总体来看，比韩国的社会成员更具有区分度，所有的评价结果在主观阶层上都有明显的差异（见表 8）。具体看来，自认为上等阶层的人和大学教授职业的心理距离是最近的，其次相近的是高级公务员，而和农民、自营业者的距离最远。自认为中上阶层的人心理上最接近一般公务员、私企老板、大学教授，而和农民、生产工人的距离最远。中间等级的社会成员主要认同的是出租司机，向上和高级公务员、大学教授的距离最远，向下和农民的差距最明显。中下等级的被访人和生产工人、自营业者（个体户）的心理距离最近，其次为农民，而和高级公务员、大学教授的距离最远。最后，下层群体明显地独指农民，而同样和高级公务员、大学教授的地位疏远。

表 8　中国不同主观阶层对职业的距离感分布及显著度

主观阶层	评价的职业							
	农民	出租司机	生产工人	自营业者	一般公务员	高级公务员	私企老板	大学教授
上	3.467	2.760	2.800	3.158	1.422	1.280	2.000	0.640
中上	2.278	1.388	1.761	1.852	0.238	0.486	0.347	0.351
中	1.354	0.583	0.777	0.816	0.788	1.511	0.778	1.410
中下	0.444	0.597	0.293	0.298	1.658	2.559	1.517	2.355
下	0.910	1.589	1.582	1.348	2.804	3.758	2.789	3.213
显著度	<0.01	<0.01	<0.01	<0.01	<0.01	<0.01	<0.01	<0.01

资料来源：同表 5（尚未发表）。

和韩国社会成员阶级意识中的社会距离感相比，这里有几个有趣的发现。

---

① 职业声望测量的设计和社会距离测量并不相同，但可利用其结果转化为社会距离感的分数。其原理是个人社会地位等级评价分数 – 评价的职业社会地位等级分数 = 社会距离感。由于个人社会地位等级评价分数和对职业的社会地位等级的评价，都是主观心理感受，因此上述的转化和韩国学者所采用的自认与哪一个职业的距离近的测量方法逻辑上是一致的。

② 8 个职业中自营业者是个体户，一般公务员是政府机关办事人员，高级公务员是市/县领导干部，私企老板原来叫私营业主。为了和韩国比较，采用了将这些中国的职业名称与韩国对应化的方法。

（1）中国农民是一个社会最底层的群体，远远地疏离于城市的社会等级之外，使得城市的阶层由此参照系而提升了自己的主观地位。特别是社会地位上与之相邻近的工人阶级，其地位归属和主观心理距离，都偏向定位中下层，而不是像韩国的同伴处于社会底层空间。而韩国的农村社会由独立自营农和农村下层（雇农）组成，其中前者的数量是后者的 2 倍（见 안치민. 홍두승，1995）。无论按照홍두승模型，还是서관모模型，独立自营农或农、渔民阶层的地位都应该类似于小资产者或半无产者，居于工人阶级之上，或起码不低于工人阶级。中韩两国间的这一社会结构的差别，反映在阶级地位心理上便是工农阶级的社会地位的感知差异。

（2）自营业者（个体户）在韩国归属于旧中间阶级或小资产阶级，而在中国则地位低下类同于生产工人。这和原有公有体制的单位制下的职业价值不无关系。在中国，一方面私营的营利机构仍然受到社会偏见的贬抑，另一方面小手工、小家庭方式的谋生方式一定程度上不被人们看作职业序列，似乎在那些有着领导、有着科层、有着传达室的组织上班，才能叫工作。在我们的调查访问中，有不少个体或家庭经营者不认为自己"有工作"，原因大概便在于此。

（3）中国一般公务员（调查中原本的称呼为政府机关办事人员）的地位感知更靠近中上层，尤其是下层成员在心理上远离这一职业。这和韩国各阶层对一般公务员无差异的心理距离现象形成了很大的反差。这在一定程度上反映了中国社会政府的集权体制和官本位文化的特征。

（4）私营企业老板在中国的地位既非上层，当然更不是下层，而是处于中上层的心理地位。这和韩国的同类项"公司老总"的上流社会地位相比要逊色不少。此乃私营企业家在中国的社会主义意识形态中属于另类的缘故。

三 结论与讨论

根据以上的资料比较，我们可以从两个层面得出以下结论。

（一）中韩两国阶级阶层结构与阶级意识的差异

（1）与中国相比，当今韩国的社会结构更贴近现代工商社会，这主要表现在近半数的人口为社会中间层；而中国依然是一个以农业人口为主的工业化国家。这说明韩国已经完成了走向工业社会的转型，而中国尚在工业化过程中。这种社会结构在转型时序上的差异，是中韩两国阶级阶层结构的基本约束。

（2）两国的社会成员对于各自的社会阶层都有着明确的等级化的感受，但是韩国民众的客观阶层与自我主观阶层的认同较为一致，而中国民众则存在着客观等级与主观地位知觉错位的现象。主要体现在私营企业主、自营业者都有着对自身评价偏低的倾向。这一现象源于中国在政治与意识形态方面对非公有制经济及社会力量的歧视。

（3）较为类似的是，两国的社会成员都同样有 70% 以上自认归属于"社会中间阶层"，但在韩国，这一中间层认同是以占人口总数近一半的小资产阶级和新中产阶级为基础，而在中国则是上、中、下各个客观存在的阶层在主观上中层化造成的。主要表现在城市工人阶级与商业服务业工人主观阶层地位的中层化，即并不将自己定位于底层，而更多是中层、中下层。这一现象恐怕要归因于中国的城乡二元体制所造就的社会比较的参照体系。

（4）中国的社会成员对于社会阶层不平等化的感知，还缺乏一个共同的表达词语，也就缺乏一种构建心理共同体（psychological community）的沟通要件。放弃了马克思意义上的阶级概念后，尚没有相应的新的官方主流的概念框架和话语。社会学家对于当代社会阶层结构加以阐释的图式，能否反过来建构社会？

（二）中韩两国现代化进程上的路径差异

我们再回到历史宏观层面来考察两个国家在现代化进程上的路径差异，以理解各自阶级形成和阶级意识的独特性。

1. 韩国现代化进程的特征

在封建时代，中韩两国有着类似的社会阶级结构、统治体制和文化价值体系，也在大致相当的时代范围内同样受到西方强国的"挑战"，都因为外战和内战，中断了现代化的进程。到 20 世纪 40 年代末中韩两国完成了民族国家的独立事业之后，工业化的现代化目标得以再度确认，然而不同的社会制度的选择造就了双方不同的社会阶级结构。

韩国40年来的现代化过程，其基本的制度走向可以看作资本主义的经济自由化和政治民主化。但它追随的并非英美模式，而是更多地采用国家导引企业、权力集中政府的普鲁士道路，即"指导的资本主义"（guide capitalism）。在发展战略上，力主推动现代化运动的朴正熙政府，采取了出口导向的产业化政策，开启了韩国急速的工业化过程。而这一过程本身，直接影响到韩国社会阶级阶层结构的形成。

韩国的上流资本家阶级——"财阀"阶层——即是政府扶植的产物。为了开拓外向型经济，韩国政府扮演着企业家的角色，直接经营企业并指导私营企业，为它提供信息、技术、资金，充分发挥私营企业的积极性、创造性，开拓和利用市场的力量。朴正熙政府动用了整个政治和行政的力量推动出口繁荣。总统朴正熙不仅每月召开出口会议，还不断强调不允许为出口生产设置任何行政障碍，并简化各种行政管理的和程序的规则、手续，以有利于出口业务的开展。政府为帮助生产厂家出口而提供资金技术、信息服务和安全保障，甚至全部在国外的工作人员包括驻各国大使，都纳入推动出口繁荣的服务行列之中。在具体的财政政策上，1962～1979年，国民生产总值的3%～10%都作为利息津贴补贴给了私营企业。因此，在朴正熙时期，私营企业一方面得到政府的扶植，另一方面在生产经营上享受到莫大的自由。资本家阶级的上流地位就是这样塑就的（尹保云，1995：176～190）。

而工人阶级则来自由产业结构的急速变化而卷入的大规模的农民阶级。据统计，1962～1992年30年间，韩国农业占GNP的份额从40%降至9%，农业就业人口自80%降至18%，产业转型的这个数字在欧洲国家是经历了1个世纪才达到的。到1984年，有1100万农民从土地上转移出来，年流出率为4.7%（Koo，2001：33）。大量的企业及其工人在空间上密集于几个工业中心，集中的工人社区为工人阶级的形成提供了条件。为了吸引国外投资和增加产品在国际市场的竞争力，朴正熙政府一直对工人采取低工资的分配政策，并通过各种法令控制劳工队伍政治化（尹保云，1995：200），也造就了工人阶级的底层地位。

韩国的强劲的社会运动也为社会阶级的形成，特别是为工人群体由自在阶级转化为自为阶级提供了锻炼空间。20世纪70～80年代末社会和民众运动大量出现，教会组织首先介入工人运动，引导和庇护工人运动分子，并组织夜校和小规模的集体活动，使工人分享经验建立认同和团结意识。80 年代早期学生群体开始参与工人运动，他们深入工人中，有些并成为工人之一分子，帮助组建独立的工会，传播民主、分配正义、民族文化认同等理念，提升了工人的阶级意识、政治意识和阶层的社会角色感（Koo，2001：69 – 153）。我们可以看到韩国 70 年代初到 90 年代初工人阶级发起的高密度的罢工、游行、示威运动，这是他们对阶级的底层化处境的不满和对自身集体行动力量觉悟的表现。

2. 中国现代化进程的特征

中国在 1949 年缔造中华人民共和国，50 年代就开始了"急风暴雨"般的社会主义改造运动。建立了生产资料的公有制（实际大部分为国有制）、经济活动的中央计划体制。旧有的社会阶级也为土改、合作化、资本国有化、镇压反革命等一系列社会和政治运动所摧毁，到 1978 年改革开放之前，只剩下"两个阶级、一个阶层"（工人阶级、农民阶级、知识分子阶层）。为了赶超西方先进国家，中国采用的是"非市场化的工业化"策略，在公有制和计划体制的框架中构建了城乡二元体制，利用工农业产品的"剪刀差"来进行现代化的原始积累，即所谓"农业支援工业，农村保障城市"的经济战略指导方针。因此农民被固着在土地上，被迫向城市提供廉价农产品，没有迁徙和择业的自由[①]；而城市居民及工人则享受公有制的各项福利和补贴。这便是中国农民阶级底层化、工人阶级中间化的主观感受的制度背景。

自 1978 年以来，中国开始了市场化导向的改革，"再分配经济"模式松动，个体经营者（相当于韩国所称的"旧中间阶级"）开始在农村和城市政府管制的边缘地带出现，并逐步壮大。[②] 在他们中间又产生了"私营

---

① 中国城乡分割的户籍制度是对农民阶级身份的最大约束。这一制度发源于 20 世纪 50 年代中后期。1956 年 1 月 13 日，国务院发布《关于农村户口登记、统计工作和户籍工作移归公安部门接办的通知》，依据这份通知，农村户口的登记、统计工作由内务部和各级民政部门移交公安部和各级公安部门接管办理，由此便人为地给其涂上专政机器的强制色彩。紧接着于 1958 年 1 月 9 日，《中华人民共和国户口登记条例》经第一届全国人大常委会第 91 次会议审议通过，由国家主席毛泽东以"共和国主席令"的形式颁布施行。此条例对农民进入城镇做出了约束性限制："公民由农村迁往城市，必须持有城市劳动部门的录用证明、学校的录取证明或者城市户口登记机关的准予迁入的证明，向常住地户口登记机关申请办理迁出手续。"

② 1978 年中国的个体户为 15 万户，2000 年已增加到 2571 万户，22 年时间增长了 171 倍。

企业主"①，到 2000 年已有近 400 万人、176 万家企业。这两个有着密切血缘关系的阶层，是中国经济转型期中最先受益的群体，也是市场化最有力的推动者。然而由于都姓"私"、姓"资"，在意识形态仍然政治化的中国，必然处在经济资源优势和政治/权力资源劣势的不平衡境遇中。这就是他们在阶级主观定位上得到低评，同时也低评自己的缘由。对他们而言，"私有财产神圣不可侵犯"的原则写入宪法，才是最大的安全和平等。

"中产阶级""新中产阶级"对中国人来讲还是一个较为新颖的概念，与其相对应的社会群体也是一个崭新的阶层，但其来源却有旧与新两类。一类是旧有的公有制体制下的各类机构的底层"干部"（相当于事务员、一般公务员）和知识分子、各类专业技术人员；一类是随着开放政策涌入国内的外资、港澳台资企业中的中方"白领"雇员。这一阶层最为目前的社会学家所关注，但他们还很微弱，总体上占职业人口的 10%。在外资企业的白领通常有着较好的教育背景、丰厚的工薪、时尚的生活方式，所以心理定位中上层；而事务员、公务员阶层多在公有体制的党政机关、事业单位内，工作稳定、接近权力、上升机遇多，也偏重于认同中上层。② 所以这一"新中间阶级"总体是自视为中上流的社会群体。

然而 25 年前还处于"中间层"的公有企业的工人（这里是广义的工人，包括商业服务业员工）随着市场化和社会资源的重新分割，逐渐滑向下层。根据有关的研究，当前不同所有制企业下的工人在逐渐趋同、逐渐结晶化。依靠他们目前所拥有的资源和在市场中的地位，很难储蓄到上行流动的资源（石秀印，2001：133～140）。因此，工人阶级反而有望在境遇下落的时候产生他们的集体意识。

对中韩两国社会阶级阶层的阶级意识、阶级形成背景的分析和回顾，启示我们采用"赶超战略"的后发现代化国家，社会阶级的产生、其社会阶级结构的变迁，在很大程度上和作为社会发展主导力量的政府所选择的制度安排、战略策略有极大的关联。急速的工业化、现代化政策，往往带来社会阶层集中化的产生或消亡。这为阶级形成提供了客观的环境，同时也加剧了社会阶层间的冲突。至于诸社会阶级能否由自在状态转化到自为

---

① 按照中国工商管理部门的规定，雇工 8 人以上者为私营企业，8 人以下者为个体工商户。

② 中国目前的事务人员还主要集中在公有体制内的行政机构、事业单位和企业。私营企业中的此类人员比例甚少，目前私营企业平均规模不超过 14 人，还远没有达到科层化的状况。

状态，取决于是否有集体行动的空间以塑就其共同体概念，取决于是否有明确的阶级成员意识。而这两者，又都依赖于客观存在的阶级是否有组织化的资源以达成集体行动，依赖于是否有阶级理念传播的机制和代理者（institute and agent）。

参考文献

卢卡奇，1986，《历史与阶级意识》，华夏出版社。

陆学艺主编，2001，《当代中国社会阶层研究报告》，社会科学文献出版社。

马克思、恩格斯，1995，《马克思恩格斯选集》第一卷，中共中央马克思恩格斯列宁斯大林著作编译局编译，人民出版社。

石秀印，2001，《当代中国的工人阶层》，陆学艺主编《当代中国社会阶层研究报告》，社会科学文献出版社。

韦伯，M.，1993，《儒教与道教》，江苏人民出版社。

尹保云，1995，《韩国的现代化》，东方出版社。

김석준, 1992, "한국중간층의 계급 위치와 계급 성격—도시 임금취득자를 대상으로", 고려대학교 대학원 사회학과 박사학위논문.
김영모, 1969, "서울시의 사회계층과 계급구조 관한 연구", 〈김재원 박사 회갑 기념논총〉.
나간채, 1988, "직업계층간의 사회적 거리감에 관한 연구", 고려대학교 사회학과 박사학위논문.
신행철, 1999, 〈한국사회의 계급연구홍두승〉, 아르케.
안치미.홍두승, 1995, "해방 50 년 한국사회의 계층구조와 변화", 〈해방후 한국 사회의 구조적 변동과 사회발전—광복 50 주년 기념 학술대회 발표 논문집〉, 한국사회사학회. 한국사회학회.
양춘, 2001, 〈현대 한국사회의 계층구조〉, 집문당.
중앙일보, 1995, 년 9 월 22 일.
홍두승, 1982, 〈경제발전과 사회계층 관한 연구〉, 한국사회과학연구협의회.

Bourdieu, Pierre, 1977, *Outline of a Theory of Practice*, Cambridge University Press.

——, 1984, *Distinction*, Harvard University Press.

Djilas, M., 1957, *The New Class*, Frederick A. Praeger, Publisher, New York.

Giddens, A., 1973, *The Class Structure of The Advanced Societies*, London, Hutchinson & Co. (Publishers) Ltd.

Goldthorpe, John H., 1969, *The Affluent Worker in The Class Structure*, Cambridge University Press.

Hong, Doo-Seung, 2003, *Social Change and Stratification*, Kluwer Academic Publishers, Netherlands.

Jackman, M. R. & Jackman, R. W., 1983, *Class Awareness in the United States*, University of California Press, Berkley and Los Angeles, California.

Joppke, Christian, 1986, "The Cultural Dimensions of Class Formation and Class Struggle：

On The Social Theory of Perrie Bourdieu. " in *Berkley Journal of Sociology* Vol. 31.

Koo, Hagen, 2001, *Korean Workers: The Culture and Politics of Class Formation*, Cornell University Press, Ithaca and London.

Mann, M. , 1973, *Consciousness and Action among the Western Working Class*, London: Macmillan.

Ossowski, Stanislaw, 1963, *Class Structure in The Social Consciousness*, New York, Free Press.

Thompson, E. P. , 1963, *The Making of The English Working Class*, Vintage Books, New York.

Weber, Max, 1946, *Class, Status, Party*, In H. H. Gerth & C. Wright Mills (eds.) *From Max Weber: Essays in Sociology*, New York: Oxford Press.

Wright, E. O. , 1985, *Classes*, London: Verso.

——, 1997, "Rethinking, Once Again, The Concept of Class Structure. " *In Reworking Class*, (ed.) By John R. Hall, Cornell University Press.

资本怎样运作[*]

——对"改制"中资本能动性的社会学分析

折晓叶　陈婴婴

摘　要：1990 年代中末期所发生的乡镇企业改制表明，社会形态的资本在产权变革中具有能动性的力量和作用。乡镇企业作为"社区里的企业"所具有的社会共同体特性构成企业家人力资本形成时"干中学"的社会场域，在这种场域下形成的企业家人力资本并不是一个独立的经济要素，它具有合作性、留根性和嵌入性等特征。因此，当企业家赎回自己的人力资本时，须付出相应的"社会成本"；在社区共同体内部，社会资本与产权在产生"激励"时具有互补作用，社会资本存量可能成为观察改制后社区公共空间出现差异的一个重要变量，并且共同体的社会资本具有某些产权特征。而探讨社会资本产权，对于理解乡镇企业改制和工业集体制解体时期社区公共空间的培育可能具有帮助。

关键词：人力资本　社会资本　产权　改制

　　产权安排所关注的是"资本"的权属问题以及不同权属关系对于"激励"和"外部性"内化所产生的不同影响。在这里，资本似乎是一个被动物，是一个被反复定价、运营和分配的生产要素。然而，当我们反问"产权是什么"时（产权涉及的是选择某种"经济品"的使用的权利，其主要功能是帮助一个人形成与他人进行交易时的预期），资本及其关系就变成了一个非常活跃的、具有能动力量的要素。因为资本关系运作的结果才是导致产权变化的条件和因由，特别是资本的内涵和外延从物质资本扩展到

---

　　*　本文为福特基金和中国社会科学院社会学研究所资助项目"产权变革的社会过程"的阶段性成果之一，特此向资助单位致以谢意。原文发表于《中国社会科学》2004 年第 4 期。

人力资本再到社会资本之后，这种能动的作用就愈加明显。在我们研究的乡镇企业改制中，（企业家）人力资本及其产权甚至被作为集体企业转为私营的基础和主导力量。那么，资本何以具有这种能动性呢？

一　资本地位和能动性的变换

虽然我们主要是在乡镇企业的资本关系这个特定的框架内讨论问题，但首先还是要从资本与劳动之间的关系这个既是一般的又是传统的议题谈起。经济学家从委托—代理关系的角度讨论了物质资本和劳动之间的关系，并据此将企业制度划分为传统、现代乃至后现代几种形式。其中之一的"资本雇佣劳动"型，是"将充当企业家的优先权给予资本所有者，一个企业家同时又是一个资本所有者，而剩余则表现为资本的收益。在这种情况下，当一个有较高经营能力的个人同时也是资本家时，他才能成为一个真正的企业家。如果没有资本约束，将有太多的无能之辈会在企业家市场上浑水摸鱼"（张维迎，1999）。这种现象主要表现在古典资本主义式企业中，在那里，物质资本显然较之人力资本（劳动）更具有地位和能动性，或者说人力资本只有与物质资本合二为一时才具有地位和能动性。"劳动雇佣资本"型则与之相反，在这种制度中财产所有权和企业所有权是分离的，作为财产所有者，资本家扮演着股东和投资人的角色，他是委托人，把决策权委托给管理者，即代理人；代理人取得了企业所有权，转而雇用工人，指挥和监督其进行生产经营（张曙光，1999）。这种现象主要集中在现代企业、股份公司及高科技知识产业和行业，在那里，人力资本显然是最具有地位和能动性的力量。

然而，我们所关注的乡镇企业却难以简单地归入上述任何一种制度。集体所有制的乡镇企业创业初始，所依靠的主要不是物质资本，而是创业者个人的能力和劳作者的合作与劳动，其资本的获得和财富的积累都是在"集体所有制"的政策鼓励和优惠下，由合作劳动来推动的。在这种情形下，发生的既不是"劳动雇佣资本"，也不是"资本雇佣劳动"，而是"制度（资本）雇佣劳动"的形式。在这里，我们将制度也视为一种资本，如果说社会资本的依托是网络，那么制度资本的依托就是组织或群体，它是以组织或群体为依托而建立起来的一整套行为规范和互惠共享关系结构，在这里我们将它特指为"集体经济优惠政策"主导下的制度关系和环境。在"制度雇佣劳动"的村办企业中，劳动者所承载的人力资本是十分低下的，并不具有专业人力资本的高市值特征，但是他们的合作关系和对劳动价值的低索取，却是企业或"集体经济"得以完成原始积累和得以生存乃至获取成功的一个基本保证。另一个重要保证则是由制度提供的，村集体组织正是借助于"政策规定"才成为"委托人"，才得以委托能人来办厂，才得以完成企业积累。这里，我们以政府对乡镇企业实行的负利率和税收减免政策为例。有研究指出，1980 年代银行信贷利率在低于物价指数下形成"深度负利率"，在那时的政策条件下，只有以集体经济为名才能从银行贷款，这就造成大多数企业借款以乡村组织出面承贷并承担风险的局面。另外，乡镇企业因为解决农村就业和承担"以工补农"责任而享受的税收减免优惠，也转化为企业历年积累（温铁军，1998）。在这一类企业的初创时期，制度资本的地位和能动性显得最为重要；后来随着市场和制度环境的变化，这种重要性逐渐降低，在一些企业中开始出现从市场上聘用经营能人的情况。在那个特定时期出现的"戴红帽子"企业，可称为"劳动雇佣制度"的乡镇企业，尔后在企业改制时它们需要付出"制度成本"。

但是，制度背景只为乡镇企业提供了一种运作的可能条件，乡镇企业是在灰色市场条件下营运的，项目、资金、销路都是靠经营能人"跑"出来的，因此，被"雇佣"的"劳动"，特别是经营者的人力资本，在企业发展中的地位和作用得到迅速提升，一旦形成所谓的"一个好的厂长救活一个企业""撤掉一个厂长倒闭一个企业"的局面，经营者的人力资本就成为最具有地位的能动性力量。

由此看来，这种情形下的企业很难被完全归入"市场里的企业"。科斯以后，企业的本质特征就被理解为"一种或一组市场合约"。周其仁在讨论市场里的企业时指出，科斯企业理论中忽视了一个关键——人力资本的产权特征。周把企业理解成一种人力资本和非人力资本共同订立的特别市场合约。认为企业合约的一个特征是，在事前没有或不能完全规定各参与要素及其所有者的权利和义务的情况下，而总要把一部分留在契约的执行过程中再加以规定。企业合约之所以具有这个特别之处，就是因为企业组织包含着对人力（工人、经理和企业家）资本的利用（周其仁，1996）。

这一研究的不同之处在于，它继续追问了科斯的企业合约何以能够

"只陈述要素供给的范围，而将如何完成供给的细节作为企业家可在签约'以后'行使的权力"，从而将人力资本引入了企业合约，并成为合约中最重要的一方。不过，上述有关企业合约的解释，似乎还不能够对"不规范的市场"中的"非常规"的乡镇企业的本质特征做出令人信服的解释，它仍然忽略了乡镇企业所回避不了的两个社会性问题。

问题之一：乡镇企业产生于社区母体之中，并不是一种纯粹的"市场里的企业"，它同时也是一种"社区里的企业"，企业的经济活动深深"嵌入"社区的社会关系结构之中，即使企业家个人的人力资本也同样是深嵌于这种关系网络之中。问题之二：产权理论在涉及企业合约时，虽然提出了"非正式合约"问题，但关注的主要是正式合约，因为产权假设是建立在"正式合约的不完全性"基础之上的；它尤其忽略了非正式合约与正式合约之间的关系，以及非正式合约在解决产权问题上的有效作用。在我们看来，非正式合约不是建立在经济原则基础之上的，而是建立在社会合法性基础之上的一种社会性合约。它的核心是"关系网络"，它产生的是社会性激励，涉及的是社会性资源的利用、社会性权利的占有以及对互惠等社会期待的满足。这种情形下的企业，就不仅是"市场里的企业"，也不仅是"人力资本和物质资本的特别合约"，它还是"社区里的企业"，是一组包含人力资本和社会资本（含制度资本）的特别合约。

以上两个方面涉及的正是"人力资本"和"社会资本"的基本问题。下面我们就此转入对这两个问题的讨论。

二 人力资本的社会性运作

人力资本理论的提出突破了经济学传统资本理论中"资本同质性"这个基本假设。资本同质性假设，是指所有的资本都是相同质量的，他们只存在数量的区别，等量资本可以获取等量利润，现实中存在的各种各样的资本品形态都可以转化为同质资本。而引入人力资本概念后，这一假设的解释力便大大降低了，因为人力资本之间的差异是显而易见的，它们在价值创造中的作用有很大差别。对这些差别的重视，便产生了一些重要的理论命题。与本研究直接相关的，一是人力资本的价值被区分出高低，企业家人力资本被认为是人类社会最为稀缺的资源之一；二是人力资本具有私人性，与其所有者不可分离，因而具有产权特征；三是企业家人力资本产权的私有性是公有制产权改革真正可靠的基础和主导力量（周其仁，2002）。

在这些经济学命题里，人力资本获得中所存在的社会性因素的作用被预先抽象掉了，人力资本似乎只是作为一个独立的经济要素而存在着。但是，当我们从这个视角来审视村书记兼董事长这一类乡镇企业家的人力资本和由他们主导的集体制企业改制时，就发现这些理论的解释力是有局限的。那些被忽视的社会性因素，对于村社区里的企业和企业家的成长来说，就显得格外活跃和重要。

对于人力资本获得中所存在的社会因素的作用，社会学家科尔曼曾给予深切关照。他研究了家庭和社区在人力资本形成中的重要作用，指出使用社会资本有可能获得教育特许权，从而增进人力资本，比如，一个稳定的家庭以及父母中的一方把抚育孩子作为首要任务的家庭，就比单亲家庭或者父母都工作的家庭有更多的社会资本，获益者首先是其子女，他们的教育和人格因而得到顺利发展（Colemen，1988）。

那么，对于那些既没有良好家庭教育背景，又生活在落后乡村社区，却有着"在市场上被显示出有经营才能"的乡镇企业家来说，在他们的人力资本形成中，究竟是些什么样的社会因素在发挥作用呢？

企业家"能力"的非经济意涵

我们在如下意义上使用人力资本概念，即通过投资而使个人具备才干、知识、技能、资历和体能，并由此为个人带来预期收益的人力资源。从资本的"投资－收益"模式来看，这是一个典型的经济学概念，但如果我们将"能力"作为这一概念的核心，那么它就是一个典型的社会学问题，是一个涉及有关人的发展以及发展的社会场域的问题。

企业家理论和人力资本理论认为，企业家所具有的超常"能力"，使他们成为拥有最重要人力资本的人。这些能力包括：创新能力、洞察能力、承担不确定性的能力和在不确定条件下做出判断决策的能力，总体来说，可以归结为"利用资本的经营能力"和"减低交易费用成本的能力"（焦斌龙，2000）。与经济学的"低度社会化"研究逻辑相一致，这些能力都被看作具有个体特征，而与企业家的生活环境和经历有没有关系，并不重要。

可是，如果我们将"能力"作为人力资本概念的核心，其中就包含某种社会关系的要素，包括一种需要通过自己所拥有的社会关系网络甚至更广泛的社会关系结构来获取稀缺资源的"能力"，我们可将这种"能力"称为"社会能力"。这种社会能力，在既缺少物质资本又缺少高质量人力资本要素的乡镇企业家那里，显得尤为重要，特别是当他们面对非市场制度约束的环境时，更是如此。从这个角度看，我们就不能轻视一般人力资本或称"低层次人力资本"所具有的"合力"。企业家之所以有能力，就在于他能够将其他人力资本经由组织和聚合而成为一种"集体力"或"合作力"，并且，他的人力资本就是深深"嵌入"这种"合力"所依凭的基础——社会关系网络之中的。企业家人力资本与普通人力资本的差异是十分明显的，它之所以"稀缺"，完全是因为它可以借助于社会关系网络，以其他人力资本的合力作为基础而形成、积累和运作，而这种机会只有极少数人才可以占有。

人力资本"干中学"的社会场域

经济学家舒尔茨在论述他的人力资本理论时指出人力资本的形成有五条途径：教育、培训、健康、人口迁移和干中学（舒尔茨，1990）。然而，他本人侧重于对教育的研究，在他的理论框架内做研究的其他学者，也大都集中在对前四种途径的研究上。可以说，对于"干中学"，经济学给予的关注甚少（焦斌龙，2000）。这可能因为"干中学"一般都会涉及个体以外的社会场域，而这恰恰是经济学视线以外的东西。但是，如果我们忽略掉这条途径，那么我们的解释会十分有限。

在这里，我们之所以突出"干中学"，并不是要从一般的意义上强调"实践"的重要性，而是要探究"干"的社会场域以及它对于乡镇企业家人力资本的形成和积累所具有的意义，因为这些人既没有物质资本又缺乏教育等资源。

一些村办企业的创办人，或具有初中文化程度，或曾当过大队会计，是属于村里最有文化的那种人。这正是当初村集体组织选定他们创办企业的重要原因，应该说初级教育在他们的人力资本形成中具有举足轻重的作用。但是，作为企业经营者，他们所应具备的才干却难以完全从这种教育中获得。在他们的人力资本要素中，最重要的是有关市场经济的知识和应对内外部社会环境的能力，而这些，只能借助于企业和市场所提供的不确定的，却留有大量可运作空间的经济环境，同时又借助于社区所提供的可以让他们进退维谷、游刃有余的稳定的社会人文环境，在"干"中去学得。虽然人力资本是凝结在个人身上的"人力"，具有与"他"本人不可分离的基本特征，但是从"干中学"所涉及的就不只是个人的问题。对于一个乡镇企业家来说，有一个可以提供信任、可以运用非市场原则处理经济合作和冲突问题、可以承担转嫁的企业风险、又容忍他从多次失败和损失中增长才干的社会场域，就显得尤为关键和重要。对村办企业来说，这个社会场域，就是在工业化过程中为了规避市场经济不确定性而重建的、以村社区的传统社会关系为基础的社区共同体。

从这个视角来看，企业家人力资本的形成、积累和运作有以下几个特点。

1. 合作性

一般来说，人力资本使用所具有的合作性，是由分工所造成的人力资本的专用性所决定的。这种专用性，既决定了个人的人力资本的应用范围是非常狭窄和单一的，而企业正是基于人力资本和非人力资本的多样性和专用性而组织的；同时，也决定了人力资本在使用过程中对其他专用性人力资本的必然依赖，也就是说，人力资本作用的发挥必须依靠其他所有者之间的协作（刘大可，2001）。没有其他经营层和生产层人力资本的合作，企业家人力资本的培育及其价值实现都是不可能的。

如果说这种合作性是企业作为团队方式的一般属性，那么，乡镇企业家在人力资本培育和使用中还具有另一种由社区母体所提供的共同体合作性。我们可以从起用能人办厂的动机说起。工业化初期，许多村庄并没有任何集体积累资金可以投入，所谓的"集体"并不是一个有现值的经济实体，只不过是一个有赢利预期的有待重建的社区共同体。这时候，乡镇企业创办的动机是农村社区就业和福利的最大化，而不是一般企业追求的利润最大化（温铁军，1997）。于是，企业创办人从一开始就进入一个社区合作环境，找到一个可以让他的人力资本积累和增殖的社会支持系统。在这个系统之中，他为增长才干所付出的经济成本，就因为社区提供的土地和劳动低廉而降低；他所付出的社会成本，也因为熟人社会的信任和忠诚以及稳定的社会关系而变得十分之少；甚至于他所经营的企业的风险也由社区来承担了。

在许多村庄甚至可以看到这样的情形：工人的月工资实际上实行年底

结算的方式，每月只支付一点生活费，其余充入企业流动资金，年底结清时并不支付利息。这说明，在社区内部，企业经济成本的降低是以社区成员及其家庭普遍分担和让利为代价的。另外，企业不景气或停产歇业时，可以不向职工包括村民支付任何待业工资。这说明在农村社区内部，企业家的经营风险能顺利地向农民和土地转嫁（温铁军，1997）。可以说，许多村庄集体企业经营者的人力资本价值就是在这样的社区合作中实现的，离开社区合作，他个人的人力资本价值就会大打折扣。因此，在事后突出企业家个人的人力资本价值时，我们不能也不应挤出社区其他人力资本的合力所给予他的养分。

2. 留根性

与获取合作收益有关的是，土生土长的乡镇企业家也往往因为要积累人力资本而把根系留在了社区母体中，难以拔脱。我们在许多企业中都能看到，不仅企业家个人难以"拔根"，即便是想把企业办到村域外的意图也不易实现（折晓叶，1997；折晓叶、陈婴婴，2000）。他既不可能以"一走了之"的办法来逃避企业风险，因为他与他的家庭的社会关系都扎根在社区，这也就把他们的声誉、颜面、地位和责任留在了社区；他也无法以"跳槽"的办法来寻求个人发展，这是因为他的人力资本具有市场和技术上的专用性（在威廉姆森和其他学者看来，人力资本的专用性是由特殊培训或"干中学"形成的，是只适用于本企业的人力资本）和合作性特征。当他离开原来的岗位而寻求新的工作时，他不仅要为找到专业对口的新岗位付出成本，同时还要为在新的岗位上建立新的协作关系付出代价。因此，人力资本并不比物质（金融）资本更易于流动（刘大可，2001）。

乡镇企业家不易流动，还因为他的人力资本的价值不是在市场上直接确定的，其评价标准和定价机制中都包含有因社区合作而增进的部分。他的"地头"身份以及因此而调动社区力量、提高企业效率、减少成本的能量，也都是他人力资本现值的组成部分，离开社区母体，就很可能面临评价和定价的危机。因此，按照地方改革派的意见，让企业完全成为独立于农村社区之外的经济主体，仍然有待时日。即使当企业家以各种方式将自己的人力资本产权实现了资本化后，在对待"他如何在一个范围更大的市场上，以更加灵活的方式交易企业资产的产权、企业家人力资本的产权和资本化了的企业家产权"等问题上（周其仁，2002），也仍然存在一个不仅有待制度环境变化和市场发展，而且还有待于社会信任、互惠规则和社会关系结构扩展和变化的过程。

3. 嵌入性

说到这里，我们已经涉及社会理论的一个经典问题：社会关系对行为、能力和制度的影响。"嵌入性"视角强调了个人的经济行为"嵌入"社会关系网络的结构之中（Granovetter，1994）。这个视角使我们有可能解除一些因为将企业家的能力和行为还原成"理性的原子化个体的自利追求"而产生的困惑。

如上所述，人力资本，特别是乡镇企业家的人力资本，并不是一个独立的经济要素，它的形成、积累和运作，都深深嵌入社区经济生活的社会关系网络之中，只有依托于这种关系网络，他的人力资本才表现出价值，才得以积累和增殖，才得以发挥作用。或者说，只有在社区关系网络中，他的人力资本才能充分发挥作用，离开了这个社区关系网络后，其价值就不完整了。

这样一来，可能就会因为过度依赖社区关系网络，而使人力资本产生某种"产权残缺"问题。这种残缺，是由于权利所有者所拥有的权利，包括排他性的使用权、收入的独享权和自由的转让权，受到限制或禁止而引起的。在经济学的研究中，企业家人力资本产权的完整性即"不可残缺性"，与其私有性即天然归属私人、与个人不可分离性（周其仁，1996）相辅相成，它们共同构成这一产权的基本特征。如果人力资本产权发生"残缺"，对企业家的人力资本激励就会不足，企业家就会相应地做出反应，"关闭"部分甚至全部的人力资本（焦斌龙，2000）。

显然，这是在忽略了企业家的行为是"嵌入"社会关系网络的预设前提下进行的，如果加入这一因素，企业家的行为就会因他"嵌入"网络的不同而表现出差别。正如我们在许多经过社区共同体重建、积累有大量社会资本、社会关系网络结构紧密的村社区中所看到的那样，企业家人力资本的激励，并不是只靠产权完整来实现的，共同体关系也是建立有效激励机制的基础。只要企业家的人力资本不会因为制度原因如违背市场交易法则和某些制度安排等而受到严重侵害，或者说只要人力资本产权的实现达到某种程度的完整性时，就可以实现对企业家的激励。有研究认为，经营者一般在拥有10%～15%股权后，就可解决积极性问题。即便乡镇企业是靠能人"折腾"才得以发展，经营者对人力资本产权的预期也与一般企业有所不同，也会存在一个经济激励的最佳阈值。在实践中，其他尚未达到充分的激励，则是由社会性激励来补充的。并且，人力资本产权所嵌入其中的社会网络越稳定，对于其所有者的激励就越大。

在这里，企业家人力资本产权的"残缺"似乎不完全是个经济性问题，也是一个社会性问题，一个由其嵌入其中的社会关系网络"网住"他的程度以及他依赖这个网络的程度所决定的问题。如果他与自己嵌入其中的网络融合默契，他的人力资本产权尽管"残缺"，但所获得的激励并不一定就低，因为在他的网络中，建立在血缘关系和共同体关系基础上的激励机制也在起作用。这正是一些经营者在很长时间里并不急于改制的原因之一，从"激励"的角度看，如果不是地方政策力推私有化，他们的人力资本确实可以在获得某种程度的产权后（如持大股），或者说企业的所有权（剩余控制权）在事实上已经为他们所占有之后，就已获取足够大的激励，而不一定非占有企业财产所有权不可。而且，这种"残缺"即便在实现企业私有化后，也还有可能存在，因为这种人力资本对关系网络的依赖性并没有因此而解除。这也正是一些企业在改制后，甚至在企业家卸任村书记之后，仍然难以像市场上聘任的经理那样行事的原因所在。

人力资本产权的实现与改制

经济学将人力资本要素引入企业合约研究之后，企业家人力资本及其产权问题，就成为企业理论的一个核心内容。学者们从委托－代理角度、监督和控制权角度（张维迎，1999）以及风险承担角度（方竹兰，1997），特别是从人力资本产权特征角度出发（周其仁，1996），进行了许多研究，为中国公有制企业改革理出这样一条逻辑思路：企业经营者拥有最重要的只属于他个人所有的人力资本，而企业规避风险、获得活力和效率又主要依赖于对这种人力资本的有效激励，因而企业应由经营者所拥有。也就是说，企业家人力资本产权的个人属性决定了企业产权改革的私有化趋势。我们所观察到的地方改制，大致也遵循这样的逻辑。

不过，这样一来，就引出几个需要进一步讨论的问题。

其中之一是，人力资本的"个人所有"是否意味着它就是"私产"，与此相关的另一个问题是，从人力资本产权的实现是否可以直接推导出企业私有化的逻辑？无可置疑，人力资本是凝结在人身上的一种资本存量，但是人力资本的个人决定性，如自主启动、开发和利用等，并不表明它就是"私产"。把它与所有制意义上的"私有性"完全混为一谈，甚至由此推导出企业改制的私有化逻辑，是令人质疑的。

我们所面对的乡镇企业，产自于社区母体，不只是"市场里的企业"，它还是"社区里的企业"，在企业家人力资本的形成和积累中，其人力资本的"投资"主体主要是社区共同体，其人力资本是共同体整体地付出经济成本和社会成本的特殊结果。这时候，如果论及人力资本所有权的归属，就不只是一种归属企业家的"天赋人权"，而同时也应部分地归属社区所有，当企业家赎回自己的人力资本（能力）时，这部分也应顺理成章地转为他必须付出的"社会成本"。

其中之二是，村办企业的经营者是不是风险的真正承担者，如果不是，那么企业的经营风险又是由谁来承担了？有研究者认为，在村社区的工业化过程中，集体经济的原始积累阶段，客观上并不具备企业家为企业风险承担责任的条件。一是因为在那一特定时期由于法律的不健全，不可能对村办企业的经营失误追究法律责任；二是因为土地承担了企业的保障功能，社区承担了企业的经营风险。从这个角度看，强调企业家对风险的担当，照搬一般的企业家理论作为村办企业改制的依据，是不适宜的（温铁军，2003）。不过，如果从社区的角度看问题，集体企业在经营中一旦形成经营者控制权，社区就将会承担"撤换一个厂长就倒闭一个企业"的风险，因此社区集体组织是在考虑这两种风险对比的得失中来对待企业经营者问题的。

对企业家人力资本的特殊贡献应不应该给予高回报，其实在地方实践中并不是一个有争议的问题。为企业家人力资本定价和开价，以年薪、股权、权利收益等奖励其贡献，已经是市场经济中常用的激励方式。从一些村庄实践中我们看到，将企业所有权集中在拥有重要人力资本的人手中，不但会加强对这些人的"激励"，而且还会使对村民和职工的"激励"也得到加强。但是，人力资本价值及其贡献，本身并不能成为否定企业原有产权结构的理由。如果改制在目前还不能避免由政策来界定产权的方式，那么，至少对这种奖励和回报的定价的依据是什么，其"价位"或者用地方干部喜欢说的"力度"，要达到怎样一个水平才能产生足够大的"激励"，这都是有待研究的关键问题。这些问题不解决，就无法避免集体资产在改制中的变相流失。改制中，一些地方政府对企业家的奖励股仍有从25%继续加大的趋势，以便使经营者买下那些经营业绩良好的大中型企业，而一些企业家也在不断等待，以便待价而沽，用最便宜的价格来买断企业。这种股权定价方式，依据的显然不是"激励"原则，而是一种"改私"权宜。

当然，从一些村庄乡镇企业产权变革的经历来看，其实不管有没有"改制运动"，集体企业的所有权（一般指剩余控制权）事实上已经被村支书兼董事长这一类企业家或制度企业家所占有，从这个意义上来说，"企业家能力界定企业所有权（控制权）"的表述是准确的。但是，从产权变革的完整过程来看，名义所有权（这里指企业财产所有权）也是一种事实上的力量（刘世定，2003），特别是它并不可能由企业家能力来加以界定，这部分产权虽然"残缺"不全，但仍然是一种监控的力量，而且还是一种可以让原始所有者最终索回所有权的法定依据。正是因为这样，企业家才会出于安全的考虑，要求将自己对企业的非正式产权转为正式产权，研究者们也才会对改制中集体如何退出企业的问题给予特别的关注。

三　社会资本与产权

当我们讨论人力资本"嵌入"社会关系网络时，实际上已经涉及并引入了社会资本问题。我们在如下意义上使用这一概念：社会资本是一种嵌入社会关系结构之中的经过投入、摄取、动员和使用而增殖（获益）的资源。

社会资本与产权的互补作用

在新制度经济学家那里，产权的主要功能是帮助一个人形成他与其他人进行交易时的预期，从而为交易者提供激励，使得"外部性"更多地内在化。如果这种激励不充分，经济行为就会出现严重问题。因此，产权明晰是解决问题的最主要途径。

乡镇集体企业曾经在"产权模糊"或"产权残缺"情形下，创造过引人瞩目的成绩，对于那一时期为什么会出现这种现象，之后又为什么会出现改制，人们已经从制度环境和市场环境变化的角度进行过讨论。这里，我们再从社会资本的角度，对于在产权模糊的情况下企业家怎样得到激励做一些讨论。

当我们把这个问题放在村社区中进行观察时，发现激励问题和"外部性内化"问题的解决方案不只有产权一种，社会资本也具有类似的功能。如果说面对稀缺资源的使用，产权的主要功能是提供经济激励，使得外部性更多地内部化，那么社会资本的主要功能，就是解决使用资源时可能出现的冲突和争议，使得内部更有效地合作，从而形成另一种建立在社区共同体社会关系基础之上的"命运共享""同甘共苦"式的社会激励机制。这种激励机制与产权所产生的激励，具有互补作用。对于那些生活在社区里的企业家来说，这两种激励同样重要，甚至于有时社会性激励较之经济性激励更为重要。从企业家处理问题的方式来看，他们似乎具有某种自主选择并运作激励机制的动力，可以根据外部制度和市场环境的变化来自发地寻求激励。这似乎与中国乡村社会处于制度转型期的特定问题有关，在处理这类问题时，需要制度化和非制度化的处理方案兼而有之，缺一不可。如果只有社会关系及其规范而缺少产权乃至法权制度的硬约束，或者反之只有硬约束而没有"社会力"或"集体力"的软约束，问题都是难以解决的。

强调社会资本的这种作用，可能有助于我们理解为什么在国家或地方政府作为第三方所进行的监督并不能奏效的情况下，在社区的再组织化过程中不合作的行为并不像集体行动理论和博弈论所预见的那样频繁。

不过，这样解释问题，我们仍然面临两个实践难题：如果向前追问，问题是，为什么"合作文化"并没有使人民公社的农业摆脱失败的命运？（周其仁，2002）如果向后追问，问题则是，既然社会资本与产权的配合是成功的，为什么合作文化和制度仍然不能阻止工业集体制的解体，为什么改制还会得到社区集体产权主体的接受？

在我们看来，文化要素的确不能作为分析社会行为特别是经济行为的独立解释变量，但它也是一个不能被忽略的基本变量。"合作（主义）文化"并不是村社区的天然禀赋，它是由共同体的合作行动不断创造和建构的，而且，作为历史线索遗留下来的合作（主义）文化，也需要适当的现实场景去激活，否则它也只能作为一种线索而存在。人民公社时期的农业

"集体制"文化，是一种由国家制造的制度性的合作（主义）文化，经过国家意志的强制推行，迅速地进入农民文化的表层。它与农民在村落日常生活中长久形成的互助合作文化并不相容，这两者的冲突便成为各色"反合作"举动不断出现的根由。实际上，早期农业合作化的成功，正是初级合作产权安排与农民传统合作（主义）文化相适应相匹配的一种结果，而人民公社合作的失败则可以看作集体制产权安排与农民传统合作（主义）文化不相适应不相匹配的另一种结果。因而，当国家产权意志和制度性文化改变时，农民便会迅速地起来反叛这种由国家制造的文化。当然，文化现象不同于制度安排，在长达20余年的潜移默化中，集体制文化也已成为农民文化中潜在的难以消解的一个部分，以至在后来工业化过程中农民再组织时又被加以利用和改造。不过，这时候的合作，已经完全不同于人民公社时期的合作。从制度框架上来说，虽然二者有某种相似性，比如新的村集体合作体系，不仅是一种有效率预期的经济体制，也是一种有效益预期的社会体制，但是，从性质上来说，合作已经是村庄自治和村民自主条件下的集体行动，虽然大多仍是由村集体主导的，但是是一种村民自主自愿、彼此配合的联合与互益行动，一种经济上和保障上的互益形式，特别是在农民个人流动受阻的情况下，还是一种保障社区成员集体地转向非农职业的互惠形式。作为合作（主义）文化，它既是传统的同时又受到大社会的意识形态影响，经过乡村工业化而被赋予了新的内容，因而在村庄的社会结构发生变化时，便显现得尤为充分。这正是乡镇企业的工业集体制得以成功的社会基础之一。由此可见，问题的关键不在于合作（主义）文化和制度有没有效用，而在于激活和利用它们的场景是否适当和适应。

那么，我们又应当如何去看待合作（主义）文化和行动与产权选择之间的关系呢？首先，我们强调社会性激励的作用，并不是要以此来替代产权激励，而是要证明它与产权在不同层面上解决激励问题，它们如果配合得当，不仅有利于解决企业家的激励问题，更重要的是，也将有利于解决共同体其他成员或者说一般人力资本的激励问题，而对后者的激励，一直是改制中被严重忽视的问题。目前，中国乡镇企业的改制，特别是其名义产权的改变，并不像其创办时那样是一个自发程度很高的自组织行动。从一些地方的实际情况来看，地方政府是这种改制的最为积极的推动者甚至是主导力量，而一旦行政力量过于强大，就有可能出现这种情况：以"运动"的方式，人为地一刀切断这两种原本配合默契的"激励"链条。由此产生的消极后果，实在是应该纳入研究者的观察视野。即便改制是以人力资本产权的私有性作为基础和主导力量，也不能无视一般人力资本及其合力所具有的产权实现问题；否则，将在工业集体制解体后留下诸多难以解决的问题。其次，合作（主义）文化与产权选择之间并不一定存在因果关系。一些研究指出，村庄家族文化和社会结构中的内聚要素与集体化水平之间并没有必然的联系（王晓毅，1996；折晓叶、陈婴婴，2000），在非集体经济产权模式下，也有可能在社区公共空间产生新的合作行动。因此，改制并不表明村庄合作（主义）文化和制度的绝对消解，经济私有化也并没有能够完全彻底地动摇农民再合作的基础和条件。

社会资本的存量与所有制形式

我们所谈到的社会资本激励作用的大小与其在社区中的存量多少有关。所谓社会资本存量，是指在网络成员的参与行动下社会资本积累的水平。在这里，参与或使用，是产生存量的关键所在。这是因为，由社会关系网络所承载的社会资源，如信任等，不同于普通资源或商品，它不会越加"善用"越少，而是越加"善用"越多。如果忽略它或消极地使用甚至不加以使用，它的存量就会降低。也就是说，它并不是自然生成或事先存在的，而是需要（或者说是可以）不断激活、不断建构和不断积累的。

比如在我们观察的一些工业化村社区中，社会资本的积累就至少经过了这样两个过程，其中之一是前工业化时期社区传统社会资本的积累和沉淀，包括通过家族、社区关联和农业集体制组织等社会关系而积累的社会资本；其中之二是工业化过程中经由农民的再组织行动对前一种传统的重新激活和利用。经过这两个过程，社区工业共同体得到重建，社会资本存量不断上升，达到了一个新水平，从而造就了一些社会资本存量比较充分的社区。

一些研究将社会资本与共有产权相联系，认为对于一个重视关系网络的社会来说，公有制相对具有较强的生命力，它们甚至假设社会资本不利于公有产权向私有产权转化（朱国宏，1999）。一般也认为，"村组织直接控制集体经济资源"与"发展社区公共事业"之间存在因果关系。我们在分析社区的共有产权时，也曾将社会资本的积累和合作行动与共有制度相联系，证明了"在一个积累了大量社会资本的共同体中，更容易出现自愿性的合作"（帕特南，2000）。不过，我们也发现社区合作体系中存在一些反例，这些反例说明合作体系与产权集体制不同，还存在一种"村政"与"民企"的合作关系。它表明企业私有化或者集体经济缺位，并不一定意味着社区合作的消解，也不意味着社区共同体的解体。一些村庄虽然在所有制方面各自采取了多样化的选择，却都同样取得了成功。虽然它们的成功是由多种因素促成，但这至少提醒我们，产权，特别是其要素之一的所有制形式，可能并不是问题的关键所在，社会资本的积累与产权形式之间也不一定有必然的联系，但是与社区的合作行动之间却有着相互促进的关系。

苏南许多村庄的改制过程都经历了三个不同阶段，将我们原先在不同地区所发现的三种合作体系变成了一个演进的"连续统"：从"集体制合作体系"，到"股份制合作体系"，再到"村政与民企的合作体系"。我们先前在这三种合作体系中，特别是在"村政与民企的合作体系"中所发现的有利于新的村社区共同体生长和发展的因素，在改制后的一些村庄中似乎仍然在持续地发挥着作用。企业产权由集体制改为私有制的过程，并没有受到这些社会资本存量充足的共同体的抵制，而是有效地将社区的合作方式进行了改造。村政和民企之间目前形成的良好关系，也可以看作村社区社会资本作用的结果。从一些村庄公共物品产权形成的情况来看，并没有出现在另一些社区已经较为严重的情况："后乡镇企业时期"企业与社区之间的断裂，其中最突出的问题就是社区的公共事业将出现费用支付问题（毛丹，2002）。这就提示我们，"社会资本存量"，可能成为我们观察改制后社区"公共空间"出现差异的一个重要变量。

在我们近十余年所观察的不同产权类型的村庄中，社区公共事业的费用问题即谁为公益付费问题，与村内企业的所有权归属之间，并没有必然的联系。也就是说，出现费用问题，并不是一个社区产权问题，而是社区合作机制发生了问题。在上述"村政与民企的合作体系"中，尚没有出现公共费用的危机，关键就在于村政与民企之间达成了产权制度以外的另一种合作方式。村组织不但与企业之间保持良好的合作关系，为企业提供各种服务，号召企业"富梓裕里"，还有一套用来约束和控制企业的管理办法，以至让那些只顾私利不屑公益的行为在村域内受到贬斥。在这个过程中，村组织不但有效利用社区内部的家族关系，也有效利用村组织与上级行政机关的各种关系。因此，村政仍然可以聚集起"公共财"，用于公共事业的建设，其水平绝不亚于苏南等地区先前依靠集体经济所进行的建设。而这些社区所有效利用的正是本土社会关系网络所承载的社会性资源，这说明，社会资本的积累和有效利用，将是工业集体制解体之后村社区新的公共空间发展的社会基础。遗憾的是，这一点还没有得到研究者足够的理解和关注。

由于改制促使村社区的工业集体制最终走向解体，人们在关注这一问题时，将眼光较多地集中在村集体是否获得了应得的集体资产产权，对这部分资产是否会重新流失也给予了关注，但对于集体制解体之后的社区公共空间将如何再建构，却未给予足够的重视。在这里，我们进一步关心的，是改制过后或工业集体制解体之后，村社区的公共空间将如何再建构。这里所说的社区公共空间，是相对于国家公域和个人私域而形成的社区共同体的公共空间，它以共同体成员之间的互动关系和互惠规则为基础，主要问题包括公共资源的供给和使用，公共权力、公共设施、公共事务和公共服务的管理及运作等。

我们最初提出这个问题，是在经过类型比较，发现集体制产权模式与社区公共空间的发育和建设之间并没有必然的因果关系之后。而现在进一步提出这个问题，是在对改制过程进行考察时我们看到另一种可能性，一方面，集体资产产权包括改制后清算来的资产产权，并不能必然导致社区公共事业的增长，回收后的集体资产不但存在继续流失的可能，而且也有可能再次陷入"集体经营"的不良循环；另一方面，改制后出现的私有化是否真正动摇了农民再组织或再合作的可能性，也是应该受到关注的问题。本研究注意到，一些集体制解体后实现经营私有化的村庄在"村政"与"民企"之间又发生了再合作，这说明在村社区基础上的经营私有化，并不一定使社区解体，产权选择中的博弈过程有可能使村庄在新的经济基础上实现全社区在财政和公益上的合作。这里的关键问题，是村政组织是否能够发展成为"村政"与"民企"的合作体系，以处理好社区内分散化的经济资本如何向社区公共事业投入、新的公共资源和"公共财"如何聚集、新的公共权威如何树立等一系列问题。

从这里可以看到，社区内部"合作"解决问题的能力，无论是在产权"模糊"的共有产权条件下，还是在产权"明晰"的私有产权条件下，都将是解决社区公共问题的关键所在。我们的研究发现，经济增长并不能自然而直接地促进社区公共事业的发展，只有通过基层合作体系这个中间变量的运作，才能切实地加以推动；不同类型的产权选择特别是经营私有化的选择，并不一定必然导致社区公共事业的衰落，关键在于社区内部是否能够重新发育出新型的、不同于传统集体制的、符合农民利益的合作体制；新型的社区合作体系具有再动员和再组织民间财政支持、进一步发展社区性公共事业的巨大能量和潜力。

可以说，工业集体制解体后，村社区问题的关键仍然是如何重建新型合作体系，并由此而推动公共空间再建构的问题。而且，经济私有化之后，公共空间的再建构较之集体制时期更为重要，因为，不但原来由集体承担的公共职能需要新的载体来承担，而且新的公共问题也将更加突出。这正是摆在研究者面前的重要理论和实践问题。

社会资本产权问题

社会资本与人力资本不同，它并未被纳入经济学的经典分析框架，也没有被赋予"经济品"的意义，因而几乎没有人涉及过它的产权问题。当然，这与人们在使用社会资本概念时歧义太多也不无关系。

社会资本不能被简单地看作个人的人力资本的"合力"或总和，而是一种由个人之间关系网络所承载的、对于关系"网中人"有公共性的、可以被摄取和被动员的社会性资源，并且个人还可以通过这种社会关联获得使用其他稀缺资源的机会。它由人际互动和合作而创造，具有系统内整体与部分的那种"1 + 1 > 2"的特征，从而使个人的人力资本只有在与他人的互动中才有意义。如果说人力资本基本为个人所拥有，社会资本则可以通过延伸，在组织或群体中存在，并且体现出互惠的期望。与人力资本不同的是，社会资本所承载的是人力资本的"外部性"效应，讲究的是人力资本产生的公共性对于共同体共享的意义。

由于社会资本是实践性的，不经使用或者说没有能力有效使用，这种资源就只能是潜在的和可能的而非现实的。因此，当人们突出社会资本的使用性时，便将它与个人相联系，也把它界定为一种通过社会关系网络获取稀有资源的能力。但是，如果我们这样理解社会资本，就将它还原为人力资本了；同样地，在强调社会资本是由个体的人格特征所创造时，我们也就失去了发现人力资本"嵌入"社会关系结构的微妙结果。如果个人得以动员社区共同体网内资源，这种资源就成为他个人能力的一部分，其产权附着在人力资本产权上得以实现，这时候，社会资本的产权特征往往就被遮蔽了。

社会资本只有通过"摄取"或"动员"才是现实的，因而它包含了个人使用社会资源的能力，但它同样涉及结构、互动、规则、互惠等，因而又包含"集体社会性资产"（林南，2002）和集体行动，从这层意义上来说，它本身也具有某些产权特征。

一般来说，这种资源的使用以"网中人"为边界，因而对外具有排他性，但网络又不需要成员资格，并且可以扩展，所以这种排他性又是不完全的。但是，我们所研究的村社区共同体的社会资本建立在共同体的内部关联基础上，是以一个边界清楚的社会网络为其载体的。这个社会网络具有封闭性和结构密度强的特征，它维持并强化了内部社会资源共享以及信任、互惠、合作和惩罚等意义，相应地也就产生了强烈的外部排他性。

对于"网中人"，一般来说，社会资本具有公共性，一个人的使用并不排斥其他人的使用，并且不会因为其他人的使用而减少，反而有可能增加，因而不具有排他性。但是，我们假设网络的有效资源是稀缺的，那么，由某些个人如企业家优先索取的资源就会以损害别人为代价（波次、兰多特，2000），即是以其他人难以使用或出让使用权为代价的，社区里的企业家"能力"的稀缺，在某种程度上说，就是共同体内他人付出和配合的结果。从这个意义上说，社会资本的内部使用是有代价的，因而也具有某种程度的排他性。

社会资本作为稀缺资源，还可以"无形资产"的名义进行交易（凡勃伦，2000），因此也就有"形成与其他人进行交易时的预期"的要求，也会引发行动团体对资源的各种权能进行维护的行动。

上述种种表明，共同体的社会资本具有这样一些产权特征：一是社会资本作为"集体社会性资产"为共同体共有，它的某些产权属性类似于公共物品，即每个人的使用并不能够影响他人的使用，在这种交换关系下，共有产权对它就不失为一种有效的安排；二是社会资本一旦被共同体成员所摄取和动员，其产权就部分地转换为人力资本产权，并以"社会期待"的方式向人力资本索取互惠性的回报；一旦回报中断或受到破坏，共同体就会关闭或封锁其社会资本量的供给，不仅其集体社会性资产存量会减少，而且人格特征的社会资本产权也会丧失殆尽；三是社会资本总是寻求让"集体社会性资产"增殖的条件，创造出互惠与合作的场域。

总而言之，社会资本产权是不是一个"真问题"，还是一个有待引起关注的新的理论和实践话题，我们在这里也只是提出问题而已。我们认为，探讨社会资本产权，对于理解乡镇企业改制和工业集体制解体时期社区公共空间的培育具有助益。以人力资本产权为主导的改制，如果忽略了对"集体社会性资产"产权的维护和交易，社会资本的这种权利一旦受损，社区共同体的参与行动就会受挫，其资产的积累水平就会降低，从而影响社区公共空间的培育和发展，这是工业集体制解体时期乡村社区建设面临的重大问题。一些村庄改制的经历，已经向我们预示了社会资本积累和社会资本产权收益的重要性，社区公共空间的重建正在呼吁新的思维、新的社会资源和新的社会力量。

参考文献

边燕杰、丘海雄，2000，《企业的社会资本及其功效》，《中国社会科学》第 2 期。

D. C. 诺斯等，1994，《制度、制度变迁与经济绩效》，上海三联书店。

方竹兰，1997，《人力资本所有者拥有企业所有权是一个趋势》，《经济研究》第 6 期。

焦斌龙，2000，《中国企业家人力资本：形成、定价与配置》，经济科学出版社，第 82 ~ 83 页。

林南，2002，《建构社会资本的网络理论》，《国外社会学》第 2 期。

刘大可，2001，《论人力资本的产权特征与企业所有权安排》，《工业企业管理》第 10 期。

刘世定，2003，《占有、认知与人际关系》，华夏出版社，第 7 页。

罗伯特·D. 帕特南，2000，《繁荣的社群——社会资本与公共生活》，转引自李惠斌、杨雪冬主编《社会资本与社会发展》，社会科学文献出版社，第 156 页。

毛丹，2002，《后乡镇企业时期的村社区建设》，《社会学研究》第 6 期。

R. 科斯、A. 阿尔钦、D. 诺斯等，1995，《财产权利与制度变迁——产权学派与新制度学派译文集》，上海三联书店、上海人民出版社。

T. W. 舒尔茨，1990，《论人力资本投资》，北京经济学院出版社，第 30 页。

T. 凡勃伦，2000，《资本的本质，无形资产和财政巨头》，转引自李惠斌、杨雪冬主编

《社会资本与社会发展》，第 250 页。

王晓毅，1996，《家族制度与乡村工业发展：广东和温州两地农村的比较研究》，《中国社会科学季刊》秋季卷（总第 16 期）。

温铁军，1997，《乡镇企业资产的来源及其改制中的相关原则》，《农村经济文摘》第 1 期。

温铁军，1998，《农村劳动力就地转移中的产权问题》，http://www. sociology. cass. net. cn/shxw/shld/t20031014_1471. htm。

温铁军，2003，《华西村何错之有》，http://www. legaltheory. com. cnsend. asp? infoid。

亚里山德罗·波茨、帕特里夏·兰多特，2000，《社会资本的下降》，转引自李惠斌、杨雪冬主编《社会资本与社会发展》，第 305 页。

张军、冯曲，2000，《集体所有制乡镇企业改制的一个分析框架》，《经济研究》第 8 期。

张曙光，1999，《企业理论创新及分析方法改造》，载张维迎《企业理论与中国企业改革》，第 332 页。

张维迎，1999，《企业理论与中国企业改革》，北京大学出版社，第 104 页。

张晓山，1999，《乡村集体企业改制后引发的几个问题》，《浙江社会科学》第 5 期。

折晓叶，1997，《村庄的再造——一个"超级村庄"的社会变迁》，中国社会科学出版社。

折晓叶、陈婴婴，2000，《社区的实践——"超级村庄"的发展历程》，浙江人民出版社。

周其仁，1996，《市场里的企业：一个人力资本与非人力资本的特别合约》，《经济研究》第 6 期。

周其仁，2002，《产权与制度变迁：中国改革的经验研究》，社会科学文献出版社，第 134 页。

朱国宏，1999，《经济社会学》，复旦大学出版社，第 144 ~ 145 页。

James S. Colemen, 1988, "Social Capital in Creation of Human Capital." *American Journal of Sociology*, volume 94 Supplement, pp. 95 – 120, The University of Chicago.

Mark Granovetter, 1994, "Economic Actionand Social Structure：The Problem of Embeddedness." in Neil Smelser & Richard Swedberg（eds.）, *The Handbook of Economic Sociology*, Princeton University Press.

Oi, Jean C. and Andrew G. Walder（eds.）, 1999, *Property Rights and Economic Reform in China*, Stanford University Press.

底线公平与社会保障的柔性调节[*]

景天魁

一 引言

曾几何时，福利国家以其高水平、广覆盖、无差别的社会保障制度而炫耀于世。然而进入20世纪70年代，它们就陆续陷入了支付危机；80年代则纷纷进行改革。症结何在？是保障水平太高，降不下来？是覆盖面太大，缩小不了？是公平度太强，以至于无差别发放？这些基于基本人权的问题，不容漠视。其实问题的症结在于制度的刚性：其制度的建立过程是保障范围越来越大，保障项目越来越多，保障水平越来越高，这是一个普遍的、几乎不可逆转的发展趋势。这个趋势的必然结果是高福利逐渐达到国家财政难以支撑的程度，整个社会激励不足，发展趋缓。而此时，任何想要降低和缩小福利的努力都难以实行，如果硬要实行，就会引发社会不满和不稳。近几十年，人们在不断反思这项制度，有些国家还在政策上采取了一些应对措施，但问题并没有得到真正解决。在世界各地，尽管人们创造了不同的社会保障制度模式，但这种制度刚性却似乎是它所固有的。这项制度是否必然或迟或早、或快或慢地走向危机？它能否在社会还需要这项制度的时候继续存在，也就是社会保障制度的可持续性问题，引起了全社会的普遍关注。

最近，王诚在研究社会保障制度发展的长远趋势问题时，提出了"生命周期假说"，即各种社会保障制度形式必须经历产生、成长、高峰、衰退和消亡这5个阶段（王诚，2004）。抽象地讲，任何事物都有类似的阶

---

* 原文发表于《社会学研究》2004年第6期。

段。但如能找出不同阶段的特征和条件，将有助于我们实现建立这项制度时所预期的目的。正如虽然人人难免一死，但世世代代的人们还是不惜代价地投入卫生保健事业、发展医疗技术。对于社会保障制度来说，它的崩溃容易引起经济危机、社会动荡，使那些无力自救的贫者、老者、病残者、失业者以及所有原本只有依靠社会保障才能维持体面生活的人们陷入痛苦的深渊。竭力避免这种灾难，是人类良知不容推卸的责任。理想的情况是：在人们还需要这项制度时，它能够继续存在；在人们准备好了条件时，它能够过渡到一项可以取代现行制度的更高级的制度。社会保障制度的这种可持续性和可过渡性是否可能？笔者认为，如要可能，关键在于解决它的制度刚性问题，使之增加一些柔性的调节机制。事实上，最近20年来，无论是原有社会保障制度的改革，还是新的社会保障模式的探索，无论是学术研究还是制度建议，都在一定程度上自觉或不自觉地触及了制度刚性问题。如艾斯平－安德森于1990年出版的《福利资本主义的三个世界》一书，被称为"重新考虑福利模式的开始"（艾斯平－安德森，2003/1990）；吉登斯在论述"第三条道路"时提到的"积极的福利社会"（吉登斯，2000/1999），全面描述了从福利国家转型为"福利社会"的政策纲要。中国学者中，周弘于1996年发表的论文就讨论了供给与需求的关系、社会行政的效率、私营福利的作用等问题（周弘，1996）。看来，对制度或机制的讨论，不能仅仅就制度论制度，就机制论机制，还必须明确它们背后的含义以及对它们的改革和重建依据。否则，这种改革和重建就难免过分受到一时的政治倾向、价值偏好和经济形势的左右，没有一个长远的、明确的目标和准绳，出现过多的短期行为。

上述问题的存在表明：以往建立的社会保障制度在基本理念上是比较含糊的，在制度设计上是存在缺陷的。那么，能否提出比较明确的概念，作为具有可持续性的社会保障制度的理念基础？能否设计某种机制，使过于刚性的社会保障制度能够具备柔性的自我调节能力？

当前，中国正在加速建立和完善社会保障制度，一方面对原有的、建立在计划经济体制基础上的社会保障制度进行根本的改革；另一方面，也在探讨如何建立适应市场经济体制要求的社会保障制度问题。西方国家的社会保障制度改革经验已经证明，要想在已经定型了的刚性制度中植入柔性机制，具有相当的难度且成本很高。中国的社会保障制度尚在建设过程之中，如能及早解决机制问题，将有利于保证这项制度的健康和可持续发展。而在当前，面对下岗失业、农民工权益、农村庞大群体的社会保障等压力，政府极力扩大社会保障的覆盖面，但同时养老金出现了赤字，财政全额拨款的低保金连年翻番，如不警觉，社会保障危机大有提前不期而至的危险。在这种情况下，探讨这项制度的理念基础和内在机制问题具有紧迫的意义。

本文的基本思路是：提出"底线公平"概念，以"底线公平"为基础探讨社会保障制度的内在调节机制，并对制度设计提出一些建议。

二 底线公平的概念

2003 年中国大陆人均 GDP 首次达到 1000 美元，标志着中国的经济和社会发展进入了一个新阶段。在这个阶段，人与人之间的收入差距明显拉大，社会分化加剧，形成不同的利益集团，利益集团之间的矛盾和冲突极易引发社会动荡。因此，在这一阶段，对公平的社会诉求将会明显增强，从而成为社会保障加速发展的推动力。在这种情况下，处理好公平和效率的关系十分重要。如果不实现必要的社会公平，社会动荡会破坏经济发展的社会环境；如果不保持一定的效率，经济发展又可能陷入停滞。那么，什么样的公平概念适合这一阶段的需要？如何确定与经济和社会条件相适应的社会公平水平？如果对此不予明确，随着人均 GDP 的上升，社会的消费结构也将从温饱型向发展型和享受型转变。对社会公平的要求将越来越高，推动社会保障的水平节节攀升，直到走上高福利的道路。

社会保障制度问题，是公平与效率的关系发生激烈争论的焦点之一。但总的看，除了极少数如哈耶克那样的新自由主义经济学家会坚持捍卫市场自由而否定政府干预，坚持个人自由绝对化而否定"社会公正"，坚持"社会公正"只是一个"幻象"、一个"梦魇"这样一种极端观点以外，大多数人都认为社会公正应该成为一个社会所追求的目标。人们普遍接受的政策是，随着经济的发展，由政府对国民收入实行"二次分配"，借以实现"公平分配"，亦即主要是经济意义上的公平。而在"二次分配"中，社会保障制度又是一个得到普遍认可的制度。因此，人们自然而然地认为社会保障制度的理念基础就是社会公平。

作为社会保障制度理念基础的社会公平，它的具体含义是什么？众所周知，对于每个个人而言，对什么是公平的理解是非常不同的。制度和政策可能使一些人得益而另一些人利益受损，得益者认为公平的，受损者可能认为不公平；即使在得益者中，得益多者认为公平，得益少者也可能认为不公平。在这种情况下，通常选择的办法是所谓"民主"原则，多数人认为公平就是公平，从而否定了少数人认为的不公平。这就是所谓的"多数人的暴政"。所以严格来说，社会保障制度所依赖的公平原则，不是个人意义上的公平，而是社会意义上的公平，即"社会公平"。所谓社会公平，是社会为了实现已经确定的目标（例如保证社会的正常运行、社会可持续发展等）而制定一系列规定，这些规定得到执行，目标实现了，就实现了社会公平。这样一来，在社会公平面前，本来是个人之间的利益损益关系，就转化为责任和权利的关系，即：个人不管损益多少，在社会意义上都是应尽的责任；个人不管受益多少，在社会意义上都是应得的权利。这样，个人之间扯不清的利益关系，就转化为社会规定了的利益和责任关系。社会保障制度就建立在权利和责任（义务）的关系之上。"底线公平"虽然最终要落实到每个人的实际利益上，但它直接处理的并不是个人与个人之间的关系，而是社会与个人之间的关系（权利与责任）、政府与社会和个人之间的关系。也就是说，它是全社会除去个人之间的差异之外，共同认可的一条线，这条线以下的部分是每一个公民的生活和发展中共同具有的部分——起码必备的部分，其基本权利必不可少的部分。一个公民如果缺少了这一部分，那就保证不了生存，保证不了温饱，保证不了为谋生所必须的基本条件。因此需要社会和政府来提供这种保障。所有公民在这条底线面前所具有的权利的一致性，就是"底线公平"。

"底线公平"不能说是最低水平的社会保障。底线公平是指社会保障制度和项目中，有些是起码的、不可缺少的，这些制度和项目可能意味着较低的保障水平，但也可能保障水平并不低。总之，"底线公平"不是就保障水平高低的意义而言的，而是就政府和社会必须保障的、必须承担的责任的意义而言的，它是责任的"底线"。在这条底线以上或以外的部分可以是由市场、企业和社会组织，甚至由个人去承担的，是灵活的、反映差别的部分。

底线公平是否牺牲效率？在公平与效率的关系上，通常认为差别性是对应效率的，一致性是对应公平的。但是"对应"并不是"等同"。合理的差别就是公平，这已被罗尔斯（John Rawls）所证明（罗尔斯，1988/1971）。同样，一致也不只意味着公平，它在一定情况下也会带来效率，而不仅仅是产生效率的外部条件，这也是我们希望证明的（景天魁，2004）。所以，底线公平并不牺牲效率，毋宁说它是实现效率的必要条件。

三　底线公平的制度含义

底线公平概念不仅有制度含义，还有政治含义和文化含义。本文只讨论它的制度含义。那么，"底线公平"所包含的制度性内容是什么？第一，最低生活保障；第二，公共卫生和大病医疗救助；第三，公共基础教育（义务教育）。

为什么底线公平的制度含义主要指这三项？它们与其他社会保障制度是什么关系？依据底线公平能够形成激励与约束相平衡的调节机制吗？为了回答这些问题，我们有必要讨论以下几个关系：在社会保障制度中，低保制度和社会保险的关系；在社会保险制度中，医疗保险与其他保险之间的关系；社会保障制度的合理结构问题。

1. 最低生活保障制度具有底线公平的意义

关于社会保障制度的发展过程，有一种已被普遍接受的观点，就是"阶段论"，即认为社会救助制度和社会保险制度虽可同时存在，但他们标志着两个不同的历史阶段：前一阶段以社会救助制度为主，后一阶段以社会保险制度为主，而现代社会保障制度是以社会保险为基础的。或者说，从社会救助制度发展到社会保险制度，标志着现代社会保障制度的形成。这个观点基本符合社会保障制度演变的历史事实，特别是依据了欧美国家社会保障制度的现成经验，就此而言，无可非议。现在的问题不在于是否承认这个历史事实，而在于如何解读它。解读有两种：一是学理意义上的解读；一是时空结构差异意义上的解读。从学理意义上，我们承认社会保险制度的合理性；但从时空结构差异的意义上，我们必须对中国社会和西方社会的差异性有足够的估计。

发达国家的社会保险制度要求的社会成本太高。（1）要求个人收入比较透明，监督比较容易。（2）要求税收体系比较健全，公民纳税意识强。

最近日本爆出的社会保险危机令人瞩目，据统计，37%的日本人目前没有按照法律规定缴纳养老保险金，其中，20~29岁的青年人中，有50%以上拒绝缴纳保险金，高达13%以上的政府要员也欠交保险金，其中竟包括首相和各部大臣。(3) 要求经济持续稳定增长。欧洲国家的高福利主要是由于20世纪70年代完成工业化后，经济水平较高，因而对经济的支撑能力估计过高。1974~1975年发生的经济危机，使经济出现负增长，社会保障水平却由于刚性作用而继续正增长，从而导致了社会保障制度危机。如联邦德国的经济增长率由1973年的4.8%突降为1974年的-0.1%、1975年的-1.3%，而同期社会保障水平增长率却由1.2%上升为1.9%和3.8%。法国和英国也发生了类似情况。这说明社会保险制度会起到放大和加剧经济危机，并延长经济衰退期的作用，这是发展中国家必须警惕的。(4) 福利国家在推进社会保险制度时，经济全球化的程度并不高，而现在资本在世界范围内的流动极为容易，这给高税收制度的维持和发展中国家税收水平的提高带来了困难。中国的社会经济条件难以支付以上社会成本。经验已经证明，在中国全面推行社会保险遇到了很大困难。虽然政府经过长达20年的努力，到目前为止社会保险制度也仅能覆盖10%的总人口（参加养老保险的有1.2亿人，参加医疗保险的有1亿人），这两年大力"扩面"，但速度不快，其原因应从制度上做根本的反思。

中国的社会保障制度应以最低生活保障制度为基础。因为这项制度被实践证明是花钱最少、效益最好的社会保障制度。近几年，中国政府加快最低生活保障制度的建设，保障对象和资金规模连年翻番：从2001年开始，中央财政承担当年最低生活保障支出42亿元中的23亿元，约占55%，其余由地方财政配套支出。自此以后，中央财政低保金支出连年翻番，2003年纳入低保的人数已达2246万人，各级财政支出低保资金151亿元，其中仅中央财政就支出92亿元。

这几年许多人在问：中国的基尼系数已经突破了警戒线（2003年为0.46），城乡差距为世界之最（报道的为3:1，实际为5:1或6:1），下岗失业人数达2000万人，流动就业人数在1亿人左右。如按世界许多国家的经验，按许多得到公认的理论推断，中国社会将会出现危机。但是，中国却一直保持了社会的整体稳定，即使在经济大起大落、发生通货膨胀、经济过热的情况下，仍能"软着陆"，社会并没有发生大的动荡。这是为什么？显然，这里起作用的原因很多，可做的解释也很多，不能归于一个原因，也不能定于一家之说。但其中，社会保障特别是最低生活保障制度有一份功劳。因为，如果说有些制度在造成富者愈富、穷者愈穷的社会分化，即使社会保险制度也只是达到富者亦（照样）富、穷者亦（仍然）穷的结果，而低保制度针对的对象却十分明确：使贫穷者生活有所改善或能走出贫困。它能够最明显地起到缩小社会不公平程度的效果。

2. 公共卫生和医疗救助制度对实现底线公平具有关键意义

毋庸赘言，生命权利对每一个人来说具有绝对的优先性。对生命有直接保护作用的因素是：卫生、保健和医疗。在医疗保险的制度框架下，医疗被置于优先地位。研究证明，卫生对人的健康和寿命的影响最大而花费最小。其次是保健，也是花钱少而受益大。以预防为主，搞好公共卫生，对广大人群构成威胁的传染病、流行病、地方病等就可以减少甚至消除；中华民族的健身传统证明，只要具有良好的处世态度、生活方式和饮食习惯，危害大规模群体的疾病，如糖尿病等"富贵病"和艾滋病等病症就可以避免。这些都可以降低保护生命的社会成本。在卫生保健之后的手段才是医疗。但由于现代医疗技术的发达和医疗费用的提高，只能依据不同情况选择不同的医疗保障制度。从社会医疗保险的情况看，几乎所有实行这项制度的国家包括发达国家都出现巨大的赤字。发展中国家对此只能量力而行。目前，中国正在农村地区试行由中央、地方和个人三方出资、以大病统筹为主的合作医疗制度，以及早已开始实行的由政府出资的医疗救助制度，意图都是在目前的经济条件下，在医疗方面守住公平的底线，让困难群体能够看得起病。

3. 底线公平对于社会保障制度体系的意义

底线公平对于各项社会保障制度的设计思路都会发生相当的影响。例如，对于养老保障来说，一个老人依靠最低生活保障加上卫生保健和医疗救助，就可以获得最基本的社会保护，这是政府的责任。如果再有企业养老年金和个人养老储蓄，以及有巨大发展余地的社会服务，并且充分发挥家庭的养老功能，那么他就可以保障体面的老年生活。这后一方面，主要是社会组织和个人的责任。对于失业者来说，依靠最低生活保障加上卫生保健和医疗救助，就可以维持基本生活。如果辅以积极的就业培训、就业服务和社会互助，他就不仅可以获得体面的生活保障，还可以尽快重新就业。仅从以上两个方面即可看出，在社会保障制度体系内部有层次的关系，底线公平是基础层次，这是由政府来负责的。其他制度可以置于底线公平的基础之上，这是通过社会、个人并通常可以采取市场机制来实现的。前者属于雪中送炭，是必保的、硬性的；后者属于锦上添花，是灵活的、可调控的。这样，社会保障制度体系就有了一个合理的内部结构，底线公平是这个结构的基础。中国社会科学院社会政策研究中心在 2000 年以来发表的论文和著作中，提出了"基础整合的社会保障体系"概念和制度框架，此后一直在不断完善这个制度设计，并在大连、延安和杭州等市分别做了相关的社会实验，收到了良好的社会效果，得到了中国政府部门和联合国教科文组织的赞扬。其他一些非政府组织如香港世界宣明会，在中国大陆建立了数十个扶贫和卫生医疗试验点，也积累了宝贵的经验。

需要说明的是，底线公平概念并不限于社会保障制度本身，其他制度如公共基础教育制度也是体现底线公平的重要制度。限于篇幅，这里暂不论及。

四　底线公平的作用和相关机制

福利国家的社会保障制度大多建立于经济增长较快的时期，一方面，当时对于 GDP 与社会保障水平之间的恰当比例关系并没有清楚的认识，对于福利支出的承受能力估计过高，因而它们不是寻找社会保障的底线，而是在不断冲击高线，没有底线公平的概念，反而热衷于比富、夸富，造成社会保障水平居高不下。另一方面，在政党竞选中，社会福利成为拉选票的手段，造成社会福利水平节节攀升。总结以往的经验教训，发展中国家在建立社会保障制度时，要形成一种富有弹性的调节机制：在建立社会保障制度的过程中，这种机制能起到激励作用，推动社会保障制度的发展；在制度建立起来以后，它又能起到约束作用，以便把它限制在一个合理的范围之内。底线公平正是形成这样一个调整机制的基础。

1. 底线公平对调节幅度的影响

近年来，国内外学术界对社会保障水平与经济发展水平的相关性、对社会保障支出在财政支出中应占的比例、对税收与社会公平的关系做了一些研究，取得了一批有价值的成果。依据这些成果，我们可以比较科学地掌握对社会保障水平的调节幅度。

从欧洲国家的历史经验看，社会保障支出占 GDP 的比重 20 世纪 50 年代一般在 5% ~ 12%，平均值接近 8%；70 年代中期在 20% 左右；80 年代中期主要在 20% ~ 30%，平均值在 23% 左右。（见表 1）

表 1 欧洲部分国家社会保障水平与经济发展的比较

国家	1950 年		1975 年		1985 年	
	SSL（%）	人均 GDP（美元）	SSL（%）	人均 GDP（美元）	SSL（%）	人均 GDP（美元）
英国	5.7	2757	19.5	5210	24.5	10900
法国	11.3	2641	22.9	8438	28.6	13043
德国	7.3	4011	27.2	9704	23.4	14689
意大利	9.3	1349	19.6	4210	11.2	12019
丹麦	5.8	3902	24.8	10146	29.1	17729
平均	7.9	2926	22.8	7542	23.4	13676

资料来源：杨翠迎、何文炯，2004。

据杨翠迎、何文炯分析，20 世纪 50、60 年代，欧洲各国社会保障水平与 GDP 的比重在 10% 及其以内时，失业率较低，经济发展速度较快，社会经济处于繁荣稳定状态。到 70 年代，当社会保障水平所占比重在 20% 及以上时，各国普遍出现巨额财政赤字、失业人口增多、企业竞争力下降、劳动者积极性锐减等问题，发生了社会保障危机。这样看来，10% 应为社会保障（占 GDP）的适当水平。此说不管准确与否，总算是一种规律性的认识，应予重视。但各国发展情况不同，发展阶段不同。以欧洲国家来说，10% 的水平仅存在于工业化高速发展时期，而在工业化基本完成以后，经济发展速度普遍较慢，社会保障水平已稳定在 20% ~ 30%。尽管此时普遍进行了社会保障制度改革，但比重已不可能回落到 10% 左右了。那么，在工业化完成以后的适宜水平应该是多少？所以，虽然在理论上应该存在一个社会保障的适宜性水平，但在工业化发展时期和工业化完成以后，这个水平可能差别很大。

引入底线公平概念有可能改善这种情况。底线公平所关涉到的社会保障支出是社会保障总支出的一部分，这部分支出有什么特点呢？主要是比较稳定。低保水平虽应随着经济发展而有所提高，但既然是最低生活保障，它的水平波动主要受物价因素影响，提高的幅度应该是很有限的，否则就不是最低生活保障了。不管经济水平多高多快，得大病重病的人数总是有限的，这个比例不太可能随着经济发展水平的提高而提高。它不同于门诊医疗，门诊医疗中的许多所谓"富贵病"（如高血压、糖尿病等）是随着经济水平的提高而有明显增长的。所以比较而言，底线公平的社会保障支出虽也与经济水平相关，但相关性不够灵敏、不够直接，因而比较稳定，可预测、可控制性也就较强。从理论上说，底线公平的社会保障支出，在计算上不应有太大的困难，只是因为我们这方面的制度还没有完全建立起来，尤其是在广大农村还存在较大的制度空白。因此，对这部分支出我们只能去估计，而拿不出实际的数据。

穆怀中按照人口结构理论和柯布－道格拉斯生产函数构建了适度社会保障水平测定模型：

$$S = \frac{S_a}{W} \cdot \frac{W}{G} = Q \cdot H \tag{1}$$

其中，S 为社会保障水平；Sa 代表社会保障支出总额；W 代表工资收入总额；G 代表国内生产总值（GDP）；Q 代表社会保障支出总额占工资收入总额的比重；H 代表工资收入总额占国内生产总值的比重。

我们只要将 S 换成 B（底线公平的社会保障水平），Ba 为底线公平的社会保障支出总额，Q 改为代表底线公平的社会保障支出总额占工资收入总额的比重，就不难得出：

$$B = \frac{B_a}{W} \cdot \frac{W}{G} = Q \cdot H \tag{2}$$

2. 底线公平与对社会保障增长速度的调控

与社会保障的增长幅度相区别，社会保障的增长速度的调节也有特殊的困难。通常总是讲，社会保障的增长率要与经济发展的增长率相一致。但实际上往往正好相反：当经济增长速度加快时，失业率就低，公众的预期就好，投资于扩大再生产的回报率就高，因而社会保障的增长反而较慢；越是经济增长缓慢时，失业问题可能越严重，或者有严重的通货膨胀，对社会保障的需求趋于强烈，政府为了稳定社会，可能加大对社会保障的支出。

不管是正向调节还是反向调节，理想的状态是社会保障支出增长率与GDP 增长率之比为 1。

中国经济正处于转型时期，从发展阶段说，大约相当于工业化的中期，而社会保障制度则处于快速发展时期。由于中国人口总量大，转型成本巨大，对社会保障的需求也很大。1992～2001 年，我国的社会保障平均年增长率相当于 GDP 平均年增长率的 1.46 倍，总体增长速度偏快。其中，城市社会保障水平提高更快，有的年份，如 1992 年城市社会保障费用支出比 1991 年增长了 85.8%。这种情况在中国目前的发展阶段事实上很难避免。如何调控社会保障总体支出水平使之接近理想状态？从底线公平的角度看，就是在社会保障总支出增长水平相当于经济增长水平的前提下，改变社会保障不同项目的优先增长顺序。事实上，我们过去对社会保障项目的出台顺序重视不够，往往是基础性项目还没出来，枝节性项目先出台了，或者造成部分重叠，或者造成部分冲突。目前的优先顺序拟可调整为：抑制养老金的增长速度，加大最低生活保障金的财政支付力度；总体抑制医疗费用过快上涨，但适度增加对大病补助的财政支持；抑制对高等教育的财政支持，增加对公共基础教育的财政支持，尤其是加大对中西部农村和进城农民工子女义务教育的支持力度。

3. 底线公平与社会保障多元主体的协调

调控增长幅度，调控增长速度，都是一些理性的目标，其中也许包含了一些规律性的认识，但关键是由谁来调控。社会保障发展本身是刚性的，如果调控者只是政府，而政府的调控行为又是刚性的，那么柔性的调节机制还是体现不出来。引入底线公平概念的重要作用就是要把社会保障的刚性部分限定在一个范围内，让出更大的部分给柔性机制的发展留出空间：激励和支持非政府组织、企业、社区、家庭和个人在社会保障中担当重要角色，实现社会保障主体多元化。这些多元主体的共同特点，是花自己的钱办个人、家庭、社区和社会的事。花钱心痛，而不像那些不负责任的政府那样，是慷公共资源之慨。

非政府的社会保障主体的预算是硬的，而机制是软的，可调性很强。中国的社会保障制度建设不能只走政府办社会保险这一座独木桥，而要走多元主体协调互动的路，一旦非政府的保障主体形成了自己的活动空间，政府即使想拉选票，其活动空间也有限，再想侵入非政府保障主体的活动空间会受到强烈的反弹和限制。这样，某种健康的调节机制就可能形成。

具体地说，这里包括以下几个机制。

第一，责任共担和责任分担的协调机制。社会保险的基本原理就是责任共担，覆盖面越大，参保人数越多，缴费率越高，社会保险的抗风险能力就越强。但是，如果缴费和给付脱节，甚至为了追求公平而实行无差别发放，那就要求参保人必须有很高的责任共担意识，甚至是理想的社会责任承担者。否则的话，人人希望多索取，人人只想少缴费，甚至逃避缴费，那就成了酿成危机的根源。为避免出现这种情况，就必须寻求责任共担与责任分担的平衡。

经验表明，划分责任共担和责任分担的界线是非常困难的，特别是中国，在长期的计划经济条件下，实行国家保障模式，国家在实行低工资制度的同时，也就承诺了对个人养老、医疗等的保障责任。在实行市场经济以后，历史的惯性仍然延续下来：老一代要求对他们有所补偿，新一代又不愿承担既为老一代缴费又为自己积累的"双重责任"。国家为了推行改革，为了社会稳定，对下岗职工承诺"三条保障线"，对离退休职工承诺养老金"足额发放"，对低保对象承诺"应保尽保"，对社保基金承诺国家"财政兜底"。话说得很满，大包大揽。企业见状，乐得趁机往后缩，逃避缴费，致使企业年金制度建设进展迟缓；非政府组织想参与进来也难以插手；个人则埋怨"改革就是要个人缴费"。如此一来，事情竟成了这个样子：好像所有人都不欠国家的，只有国家欠每一个人的。这样的责任结构就有很大的问题了。在这种责任结构基础上建立起来的社会保障制度必将是世界上最刚性的，也就是可持续性最差的，一旦政府治理体系出现问题，它就只剩下走向危机之一途了。

到底哪些责任要共担，哪些要分担？在一项制度中哪些属于责任共担部分，哪些属于分担部分？从不同的利益权衡和观察视角看，有不同的分法。"底线公平"概念提供了一个明确的界限：底线及其以下部分是政府的责任，同时也是全社会人人都要共担的责任，这是没有选择余地的，通常是法定的、强制的；底线以上的部分，企业负企业的责任，个人和家庭以及非政府组织等也要各负其责。给与自主选择的权利，同时也就等于承担相应责任的义务。政府的责任主要是监督和宏观控制。不过，这里所说的分担并不是绝对的。有的要个人和企业共担，有的要个人和非政府组织共担，而在社会保险中仍然存在必要的共担部分，即使在底线以上部分也有共担的问题，只不过其强制的程度不同于底线以下的部分。尽管如此，加入个人和家庭的选择自由和责任，加入市场因素，加入非政府组织的作用，也就是加入了柔性机制。

第二，激励和约束的互补机制。在缴费和给付的关系上存在一个固有矛盾：越是缴费能力强的，参保积极性可能越低。对于巨富者来说，不参加养老保险，晚年生活也可无虞；不参加医疗保险，照样看得起病，而且可以自由选择医院和医生。而越是贫者、病者、老者、失业者参保积极性越高，缴费能力却低。如不跟进必要的激励和约束机制，社保基金的入不敷出必成定局。

这里的问题可以看作一个逆向选择问题。如果社会保障的参保人只限定为中上收入者，那么按他们的缴费能力是可以保证保障基金的可持续性的。但这样一来，也就不是什么社会保障，不过是搞了一个富人俱乐部。如果参保人只限定为中下收入者，那么保障能力低到连起码的生活需要都难以满足的地步，这样一来，费用倒是节省了，但不过是搞了一个穷人互助社。所以，所谓社会保障制度的激励和约束问题，归根到底是一个社会公平度的问题，是一个阶层关系问题：在多大程度上让中上收入阶层的人自愿去解决中下收入阶层的基本生活需要。而这个问题正是社会保障制度的关键和精髓。在以往的文献中，在以往的实践中，人们创造出了许多激励方法和约束手段，法律的、经济的、道德的等等，而社会政策的实质就在于如何去选择。什么是激励和约束的均衡点？这要看是实行什么样的社会政策。换言之，在不同的政策倾向下，选择可能非常不同。实行"收入均等化"政策的北欧国家，平均税率很高，但低收入阶层的缴税率仅在3%~6%，而高收入阶层的缴税率在40%左右，可见调节力度是很大的。与此相反的政策取向自然也可以找到理论根据。例如，信息经济学就证明，由于信息的不对称，最高收入的边际税率应该为零，也就是对最高能力的人的边际收入应该不征税。只有这样，政府才可以得到最大税收（张维迎，1997）。可见，对缴费和给付到底实行什么样的激励和约束，实际上取决于政策选择。

底线公平是在中国当前情况下，为寻找适当的激励和约束提供一个均衡点。它提示，底线以下和以上部分，在激励和约束的强度、方式和方法上，应该有明显的区别。

第一，应加大对高收入阶层缴费的激励力度，以优先满足最低收入阶层的底线公平以下的基本需求。这可以明显地提高社会公平度。因为中国目前税收制度的局限性，中等甚至中下收入阶层是纳税的主体，高收入阶层特别是巨富阶层对于缓解贫困、救济弱势群体的作用并不明显。而对高收入阶层的缴费激励主要不是方法问题（这方面的方法多得很），而是政策偏向导致了激励不足。事实上，例如引导高收入阶层为贫困阶层建立救济基金，可以有效地改善富人们的社会形象，从长远看他们也可以有较好的收益预期。

第二，应对财政兜底之类的政府行为有较强的约束，这往往是混淆了政策性行为和制度性行为的结果。对下岗职工的生活保障属政策性行为，养老金的发放属制度性行为。动辄财政兜底，制度不能独立运行，何来可持续能力？

第三，对养老保险待遇和失业保险待遇的适当约束是国际趋势。中国是老龄人口大国，又是就业竞争激烈的发展中国家，不宜过分提倡养老社会化，而应尽量保持家庭的养老功能；不宜鼓励企业把失业包袱甩给社会，社会在哪里？在社会组织没有发育之前，所谓社会化其实还是"政府化"。

第四，需求与供给的平衡机制。这也是一个老问题，并且可能是一个永远不可能得到最终解决的老问题，这里也只限于讨论底线公平对于解决这个问题的作用。有两个问题需要区别开：一是需求与供给谁决定谁，何者处于优先考虑的地位；二是前边提到的那个难题：越是经济不景气、供给能力弱时，社会保障的需求越强烈；而在经济增长强劲时，社会保障需求增长倒可能趋缓。那么，如何调节才是适当的？

对于前一个问题，社会民主主义倾向于需求决定论，社会保障需求被它称为基本人权，当然决定供给。例如在斯堪的纳维亚国家，虽然高福利导致财政赤字巨大，但社会需求的决定地位仍不可撼动。在瑞典，人们就缩减福利开支争论了 20 年，但福利水平并没有降下来，福利支出在 GDP 中的比例虽然有所下降，但也只下降了百分之一（景天魁，2002）。在芬兰，也曾有过要求减少税收的呼声，但要减少税收就要相应地降低福利水平，政府为此搞了公民投票，结果多数人还是赞成宁肯多缴税，也要维持现有的福利水平（Hietaniemi，2002）。而自由主义和保守主义则主张供给决定需求，从画在华盛顿饭店餐巾纸上的"拉弗曲线"，到美国里根政府和英国撒切尔政府削减福利开支计划，都对这种主张做了或则抽象或则具体的说明。但对社会保障制度而言，需求和供给之间的决定关系并不是非此即彼的。底线公平概念在这个问题上的贡献在于：它使两种决定关系在同一个制度的不同层面可以共存，并且相互补充：在底线以下部分，需求决定供给；在底线以上部分，在一般情况下，可以让供给决定需求。底线以下的需求可以由前述模型（2）确定。由于底线公平的社会保障支出（Ba）只是社会保障总支出（Sa）的很小一部分（Sa 的绝大部分由养老金和医疗开支组成），即使将来在农村普遍推行最低生活保障制度，Ba 在 Sa 中所占比重也不会太大。底线以上部分可以从模型（1）中求得。如按穆怀中的测算，目前中国的社会保障适度水平（S）应为 10.06～11.93，那么底线以上社会保障支出（Sa－Ba）的供给也就应控制在模型（1）和（2）所确定的限度之内。

对于后一个问题，底线公平也可以起到稳定和平衡的作用：由于 Ba 较少受经济状况好坏的影响，而（Sa－Ba）又主要受个人和家庭、企业和非政府组织等的制约，预算约束比较硬，这就有可能使社会保障的总支出水平不论在经济快速增长期还是在经济增长趋缓或负增长期，都能相对地在一个合理的幅度内浮动，总体上保持一个比较平稳的水平。这样，社会保障的支出既可能不成为引发经济危机的原因，由其他原因形成的经济危机也可能不至于把社会保障制度拖入难以维持的境地。这项制度的可持续性自然就大大增强了。当然，这是一个很复杂的问题，还需结合具体条件做进一步的研究。

五 建议和结论

提出"底线公平"概念，就是为了确立社会公平的基点，明确政府责任的"边界"；寻找全社会可以共同接受和维护的价值基础，确定当前实际可以达到的起码的公平。

从底线公平出发，前面已随文提出相关建议，这里再补充几点。（1）当前社会保障制度建设的重点应放在进一步完善调节机制上，特别是在面对社会保险的扩面、扩项压力的情况下，更应该明确地把机制建设放在首位。特别是要清醒地把握需求与供给的平衡，在大力推进社会保障制度建设的同时，防止社会保障支出总水平在短时间内增长过快。应进一步完善责任共担和责任分担的机制，并适当掌握激励和约束的强度。（2）目前社会保障制度存在的主要问题是制度结构不合理，其中最主要的是城乡二元体制。这与底线公平的关系最大。建议尽快在农村普遍建立最低生活保障制度。（3）在中国这样一个其长远发展主要靠提升人力资本，而又因存在严重的地区差别等，致使公共基础教育难以确保的情况下，政府应将公共基础教育纳入社会保障范围。这不仅事关底线公平，更关乎国家前途。

总而言之，中国社会保障制度建设，只有确立适当的理念，形成一套完备的刚柔相济、协调互补的调节机制，并适时调整制度建设的重点和顺序，才可能增强可持续性，为这项事业开辟乐观的前景。但这无论在学术研究上还是在政策实践上，都还有大量艰巨的工作要做。

参考文献

安东尼·吉登斯，2000/1999，《第三条道路——社会民主主义的复兴》，郑戈译，北京大学出版社、生活·读书·新知三联书店。

高书生，2004，《社会保障：我们该走哪条路》，《中国证券报》1 月 13 日。

海闻等，2004，《"大病"风险对农户影响深远》，《学习时报》2 月 9 日。

黄安年，1998，《当代美国的社会保障政策》，中国社会科学出版社。

金双华，2002，《理顺收入分配关系的财政支出作用研究》，《数量经济技术经济研究》第 11 期。

景天魁，2002，《访问北欧三国报告》（未发表）。

——，2004，《社会公正理论与政策》，社会科学文献出版社。

景天魁等，2001，《基础整合的社会保障体系》，华夏出版社。

考斯塔·艾斯平 - 安德森，2003/1990，《福利资本主义的三个世界》，郑秉文译，法律出版社。

罗尔斯，1988/1971，《正义论》，何怀宏、何包钢、廖申白译，中国社会科学出版社。

穆怀中，1997，《社会保障适度水平研究》，《经济研究》第 2 期。

王诚，2004，《论社会保障的生命周期及中国的周期阶段》，《经济研究》第 3 期。

王延中，2003，《中国企业年金的制度设计与政策选择》，《经济管理》22 期。

杨翠迎、何文炯，2004，《社会保障水平与经济发展的适应性关系研究》，《公共管理学报》第 1 期。

张维迎，1997，《詹姆斯·莫里斯教授与信息经济学》，载《詹姆斯·莫里斯论文精选》，商务印书馆。

周弘，1996，《西方社会保障制度的经验及对我们的启示》，《中国社会科学》第 1 期。

Hietaniemi, Marjukka, 2002, The Finnish Pension System in Brief.

Leibfried, Stephan &Paul Pierson, 1995, European Social Policy, THE BROOKINGS IN-
STITUTION Washington, D. C.

构建中国发展型的社会政策[*]

——"科学发展观与社会政策"笔谈

李培林　　王思斌　　梁祖彬　　周　弘　　张秀兰

中国共产党十六届三中全会提出的科学发展观，其核心是要坚持以人为本，这使社会政策的意义凸显。社会政策和科学发展观的"接口"是什么，它在落实科学发展观中处于什么样的结构性位置，中国社会政策设计中有哪些问题是需要反思的，在进行政策模式的选择时，有哪些国际理论和经验是可资借鉴的，这些问题都事关全局，对它们的研讨具有重大的理论意义和现实意义。有鉴于此，《中国社会科学》《国际社会科学杂志》编辑部和北京师范大学社会发展与公共政策研究所于 2004 年 5 月 15 日召开了"科学发展观与社会政策研讨会"，来自香港大学、北京大学、清华大学、复旦大学、中央党校、北京师范大学和中国社会科学院的学者参加了会议。会后，我们组织了下面的笔谈。

---

* 　原文发表于《中国社会科学》2004 年第 6 期。

科学发展观的"中国经验"基础

李培林

一 科学发展观和中国经验

中国目前的经济已经进入新一轮的快速增长周期,在这样一个关键的发展时期,中共中央关于"五个统筹"(即统筹城乡发展、统筹区域发展、统筹经济社会发展、统筹人与自然和谐发展、统筹国内发展和对外开放的要求)的科学发展观的提出,是对中国社会学者智慧的挑战:科学发展观内涵的明晰和丰富,以及它的落实都需要中国学者,特别是中国的社会学者在对中国经验思考的基础上提出自己的意见。

这一切都根植于"中国经验"的特殊性。

为什么这样说?对社会学来说,协调发展本身并不是什么新思想,社会学建立160多年来,经典的社会学家都在反复地重申这个主题:协调、秩序、进步等。在社会科学中,社会学的追求"协调"、经济学的追求"均衡"、法学的追求"公正"、政治学的追求"合作",这都是一贯的学科理念,与科学发展观的基本原则是一致的。但在现实社会中,并不存在绝对的协调、均衡、公正和合作,绝对化的协调、均衡,会沦为缺乏激励和活力的平均主义;在很多情况下,发展的突破和超越,恰恰是打破原有的所谓协调和均衡。中国的改革开放,引入市场机制,打破"大锅饭",一部分人先富起来,都是要破除绝对平均主义,增加激励,加快发展的速度,甚至是超常规的发展。然而,这种超常规的发展也带来新的问题,就是新的失调和失衡,在某些方面可以说是严重的失调和失衡。正是在这种背景下,我们说科学发展观里的重要价值,它的内涵的精髓,来自"中国经验"的基础。

现在的一个现象是，国外的多数学者比国内的学者似乎更看好中国的发展，认为中国的崛起是不可遏制的趋势。但国内的学者接触现实问题比较多，其经验感受远远超出 GDP 的增长率，更容易对诸如中国的就业、收入分配、城乡差距、社会保障、腐败等难点问题忧心忡忡。

中国是一个人口大国，13 亿人口和几百万或几千万人口是不同的量级。很多事物的通行发展规则，放在 13 亿人口的基数上都会发生新的变化。对一个人口小国来说的辉煌成就，除上 13 亿人口也许算不上什么，而任何微小差误乘上 13 亿人口，可能就是天大的问题。比如 GDP 的增长率，由于中国目前每年仍净增长 800 多万人，中国的人均 GDP 只有日本的 1/30 左右，所以，相对于日本经济增长 2% 的数字，中国经济增长 8%，尽管有"崛起的中国、沉没的日本"的说法，我们自己不能飘飘然。艾滋病、出生婴儿性别比失调这种看似不大的问题，对于 13 亿人口的中国来说，都有可能演变成大问题。

以上说的都是强调"中国经验"的重要性，中国经验将来肯定会改写现代化和全球化的理论，会修改社会科学各门学科的一些既有规则，至少从我的专业社会学来看是这样。这是因为一个 13 亿人口大国的超常规发展，提供了很多超出我们一般所说的"常态社会"的新经验。

长期以来，社会学的主流，就是研究"常态社会"，认为在常态的情况下，社会的变迁是按照一定的既有规则进行的，即便是社会的变革和转型，也是长期变化积累的结果。社会学的主流思想，是坚信人的理性力量和社会发展的有序性，认为在社会发展领域不存在无法追寻因果关系的"裂变"和"突进"。所以，即便是专门研究社会问题的"越轨社会学""灾难社会学"等，也都是从"常态社会"的角度来考虑。社会学以往对失业、人口过多、贫富差距、贫困、疾病、犯罪、教育短缺、社会保障不足、环境污染等社会问题的研究，也都是从"常态社会"的假设出发，把这些社会问题视为"常态社会"秩序的"失范"而已。

而且，很长一段时期以来，国际社会学界也被一种乐观主义的情绪所笼罩，从贝尔（D. Bell）的《后工业社会的到来》、托夫勒（A. Toffler）的《第三次浪潮》到卡斯特（M. Castells）的《网络社会的兴起》，都在描述一种信息社会的令人振奋的前景。人们一直相信，我们对自然的征服和对社会的控制，将是一路凯歌的，新的技术进步将会自然解决那些我们百思不得其解的问题。当然，国际社会学中过去也一直存在着悲观主义的危机学派，特别是 20 世纪 60~70 年代，正当西方发达国家陶醉于高增长、高消费的"黄金时代"时，罗马俱乐部发表了《增长的极限》的研究报告，一些学者从人口激增、资源短缺、环境污染和生态破坏的角度，发出惊世骇俗的警告。近年来也有从文化角度提出预警的，如亨廷顿（S. Huntington）的《文明的冲突与世界秩序的重建》、福山（F. Fukuyama）的《大分裂：人类本性与社会秩序的重建》。但这类危机的判断，常常被学术界主流排除在"规范研究"之外，人们普遍认为，类似的危机预言，虽然轰动一时，但多少总有点危言耸听的味道，而且，那些问题总会有解决的办法，因为人类的理性战无不胜，煤没有了我们有石油，石油没有了我们还有核电。直到德国著名社会学家贝克（U. Beck）和英国著名社会学家吉登斯（A. Giddens）通过"规范研究"提出"风险社会"（risk society）理论，国际社会学界才开始认真地思考，我们是不是真的面对一个新的不同于传统"常态社会"的"风险社会"。国内社会学界，由于大家集中关注快速的经济增长和社会开放中的发展问题，还没有来得及反思"风险社会"理论对认识中国发展阶段变化的意义。

"中国经验"这个概念，对于真正理解科学发展观的重大意义非常重要。从"中国经验"出发，我们才能真实地了解中国发展中诸多社会风险的临界点在哪里，这些临界点单凭既有的规则是推论不出来的，而不顾前提条件和约束，单从原则推论出的结论往往会是虚假的。比如说贫富差距问题，规则中有一条是差距随发展先扩大后缩小的库兹涅茨（S. Kuznets）"倒 U 形"曲线，因为其他国家发展到一定阶段（如人均 GDP1000 美元），会出现人口增长停滞、劳动力紧缺，劳工的谈判和讨价还价能力大为增强，从而致使劳动力相对收益增长、资本相对收益下降。但中国有劳动力无限供给的特殊情况，所以近 10 年来在资本和技术收益都大大提高的同时，农民工的非技术工作的工资几乎没有什么变化，农民工的权益也必须由政府出面来加强保护，中国的贫富差距仍然呈现快速加大的趋势。再比如粮食问题，20 年前国外就有"谁来养活中国"的说法，中国也的确每年耕地都在大量减少，而人口每年还在大量增加，但 20 年过去了，粮食没有发生短缺，粮价在没有大幅度增加粮食进口的情况下也没有飞涨。什么原因呢？数亿人的消费结构变化会改变很多问题，水产品、蔬菜、水果、奶制品的大量增产，使城市人均年消费粮食从 20 年前的 150 公斤下降到今天的不到 80 公斤。我并不是说中国的粮食安全问题不重要，但在我看来，对中国粮食安全的最大威胁是"谷贱伤农"造成的抛荒，而不是农民的种植结构变化。又比如艾滋病防治问题，以前中国对这个问题缺乏正视，甚至有点"家丑不可外扬"的心态，现在中国政府公开向艾滋病宣战了，因为 SARS 危机的教训让我们认识到，在中国这样的人口密集大国，虽然 84 万艾滋病病毒感染者对中国来说，成人感染率不到 1%，但我们并不清楚到什么临界点它就会出现超出常规的几何速度扩散。总之，中国的人口总量对一些既有规则的改变，增加了中国发展中社会风险的"突发性""不确定性""难以预见性"。

建立在"中国经验"基础上的科学发展观，意味着中国决心走经济发展和人口、资源、环境相协调的道路，走中国特色的社会主义市场经济道路，走有社会活力的共同富裕道路，坚决防止经济、社会、自然的重大失调，坚决防止一切权贵资本主义的趋向。

科学发展观的提出，是对中国社会学者智慧的挑战，这种智慧包括我们对中国经验的理解力和回应问题的想象力。敏感的学者一定可以感觉到：科学发展观的提出，使中国社会学面临着蓬勃发展和为民族崛起贡献智慧的新的可能性。

二　建立"社会核算"体系

中国正在一心一意地期盼着实现自身的现代化目标。一个现代化的社会，可能有很多的政治、经济、社会、文化等方面的衡量指标。最为人们所关切的指标，大概就是人均 GDP。这个指标包含着很多发展水平和生活水平的信息，也比较容易进行国际比较，但人均 GDP 的指标也会掩盖很多信息，比如它不能反映资源枯竭、环境恶化和贫富悬殊等方面付出的成本，也无法反映这些方面的治理所需要花费的投入。

这就提出了社会技术的问题。经济社会各个领域中的发展，存在着各种不同的反映发展规律的曲线，每一条曲线都有其相对的佳点，而对发展的评估，是要在各种曲线的佳点之间，找到一个均衡点。即要在各种涉及发展问题的价值之间，找到一个均衡点。这就是说，现代的社会发展，越来越成为一个系统工程，需要各种社会技术，不能只凭经验、热情和干劲。否则，很容易造成发展的后果违背我们的初衷。社会技术也是科学技术的一部分，会对社会发展起到巨大的推动作用。

当前，在社会技术方面，我们需要建立一个不同于经济核算的"社会核算"体系，并使之成为一个普遍运用的社会技术，唯此，方能使科学发展观落到实处。这是因为，从一定意义上说，统筹、协调发展不仅意味着要建立一个完善的市场资源配置体系，而且意味着要建立一个合理的社会资源配置体系。在资源和财力有限的情况下，如果不能对资源和财力进行合理、有效的配置，就会使我们的发展走入另一个陷阱。

之所以提出建立"社会核算"体系的问题，是因为在目前各级地方政府的规划中，往往是只有"经济核算"账而缺乏"社会核算"账。过去在对各级领导干部的考核中，往往把他们的业绩与当地 GDP 增长的速度联系在一起。一些地方片面追求 GDP 增长所带来的短期效益，一些领导干部在其任期内拼设备、拼成本、拼资源、拼环境，以此换来了很高的 GDP 增长，却把一大堆难题留给了下一任领导，而当地人民没有从增长中得到实惠。只讲"经济核算"，不讲"社会核算"，遗患无穷。为了几百万元的产值造成的污染，可能花几千万元也治理不好。为了短时期的政绩造成的资源浪费和生态破坏，可能几代人都要受害。现在有些地方，从统计上看经济还在快速增长，但结构性指标严重恶化，人们非但没有感受到生活质量的提高，有些发展指标（如廉政情况、贫困治理、保障水平、治安秩序、人口控制、环境保护等）甚至还在下降。这种"有增长而无发展"（甚至倒退）的状况，必须得到高度重视。

长期以来，相当一部分地方政府认为经济增长是"硬"道理，社会发展是"软"道理，经济增长是赚钱的，社会发展是花钱的。其实，社会发展的多数方面不仅是有收益的，还带动了很多相关产业。如扩大就业减少了失业救济成本，医疗的发展带动制药业，环境绿化带动花草生产业。教育过去只被视为公益投资，现在则被认识到也是一种产业。其实早在 1960 年代，国际学术界的测算就证明，教育投资的收益率远高于实物投资的收益率。我们必须尽快建立一整套对经济的外部性（正面和负面的）进行监测、评估和测算的体系，并把各种社会发展指标纳入社会核算当中。否则为经济增长所付出的沉重代价，可能会把经济增长的收益都抵消掉了。

"社会核算"的理念，不仅适用于对宏观发展状况的评估，而且可以用于对所有企业、机关和事业部门的业绩评估。

例如，在企业业绩的评估中，不仅要看企业的销售收入和利润指标，还要看企业对社会责任履行的情况，对企业履行社会责任的认证，应当成为企业信用和信誉的指标之一。如果一个企业违反法律，把企业责任转变为社会负担，那么它就要为其行为付出代价。一个使用国家财政的机关，如果不能履行它的服务职能，也必须承担起它不作为的法律责任。医院、学校、科学研究以及财政供给的各种公共事业部门，也都要有社会核算体系来评估它们的投入和产出，测量它们的运行是否有效。国有企业如果经营不善就要亏损甚至破产倒闭，大学经营不善将来也会破产。现在的开发区、工业园区、大学园区都大量圈地，造成了数千万的失地农民，其中很多人因失地而失业，那么究竟谁应当为失地农民付出的代价埋单？如果没有一个科学的社会核算体系，怎样来评估这种圈地的收益和代价？

在我们全面建设小康社会的过程中，国家的社会核算不仅要核算收入，也要核算各种可能的代价和支出，并核算各种支出的使用效益，这样才能对发展的质量有清醒的认识和准确的评价。这样的核算体系才能让我们了解并准确地知道，那些为实现统筹、协调发展而实施的财政支出，在使用方面是正效率还是负效率。

只有通过建立社会核算体系这样的具体社会技术，才能把科学发展观转化为实实在在的发展成果，而不仅仅是一个新的口号。

参考文献

Beck，U.，1992，*Risk Society*：*Toward a New Modernity*，London：Sage.

——，1999，*World Risk Society*，Cambridge：Polity Press.

Beck，U.，A. Giddens and S. Lash，1994，*Reflexive Modernizaton*，Cambridge：Polity Press.

Bell，D.，1976，*The Coming of Post-Industrial Society*，New York：Basic Books.

Brown，L. R.，1994，"Who Will Feed China？" *World Watch*，no. 9 – 10.

Castells，M.，1996，*The Rise of the Network Society*，*The Information Age*：*Economy*，*Society and Culture*，Vol. I. Cambridge，MA：Oxford.

Dennis，L.，T. G.，Rawski，2001，"What's Happening to China's GDP Statistics？" *China*

Economic Review. Vol. 12, no. 4.

Fukuyam, F. , 1999, *The Great Disruption*: *Human Nature and the Reconsitution of Social Order*, New York: Free Press.

——, 2004, *State-Building*: *Governance and World Order in the 21st Century.* Ithaca, NY: Cornell University Press.

Giddens, A. , 1991, *Modernity and Self-identity*: *Self and Society in the Late Modern Age*, Cambridge: Policy Press.

——, 1998, "Risk Society: the Context of British Politics. " in Franklin, J. (ed.), *The Politics of Risk Society*, Cambridge: Polity Press.

Huntington, S. P. , 1996, *The Clash of Civilisations and the Remaking of the World Order*, New York: Simon & Schuster.

Kuznets, S. , 1966, *Modern Economic Growth*: *Rate, Structure, and Spread*, New Haven: Yale University Press.

——, 1951, "Long-Term Changes in the National Income of the United States of America since 1870. " in International Association for Research in Income and Wealth, *Income and Wealth of the United States*: *Trends and Structure. Income and Wealth, Series II*, Cambridge: Bowes & Bowes.

Meadows, D. L. , 1972, et al. , *The Limits to Growth*, New York: Universe Books.

Toffler, A. , 1980, *The Third Wave*, New York: Morrow.

社会政策时代与政府社会政策能力建设

王思斌

一 社会政策时代的含义及特征

（一）什么是社会政策时代

本文所说的社会政策时代，是指社会福利政策作为一种现象较为集中出现的时期，或者可以这样理解：社会政策时代是一个国家或地区，以改善困难群体的生活状况和普遍增进社会成员的社会福祉为目的的社会政策普遍形成，并且作为制度被有效实施的社会发展阶段。显然，社会政策时代包含了社会政策的性质（类型）和水平（程度），以及时间、空间等特征，它揭示的是：社会政策成为突出的社会现象，不同领域的困难群体和更广泛的社会成员的生存状态被普遍关注，并得到政府政策上的关怀的社会状况作为那个时期的社会特征而凸显出来。具体说来，如果一个国家或地区为其国民建立提供基本保障的一整套社会保险和社会帮助计划，甚或建成某种形式的福利国家，我们就可以说这些国家和地区已经进入或处于社会政策时代。

（二）社会政策时代是现代社会社会福利发展的某种形态

从社会政策在世界上的发展进程来看，某一国家或地区社会政策的出台、社会福利制度体系的形成是与工业化、现代化所引发的社会问题密切相连的，同时，由于社会福利制度体系的形成和运行需要经济和政治因素的强有力支持，它不可能是前现代社会的产物，而只能是现代社会的社会福利政策和社会福利制度体系发展的某种程度和状态。

应该说明的是，社会政策时代虽然反映了社会政策的质和量的特征，即某一国家和地区在某一时期内有相当数量、在尽可能的程度上有利于改善政策对象生存状态和生活质量的政策出台，但是，这并不表明各个国家和地区的社会政策时代呈现同一面貌。社会政策具有明显的时空特征。由于各国各地区的经济、政治状况不同，社会文化不同，社会问题的表现程度不同，因此，各国社会政策时代也可能表现出一定的差异（考斯塔，2003；Gilbert，2003；米什拉，2003；怀特科等，2003）。

但是，必须强调的是社会政策时代是各种社会政策比较齐备的状态，它们应该涵盖日常生活的主要领域，特别是对困难群体的基本生活实施制度化的保障。

这就是说，当一个国家和地区制定和实施面向困难群体和广大社会成员的、保障他们的基本生活的社会政策体系时，它们就开始步入社会政策时代，而更充分的、更高水平的社会福利政策的出台和实施则是社会政策时代的发展。

（三）社会政策时代的特征

社会政策时代作为社会政策体系形成和实施的社会现象，具有如下一些基本特征。

第一，社会公正的理念被普遍认可。任何社会政策的制定都以一定的社会公正的理念、福利意识形态为背景，这种意识形态常表现为人们对某些社会问题的关注和对解决这些问题具有较为一致的价值判断。这样，社会公正的理念、对困难群体的不利地位的关注在决策层和政府那里达成某种共识，于是，政府做出相应的制度安排。

第二，出台覆盖面较宽的诸多社会政策。作为一种时代特征，社会政策时代意味着在一段时间内有较多社会福利政策出台。开始，政府可能在最敏感的领域制定相关政策，对脆弱群体进行救助和支援，缓解社会中的张力。相继，其他社会福利政策会逐渐地或较快地被制定，涵盖那些被认为是有利于表现社会公正的领域，并表现出社会政策的群体效应。社会政策的较充分发展将影响到人们日常生活的诸多领域。

第三，社会政策被制度化地有效实施。在社会政策时代，社会政策得以被制度化地实施，切实地发挥了作用。为了保障社会政策的有效实施，必须有相应的执行政策的组织体系。一般地，这种组织体系并不局限于政府部门，常常有民间组织的参与，实际是政府与民间的合作系统。此外，其运行及功能效果具有可监测性。

二　科学发展观与社会政策时代的到来

（一）科学发展观的社会政策意涵

中国共产党十六届三中全会提出的科学发展观具有深刻的社会政策意涵。发展观和发展战略应当对人类与环境的关系及其后果，对经济、政治与社会发展之间的关系，对利益分配格局的变化及不同利益群体之间的关系做出说明；在操作层面则由公共政策和社会政策表现出来。社会政策原本有其道德价值和维系社会和谐的内涵，科学发展观的实质是要实现经济社会更快更好的发展，其本质和核心是要坚持以人为本，所以，其深层价值和理念与社会政策有深刻的联系；而科学发展观的落实又有赖于社会政策。可以说，社会政策是以人为本，树立全面、协调、可持续的科学发展观的题中应有之义，又是其实现的一种工具。

（二）中国社会政策时代的到来

在我国，经济社会发展的状况，执政党的执政理念和对我国现代化发展进程的判断对社会政策时代的到来具有决定性的作用。

近年来，中国提出全面建设小康社会的发展目标，并对社会弱势群体的生存状态、权益保护给予重大关注，新一届国家领导人又明显地实践"以人为本"和执政为民的理念，一系列有利于弱势群体利益的政策相继出台。可以设想，随着科学发展观的提出，社会福利意识形态中关注困难群体的取向会更突出，社会发展以及其中包括对弱势群体、困难群体权益的保护必将被置于更加重要的地位，相应的社会政策将会陆续出台和实施。基于此种认识，可以预测，中国迎来社会政策时代的时间已不再遥远。

三 政府社会政策能力的建设

（一）什么是政府的社会政策能力

所谓社会政策能力，是政府科学地制定和有效实施社会政策的能力，即政府审时度势适应经济社会发展的需要，协调各利益群体的关系，前瞻性地制定出符合国情（社情）的社会政策，进而建立起社会政策的实施系统，有效地实施政策，达致社会政策目标的能力。这里，实施政策的能力需要引起我们的注意。20 世纪，西方公共政策和社会政策学界对制定政策（政治）和实施政策（行政）二者关系的看法发生了一些变化。最初，行政被看作相对独立于政策制定的一个领域，后来，学者们将二者视为动态过程中两个相互依存的环节（斯蒂尔曼，1998），因此，作为社会政策的首要责任者，政府必须加强两方面的能力建设。

（二）中国政府的社会政策能力

随着科学发展观的提出和实施，中国政府必须增强社会政策能力。应该说，我们这方面的能力是较为缺乏的，因为过去我们常常主要是运用政治力量，通过社会运动去推动社会政策的制定和实施。这种倚重政治优势的做法有时会使政府显示出强有力的社会政策能力，但在可持续性和制度建设上的负面作用也是明显的。与此同时，政府的社会政策能力并没有得到真正的发育。我们在社会政策实践中普遍存在的行政工序化和应急性（王思斌，2003），以及在动员社会资源以解决社会快速转型时期的社会问题上的无力，都反映了政府社会政策能力之不足。

（三）加强政府社会政策能力的建设

面对新的发展机遇和风险，为了更好地实现经济社会和人的全面发展的目标，政府必须加强自身社会政策能力的建设，包括敏感的社会政策意识、科学决策和有效实施政策的能力的建设。要注意动员经济、政治和社会资源，运用政府架构和社会系统去实现社会政策的功能。毫无疑问，这里需要社会政策制定及实施系统方面的制度创新。这包括在各级政府系统普遍加强社会政策意识，具有反思性地实施社会政策并对之进行科学评估，积极地发展社会福利机构，实现政府与非营利组织在社会政策领域的良好合作。

参考文献

艾斯平－安德森·考斯塔，2003，《福利资本主义的三个世界》，法律出版社。

Neil Gilbert 等，2003，《社会福利政策导论》，华东理工大学出版社。

R. J. 斯蒂尔曼，1998，《公共行政学》，中国社会科学出版社。

R. 米什拉，2003，《资本主义社会的福利国家》，法律出版社。

王思斌，2003，《改革中弱势群体的政策支持》，《北京大学学报》第 6 期。

威廉姆·H. 怀特科等，2003，《当今世界的社会福利》，法律出版社。

演变中的社会福利政策思维

——由再分配到社会投资

梁祖彬

近年来，面对经济和社会的急剧变化，很多发达国家对福利国家进行了反思和重构。

一 社会政策是生产力要素之一

社会福利和社会政策一直是一个颇具争议的概念。从较抽象的层面来理解，社会福利是理想社会的构成要素，它所涉及的是道德选择的问题（Deacon，2002）；从操作层面来说，社会福利则是关于社会资源的分配问题。此外，它还涉及政府、家庭、市场和志愿组织（公民社会）等各自发挥什么样作用的问题。

近年来，很多国际组织、政府及社会政策研究者对社会福利和社会政策的作用正在形成一个共识，即社会福利具有帮助人们实现潜能的作用，如同教育、卫生事业一样，是对社会资本和人力资本的投资。社会政策既有再分配的功能，也有社会投资的功能。也就是说，社会政策是生产力要素之一（对劳动力的投资）。很多研究证明，社会政策的缺失会造成一定的社会与经济成本。然而，由于社会福利再分配功能的成本是非常直接和显而易见的，人们经常更容易看到它的支出，而看不到它的投资功能的收益。事实上，社会福利的效用或收益通常是在长时间之后才会显现出来，如对人力资本和社会资本的促进作用就不会是一个能够在短期内见效的事情。传统社会政策的再分配功能是以公民的各种权利为基础的，如社会权或公民权等，建立在这一基础之上的社会福利政策被视为经济发展的障碍。现在，既然社会政策与经济政策不再被认为是相互对立的，而是可以相互融合的，那么社会政策就应该与劳动力市场密切配合，共同为提高社会生产力水平和促进经济发展做出贡献；相应地，经济的增长同时也应该考虑到其对社会稳定和社会凝聚力的影响。这种将社会政策看作社会投资的观念转变在实践中则具体表现为努力达到社会政策与经济政策的整合。

二　对福利国家的再反思

福利国家的建立和发展基于几个传统的假设和背景。（1）福利能够净化资本主义的社会风气。通过国家干预（再分配政策）来提供社会福利，可以弥补由于市场失灵或市场缺陷所带来的一系列社会问题。（2）全面就业、经济增长、适度需求以及家庭功能完整和社区互助功能等经济社会因素的存在，是福利国家建立和存在的前提条件。（3）社会福利不仅是利他主义的一种表现形式，也是建立一个平等和具有凝聚力社会的手段。当时公众普遍认为"公共的是好的，私营的是不好的"，对由税收支持的国家福利制度持基本认同的态度。在这种认识之下，社会福利政策中对权利的强调也是前所未有的。

1970年代中期以后，在新右派理论兴起的背景下，对传统福利国家的批判或反思一直持续至今。撒切尔夫人和里根总统就是新右派理论的支持者和身体力行者。总之，反对国家干预，主张削减福利开支，引入竞争机制、实行私有化或公私合作等，是福利国家的批判者们共同倡导的改革措施，也是过去20多年来福利国家改革的主要内容。

然而，强调市场的作用必然会带来一定的社会风险，加剧社会的不平等和不稳定性，而如果社会不稳定，经济发展必然会受到影响。目前的一个共识是，福利国家既不能建立以国家为主导的模式，也不能单纯依靠市场，而是需要建立一个积极的福利制度，使社会各个成分都能够充分发挥各自的作用（the enabling state）。正像英国社会司法委员会主张的那样，福利国家不但要在人们不能照顾自己的时候提供帮助，还要帮助人们实现自我改善、提高自我帮助的能力。

更重要的是，全球化使国家面临很多新的风险和挑战。资本与劳动力在全球范围内的自由流动使国家的竞争优势主要表现为人力资本、灵活的劳动力市场和较低的税收等方面的优势。此外，传统家庭功能减弱、工作愈益不稳定或就业保障下降、人口老龄化及社会排斥等问题，使公众仍然对福利国家抱有支持态度，并对政府的作用寄予很高的期望。曾对市场持反对态度的左派一方面逐渐接受了市场的观点，另一方面，他们也强调政府角色的重要性。因此，总的来看，过去一直围绕市场与国家的争论已逐渐平息，取而代之的是混合的多元的福利模式：政府、市场、社区、自愿组织和非正规部门进行合作，共同满足社会的需要。作为社会福利的提供者，这些机构之间的区别已不明显；原来的"福利国家"现在在事实上变成了"福利社会"，政府只是其中的一个成分。在这样一个框架中，政府的角色既可以是筹资者、规则制定者或协调者，也可以是服务的直接提供者，而所有这些角色的实施涉及的都是一个治理的问题。

几乎所有国家的政府都接受了这样一种混合型的社会福利思想。但在实践中，政府在很多方面的能力是有限的，特别在解决收入差距或提供就业方面，面临很多需要慎重权衡的选择。

总的来看，福利国家的确正处于紧缩的阶段（Glennerster & Hills，1998；Bonoli，George，Peter，2000；Goodin，Mitchell，2000）。由政府提供的传统福利远远不能应对新的风险。大多数国家的公共服务面临资源短缺的困难，因此各种形式的私有化措施，包括服务收费、公私合作、服务承包和民办公助等形式，在教育、医疗、退休、住房以及老人和儿童照顾等领域被普遍运用（Peter，2000）。

三　社会政策的新模式——社会投资

近年来，一些国际组织（如世界银行、经济合作与发展组织和欧盟等）和政策分析家致力于寻求一种融合社会福利政策不同概念的模式。如梅志力（J. Midgley）倡导的发展型社会政策模式、P. Taylor-Gooby 的新福利主义、吉登斯提出的第三条道路或积极福利或社会投资国家等模式。这些理论的共同观点包括：（1）社会政策与经济政策应该互相融合、互相补充；（2）社会政策应该以社会投资为导向，寻求多种方式来发展社会资本与人力资本，从而提高人们参与经济发展的能力；（3）政府、私营组织和公民社会组织之间必须围绕社会的整体目标展开合作，分别做出各自的贡献；（4）社会政策研究者要为社会投资对经济增长的贡献以及社会政策缺失导致社会经济成本的这一观点提供有力的证据。

当代学者对社会福利的分析视角都基于这样一个理念：由经济增长所产生的资源应通过再分配的方式来支持社会项目。梅志力（Midgley，1999）是发展型社会政策模式的主要倡导者之一，这一模式的出发点即寻求一种新的理念使社会福利的再分配功能得到更加合理的理解：将社会资源分配于具有生产性和以投资为导向的社会计划，由此提高社会成员的经济参与能力，进而对社会发展做出积极的贡献。这一观点的核心思想是强调经济政策和社会政策的融合，具体体现在两个方面：（1）经济的发展必须是包容、协调和可持续的发展，其核心是要让社会的所有成员能够分享到经济发展所带来的成果；（2）社会福利应以社会投资为导向，其目的是提高人们参与经济的能力。要实现经济与社会政策的整合目标，社会福利必须投资到具有促进人力资本、就业、社会资本、劳动技能以及低成本高效益的社会项目上，并致力于消除社会成员参与经济的障碍。此外，社会发展模式还强调个人的职责、非营利组织的参与以及国家和市场的共同作用。

Taylor-Gooby（1997）是新福利主义的主要倡导者之一。这一理论认为，经济全球化、劳动力的流动性、家庭生活的复杂化以及社会结构的变化迫切要求建立一种新的社会福利制度。换言之，既然充分就业、再分配以及提供费用较高的普遍福利已经成为不可能的选择，那么社会福利支出只有用于人力资本的投资和增加个人参与经济的机会才会有可行性。因此，随着国际竞争的加剧，福利国家都将重点转向人力资本投资这一方向。2003年，C. Pierson和N. Ellison（2003）提出的国家竞争力说也是强调社会福利的投资作用。其主要思想是，随着环境的变化，社会福利的支持者应该转向如何通过福利来提高"国家的竞争力"，而不是维护"福利国家"的存在。在新的形势下，单靠政府来为公民提供经济保障和社会保护已经是不可能的了。政府、公民社会组织以及全球化的经济和金融组织事实上已经形成了一种相互依存的关系；在这一关系中，政府面临的挑战是如何营造一种灵活的、以提高人力资本为目标的制度框架，从而增强国家的竞争力。吉登斯（Giddens，1998）倡导的"社会投资政府"和"积极福利"认为，以投资为导向的社会政策是一种"积极的福利"；积极的福利可以使个人或群体具有更多的自主性，而不是消极或被动地等待别人的安排。社会政策要支持人们实现独立自主、健康、终身学习和创新的需要，也要保护人们免受风险的威胁。R. Levitas 认为，社会福利的目标是实现社会整合，强调通过促进参与（特别是劳动力市场参与）来实现社会包容，而不是建立在平等主义基础之上的再分配。H. Glennerster（1999）认为，新型福利国家的特点是既致力于基本福利服务的提供，也努力使福利与工作联系在一起，让人们得到工作并以此来获得报酬及各种福利服务。这样，福利服务的提供，尤其是教育和卫生等服务的提供，就有了社会投资的意义，从而得到人们的认可和支持。这里的关键是要在经济和社会政策之间建立起一个连接点，而这个连接点的核心机制则是通过强调责任和机会而重新确立工作与福利的关系。Huber 和 Stephens（2001）则强调通过促进积极的劳动力市场来提高福利国家的适应能力，如扩大儿童和老人照顾项目来使更多的妇女进入劳动力市场；为非全职工作者提供社会保护；允许中小型企业在雇用与解雇员工方面有更大的灵活性等。

一些国际组织，如 OECD 和欧盟，也致力于如何使福利与经济发展结合。按照 OECD（1994）的提法，建立在充分就业和普遍福利基础之上的传统社会福利受到了以社会投资、选择性和公私合作为导向的混合型福利的挑战。在这种情况下，只有促进经济增长和社会稳定的福利支出才会具有合理性。1998 年，欧盟（Berghman，Fourarge，Govaerts，1998）在回顾了社会政策与经济效益之间的关系后提出了一系列改革措施：（1）只有促进就业和加强社会凝聚力，才能实现可持续发展，这就要求创造更多的就业岗位，制定有利于工作流动的政策，改善社会保护制度，以及促进社会包容等；（2）要强调社会政策是生产力要素而不是经济发展的障碍；（3）帮助社会成员参与劳动力市场是最有效的解决社会排斥的方式；（4）公共支出要向"投资人力资本"的方向倾斜；（5）社会政策的策略要从过去的"通过为人们提供不失尊严的收入来使他们被社会包容"向"通过使他们参加工作而被社会包容"的方式转变（Berkel & Moller，2002）。按照欧盟绿皮书的提法，社会政策的作用就是为全体公民在社会各个领域充分参与社会提供一个框架，支持他们实现工作、学习和休闲的平衡（EU，1994）；社会政策的缺失则会导致一系列的经济和社会成本，如较高的犯罪率、社会动荡或其他不安定状况（Fouarge，2003）。而社会凝聚力的提高可以为投资和就业创造一个良好的社会环境。总之，社会政策与经济政策是紧密联系的，二者可以实现双赢，例如：以投资为导向的社会政策可以提高就业率，也有助于社会公平的实现，这是社会稳定的基础。

总之，在全球化环境下，国际社会的一个普遍共识是，社会政策应被看作对人力资本与社会资本的投资，其对经济发展和劳动力素质的提高有重要的作用。以投资为导向的社会政策是资产而不是负担。经济政策与社会政策不是相互排斥的，应实现二者（效率与公平）的协调发展。社会资本与人力资本的提高有助于对瞬息万变的经济环境做出积极的响应，并对提高竞争优势有极为重要的作用。社会政策或社会保障支出也有其经济成本，但它能够补偿由于失业、残疾和老龄化等带来的负面效应。

参考文献

A. Deacon, 2002, *Perspectives on Welfare-ideas*, *Ideologies and Policy Debates*, Buckingham: Open University Press.

A. Giddens, 1998, *The Third Way*: *The Renewal of Social Democracy*, Cambridge: Polity Press.

D. Fouarge, 2003, "Costs of Non-Social Policy: Towards an Economic Framework of Quality Social Policies-and the Costs of not Having Them." Report for the Employment and Social Affairs, European Commission, Brussel, January 3.

EU, 1994, *European Social Policy*: *Options for the Union*, Green Paper, Luxembourg.

E. Huber and J. Stephens, 2001, *Development and Crisis of the Welfare State-parties and Policies in Global Markets*, Chicago: University of Chicago Press.

G. Bonoli, V. George and Taylor-Gooby, Peter, 2000, *European WelfareFutures*, Cambridge: Polity.

H. Glennerster and J. Hills, 1998, *The State of Welfare*, Oxford: Oxford University Press.

H. Glennerster, 1999, "A Third Way." *Social Policy Review*, no. 11.

J. Berghman, D. Fourarge and K. Govaerts, 1998, "Social Protection as a Productive Factor, Collecting Evidence of Trends and Cases in the EU." Report at the Demand of the Commission of the EU-DG V. Leuven: European Institute of Social Security.

J. Midgley, 1999, "Growth, Redistribution and Welfare: Toward Social Investment." *Social Service Review* (March), pp. 3 – 21.

N. Ellison and C. Pierson (eds.), 2003, *Developments in British Social Policy*, Palgrave.

OECD, 1994, "New Orientations for Social Policy." *Social Policy Studies*, no. 12.

R. Goodin and D. Mitchell, 2000, *The Foundations of the Welfare State*, Cheltenham: An Elgar Reference Collection.

R. V. Berkel and I. H. Moller (eds.), 2002, *Active Social Policies in the EU-Inclusion through Participation*? Bristol: The Policy Press.

Taylor-Gooby Peter (ed.), 2000, *Risk, Trust and Welfare*, Macmillan Press.

Taylor-Gooby Peter, 1997, "In Defence of Second-Best Theory: State, Class and Capital in Social Policy." *Journal of Social Policy*, Vol. 26, no. 2, pp. 171 – 192.

欧盟经验：促进发展并追求公正

——中国能够从欧盟借鉴什么

周　弘

2000 年 3 月，欧盟首脑在葡萄牙首都里斯本就欧盟发展新战略达成协议，强调要在发展知识经济的同时加大就业政策、经济改革和社会和谐的力度。这份后来被称为"里斯本战略"的欧盟世纪文件为欧盟在 21 世纪头 10 年的发展提出了战略性目标："成为世界上最有竞争力和最有活力的知识经济，保持经济的可持续增长，提供更多更好的就业和更高程度的社会和谐。"①

"里斯本战略"为欧盟提供了明确的发展目标和指导方针，以知识经济、可持续发展和社会和谐为关键词，调动了欧洲联盟的各种政治、财政和人力资源，启动了协调发展的新机制。要想了解这个战略对于欧盟发展来说具有怎样的历史意义，还需要分析欧洲福利国家模式的发展逻辑和欧洲人解决难题的思维逻辑。

一　欧洲福利国家发展模式的历史逻辑

欧洲福利国家的发展大体经过了三个步骤。（1）社会各界对经济发展带来的社会风险进行评估和回应。（2）民族国家的政府最终成为回应社会风险的主体。（3）民族国家的政府使用行政和立法的手段制定社会政策、建立社会机制。至此，社会机制成为欧洲经济生活和政治生活中不可或缺的组成部分。

---

① *Presidency Conclusions of the Lisbon European Council.* In Maria João Rodrigues, *European Policies for a Knowledge Economy.* Cheltenham, UK: Edward Elgar, 2003.

现代国家的社会政策与生产方式和政治制度彼此协调并相互制约，这是卡尔·波兰尼在 1944 年就观察到的历史现象（Polanyi，1944）。在整个20 世纪，特别是第二次世界大战结束后的半个世纪中，经济、政治和社会相互制约的制度在欧洲工业发达国家内普遍建立起来，形成了不同类型的社会政策组合和不同模式的社会保障制度，它们一方面反映着共同的时代特征，另一方面又代表着不同的历史遗产和政治选择。欧洲人把这种共同特征叫作"社会团结"或"福利国家"。欧洲的福利国家以国家立法和国家行政为主要工具，对于经济和社会进行了不同程度的干预，对市场分配进行了补充和修正，在市场经济运行的过程中增加了社会和政治的因素，让市场经济的力量在社会团结的框架内发挥作用。

这种欧洲人引以为豪的"社会团结"模式在第二次世界大战结束后曾经给欧洲带来了稳定和繁荣，也造成了劳动力价格偏高、资本外流、竞争乏力、失业率攀升等问题，加上人口老龄化带来的养老和医疗费用的加重，欧洲各主要工业国家的财政捉襟见肘，各国的政府和政党都开始反省或剖析欧洲社会模式，加强了规划和改革的力度。但是迄今为止，除了少数国家以外，改革尚未收到明显的成效。

问题的症结在哪里？欧洲社会模式面临的挑战究竟是什么原因造成的？是社会政策过于慷慨了，还是过于陈旧了？是因为顾全了公平而牺牲了效率，还是另有原因？从 20 世 80 年代开始，一直到世纪末，这个问题在欧洲争论了 10 多年。大量的分析认为，欧洲福利国家的社会政策成功地降低了社会不平等的程度，减少了贫困人口的数量，通过稳定社会而实现了政治制度的稳定。不仅如此，社会政策还通过再分配政策和社会保护制度引导了消费、减少了劳资冲突、提供了高技能和健康的劳动力，为经济的平稳发展提供了良好的基础。社会政策曾经是欧洲政治和经济双稳定的条件（Alber，1985；O'Higgins，1985）。

但是这种稳定是限制在特定的生产规模和特定的生产方式中的，如果生产规模和生产方式发生了变化，社会风险将随之发生变化。科技发展了，重体力劳动减轻了，老年的社会风险不再是丧失劳动能力，而是缺乏劳动机会了。生产方式的变化要求政治行为主体做出新的反应，制定新的社会政策。但是，在欧洲的各主要福利国家中，政治力量的来源是社会政策的主要受益者，是"福利利益集团"，民族国家的政治程序使得决策

者很难就社会政策做出根本性的改革，这就是福利国家困境的基本逻辑
（Gøsta，1990；Pierson，2000）。

由于内部政治程序的原因，欧洲福利国家模式在面临经济全球化、产业
信息化和人口老龄化这三大挑战的时候苦无良策。经济全球化使市场扩大、
资本流动、产品价格降低；产业信息化改变了传统的就业、动摇了工会的组
织力量，使知识和技能的过时成为人们面临的新的社会风险，也使大量缺
乏技能的人滞留在失业大军中；人口老龄化则使享受社会保障的人数比例
增大，使欧洲福利国家现行的社会再分配机制变得难以为继。很多人预
言，欧洲罹患"福利病"，已经病入膏肓，难以救治（Mishra，1985）。

欧洲福利国家面临着两个命运，一是19世纪中叶英国"斯宾汉姆兰
德制"的命运：由于生产规模扩大、人口流动压力加剧，斯宾汉姆郡的居
民被迫放弃了本地的社会再分配政策。二是重新认识时代的特征和挑战，
用发展的眼光，面向未来的政策回答新时代的新挑战。欧洲人选择了后
者，并且通过新的政治程序制定符合发展需要的社会政策。

二　欧洲人的思维逻辑

让·莫内曾经采用"扩大范围"和"求同存异"的方式，设计了欧洲
一体化谋安全、求发展的思路，这个思路同时也是欧洲社会解决劳资冲
突，保持社会稳定发展的主要经验之一。在民族国家内，欧洲人发明了
"社会伙伴关系"。由于来自劳方、资方和政府的代表就关系到三方利益的
问题进行平等协商，就社会的共同利益取得认同，社会的发展战略便有了
相当广泛的群众基础。社会是经济赖以发展、政治能够运行的依托——这
是他们的共识。

但是在经济全球化的条件下，生产规模已经扩大到了民族国家的疆界
之外，而利益的相关者并没有随着这一变化而获得参与社会战略制定的过
程，他们当然也难以就社会价值达成认同。相反，民族国家层面上的社会
战略制定者难以就超出他们能力范围之外的问题做出理性的判断和决策，
外部力量超出了内部的协调力量。在这种情况下，民族国家的"社会团
结"模式就出现了漏洞。因此，只有扩大"社会团结"的规模，提高"社
会团结"的层次，建立适应更大规模生产和流通的"社会团结"模式，才

有可能适应经济规模的发展。

在欧洲，所谓扩大范围和规模，是指在欧洲统一大市场内制定适合全欧洲经济发展的社会政策；所谓提高水平和层次，是指由超出民族福利国家之上的政治程序来决定应对新的社会风险的战略方针。在民族国家的政府继续受到国内政党政治羁绊的时候，欧洲联盟的政府——欧盟理事会、欧盟委员会和欧洲议会就要承担，或部分地承担这项政治和社会使命。

三　欧盟的发展战略

欧洲联盟没有就增长相对于公平的优先性，或者公平相对于增长的重要性做出简单的判断，而是根据经济未来的发展走向，从提高竞争力、保持社会和谐和保证可持续发展的自然环境等多个角度出发，制定共同发展的平衡发展战略。

欧盟发展战略的第一要义是分析经济发展的未来走向。经济全球化对欧洲社会模式的冲击，最主要地表现在产业信息化上。根据欧盟专家的评估，欧盟经济和社会的信息化将为欧盟公民带来大量高收入的就业机会，而目前在知识经济领域里，美国依然占据着主导地位。

确定经济发展的走向，推动整个社会为未来的经济发展做好准备，这不仅是经济发展战略，更是社会发展战略。从欧洲社会的第一大难题——失业率过高来看，问题的症结不在于失业保险的慷慨与否，公平和效率孰轻孰重，而在于社会政策的结构和内容没有根据经济结构和生产方式发展的需要而进行调整。欧洲面临的问题是：失业大军和高科技产业的劳动力供给不足同时存在。因此，知识不足就成为信息和知识经济时代的社会风险之一，就像在早期工业化时代的疾病风险、工伤风险一样，可以造成劳动者脱离劳动市场，甚至落入贫困深渊的后果。社会政策必须回应时代的这一新挑战。

欧洲社会的另外一大难题是老龄化和养老基金难以为继的问题。这里牵涉两个主要的社会问题，一是需要提高法定退休年龄，二是需要增加妇女就业，使妇女由丈夫社会保险待遇的享受者变为缴纳社会保险税费的劳动者。如果从国家行政和政党政治的角度去解决这些社会政策问题，就很容易因为社会政策受益者的政治力量过于强大而导致搁浅。但是如果从产业转型和知识经济的角度去分析，在这个领域里调整政策还是大有可为的。首先，劳动者的法定退休年龄是根据劳动的强度确定的，知识经济以其弹性工作时间和低劳动强度而使劳动者的可劳动年限加长。此外，知识经济时代需要劳动者接受更加全面的教育，这样就使就业年龄推迟，相应地也应当推迟退休年龄。灵活就业同样适用于有家累的妇女。从如上的分析来看，妨碍老人和妇女参与社会生产并获得较高报酬的瓶颈仍然是知识和技能的匮乏。

在社会政策中突出适应时代需要的教育和培训可谓牵一发而动全身，即通过政策干预，或通过投资社会而使公民获得能力，并为经济的未来发展准备必需的人力资源。这不是在效率与公平之间取舍，而是公平与效率兼顾的政策。基于上述分析，欧盟里斯本首脑会议上提出的目标是"每个公民必须具备在知识社会生活和工作的技术"①。

里斯本战略的另外一个要点是战略本身的可操作性和可落实性。如前所述，欧盟的经济规模已经远远地超出了民族国家的范围，而社会团结模式却仍然以民族国家为主体，这里的鸿沟只能由欧洲联盟的机构来填补。鉴于欧洲联盟的机构授权有限，里斯本首脑会议就提出了一种以"公开协商方式"（Open-Method-of-Coordination）为主的社会标准化机制，在尊重民族国家多样性的基础上，通过共同协商、统一目标和统计方式，让成员国以各自的资源、特色和方式去实现共同的目标，从而加强欧洲联盟的一致性（周弘，2003）。

至此，欧洲社会团结的历史逻辑已经在新的历史阶段中和新的生活场景下部分地完成了它的新生：在对经济发展和社会和谐方式的未来进行了评估后，一个新的超越民族国家的社会风险承担主体：欧盟机构和它的成员国的合作机制已经就位，新的工作程序和机制也已见雏形。新的欧盟发展战略绝不是"自由市场的竞争"，而是社会生产方式和社会生活方式的整体竞争，因为只有这样才符合欧洲的特性和欧洲的利益。

四 中国能够从欧盟借鉴什么

欧盟和中国在结构、历史经验和发展动力方面均不存在可比性，简单

---

① *Presidency Conclusions of the Lisbon European Council.*

地照搬欧盟的单项政策就像异地嫁接果木，并没有成活的保证，即使成活，也可能对原有的生态产生意想不到的影响。因此，对于欧盟经验的借鉴只能建筑在对中国土壤和"中国特色"的深层分析和认识上。涉及欧盟社会发展战略的许多重要因子，如政府、市场、政党、企业、社会组织等，都与中国的同类社会因子有着不同的结构、性质和功能。因此，要想真正从欧盟借鉴有益的经验，还必须从理论层面下沉到问题意识层面。也就是说，不是去学习欧盟怎样解决问题，而是要了解欧盟在解决问题的时候是怎样调动资源的，这些资源在中国是否具备；需要了解中国发展的社会动力和历史逻辑，以及这些动力和逻辑面临着什么样的时代挑战。没有这样的认识就不可能得出具有"中国特色"的"与时俱进"的社会政策发展战略。

与欧盟相比，中国除了需要解决二元社会向全面城镇化转型带来的各种难题以外，还要在面对工业化挑战的同时面对信息化产业转型的挑战。也就是说，我们必须将欧盟及其成员国在几个世纪的时间内发展起来的两代社会模式转型浓缩到一个时代来解决。因此，中国面对的问题就十分复杂、头绪极其繁多。不仅如此，中国的社会力量结构也与欧洲不同。在中国，具有2000多年历史的行政力量是最强大的社会力量。它与经济、市场和社会之间错综复杂的关系是中国独有的。随着经济的发展，这股力量获得了新的力量、职能、性质①，乃至市场地位和社会地位②。确立并落实具有中国特色的科学发展观不仅要利用行政力量，更要认识并约束行政力量。在中国，另外一股重要的力量是千千万万尚未完全掌握市场规则，并且缺乏市场约束的小农和小商贩。他们既对行政力量形成冲击，又受到行政力量的压抑或扶植。当然，在中国还有其他许多的社会力量，但就对中国历史发展逻辑的影响来说，概莫能够超出前两者。在中国不存在欧洲的"社会伙伴关系"，主要结构是以行政（或单位）和个体组成的双层结构。

中国社会尽管独特，但是却不能不面对一些具有普遍性的问题，例如产业转型必然带来劳动力的转移，而劳动力的转移将打破传统的社会保护机制，带来新的社会风险和新的社会政策需求。要想达到经济和社会的均衡发展，除了要向面临新的社会风险的群体提供必要的保护以外，还需要

---

① 这里指行政的多样化，如各行业乃至某一功能的行政，包括电力、能源、医疗、教育、扶贫等。

② 这里指它们的社会和行业垄断地位，以及推动有时甚至是左右市场的能力。

考虑提供这些保护的资源，以及社会分配的格局、利益相关者的结构以及对于各种利益和势力的平衡和制约机制。再如，市场的发展必然暴露市场的缺失，市场力量，特别是市场垄断的力量给社会和自然带来的破坏需要社会和政治的力量去弥补。但是如果社会力量和政治力量同时也是市场力量，那么解决社会失衡的动力就过于单薄，体现科学发展观的各项政策就将难以贯彻，并且缺乏多方有效的约束。

　　总而言之，面临多重转型的中国社会产生了许多种问题：农村劳动力转移带来的农村人口的老化、城市劳动力的分化，行政力量直接转为市场力量之后带来的行政体制自身的分化与非职业化，以及对抗社会挑战的动力不足等。这些问题史无前例，没有什么现成的经验可资借鉴，只有依靠中国人自己面对现实的勇气和理性思维的力量，调动中国各种动力和资源，才可能找到适合中国自身的科学发展道路。

参考文献

周弘，2003，《欧盟社会标准化工程及其对社会保障制度改革的意义》，载《人口科学》第 2 期。

Esping-Andersen, Gøsta (ed.), 1990, *The Three Worlds of Welfare Capitalism*, New Jersey: Princeton University Press, pp. 55 – 78.

Jens, Alber, 1985, "Some Causes of Social Security Expenditure Development in Western Europe 1949 – 1977." in Martin Loney, David Boswell & John Clarke (eds.), *Social Policy and Social Welfare*, Milton Keynes, Philadelphia: Open University Press, pp. 156 – 170.

Karl, Polanyi, 1944, *The Great Transformation*, Beacon Press, Boston.

Michael, O'Higgins, 1985, "Issues of Redistribution in State Welfare Spending." in Martin Loney, David Boswell & John Clarke (eds.), *Social Policy and Social Welfare*, Milton Keynes, Philadelphia: Open University Press, pp. 170 – 182.

Paul, Pierson (ed.), 2000, *The New Politics of the Welfare State*, Oxford University Press, pp. 410 – 456.

Ramesh, Mishra, 1985, *The Welfare State in Crisis*, Brighton, Sussex: Wheatsheaf Books LTD, pp. 1 – 25.

发展型社会政策：实现科学发展观的一个操作化模式

张秀兰

科学发展观的提出，使我们从新的高度来审视现有的诸种社会政策模式，进而对其中的发展型社会政策有了新的解读。可以认为，发展型社会政策是实现科学发展观的一个操作化模式。

一 近 20 年中国社会政策发展的主要问题

1. "与市场经济相适应的社会福利和社会保障"这一目标本身的含混之处

改革开放之后，我们的经济政策向发达国家学习，与此相对应，社会政策也在向发达国家学习。我们一直想建立与市场经济相适应的社会福利和社会保障框架。而这个"与市场经济相适应的社会福利和社会保障"本身的概念就需要推敲：第一，这里的"市场经济"所指称的究竟是什么？这里所说的"市场经济"，实际上是一个正在发展中的市场经济（即我国的经济转型）和全球化下的市场经济的累加；第二，"与市场经济相适应的社会福利和社会保障"指的是什么？世界各国在其发展市场经济的过程中采取了不同的社会政策模式，而我们当前认准的社会保险模式，只是其中的一种。

2. 引进理论的繁多引起社会政策基本理念的混乱

在构建上述制度的努力中，大量有关发达国家的社会福利理论和实践被介绍进来，即使零星的对亚洲国家社会福利和社会政策的介绍，也基本上局限在像新加坡这类中等发达国家，加上社会政策又和政府治理等问题纠缠在一起，所以这个领域最多的问题就是理论繁多。在介绍发达国家的社会福利政策和改革实践中，很多新概念被介绍进来，尽管这些概念所提出的社会经济背景和我国相差很远；甚至发达国家很多新的实践，在还没有得到验证的情况下，也被纳入我国一些社会政策的设计之中。这直接带来了如下问题。

（1）陷入伪问题的误区。一些我们本来没有的问题，也作为问题提出来了。于是，国际社会政策的问题，如福利国家的财政赤字问题，也成了我们要避免的问题，被当作中国的问题来研究。殊不知我们的政府对社会政策的投资远远不足。再如老龄化的问题，西方国家老龄化的压力直接来自劳动力的减少和完善的社会保险制度所带来的沉重的财政负担，但是我们所面临的是在就业压力和不完善的社会保障机制下的老龄化问题。当前不少这方面的研究是沿着西方国家的问题思路讨论中国的问题。总之，我们陷入了伪问题的误区，这种情况的直接后果是真正的问题被遮蔽了。

（2）社会政策模式选择的范围局限于发达国家的框架之中。在选择模式时，我们是在发达国家的框架中来讨论的，于是，城市的社会政策成为政府的主导——在经济理论与世界接轨的同时，社会政策也在尽量地与其接轨。我们的思维也在这种圈子内循环。

（3）社会政策目标模糊。农村被忽略了，对农村社会保障和社会福利制度的建设，几乎都放在了脑后。

（4）套用西方社会政策部门分割的模式，政策整合水平低。在社会政策的改革途径上，我们在复制西方社会政策部门分割的模式。社会保险、医疗卫生、教育、社会福利，各有一套，没有一个统一的思路，而且，我们重视的是对已有制度如城市养老保险和医疗卫生保险的改革。

这些社会政策设计中的问题隐含着对社会政策本体的认识偏差。

（1）忽视社会政策对效率的贡献。我们总是强调在社会政策上，弱势群体要分享经济发展的成果，要减少贫富差距，即社会政策所关注的是对经济发展成果的再分配，在效率上是为了平衡经济发展的负面影响。这种说法隐含的前提是，社会政策对效率是有副作用的。这里，社会政策对经济发展，特别是对经济可持续发展的正面贡献被忽略了。

（2）忽视社会政策的长期目标和内在机制。对于社会政策的衡量，我们停留在三个短期目标上：稳定、效率和再分配；而忽视了社会政策的长期目标：可持续，抵御风险和其不确定性的机制，以及政策的实施能力。

我们更看重的是短期的收益，忽略了短期付出、长期受益的政策。

从制度原因看，上述问题与我国社会政策过去缺少制度化的研究费用的支持有关。目前，西方各种各样的基金会已经成为我国社会政策研究最重要的经费来源之一。经费提供方可以通过引导选题等各种方法引导我们的思维，这是常识。由于世界银行、福特基金会这样大的资助组织与经济自由主义的联系千丝万缕，它们对我国社会科学研究的投资对经济自由主义思想在我国的普及影响至深。我们的社会政策不可避免地也受到新保守主义思维的影响（尚晓援，2003）。

科学发展观的提出，给了社会政策一个新的思维方式。在它的指导下，我们可以在一个新的理论制高点上重新审视现有的社会政策模式，进而选择与科学发展观相适应的社会政策框架。

二 国际发展理论的演变

科学发展观的提出不仅出自对我国经济社会转型现实的反思，也和国际发展理论的演变相联系。

在对过去近60年的发展理论和发展观进行梳理之后，美国学者沃斯提出了发展是一个综合的协调的社会经济转型过程的理论（沃斯，2004）。沃斯赞同托达罗的发展的含义，即发展不是纯粹的经济现象，而是涉及整个经济和社会体系的重组和重新定位的多方面的进程。沃斯提出了发展的三个核心价值和三个目标。前者包括生活必需品，即满足生活基本需求的能力；自尊，成为一个人；摆脱奴役，能够选择。发展的三个目标则包括增加基本的生存必需品如粮食、房屋、医疗和保护，并扩大分配范围；除了更高的收入外，还包括提供更多的工作岗位，更好的教育，更重视文化和人道主义价值；要使国家和个人摆脱奴役和依赖，扩大他们的经济和社会的选择范围。

经过60年的演变，近年来，"发展是一种社会转型的过程"这一观点逐步得到认同，人们认识到，发展战略必须以推动社会转型为目标，制定发展战略时需要确定变化的障碍和潜在的推动因素，适应这种变化的关键是采取科学的思维方式和方法。特别要强调的是，发展理论和过程在转了一圈之后，又回到了1950~1960年代的基本框架，包括对贫困的重新关注和引入综合的发展方法，对人力资源的开发和利用，以及对社会资本的开发得到了新的重视，参与式发展和赋权的实践成为新的关注点。当然，这种循环不是简单的重复，新的社会因素，如公民社会、可持续发展等，对原有的发展理论既是新的挑战，也激发了新的思维。

比之社会政策，发展理论是一种较为宏观的理论。它给社会政策以如下启发。

1. 对发展的重新重视

中国还是一个发展中国家——这是对我国现状的基本判断，也是我们进行社会政策模式选择的基本出发点。作为一个发展中国家，其社会政策的框架必须要紧扣发展的主题。特别是要以消灭贫困为主线，缩小两极分化，保持社会的稳定。进而言之，我们面临的挑战是多方面的，既有内生的问题，又有外来的冲击。但是对一多半的人口来说，还是一个内生的问题。我们既要发展能应付国际化挑战的市场经济，还要努力发展广大农村地区的市场经济。

2. 以人为本：变被动的社会政策接受者为参与者

我认为，"以人为本"在社会政策上的体现是要增加个人的能力来抵御市场风险。要对人的能力进行投资，对人的家庭和社区投资。也就是对人力资本和社会资本进行投资，提高人的投资能力，以提高我们在国际国内的市场竞争力。同时，以人为本要把被动的社会政策的接受者变成经济活动的参与者，要强调人的选择权和参与权。此外要强调加强政策制定者和服务提供者的问责制以提高质量和效率；培养民众对机构提出要求的能力，并强调应享待遇和权利。

3. 经济和社会的协调发展

经济和社会协调发展在社会政策上的体现即：社会政策和经济政策都应作为发展目标的一个组成部分，不能割裂开来。我们的一些提法，如使弱势群体分享经济发展的成果等，其实是经济和社会发展二分法的表现，而不是将两者结合起来。

三 发展型社会政策和科学发展观的内在契合性

科学发展观既要求发展，又要讲协调；发展型社会政策的轴心价值是建基于社会公正理念上的发展，二者的内在契合性是显而易见的。因而，发展型社会政策可以作为科学发展观在社会政策领域的操作化模式。

发展型社会政策强调将社会政策目标和经济政策目标直接联系起来，认为社会政策目标并不是经济发展的附属目标。这种思路反对一部分或领域分割的社会政策，强调社会政策的整合性，以期为可持续发展提供一个基础。它还强调，社会政策应该将发展的短期目标和长期目标结合起来。它的政策导向侧重在：人力资本，社会资本，社会投资和创造可持续经济增长的社会环境。它主张社会政策应当尽量避免对经济的副作用，应该推进有利于提高生产力的社会政策，即面向医疗、教育、儿童的社会政策。

发展型社会政策的深层理论是对社会政策功能的全新认识。（1）社会政策不仅是个承载器，还是个加速器，特别是在可持续发展上。（2）社会政策不仅可以为经济发展提供一个稳定的社会环境，它也具有经济效益，与经济发展存在一种互补的关系。社会政策是可以促进生产力的发展的。发展的结果不是谁分享谁的成果问题，而是一个目标下的共同富裕。

发展型社会政策之所以在国际上逐步得到大家的认同，是来自几方面合力的作用。

1. 发达国家对发展型社会政策的再思考

在这方面，梁祖彬教授已经有清楚的阐述（见本组笔谈中的《演变中的社会福利政策思维》），这里不再重复。

2. 亚洲的国际经验

在比较了亚洲、非洲和拉丁美洲的发展经验之后，亚洲的发展途径和社会政策模式得到了越来越多的关注和肯定。在对亚洲工业化国家的发展型社会政策进行分析之后，Deyo（1992）提出了发展型社会政策的四个重要组成部分。一是社会政策是嵌于经济发展政策中的，发展是最重要的主题。经济发展的社会福利效益在于增加就业和收入。同时经济发展也为政府的社会政策提供经济和财政基础。这就涉及发展型社会政策的第二个组成部分，即社会政策直接涉及政府所提供的社会福利，公共服务，和对一些部门如医疗卫生部门的补贴，以及在公共住房、教育、儿童看护、公共交通、社会救助和社会福利项目，特别是与人力资本投资直接相关的诸方面的社会支出。第三个组成部分是收入政策，即对工资和福利有直接影响的政策。发展型社会政策的第四个组成部分是政府可以通过社会保险来影响收入保障，如退休金、医疗保险、失业保险等。Deyo 指出，社会政策是这些国家发展战略的一个重要组成部分。

3. 国际组织的努力

近年来，国际组织开始推动发展型社会政策理念的普及。对社会政策的目标，则是越来越多地强调要加强对人力资本的投资，增强个人的能力，增加个人的机会，强调社会投资。如 OECD 所强调的人力资本和社会资本对国家的重要性，欧盟所提倡的将社会保护作为一个生产因素，并收集实证案例（OECD，2001；Berghman，Fourarge，Govaerts，1998），联合国开发署对社会发展的重视，世界银行推动的社会资本在反贫困中的作用，等等。

四　构建发展型社会政策的思路

应该说，现在我们建立发展型社会政策框架有很多有利因素。最重要的是科学发展观的提出——这实际上提供了一个历史的机遇。另外的几个因素包括如下几点。（1）我国政府计划和规划的主导力量很强大，而发展型社会政策的一个核心是政府的主导和规划作用。没有政府的主导，这个框架只会停留在学术的领域内。（2）政府、社会和个人对个人权利的重视。一方面，"以人为本"的理念促使政府和社会重视个人权利，另一方面，中国社会现在处于一个宪法激活①的时期，公民也开始根据宪法争取个人的权益。这构成了又一个有利因素：发展型社会政策是一个针对全体公民的政策。它关注的是增强每个人的能力，使每个人能够在市场和政治生活中去寻求自己的发展。社会各方对个人权利的重视是实行发展型社会政策良好的软环境。（3）经济基础和社会需求。经过 20 多年的改革开放和发展市场经济，我们国家的实力得到很大的增强，国家的财力也在大幅度增加。同时，我们对市场的风险也有了基本的认识，对应对市场风险的措施的必要性有了新的理解。（4）社会价值观认同。半个世纪的社会主义实践，使我们对社会公正有广泛的共识；信息时代又大大降低了形成社会价值观共识的成本。

---

① 这一点得益于与王振耀的讨论。

为了建构起我国的发展型社会政策，我的建议如下。

1. 投资现在和未来的劳动人群——这是发展型社会政策最根本的立场

在社会政策的设计中，只有将短期目标和长期目标结合起来，才能使发展可持续。发展不仅要解决短期问题，更要对长期的风险进行防范。海勒（Heller，2003）提出了世界面临的长期风险因素主要有：人口老龄化、全球气候变化、全球化、农田的减少、技术的飞速进展、艾滋病的传播，还有世界性的恐怖活动。

就社会政策而言，中国老龄化的来临是在经济不发达、就业压力的情况下出现的。要解决未来20~30年出现的老龄化高峰的挑战，提高劳动生产率是最重要的政策安排。为此，就必须对未来的劳动人群，即现在的儿童进行人力资本投资。而对占2/3的广大农村儿童的教育投资和医疗卫生投资，是一个有效而必需的政策。

面对数以亿计的农村剩余劳动力，重要的问题在于对他们的教育（包括劳动技能教育）的投入。进而言之，经济的全球性竞争，要求我们的劳动力具有极强的竞争力，人力资本的投资是最关键的增强竞争力的措施。而从社会政策的角度来看，这也是发展型社会政策所强调的应对长期风险的一个关键（另一个因素是对社会资本的投资）。

在这个过程中，注重对家庭和儿童的投资尤其重要。家庭政策对提高劳动力素质具有重要的作用；稳定和功能完整的家庭不仅是家庭成员，也是社区、市场乃至整个社会的资源。[①] 在这方面，我们的问题是，在转型期，我们一方面强调家庭和个人的责任，将市场经济的副作用全部放到家庭中来承担；另一方面，对家庭的支持又处于缺位状态。

2. 增强全社会抗击风险的能力

转型社会原本就是风险社会，再加上我们面临的国际环境，增强全社会抗击风险的能力就是社会政策的题中应有之义。2002年的"非典"风险使我们认识到，全社会抗击风险的能力，是建基于以整个社会和整个社区的公共价值为标准所设计的社会政策之上的。在这方面，把目光投向9亿农民至关重要。因为，一个建立在忽视9亿农民基础上的抗风险机制显然是十分脆弱的。

---

① 对家庭的投资论证请参阅张秀兰和徐月宾（2003）。

为此，我们必须针对城乡的分割和城市化进程，增强对更多人群的关注和公共投入。如何使社会政策有利于整个农村的发展，加强农村社会保护制度的建设，加强教育和卫生的投入至关重要。

3. 在政策设计中逐步纳入并强化"发展"的维度

发展型社会政策的轴心概念既然是建基于社会公正理念之上的发展，因此，在对我国社会政策进行设计时，只要加进"发展"这个维度，政策的瞄准水平就可以大大提高，政策收益自然也会很不相同。举例来说，我国享受社会救助的人员，是根据其收入状况来定的，这种政策的瞄准机制就有些模糊。因为，不同的家庭有着不同的支出模式，有孩子的教育问题，有家庭成员患病的问题。如果加进"发展"这个维度，根据不同的支出模式设计不同的救助内容，就可以使这项制度对经济的发展有正面的影响。如对有子女读书的家庭实行教育救助，可以切断贫困问题的代际转移链条，而且，这些儿童将是我国下一代的劳动生力军。又如，很多家庭面临大病时，因为没有医疗保险，不得不出卖生产工具来支付医疗费用，很多人甚至因贫致病，丧失劳动能力。所以，对这些家庭而言，医疗救助制度的实施可以使家庭成员继续成为一个生产者，而不是一个依赖者。

4. 建立发展型的公共支出体系

一个社会政策必须有相应的公共支出体系的支持。为了建立发展型的公共支出体系，政府首先要以公共价值为目标，需要加强对公共支出的成本效益分析，从其对发展的贡献程度上来考虑和设计，从公共价值和效益上来分析。基于此，我们需要注意下面几点。

（1）优化支出结构，特别是要尽快建立一个覆盖全社会的社会保护安全网和医疗卫生服务安全网。在我国2万亿的财政收入中，社会支出的比例很低，又以社会保险为重点。近20年来我们政府的支出几乎是集中在城市人群上了。很多的支出项目，几乎没有成本效益分析，长期的效益分析就更少了。有鉴于此，我认为：第一，应当优化支出结构，尽快建立一个覆盖全社会的社会保护安全网和医疗卫生服务安全网，以社会保护税收的方式筹款，以低标准、广覆盖为基础，使每个成员都能在这个安全网内得到基本的保障。初步测算，这个安全网的支出，200亿元即可；相对于城市企业社会保险支出的1476亿元，而其覆盖面只有全国从业人员的14%，哪个更有效益是一望便知的。[①] 另一方面，如果将社会保险制度在省级统筹，国家财政就可以腾出 1000 个亿的财政收入，放在一个针对所有人群的社会安全网的构建上。因为我们的社会保险不能在全国甚至省内统筹，国家和地方不得不通过财政来支持。

第二，在此基础之上，尽快加大对农村和城市基础教育的投资，并将基础教育扩大到流动人口中。

第三，加强对社区发展和社区组织的投入，提高全社会成员的社会参与程度。

第四，更重要的是加大对家庭的投入，实行有利于家庭的社会政策。这些都需要重新审视我们的公共支出体系，优化支出结构，通过制度化的安排，减少对少数群体的补贴。

（2）加强对社会支出的社会经济效益评估。随着我国经济的发展，政府的财政也在迅速增加，在政府逐步退出经济领域的同时，公共支出的比例必然会增加，如何使政府的公共支出能够高效使用，是我们现在面对的一个非常大的问题。通过经济效益评估，加强对公共支出的监控管理，是实现发展型社会政策，保障我国科学发展观落到实处的很关键的一步。

应该说，建构发展型社会政策在中国有一定的基础，也有一定的共识。这里，最大的挑战是在制度设计上，而最大的成效也是在制度设计上。

参考文献

尚晓援，2003，《中国社会救助体系改革——民政部重点课题研究报告》（未刊稿），北京师范大学社会发展与公共政策研究所。

唐纳德·沃斯，2004，《国际发展理论的演变及其对发展的认识》，《经济社会体制比较》第 112 期。

张秀兰、徐月宾，2003，《建构中国的发展型家庭政策》，《中国社会科学》第 6 期。

---

① 经过 10 年的努力，我国的城市最低生活保障制度已建立起来，现在包含 2100 万的城市贫困人群，全部的财政支持为 145 亿元。根据亚洲银行的测算，我国农村现有 2820 万贫困人口，他们的人均纯收入为 531 元，目前，农村的贫困线为 627 元，以 2002 年的口径，只要 27 亿元就可以建立一个最低生活保障制度。根据世界银行和英国国际发展署的试点情况，我国农村建立一个医疗救助计划，加上管理费，18 亿元就可以解决。所以，建立一个社会保护和医疗卫生服务安全网，整个的财政支出 200 亿元就大致可以了。

F. Deyo, 1992, "The Political Economy of Social Policy Information." in Richard P. Appelbaum and Jeffrey Henderson (eds.), *State and Development in the Asian Pacific Rim*, SAGE Publications, Inc..

J. Berghman, D. Fourarge, K. Govaerts, 1998, *Social Protection as a Productive Factor*, *Collecting Evidence of Trends and Cases in the EU*. Report at the Demand of the Commission of the EU-DG V. Leuven: European Institute of Social Security.

OECD, 2001, *The Well-being of Nations: The Role of Human and Social Capital*.

P. Heller, 2003, *Who Will Pay?* International Monetary Fund.